考古民俗叢書

海浜生活の歴史と民俗

田辺悟著

慶友社

本書は、平成17年度千葉経済大学学術図書刊行助成費により刊行した。

目次

第二章　伝統的な漁撈と習俗

図表・写真目次

第一章　歴史と民俗

一　海浜生活の民俗世界

1　海浜生活の研究史と民俗学

最初に、民俗学サイドで、海浜生活（漁村・海付きの村・海村）の研究をおこなっていくにあたり、なにを明らかにしなければならないか、課題目的について述べたい。この方面の研究に志をもち、興味や関心をよせる諸賢にとってあるいは、これまでの研究を発展させるための参考になればと思う。

まず、本著の主題をあえて「海村」ではなく「海浜生活」とした理由は三つある。第一は、漁業（漁撈）をめぐる社会は「ムラ（村）」にとどまらず、港町など、「マチ（町）」においてもおこなわれてきた史的背景が多く見られること。第二は、その「ムラ」（海村）が近世以降、多様に変容し、村落の形態としてではなく、他村や都市とのかかわりなどと強く結びついて今日に至っていること。第三に、漁業という生業は限定された生活の場とは別に、漁場に代表されるように自然的、地理的な環境（風土）とのかかわりが強く、村落生活以上の空間（生活空間）の中での営みであることを考慮したことによる。あわせて、漁業を生業とする社会は経済的に流通過程が整備され、市場との結びつきがとくに求められることにもよる。

日本民俗学の本流は、いうまでもなく農村・農民の伝統文化の研究にあった。そうした流れの中にあって、櫻田勝徳は何故、漁村・漁民の研究に着目したのであろうか。櫻田が著した『漁村民俗誌』（昭和九年）や『漁人』（昭和十七年）などがこの方面の古典的な研究成果として高い評価をうけ、さらに『漁撈の伝統』（昭和四十三年）、『海の宗教』（昭和四十五年）を刊行された。当時、櫻田は「皆があまり注目しない民間伝承の中にも、民俗的な意味をもつものがある」ことを強調され、その結果が漁村・漁民の研究を主眼とすることになったと考えられる。またこのように非農民の文化を究明する意図として「技術史的な側面を調査・研究する」ことの重要性を強調された。

これまで「漁村」とよばれてきた「海付きの村」または「海村」にかんする調査や研究は、学問の各分野においておこなわれてきた。たとえば、地理学では、自然地理学、人文地理学にとどまらず、水産地理学、漁村地理学、経済地理学、歴史地理学などの分野別に専門分化されてきた。

同じように歴史学分野でも、漁村史、漁業史、漁業経済史、漁業技術史などの研究成果がある。中でも小沼勇の『日本漁村の構造類型』（昭和三十二年）は民俗学、社会学に与えた影響が大きかった業績であり、『明治前日本漁業技術史』（昭和三十四年）は明治期に編まれた『日本水産捕採誌』とともに民俗技術の分野にとって裨益《ひえき》するところ大であった。また、社会学では農村社会学、都市社会学の後を追うように水産社会学、漁村社会学、漁村教育社会学といわれる分野まで分化してきた経緯と実績がある。それにあわせて注目すべきは自治体史の中にみるべき業績があり、中でも近世史の中で最近刊行された『沼津市史』（史料編・漁村）はその代表といえる。このような隣接諸科学進展の中で、「民俗学的側面」から「漁村」を研究することの意義、目的、方法、内容などについて考察することが重要課題である。あわせて、漁村・海付きの村あるいは「海村」の研究史にかんしては、高桑守史の『日本漁民社会論考』に詳述されているので参照されたい。

次に「海村」という語彙にふれておきたい。有馬生馬は小説『海村』（昭和二年・改造社）を発表している。牧田茂は「海村民俗覚書」（『ひだびと』第七巻三号　昭和十四年）、「男鹿半島漁村採訪記」（『水産界』第六八一号　昭和十四年）を発表している。当時は「海村」「漁村」という語は、あまり意識していなかったようである。牧田は、翌年の昭和十五年（一九四〇）に、「海民」という言葉を使うようになる。「海民信仰論」（『國學院雑誌』第四六巻六号・七号・第四七巻三号、昭和十五年六月・七月・昭和十六年三月）がそれである。

他方、その頃の〈漁業などに関する民俗研究〉の動向をみると、『アチックマンスリー』第一号（アチック・ミューゼアム、昭和十年七月三十日）を発刊しており、澁澤敬三、櫻田勝徳など六名ほどが静岡県三津に行ったことなどの記事がみえる。その『アチックマンスリー』第七号（昭和十一年一月三十日）には、祝宮静が「海村の人々」と題して、姫島から佐賀ノ関方面の採訪の記事をよせている。この間の動向を、牧田茂の昭和十四年以降の研究成果に重ねてみると、「海村」という表現を用いたのは、祝宮静のこの論文が、最初であったとみられる。

こうした時系列的な学史とは別に、柳田國男は『北小浦民俗誌』（日本民俗誌叢書⑴、三省堂、昭和二十四年）の中で、「海と海ばたの村」の生活にふれ「新潟県佐渡内海府村」の「海府」という地名に注目した。すなわち、「内海府」「外海府」などの地名は阿波や豊後の海府郡や、他地の「海部郷」のように、アマベ（海部）であり、「海人の村」であるとした。そして、香取神宮の中世の文書にある下総常陸の「海夫」（カイフ・カイブ）にもふれたことは特筆すべきである。また、柳田は、「浦・磯・岬の村」とか「島と内地の海ばたの村」という言葉を用いており、「海村」という語彙を用いていない。だが、翌昭和二十四年には『海村生活の研究』という標題で、全国三〇か所の「離島及び沿海諸村に於ける郷黨生活の調査」を発表している。この調査は昭和十二年から十四年にかけて実施され、「沿海地方用」（採集手帳）一〇〇項目が基本になっており、表題を「海村生活調査項目」とした点が注目され、柳田は、その序において「海村調査の前途」と題して逸文を認めている。

さらに、前述した研究成果のうち、民俗学サイドにかかわる内容の詳細についてみると、櫻田勝徳『漁人』（六人社、昭和十七年）は、⑴漁業伝承者、⑵漁業労務組織、⑶信仰行事、⑷漁場慣行に就て、の四章にわたっている。このうち、⑵において、『空穂物語』（吹上之下）中にみえる「むらぎみ」「あまかづきめ」に注目した（「村君の残存に就て」九七頁〜一六二頁)、また、『和名抄』以来の文献『神武記』『播磨風土記』に散見される「村君」は「村邑の長」だとした。「村君」の項目は『漁撈の伝統』(民俗民芸双書、昭和四十三年)に再掲載されている。

また、櫻田勝徳は『都市と村落』(田辺寿利責任編集)で「漁村」を分担執筆した当時、農村社会学で一家をなしていた鈴木栄太郎が「農村」を担当したのに対し、漁民、漁村民俗は民俗学の中でも主流でないだけに、非農業民に関する研究内容や項目設定に苦労が見られる。その内容は(1)いろいろな漁村、(2)漁村と地先の海、(3)漁業組織と社会構造、(4)漁村の型・新しい漁村の分化、(5)結記(零細漁業者の編成)、などに関して述べている。

さらに櫻田は『日本民俗学大系』(平凡社・昭和三十四年刊行・昭和五十一年覆刻版)の「生業と民俗」のうち「漁業」の部を担当執筆し、(1)漁業関係の民俗の所在について、(2)漁場・漁法と民俗、(3)漁船・漁獲物分配と民俗、の三項目をあげている。

その他、櫻田は『日本民俗資料事典』(第一法規・昭和四十四年)の「生産・生業」のうち「漁撈」を執筆する中で、漁撈と民俗とのかかわりを詳述している。すなわち、(1)漁撈の種類、(2)漁場、(3)漁撈の方法(A漁期・B漁法〈鵜縄・鵜竿〉・C組織)、(4)漁撈の経営、(5)漁船・漁撈用具(A漁船・B漁撈用具〈漁網・釣鉤・モリ・ヤス・スカリ・カギ・イソガネ・ウケ・ヤナ・タコツボ〉)、(6)漁獲物の製造・加工、(7)漁撈の習俗(A船の儀礼・B漁祝い・C信仰〈船霊信仰・エビス信仰〉)、(8)製塩、の八項目がそれである。

以上、櫻田の研究、業績を中心に述べたが、その他にも、倉田一郎の「漁獲物分配の諸問題」(『経済と民間伝承』東海書房、昭和二十三年)や、柳田國男・倉田一郎による『分類漁村語彙』(民間伝承の会版・昭和十三年)など、この方面の研究に裨益するところ大であるといえる。なお、前述した『北小浦民俗誌』も倉田が調査したフィールド・ノートをもとに柳田がまとめたものであることを付言しておきたい。

また、筆者がこれまで調査してきた「蜑人(海士・海女)」研究を例にあげれば「しだいに少数になっていく、この原始的な漁業の生活の中に、古い時代の漁人の生活を想像させるいろいろなものがある」（瀬川清子「蜑人の生活」『海村生活の研究』）ということが、主題設定の発端となったといってよい。この古い時代の漁人の生活を想像するための具体的なテーマとして、「漁業権の問題、漁人の移動性、漁人と商業の関係」（前掲書）などがもたれ、蜑人研究が進められてきた。また、漁業関係の民俗の所在について、漁場、漁法の民俗や漁船、漁獲物の分配と民俗などをみる中で「漁村生活におけるいろいろの伝統的なやり方を見いだす」（前掲『日本民俗学大系』）一つとしての蜑人研究であった。

さらに問題の所在、あるいは反省として、これまでの海士・海女の調査、研究の要項においては、「道具・潜水着、方法、約束、俗信、潜水漁を専業とする村落の性格」という内容が盛り込まれながら、あまりにも巨視的な民俗調査のため、これらの調査項目が、いかなる問題をさぐり、理解し、解明していくために設定されたものであるのか、不明瞭であるようにみうけられることもあった。

このことは、柳田國男の指導による『海村生活の研究』および『離島生活の研究』（集英社、昭和四十一年）によくあらわれている。柳田は、「事実の集積の中からある種の形跡をみいだし、それをもとに過去を想像する」という方法をとり、「土地の実例を記述し、他日遠近の各地と比較する」（『北小浦民俗誌』）という流儀によるところが多かった。ところが蜑人研究に限定してみるならば、「百項目羅列主義」と「想像」に終わってしまったきらいがある。事実を集積することができれば想像ではなく実証できなければならない。

すなわち、これからの蜑人研究はもとより、漁業・漁村の研究は想像ではなく、実証が必要である。それには物質文化（民具）の側面をも見定めていく努力が必要であり、それが有力な手がかりとなる。また、蜑人（海士・海女）といっても一年中裸潜水漁に従事している人々は、過去においても多くはなく、農業、漁業、行商（出稼ぎ）など、他の生業とのからみあいの中で裸潜水漁が営まれており、一年間の生業を中心とした暮らしかたをよく見定めたうえで裸潜水漁の行為や、潜水に携わる時期、生活の位置づけなどを問題にしなければならず、以上の動向をふまえたところに、蜑人をとおして漁業・漁村の民俗を研究する場があるといえる。

また近年、江戸時代はもとより明治期以降の水産絵図（図解・図説）に関する研究もさかんになり、全国規模の調査や展示も藤塚悦司などによっておこなわれるに至った。こうした資料（史料）も漁業・漁村の民俗世界をみていくために貴重である。

2　漁村（海村）研究の民俗学的アプローチ

(1)海村研究の意義

はじめに、「何故に漁村（海村）の民俗学的研究なのか」その意義を明確にしておかなければならない。

第一は、日本人の民俗文化の中核は農耕を中心に営まれ、形成されてはきたが、「稲作農耕民だけによる伝承」のみで形成されてきたものではなく、四囲環海の国であるために、海と深く、広くかかわりをもって暮らしをたててきた人たちが多かったことから、それらの人々の歴史と文化の所産をみきわめていく側面も重要であることがあげられる。すなわち、アジアのモンスーン地帯の東に位置して、稲作農耕文化を今日まで二〇〇〇年以上にわたって伝えてきたことにあわせて、縄文文化の時代以前から連綿と、木の実や草の芽、あるいは草根木皮のたぐいを採取（集）してきたのと同じように、海辺での魚貝藻（魚介）類の捕採や漁撈の伝統が今日まで継続的、伝統的におこなわれてきたところに注目し、その文化要素の中に日本人の文化の古層を探り出していこうとするものである。

ようするに、海とかかわってきた暮らしの伝統の中に、日本人の基層文化というか、「日本文化の古層」を探り出すということが大きな意義、目的の一つである。それ故に、漁村・漁民の民俗を調査し、伝承を研究するのであるといえる。それは稲作農耕民的文化以外にも複合・重層化されてきた日本文化の諸要素を明らかにすることである。

第二は、日本人の生活文化の中に、海とかかわりをもって暮らしてきた人々の文化要素を探り、見定めることは今日のように、経済的価値、貨幣価値が最優先され、契約が成立することですべての用件を解決しようとしたり、解決されたりする「社会契約論」的な、いわゆるビジネスライクな時代にあって、これまで日本人が育て、持ちこたえ伝えてきた知恵（民族的知恵・民族的センス）を生かす（再生する）ことを考える切っ掛けをつくることである。

すなわち、今日のいわゆる、ヒト・モノ・カネの時代にあって、また、国際化・情報化・高齢化の中にあり、あわせて今日、グローバリズム、マーケティング、マネーサプライ、エコビジネス、ベンチャー企業等、数えればきりがないほど横文字が街中に氾濫する非日本化された社会がそこにある。私たちはそうした中で暮らさざるを得ないというか、暮らすしかない。さらに国際化が進展すれば、日本人は世界に視野を広げ、より国際人になるための道を進むことを選ぶであろう。すでにインターネットなどを通して、「日本人総英語教育（使用）論」が話題になっていることからも、それは窺い知ることができる。

しかし、わが国民は、近い将来、再び国内に眼をむける日が必ずくるであろうことを筆者は確信している。現在、進行中である国際化のあとに、日本人とはなにか、いかなる民族であったのかを必ず問う必要にせまられる時代がくるであろう。ささやかであっても、「消えゆく日本人の記録」を、研究者にはその日のために、記録として残す義務があり、資料化しなくてはならない責任があると考える。それが第二の目的である。

要するに、「脚下を照顧せよ」ということで、遠くばかりに眼をむけるのではなく、身近な日本や諸地域の文化を見定め、それを尊重したうえで諸外国の文化や伝統を尊重すべきであるといえよう。そして変容をも見きわめる。

第三は、漁村（海村）の「民俗学的研究」をおこなうということは、たんに、今後の「漁村（海付きの村）のあり方」や「漁村（海村）の生きる道」あるいは「再生の道を探る」というようなものではなく、「漁村にかぎらず、あらゆる社会に対して活用できるような学問的結果をひきだす必要がある」ということである。

柳田國男は、「海村調査の前途」（『海村生活の研究』昭和二十四年）の中で、「浦磯岬の村」を調査する中から「法則」を見いだすことを、繰り返し述べている。要するに、理論や方法はもとより、「法則性」をひきだすことを前提とした調査、研究が望まれるといえるし、また、そうしていかなければならないということである。それにあわせて大切なことは、主題設定の理由を明確にすることはもとより、問題の所在を浮き彫りにさせることであることは言うまでもない。

たとえば、裸潜水漁によってアワビ採取をおこなう蜑人（海士・海人）に関する研究は、縄文時代にまでさかのぼることができる民俗文化の伝統をもっており、しかも古代社会以来、神饌の御饌（御食）や「熨斗」として贈答用としてのアワビは今日でも祝儀に用いられているし、価値も低下していない。このように、伝統的な文化要素を見定めるためには、ある種の価値の変わらぬものを見つけ出し、見定めて追跡することが必要となる。ところが逆に、同じように伝統にささえられてきたものの中には稲（米）にしろ、絹、鉄、塩など、古い時代には貴重なもの価値の高いものとされ、経済的価値をともなっていたものが、時代の変遷とともに伝統的な価値をともなわないものになってしまったものなどがある。

それ故、研究のテーマ設定にあたっては、「変容」をテーマにしない限りにおいては充分に考慮しなければならない点であるといえよう。伝統的でないものにあっては、「稲作以前」とか「木綿以前」などのように「以前」と「以後」との変容（移り変わり）の内容と、変化の理由を明らかにする必要がある。

(2)　方　法　論

筆者は「北小浦における民具と生活—民具研究と民俗学—」（『日本民俗学の課題』日本民俗学会編・弘文堂・昭和五十三

年）の中で述べたように、『北小浦民俗誌』に掲載された中に客観的に抽象化されていない部分が多いことに気をとめながら、他方、マリノフスキー（Bronislaw kasper Malinowski）の著した民族誌・『西太平洋の遠洋航海者』（Argonauts of the Western Pacific. 1922）のあみかたに注目してきた。マリノフスキーの場合は、仮説を実証するために野外調査をおこない、〈民族誌〉をまとめあげてきた。しかし残念なことに、われわれの学問は、まだそこまで求められない内容なのである。われわれは「ある理論を出発点として、これを通して検証しようとする」側面が少なく、逆に野外調査で収集したデータをたよりに〈民俗誌〉をあみ、その中からある理論や方法、法則性を見いだそうとしており、それは手さぐりの段階にとどまっているともいえる。

したがって、今後、民俗学における民具研究と生活に関する調査、研究が一体となることは無論のこと、さらに目的を具体的かつ明確にしたうえで野外調査を実施していくべきであろう。

レヴィ＝ストロース（Claude Lévi-Strauss）がいう音韻論によれば、言語はその最小の構成単位である音素のさまざまな組み合わせからなっており、しかも音素の結合の仕方には、それぞれの言語体系に独自の法則が存在しているとみる。彼はこのような「構造言語学」における音素の概念を神話学にもちこみ、神話がいくつかの神話素の組み合わせからなっていることを指摘して、神話素の結合の仕方の分析をおこなった。

漁村（海村）における民俗学研究のうち、漁撈用具等の民具研究の場合もこれと同じことがいえる。それは個体が民具体系（生活体系）全体から見た場合、一つの用にたりうるという意味で「用素」として存在するものであり、それらの用素がどのような「生活体系」からなっているのか、また、それぞれの自然的、歴史・社会的な背景が異なった地域の物質文化要素を成立させている体系を形成するための用素たりうるかを考えていく。その結果、用素としての民具の結合の仕方によって物質文化を形成し、地域文化を形づくる法則性を探り出すという見解をもつことができる。

ただし、民具の構造的把握をおこなう場合には、民具と民具との結びつきのほかに、民具と自然との結びつきがあり、また、民具を製作したり使用したりする技術や、人と人との結びつきもある。したがって「構造言語学」でいわれるような単純な構造論だけでは方法論全体をカバーすることはできない。それは民具研究の方法の一つとして、一つの民具のもつ要素を調べながら横軸での広がり、かさなりあい、つながりを関連づけていくための方法は、あたかも鎖の輪のような文化内容が次から次へ地域ごとに広がっていくという意味において「鎖状連結」という概念でとらえることができるし、このような方法で民具学を研究することを「鎖状連結法」という方法論の一つとして位置づけることができる。

文化の連鎖を考えると、特定の文化内容をもった地域が文化圏を形成し、他の文化内容をもった地域が、もう一つの別の文化圏をつくる。しかし、隣りあうそれら二つの文化圏はまったく別のものではなく、ある部分においてかならずかさなる部分（地域）ができる。それは文化要素の多くが両地域ともに共通しているということでもある。したがって、そのかさなりあう隣どうしの地域は、文化要素にいくつかのちがいはあっても独特の文化内容をトータルとして形成するということはないので、第三の文化圏とはならない。

このように文化圏は鎖状に連鎖の形式をとりながら存在してきたとみることができるので、この「文化の連鎖」を具体的にみるための方法として、文化複合の鎖状連結的実在を「鎖状連結法」によって明らかにするために「民具」は有力な研究対象となりうるのである。あわせて「文化の連鎖」は「存在の連鎖」に通じるといえる。（田辺「民具研究の方法」『民具研究』五十三号　日本民具学会　昭和五十九年・「釣鈎の地域差研究―民具研究の一方法として―」『海と民具』日本民具学会編、雄山閣、昭和六十二年）

3　漁村という「ムラ」の社会構造と漁撈（業）の組織

農村、漁村というムラのとらえかたは生産・生業を主軸としたものであろう。半農半漁村なども同じである。内容的に疑問は残るがここではふれない（田辺「三浦半島における近世漁村の構造」『近世神奈川の研究』村上直編　名著出版　昭和五十年）。これに対して、山村というのは自然的、地理的な表現であり、生産・生業を主軸にした分類からはずれる。林業や樵が暮らしであれば、他の分類も考えられよう。

漁村も上述のごとく、海村あるいは海付きの村、さらには柳田國男によれば、「海ばたの村」「浦磯岬の村」の表現があり、農村を平野村あるいは平場の村として山がちの村と区別することなどがおこなわれてきた。こうした「ムラ」の社会構造と漁撈（業）の組織に関しては、隣接諸科学の社会学、地理学などにおける研究業績が民俗学以上に多いといえる。したがって、ここでは民俗学サイドの視点から注目していかなければならない若干の主題について項目をあげる程度にせざるをえない。以下、その主な項目について順をおって述べたい。

特筆すべきは上述したごとく、「村君の残存」に関してである。『豆州内浦漁民史料』をまとめた祝宮静も櫻田勝徳と同様に村君の実態については関心をよせていた。このことは漁村における漁撈（業）の形態、組織、方法等を知ることにとどまらず、血縁、地縁、同族（親族・親戚を含めて）や年齢階梯制（若者組や娘組）、網主（元）や網子、船主や船子・乗子、漁業協同組合、親方・子方の関係、さらには経営者と幹部漁夫・漁夫の関係など、あらゆる漁村（業）にかかわる人的組織にかかわりをもち、漁村の民俗世界に大きな影響を与えてきたのである。したがって、幻想的な漁村（業）共同体の前近代的な人的組織を解明するための基礎的な研究としても重要な課題である。

次に斉藤兵市による「漁村社会学の課題（上）」（『社会学評論』第五巻第三号・日本社会学会・昭和三十年）に掲載された

地先漁村および市街地漁村における社会構造を模式化した図をもとに、その内容を説明する。斉藤は「漁村は地域的（形式的）には、離島漁村、半島漁村、沿岸漁村にわけられ、集落別（実質的）には地先集落と市街地集落にわけられる」、そして、「前者は地理的分類であり、後者は社会学的分類」と述べる。さらに、「漁村の社会構造とは、漁業集落（地先と市街地）の構造のことであり、再言すれば、生活集団としての集落集団における人間関係を明らかにすることが漁村（漁業集落）の構造を明らかにすることになる」とし、漁業組合（漁業協同組合）を中心にすえた模式図をつくりあげている（筆者注・斉藤は「部落」と表記しているが、「集落」に改めた。なお図省略）。

このように、漁村社会学では、「漁業・漁村」を研究対象としながらも、調査研究の中心はヒト（人）であり、大枠としての「ムラ（村）」の研究がはずされ、人的結合のヒト（人）の研究におよんでいる点が民俗学的研究と異なる。

その他、漁村の民俗世界を知るうえで裨益する研究成果に、『都市と村落の社会学的研究』（鈴木二郎編、世界書院）が、伊豆の伊浜村を例に漁村共同体の分析をおこなっているほか、佐藤政雄も「日本海沿岸漁村の生活構造」（『社会学研究』第一〇号）を発表してきた。また、宝永六年（一七〇九）の「四津元取かわせ申候証文」中に、重寺村の四津元が鯆（イルカ）の建網について取りかわした覚書がみられ、「網戸主」と「網戸持」などとみえる。こうした史料中にも漁村における津元（網元・船元）以外の仕組をみることができる（『沼津市史』漁業・史料編）。

以上のほか、社会構造における同族（本家・分家）、親方・子方の問題、漁家で幼少の男児を養子などと称して迎える慣習や静岡県御前崎の「カドの制度」など漁村特有の研究課題もある。

二　海浜生活研究の動向
——相州（神奈川県）を事例として——

はじめに

これまで「漁村」と呼ばれてきた「海付きの村」（海村）に関する調査や研究は多方面にわたる領域からなされてきた。たとえば地理学では自然地理学・人文地理学という分野にとどまらず、水産地理学・漁村地理学・経済地理学という分野別に専門分化されたアプローチによるものがある。

同じように歴史学の分野でも漁村史・漁業史（漁業技術史）・漁業経済史などの研究成果がある。また、民俗学プロパーにおいても、漁村民俗学（海村民俗学）・民具学や民族学サイドの研究もおこなわれてきた。前稿と重複するが、本稿では主題をあえて「海村」でなく「海浜」としたのは大きく次の三つの理由がある。その第一は、漁業（漁撈）をめぐる社会は「ムラ」（村）にとどまらず、「マチ」（街）においてもおこなわれてきた史的背景が多くみられること。第二は、その「ムラ」（海村）が近世以降、多様に変容しつつ今日に至っていることである。そして第三には、漁業という生業が限定された生活の場とは別に、漁場に代表されるように自然的、地理的な環境（風土）とのかかわりが強く、村落生活以上の空間（生活空間）の中での営なみであることを考慮したことによる。今後は、このような学問的な認識なり、民俗学的なカテゴリーが必要であろう。

本稿では、神奈川県という限られた地域における海村の研究動向を見定めることにとどめたい。したがって、便宜的ではあっても分類をすることをさけ、年次をおって研究史的に総合的な立場からみていくようにした。また、本節はあくまでも「海浜研究」の動向であるが、「漁撈」あるいは「漁撈習俗」という見地からすれば「内水面漁撈」とのかかわりをまったく無視できないので、「内水面（河川・湖沼等）」にかかわる調査・研究の成果を付けくわえた。

相州（神奈川県）の「海村」を知るために裨益するところが大きいものに、今西幸蔵が文化十年（一八一三）に残した『今西氏家船縄墨私記』乾坤（『日本庶民史料集成』三一書房）は江戸期の漁船・漁具を知るために貴重な資（史）料である。また、村山長紀による『相模灘海魚部』（嘉永二年・一八四九）は、相模灘で漁獲された魚種や漁場を知る上で貴重である。この資料中には聞書きによる部分もあると思われるが、この時代の数少ない史料として大いに活用できるといえよう。

明治期のものとしては、東京府農商課編纂による『旧幕封建期に於ける江戸湾漁業と維新後の発展及びその資料』（財団法人水産研究会、昭和二十六年）が刊行された。また、「六人網」などの漁業および漁撈技術・漁具などを記載した『日本水産捕採誌』は当時の農商務省水産局で中村利吉らによって編纂されたもので大正元年に水産社より刊行され、神奈川県内の事例が多く集録されている。

資料の集録を主軸としたものとして、原暉三による『東京内湾漁業史料』（横浜市水産会、昭和十五年）が刊行されている。この他、断片的な資料ながら神奈川県三浦郡浦の郷村鉞切海苔場図などが岡村金太郎の『浅草海苔』（明治四十二年、博文館）に紹介されている。

1　昭和二十年以降

羽原又吉による『日本漁業経済史』上・中一・中二・下（岩波書店、昭和二十七〜二十九年）の中二には「関東漁業の揺籃期」「関東漁業の近世的発達と上方漁民の役割」「舊幕封建期における江戸湾漁業の維新後の発展」の章で、湾内漁業の変遷や神奈川浦漁業などについて述べられている。

神奈川県において漁業や漁村に関する諸問題と四つに組んだのは内海延吉であった。内海延吉は昭和二十六年に「三崎の漁師の話」を『民間伝承』（十五―九）に投稿したのを皮きりに、「代分け及び代の慣行」（『民間伝承』十六―六、昭和二十七年）、「三崎のボウチョウ舟について」（『民間伝承』十六―十、昭和二十七年）を発表した。同じ頃、田辺寿利は、当時、神奈川県知事であった内山岩太郎の依頼で神奈川県専門委員の職にあり、同研究所は神奈川県の委嘱をうけ、昭和二十六年八月から神奈川県内における漁村社会の実態調査を実施しているころであった。その調査地域は江の島・片瀬・腰越をはじめ横須賀市鴨居などであった。

これらの調査結果は前半として「江の島・片瀬漁村実態調査報告」、後半は『腰越漁村の実態』として神奈川県より昭和二十七年十月に刊行されたが謄写印刷であった。

翌年、『鴨居における沿岸漁業の実態』（横須賀市鴨居）「漁村実態調査報告書」（第二編、昭和二十八年三月）が神奈川県より刊行されたときは活版印刷となった。この頃から内海延吉の業績がめだちはじめる。内海は昭和二十八年九月に「三崎漁業昔ばなし」を『漁村』（社団法人漁村文化協会）に発表、翌年の昭和二十九年十二月には三浦三崎の漁業に関係深い歴史的背景などをまとめた『三崎郷土史考』（三崎郷土史考刊行後援会刊）をまとめあげた。

日本常民文化研究所は数々の水産史に関する研究成果や調査報告を発表してきたが、神奈川県に関するものはほとんどなかった。その中で昭和三十年に刊行した『常民文化論集1』に掲載されたのが戸谷敏之の遺稿となった「東浦賀干鰯問屋仲間」であった。

戸谷敏之は長野県松代町の出身で法政大学経済学部を卒業後、日本常民文化研究所に入所したが昭和十八年応召、昭和十九年にフィリピンにおいて戦死した。戸谷による業績にはこのほかに「江戸干鰯問屋仲間―日本肥料史の一齣―『渋沢水産史研究室報告』第二輯（日本常民文化研究所ノート・二十三、昭和十七年）などもある。

その後、昭和三十二年に同研究所編として『日本水産史』（角川書店）が発刊され、櫻田勝徳が「東京湾の海藻をめぐって」という論文を発表している。

「相模民俗学会」の会報『民俗』は、初期は謄写印刷であったが活版印刷にかわった。昭和三十三年一月発行の『民俗』（二十七）に土屋秀四郎の遺稿「伊勢吉漁師聞書」（鎌倉市腰越）が掲載され、つづいて『民俗』二十八（昭和三十三年三月・二）から『民俗』三十六まで（昭和三十四年七月・七）が掲載された。

後に昭和三十六年になり、神奈川県教育委員が「神奈川県民俗シリーズ」を刊行することになった時、この『伊勢吉漁師聞書』が第一集を飾ることになる。このシリーズ刊行には和田正洲が尽力した。

昭和三十四年には内海延吉が『地方史研究』（九―一）に「漁師町の高利貸旋風」をのせたほか『民間伝承』（二十三―四）に「潮と塩」と題する稿を五月にのせている。またこの年、『明治前日本漁業技術史』が日本学士院編として刊行された。

四倉憲子は「根拵網漁業―相模湾西岸」と題して（『史論』七、東京女子大学、昭和三十四年）まとめたが、根拵網は「ねこそぎあみ」ないしは「ねこさいあみ」とよばれ、別名を「相模大網」または「天保大網」などともよばれた定置網漁業である。

昭和三十四年には、高橋恭一により「三浦半島漁業発達の史的考察の一部―紀州漁民に依る開発―」が『横須賀市博物館研究報告』（人文科学、三号）に発表された。高橋恭一は同館の研究員をしていたことがある。

さきの土屋秀四郎の遺稿を『民俗』紙上で読んだ三崎の内海延吉は『民俗』（三十五、昭和三十四年五月）に「漁業と民俗（一）・伊勢吉漁師聞書に寄せて」を投稿した。この三十五号紙上には遺稿の連載（六）も同時にのせられている。内海による、この投稿は同じテーマで（三）昭和三十四年九月の『民俗』（三十七号）まで続いた。

その後、土屋秀四郎の影響をうけて学問的な刺激をうけた内海は三浦三崎の漁撈民俗誌的な内容を盛りこんだ『海鳥のなげき―漁と魚の風土記―』（いさな書房、昭和三十五年）を刊行した。

内海は、その後サバ船の船主を務めたことがあるため、『海鳥のなげき』に記載されている漁撈習俗や伝承などが自身の体験的な内容か、三浦三崎の漁民からの聞取り調査による内容かが明確でない点が指摘される。

海村研究では小川博による「相州江ノ島の漁撈についての覚書」は昭和三十五年九月（『民俗』四十二、相模民俗学会）に発表されたが、後に読売新聞社が刊行した『神奈川の民俗』（相模民俗学会編）にも再掲載されている。

昭和三十六年に神奈川県教育委員会が刊行した「神奈川県民俗シリーズ」の第一集となったのが前述の土屋秀四郎による『伊勢吉漁師聞書』である。このシリーズは第十二集でとどまり、今日におよんでいる。

田辺悟が最初にまとめた論文は『沿岸漁業の実態―松輪村を例に・特に労働構成と賃金制度について―』（昭和三十六年、三崎市立三崎中学校〈『横須賀市博物館雑報』第八号、再掲載〉）であった。内容的には歴史学や民俗学とはかけはなれ社会学的な色彩が濃厚なものである。

内海延吉は、昭和三十九年五月に一マグロ船主の自叙伝として『鮪漁業の六十年―奥津政五郎の航跡―』を編集人として「奥津水産株式会社」から発行するが、内容的にはマグロ漁の発達史にかかわる部分もあるので裨益するところがあるといえよう。同じく九月には、福田八郎が「大磯町の漁撈習俗―神奈川県中部―」（『民俗』五十七、相模民俗学会）を発表している。

2　昭和四十年以降

小田原市の図書館長を務めていた石井富之助は昭和四十一年三月「鰤網論記録について」という史料の紹介を『神奈川史談』（第八号、神奈川県立図書館）に掲載した。永年にわたって相模民俗学会の推進役の一人である中村亮雄は「大師の漁—布川磯吉翁聞書—」（『川崎市文化財調査集録（3）』昭和四十二年）をまとめた。同年、宮本馨太郎は三浦市南下浦町周辺の民俗・民具に関する調査を立教大学の学生とおこない、その調査結果を小林浩子と共著で「三浦半島南部の生業と民具」（『横須賀市博物館研究報告』人文科学、第十一号）を発表した。

大磯在住の福田八郎は地元の漁民からの聞書調査の結果を『相模民俗史』（第二・漁民生活）と題し、昭和四十三年に謄写印刷で刊行した。中村定行も同年「須賀の漁撈取引（神奈川県平塚市）」（『西郊民俗』四十六）を発表している。田辺 悟は「相州三浦郡・城ケ島漁村の成立過程と人口の変遷に関する歴史的考察」（三浦市立三崎中学校、昭和四十三年十二月）を刊行した。

昭和四十三年には、神奈川県教育委員会が東京内湾の川崎市大師河原・横浜市金沢区柴・横須賀市走水の三地域の漁撈習俗にかかわる調査結果を『東京内湾漁撈習俗調査報告書』として刊行し、昭和四十四年に、田辺 悟による『相州の海士—三浦半島を中心に—』（『神奈川県民俗シリーズ』第六集、神奈川県教育委員会）が発刊された。

中村定行が調査した「鎌倉市腰越・坂ノ下のワカメ漁」が同じ年、『西郊民俗』（五十一、昭和四十四年）に掲載されている。この年に、中村（加賀）ひろ子により「漁村における麻糸撚りの技術」（『神奈川県立博物館研究報告』2、昭和四十四年）が発表された。

辻井善弥は「大楠地区漁業の変遷・その（一）鰹漁」（大楠史談会会報『年輪』第三号、昭和四十四年）を発表したのに次いで「大楠地区の漁業の変遷・その（一）鰯網漁業」（同誌第四号、昭和四十五年）、「大楠地区の漁業の変遷・その（二）定置網漁業」（同誌第六号、昭和四十七年）を発表した。

田辺は昭和四十五年に相模民俗学会の会誌（『民俗』第七十七号）紙上に「相模湾沿岸に於ける海士―とくに江の島の聞書及び民俗資料スコシを中心に―」を発表した。この調査報告は、昭和四十四年に刊行した『相州の海士―三浦半島を中心に―』を補塡するもので、のちにまとめる大磯の海士に関する報告と三部作をなすものである。また、同じく昭和四十五年に、田辺は「民俗資料　大漁祝着　マイワイ」（『三浦の文化財』第三集、三浦市教育委員会刊）を発表している。

熊原政男は、『金沢文庫研究』（第百七十一号十六巻七号、昭和四十五年七月）に「小柴浦入会漁猟出入文書」について発表した。比較的まとまった江の島に関する報告として、間宮美智子が貴重な資料集「江の島民俗調査報告書」を『民俗文化』（第六集、藤沢市教育研究所、昭和四十五年）に集録している。

桜田勝徳は漁撈民俗や漁村などに関する豊富な学識を駆使して『海の宗教』（淡交社・昭和四十五年十月）を刊行したが、同著書中には神奈川県に関連した内容も多い。

上述した『東京内湾漁撈習俗調査報告書』につづいて、第二集ともいうべき『東京外湾漁撈習俗調査報告書』（神奈川県教育委員会）が刊行されたのは昭和四十五年三月であった。この調査報告書では横須賀市鴨居・三浦市南下浦町金田の二地域の漁撈習俗調査がおこなわれている。

この頃になると、『神奈川県史』の編纂のための史（資）料所在調査がすすみ、近世の産業編のうち、とくに海防関係や海村（漁村）関係の史料を精力的に調査していた川名 登が中心になり、堀江俊次・田辺の三人が研究会をもつようになった。その結果をまとめたものが「相模湾沿岸漁村の史的構造（1）」（『横須賀市博物館研究報告』人文科学、第十四号、横須賀市博物館、昭和四十五年）である。同研究の続編ともいうべき「相模湾沿岸漁村の史的構造（2）」は昭和四十七年の『横須賀市博物館研究報告』（人文科学、第十六号）に掲載されている。海村に関心をよせていた辻井と田辺は共同研究の結果、「東京湾沿岸に於ける漁村の生産用具―明治前期の鴨居村を中心に―」（『横須賀市博物館研究報告』人文科学、第十五号、昭和四十六年）をまとめた。神奈川県教育委員会による漁撈習俗の調査結果第三集ともいうべき『相模湾漁撈習俗調査報告書』が昭和四十六年三月に発刊された。この調査は横須賀市佐島と小田原市米神・江の浦・真鶴町真鶴の三地域が調査対象となっている。神奈川県教育委員会による県内の漁撈習俗調査は、この報告書刊行によって終了とされた。

田辺悟は「常民文化叢書」（『民具論集』第三集、日本常民文化研究所）に「アマの民具―南関東を中心に―」と題し、裸潜水漁撈者が伝統的に使用してきた民具を中心にすえた論考を発表した（慶友社、昭和四十六年三月）。

また、晩学でもあった内海延吉が最後にまとめた（遺稿とは別）『沿岸漁業九十年誌』（神奈川県三崎沿岸漁協連合会、昭和四十六年）が、高橋恭一による「近世以降の三浦半島の網漁業」（『三浦古文化』第九号同四十六年）が発表されている。

昭和四十五年四月、田辺は鹿児島でおこなわれた日本民俗学会で発表した「蜑人の民具と伝播のパターン―とくに南関東を中心に―」を『日本民俗学』第七十五号（昭和四十六年五月）に掲げている。

また、川名登・堀江俊次・田辺は、三浦市南下浦町松輪（旧三浦郡松輪村）をあつかった「三浦半島における近世漁村の構造」（『神奈川県史研究』第十二号、昭和四十六年）を発表した（なお、この論文は昭和五十年、村上直編『近世神奈川の研究』名著出版に、再集録されている）。

神奈川県立博物館による三浦半島地域の民俗調査もおこなわれ、昭和四十六年と翌四十七年に『三浦半島の民俗』第一集・第二集が調査結果としてまとめられ、海村にかかわる内容がみられる。

三浦市教育委員会では、さきに実施された神奈川県教育委員会による「漁撈習俗調査」が第三集で終了し、市内の調査地域は南下浦町金田地域だけにとどまったため、独自に城ケ島地域の調査を実施した。調査の担当は文化財保護委員の田辺がおこない、結果を昭和四十七年三月に『城ケ島漁撈習俗調査報告書』（三浦市教育委員会）として刊行している。田辺は真鶴町真鶴の事例「潜水用具の伝播」（『民間伝承』三十五―一、昭和四十七年四月）を、また、裸潜水漁撈者の習俗について「スコシ（素腰）と褌」（相模民俗学会の会報『民俗』第八十二・八十三合併号、昭和四十七年十二月）と題し、発表した。

辻井善弥は「三浦半島の見突漁業」（『民具マンスリー』第5巻八号、昭和四十七年一月）と題しその実態を、また同年、辻井は釣漁に必要な餌の調達を軸とした「釣漁村成立についての一側面―横須賀市鴨居」（『横須賀市博物館研究報告』人文科学、第十六号、昭和四十七年三月）、「三浦半島の覗突漁業―近世古文書からの考察―」（『郷土の研究』第五号、三浦半島郷土教育研究会、昭和四十七年九月）を発表した。川崎漁業協同組合が昭和四十七年七月に刊行した『海』と題する組合のあゆみも、この方面のことを知るうえで参考になる。

さきに掲げた田辺の『相州の海士―三浦半島を中心に―』をさらに補塡して相模湾全域の調査に広げたものが「相州大磯の海士―民具の聞書を中心に―」（『海事史研究』第十九号、昭和四十七年十月）である。また、田辺は「相州の蜑人と神事」を日本民俗学会の年会で発表し、その内容が『日本民俗学』第八十五号（昭和四十八年五月）に掲載された。この内容も大磯にかんするものが中心である。

3　昭和五十年以降

田辺は昭和四十八年に「前編」として「漁船の総合的研究―三浦半島における民俗資料としての漁船を中心に―」（『横須賀市博物館研究報告』人文科学、第十七号）を発表したのに続いて、「後編」を昭和五十年（『横須賀市博物館研究報告』人文科学、第十八号）に発表した。

昭和五十年、辻井善弥の『やさしい三浦半島の生活史』（横須賀書籍出版刊）の中にも三浦半島の覗突漁・鰹漁・カジキの突ん棒漁・塩場騒動などに関する記述がある。また、辻井は同年三月に「三浦半島の覗突船について—とくに小坪の丸木舟を中心に—」（『民俗』第八十八号、相模民俗学会）を発表している。

田辺はさきに刊行した『相州の海士』（神奈川県民俗シリーズ第六集、神奈川県教育委員会）にひきつづいて『相州の鰹漁』（第十二集、昭和五十年三月）を発表した。田辺は、このシリーズを執筆するにあたり、『延喜式』の主計式中に記載されている相模国から貢進したアワビ・カツオ・海藻の三種類に注目し、この伝統的な魚貝藻（魚介）類を捕採してきた人々の漁撈伝統を明らかにすることを主眼とした。アワビの捕採はアマによる裸潜水漁撈が主になったことからアマ（海士）に関する調査・研究をおこない、カツオ（鰹漁）についてまとめたのが同書である。

このシリーズは、第十二集をもって終わっているので、海藻（和布＝ニギメ・今日でいう和布＝ワカメ）に関する調査・研究は、『横須賀市博物館研究報告』（人文科学、第三十号、第三十一号）に掲載されることになる。

田辺が日本民俗学会で発表した「蜑人の分布の民俗学的考察」（『日本民俗学』第九十八号、昭和五十年四月）、「海村生活の民俗—相模湾沿岸における気象俚諺と観天望気を中心に—」（『神奈川県史研究』第二十九号、昭和五十年）が発表された。この研究は後の「風位方言」や「沿岸潮流呼称と方言」などとの姉妹編をなすものである。

辻井善弥による「漁具からみた見突き漁」（『民具マンスリー』第九巻四、昭和五十一年七月）は、シリーズ的な意味をもっている。

昭和五十一年になると、久保田穣・原　博の共著による「近世における三浦半島沿岸漁業について—小坪村を中心として—」（『東京水産大学論集』十一）が発表された。内田哲夫による「相模湾内部の漁村と漁業—小田原領を中心に—」は『小田原地方史研究』（第八号・昭和五十一年）に掲載されている。同年には共同調査による「長井の漁撈習俗」（『横須賀市博物館研究報告』人文科学、第十九号、横須賀市博物館）が刊行されたが、田辺が漁撈習俗の部分を分担したものである。

小川直之は「船霊と船下し―平塚市須賀―」（『民俗』第九十六号、相模民俗学会、昭和五十二年）をまとめている。

辻井善弥はこれまでの沿岸各地の「見突き漁」に関する研究のまとめを『磯漁の話―一つの漁撈文化史―』（北斗書房、昭和五十二年）と題して刊行した。昭和五十二年に、遠藤勢津夫は「相州真鶴の鯛長縄漁―近世における上方漁民の関東進出の一例―」（『真鶴』十六号、昭和五十二年）を、西川武臣は「東浦賀干鰯問屋飯塚屋の盛衰」（『三浦古文化』第二十二号、昭和五十二年）を発表した。辻井は「あしか島の漁場争論について」を『郷土の研究』（第九号、三浦半島郷土教育研究会）に発表した。田辺はこの『郷土の研究』に「相州漁村民俗誌」と題したシリーズを掲載している。「マンイワイとマンナオシ」（第三号、昭和四十六年）、「ヨイヤマについて」（第四号、昭和四十七年一月）、「海上禁忌と沖言葉」（第五号、昭和四十七年九月）、「沖言葉の続きと海上禁忌」（第六号、昭和四十八年）、「海上禁忌のつづき」（第七号、昭和四十九年）、「ヨイヤマのつづき」（第八号、昭和五十年）、「船霊様と船霊信仰」（第九号、昭和五十一年）などである。

昭和五十二年には、高野　修「相模湾沿岸漁村の一考察―辻堂村の場合―（1）」（『藤沢市文書館紀要』三、昭和五十二年）のほか、田辺による「三浦半島の漁撈関係用具（1）」（『横須賀市博物館研究報告』人文科学、第二十号、昭和五十二年）が刊行された。田辺のこの報告は横須賀市博物館に保管している国指定重要有形民俗文化財「三浦半島の漁撈用具、二六〇三点」の内容を紹介する図録的な役割を果たすもので、昭和五十五年（第二十四号）まで継続して五回にわたり発刊されている。

昭和五十三年には、同じく田辺による「海村生活の民俗―相州における風位方言を中心に―」（『民俗』第九十九号、相模民俗学会）が発表された。これは、先に掲げた「海村生活の民俗」との姉妹編にあたることは上述の通りである。

平野文明らによる『柳島生活誌』（茅ケ崎市教育委員会、昭和五十四年三月）にも相模湾沿岸の漁撈に関する記載がある。

田辺は『伊豆相模の民具』（慶友社、昭和五十四年三月）の中で三浦半島沿岸や相模湾沿岸の海辺の暮らし「相模湾の鰹漁、アワビを採る村、船づくり」というテーマで民具を中心にまとめあげた。『平塚市須賀の民俗』（平塚市博物館、昭和五十四年三月）も、この方面の研究をするために参考となる。同じ年には高橋暢による「相模国沿岸の漁業について」（『封建社会研究』二、昭和五十四年）も発表されている。

遠藤勢津夫は「豆州海浜浦々図にみられる真鶴湊」（『真鶴』第十八号、昭和五十四年）の中で「豆州海浜浦々図」の考察をおこなっている。田辺と田中　勉は「内湾漁撈の伝統」と題して横須賀市の東京湾側の漁撈習俗調査の結果を報告している（『横須賀市博物館報』第二十五号、昭和五十四年）。内容は大津地域・走水地域・久里浜地域の三地域をあつかったものである。同報告の（2）は田辺によりに報告されたもの（同第二十七号、昭和五十六年）で、内容は鍼切地域・旧深浦地域の二地域をあつかっている。（3）は田辺により、公郷（田戸）地域・安浦地域の二地域の報告をおこなっている（同第二十八号、五十七年）。

昭和五十五年には、小田原第十六区自治会万年公民館により『専業の村』と題する漁撈習俗を中心とした聞書などをまとめた冊子が刊行されている。辻井善弥は『ある農漁民の歴史と生活―三浦半島久里浜地区・古老聞き書き―』と題し（三一書房、昭和五十五年）、久里浜地区の漁民の暮らしを紹介している。田辺は「相州の蛸漁と習俗」（『横須賀市博物館研究報告』人文科学、第二十五号、昭和五十六年）を発表した。

中村ひろ子は「漁村の糸撚り技術」を、田辺は「鴨居の釣漁具と船」を、辻井は「三浦半島の見突き漁具」を、いずれも『関東地方の民具』（明玄書房、昭和五十七年）に掲載している。

田辺は「相州の海神・漁神・船神（船霊）信仰」（『横須賀市博物館研究報告』人文科学、第二十六号・第二十七号、昭和五十七年・昭和五十八年）を発表した。

神奈川県内の海苔に関するものとしては『大師河原の民俗』（川崎市民俗文化財緊急調査報告書第二集、川崎市教育委員会、昭和五十八年三月）の中に、田辺　悟・近藤　茂らによる民具に関するの調査の報告「海苔養殖と海苔養殖具」がある。

昭和五十八年七月には、「諸産業と商品流通―漁業・魚種と漁法―（『神奈川県史』通史3・近世2・第二章第六節、神奈川県・県史編集室）」などがある。これらの内容は田辺によるほか、川名登・堀江俊次の三人による共同研究の成果の一部である。田辺は聞書き調査の結果「横須賀市佐島の裸潜水漁」（『横須賀市博物館報』第二十九号、昭和五十八年）を発表している。

辻井善弥は「三浦半島のツキンボ漁」に関する聞書き調査の結果を発表した（『民俗』第百十六号、相模民俗学会報・昭和五十九年二月、のちに『日本民俗文化大系』十三、「技術と民俗」上巻、小学館、昭和六十年五月に再録）。昭和五十九年には、荻野栄子らによる『海があったころの本牧・根岸』（久良岐の会）が発刊された。漁撈習俗の聞書きなどが盛りこまれている。小川博による『海の民俗誌』（名著出版、昭和五十九年）はこの方面の研究を継続してきた著者のまとめである。相沢知治による「東京湾横須賀地先漁業見聞雑記」（自家製版、昭和五十九年）は横須賀市中央図書館にて所蔵している。

田辺による「相州の鯛漁と習俗」の前編（『横須賀市博物館研究報告』人文科学、第二十八号、昭和五十九年）が、続いて同後編が第二十九号（昭和六十年）に発表されている。

4　昭和六十年以降、平成にかけて

昭和六十年七月には「三浦文化研究会」により会報が発刊された。田辺は同会報『御浦』（創刊号）に「城ケ島のイノ貝採取」と題する単報を掲げている。

辻井善弥は「半農半漁村の生産構造とその変容」（『年輪』第十九号、横須賀郷土文化の会、昭和六十年十月）を発表している。横須賀郷土文化の会は「大楠史談会」を改称したものである。

同じく辻井による聞書き調査「山本松蔵翁漁業聞書」(『郷土の研究』第十号、三浦半島郷土教育研究会、昭和六十年)が発表されている。山本は横須賀市久里浜在住で、その聞書きの一部は『ある農漁民の歴史と生活』(三一書房、昭和五十五年)にも紹介されている。

安池尋幸による「相模湾沿岸漁村の流通構造—鮮魚の流通を中心に—」(『近世国家の支配構造』林睦朗先生還暦記念会編、雄山閣出版、昭和六十一年)は、この方面の研究に裨益するところが大きい。

田辺は、前編と後編に分けて「相州の海藻採取と習俗」(『横須賀市博物館研究報告』人文科学、三十号、三十一号、昭和六十一、六十二年)を発表している。この海藻採取に関する考察は、さきに掲げた「神奈川県民俗シリーズ」(神奈川県教育委員会)における「鰒=海士」「鰹」「海藻」の三部作になるべき性格のものである。同第三十一号には安池の「『城村旧記』と三浦半島南部の近世漁業史」と題する論文もある。

辻井は昭和六十二年十月、「野比村の漁業」という横須賀市野比の明治以降の漁業についての研究を発表している(『年輪』第二十一号、横須賀郷土文化の会)。

昭和六十三年、三浦市教育委員会が刊行した「城ケ島漁撈用具コレクション図録」(神奈川県指定有形民俗文化財『三浦の文化財』第十四集)は、四七一件(六五七点一隻)の指定資料の図録である。このコレクションに関する収集の記録や背景の解説を田辺がおこなっている。図録は田中　勉がまとめた。

田辺は「相州の沿岸潮流呼称と方言」(『横須賀市博物館研究報告』(人文科学、第三十三号、昭和六十三年)の発表により、前掲の相州の気象俚諺や観天望気、風位方言、潮流呼称などをあわせ、海村における民俗知識とその特色を明らかにした。また、田辺は漁業の中には「夜漁」をおこなうことが多いことに注目し、「夜漁の習俗と伝統」と題した論考を日本民俗学会で発表している(『横須賀市博物館研究報告』人文科学、第三十四号、平成元年)。

安池尋幸による「相州三浦郡における近世の肥料利用実態—相模湾を中心とする藻草の生産と流通の意義—」は

（『横須賀市博物館研究報告』人文科学、第三十五号、平成二年）掲載された論考である。平成二年五月には、横浜市金沢区の柴漁業協同組合（清算法人）が『蒼穹魚鱗輝きし地』と題する柴漁業協同組合史を刊行した。

田辺は「相州の鮪漁と習俗」前編（『横須賀市博物館研究報告』人文科学、第三十五号、平成二年）に、続いて後編（同第三十六号、平成三年）を、同じく「相州の鰯漁と習俗（前・中・後編）」（『横須賀市博物館研究報告』人文科学、第三十七・八・九号、平成四・五・六年）を掲載している。

このほかにも田辺は『日本蜑人伝統の研究』（法政大学出版局、平成二年）や『海女』（ものと人間の文化史シリーズ七十三、法政大学出版局、平成五年）の中で城ケ島・江の島、大磯、真鶴などの海士や裸潜水漁についてふれている。さらに、田辺は、三浦市教育委員会が民俗シリーズとして、これまでに十冊発刊したもののうち、昭和六十年には「海辺の暮らし」（『浜諸磯民俗誌』）、昭和六十一年には同（『城ケ島民俗誌』）、昭和六十二年には同（『松輪村民俗誌』）、昭和六十三年には同（『初声町三戸民俗誌』）、平成元年には同（『上宮田・菊名民俗誌』）の五冊を手がけている。

平成五年には長島文夫が「マカセについて―上宮田を中心に―」（『三浦半島の文化』第三号、三浦半島の文化を考える会）を発表している。

平成十年、田辺は『日本蜑人伝統の研究』の続編にあたる『近世日本蜑人伝統の研究』（慶友社）を刊行した。とくに第一章の「相州における蜑人の史的考察」において、相州における中世の裸潜水漁撈者（アマ）、中世末期の「かづぎ衆」について、中世における蜑人とアワビの史的存在、近世における城ケ島の蜑人（海士）、相州三浦郡中の請浦運上について、近世三浦郡野比村におけるアワビ漁と請浦、三浦郡内の鮑運上について、漁場争論にみる採鮑と裸潜水漁（海士）、漁業年貢の類型と「磯蚫運上」の貢納村、相州における蜑人の史的実態など、中世・近世における相州の蜑人についての研究を発表している。

このほか、直接的に海付きの村や漁業に関係するものではないが参考になるものや官公庁が発行した漁業（水産）

関係の資料や統計資料も多い。

明治三十六年に織田完之によってまとめられた『内湾漁制通考』(巻一〜巻三)をはじめ、昭和八年に神奈川県水産会が発行した『神奈川県平塚市漁村経済調査書』、あるいは昭和十三年に神奈川県水産会が刊行した『神奈川の水産』や昭和二十七年に神奈川県農林部水産課がまとめた『神奈川県漁業制度改革史』などがある。

神奈川県鰹鮪漁業組合連合会が刊行した『組合史』のたぐいも参考になるものの一つといえよう。

なお、近世古文書や古文献については割愛したが、中でも論考になっているものをいくつか紹介すると、安池尋幸による「相州三浦郡における近世の産物生産と流通について—南関東小商品生産地帯の中における「海手」地域の意義—」(『横須賀市博物館研究報告』人文科学、第三十四号、平成元年)や、同じく安池による「十七世紀後半江戸内海周辺における湊と幕府の浦方統制」(『地方史研究』第二一四号、昭和六十三年)がある。

また、安池による「近世の江戸周辺村落における小商品生産と海上流通—相州の諸産物とくに薪炭の生産と流通をめぐって—」(『都市周辺の地方史』地方史研究協議会編、雄山閣出版、平成二年)も参考になる。

最近刊行されたものとしては、平成十四年に刊行された田辺による『網』(ものと人間の文化史・シリーズ一〇六、法政大学出版局)は三浦半島の網漁や網漁具はもとより、東京湾(江戸湾)や相模湾における網漁やその史的背景に言及している。また、岸上興一郎は『海港場横浜の民俗文化』(岩田書院、平成十七年)を著わし、その中で「横浜柴の漁撈文化」と題し、東京内湾の漁撈に関する近現代の史的背景が記されている。なおなぜ「海港場」としたかについてはふれていない。

その他、資料紹介的な内容も含めて、内田四方蔵による「武州神奈川浦付近の漁業—改題江戸内海の漁業1〜10—」(『郷土よこはま』七十八〜九十二・三号合併、昭和五十二年〜昭和五十七年)や、昭和六十三年に刊行された横浜開港資料館編の『幕末の農民群』—東海道と江戸湾をめぐって—』などがある。また、服部一馬による、「農・漁業史上の人びと」（『神奈川の歴史』人物編）や『神奈川県史』（民俗編）も参考になろう。

以上、海浜生活研究の動向を相州（神奈川県）だけについてみてきた。ここに掲げた研究や調査の成果は筆者の眼にふれただけのもので、もとより県内図書館や博物館、大学などの研究機関に対して組織的に調べあげたものではない。したがって近い将来、多くの資料によって補塡されなければならない研究成果もあると思っている。

5　内水面（河川・湖沼）など

内水面といっても相州（神奈川県）内には他地域と比較して、それほど大きな河川や湖沼があるわけではない。特に三浦半島内はごく限られている。これまでの調査や研究の成果を見ると、昭和四十二年に鈴木重光が「水没地に於ける漁撈と漁具―津久井湖周辺―」（『神奈川県文化財調査報告』第二十九集）を、昭和四十三年には中村亮雄による「川崎市民俗ノート―多摩川の川漁―」（『神奈川県史談』第十一号）が発表されている。

神奈川県立博物館は相模川流域の調査の成果を『相模川流域の民俗』（神奈川県立博物館、昭和四十三年三月）として発表したのをはじめ、『相模川下流域の民俗』（神奈川県立博物館、昭和四十五年三月）を、さらに三月には『串川・中津川流域の民俗』（神奈川県立博物館、昭和四十九年三月）と題して一連の調査結果がまとめられている。

中村亮雄は「小向の漁―多摩川汽水域の漁撈聞書―」（『川崎市文化財調査集録』第七集、川崎市教育委員会、昭和四十七年三月）を発表している。

多摩川に関するものには、中村恵子による「多摩川聞書・川漁のことなど（1）・（2）」（『西郊民俗』第六十八号、第六十九号、昭和四十九年九、十二月）を発表されている。

内田　清による「酒匂川の引船―その許可をめぐる史料を中心に―」（『小田原地方史研究』第七号、昭和五十年）や、平塚市博物館による『相模川の船と漁—相模川流域漁撈習俗調査報告書—』（昭和五十一年）も参考になる。小島弘義は「相模川水系の川漁」（『日本民俗学』第一一〇号、淡水漁法の特集、昭和五十二年三月）、中村亮雄と岸上興一郎は「川漁あれこれ—横浜の河川—」（『市民グラフヨコハマ』第二十二号、横浜市市民局、昭和五十二年三月）をまとめている。昭和五十二年七月には小島弘義が「相模川のアユ漁」（『民具マンスリー』第十巻四号）について発表した。

立川市教育委員会は『多摩川と生活・魚と伝統漁法』（昭和五十五年三月）を刊行した。北村 敏は「多摩川河口の白魚漁」（『史談』第十六号、昭和五十六年十二月）を発表した。川崎市教育委員会は「菅の漁—多摩川中流域の漁撈聞書」（『川崎市文化財調査集録』第八集、昭和五十八年三月）を発刊した。

宇佐見ミサ子は「相州酒匂川徒歩制の展開」（『小田原市郷土文化館研究報告』第二十一号、昭和六十年）を発表している。安斉忠雄による『多摩川中流域の漁撈具』（立川民俗シリーズ（V）多摩川と生活、立川市教育委員会、昭和六十年五月）は労作である。その他、佐野弥太郎による「相模川筋の渡船場」（『県央史談』第十一号）や、最上孝敬による『原始漁法の民俗』（岩崎美術社、）田辺 悟による前掲の『神奈川県史』（通史（3）・近世（2）・第二章第六節・「諸産業と商流通—漁業・魚種と漁法」）のうち「淡水漁」などがある。

以上のように神奈川県（相州）における海浜生活研究の動向をみてくると、組織的におこなわれたものや意図的、計画的に共同調査や研究として実施されたものが少ないことがわかる。今後は、さらに組織的、系統研究的な研究が望まれよう。

第二章　伝統的な漁撈と習俗

一　アマ（モグリ）漁

はじめに

わが国において裸潜水漁撈が古くからおこなわれていたことは、すでに『魏志倭人伝』が「今倭水人、好沈没捕魚蛤」と伝えていることからもうかがうことができる。時代がくだって『万葉集』の歌集中にうたわれた多くのうたの中にでてくるアマ（海人）は近畿以西のものが多い。なにぶん古文献に散見されるアマ（海人）は西南日本方面のものが多いのである。

しかし、このことから東北日本においても潜水漁撈がおこなわれていたのではないかといっても想像に難くないだろう。

昭和三十八年、平城宮址第十三次発掘において、諸国から貢納された贄、調などにつけた荷札などが約一六〇〇点も発見され、そのなかには「安房国朝夷郡健田郷仲村里戸和部真鳥調鰒六斤三列長四尺五寸束一束　養老六年十月」という木簡があった。このことから、七二二年に房総半島に住む和部真鳥が調としてアワビを貢進したことが確認されている。

したがって八世紀の初頭、大和朝廷へ関東地方から租税として御贄（天皇や宮廷人の食膳に供せられる魚貝藻〈魚介〉類）が送りとどけられていたのである。

さらに十世紀のはじめ編纂された『延喜式』のうち、主計式により当時調庸として諸国が貢進した魚貝藻類とその生産国を挙げれば、アワビは志摩、伊勢、相模、安房、常陸、阿波、筑前、肥前、肥後の九国である。すでに相模からアワビのほかに「カツオ」や「海藻」が貢納されていたこともわかる。

その頃、相模国の国府は中郡の国府村にあり、当時におけるアワビの主漁場は三浦半島であったか、それとも大磯、小田原、真鶴方面であったか不明であるが、国府村に近い真鶴方面であったかもしれない。

いずれにしろ、十世紀の頃、租税としてアワビが都へ送られていたわけだから、かなりの量が採取されていたのであろうし、アワビの採取に携わるアマ（海人）の数もかなりいたにちがいなかろう。

アマについては古文献により、かなりの文字表記を列挙できる。『倭字古今通例全集』（九〇五年）によれば、海士、蜑夫、白水郎、海人女子、海人、あまうど、あま、あまのおとこ、というような例をあげることもできる。また、潜女（かつぎめ）、かつぎ、ということばは広く使われていたことがわかる。

また古くはアマ（海人）ということばを漁撈に従事しているもの全般に使い男女の区別もなかったようであるが、近年に、アマということばは漁撈の中でもとくに裸潜水漁撈の方法により採貝、採藻に従事する者をさすように限定されはじめ、男のアマを「海士」、女のアマを「海女」と表記して男女の別をはっきりさせている。

ところで、羽原又吉が指摘しているように、「伊豆、相模、房州地方には少なくも文書の上に、中世末期から明らかに海部人が住居し、殊に小田原北条氏時代には、〈かつぎ衆〉として特殊の職業的漁民の存在したことは明白である。[1]」しかも前述のいずれの地域においても「かつぎ」を技とする裸潜水漁撈がおこなわれているのだが、「問題は後年の〈アマ〉と往時のそれとの関係である。率直に全く縁故のなきものか、それとも過去の引続き乃至その変移したものであるか、にわかに断定し難い。」

この問題を相州だけに限定した場合、現在の神奈川県においては、三浦半島の南部をはじめ、大磯、真鶴などで裸潜水漁撈がおこなわれており、前述の指摘どおり、(1)裸潜水漁撈が中世末期いらいの伝統的なものとして今日まで継続され、展開されているものか、(2)中世末期のものとは縁故のないもので、後年に他地域から移動してきたものによって現在まで裸潜水漁撈がひきつがれてきたものかという問題点が提起されるわけである。

したがって前述の問題を解明していくための手掛かりとして雑駁ではあるが歴史的な史料にもとづく考察を第一にとりあげ、中世末期以後、潜水漁撈がたどってきた過程と背景を把握しつつ、第二に潜水漁撈の伝統的な民俗や民具を現時点においてとらえ、民俗学的方法によってその端緒をつかもうとするものである。

さらに、現在、伊豆や房州では潜水漁撈者の中心が海女であるのに、両半島にはさまれた相模湾沿岸地域だけは海士が中心で、なぜ海女が存在しないのか。それはいかなる原因によるものか。また三浦三崎には正保の頃、伊勢から蜑人が移り住んだという古文献の記録もあり、いつごろから海士だけになったのかという問題点も多い。

民俗学的な方法を駆使して調査研究をすることにより、あるいは他地域における諸先学の研究成果と比較検討することにより、この原因や問題点を究明し、実証することができるのではあるまいか。

1　中・近世におけるアマの歴史

中世末期、相州における潜水漁撈「かつぎ衆」の記録は、「真鶴町資料」にみられる享禄元年（一五二八）のもので北条氏綱の子にあたる北条氏康時代のものである。

「慰斗鮑之事」によれば、

まなつるのかつき衆の内　いかにも上手弐拾人明日二十一日三崎へ罷越　自美濃守殿如下知　大のしむくべし
京都への御用ニ候間いかにもながく手ぎわよくむくべし　日数者十日に可致支度之状如件

とあり、真名鶴代官石上殿にあてたこの朱印状から当時三崎にも「かつき衆」がいてアワビを採取していたが、真名鶴へ応援をもとめたものと考えられる。ちなみに、当時の三崎城主は北条美濃守氏規（氏政の弟）であったから、氏規の命で真名鶴の「かつき衆」が来たことになるだろう。

この文書により、当時、真名鶴には「かつき」と呼ばれる特殊な職業的漁民がいたことは明白であり、「かつき」は古文献からみて「潜《かつ》ぐ」すなわち潜りを技とする漁民であったことは多くの先学が認めるところである。また、当時すでに三崎においてもアワビ漁がおこなわれていたらしく、当然「かつき」がいたと考えられるが、もし三崎に潜りを技とする漁民がいないとしても、その後、真名鶴から来た「かつき衆」によって裸潜水漁撈の方法が伝えられたと思われる。

真名鶴においては上手なかつきを二〇人選んだのだから、当時、かなり大勢の「かつき衆」がいたものとみてよいであろう。

アワビは古くから商品価値があり、珍重されたが、それは加工が容易で保存食品たりえたからでもある。前述の平城宮址より発見された木簡の中に散見されるアワビの加工法でさえ、「長《なが》鰒、薄《うす》鰒、熟《いり》鰒、蒸《むし》鰒」の種類がある。

中世末期におけるアワビの商品価値はさだかでないが、相州においては北条氏の印判状のうちに「本城御前様御台所毎月納肴従昔相定帳面改而被仰出事」(2)という文書があり、それには永禄三年（一五六〇）付で国府津之船主である村野宗右衛門へ「魚之代定」のうち、

一　あわひ　壱はい　代三文
一　いわし　弐ツ　代壱文
一　一尺之鯛　壱ッ　代十五文
一　かつほ《なまひ》　壱ツ　代十二文

などとあり、アワビの価格をある程度、他の魚類と比較して知ることができる。

『里見代々記』でも、その内容における信憑性はともかく、

北条の家嫁を里見義頼（義弘の子）の室に定めん　天正五年（一五七七）六月二十八日御婚姻相調ふ

とあり、この結果、里見、北条家の講和は成立し、閏七月二十五日、北条氏政は里見義弘にアワビを贈っている。(3)とうぜんこのアワビも「かつき衆」が採取したものであろう。

城ケ島には元和から寛永（一六一五―一六二四年）にかけての割付があり、「鮑五百五拾盃鰹四拾連向井将監肴御用仰付」という史料もみられるが、史料の出所が不明であるため残念ながら定かでない。(4)

その後、正保年間（一六四四―四七）における三崎の記録に、

伊勢国より蜑人四、五人向ケ崎に来りこれを漁とす　勝手あしきにつき城ケ島へ引越し住居す(5)

とある。したがって、このころすでに勢州から蜑人の移住がおこなわれていたことがわかる。

寛永年中（一六二四―四三）に、

紀州の下津浦に住んでいた七兵衛、市郎右衛門の二人が相州三浦郡にきてイワシ網をはじめた。これが関東におけるマカセ網のはじめである(6)

と伝えられていることから、当時は上方の漁民が新しい漁場をもとめて関東地方にまで進出してきた時代であった。

慶安元年（一六四八）三崎奉行所の城ケ島割付に「城ケ島鮑漁役金を増す」とあり、この小物成の割付は「一、金三両銀十一匁四分　此ノ鮑五百五拾盃代一両ニ付百四拾盃」である。さらに翌慶安二年（一六四九）、三崎二町谷村の史料によれば、(7)「一、金子壱分　船役　一、金子三両三分　かつぎ役鮑四百五拾盃代」となっており、同三年も四年も割付は同じだが、「但壱両ニ付百廿盃宛」とそえがきされている。

三浦半島の裸潜水漁撈に関して「かつぎ」ということばが使われているのは慶安二年がいまのところ初見である。

承応三年（一六五四）の文書[8]はさらに詳しく、

永三貫五百□《ムシ》拾壱文　役蚫四百五十盃之内外永弐百□《ムシ》文ハ上蚫弐拾盃御城へ浜塩ニ〆上申候

とあり、この年は役蚫が永銭になっている。また特記すべきことは役蚫のほかに上蚫を浜塩にしめて御城へ上げていることで、この城とは江戸城のことと思われる故、この頃、将軍にアワビを献上していたことがわかる。

正徳四、五年（一七一四―五）の蚫役銭[9]は「永三貫七百五拾文　此蚫四百五拾盃」である。以上のことから当時三浦三崎の二町谷村においては毎年のようにアワビを四五〇盃、年貢の一部としておさめていたことがわかる。

菊名村にも慶安からの割付があるが、「蚫運上」がはじめてでてくるのは貞享二年（一六八五）からで、前掲の城ケ島や二町谷村とは年代的にかなりの差が認められる。しかも、この史料[10]の中に「諸浦運上」とか「売人請」とあり、請負人がいてアワビ漁を始めたようである。

請浦運上については、次の相州三浦郡小坪村の史料[11]を三点あげることができる。

その第一点は、

宝永元年（一七〇四）申九月三日

御請申上候蚫御運上金之事

一、金弐拾七両三分　申ノ九月 丑ノ八月迄 中年五ケ年

（略）

右秋谷村磯蚫御運上之儀当申ノ九月より丑ノ八月迄中年五ケ年ニ金弐拾七両三分ニ被為仰付難有奉存候然上者当申ノ暮より子ノ暮迄壱ケ年ニ金五両弐分ト銀三匁宛毎年極月切而指上ケ可申候自然御運上金滞申候者ハ右之田畑被召上ケ猟場御取上ケ云々……（略）

相州三浦郡小坪村御請負人

源左衛門
秋谷名主
権左衛門
御代官様

その第二点は、

寛延元辰年（一七四八）九月十三日

名嶋蚫御運上金差上申候につき「覚」

一、金弐分銭三百八拾四文

右者名嶋

蚫御運上金其御時御請負方成候金之内也慥ニ請取申候浦郷御役所江去ル十日ニ差上申候仍而如件

堀内村名主
市郎右衛門

小坪村
御名主　新左衛門殿
請負人　源左衛門殿

その第三点は以下の通りである。

宝暦八年（一七五八）寅年二月

磯蚫御運上場年季明につき

「乍恐書付を以御願申上候」

一、三ケ浦一色両村磯蚫御運上場年季明ニ付前々之通リ五ケ年ニ金弐拾両差上此度も私共御請負仕度奉存候尤年季之内不漁仕候共御運上金無遅滞差上可申候間何分願之通リ被仰付被下候ハハ難有可奉存候以上

小坪村　請負人

浦　郷
御役所様

源左衛門

三ケ浦
名主　八良右衛門
同　七左衛門

以上、三点の史料はいずれも小坪村の蚫請負人である源左衛門に関するものばかりであるが、これによって、当時のアワビ漁は請負人が運上金を支払うことによりアワビ漁場を独占的に支配することができたと思われる。しかし、その際のアワビ採取が裸潜水漁によるものかどうかは不明である。むしろ、小坪村においては裸潜水漁の伝統がなく近現代まで「見突《みづ》き漁」によるアワビ採取が伝統的なので、その漁法によるとみるべきかもしれない。

また、宝暦二年（一七五二）、三浦郡野比村の「御物成納目録之事(12)」によれば、

（略）

浜高　一、永六貫文　　浦運上
　一、同百五拾文　□□《ムシムシ》
　一、同弐貫六百文　鮑場運上

の記録があり、野比村においてもアワビが古くから採取されていたことがわかる。

文化十二亥年（一八一五）三月十三日に三浦郡久里浜村の地首弥左衛門が代官に提出した「乍恐以書付御訴奉申上候(13)」には、

一当村海馬嶋《あしかじま》浦賀分郷久比里と論所相成、未被仰付候義も無之候得共、漁業之儀者、規先仕来之通可致旨被　仰

付候儀ゟ御座候間、小前一同申聞置候処、今十三日久比里ゟ海士を入鮑漁致候ニ付、当村受負之者取揚候鮑十弐盃引取預リ置申候、且何国よ里参リ候哉尋候処、伊豆国羽嶋ゟ斗申候、右海馬嶋鮑漁之儀者、先年ゟ当村江城ヶ嶋ゟ海士を雇鮑漁致　御運上金奉上納仕来申候、久比里ゟ右嶋江海士を入鮑漁致候儀決而無御座候、右之段私方江申出候間、御訴奉申上候、以上

とあり、この訴状から文化年間に伊豆の羽嶋（現在の初島）より海士が出稼ぎに来ていること、また、久里浜村では文化の頃から城ケ島の海士を雇って漁をさせていること、したがって「鮑運上」というのは村の中に請負人がいて雇った海士に漁をさせ、それで運上金を上納していることなどがはっきりわかる。たぶん請負人は相当の金額を村方へ支払って浦請をするものと思われるが、そこまではわからない。

その後、海馬嶋におけるアワビ漁業の係争は文政十年までつづき、「差上申済口証文之事」(14)に引きつがれていく。また、この間にあって南下浦の菊名村石井家史料にみられる「差上申内済口証文之事」（文政六年二月）も見おとせない史料である。

ところで、以上の史料により、いわゆる上物であるアワビは相州においてもかなり古くから産してきたことはわかる。しかし上述のとおり、このアワビがどのような方法で採取されたかについては言及されていない。「かつぎ」と明記されている史料(15)においては、潜水漁撈によるアワビ採取であろうことは前述のとおりであるが、その他の史料についてはなんの確証もないのである。

現在、アワビ漁はいわゆる海士が潜って採取する方法のほかに、見突《みづ》き・舫𦨖《ぼうちょう》・菱突《ひしつき》などと呼ばれ、鉄のコゾと呼ばれるカギを棹の先端にくくりつけ、船の上から箱目鏡で海底のアワビをさがして突きとる方法がある。普通、潜りは水温の高い夏に、見突は潮の澄む冬におこなわれる漁法である。伊勢、志摩方面では海女が昔は一年中潜っていたといわれるが、東北日本では水温も低いので冬の潜水は能率的でないし、反対に見突を夏におこなうことは潮が濁

るので困難であることから、夏は潜り、冬は見突が三浦半島では一般的である。

前述のごとく慶安二、四年の史料によれば「かつぎ役」とあり、さらに宝暦六年（一七五六）に刊行された『三崎誌』によれば、「城か嶋」の項に「民家は八十軒余有みなみなかつきを業とす」[16]とあるところからも、「かつき」すなわち「潜」であり潜水漁撈の方法によってアワビ漁をおこなっていたことがうかがわれる。

このことは明治十四年（一八八一）に起草された「東京内湾組合漁猟明細書」の、いわゆる「三十八職　漁法」の中に「鮑漁ハ、該地ノ岩本ニ寄ル処ヲ水中ニムグリ、小刀ヲ以テ採ル事」となって継続されたのであろう。さらに明治に至っての海士に関する詳細は後述するごとくである。

以上、中世末期以後の歴史の中で、断片的ではあるが潜水漁撈に焦点をあわせながらその過程を把握してきた。

2　アマの分布

相州におけるアワビ漁の史料はかなり豊富であるが、これまでみてきたことからもわかるように、地域的に限定された特定の範囲にみられ、また断片的である。それはアワビ漁が地先漁場の地形、地質をはじめとする自然条件に左右されるためで、アワビの棲息する場所は餌であるカジメ、アラメなどの褐藻類《かっそう》と呼ばれる海藻が豊富に茂っている岩礁であり、その海岸地帯は岩浜に限られる。したがって海士の分布も限定され、漁法も海岸の地形に適応した潜水漁撈の方法になる場合が多い。というのはアワビの生態からいって、岩礁の間やママ（岩棚の下）にいることが多く、見突では採取できないことがあるからである。

城ケ島では江戸時代の末期に石橋弥市郎が「あわびハイ縄」の漁具を発明したと伝えられている。[17]この漁具は明治の頃まで使用されていたものであるが、現在では使われなくなってしまった。アワビをハイ縄で採取する方法は、アワビの産卵期だけに限られていた。アワビの産卵期は十一月ごろだが、その時になるとアワビがかなり活発に移動するので、その生態を看取した漁法であったという。

アワビはハダのいい（表面のなめらかな）岩につくので、屋根の古瓦を利用し、瓦に穴をあけて縄をとおし、適当な間隔をおいて一本の幹縄に何枚もの瓦を結びつけて海底にしずめておく。数日して幹縄をたぐると、アワビは岩とまちがえて瓦の上に移動しているのである。これはタコ壺漁法とアワビの性質からヒントを得た漁具であった。

しかし、この「あわびハイ縄」を使っても漁獲はしれたものである故、いきおい岩礁地帯を舞台とするアワビ漁法は裸潜水漁撈ということが主になってきたものだろう。

そこで神奈川県の海岸線にそって岩浜をさがしていけば、そこがアワビ漁場であり海士の稼働できる地域であるということもできる。しかし、厳密には、岩浜海岸に臨む漁村がすべてアワビ漁をおこなっているわけでなく、海士がいるというのではない。それは前掲の史料からも明白であるが、本章では自然条件のみからみて神奈川県の岩浜海岸を便宜的に次の六つの地域に分けてみた。

㈠　三浦半島の東岸地域（東京内湾側）
㈡　三浦半島の南部地域（主に三浦市）
㈢　三浦半島の西岸地域（相模湾側）
㈣　江の島周辺地域
㈤　大磯周辺地域
㈥　真鶴周辺地域

㈠の三浦半島東岸地域とは東京内湾の走水より観音崎、鴨居、浦賀、久里浜に至る地域である。この地域内における裸潜水漁撈は、わずかな例外をのぞいて現在はほとんどおこなわれていない。走水においては明治の中頃、潜水器を使用してミル貝やタイラ貝を採取したことや、昭和二十年前後までタイラ貝を採取する「貝潜り」と呼ばれる海士はいたが、いずれも潜水器を使用するものであり、裸潜水漁撈によるいわゆる海士は特記するほど存在しなかったらしい。

また久里浜の海馬島（嶋）周辺は江戸時代から豊度の高いアワビ漁場であったことは前述の史料からもうかがうことはできるが、自村における海士の存在については明確でない。ただ昭和十年頃、久里浜でも潜水器を使用してアワビ漁をおこなっていた若干の漁師がいたことだけはわかる。

それ故、この地域においてはわずかの例外をのぞいて裸潜水漁撈の方法によるアワビ漁をはじめ採貝、採藻をおこなう海士はほとんどいなかったようである。

㈡の三浦半島南部地域とは、野比から南下浦の金田海岸に点在する岩礁を包含し、松輪、毘沙門、大乗、三崎、城ケ島、浜諸磯、小網代、三戸に至る地域で、北下浦の海岸をのぞいて行政区画は三浦市に含まれる地域である。松輪、毘沙門、大乗、城ケ島、三崎の宮川や二町谷、浜諸磯、小網代、初声の三戸などは現在でも海士が稼働している地であり、裸潜水漁撈の伝統も前述の史料から歴史的に求めることができる地である。

㈢の三浦半島西岸地域とは、荒崎、長井、佐島、秋谷、堀ノ内、小坪に至る地域で、横須賀市の西浦から葉山町、逗子市を含む相模湾側になる。

この地域は以前、かなりアワビ漁などがおこなわれていたことは前述のとおりである。しかし、現在はいくらかの例外をのぞいて潜水漁撈をおこなうものはいない。長井や小坪では夏のあいだ潜水によるアワビ漁を禁止していた時代もあり、アワビは冬になって見突で採取しているだけであった。したがって伝統的な海士はいないが逆に近年、ウエットスーツを着装して潜りはじめた。

㈣の江の島周辺地域とは、鎌倉、腰越、片瀬、江の島をはじめ茅ケ崎の平島、姥島などを含めた湘南海岸一帯の地域である。

喜多川歌麿（一七五三―一八〇六）の「江の嶋遊りやうあわびとりの図」や元治元年（一八六四）芳年の作品である「江の島児ケ渕の図」にはアマ（海女）がアワビを採取している浮世絵をみることができるが、近年に至っての海女や海士に関する詳細は不明で、わずかに明治三十九年「神奈川県案内」に海士が存在したことや「東町」とよばれる地区での海士の稼働実態がわかるていどである。しかも現在では海女、海士ともいないようである。

㈤は大磯周辺地域で、埋立前の照ケ崎海岸は岩礁地帯であった。大磯には海士だけが稼働しており、平塚方面まで出かけて漁をしていた。

㈥の真鶴周辺地域とは、小田原から真鶴の岩、磯崎、真鶴岬を含めた地域で、真鶴の海士が稼働している。大正の頃まではかなり大勢の海士が潜水漁撈に携わってきたが大正以後、鳥羽に近い石鏡《いじか》から海女がはいるようになり、現在ではほんの少数の海士しかいなくなってしまったが伝統のある海士の地である。

これまで、自然条件にもとづいて地域を六つに分け、海士の分布についてみてきたが、このうち三浦半島の南部と真鶴の二つの地域は過去、現在をとおして海士が最も多く稼働している地域であることがわかる。

昭和九年三月末の調査によれば、神奈川県の海士は二七八名で、(18)海女はいない。残念なことに、この調査では地域別の詳細が不明なことである。また、昭和十三年に農林省水産局の漁政課でおこなった海士、海女の所在地および人数の調査によれば、神奈川県は報告がなされておらず不明となっている。

しかし、その後の安田亀一の報告で、当時三浦郡三崎町、南下浦町、鎌倉郡川口村（昭和八年四月一日より片瀬町となり、昭和二十二年四月一日より藤沢市）に潜水漁撈者がいたことは認められている。

さらに、昭和三十一年六月、額田　年が調査したところによると、神奈川県には海女が三〇人いたという報告もあるのでつけくわえておきたい。地域についての詳細は不明である。

3　海士の生活——その民俗と民具

海士は裸潜水によって生活しているとはいえ、一年中それだけにたよった漁撈生活を営んでいるわけではない。たとえば、三浦市城ケ島の生産暦を調べてみてもわかるように、個人的にある程度の差がでるにせよ、みんなが他の漁撈生活をあわせていることである。

最上孝敬の指摘のように、「冬期の潜水が困難であるという事情もあるので、潜水漁撈はしばしば短い季節に限られる。こうして職業として潜水漁撈に従うものといっても、その合間には他の漁法に従ったり、あるいは漁業外各種の仕事をかね営むものとなる。あるいは他の仕事の合間に潜水漁撈に従うといったほうが適切な場合が多い(19)」のであるといえよう。

このようにみると「海士の生活」は夏期だけの潜水漁撈をとらえるだけではうきぼりされず、生活の全容を理解することはできない。すなわち、海士、海女などに関する生活文化の研究は潜水漁撈のおこなわれる時期だけをとらえるのでなく、生産暦にしたがい終年をとおしておこなわれなければならない。しかし、ここにおいては、研究の方法を示唆するだけにとどめ、「海士の生活」を潜水漁撈の稼働時期という狭い範囲に限定し、とくに民俗と民具の変遷を中心に論をすすめていくことにする。

(1)　採取物と潜水作業の変遷

海士の採取物は潜水により、アワビをとることが主である。そのほか漁期や漁場により採取物は異なるが、サザエ・トコブシ・イガイ・カキなどの貝類、テングサ・エゴ・ツノマタ・ワカメ・アラメ・カジメなどの海藻類、その他カゼ（ウニ）・ナマコ・タコ・イセエビなど、とにかくてあたりしだいである。

また銛をもって潜りイシダイ・クロダイ・スズキ（大磯）をはじめ魚類を突き刺すこともおこなう。

採取物もこまかくみれば地域や時代によって異なり、うつりかわりがある。城ケ島でトコブシを採取しはじめたのは明治三十七、八年頃からで、それまでは売物としての価値がなかったので女子供は自家のおかずにとったが、専門に潜ってとるものはいなかった〔話者：青木広吉　明治二十一年九月十日生〕。

また、真鶴の海士がサザエを採取するようになったのは明治のはじめ頃のことで、それまではとっても買手がいなかった。たまたま磯立網などをたぐるとサザエがかかってくるが、みんな沖で海中にすてたものだ〔青木竹治〕ということを聞いた。

そのほか城ケ島のイガイのように明治十年頃まではたくさんあったが、それ以後は資源が枯渇してしまい採取したくてもできなくなってしまったものもある〔石橋七三郎　明治三十年七月十三日生〕。

アマが「かつき」あるいは「かつぎ」という名で呼ばれていた時代には、潜水作業を「かつぐ」あるいは「かづく」などといっていたようである。真鶴では昔からずっとカツキということばが使われ、大正の頃までは見習の海士をケイコカツギという名で呼んでいた。だが最近は、モグリということばが使われるようになっている。

真鶴においてはカツキという語源を頼朝伝説に結びつけ、頼朝が石橋山で大庭景親の軍にやぶれ、真鶴から船で安房へおちのびる際に、海士たちに「自分は最後まで勝っ気《カツキ》でいるからお前たちもカツキでいてくれ」といったのでその後、海士たちをカツキと呼ぶようになったと伝えている。

三浦半島の諸地域や江の島ではモグルあるいはムグルといっている。しかし城ケ島においては、明治十一年の入漁協定書に「心太草及び貝類カツキ漁海老網入漁の事[20]」とあるところから、明治の頃までは三浦半島でもカツキということばを潜水作業にあてていたようである。城ケ島では、海士のことをハダカモグリと呼び、分銅を持って潜ることをヒトカシラモグリといい、毘沙門、浜諸磯など三浦半島南部の地域ではフンドンモグリと呼んでいる。そのほか松輪では分銅を使用して潜水作業をおこなう海士をホンモグリという。

城ケ島においては潜水漁撈をハダカモグリという。だがハダカモグリとは裸潜水漁撈の一般的な呼びかたで、さらに海士（ハダカモグリ）を三つに分けている。

第一はアワビだけを専門に採取するハダカモグリで、これに携わる者を「大アマ」という。大アマはフンドンと呼ばれるオモリを使って潜るので別名フンドンモグリとか、アワビだけを採取するのでケースケモグリあるいはヒトカシラモグリと呼ばれる。ケースケというのは城ケ島においてアワビのことを「貝助」と呼んだなまりである。大アマは船の上から綱をつけたフンドン（分銅）を指にさげて海底に至りアワビを採取して水面に浮上すると一回ごとに船の上にあがり、綱をたぐって海底においてきたフンドンを船の上に引きあげる。一人でモグル時は再びフンドンをさげて海底に至り作業をすることを繰り返す。

ところが潜りや舫舡（ぼうちょう）をする時はトモドリといって一艘の船に二人乗る時がある。[21] トモドリの時はフンドンを持って専門に潜る海士をオットと呼び、他の一人はトメッコといって船の上で櫓を漕いだり、舵をとったりする仕事をうけもつ。またオットが指にかけて潜ったフンドンについた綱を引いてフンドンを船に引きあげることや、オットの作業を助けるため、とくに浮上する途中に長さ三、四メートルほどの竹棹を海中にさしこみ、オットにつかませ、引きあげるようにする仕事などもおこなう。また、トメッコは竹棹を海中にさしこむことだけでなく、オットが船からはなれた距離に浮上した時にもさしだし、船に引きよせるようなことをおこない、できるだけ作業をする者の労力を軽減させるように努力するのである。

そのほか、「水八合」といって、オットが潜っている時、船上にいるトメッコは数をかぞえており、普通の数でまだオットが浮上しない時は竹棹で海面や船のコベリやタナをピシャ・ピシャたたく仕事も忘れてはならない。これは潜水作業をしているオットが深みにはいってイキをつめ、意識が朦朧としてしまうことがあるからだ。それ故、海面をたたいて音をだし、意識を回復させるような大切な役目もある。もしこんな時、気がつかないでいれば、そのまま意識を失い、死んでしまうのである。

こんな仕事をするトメッコだから、トモドリに出るには、気のしれた家族の者のだれかが一緒に出かけるのを常とする。家の者は男でも女でもよかった。またどうしても家の者で人手がたりない時は小学校をさがった子供を使ったりした。昭和二十年頃までは学校をさがって海士になる者が多かったので、小学校を卒業するとすぐ、トメッコを普通二、三年はおこない仕事を習得したものだという。したがって、トメッコをおこなうことは海士になる見習訓練でもあった。

トメッコは船上のヒドコで火をたき、採煖《さいだん》（暖）の用意をしたり、フンドンをたぐりあげたり、時にはシキ（船底）をトン・トンたたいて潜っているオットに船のいる位置を知らせたりする。また遠くに浮上した時は船を近くまで漕ぎよせたりする。真鶴ではトメッコのことをオシカジとか、トマイといった。

潜水漁撈でトモドリをするのはアワビ採取だけに限られたので、城ケ島では、フンドンモグリであることは名誉なことであった。それは腕のいい海士であることを意味したし、当然収入も多く、大正二年頃「一日一円稼いでくれれば家も金持ちになれるといわれた頃、すでに一日二、三円の収入があった」（石橋七三郎）というほどであった。

それに、海士といっても四〇尋も潜れる者はどこにもいるわけでなく、三浦三崎で「遭難者の死体が容易に発見されないと城ケ島の裸モグリをたのんだ」(22)ともいわれ、以前、アジ巻網が海底の岩礁にかかってしまった時、城ケ島の石橋七三郎がたのまれて四〇尋潜った記録がある。普通、三七、八尋まで潜る者もいるが、四〇尋は海士仲間でもめったに潜れる者はいない。

潜水の時間については正確なデータがあるわけではないが、「フンドンモグリは普通で一五、六尋潜り、時計で計ったら三分間潜っていた」〔話者：池田新三郎　大正十年八月十日生〕といわれる。フンドンを使用すれば、それだけ深い場所へ短時間で潜ることができるので海底で作業をする時間が長くなり、よって漁獲も多いわけだ。城ケ島で大アマといえば昔は村中でもいいアンチャンで、けっこう羽振りもよかったそうである。このフンドンモグリは船で行くことだけに限られる。

第二は「タルモグリ」と呼ばれる潜水作業で、タルモグリの場合は船で出かける時と「岡モグリ」といって船を使わない時がある。船で出かける場合、船からマゲダル（後述）を持って海中にはいり、潜ってはマゲダルにつかまり休憩したり移動したりしながら作業を繰り返す。マゲダルを使って潜水作業をするのは七、八尋ぐらいの場所がせいぜいで、アワビのほかにサザエ・トコブシ・カゼ・テングサなどを採取する時はよくこの方法で潜る。安房の白浜ではマゲダルを使って潜るにも船を使う海女を「船アマ」、岸から潜る海女を「岡アマ」というが、城ケ島では「岡モグリ」と呼んでいる。

第三に「トスカリ」と呼ばれる潜水作業の方法がある。これは採取物などに関係なく作業の方法だけによるものである。トスカリとは船を使って潜るが、フンドンもマゲダルも使用せず、いちど海底に潜って浮上するごとに船のドコやコベリにつかまって呼吸をととのえ、潜る時には船のアオリを足で蹴り、そのいきおいで潜る方法である。またフナバタを蹴るなどともいっている。したがって、フンドンモグリのようにヒトカシラごとに船の上にあがらない。しかし、このトスカリによる方法では深く潜ることはできず、せいぜい五、六尋ぐらいのところである。

城ケ島では、潜水作業をおこなう場合、いちど海底に潜って浮きあがること、すなわち一回の潜水をヒトカシラといい、これを何回となく繰り返すことをヒトオリという。フンドンモグリはヒトカシラごとに船にあがるのでヒトカシラモグリといわれるわけだが、タルモグリやトスカリは土用の前にはヒトカシラを三〇分ほど繰り返し、船の上にあがって休み、煖（暖）をとる。すなわち土用前はヒトオリが三〇分ほどということになる。

土用にはいれば海底の水温もあがるので、五〇分ぐらいつづけることができる。したがって一日に五オリぐらいは潜水作業をすることができる。ヒトカシラを数一〇回繰り返すのが一作業でヒトオリだが、海士同士は「今日は三オリやった」というようにして一日の作業を話すめやすにしている。だが、前述のようにヒトオリの時間は季節やその日の天候、水温、潮流、透明度などによってかなり異なる。

三浦市三崎町の二町谷では、いちど海底に潜って浮きあがることをヒトカシラといい、これは城ケ島とかわらないが、タルモグリの時、一回の潜水作業をヒトウリという。ヒトウリの時間は水温によってかわり、二〇度前後のときは一時間ぐらいが普通である。だが少し冷たい潮で水温一八度ぐらいになると、三、四〇分程度である。また二町谷では作業の回数をヒトウリ、フタウリといっている〔話者：小川喜代司　大正十四年三月九日生〕。

三浦市の毘沙門や大乗では潜っていちど海底に至り、浮きあがることをヒトイキといい、何回か作業を繰り返して三、四〇分間潜りつづけることをイッカイハイルという。したがって、城ケ島でヒトオリ、フタオリと潜水作業を数えるのを毘沙門や大乗ではイッカイハイル、ニカイハイルといい、ハイルとかハイッタとかいう〔話者：長谷川菊蔵　明治三十八年十一月八日生〕。

三浦市初声町の三戸では一時間近く、海にはいって潜水作業をつづけることをヒトカシラという。ここではフンドンモグリをしている海士はなく、船を使って沖に出てからマゲダルを使用して潜るタルモグリである。

七月頃は一日ミカシラ（回数は三回）、七月下旬から八月にかけてはヨカシラ（海にはいって四回作業をつづける）ぐらいになる〔話者：沢村政雄　大正十三年三月十日生〕。

そのほか三浦半島南部の松輪や浜諸磯などでもフンドンモグリ、タルモグリということばは広く使われている。

大磯では裸潜水漁撈者をカツギと呼んできた。これまで海女はいなかったといい、カツギは伝統的に海士だけであると聞いた。

明治四十三、四年頃、地元に四〇人ほどのカッギがいて海士組合があった。カッギは潜水作業をするのには船を使うことが多かった。フカモグリの時は必ず船を使用した。モグリ船が四艘ほどあり、それぞれの作業能力に応じて分乗し、各自に適した場所でウキを使いながら作業をした。この時、一艘の船に五、六人が一緒に乗り組むが、モグリ船でも個人的にトモドリを乗せて、とくに深い七尋から一三尋の場所を専門に潜る者もいた。大磯の前磯で潜る者は三尋から五尋ぐらいの場所で作業をする能力のある者、平島へ船で行くものは五尋から七尋ぐらい潜る実力のある者というようにわかれた。

一回潜って浮上することをヒトイキといい、ヒトイキを何回も繰り返して船上にあがって身体を休ませることをヒトモグリという。普通、六月より七月にかけては一日にヨンモグリ（四回）の作業がおこなわれ、八月になれば、水温もあがり、海中にいる一回の時間が延長されるのでサンモグリ（三回）になった。大磯のカッギはフンドンを持って潜ることはしなかった。

真鶴においては、前述のごとく潜水漁撈をカッギと呼んでいる。したがって古くから「かつぎ衆」というのは潜水漁撈者たちをさしていたことになる。真鶴では船を使い、沖に出て潜ることをギリとか、ハンギリという。もともと真鶴では夫婦で潜りに出ることをギリといったらしいが、その後ハンギリということばが使われ、ハンギリとは船を使って沖に出て、分銅を使って潜ることをいうようになった。以前は「ギリで潜る場合は一二尋以上のところ」というような漁業会の規制もあった。

ところで、このギリということばは、海士船で使う分銅をひきあげる車「磯車」からきているようである。伊豆半島の南崎では夫婦で沖に出て妻が潜り夫が船の上でトマエの役をひきうけるような夫婦潜をギリカヅキというが、やはりこのギリというのは分銅をあげる車を使うことからきている。

また船を使わず磯近くでタルを使って潜ることを真鶴ではカジトと呼んでいる。普通、伊勢、志摩方面では船を使わず、徒歩で陸づたいに磯へ出かけて潜る海女をカジト（徒人）といい、作業の未熟な若い海女や、年寄が多い。

真鶴では後述するごとく大正十年頃までは海士だけが潜っていたが、志州の国崎《くざき》、石鏡《いじか》、相差《おうさつ》などから来た海女がのちに定住するようになり、この地に多彩な影響をあたえた。真鶴と伊勢、志摩との潜水漁撈に関する民俗や民具を比較してみると、かなりの共通点を見出すことができるのも、その結果にほかならない。真鶴では以前「タル」と呼んでいた浮桶を最近は「タンポ」と呼ぶようになってきたのもその一例である。

次に神奈川県でおこなわれている裸潜水漁撈者の作業と、その変遷について若干の考察をくわえるとともに、前述のように、伊豆半島や房総半島では潜水漁撈者の中心が海女であるのに、両半島にはさまれた神奈川県（とくに三浦半島）だけは海士が中心であり、なぜ女性が潜水作業に従事しないのか、あるいは過去においては存在したのか、いつごろ、いかなる理由で海女がいなくなったのか、というような「海女」の問題についてもふれておきたい。

城ケ島をはじめ三浦半島に海女がいたという確実な史料はいまのところまだ見当たらない。古文献によれば、たぶんいたらしいと思われるが信憑性はない。というのは、前掲のように「伊勢国より蜑人四、五人向ケ崎に来りこれを漁とす、勝手あしきにつき城ケ島へ引越し住居す」とあったり、また『三崎誌』には「蜑か崎」の項に「昔伊勢の国の蜑住けるよし」とあり、それ故にこの地をアマガサキというのだ、という記事もみられる。しかも前掲のごとく古文書の中には「かつぎ」ということばもかなり多く使われている。

しかしながら「蜑」というのは海人（漁業者一般）をさし、「かつぎ」は潜水をさすのであるから、これらの資料からは海女であるか、海士であるかは不明であり、その他の記録からも結論はでてこない。しかも、伊勢、志摩地方では現在、圧倒的に海女が多く、この地方のアマといえば「海女」をさすほど有名になっているが、それでもまだ伊勢志摩地方にも海士はいるのである。

それ故、「伊勢より蜑人が来た」といっても、やはり海士、海女のいずれであったかは定かでない。

元禄十二年（一六九九）九月の「下田御関所定書」の「定」の中にみえるアマに関する記載によれば、「房州より志州江女海士船ニ而上候節は鳥羽城主之手形、上《ママ》リハ江戸留守居手形裏書ニ而通し、上下共御番所前之湊江かつき之躰見分可有之事」とされ、「海女」が東国に出稼ぎにきていたことがわかる。同じ「定」めは延宝四年（一六七六）にも記載されている（『浦賀奉行所関係史料』第一集上巻）。

明治八年六月五日付で明治政府が実施した大規模な調査事業としての「皇国地誌」の残稿、「城ケ島」の項に「男ハ漁猟ヲ以テ生計トシ女ハ専ラ耕作ヲ業トス」とあり、女が漁業に携わったというようにはとれないが、一方、城ケ島の女は櫓を使い、男と共に沖に出て漁をする慣習がのこっていたことから、まったく漁に携わらなかったわけではないといえよう。

女が漁に携わらないで農耕がさかんな地方では、農耕が女の役目となり、男は漁に出るとき「船に女を乗せることを忌むという習俗」が一般にひきつがれることが多い。しかし潜水漁撈をおこなう漁村においては、女を船に乗せることを忌むというような習俗をみることはない。船に女を乗せるのを忌む地方では、船の神様（船霊様）が女の神様であるからだという理由による場合が多い。

真鶴では、海士だけが潜ってきたが、大正十年頃になって海女が志州よりはいってくるようになるのは後述のとおりである。ところが口碑によれば城ケ島は真鶴と反対に、女も潜っていたが明治二十年以後、男の潜りだけになったといわれる。

城ケ島漁村がどのように成立したか、その過程については別稿[23]にゆずるが、石橋要吉によれば、「父親が子供の頃には、漁師のオカミは潜っていた」と聞いたことがあったという。だが、「女が潜るのはみっともないのでやめた」といい、金子三吉も同じような話を父親の己之助から聞いたことがあるという。また、女が潜らなくなった理由も「明治になって、みばえがよくないので村でとめた」と聞いている。

明治になり、「みばえがよくない」という理由だけで女の潜りを禁止したとすれば、城ケ島においては当時すでに海女の生産力が家計や村の経済活動にさして大きな影響を与えるほどの実績をもちあわせていなかったともいえまいか。さらに、「みばえがよくない」という意識はたぶんに他人（外来者）を念頭においている。とすれば、明治三十年以後、三崎は避暑地として東京をはじめとする都会人をうけいれるようになるが、それ以前、すでに保養のために訪れる人が多くなってきたものだともいえよう。

初代三崎町長であった加藤泰次郎は、まだ海水浴という言葉さえ普及していない明治のはじめ頃、「これからは塩（潮）湯治（海水浴のこと）が都会では流行し、三崎にたくさんの人が来るだろう」と話し、その準備をすすめるように強調したが、多くの漁師は海水浴とはどんなものだかも理解できなかったといわれている〔三上三二〕ことから、ある程度、その遠因をつかむことはできる。

青木広告によれば、「明治十五、六年頃までは女が潜っていたが、東京のお客が三崎へ来るようになり、明治二十一年頃、みっともないからというのでやめた」が、その後も少数の者は潜っていた。これは明治四十一年に六十歳で亡くなった父親から聞いた話である、といって女が潜らなくなった時期とその理由を話してくれた。

また青木広告の妻のキンは、慶応三年生まれの母親（マツ）から、「潜ってから焚火にあたる時、前掛けのようなもの（房州白浜ではイッチョコという）を前からうしろにまわし、越中褌をうしろ前にしめるような格好で煖をとった」し、三崎の宮川でブト草（テングサ）の口明けがあった時、「ヒッカキを使うより潜った方がはやいのだが」と聞いている。

したがって、これらのことを総合すると、城ケ島においては明治の初期までは海女が存在し、前述のような理由から女の潜りは禁止され、その結果、海士だけが潜水漁撈に携わるようになってますます海士による潜りが盛んになり、今日に至ったとみることができる。

城ケ島とは反対に、以前は海士、海女とも潜水採取していた村の中に、近年に至り、男の潜りがとだえ女だけのいわゆる海女集落になってしまった例もある。九州長崎県の壱岐もその例であるが、「男のもぐる村が少ないことの理由は、明治前期まで各地でおこなわれていた沿岸の鯨組と呼ばれたクジラを捕る一種の網漁業や、その他の大きな網漁業、あるいはカツオ釣漁業などが盛んになると、海に潜って単独採捕をおこなうような素朴な漁を離れていき、こうした漁業に編入されて、昭和時代には潜水漁というような特色からはとらえがたいものに、多くはなったからであろう(24)」と一般的にはいえよう。

ところが真鶴においては以前、海士だけが潜水漁撈に携わっていたが、その後、大正になって海女が潜るようになる過程は多少とも事情がちがっている。というのは、第一に真鶴における海女は地元の女性ではなく、他所《よそ》者の出稼ぎによって始められたからである。

山田朝丸によれば、真鶴に海女がはいったのは大正十年だった。その頃は「アワビの磯の権利を漁業組合がもっていて、それを入札で誰かに期限つきで売った。磯の権利を買うのには普通一期が三年ということになっていたので、買った人はたいてい三年から六年は二期権利をもちつづけた。このようにアワビ漁の権利を買うことを〈浦を買う〉といった。いちばん最後に浦を買った人は〈原忠〉だったが、つねにアワビ浦を買うと潜り手が真鶴の海士を雇うだけではたりないので、志州や勢州から海女を雇った。最初、志州から出稼ぎに来た人が真鶴で結婚し、また親類の海女を志州から呼ぶというようにして、しだいに海女が多くなってきた」のである。

浦を買う者は、仲買人を兼ねるわけだが、この浦の権利をもっている仲買人を「オヤカタ」と呼んでいた。したがってアワビを採取した場合は、自家消費はゆるされたが売る時はかならず親方の手をとおさなければならないことになっていた。海士、海女の収入は漁獲量のいかんによって決定したが、「優秀な海女には、ハシラギンを積むといって、一カ月いくらと固定給をだして雇いいれ、それ以外の稼ぎに応じ一貫目いくらと、獲ったものを買いとる約束をした(25)」という。

出稼ぎに来た海女は、石鏡《いじか》、国崎《くざき》、相差《おうさつ》の者が多かった。ところで、この海女が真鶴の海士と結婚するようになり、大正以後すでに一一名が嫁になったが、昭和四十二年にまた一人相差から嫁が来たので、一二名になった。だが海士の方は減少する一方で、調査当時、青木敬三が一人になってしまったという衰退ぶりである。

戦後、浦を売ることがなくなり、他所から海女を雇うこともなくなったが、真鶴ではこうして嫁に来た海女が、約一二名、海士にかわって潜水漁撈によりアワビ採取をおこなうに至っているのである。

(2)　作業用具の変遷

いわゆるアマは男（海士）と女（海女）に分けられるが、海士の特長は潜って貝類や海藻類を採取するにとどまらず手に銛を持って潜り、魚類を突くことであり、海女が銛を使って魚類を突くことはないといっても過言ではない。

古来、アマがどのような漁具を使ってアワビその他の採取をおこなっていたかは定かでないが、江戸時代に海女を好んで描いた喜多川歌麿をはじめ、豊国、英泉、国貞、国周、芳虎、芳年などの浮世絵にはノミを持って潜っている海女が多い。

なかでも相州のものとしては、その信憑性はともかくとしてノミを口にくわえたアマを描いた歌麿の「江の島遊りようあわびとりの図」をあげることができる。

しかし、時代がくだった明治元年の版である芳虎の「光君鮑取之図」に描かれた二人のアマについては、場所は不明だがノミをもっていないということもあるので、浮世絵を資料とすることは参考程度にしかなりえない。

相州で漁撈方法や用具についての記録により時代をさかのぼることはできないが、それでも寛政五年（一七九三）四月三日の城ケ島の記録に「老中松平越中守（白川藩主）、御門勢二百四十八人と共に来島、篝屋見分、島へ渡舟の砌《みぎり》島人の潜水技御覧(26)」とあることや、『順礼物語』の「三浦城ケ島へ渡舟の事」の中に「海になれたるかづきの海士はちひろの底の貝蚫をいたひて磯にあがるもあり」とみえ、さらに文化九年（一八一二）に刊行された『三浦古尋録』には「城ケ島　戸数六九戸　此処漁者ハ当嶋及ヒ諸州エ出テ海底入蚫ヲ取テ作業トス是ヲ蜑丁トモ云泉郎《あま》トモ云」などとしるされている。

だが、この資料の範囲においては、潜水によってアワビ漁がおこなわれていることは明確だが、潜水や漁具についてはなんら知ることができない。

明治八年、「相州三浦郡城ケ島村の漁業書上[27]」によれば、「一、蚫運上　永三貫九百三十四文　一、漁船長二間半幅三尺五寸　二人乗　カッキニテ漁具は磯金壱挺」とあり、漁船および作業用具について、かなりはっきりしたことがわかるし、同十三年十一月におこなった三浦郡松輪村の「水産取調帖[28]」によれば「海士　身体ヲ海底ニ入ル一尺ノヲホシ鉄ニテ採揚　壱艘ニツキ海士二人　季節六月ヨリ八月ニ至ル」とある。

さらに、明治十四年、郡内各町村戸長役場からの報告を三浦郡役所でまとめ「三浦郡捕魚採藻業一覧」と題した公の記録によれば、「海士　一艘二人　季節四月から十月　収獲四十円」とあり明治に至ってからは、かなり潜水漁撈の方法も内容もはっきりしてくる。

明治十年八月に第一回国内勧業博覧会が東京の上野公園で開催されたとき、城ケ島村からの出品物は「千石決明《アワビ》三個四十銭、モグリ網十銭」などが出品されており、また諸磯村からは「磯カネ一、千トコブシ一」が他の水産物の中にまじって出品されていることも参考になるといえよう[29]。

作業用具の変遷についてのうらづけは以上のとおりであるが、次に作業用具（民具）個々について若干の考察を加えておきたい。

①　磯　金（イソガネ）

イソガネとはアワビをはじめ貝類を採取するときに使う鉄製篦《へら》の道具につけた総称で、相州だけでもイソガネのほかに、アワビオコシ・オオコゾ・カイハガシ・ノミ・オオノミ・カイオコシなど、地域によってかなり異なった呼び方をしている。

したがって日本全国、その形はもちろん、呼び方もかなりの数にのぼり地域によって個性的である。『日本水産捕採誌』に掲載されている図は信憑性のある資料である。

城ケ島ではこの道具をイソガネと呼んでいる。しかし、潜水漁撈に使用するイソガネも、採取物や採取条件（場所）によって異なる。城ケ島でいうイソガネとは、普通、アワビを採取する時に使うもので、三戸や二町谷《ふたまちや》ではカイハガシまたは訛《なま》ってケーハガシとも呼んでいる。城ケ島のイソガネは鉄の部分の長さが七・五センチあり、ハガネをうってつくった鉄のヘラに木の柄をつける。柄は鉄の部分より長いのが普通で、全長はおよそ三五センチほどのもの。三浦半島南部地域でも三戸や小網代のものより柄の長いのが特徴で、柄の長さだけは松輪、毘沙門のものに近い。

イソガネはアワビを採取する時、テコの原理を使って磯からアワビをはがすので、鉄の部分に反り（まがり）をもたせてあるのが普通であるが、この反りもよく観察すると地域によって、かなりのちがいがある。城ケ島のイソガネは「稲妻型」のように曲がり、先端が細くなっているのが特徴である。また、柄には紐がつけてあり、潜る時はかならず首に紐をかけて作業をする。

諸磯ではイソガネ、小網代ではケーオコシ（カイオコシ）と呼び、作業をするには首に紐をかけるが、諸磯のイソガネは鉄の部分の反りがゆるやかで、やや「くの字型」になった程度で「準くの字型」、先端の細いのが特徴である。松輪ではアワビオコシあるいはオオコゾと呼び、毘沙門ではケーコゾ（カイコゾ）と呼んでいる。その特徴は先の幅がひろいことで、鉄の部分の反りは城ケ島ほどではないが、やや三つに曲がった「準稲妻型」である。

海外《かいと》、二町谷ではカイハガシ（ケーハガシ）と呼び、その特徴は先端がひろく、反りは「くの字型」をしている。

アワビを採取するにも、岩の間（城ケ島ではママという）の狭い場所にアワビがおり、イソガネが大きすぎて中にはいらない時に使う道具がある。これをコノミと呼んでいるが、この呼び方は真鶴でも房州の白浜でもかわらない。

しかし、道具の型は地域によって、これもかなりのちがいがみうけられる。コノミはイソガネの柄をとってしまった型に似ているが、鉄の部分は小さい。手のこぶしのはいらない場所にアワビがいるので、城ケ島では、あえて柄をつけず、鉄の部分に細紐をまいて持ちやすくしたり、鉄の部分にいちど布をまいて、その上から細紐をまいてほどけないように工夫したりしている。

安房の白浜ではコノミに柄をつけ白い紐を通してスカリに結びつけておく慣習がある。

真鶴のコノミは、先端が丸味をおびているのが特徴で、志州のアマが伝えたコノミの影響をうけている。

真鶴のコノミは腰ズカリにかけて作業をするようにしていた。

また、アワビがママや深いタナの狭い場所にあり、イソガネやコノミが使えない時はナガエ（長柄）と呼ぶ道具を使う。ナガエはイソガネやコノミと鉄の部分が異なり、先端がカギ状で、鉄の長さは約三〇センチ、柄の長さ約九〇センチで、全長は一メートル二〇センチほどある。ナガエとは柄が長いことから道具につけられた名前であろう。ナガエは普段、船の上におき、必要な時だけイソガネと持ちかえて使用する。

また、ナガエの先端がカギ状になっており、ウニ（カゼ）やトコブシを専門に採取するための道具であるコゾ（後述）のような型をしているのは、タナの奥にあるアワビを突きはなすためであり、また裏がえしても手がとどかないのですぐに岩の間からひきだすことができない。それ故、カギ状の先端で裏がえしたアワビを搔きだすようにするための工夫である。これは城ケ島のナガエだが、諸磯のナガエはイソガネに長い柄をつけただけのものを使って作業をしている。

三浦半島の漁村では、トコブシを採取する道具をコゾと呼んでいるところが多い。城ケ島でもコゾを使用するが、これはトコブシをはがす時やウニを採取する時に使用し、海士以外の者はコゾでアワビを採取することもある。ところが専門の海士は、アワビを採取する時、コゾではアワビの肉がいたむといって使用しない。

コゾと呼ばれる道具は二、三〇センチほど長い鉄の丸棒の先端をつぶし、カギ状にして先を鋭くしたもので、丸棒の太さは普通、エンピツほどの太さで、八ミリぐらいのものが多い。やはりテコの原理を応用して採取する場合が多いので、丸棒の部分はゆるい反りをもたせてある。木の柄を二〇センチほどつけるが、鉄の部分とだきあわせにするので、全長は四〇センチ前後のものが多い。

コゾも柄に細い紐をつけるが、首にかけて潜ることはせず、手首にかけて作業中に外れないようにするだけである。毘沙門ではコゾのことをトコブシコゾと呼んでいる。

現在、イガイの採取は城ケ島でもおこなわれなくなってしまったが、昭和十年頃まではかなり採取されていた。イガイを専門に採取する海士は鉄の部分の先端が二つにわれた足袋に似た型の道具を使用し、「イガイが磯についているシリの部分にはさみこみ、ねじるようにして使った」〔石橋七三郎〕といわれる特殊なものもある。これを城ケ島ではイノカイトリイソガネと呼んでおり、鉄の部分は一〇センチ、柄の部分は二八センチ、全長三八センチほどのものである。

もしも、全国沿岸の船大工たちの修業地やその師匠を追求し、遡及していくことができるなら、その技術系譜をその方面から求めていくことができるだろう[30]と思うのと同じように、アマの道具であるイソガネの類型も野鍛冶たちの調査によって新たな発見が期待できることもあろうと思われる。

城ケ島の池田熊吉によれば、イソガネは明神様（昔は三崎の海南神社のことをそう呼んだ）の前にあった「宮シタ」とい

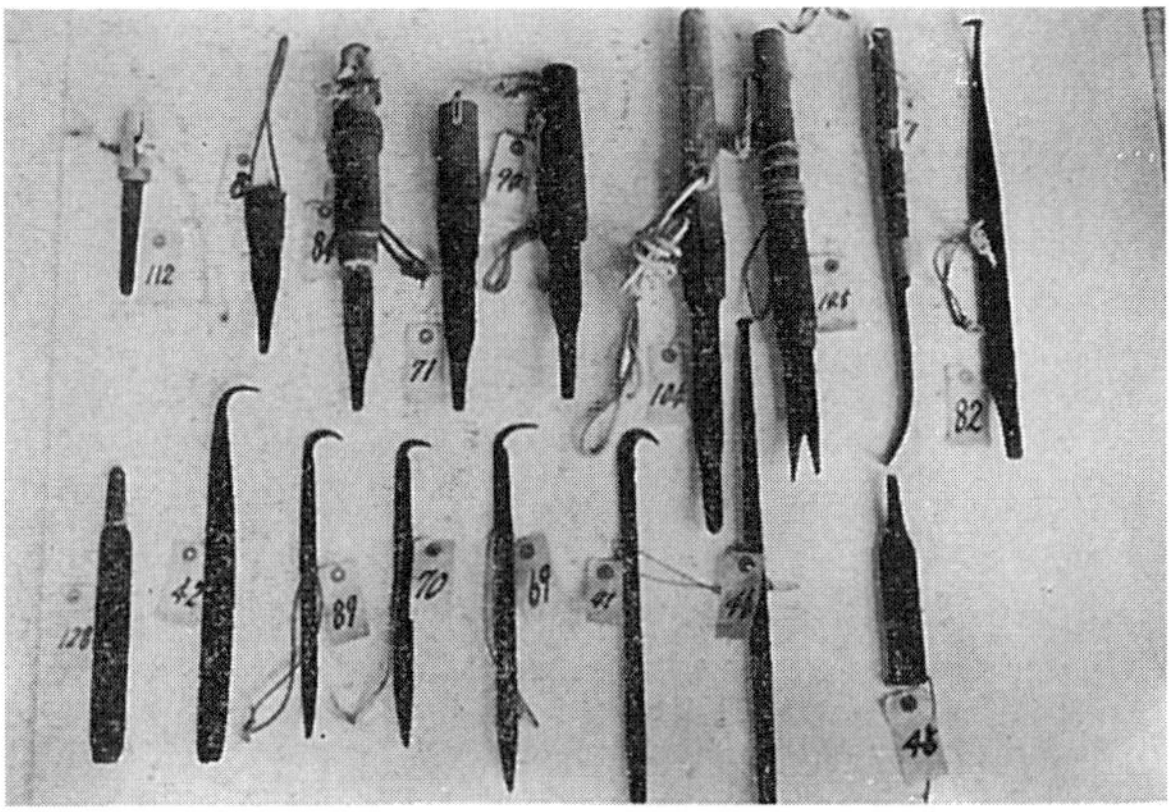

写真1　各種磯金

う鍛冶屋でつくった。宮シタの鍛冶屋は増井清衛門という人がやっていたが、そこのイソガネは作業中絶対に折れたり、曲がったりすることはなかった。普通、潜る時はかならず予備に他の一本を持っていったものだが、そんな心配をすることはなかったし、それに錆びなかったという。だから、城ケ島のアマは皆、宮シタでイソガネをつくった。

イソガネは焼きが堅い場合、先がすぐに折れてしまうし、やわらかすぎると曲がってしまうので、つくるのに高い技術が必要だった。だが宮シタのものは焼きがよく、そんなことはなかった。

前述のごとく三浦半島南部の狭い地域において、すでにイソガネの型が異なるのは、次の点に起因するのではないかと思われる。すなわち、地域により伝統的な漁具が使用されるのは、漁具と漁場との関係が第一に考えられるのだが、海底の地形に関係があるというよりも、古くから村によってイソガネをつくる野鍛冶が異なっていたことにも関係するのではなかろうか。

城ケ島のイソガネは三崎海南神社の宮シタで、諸磯では三崎北条の滝口や城村（今の宮城）のツルカジヤで、毘沙門や松輪では松輪にあった草間カズオという鍛冶屋で、また三戸では村内の三上壁吉という鍛冶屋でというように、それぞれの野鍛冶でうたせた道具を長い年月にわたって使用してきたことによるものと思われる。

調査当時は三戸以外、三浦半島南部に住む海士のほとんどが三崎の北条にある滝口鍛冶屋で道具をつくっており、久里浜や遠く千葉県の勝浦の行川《なめがわ》からも注文をうけてイソガネをつくっているほどである。しかし、それでもイソガネの伝統は守られ、地域ごとの注文に応じたイソガネをつくっている。滝口多喜によれば、どこの海士でも「使いなれたものがよい」「ちがうイソガネはだめだ」といって、他地域で使う既製のイソガネは決して持っていかないということを滝口鍛冶屋より聞いた。

このような野鍛冶とイソガネをはじめとする潜水漁撈の道具についての調査は、安房の白浜における調査でも同じような結論を得ることができた。

三浦半島の毘沙門では明治以後、イソガネ（ケーコゾ）の形が変わって新しい形のものが使用されるようになったが、城ケ島では明治のはじめから現在使用されているイソガネと同じように木の柄についたものだけが使われてきた。また、真鶴では大正十年頃までは木の柄のついたイソガネ（真鶴では大ノミ、あるいはイソクギという）が使われたが、志摩の海女が来るようになってからむこうのもの（カギノミという）も使われるようになった。

青木広吉によれば、「女が使うイソガネには鉄だけのものがあり、女が磯ものを採取するのに使った。長さは三〇センチぐらい、幅は狭く現在海士が使用しているイソガネの鉄の部分に比較すれば、三分の二ぐらいの幅であった」という。また、この女が使用したイソガネは「一方はテコのように曲がって、反りをもたせ、イソガネを小さくしたように先がひらたくなっているが、もう一方はまるみをもってカギ状に曲がっていた」という。イソガネは全部鉄製であるため、三分の二、あるいは中央に穴があけられ、細い紐を通すようになっていた。

このイソガネを海士が使うことはなかったが、女子どもはこれでトコブシやウニを採取した。ところが、トコブシやウニを採取するために都合のよいコゾが使用されるようになり、この女子どもが専用していたイソガネは城ケ島では使われなくなってしまった。だが、現在でも三浦半島南部地域で使用しているところはある。

次に現在、神奈川県で使用されているイソガネについて若干の考察をくわえたい。まず、三浦半島はじめ、大磯や真鶴で使用されているイソガネには、大きく二つの種類がある。これは、伊勢、志摩と共通することだが、房州ではみられない。そのひとつは城ケ島をはじめ、三崎町の二町谷、浜諸磯、小網代、松輪で使用されている柄のついたイソガネである。

前述のように二町谷の白石ではケーハガシといい、現在、北条の滝口鍛冶屋でつくっている。諸磯（白須）でも柄のついたものを滝口鍛冶屋でつくる。ところが小網代ではケーオコシといい、浜諸磯では城ケ島と同じようにイソガネと呼んでいる。

小網代でイソガネと呼んでいるのは鉄だけでできた比較的小型のもので、海士が使用するものではなく女子どもが岡潜り（磯取り）の時にトコブシやウニを採取するのに使う。

他のひとつは、毘沙門の大乗で使用している鉄だけの、柄のないものである。大乗ではアワビ採取をおこなうこの道具をケーコゾ（貝コゾ）と呼んでいるが、片方はアワビをおこすように反りがあり、他の一方はトコブシやカゼを採取するようにコゾ形をしているので両方とも使えることから「リョウテンビン」とも呼ばれる。この型の磯金は伊勢、志摩方面でも使用しているアマがおり、真鶴でも使われているがやや形は異なる。

毘沙門では鉄だけのリョウテンビンを海士が使うようになったのは昭和二十年以後（戦後）のことで、それ以前は柄のあるケーコゾを使っていた。

また、真鶴でも鉄だけの磯金を使っている。真鶴ではこれを「カギノミ」と呼び、昔から海士が使っていた大ノミと区別して呼んでいる。このカギノミは志州から海女がはいって来てから以後使用されるようになった〔青木竹治〕もので、それまでは「大ノミ」を使っていたが、しだいにカギノミが普及した。現在ではイソクギともいう。

真鶴で柄のついた磯金を大ノミと呼んでいるのは小ノミに対しての呼び方で、真鶴の小ノミは安房の白浜のコノミと同じように柄がついており、城ケ島のものとは異なるが伊勢、志摩のものと共通している。

大磯ではアワビ採取に用いる磯金をノミという。ノミには二種類あり、大型のものをオオノミ、小型のものをコノミという。ほかに、以前はカキ採取専用のカキノミがあった。オオノミは全長四七センチほど。先端の鉄の箆《へら》の部分の長さ一八・五センチで約二センチの幅があり、厚さは五ミリ。先端にいくにしたがって幅も厚さも狭くなり、ゆるい「くの字型」をしている。また、柄の部分の長さは二八センチで、ここは手もとにくるにしたがって太くなる。柄は鉄製の環をつけて挿《す》げられている。材質は樫材。地元のササヤという鍛冶屋で専門に製作され、明治二十年代から昭和二十年代まで形態は変わっていない。ノミは「スコシ」に差して潜る。右腰にオオノミ、左腰にコノミを差すがノミには細紐がつけてあり、それを首にかける。したがって、首には二本の紐をかけて潜った。

コノミは全長一七センチ。先端の鉄箆の部分の長さ八・二センチ、最大幅一・八センチで、厚さ〇・六センチ。先端にいくにしたがって幅も厚さも狭くなっている。柄の部分の長さ八・八センチ、長径三・五センチで鉄環をつけてノミを挿げている。柄の材質は白樫。また、大正五年頃まではイガイやカキの採取もおこなっていた。カキノミの形態はアワビ採取用のオオノミに似ているが、さらに大型。全長五七・五センチ、鉄（ノミ）の部分二七センチ、柄の部分は三〇・五センチ。柄は樫材。イガイもカキノミを使って採取した。

以上述べたように磯金には木の柄をつけたものと、鉄だけの柄のないものの二種類がある。したがって、この磯金が伝播した系譜を溯及していけば、潜水漁撈の伝統や民俗文化、民具について技術系譜が明確になり、潜水漁撈の歴史的背景を新しい立場から理解することができるようになる。

道具の新しい伝播により、古いものが新しく伝えられたものに変わっていくことは当然考えられることであるが、その道具の普及性や浸透率は道具そのものの「有用性」（実用価値）が高いかどうかということに結びついている。

前述のごとき大乗の「リョウテンビン」とよばれる磯金は作業にあたり一長一短があるため、あまり普及しているとはいいがたい。たとえば、岩の奥にあるアワビを採取する時、ケーコゾならばアワビと岩の間にケーコゾを差しこんで、柄のしりをたたき、その力でアワビをはがすこともできるが、リョウテンビンは一方がコゾ型になっているので、しりを岩でたたいたりすることはできかねるし、作業中も使いなれない道具を使いこなすのに苦労したり、自分の手を傷つけたりすることさえある。

漁具などの場合、伝統的な道具が引き継れていくのは、「勘にたよる作業」を必要とするため、幼少のころから使いなれた道具により技術練磨がなされていることがおおいので、新しい道具にかえることを躊躇する原因もそこにあるといえる。

このことは、これまで述べてきた磯金についてもいえることで、柄のついた磯金だけをとりあげてみても、城ケ島で使うもの、諸磯のもの、松輪、毘沙門のもの、海外、二町谷のものなど、鉄の部分の細工がかなりちがっているのは前述のとおりである。

②　鉾《ホコ》（モリ）

全国各地の海女と海士のもっとも異なる点といえば、海士が潜水作業中に鉾漁をおこない、魚を突くのに対して、海女は鉾漁をおこなわず、採貝、採藻にとどまっているということである。

城ケ島の海士は、明治の頃から潜ってイシダイを突いていた。そこでイシダイを突くのに都合のよい鉾として「三崎モリ」が考えられたのだという〔石橋七三郎〕。イシダイはヒラタイ魚なので、「三崎モリ」を使って、むこう側へつきぬけるようにしてとった。イシダイを突くのには潜って岩かげに身をかくし、足をふんばり、モリを両手でにぎってまちかまえる。イシダイがあらわれた瞬間、全身に力をいれてのりだすように前へモリを突きだすという漁法であると聞いた。

ところで、鉾はヤスとも呼ばれているが、城ケ島ではフシと呼び、三崎モリと区別している。三崎モリは鉄の部分七〇センチ、竹棹の部分二メートルほどで、全長二メートル七〇センチほどのものである。

クシというのは鉄棒とイカシ（カエシのこと）が一体になっており、ボートー（モリ棹のこと）に差しこむわけだが、三崎モリは鉄棒にイカシのついた先端部を差しこむように考案されており、イカシに木綿のひも（ヤナ）をつけ、ボートーの途中にしっかり結ばれている。したがってモリが魚に突きささったときは、イカシの部分だけが外れるようになっているモリである。イカシも時代によって多少なりとも工夫され改良されてきた。古い時代（明治期）イカシは腹の部分にあたる片方がたいらになっていた。

サメを突く時はサメの力が強いので大きなイカシを使い、ヤナを二〇尋ぐらいの長さにつけておき、サメを突いてからすばやくヤナをのばしていきながら船にあがり、船上からヤナをたぐりよせるようにした。

また、モリを使う時はゴムの弾力をつかわず、手の力でかげんをして突いた〔石橋七三郎〕。

とくにイシダイは岩のタナにいることもあり、海士が潜っていくと奥の方にはいってしまう。タナの中にいるイシダイを突く時にゴムの力を使うと、いきおいあまって魚を突きさし、その余力でさらに岩を突いてしまうことがあり、岩にささったモリを力で抜こうとすればモリのイカシは取れてしまい、魚も逃がす結果になってしまうという。

ミサキモリという呼び名は、三崎よりむしろ三崎以外の地域で使われ、地元の三崎や城ケ島では、ただモリと呼んでいる。むしろ、伊豆半島の白浜などでミサキモリと呼んでいるところから、三崎から海士が伊豆方面へ出稼ぎに行った時にでも伝えたものかもしれない。

城ケ島のモリは鍛冶屋でつくったが、昔から島にはボートー（モリザオ）にするような竹がなく、下浦や初声の農村地域まで買いにでかけた。竹を買って帰ればただちに曲がっているところを焚火であたためながらなおし、日影に一年間は使用せずに保存した。日影でないと竹が割れてしまうからである。また、鍛冶屋で買ったクシやモリも一年間は使わないのが常であった。これを「ねかしておく」といい、道具に錆がでてから使わないと、すぐに曲がってしまうためだという。

大磯の海士はモリを持って潜り、イシダイ・クロダイなどを突く。大磯ではモリまたはミサキモリと呼んでいる。約三〇センチの長さの鉄の丸棒の先端に離頭銛がとりつけられ、これが細紐で柄に結ばれる。柄は竹で約一尋半の長さ。魚を突きさすと先端が外れる仕掛けになっているもので、真鶴や江の島、三浦市の城ケ島で使われているものと同型のものである。

海士が潜ってカキを採取すると、海底の岩肌にカキの一部分が残るので、クロダイはその餌を求めて集まってくることが多く、そこを見計らって突く。イシダイは大きい石の下にはいってしまうことがあるため、クロダイを突くよりも技術がいるという。海士は一貫目もあるクロダイを突くことがしばしばあったという。モリは地元の鍛冶屋（茶屋町のササヤ）で製作してもらった。

真鶴の海士も同じように潜ってモリを使い、魚を突くが、真鶴ではモリのことを「チョウチョモリ」と呼んでいる。真鶴のチョウチョモリも、つくりについてはミサキモリとかわらない。しかし、真鶴にはチョウチョモリの中に、さらにアタミチョウチョと呼ばれる種類のものがある。このモリはイカシの部分の背と腹の厚さが比較的うすくつくられているので、イカシの肉がうすいため魚のささりがよい。しかしその反面、折れやすいという欠点をもっている。

城ケ島をはじめ三浦半島南部地域では、戦後になって使われだした「鉄砲モリ」と呼ばれるゴムヒモをつけたモリがある。ボートーのしりにゴムヒモ（自動車のタイヤにいれるチューブなどを細くきる）を輪にしてしばり、親指のつけねにかけてゴムをしぼり弾力を使ってモリを放つのだが、年とった海士は使用せず、若年の海士が若干使用しているだけである。

そのほか、鉾ではないが、やはり海士が潜水漁をおこなってイセエビをとる時に使う道具がある。以前はイセエビを鉾で突きとったこともあったらしいが、城ケ島では現在、イセエビを潜水漁法でとることを禁じている。潜りでエビをとれば海士が多いのですぐエビがいなくなってしまう。現在、磯立網で漁獲しているが、磯立網は老後の仕事として保護しているので、エビも当然保護されることになる。

ところが三浦市の松輪や毘沙門ではイセエビを海士が潜って捕獲する。イセエビはタコをこわがるので、エビをとるとき小ダコを使う。タコを棒の先にゆわき、エビのいるガンコ（タナ）の中にいれるとイセエビはタナのすみに集まってしまう。一か所に集まったエビをとるのにタマを使ったり、手でつかんだりしたが、やがて竹の先に鉄の針金をY字につけ、その先端を熊手のように曲げ、その間にエビをはさんでとる道具が使われるようになった〔話者・草間乙松　明治二十八年生〕。

③　獲物入れ（スカリ）

海士が採取したアワビ・サザエ・トコブシ・カゼ（ウニ）またはブト（テングサ）などの海藻をいれる獲物入れをスカリという。獲物入れの網袋をスカリと呼ぶのは三浦半島南部や真鶴だけでなく、房州の白浜、伊豆半島のほか、全国各地に共通した呼び方であるが、房州ではタマリともいっている。

また獲物入れにスカリを使ったり、磯桶を使っている伊勢、志摩の海女や山口県の大浦の海女などの例もあるが、磯桶を使う海女はほとんどが徒人に限られている。伊勢、志摩の海女の場合、磯桶は獲物入れであるとともにマゲダル（浮樽）の役目を兼ねている。

スカリということばは漁業だけでなく、全国各地の山村などで山の採取物をいれたり、弁当入れの網袋をいう場合に使われていることは興味深い。

城ケ島の海士が使用するスカリにはシメズカリといって腹にスカリをあて、腰に紐でつけるスカリと、タルズカリといい、マゲダル（後述）の下に紐で吊るすスカリの二種類がある。

シメズカリは、ヒトカシラ潜ってたくさん採取をするもの（サザエやブトグサ）の時に使う場合が多く、タルズカリ

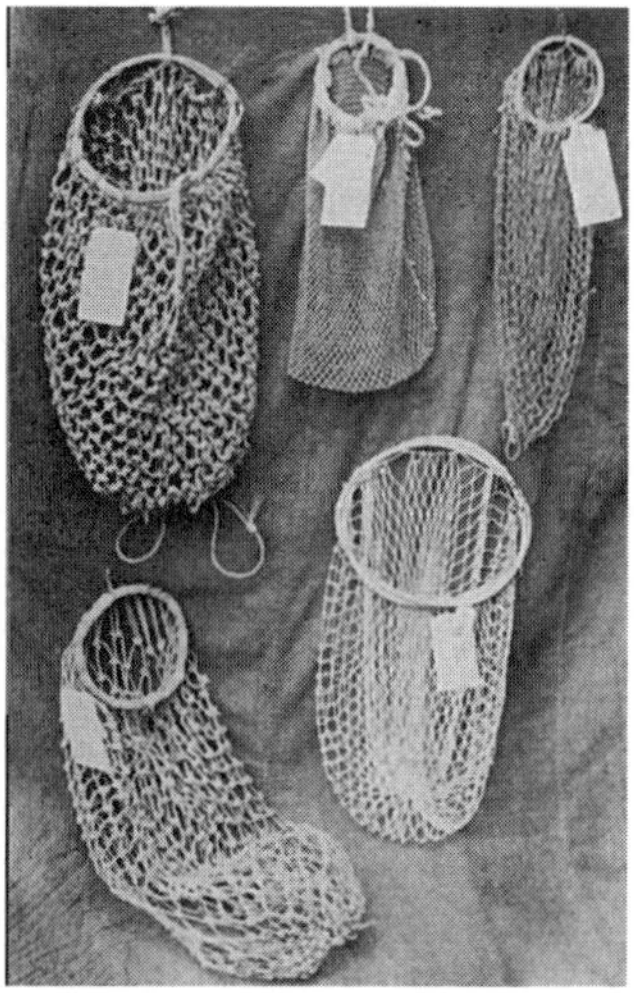

写真3　獲物入れ（スカリ）

写真2　志摩石鏡の海女
シメズカリ・ノミ・メガネ・磯桶
磯着を着用

に比較してスカリの口が大きく直径二五センチぐらいが普通で、網袋の長さは四〇センチ平均、網の目はあらい。シメズカリを腰につけて潜る時は、スカリの口に細いヒモ（城ケ島ではヤナと呼ぶ）をつけ、サザエのように重量のあるものをたくさん採取した時は浮上が困難になるので、海底でスカリの腰紐をはずし、底にスカリをおいてヤナだけをつかんで速く浮上するようにしている。

タルズスカリはシメズスカリに比較して口が小さく直径一二センチほどで獲物が口から出ないようにしてあり、シメズスカリに比較して網の目はこまかい。網袋の長さは四〇センチほどである。

スカリの特徴は、口から中に入れた獲物を出す場合に口から出すのではなく、いずれも網袋の底が一本の紐でしぼりこむようになっており、いわゆる「巾着網」と同じようであるため、その紐をとけばスカリの底が大きく開いて獲物を下から出やすくするように工夫してある網袋である。

現在、スカリは木綿やナイロン繊維の網袋になっているが、明治のはじめ頃は棕櫚のものを使っていた（青木広吉）。やがて棕櫚にかわり麻が網糸に使われて、麻網のスカリが使われ、木綿に変わってきた。青木広吉によれば、城ケ島で木綿の網が使われたのはエビ網が最初で、明治三十七、八年頃であった。それ以前は麻を使っていた。木綿が使われるようになったのも大方この頃からで、海士たちは網が腐らなくていいといって喜んだという。城ケ島ではスカリの口の輪をつけるには、昔から藤のツルが使われてきた。

大磯でも潜水作業中に採取したアワビその他の採取物は、スカリと呼ぶ網袋の中に入れる。このスカリは口径七寸、深さ一尺五寸の大きさで、網目は二寸ぐらいのものが使われた。網の材質は大正五年頃まで棕櫚（ツグ）製のものが使われ、以後、木綿に変わった。ツグは地元の荒物店で購入した。また、スカリの口はまわりに竹輪を使用する。竹材は大磯の桶屋より入手した。金属製の輪は錆がでるので使われなかった。スカリの底は巾着状につくられており細紐をほどけば採取物を底からとりだすことができるように工夫されたものであった。したがって底の部分が広く編まれた網袋で、普通は入口の部分を二五目に編み、底の部分を四〇目ぐらいにつくった。スカリはほとんどが自作製品である。

カキやイガイを採取する時のスカリはアワビ採りの時のものより口径の大きなものが使われた。スカリの大きさは口径一尺五寸、深さ一尺五寸ほどのもので、口輪を丈夫な針金（二五番線を三本ないし四本あわせる）でつくる。上部の網目は三〇目、底部は七〇目で巾着状につくられた。網袋の材質は明治から大正にかけて棕櫚（ツグ）が使われ、大正五年頃より木綿のものが使用された。

アワビやカキ・イガイ採取の時は、スカリを「ウキ」に吊るしておくが、浅い場所で潜りながらテングサを採取する時は腰にスカリを付けておいたこともある。テングサの採取は昭和十五年から十六年頃、さかんにおこなわれた。スカリを吊るすだけでなく、海士が作業中に呼吸をととのえたり、小休止したりする時にウキを使う。ウキは桐の丸太で、長さ約一尋半。直径が一尺以上もあればアワビ採取の時は一本で使うが、一尺ぐらいの太さのものは二本を合わせた。ウキは一本のものも二本のものもあり、個人によって異なったが、カキを採取する時のように重量のかかるものは、直径が一尺以上あるウキでも二本のものを使った。桐材は厚木の近くにあるオギノまで個人で買いに出かけた。オギノには桐の木が多かった。

ウキの中央部に釘を打ち、その下にスカリを吊るすようにするが、スカリを吊るす紐は短い。また、ウキが潮流によって移動しないように「イカラズナ」をつけて錨をしばった。明治の頃はイカラズナに麻材が使われ、イカリには「タマ石」のまん中に溝をつけたものが使われた。石の重さは八〇〇匁から一貫ほど。

作業をするにあたり、ウキに麻の細紐を縛り、一方を腰に結んでおく。この紐を「ヤナ」という。ヤナの長さには個人差がある。五間の深さを潜る時は七間ほどに、八間潜る時は一〇間ほどに延ばしておいた。あまり長く延ばしすぎても作業がしにくかったという。ヤナは二分から二分五厘の太さのものを三つ編みにして使った。

真鶴でも獲物入れをスカリと呼び、昔は棕櫚を編んで使っていたが、現在は木綿に変わってしまった。棕櫚のスカリを使っていた頃は網袋が六〇センチほど長く、城ケ島のスカリに比較して大きく網の目もあらかった。また真鶴ではスカリの口に直径一五センチほどの針金の輪を使い、針金の輪に上から布をまいて使った。

房州の白浜でスカリというのはアワビ専用の網袋で、現在でも白浜では棕櫚を使っている。白浜では棕櫚のことをツグと呼び、棕櫚でつくった網をツグ網といってスカリをマゲダルの下につけている。

白浜では獲物入れの網袋全般をさしてタマリといい、スカリとは、とくに「シリのひらくもの」をいう。また房州のスカリは口に直径二〇センチほどに竹を編んだタガを使っているところが多い。また、白浜ではテングサを専用に採取する網袋をヨコダマリと呼び、紐で前腰につけて作業をするようにつくられているが、このヨコダマリは口が小さく一〇センチほどで網の目はこまかく、長さも三五センチほどで比較的小さい。それにヨコダマリは底の方が広くなっているが、スカリのように下が巾着になっていない。

棕櫚で編んだスカリを使うと、なかなか腐らないし、そのうえ棕櫚は水のきれがよく、アワビについているヌルヌルがよくとれるという。

スカリには対馬の曲《まがり》の海女が使用している首にかける「首スカリ」もあり、首スカリは首にかけて胸にスカリをあて、下に紐をつけて作業中にスカリが動かないように胴へしばりつけておくというようなものもある。

④　浮　樽（マゲダル）

タルモグリは樽を使って潜るので、その名がついたと思われる。城ケ島ではタルモグリが使う樽をマゲダルといい普通はマゲダルの下にスカリをつけてアワビ、サザエなどを採取する。

三浦半島南部地域ではマゲダルを、マメダル（小網代）といったり、モグリダル（城ケ島）ともいうが、潜りに樽が利用されはじめたのは城ケ島で明治三十年頃であった。青木広吉によれば、それまでもタルはあったが潜りのための専用のタルではなく、明治三十年頃に潜りに便利だといって利用されたタルはイワシの流し網に使っていたウキダルであった。流し網はイワシがたくさん網にはいるとオッテ（沈んで）しまうので、オッテしまわないように浮樽をつける。

イワシ流し網に使う樽は円柱型をしており、網二五尋の間に桐でつくったウケが二つついていて、その網のつなぎに樽をつけて使った。当時の流し網は二五尋の網を六、七枚つなぐので、網を流すためには樽が七個は必要であった。ところで、はじめはその樽を潜水漁撈をおこなう時に利用していたわけであるが、潜りがさかんになるにしたがって、反対にイワシの流し網は衰退の一途をたどりはじめ、その頃は廃物利用の意味もあってかなり使われた。それが明治三十年代になり、樽の形が潜りに使いやすいように改良され、潜り専用の樽がつくられて今日に至った。また、青木広吉によれば、城ケ島では潜りにタルを使用する以前、板を使ったというようなことは先代からも聞いたことがないといい、記録や口碑も他にない。

マゲダルは、広吉が子どもの頃（明治三十年頃）に、まるみが小さいと使いにくいからというので直径が大きく高さの低い安定のようものに改良された。マゲダルの利用は、下にスカリをつけておくことのほか、ヒトカシラ潜るごとにタルにつかまって呼吸を調整したり、単時間のあいだ、マゲダルを胸から腹の下に腕でかかえるようにして休憩したり、移動したりするために利用する。また、マゲダルには個人によって多少の長さは異なるが六、七尋のタルズナがついており、海士はタルズナの一方を自分の腰に結んでおくのを常とする。

写真4　マゲダル

マゲダルが潜水作業中に潮流で遠くへ流されてしまわないための工夫だが、そのほかに獲物を採取した時、みずから泳いでマゲダルに近づき下にあるスカリへ獲物を入れるのではなく、腰に結んだタルズナを引き、浮いているマゲダルを自分の方へ引きよせるようにし、すこしでも海中の作業で無駄な労力を消耗しないように考えている。

タルズナには木綿、麻、棕櫚などが使われたが、その中でも棕櫚は水ぎれがよく乾きが早いうえに腐らないので広く利用された。しかし城ケ島などでは棕櫚が手にはいらないので、棕櫚と麻をまぜて綱をなったこともあった〔金子三吉〕。城ケ島ではマゲダルを三崎の桶屋でつくっていたが材質は杉材が普通で、まわりのタガは竹を使った。

またマゲダルという呼び名は三浦半島をはじめ、真鶴、伊豆、房州などいずれも共通しているが、ウケダルとかタンポ（志摩）などと呼ぶ地方もある。どうしてこのタルをマゲダルと呼ぶかについての語源は今のところはっきりしないが、以前は曲物《まげもの》を使ったためかもしれない〔瀬川清子〕ということも考えられる。

マゲダルの形はかなり異なっており、とくに真鶴のものは三浦半島のものに比較すると高さが一二センチと低く、直径が三五センチと広い。ちなみに城ケ島のモグリダルは高さ（丈）一五センチ、直径二八センチ。

⑤　潜水眼鏡

城ケ島をはじめ三浦半島では明治のはじめまで潜水漁撈に眼鏡が使われずスメ（素眼）で潜っていた。石橋敏蔵の父（比古太郎）は生前、「スメで潜り、その時は手さぐりでアワビやサザエをとった」と話していたそうであるし、青木広吉も、スメで潜ってもかなり水中のことはわかるので、海底の岩に磯立網などがかかってしまい外れない時は今でも眼鏡を使わずに潜るという。

いつ頃、最初に潜水用の眼鏡が使われたかは今のところ不明だが、「三崎ではじめてボウチョウに目鏡を使ったのが明治二十年」(31)という記録があり、さらにそれ以前の明治十六年には城ケ島の漁民代表が県令の沖守固に「各地でアワビを潜水器でとっているが使用を禁止してもらいたい」という嘆願書(32)をだしていることから、すでにその頃はスメでなくなっていたのではなかろうか。

ただ眼鏡の使用は明治初期以後のことであるのは全国おなじであり、また、眼鏡が普及してもかえって濫獲を防ぐために、使用を禁止した伊勢湾口の石鏡《いじか》や菅島《すがしま》などの漁村もあった。

また、房州の長尾村では明治二十五、六年頃、東京からフタツメガネがはいったという記録(33)もあるので、参考になるといえる。

これまで城ケ島で使用された眼鏡は明治以後、今日に至るまで形のうえで大きく二つの変遷があった。眼鏡が使われはじめた最初の頃は「二つ眼鏡」が使用され、のちに「一つ眼鏡」に変わってきた。「二つ眼鏡」という呼びかたは、のちに「一つ眼鏡」が普及するにおよんで区別するためにつけられた名称で、はじめは「メガネ」と呼ばれていたにすぎなかった。

二つ眼鏡は真鍮製のもので比較的小さなものがはじめは使われていたが、のちに改良型の「ヨーバチメガネ」とか「ヨーバチ」と呼ばれる二つ眼鏡が使われるようになった。このヨーバチという呼び名は城ケ島、三崎方面で魚をいれる桶をウオバチ、または訛ってヨーバチというが、メガネの型がこの桶に似ているところから呼ばれるようになったという。

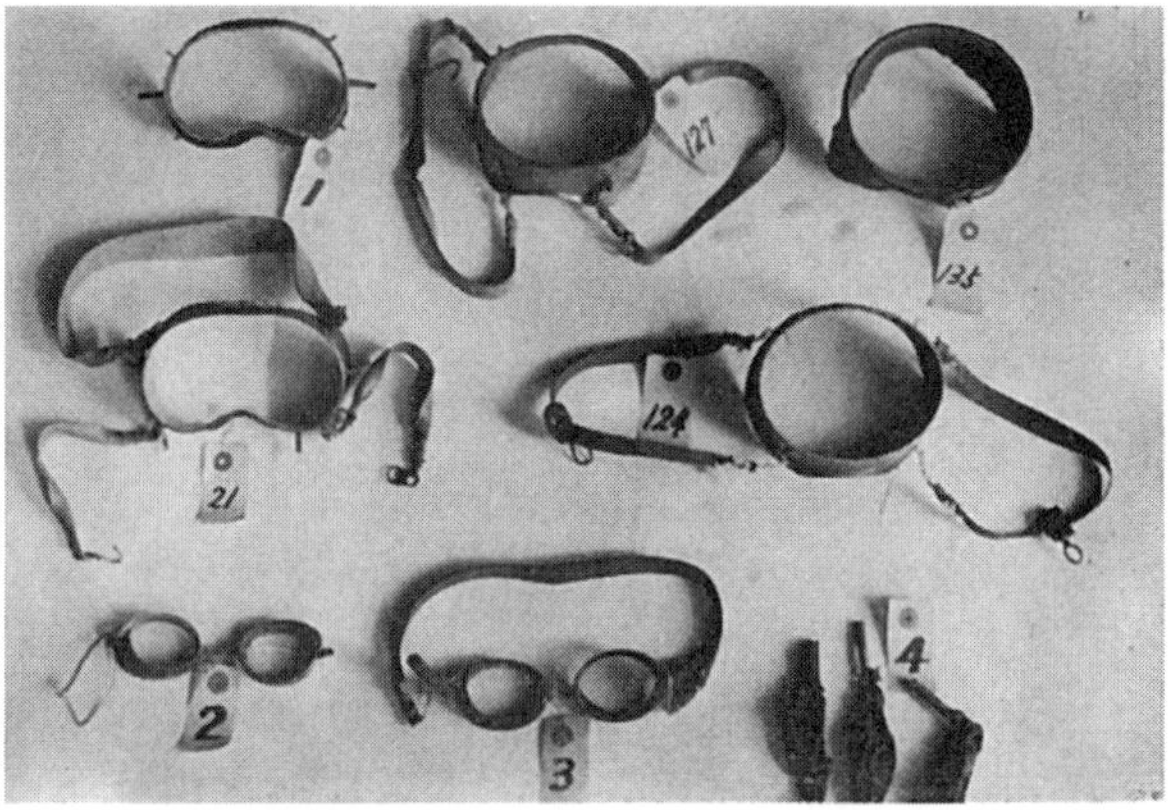

写真5　潜水眼鏡と空気袋（ピッピ）

すなわち、普通の二つ眼鏡は、顔にあたるふちの部分の大きさと、ガラスがはめこまれている外枠の大きさがほぼ同じであるのに対して、ヨーバチメガネは、顔にあたる内側は小さく、前方にいくほど枠が大きく広がっていき、ガラスのはいる外枠の部分は眼のあたる部分よりかなり大きくなっているのが特徴であり、ガラスの形も普通の二つ眼鏡は正しく楕円形であるのに、ヨーバチ型の眼鏡はガラスが卵形で鼻梁にあたる方はややガラスが狭くなっている。

このヨーバチメガネが工夫されるに至ったのはガラスが大きいほど、魚貝藻類を採取するときに大きく見えるので、採取しやすいことにある。しかし、いつごろどこでこの眼鏡が考案されたかについてもはっきりしたことはわからないし、城ケ島でも全員がこの眼鏡を使用したわけでなく、個人の好みもあり、使わなかった海士もいたらしい。

城ケ島の青木倉吉〔大正十三年七月一日生〕の父親〔友八〕は明治二十六

年の一月生まれだが、友八が十八、九歳頃までは二つ眼鏡が使われていたが、その頃（明治四十三、四年頃）に一つ眼鏡に変わったという記憶をもっている。

また、明治二十一年生まれの青木広吉によれば、広吉が二十二歳の時（明治四十二年）に「千葉県の洲の崎に近い川名へ城ヶ島の海士仲間六人で潜りに行ったことがある。その時、千葉ではじめて一つ眼鏡をみたので、それをつくってもらった。その眼鏡を持ち帰ってから城ヶ島では一つ眼鏡が使われるようになった」と語っているところから、明治四十二年以後に一つ眼鏡が城ヶ島はじめ三崎などで普及するようになったとみてよいだろう。

石橋七三郎は「明治のおわりから大正のはじめに、千葉の人たちが一つ眼鏡は使いよいという宣伝を兼ねて売りにきた」という。その頃の眼鏡は千葉の千倉の者がつくったが、千葉のものは使いよいという海士仲間の評判だったらしい。この話からも、一つ眼鏡は千葉から伝えられたものであることがわかる。

眼鏡の材料は銅製、真鍮製、洋銀製（洋白〈ニッケルシルバー〉のことで、ニッケルと銅の合金）などがあり、二つ眼鏡は真鍮製が普通であったが安い値段のものにはブリキ製やゴム製のものものちに市販された。

石橋七三郎は十七歳の時（大正二年）はじめて一つ眼鏡を顔に合わせてつくってもらったが、その時のものは銅製であった。その頃、まだ一つ眼鏡が使われはじめた頃だったが、その後、大正時代には洋銀製のものもつくられるようになった。しかも、洋銀製のものは錆がこないので、その後いちばん普及した。

昭和十四年、千葉の千倉から眼鏡を注文で額に合わせてつくりに三人の職人が来て三崎に宿をとり、眼鏡を注文でつくっていた。約一時間もあれば一個の眼鏡を仕上げてしまった。ガラス、ゴム、真鍮板などの材料は、あらかじめ型にできていて、ただ額に合わせる部分を調節してハンダづけするだけの仕事であったから時間も早かった。

また、眼鏡は昭和十六年頃、二円五〇銭の値段であったから安くはなかった〔石橋敏蔵　大正十四年三月二日生〕。

眼鏡をつくるのに以前は千葉から職人が来てくれたが、最近は眼鏡をつくりに一日がかりで千葉へでかけなければ顔に合わせた眼鏡をつくることはできなくなってしまったのである。

城ケ島で使っている一つ眼鏡の特徴は、鼻が眼鏡の中にはいらないもので、これは明治から今日まで使われており、これまで千葉の白浜、真鶴などで使われている鼻のはいる一つ眼鏡を使ったことはないという。

大磯では、以前は素眼（スンメ）で潜っていたというが、経験者はいない。明治二十七年生まれの真間福次郎の祖父はすでに「二つ眼鏡」を使っていたといい、この二つ眼鏡は千葉より伝えられたものであるという。明治十五年頃に南下町の者がはじめて使ったという。真間の記憶では明治三十七年か八年頃に二つ眼鏡にフーセン（空気袋）を付けたものが使われていた。明治四十五年に「鼻だしの一つ眼鏡」でフーセンの付いているものが使われるようになった。この時は伊豆山へ出かけて行って注文で製作してもらった。その後、「鼻のはいる一つ眼鏡」でフーセンの付いたものを大正二年より使いだした。この眼鏡を大正七年頃になって使用しはじめた者もいた。

また、「二つ眼鏡」には「松島」と印されていたとか、「松島」と呼んでいたとか聞いたが、これらの聞取りからすれば、当時、全国的な販路をもっていた東京の松島眼鏡店（専売特許）であることにまちがいない。

最初に使用された眼鏡はベッコウでつくられていたという。空気袋（フーセン）はツノゴムという厚いもので、大きなものだった。長さは約四寸。潜水作業をしていると、海底から一間半ほど「オビラメ」という海藻が生えた林のような場所もあり、その中での採鮑はフーセンを切ってしまうこともしばしばあった。これを防ぐためにフーセンに絹の袋をかぶせて切れないようにした。

真鶴では、明治以前やはりスメで潜っていたようである。明治の頃は二つ眼鏡を使っていたが、その後、鼻のでる一つ眼鏡に変わった。この眼鏡をつくりに房州から職人がやってきて顔に合わせて注文でつくった〔青木竹治　明治三十四年十一月二十日生〕。

その後、鼻のはいる一つ眼鏡に変わったが、この眼鏡は伊豆にでかけて顔に合わせてつくった。二つ眼鏡にはフウセンと呼ばれる空気袋がついていた。

山田朝丸によれば、大正十年までは鼻のでる一つ眼鏡が使われていたが、房州の鈴福という眼鏡屋が来て鼻のはいる一つ眼鏡をつくった。この時は洋銀製の眼鏡であった。

潜りに使う眼鏡は、みんな土用にはいってからつくる。裸潜りをする者は労働が厳しいため、夏になると体重が二貫目も減ってしまう。それも土用にはいってからが最高である。だから、どこの海士でも潜りの季節は禁欲生活をするのが常である。

眼鏡をつくる時は、やせた顔に合わせてつくっておかないと、あとで顔に合わなくなってしまう。やせた時につくった眼鏡は体重が増えて顔が太っても顔に合い、水が漏るようなことはないが、太った顔に合わせてつくった眼鏡はやせてしまうと水が眼鏡の中にはいってしまうことが多い。それ故、眼鏡は顔（骨相）に合わせてつくっておけば、うしろでとめるゴム紐がゆるくても水圧で顔におしつけられ、水が漏るようなことはなくなる。こんなところにも潜水漁撈に携わる人びとの経験から生まれた知恵がうかがわれるのである。また、城ケ島の海士は眼鏡のガラスはヨモギの草でふけばくもらないといい、かならず沖へもって出かけた。

⑥　眼鏡の空気袋（ピッピ）

眼鏡の形については前述のとおりだが、城ケ島をはじめ三浦半島の南部地域で使用されている眼鏡の特徴は、空気袋が左右についていることである。この空気袋を城ケ島では以前、ピッピと呼んだが、最近は袋とかフーセンとかいう呼び方に変わってきた。大磯や真鶴でもフーセンということばがのこっている。また、伊豆半島や、安房白浜ではホオズキといい、今は一つ眼鏡で使わなくなったが昔は使った〔高木つぎ　昭和四年十二月二十六日生〕。

ピッピは二つ眼鏡が使用されはじめた明治末、すでに使われていた。ピッピと呼ばれる空気袋をつけた一つ眼鏡を使用する時は、眼鏡を顔につけてからクチガネと呼ばれる部分の栓を外して眼鏡の中に空気をおくりこみ、空気袋の中に十分な空気をいれてから栓をしめて潜るようにする。したがって空気袋は、空気のはいりやすいもので、しかもできるだけ水圧にたえられるものがよい。

城ケ島では、このピッピの材料に牛の腸が明治の頃から使われた。その頃、牛の腸は薬屋で氷のうに使うために売っていたのに目をつけ、頭に鉢巻のようにして氷枕に使用する長いものを切って使ったという。

筆者は長いあいだ民俗資料として、このピッピの収集に心がけてきたがなかなか収集することができなかった。昭和四十二年一月に、城ケ島の池田新三郎から思いがけぬ便りをいただいた。それは、「メガネの袋やっとみつかりました。袋はきれているが、現物だけあればよいと思いとどけました。品物は、我々漁夫のいう言葉でピッピといいます。品は牛の腸でできており、もとは白色ですが、我々が番茶で染めて現物の通り茶色です。品物が大きい程、深くもぐれます。なぜかといえば袋の中に空気がよけいにはいるからです。またもぐるとは海底にいくことです」という内容であった。

写真 6　城ケ島の海士　ゴムのピッピ・耳の栓にパテをつめる

牛の腸でつくったピッピは、手紙の中にもあるように売っている時は白いが、そのままで使用すると、潜水時期は夏で蚊が多いため、蚊が吸ってピッピに穴をあけてしまう。城ケ島の海士は「蚊は牛の腸が好きだ」といい、小さな穴でもあくと、水圧のかかる海底ではすぐに水が漏って使えなくなってしまう。それ故、蚊がささないように番茶の渋や漁網を染めるカッチンで染め、蚊が吸わないようにする。番茶で染める時は、ピッピの内側から、外側からというように念いりに染め、充分にピッピを茶の中に浸しておくと蚊もとまらなくなるという。

また金子三吉によれば、「ピッピを染めておくと色は茶色できたなく見えるが、渋で牛の腸がコワク（かたく）なるので眼鏡が水圧でしまらない。ところが染めないで使うとやわらかいので眼鏡に水圧がよけいにかかるので、ピッピはできるだけ、かたくなるように染めた方がよい」という。

このピッピと呼ばれる空気袋は、明治末から昭和三十七年頃まで使われていたが、ようするに水がはいらず空気がたまっていればその役目を果たすというので、鮫の胃袋や腸を使ったり、のちには自転車のチューブ、最近はポリエチレンのマヨネーズ入れまで代用に使われるに至った。

牛の腸は岩礁の奥（ママとか、かぶさりとかいう）の中や海底の岩礁や海藻（カジメやアラメなど）にかかって切れてしまうことがあるので新しいものでも一〇日間ぐらいしか使えないときが多く、ひと夏に三、四回もとりかえなければならない。ところがフーセンと呼ばれる黒いゴム製の空気袋が潜水眼鏡の空気袋としてつくられ、千葉方面で市販されるようになり、城ケ島では漁業協同組合で一括して購入するようになった。

また、牛の腸にかわってゴムでできた肉の厚いフーセンが使用されるようになると、このゴムはしぜんに空気がはいってふくらむように工夫されているので眼鏡に空気をいれるクチガネは必要なくなった。したがって最近の一つ眼鏡は空気袋のつくものでも、クチガネのないものがつくられるようになったのである。

真鶴では空気袋をフーセンと呼んでいるが、以前は皮を使ってフーセンをつくったことがあったという〔山田朝丸明治三十八年二月十日生〕。

同じ海士でも、愛媛県の三崎半島先端の佐田岬付近のものはピッピに鹿の皮を使っており、三角の袋をつくって糸で縫いあわせるなど工夫をこらしている。また、長崎県対馬の曲《まがり》の海女のように三味線に用いる猫の皮を入手して空気袋にしているところもある。このように空気袋も地域によって、かなり特徴がある。

⑦　棹と分銅（オモリ）

潜りにおける棹の利用については、潜水作業でもふれたが、トモドリの時に船の上でトメッコがオットの潜水作業を助けるために使う。棹は竹棹だが、その長さは三、四メートルのものである。

分銅は城ケ島ではフンドンとかオモリとも呼んでいる。またフンドンモグリと呼ばれる海士が手に持って潜る分銅は鉄の丸棒が多く、重さは二貫目から二貫三〇〇匁ぐらいのものを海士の体重にあわせてそれぞれ選んだ。

フンドンの利用は、あまり重すぎると海底に速く達することはできるが、呼吸が乱れてしまうし、そうかといって軽すぎるフンドンでは役に立たないので選ぶにもむずかしい。フンドンは二年間ぐらい使用すると海水の影響で錆のでがはやく、まわりがぼろぼろになり、はじめの重量がなくなってしまうので、二年おきぐらいに新しいフンドンと変えた。

城ケ島でカネ（鉄）のオモリを使って潜りはじめたのは明治三十年頃からで、青木広吉が十六、七歳の頃からだという。それ以前はオモリを持って潜ることはしなかったという。したがって、フンドンモグリということばもその頃から使われたのだろう。その頃、三崎では岬陽館の主人が古鉄商を営んでおり、海岸近くにスクラップの鉄がたくさん置いてあったから、その中から適当なものをわけてもらい、鍛冶屋で穴をあけたり、紐を通すようにしたり、重量を自分に合うように調整したりして加工し、それを使った。ところが、フンドンもその後は、はじめから鍛冶屋に注文してつくるようになった。

フンドンモグリをおこなう海士は、一人で出かける時もあるが、普通はトモドリといってトメッコと二人で出かけることが多い。

一人で潜る時は、ヒトカシラごとに船の上にあがってからオモリヅナをたぐり、フンドンを引きあげてからまた潜

写真7　フンドン（左：城ケ島）とトースイカリ（右：志摩石鏡）

らなければならないが、トモドリの場合は、フンドンを持って潜っても、浮上する時までには、すでに海底ではなしたフンドンをトメッコがオモリヅナをたぐりフンドンを引きあげてくれてある。フンドンを持って潜る海士は普通、フンドンにつけられた綱の輪に右手の指を差しこみ、左手はのばして腰にあて、ちょうど右手を上にあげ、直立した状態でさかさまに海底に潜るような格好となる。

明治三十三年頃になり、フンドンモグリをする者はトメッコが車（磯車と呼ぶ地方もある）を使ってオモリをあげるようになったが、城ケ島ではほんの一部の人たちしか車は使わなかった。というのも、トモドリでなければあまり使わなかったからである。車といっても、志摩地方で使用されているように直径三〇センチ以上もある大きなものでなく、木でつくった直径五センチほどの小さなもので、船から海上にウデをだし、つきだした先に車をとりつけるように工夫したものである。

またフンドンはその後、鉄のものから鉛のものが使用されるようになったが、鉛は一部の人たちだけしか使わなかった。鉛のオモリは水中で引く力が強いので、城ケ島では石橋七三郎が最初に昭和二、三年頃から使いはじめたものだという。

⑧　潜りの装い

海女には木綿の白い磯襦袢を着て潜っている安房の白浜や伊豆の南崎、伊勢、志摩などもあるが、海士は潜りの装いといってもとくになく、日本全国、上半身裸体で潜るのが普通である。最近はシャツやウエットスーツを着装したり市販の海水パンツや薄手のナイロンパンツを使うようになったが、それでも城ケ島にいる老齢のフンドンモグリは昔ながらのスコシをつかったり、六尺褌をしめて潜る。

瀬川清子は「房州も伊豆の南崎も海士は越中褌をつけてスコシという(34)」と説明しているが、実際はスコシと越中褌とは異なるものである。

スコシは「素腰」というところからきたものだろうが、越中褌や六尺褌などに比較して潜水作業をおこなう場合の利点は多い。まず第一に、フンドンモグリの海士はヒトカシラごとに船にあがることを常とするが、スコシは水のきれがよく、船中に水がポタポタしないので船中をぬらすことが少なくてすむ。だからアワビを専門に採取するフンドンモグリはヒトカシラごとに船にあがるのでこれにかぎる。第二に、スコシは軽く、すぐにかわくことである。それ故、身体をふけばスコシをしめているままでもつめたくないので便利である。

城ケ島では潜る時、カジメの中を潜るようになるので、軽くても素裸で潜ることは常に不安がつきまとう。また石橋敏蔵は「海はアカエイやゴンズイのように毒をもつ魚もいるので素裸では不安で潜れない」という。したがって、房州で以前におこなっていたように素裸でもペニスの先端をワラでしばっておくということもでてくる。それはワラが海中で光るので魚などをよせつけないからだともいわれるが、やはり不安からのがれる気分的なマジナイだろう。寒さを防ぐマジナイともみえる。

宮本馨太郎はスコシをしめていれば安心感があり、軽いので潜水してから浮上するのに時間も速い。これが褌だと、どうも重くていけない、という（『民具入門』）。

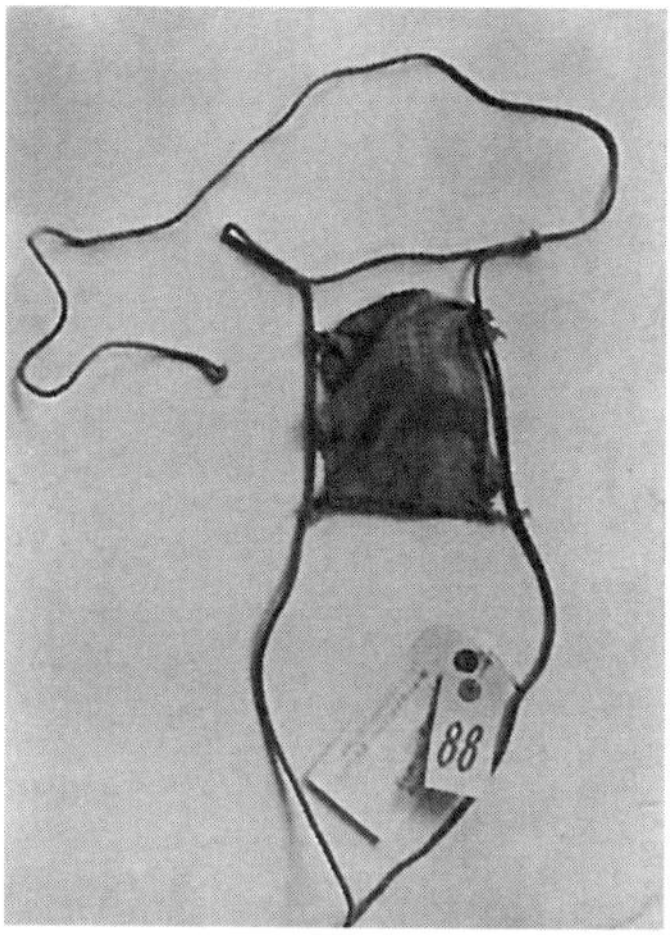

写真８　城ケ島のスコシ

前述のようにスコシは素腰ということばからきたように思われる。それはスメ（素眼）ということばやスモグリ（素潜り）ということばがあることからもうかがえる。ただ、素裸（城ケ島ではフルチンという）という意味ではなく、褌を使用した時に比較してのことばであろう。だがスコシはしだいに使用されなくなってしまい、城ケ島でも三十代の海士で使っている者はほとんどない。

小網代でも戦前はスコシを使っていたが、戦後は使わなくなってしまった〔服部信太郎　大正六年一月三日生〕という、三崎の二町谷などでも以前は使っている者が多かったと聞いた。

また、毘沙門ではフンドンモグリの海士が好んでスコシを使っていたという。普通のタルモグリをする海士は六尺褌をしめていたが、六尺褌は船や岡にあがったとき冷たいが、越中褌だと、とりかえなくても冷たくないので好んで越中褌を使う者が多かった。スコシを使えばさらに越中褌より身体が冷たくないのでよかった。だが、昭和三十七、八年頃から毘沙門ではウエットスーツを着て潜りはじめるようになった。

大磯でもスコシを海士が着装していたが、六尺褌の変型である（拙著『伊豆相模の民具』参照）。

真鶴の海士も大正時代の頃はもちろん、終戦頃まではスコシを使っていた。その後は黒布の木綿でつくったカイフンという褌またはイッチョフンドシと呼ばれるものを使うようになった。〔山田朝丸〕

⑨　海士船と採煖（暖）

海士が潜りに出かけるには、船に乗って出かけるフネモグリ（諸磯、白須）と、岡から出かけるオカモグリ（諸磯、白須）とがある。フネモグリにも、タルモグリとフンドンモグリのあることは前述のとおりであるが、オカモグリは船を使わずに海岸から磯づたいに移動して潜る方法で、タルモグリであることにはちがいない。だが、オカモグリはフネモグリに比較して浅い場所で潜水作業をおこなう。

真鶴では船で行く潜りをギリとか、ギリアマと呼んでいる。ギリというのは分銅潜りをする時に分銅をあげるための車をいうが、船で沖にでて潜る作業をするという広い意味に使われるようになっている。

オカモグリにおける採煖（暖）は、ほとんどが海岸の岩かげで焚火をする。城ケ島をはじめ三浦半島では海士が採煖をとるために特別に小屋（房州ではアタリゴヤという）を組んだり、伊豆の海女がアタリバとかトヤという竹でつくった天井なしのかこいをつくり、中で焚火をするというようなものはつくらない。

真鶴では以前、各イソに海士小屋があり、竹でかこった簡単なものだが、その中で焚火をして煖をとったという〔山田朝丸〕。

三崎の浜諸磯では岡から行く潜りをタルモグリといい、南風が強く吹くと船が出せなかったので海士はみんな「しょいびく」を背負ってブトグサとりなどにでかけた。大正のはじめ頃は潜りの場所へ三崎から餅菓子などの甘いものを売りにくる人もいた〔三堀福次郎　明治二十三年五月二十五日生〕。そんな場所での採煖も岩かげの焚火だけですませていたのである。

真鶴では三月頃の潜りはまだ深みが冷たいので、浅い場所しか潜れないため岡から行った。この時はかならずノコギリとナタを忘れずに持っていき、イソバタのナマッキを切って焚火をした。海士たちはナマッキの方があたたまるといって好んだ〔青木敬三　大正十五年一月二十三日生〕。

船を使って潜水作業をするときは、いちいち岡へもどって採煖するのでなく、船の上にヒドコをつくる。城ケ島にはモグリブネと呼ばれる船があった。いわゆるモグリブネや海女船の特徴はこのヒドコをつくることにある。

船の上で煖をとるには松の薪をもす。松薪の炎は非常にやわらかい。松のヒデになるとパッパといきおいよく燃えるが、松は炎がやわらかく、火がはねないので肌をやかない。薪にカタギを使うと、炎がきつくて煖をとるのにあつすぎてしまう。だから海士船はかならず松の木の燃料を使う。これも長年の経験から学んだものであろう。

写真９　海士船のヒドコ（毘沙門）

写真10　毘沙門の海士船

ところが昭和四十年以後には城ケ島はもちろん三崎にも松薪がなくなったので、わざわざ注文して松薪をつくってもらうそうである。

海士船で潜水作業をしている時、雨が降りだしたりすると、ヒドコの火が消えてしまうので船の上にトバをかぶせた。これをトバヤネといった。

真鶴でも以前、海士船があった時には、船の上にヒドコをつくり、海の上で火を使っていた。

また、三崎二町谷の小川喜代司も、杉の薪を使っても火がはねて火傷が多いし、ほかの薪は煙がでるばかりで煖まらない。やはり松薪が最高によい、という。松薪は一日つかっても一把つかわないから、ひと夏に九〇日潜っても六〇把ぐらいですむ。

城ケ島や毘沙門のモグリ船はドウノ間にヒドコを置き、風をさえぎるためにドウノ間だけは船のまわりに風よけをつけてかこってしまう。昔は酒樽のコモ「サカゴモ」を使うと風を通さなくてよいといって、みんながサカゴモを利用したが、今ではサカゴモもなかなか入手が困難になり、かわりに肥料のはいっていたムシロを使ったりする。また、海士船にあがると、冷えきった身体を急に煖めようとして、いきおいヒドコに近づくので火傷をすることが多い。

この火形を伊豆の南崎ではカナベと呼んでいるが、城ケ島ではカマビとかカマッコビと呼んでいる。昔から潜りの時期の海士はこのカマビができてしまい、やがてそこがかさぶたになってしまったという。海士の採煖については

「海士が採煖をとるには焚火であたたまるのに睾丸の下をあたためるのがもっとも効果的で、そのためにも千葉の海士は全裸で潜った方が便利であった(35)」という報告もある。

⑩　漁場と漁期

アワビの採取を主とする海士が潜水作業をする漁場は、アワビの棲息する地形、地質など、自然条件に左右されるため、漁場はかなり限定される。また、アワビはカジメやアラメを常食にするので、餌になる海藻の豊富なところということになる。

三浦半島の松輪では、海の潮がよくないので二〇尋以上深い場所のアワビは裸潜水漁ではほとんど採取できない。普通、松輪のアワビは一七、八尋までのところに棲息する。したがって、漁場の範囲もしぜんにきまってしまう〔草間乙松〕。

また、城ケ島のように潮のよい場所では二七尋以上深い場所でも天日（太陽光線）がとどくのでアワビも棲息しており、採取もしやすい。アワビは天日をほしがる性質をもっている。だから大きいもの（年数のたったもの）が深い場所に棲息しているというのではなく、大きなものでもあんがい浅場に多い。三年もアワビ漁を口どめすれば、大きいものが浅場に集まってくる〔草間乙松〕。

城ケ島における海士の主漁場は裏の太平洋側であるが、深場のアワビは岩の上にでている場合が多い。しかし浅場のアワビはほとんどが岩の裏（ママ）にいる。「クロ」とよばれるアワビは浅場に棲息している。だからかならずママにいるのでなかなか採取しにくい〔石橋敏蔵〕。

以前はアワビが多かったので、どの浦でもとくに漁期はなく、一年中潜る地方も多かったが、潜水器の使用の濫獲による資源の枯渇がめだち、地先漁業を維持、存続させるために「口明けや口閉じ」の制度をつくり、アワビの採取期を制限するようになった。口明け制度により、漁場の利用は公平になったが、その反面、漁獲高は限少している。

城ケ島のアワビ漁期は明治十四年の「三浦郡捕漁採藻業一覧」によれば海士が潜るのは四月より十月となっているが、現在は六月はじめから九月中頃までである。

そのほかの地域について海士が潜水漁撈をいとなむ時期をみれば、三浦市の諸磯白須では五月末から九月いっぱい。毘沙門では五月十五日から八月十五日まで。毘沙門では海士が潜水時期以外は漁業に携わるよりもむしろ農業に従事している方が主である。また年度によっては五月一日から九月いっぱいに漁期を延ばすこともある。

海外《かいと》では六月一日より九月三十日まで。海外の小川喜代治は昭和四十二年に通算八三日潜り、アワビ・サザエ・ウニ・トコブシ・タコなどをあわせて二、二七三キロの水揚げがあった。海士も潜水漁期以外は釣り船や見突、鯖船に乗っており、潜水漁の時期になると潜る者が多い。これも潜水の漁期が最近は口明けや口閉じによってかなり厳しく制約されるようになったからである。

大磯の「カツギ」は六月一日が口明けで、八月三十日、または三十一日が口閉じになるのが普通だが、年によっては九月十日頃まで延期した。

真鶴では普通は三月一日より九月十五日まで潜った。ここでは漁場を「ヤマ」と呼び、自分の潜る場所のことをとくに「自分のヤマ」といっている。

真鶴ではアワビ漁場を管理するために以前、「ウラマワリ」という役を組合でおいた。

昭和十年頃まではアワビを密漁する者が近くの吉浜、鍛冶屋、伊豆山からやって来ることが多かった。また、真鶴の海士も逆に六、七人で櫓船をこいで密漁に行くこともあったりしたので、お互いにもめたことがあり、昭和初期の七、八年はアワビ漁が全面的に禁止された。

その頃はアワビが多かったので組合員は輪番で腕章をつけてウラをまわり、見張りをした。

ところが昭和二十四年にキティー台風の影響でウラが荒れ、アワビをはじめその他の貝・藻類はすっかりいなくなってしまった。それ故、それまで厳しく取り締まってきたウラの管理も必要がなくなってしまったのである。

⑪　海士仲間と分配

海士や海女が潜水作業をする場合でも仲間がいて、同じ小屋で採燰するというようなことは現在でも安房の白浜などでみうけられる。白浜をはじめ、御宿《おんじゅく》、布良《めら》などの房州各地では、海女の方があまりにも有名になりすぎて海士の存在がうすくなってしまったきらいがあるが、各地とも現在なおかなりの海士が潜水漁に従事しているのである。

城ケ島には文化二年（一八〇五）正月の「若者共連印帖」があり、若者組に関する内容をかいまみることができる。しかし、現在の潜水漁にかんするものはみあたらない。城ケ島では前述のごとく小屋をつくったという記録や口碑はなく、採燰は船の上か、磯のかげで焚火をする程度だったらしい。したがって、とくに仲間を必要とすることもなかったらしい。

海士船ででかける時は、一人で行くかあるいはトメッコを連れて行くかであるが、海士の中には、同じ船に乗って海士同士が二人で潜りに行く者もいた。海士仲間といっても、城ケ島ではこのていどであった。

むしろ、城ケ島の場合は、「潜る時はみんなのいない場所を選んだ。みんなが西へ行けば東へ、東へ行けば自分は西で潜った」〔石橋七三郎〕というぐあいだったので、城ケ島では、普段は海士仲間の制度や海士頭をおくということはなく、まったくの個人的な潜水漁に依存していたわけである。

諸磯の白須でもフネモグリは一人でオモリの鉄を使って潜るし、オカモグリは海岸から磯づたいに出かけて潜るがいずれも特定の仲間はいなかった。

小網代でもオモリを使って潜る時はたいてい一人で船に乗って出かけたが、船で出かけ、沖で船を使ってタルモグリをする時は海士同士の気のあった仲間と共にでかけることもあった〔服部信太郎〕。しかし、とくに仲間同士の規制のようなものはなく、まったく自由であった。

ところが、真鶴では海士仲間の組織が以前はかなり厳格に守られていたのである。真鶴では漁業組合で潜水漁についてもいろいろな規制をもうけた。とくに海士だけの仲間が海士組合を組織し、この組合に加入する者は酒を一升もっていくのを常とした。だから海士仲間もしぜんに海士組合中心のものが形成された。海士船には、年季のはいった海士だけが乗ってでかける沖船と呼ばれる海士船があり、七、八尋以上のところで潜った。そこまで潜れない海士は、やはり同じような仲間が集まり、中船《なか》といって六、七尋ぐらいの場所を潜る。またいちばん浅い場所で潜る船を地船といい、五尋以内のところで潜水作業をおこなったが地船に乗る者は若い者が多かった。

真鶴では、船で潜りに出る時はかならず海士が浜に全員揃ってからでることになっていたので、最低このような三艘の海士船を使ったが、この各船にはケイコカツギといって、まだ潜りの見習をそれぞれ乗せ、櫓を押したり船上の作業をおこなわせた。

ケイコカツギには海士たちがみんなで「ぶ」（分）をだすことになっていた。普通は海士船が四、五艘、一艘に五、六人ずつの海士が乗り組んだ。また海士船は各自のもっている船を輪番で使った。

大正から昭和のはじめ頃は三月一日のイソハジメに海士が寄って仲間を決めたりしたが、潜りが上手になれば途中からでも地船から中船、中船から沖船に船を変えることもできた。また真鶴では「石の下にあるアワビをとってはならぬこと」というような規制も海士仲間でおこなったり、前述のウラマワリの輪番なども仲間で決めた。

船で行く潜りは昭和二十三、四年頃まで続いたがしだいにアワビも少なくなり、潜る者もいなくなった。また岡まわりの道がよくなったので岡を通って三ツ磯の方へ潜りに行くようになった。したがって、以前はかならず仲間が浜に集まって船で四、五艘一緒に出かけたが、岡まわりができるようになると個人的に出かけるようになり、仲間の意識もくずれていった。

真鶴では海士組合で海士の頭を決めたが、海士頭を「大将」と呼び、漁に出るか出ないかは大将がその日の海をみて決めた。大将は一人だが、そのほかに「船頭」と呼ばれる相談役が海士仲間から二人選ばれた。この人選も毎年のイソハジメの日におこなわれた。

潜水作業中、大将の乗っている船がアカトリ（船にはいった海水をくみだす杓）を棹の先につけて上げれば、その合図のあった時から全員の海士は「仲間モグリ」となる。仲間モグリというのは、海士仲間が自分たちの必要経費を現金で納入するかわりに、仲間が全員、一定の時間だけ潜って採取したアワビを売却して現金にかえ、それをもって海士仲間に必要な経費を調達する方法で、仲間モグリをおこなえば、現金を徴収しなくても済むのである。

また仲間モグリで資金をつくっておき、五月三日の「お宮参り」の時などの費用に使った。したがって、この時の採取量は個人的には問題でなく、お互いに助けあい協力するという共同体的な仲間意識にささえられているわけであり、またこのような仲間モグリをとおして共同体的な意識が高揚されていったとみることができる。

潜水作業中、緊急の場合にも棹の先に「印《しるし》」をつけて仲間の船に合図をして知らせた。これは仲間が「粗相」をした時などにおこなった。

城ケ島をはじめ三浦半島南部地域の潜水漁撈者は、船アマでもオットとトメッコは夫妻や父子、兄弟などの家族労働にささえられている場合が多く、とくに分配についての規定もなかった。もし、トメッコの都合がつかず、家族以外のトメッコを使う時は「代分け」をすることもあったが、代分けは一定していなかった。

真鶴では、前述のようにケイコカツギを使って船で潜水漁をおこなう時はみんなで「ぶ」をだしあったが共同採取、共同分配ということはおこなわれなかった。

海士といっても一年中潜水漁をおこなっているわけではなく、海女のように農業や行商を兼ね、夏の時期だけ海に出るというものでもない。三浦市毘沙門の海士のように漁期以外は農業に従事する地域も中にはあるが、ほとんどの海士は潜水漁の時期以外も漁業に携わっているのであるから、とくに潜る時だけ仲間が集まって、祭りをおこなったりすることはない。

⑫ 信　仰

むしろ鳥羽市石鏡《いじか》の水ごり祭や和具町の潮かけ祭のように伊勢、志摩地方でおこなわれている海女の独特の祭は普段、農業あるいは家事に従事している仲間が潜水漁の時期だけに顔合わせをする集団でみうけられることが多い。

それでも真鶴では三月一日のイソハジメに、イソベサンに海士仲間が揃って参拝し、終わってから海士仲間が集まって酒宴をもよおすことが年中行事になっていた。イソベサンの祭は七月二十七日で、この日は真鶴町の貴船神社の祭礼でもある。祭の日はぜったいに潜水漁に出かけることはなく、みんなで休漁し、酒を飲んでほねやすめをした。

また龍宮さんのお宮参りは五月三日におこない、この日も海士仲間が揃って参詣に出かけ、終わってから全員で「仲間モグリ」の資金を使って酒宴をひらいた。龍宮さんは、いまは貴船神社の境内にあるが明神様の場所にあった時、大正十二年の関東大震災で破壊されてしまったため、海士仲間が三〇銭から五〇銭ぐらいずつ出資してつくりなおした。

真鶴では龍宮さんの信仰が厚く、海士が潜る時は「ツイヨ龍宮さん」といってオオノミで船ばたをたたいてから潜る者が多かった（山田朝丸）。

城ケ島においては海士としての信仰というより、漁民の信仰といった方が適切であるほど一般化しているが、住民は三崎海南神社の氏子であり、分社が祀られている。したがって海士だけの独特な祭礼や行事はないが、古くからつづいてきた「エビス講」がわずかに存続している。以前は仲間が集まった講であったと思われるが、今では名称だけで仲間が集まることはない。エビス様は大漁の神であり、各家でエビス様にご馳走をすることである。

エビス様はいつでも船に乗っているが、十二月二十五日になると船をおり、翌年の正月五日まで家の中でやすみ、また船に乗る。それ故、十二月二十五日にエビス様が船をおりる時はエビス様にご馳走するため、尾頭つきの魚を漁からもち帰る。もし二十五日に漁がなく、尾頭つきの魚がとれないときは、わざわざ買って帰った〔石橋敏蔵〕。

エビス講の日は各家でかなりちがいがあり、「十月二十日におこしになり、一月二十日にお帰りになる」という家もある〔池田熊吉　明治二十五年十月十七日生〕。

エビス様をお迎えする日は、尾頭つきの魚（普通はタイかそれにかわる魚）に、赤飯をたいてそなえ、神酒、にんじん、ごぼうのにしめをそえた。それに豆腐のみそ汁をそえる家もある。またエビス様は、神棚とは別に部屋のすみに祀られ、おでかけになる日にうしろむきにしたり、おかえりになる日に正面にむけなおしたりする。おかえりになる日にも同じようなご馳走をして大漁であることを祈った。しかし、このエビス講はほとんどなくなってしまい、昭和四十二年十月の調査では、わずか三世帯しかおこなっていなかったという実態である。

城ケ島では以前、漁のマジナイとして「ヨイヤマ」がおこなわれていた。ヨイヤマは潜水漁に直接関係のあるものではないが、地先の海で漁法の多様な組み合わせにより生業をたてる海士がおこなうものであるので別稿で述べたい。

(3)　海士の出稼ぎと移動

潜水漁は、古代から引き継がれてきた漁法であるだけに、海士の生活の中に古い時代の漁人の生活を想像させる習俗をかなり見出すことができる。

海士の漂泊もそのひとつで、出稼ぎの記録も古くからあり、現在でも継続されている地域も多い。瀬川清子が「漁人の移動性と漁村の起りとの関係を推定する上に最も大切な資料を提供するものは、蜑人の生活である[36]」と指摘しているとおりである。

三浦半島においては文化十一年の史料に城ケ島の海士や伊豆羽嶋の海士が久里浜の海馬嶋へ出かけている記録があることは前述のごとくであるが、このことからも城ケ島海士の稼働範囲を知ることができる。さらに明治十年六月の記録[37]によれば、その頃三浦半島の八幡久里浜村と浦賀久比里町で海馬嶋およびその付近のアワビ漁営業場所の紛争があり、この紛争を解決するために毎年この海に雇われて来る城ケ島の海士の証言を求めている。この依頼に応じて城ケ島では青木彦助と下里庄左衛門がアワビ漁場の境界を証言し、この紛争を解決していることなどからみて、城ケ島の海士は以前から久里浜方面へ出稼ぎに行っていたことがわかる。

明治二十年代になると城ケ島の海士の出稼ぎはかなり広範囲に及ぶ。その頃は漁村と農村が相互に協定しあい、城ケ島の海士に地先漁場の入漁を認めるかわりに、宮田や諸磯の農家では飼育している牛や馬の餌にするための茅を城ケ島で刈る権利を認めさせるというように物々交換的な協定が成立していた。

城ケ島の青木広吉は明治四十二年ころ、千葉の川名へ六人でアワビ漁に出かけたというし、伊豆各地をはじめ、三浦半島内で浦賀、鴨居、葉山などへ潜りに出かけた。

池田熊吉によれば、鴨居や葉山で潜りに出かける時は先方の漁業組合に「ぶ」(分)を納めてアワビを採取させてもらった。その時の「ぶ」は組合との話し合いで水揚げの四分を組合に、海士が残りの六分をいう割合で分けるのが普通だった。その時は三人ぐらいの海士が仲間をつくって一艘の漁船に乗り、行先では宿をかりて泊った。この時はアワビを採取する海士だけで出かけるのでトメッコ役がなく、トモドリをするときはお互いに仲間同士がオットになったり、トメッコ役をつとめたりして交代で潜水漁をおこなった。アワビ漁の出稼ぎは毎年のようにおこなったが、時期は城ケ島での漁期が終わってから出かけるので秋口になることが多かった。昭和十年ころは毎年のように出かけたので、泊る宿が決まっていた。城ケ島から引船に三人ぐらい乗り、海士船四隻ぐらいを仕立てて久里浜方面へ出かけたが、昭和二十年以降は出稼ぎに行くこともなくなってしまった。

真鶴では地元にアワビが多かったので出稼ぎに行くどころか地元の海士では採取しきれず、大正十年から志州の海女が出稼ぎに来るようになり、のちに真鶴の海士と結婚して住みつき、志州の潜水漁の習俗や漁具を伝えた。昭和四十年代には真鶴に来た海女は一二人に達し、海士にかわって、海女が中心の潜水漁になってしまった実態はみのがせない。

註

(1) 羽原又吉「関東漁業の揺籃期」『日本漁業経済史』中巻二、一九五四年。
(2) 貫達人編『相州古文書』民幾右衛門家史料。
(3) 川名　登「里見義尭」『南総の豪雄』人物往来社、一九六三年。
(4) 脇坂健次郎『城ケ島の過去帳』三浦市教育委員会所蔵　一九三三年。
(5) 三崎円照寺蔵「城村旧記写」。
(6) 東浦賀干鰯問屋関係史料「江浦干鰯問屋仲買根元由来記」。
(7) 三崎海外「石渡トヨ家史料」。
(8) 同右。
(9) 同右。
(10) 菊名「石井惣次家史料」。
(11) 逗子市誌小坪文書「草柳家史料」。
(12) 横須賀市野比「塚越トヨ家史料」。
(13) 衣笠「加藤寅一家所蔵文書」出所不明。
(14) 同右。
(15) 前掲註（7）に同じ。

(16) 三浦市教育委員会所蔵（傍点は筆者による)。
(17) 前掲『城ケ島の過去帳』。
(18) 瀬川清子『海女』民俗学研究所編、古今書院、一五三頁、一九五五年。
(19) 最上孝敬『原始漁法の民俗』一九六七年。
(20) 内海延吉「入漁協定書」『沿岸漁業九十年誌』一九六一年。
(21) 「トモドリ」については桜田勝徳『漁撈の伝統』（一五六頁、一九六八年）に、「熊本県葦北郡日奈久町の漁村ではボラ、コノシロを捕る大網と漁船とを所有し、二四人のトモドリと称する網子を村君が使っている」とある。この場合は船に乗る網子をトモドリと呼んでいると報告している。
(22) 内海延吉『海鳥のなげき』いさな書房、一九六〇年。
(23) 田辺悟「城ケ島漁村の成立過程と人口の変遷に関する歴史的考察」一九六八年。
(24) 桜田勝徳「漁業民俗の展望」『漁撈の伝統』八七頁、一九六八年。
(25) 最上孝敬「海士、海女について」『原始漁法の民俗』一六四頁、一九六七年。
(26) 三崎杉山家史料「非常御用留」。
(27) 三浦市役所『三崎町史　上巻』明治八年諸願届綴。
(28) 松輪「藤平二郎家史料」。
(29) 内海延吉『沿岸漁業九十年誌』一九六一年。
(30) 前掲註(24)、一二四頁。
(31) 前掲註(22)、一五五頁。
(32) 前掲註(20)、一四三頁。
(33) 前掲註(18)に同じ。
(34) 前掲註(18)に同じ、一九二頁。
(35) 前掲註(19)に同じ、二〇一頁。
(36) 前掲註(18)に同じ。
(37) 三浦市役所境界証拠書『三崎町史上巻』久里浜村磯根境界分議「城ケ島海士の証言」漁業場、六九～七〇頁。

二　カツオ漁

はじめに

日本民族を海洋民族とする意見もある。しかし、四囲海であるということで、なんとなくそんな雰囲気がただよっているというにすぎず、日本民族を即、海洋民だということはできない。だが、長い間、海とかかわりをもって暮らしをたててきた人びとは多いし、そのような人びとにとって海は自然的、地理的環境ということだけにとどまらず漁撈や交易をとおして生活の源泉であり、文化の母胎たりうるものであった。したがって、日本民族の中には「海洋的な性格」をもった人びとがいるとみるべきで、それらの人びとをしいて日本の中の海洋民と呼ぶのであれば、これまでの生活の足どりの中に海とかかわりをもった歴史と文化の所産を見出すことのできるそれらの人びとを探り調べ、その結果として、適用されるべきことばであるといえよう。

十世紀のはじめころに編纂された『延喜式』の中には相模の海のことが散見され、調庸として貢進した魚介類中に相模のアワビやカツオ、海藻があげられている。このように、相模の海は古い時代より大和と結びつきをもち、伊勢、志摩などとならんで「古典の海」であったということができるのである。

そんなことからも、わが国の中で海洋民的性格を濃厚にもった人びとを探すとすれば、伝統的な漁撈を今日に伝えるその代表として、第一にあげられるのはアワビ採取とかかわりのある蜑人（海士・海女）であり、第二にカツオ（堅魚）漁に携わってきた歴史をもつ人びととその村落ということであるといえるのではなかろうか。本節は第二の点に注目し、カツオ漁の民俗をとおして漁民の海洋的な側面をみさだめていこうとするものである。

今日、カツオ漁撈者ほど伝統的な漁撈習俗をよく伝えている人びとは少ないだろう。したがってカツオ漁をおこなう漁村の習俗を探ることによって海付きの村の習俗をかなり俯瞰することができるとみてよい。これまで、日本人は海とかかわりをもって生活してきたものの、沖合遠くまで一般の漁民が押し出していったということは古い時代にはなかったように思われる。

カツオのように経済性の高い魚が沿岸に洄游《かいゆう》（回遊）しなくなるにしたがって、逆に人間の方が沖へ押し出していく必要にせまられたということは、沿岸の資源不足ということも含めてあったことである。このことは、カツオ・マグロのような洄游性の魚は沿岸他村にさきがけて沖どりした方がより有効であるということもあって、漁業もしだいに広範囲で移動的となり、沖合、遠洋へ押し出すことがおこなわれたりもした。

しかし、この有利な条件で洄游性の魚を漁獲することは危険のともなう漁撈を、さらに危険率の高いものにしていったことから、そこに信仰をはじめとする儀礼、禁忌が生まれ、育ち、広がる素地があったとみられる。だが、それにもましてカツオの経済性は高く、少々の危険をおかしながらも沖合に押しだしていく魅力と必要があった。はじめて沖合へ出た人びとにとって海上で一夜をあかす生活は、恐ろしいことであったにちがいない。そこに海上の怪異や信仰が生まれ、伝えられたとみてよいだろう。今日、カツオ・マグロ漁をおこなってきた人びとのあいだに伝承された儀礼や禁忌、信仰などがより濃厚にみられるのは、もっとも危険な商売であったためではなかろうか。

他方、沖へ押し出すカツオ・マグロ漁においても、日本沿岸の漁師の中に天体の星をみての航海術が育たなかったのは、陸地をはなれてそれほど遠くまで夜をとおして出漁したり、遠くの島へ幾日もかけて移動することがなかったためとみてよいのではないか。

三浦三崎では、北極星（ヒトツと呼ぶ）を見て、これに磁石の針を合わせて漁場の方向を定めたり、長井で「三ツ星」をたよりに進路を決めたりするのも磁石が使用されはじめてのことであり、宵の明星（金星）の出るのを見て時計がわりに時を知るという程度の星の知識はあったにせよ、高度な天体にかんする系統的な知識はもちあわせてはいなかった。このことは、逆にそれほどの知識は海とかかわりのある生活の中に必要がなかったのだとも言える。

星をたよりとすることをはじめ、伝承として航海術（沿岸航法を別にして）をもたない漁民たちをして、わが国民を海洋民族だというのはおかしいし、海洋民族ということばを世界的視野において使うとしても、航海術をもたないことが、第一に海洋民族とわが国沿岸の漁民とのもっとも異なる点であるといえるのではないか。したがって、わが国の漁民の中に見出されるものは海洋的な性格であり、要素であり側面であるといえよう。

本節はわが国のカツオ漁の民俗をとおして、漁民の海洋的な側面をみさだめようとするものである。それは、漁民生活の伝統の中に海洋民的な性格、要素があるとすれば、とりもなおさずカツオ漁に携ってきた人びとによってひきつがれ、伝承されたものや、その人びとの住む村々の中につちかわれ、その多くを見出すことができると思われるからである。ここに記載したカツオ漁を中心とする漁撈習俗は、明治三十八年（一九〇五）以前（地域によって多少のずれはあるがこの時期を前後して）の、まだ動力船（発動機）を使用していないころの伝統的な和船を押しながらカツオ漁をおこなっていた時の記録である。

したがって、そうした時代の伝統漁撈の技術的伝承や当時の人びとの生活を記録にとどめ、このような資料の集積がやがて「海洋民俗誌」として集成可能であることを前提としつつ、全体としては前述のごとき漁撈文化についても付言し、わが国における漁撈生活文化の本質をも明確にしていくことに努めた。というのも、本節は相模湾沿岸漁村における一事例であるが、この事例をもって、わが国全体の縮図的普遍性をみさだめることができるであろうと考えるためである。テーマ設定の理由および目標はそこにある。

また、相模湾のカツォ漁業史にかんするこれまでの研究成果によれば、ごく小規模なカツォ漁業だけがおこなわれていたといわれ、この評価は史的に正しいとは思われないふしもある。したがって、これまでは近世漁村史や漁業史でごく一般的、局部的にしかみてこられなかったカツォ漁を、もう少し具体的かつ詳細に、しかも広い範囲で総括的にまとめておくことは必要であろうと思われる。というのも、和船に乗って櫓を押しながらカツォを釣りに出た漁の経験者はしだいに少なくなってしまうであろうし、現代漁村資料もできるだけ記載しておけば、やがて資料となり史料となりうるもので、少しでもこの方面の関係資料の煙滅を防ぐことになるであろうと考える。

それ故、カツオ漁とカツオ釣をおこなってきた海村の史的背景をつけておくことにした。

1　カツオ漁の歴史

(1)　中世のカツオ漁

十世紀のはじめころに編纂された『延喜式』の主計式により諸国が貢進したもののうち「堅魚」についてみれば、志摩、駿河、伊豆、相模、安房、土佐、豊後の七か国があげられている。

当時の漁法や生産規模、あるいは「相模」の国中でも、どの地域において「堅魚」漁がおこなわれていたかはいまのところ明確でないが、海をへだてた安房国においては今から一二〇〇年ほど以前の延暦十九年（八〇〇）ころにまとめられたという「高橋氏文」の中に、

顧舳魚多追来即磐鹿《いわが》六獦命《むつかりのみこと》以角弭《ゆはず》之弓當遊魚之中　即着弭而出　忽獲数多　仍名日頑魚　此今諺日鰹魚今以角作釣鉤釣堅魚此之由也

（本朝月令二の九）

とみえる。この一節からもわかるように、高橋氏の祖であった磐鹿六鴈命が、自分の乗っている船の舳先に多くの魚がついて来るので、魚群の中に弓弭を入れると、ツノに付いてたくさんとれた。それがカツオであり、今でも角で釣鉤をつくってカツオを釣るのはその時のヒントがもとになっているといわれる。信憑性はともかくも平安時代初期にはすでに擬餌の使用がおこなわれていたようであり、このことからも、相模国においても同じようなカツオ釣りがおこなわれ、漁獲された「堅魚」が貢納されていたとみてもそれほどむりはないのではなかろうか。

鎌倉時代に武士の力が強い社会になると、カツオは「カツ（勝つ・戦勝）」という言葉に結びついて武士階級に縁起のよい魚として喜ばれるようになったようである。兼好法師の『徒然草』（第百十九段）の「鎌倉の海に」は、

鎌倉の海に、鰹魚という魚は、かの境には、さうなきものにて、この頃、もてなすものなり。それも、鎌倉の年寄の申し侍《はべ》りしは、「この魚、おのれら若かりし世までは、はかばかしき人の前に、出づること侍らざりき。頭は、下部も食はず、切り棄て侍りしものなり」と、申しき。かやうのものも、世の末になれば、上様まで、入りたつわざにこそ侍れ

とみえ、この内容から、カツオはそれほどとりたてるべき魚ではない、ということにもなる。しかし、文中の解釈はともかく、この時代にもカツオ漁がおこなわれ、しだいにさかんになってきたと考えられる。近世以前のカツオ漁については史料的にもそれほどみるべきものがなく、以上のごとく簡単に述べざるをえない。

(2)　近世のカツオ漁

くだって北条氏の印判状「本城御前様御台所毎月納肴従昔相定帳面改而被仰出事」には永禄三年（一五六〇）付で国府津之船主である村野宗右衛門へ「魚之代定」として、

一　あわひ　　壱はい　代三文

一　いわし　弐ツ　代壱文
一　一尺之鯛　壱ツ　代十五文
一　なまひ　かつほ　壱ツ　代十二文

などとみえ、直接、カツオ漁に関する内容を知ることはできないが、他の魚類に比較してカツオの価格（価値づけ）をある程度知ることができる（「民幾右衛門家史料」貫達人編『相州古文書』）。

寛永年間（一六二四～四三）、三浦浄心の作と伝えられる『北条五代記』にも、

鰹は毎年夏に至つて西海より東海へ来る。伊豆、相模、安房、の浦々につりよる。初鰹しやうがんなり。

と記され、カツオの分布や洄游について注目し、初鰹という言葉を使って季節感をそえている。

以下、古文献などによる史料を中心に相模におけるカツオ漁についてふれてみたい。

城ケ島には元和から寛永年間の割付（一六一五～二四）「蚫五百五拾盃鰹節四拾連」があり、「向井将監《しょうげん》御用仰付」（脇坂健次郎『城ケ島の過去帖』一九三三年）という史料もみられるが、出所不明により残念ながら確証できない。

平塚の須賀村においては元禄十四年（一七〇一）六月にカツオ上納を金納にしたことが次に掲げる史料（『平塚市・須賀の今昔』一〇六頁　平塚市教育委員会刊　一九六六年）よりわかる。

差上申一札之事

一相州大住郡須賀村より　御采初鰹　例年壱ケ年弐籠ヅッ指上げ来申候所　右鰹年々弐籠ヅッ五月六日暑気甚敷時分ニ而御座候故江戸迄参り候内悪敷罷成　難儀仕候ニ付

今年より永納被仰付被下候様ニと奉願候所　願相叶　壱ケ年分永五百文ヅッ差上候（様）被仰付難有奉存候

然上何時而御意次第急度御上納可仕候　為後日名主組頭連印一札差上申候　以上

元禄拾四年巳六月

相州大住郡須賀村
名主　太郎右衛門
同　五太夫
同　重助
組頭　三郎左衛門
同　五郎兵衛
同　六右衛門
同　九左衛門
同　角左衛門
同　久助

伊豆川浅吉は、嘉永年間になると足柄下郡前川村でカツオ地曳網、カツオ揚繰網がおこなわれるようになったことを指摘され（『日本鰹漁業史』）、次の享保十七年（一七三二）の史料にも、まだ網漁によってカツオが漁獲されていなかったようにみられ、伊豆川の論考どおりとなる。しかし他方、真鶴の貞享年間の史料には「うずわ網」がみえ、ところによっては、すでに網漁もおこなわれていたようである。

享保十七年の鰹漁法答書（一七三二年）

差上申口上書之事

一此度、御用の鰹御網にて御引せ可被遊、何々の浦方にても御案内仕、御網引せ鰹とれ候様に可仕候、大切の御用に御間、浦々の儀無隠、ありていに可申上由、委細御申聞の趣具に承知仕候、拙者共村方の儀魚猟家業と仕、渡世を送り候故、猟一件の儀随分□□相はげみ申候、然共鰹の儀は何の浦にても、ついに網にてとり候儀無御座候、居村より三里、五里、七里、拾里程、沖へ罷越し釣申て江戸表へ出し申候、尤地引網引候村方も御座候得共、何年にも網にかつをかかり候儀勝無御座候、此度江戸御表より御網船并猟師をも被為遣、其浦方み□いの御吟味に御座候に付、少も相違成儀不申上候、万一拙者共方網にて鰹□儀有之旨、被及御聞候はば、至後日何分の曲事にも可被仰候、為其名主・組頭、連印口上書差上申候仍て如件

享保拾七年

子八月

日野小左衛門殿御手代

内藤瀬左衛門殿

（略）連印

西は坂下より小田原迄

東は小坪より走水迄

（「村木家史料」『鎌倉近世史料』二〇二～三頁　鎌倉市教育委員会刊　一九六七年）

また、延享四年（一七四七）三月の「船積場の杭木につき願い書」に、

乍恐以書付奉申上候

一御歳暮鰹御運上年々差上

一初鰹御運上　年々差上申候御事

延享四年卯三月二日

とあり（『平塚市・須賀の今昔』一四六頁　平塚市教育委員会刊　一九六六年）、年々カツオの運上がおこなわれていたことが

わかる。

相模湾におけるカツオ漁業は近世においてかなり大規模におこなわれ、地先漁場だけでなく房州方面へ出漁（旅漁）にでていることは伊豆川によっても明らかにされている。祭魚洞文庫所蔵の「差上申一札之事」という訴訟文書のを掲げ（『日本鰹漁業史』五五頁～六頁）、延享五年（一七四八）に相州三浦郡三崎町のカツオ竿釣船が房州平郡小浦村の地先へ旅漁に出かけ、同地の新しくおこなわれたカツオ網漁とのあいだに漁場争論を起こしている。

このように、かなり早くから他地方へ出漁していたことがわかる。また、カツオ漁業にかんする漁場争論は、相模湾沿岸漁村内においても、延享四年六月、相模、安房一七か村と子浦村、吉浜村が新規カツオ網につき旧漁に差障りありとして争い、沖合新職を停止するなどをはじめ、文化六年六月、相州の浦々が「カツオ漁差障りにつきカツオ長縄新職停止議定」、結果は一定期間停止。同じく同年同月、相州、房州浦々でも同じ問題で同じ結果、さらに同年八月には三浦郡二町谷村と三浦郡松輪村の争論、文化十一年五月、三崎町の某が「松輪村へカツオ漁差障りにつき詫び入れ」、くだって嘉永五年五月、小坪村他八ヵ村が三崎町某地と鮪長縄が「カツオ漁差障りにつき出訴」し、結果は停止となるなど（川名 登・堀江俊次・田辺 悟「相模湾沿岸漁村の史的構造（2）」二六頁『横須賀市博物館研究報告』十六号）、カツオ漁の漁場をめぐる訴訟は多い。

このような漁場争論においては、次に掲げる史料の村々がとくに関係しており、当時、相模湾沿岸の、とくに三浦半島西海岸においては、かなり漁業に力を入れていた村々であることがうかがわれる。

組合七ケ村一件　訴上書上　古証拠物　控帖

鰹漁差障出入

相模国三浦郡

三崎町
長井村
佐島村
芦名村
秋谷村
三ケ浦
小坪村

右七ケ村惣代
芦名村名主
十郎右衛門
小坪村名主
新左衛門

文化六己年七月

（『逗子市誌（上）』草柳家史料）

伊豆川の前掲書によれば、天明六年（一七八六）の「天津内浦浜荻三ケ浦御手浦ニ相成浜方諸用取計方覚」なる史料を引用し、この一札中にある、

鰹鯖三品小釣溜　一艘　金二分

一、年々四月ころヨリ、鎌倉ヨリ鰹釣溜船相廻り候、右運上金ハ切口ニテ之廿日金一分勘定ヲ以日割ニ取立申候、
尤宝暦十辰年吟味ノ上右ノ趣ニ候ヨシ古帳面ニ有之候

天明六丙午年六月

と、すでに近世には房州辺へ釣溜漁に出向く船は大規模なものがあったであろうことを指摘している。この史料からすれば、カツオ漁場の争論は相模湾だけでなく、旅漁先においてもかなりあったとみることができよう。そのことは前述の「祭魚洞文庫所蔵史料」からもわかる。

宝暦五年（一七五五）に刊行された『三崎誌』には、産物として「古書に鎌倉の海と書しは此所なとそ初鰹毎歳献上」、「海士船　此船の名他浦になし鰹釣舟也」とある。

また、『三崎志』によれば貢物并土産の項に、「松魚《かつお》」という記事もみえる。

初鰹ヲ貢物トス按ニ徒然草ニ鎌倉ノ海ニ鰹ト云魚アリト記セリサレトモ昔ヨリ貢物トスルヲ以テ見レハ此魚三崎ヲ第一トスヘシ或説頼朝公房州鶴浜八幡詣玉ヒシころ三崎ノ漁人松魚ヲ献セシ事有ト云リ

寛政七年（一七九五）に刊行された『譚海』中にも相模湾のカツオにかんする次の記事がある。

鰹の猟は相州江の島の沖を盛んなりとす。毎年三月下旬、四月初のころ、はじめて鰹を猟し得るなり。江戸の豪富のもの一日もはやく調理に入るを口腹の第一と称美する事なり然れども、江の島にては猶ほにせと号して称美せず、数日の後初めて烏帽子の如きものをいただきて出来る鰹有、これをはじめて初鰹と称する事なり。是を釣えたる猟師先づ弁才天に供し、さて公儀へも奉る事といへり　（『日本庶民史料集成』八五頁）

おって、寛政十一年（一七九九）版の『日本山海名産図会』巻之四には「堅魚」として、産地、漁法、製造加工の記載がある。この中には、さきに引用した『延喜式』『徒然草』『和名抄』や『万葉集』なども散見できる。また「鰹」の字は日本の俗字で、これは『延喜式』『和名抄』に「堅魚とあるを二合して割りたるなり」とみえ、『東醫宝鑑』に「松魚を此魚に充たり」とある。

前掲の巻之四には、

土佐、阿波、紀州、伊予、駿河、伊豆、相模、安房、上総、陸奥、薩摩此外諸州に採るなりとある。このことからもわかるようにカツオは太平洋の黒潮（日本海流が直接洗う海岸）地帯で多く漁獲され、とくに日本海側にはこれという産地がない。佐渡などにおいてもカツオは漁獲されているが、それはソウダカツオの類である。黒潮と共に春にのぼり、秋にくだる（戻る）。

このようにカツオは日本海流と共に洄游しているため、カツオが多く漁獲される太平洋側の漁村と、カツオなしに漁業生産をおこなう日本海岸の漁村とでは、暮らしのたてかたはもとより村落しいては社会、経済機構にも異なった側面が形成されるにちがいないとみることはできないか。また、この事実は、漁村における漁撈文化の側面にもなんらかの影響をあたえないはずはなかろうと思われる。同書に、次のようにみえる。

四、五月のころは陽に向いて東南の海に群集して浮泳す。故に相模、土佐、紀州にあり。殊に鎌倉、熊野に多く、就《なかんずく》中土佐、薩摩を名産地として味厚く肉肥、乾魚の上品とす。生食しては美癖なり。阿波、伊勢これに亜ぐ。駿河、伊豆、相模、武蔵は味浅、肉脆《かろ》く生食には上とし乾魚にて味薄し。安房、上総、奥州は是に亜《つ》ぐ。

次に近世におけるカツオ漁の事例を文化六年（一八〇九）の小坪村草柳家史料を中心にみることにしたい。

カツオ船を「海士船《あまぶね》」と呼ぶことは各種の史料にも散見できる。たとえば『三崎誌』（宝暦五年〈一七五五〉）にも「海士船　此船の名他浦になし鰹釣船也」とみえる。まずこのカツオ船である「海士船」の大きさおよび構造について、史料中に「小漁船小釣船縄船等而餌を取　海士船而鰹釣申候云々」とあり、ここでいう海士船が「かつぎ漁」（裸潜水漁撈）のための船でないことがわかる。また同じ文化六年の史料に、

鰹釣船

一名海士船与唱申候　長さ三丈五尺より七、八丈位迄　横八丈より九尺四五寸位迄　櫓七挺立　帆近江莚弐拾枚

中江木綿幅広サ四五尺入　乗組漁師弐拾人より三拾人位迄……

とあり、これによって当時のカツオ船の大きさや乗組みの人数を知ることができる。

同じころ、文化十年（一八一三）に浦賀の同心組頭であった今西幸蔵が著わした家と船にかんする技術書である『今西氏家舶縄墨私記』によれば、カツオ漁船には三階造りと二階造りの別があり、三階造りの大きさは肩九尺三寸、深さ三尺六寸、長さ八尋二寸で櫓は七挺。この船の代金は三三両より七、八両ぐらいまでの大きなものである。これとは別に、二階造りと呼ばれる船はやや小型で、肩八尺五寸、深さ三尺四五寸、長さ八尋で七挺櫓。この代金は金二七、八両とみえる。

このほか、江戸中期以後のカツオ漁船および漁撈については寺社に奉納された船絵馬などもあり、それらの資料によってもハイライトを知ることは可能であるが、現在残っているものはごく少ない。たとえば、年代は不詳であるが真鶴の「八大竜王神」の天井に描かれたカツオ一本釣操業の図（現在、横須賀市人文博物館蔵）などが一例で、一二人が乗りくんで操業している。また前掲の文化六年小坪村の史料によればカツオ漁の時季や操業などについて、

　右船ニ而三月下旬より四月晦日迄豆州房州辺旅漁ニ罷出鰹漁仕五月朔日より九月九日迄地鰹漁仕候

とみえる。また同史料中にはひきつづいて、

　其内五月中旬より七月盆前迄は揚り鰹与唱岸ニ付沢山釣候

とあり、これらの状況を総合すれば漁期などは明治中期ころの漁場および漁期とほとんど同じであることがわかる。さらに漁獲したカツオの処理についてもふれ、

　時節一日ニ両三度宛釣来候得共暑季之砌ニ而朝釣之魚ハ江戸廻ニ仕其後釣候ハ浦々ニて鰹一本ニ付鐚《びた》弐拾文より三拾文位迄売払買取候もの生り帰し等ニ仕其鰹之頭わたハ田畑之肥ニ相成ニ付百姓方より柴薪附出交易いたし候故作物出来方至極宜御座候処近来鰹漁不漁ニ付土用中ニ而茂鰹壱本ニ付鐚百文位より下直之事無之鰹節ニ切候儀
　一向無御座候

と、当時の様子をかなり詳細に知ることができる。

文政（一八一八～一八二九）のころに刊行されたといわれる黒田五柳著『釣客伝（上）』には、次のようにみえる。

> 小田原海鰹釣は竿釣なり、竿の長三四間位にて、糸は竿より三四尺短く、針は江戸の鯰針の太鐵を用ふ、亦糸は手前より四ツ子よりおもりなく、餌サは小鰯、海の深サ五六十尋、鰹は浮魚なり……中略……右鰹を引掛たる節、船頭殊の外騒ぐ也、鰹は所の者江戸魚と云ふ、魚釣れたる時、押送船《おしよくりぶね》其處に来り、船中にて直に魚相場を極め買ふ也、又釣上り船は、目印に銘々家の小幟《のぼり》を立る、浜辺の者共、右の幟にて帰り船を待ち、沖の買出船は押送り船也。小田原浜手に加藤清兵衛という者のよし、鎌倉由井ケ浜の鰹釣先同様此釣は夏より秋の釣、是れは至つて面白き釣也、素人の乗込は多分断也
>
> （『釣魚秘伝集』大橋青湖編　二〇一～二頁）

前掲の大住須賀村では、カツオは元禄十四年（一七〇一）ころすでに金納として上納しており、それ以後の延享四年（一七四七）にも「御歳暮鰹」や「初鰹」の運上などはあったと思われるが、ほとんど押送りの手によって江戸表へ運ばれ、運上は金子にておこなわれているようである。

武井周作著による『魚鑑』（天保二年〈一八三一〉）にも「四月相州鎌倉海上始てこれを出す」とあり、

> 別て六七月のころ伊豆房総の海上にこれを釣り得て急ぎ小船に帆をまきて、順風激浪のわかちなく、夜中に来るを夜がつをと称へて、好事の酒客、千金をもなげうつところなり。

といわれるように江戸（東都）へ送られた（この点については漁獲物の商品流通の問題として、川名・堀江・田辺「いわゆる新肴場について」『相模湾沿岸漁村の史的構造(1)』横須賀市博物館・人文科学研究報告書・第十四号　一九七〇年、を参照されたい）。

以上のように、相模湾沿岸における近世のカツオ漁を俯瞰すると、貞享年間（一六八四～八七）に「うずわ」が真鶴村のほか、平塚須賀では元禄年間に、三崎町や鎌倉材木座村は寛保年間の史料に「鰹釣」・「鰹網」・「鰹漁」などの記載がある。

しかし、相模湾沿岸のカツオ漁に関する記録が多くみられるのは文化年間になってから、三崎町、城《じょう》村、長井

村、佐島村、芦名村、秋谷村、堀ノ内三ケ浦、一色村、小坪村、腰越、江ノ島、大磯、真鶴などの史料にみることができる。また、文化以後においてもカツオ漁は相模湾沿岸漁村にかなり共通した魚種であり、時代的にも継続してみていけるものである（前掲拙稿・一九七〇年）。

文化十四年九月におけるカツオ持船を村ごとにみれば、小坪村八艘、三ケ浦八艘、秋谷村三艘、芦名村二艘、佐島村五艘、長井村六艘、三崎町一一艘、城村三艘であったことがわかる（前掲　二九頁・一九七〇年）。これら各村におけるカツオ船の増減の時代的変遷は、文化六年の西浦沿岸における村々の船数およびその内訳との比較においてもある程度は感得することができる（表1）。

文化六年の「小坪草柳家史料」同様、文化十四年五月の「秋谷村史料」に、

鰹漁船之儀は海士船と申し壱艘江二十八九人乗組　餌漁舟之儀は活漁船と申十四五才より十八九才まで五十才より六十才の人八九人も乗組鰯餌ゐまし取船壱艘へ四五人乗組壱職四十人乗余も無御座候ハ自由の働き不相成大職之儀に御座候

とみえ、当時のカツオ漁の具体的内容はじめ、伊豆へ出漁しており、名主連印には三崎町名主を筆頭に芦名、小坪、堀ノ内村三ケ浦、長井、佐島、秋谷の名がみえる（秋谷「若命家史料」）。

くだって天保十二年『新編相模国風土記』巻之三「物産中」に「鰹魚」とあり、

三浦郡中多く漁す、就中三崎及び城ケ島辺にて得るを上品とす、三崎町よりは毎年公に献ず鎌倉、高座、大住、淘綾、足柄下の五郡の海にても漁す、鎌倉の海鰹魚の事、兼好が『徒然草』に見えたり、又足柄下、淘綾、大住三郡にて宇豆和と称しカツオ魚の小なるを漁す

とみえる（二八頁）。さらに風土記稿中にみえるカツオやカツオ漁にかんする記事または記載された村を列挙すれば、鎌倉郡巻之三十八（一九一頁）に、

船数内訳						
押送船	小漁船	丸木船	地曳船	縄船	小釣船	その他
		45 1艘に付永84文1分宛	2 1艘に付 永375文宛	50 1艘に付 永125文宛		
			1 永500文宛			
	10 永75文宛					
2 495文	6 247文					
6 495文	19 247文					
2 1貫1文宛	13 500文					
33 永250文		60 125文宛			11 125文	92 小買付船伍大力船 625文５分
43	48	105	3	50	11	92

海鮮の産多きが中に鰹漁［中腸を塩蔵にす　俗に塩辛と云う］

をはじめ、『鎌倉志』の「材木座」にも『徒然草』を引用し、

鎌倉の海に堅魚と云魚は、彼境には左右なき物にて、もてなすもの也と有。今も鎌倉の名物也

とみえる（第六巻　一二五頁）。同じく『風土記稿』の産物の中（巻之百七　二二三頁）に、

鰹魚　郡中多く漁す、及び就中三崎城ケ島辺にて得るを上品とす

と、前掲の物産と同じ記事がみえる。また、記載された村や地域は、福浦、足柄下郡山王原村、小八幡村、淘綾郡二ノ宮村、大

表1　文化六年三浦西浦沿岸の船数およびその内訳（「小坪草柳家史料」『逗子市誌』所収より作成）

村名および家数	石高	船役	初鰹運上 蚫運上他	船数	海士船	小猟船
小坪村 317軒	241石 8斗1升2合	12貫34文5分		102艘	5 1艘に付 永250文宛	
堀之内村之内三ケ浦 （162軒）	370石 9斗7合	15貫733文	永3貫800文 蚫運上	76艘	8 永495文宛永355文4分4厘	68 永189文5分5厘1毛
秋谷村 247軒	349石 5斗8升8合	2貫200文	永3貫420文 蚫運上	12艘	4 永250文宛	7 永100文宛
芦名村 118軒	283石 7斗9升3合	1貫250文		12艘	2 永250文	
佐島村 154軒	167石 5斗9升6合	6貫432文		16艘	2 495文	6 495文
松平大和守領分 長井村253軒	520石 4升8合	10貫633文	長井村、佐島村 蚫運上9貫600文	31艘	6 495文	
堀弾正知行分同村269軒	450石 7斗5升6合	17貫500文		55艘	2 1貫500文	38 175文8分9厘5毛
三崎町 577軒	42石 2斗2升1合	25貫625文	永2貫、初鰹運上鰹節370連代 永1貫562文5分	207艘	11 250文	
合計	2427石 8升1合			511艘	40	119

（註）家数合計は2107軒とあるが実数は1945軒しかなく、三ケ浦の記載がない。
したがって、三ケ浦に不足分の162軒を補塡し、合計の2107軒にあわせた。
海士船以外にも、小坪村の縄船3艘および佐島村の小漁船の4艘は鰹漁のためにも使用されている。

磯宿、鎌倉郡材木座、三浦郡三崎町、城ケ島である。

以上、近世における相模湾のカツオおよびカツオ漁に関係のある史料や文献資料により、過去の実態をみてきた。近世の文書史料には、これ以外にも、かなり多くのカツオやカツオ漁に関係する書付けがあるが、ここでは割愛した。

次に鎌倉乱橋材木座村を例に近世における船数の変遷をみれば次の表2のごとくである。史料は『鎌倉近世史料』の村木家所蔵文書により作成したが、記載の船数と船名別の艘数とが年代によっては異なるものがあることを、指摘しておきたい。また、表によれば享保四年より寛

表2　近世における船数の変遷（鎌倉乱橋材木座）

年代	船名	艘数	大きさ・他
享保4年 23艘	鰹猟船 押送り船 小猟船	3 2 18	敷5間、横上は8尺 敷3間半、横上は7尺 敷2間2尺、横上は4尺
享保5年 23艘	鰹猟船 押送り船 小猟船	3 2 18	但し1艘には永500文也 〃　永250文也 〃　永125文也
享保8年 23艘	鰹猟船 押送り船 小猟船	3 2 18	但し長3丈1尺程、横7尺程 長2丈5尺程、横6尺5寸程 長2丈1尺程、横4尺程
安永7年	鰹漁船 地曳船 船	2 1 20	
安永9年 22艘	鰹猟船 地引船 小猟船	1 1 20	
天明8年 21艘	鰹猟船 小猟船	1 20	
寛政4年 22艘	鰹猟船 地引船 小猟船	1 1 20	
寛政10年 22艘	鰹猟船 地引漁船 小買船 小猟船	1 1 1 19	
寛政12年 25艘	地引漁船 小買船 小漁船 小船	2 1 19 3	
文化3年 26艘	地引漁船 小買船 漁船 小船	2 2 19 3	
文化5年 27艘	地引漁船 小買船 漁船 小船	2 2 18 5	

年代	船名	艘数
文化8年 35艘 （?）	地引漁船 小買船 小船	2 4 11
文化9年 34艘	地引漁船 小買船 漁船 小船	2 3 18 11
文化10年 34艘 （?）	地引漁船 小買船 小船	2 3 11
文化11年 36艘	地引漁船 小買船 漁船 小船	2 3 18 13
文政10年 39艘	地引漁船 小買船 漁船 小船	2 5 18 14
嘉永5年 41艘	地引漁船 五大力船 近海船 同 押送荷積船 小押送り 漁船 小船	2 1 1 1 2 1 15 18
嘉永6年 41艘	地引漁船 五大力船 押送荷積船 同 漁船 小船	2 2 2 2 15 18
安政5年 41艘	地引網船 五大力船 押送り船 小漁船 小船	2 1(2艘の内1艘解体) 3 15 19
慶応2年 39艘 （?）	地引網船 五大力船 押送り船 漁船 小船	2 1 3 15 19
慶応3年 39艘	地引網船 五大力船 押送り船 漁船 小船	2 1 2 15 19
明治6年 48艘 （?）	漁船 〃 〃 藻草船	五挺立9 〃　28 二挺立1 〃　8

『鎌倉近世史料』村木家文書より作成

政十年までは「カッォ猟船」または「カッォ漁船」の名がみえるがそれ以後明治六年までは「カッォ船」にかんする記載がない。しかし後節に示す明治九年の史料にみえるごとく「小漁船」においてカツオ釣りをおこなっていることから、当時も「カツオ漁船」と明確に記載されていない漁船においてもカツオ漁がおこなわれていたことは明白である。

(3)　近代以後のカツオ漁

大正十三年（一九二四）ごろの相模湾のカツオ釣り専業の漁船は、わずかに一九三艘にすぎない（表3）。葉山の一隻三六人乗り以外は、沿岸小規模のものが多く、近海漁船の域を脱していないといえよう。しかし、明治九年（一八七六）の海面拝借願控に、

一小漁船四六艘
此職五ケ浦入会の磯根にてヒシツキと唱、蚫、とこふし、若布、藻草、其外浮漁にて鰍網、カツオ網、魚釣業仕来り中候

と、カツオ船以外の小漁船においてもカツオ漁がおこなわれていたことをみのがすわけにいくまい（『鎌倉近世史料』「村木家文書」三一二頁）。しかも当時の鎌倉あたりのカツオ漁は明治十年「従前漁業稼場願」にみられるように、

鰹釣職　是ハ五月ヨリ十月迄、壱里以外沖合漁トス

とあり、さきの小漁船で沖釣りをしていたことがうかがわれる（前掲　三三一頁）。

昭和にはいり、「重要漁業一覧」（昭和十三年）によりカツオ漁の漁具、盛漁期、主な漁村をあげれば表4のごとくである。

以下、聞書きにもとづき各地域における明治、大正期の概要をみたい。

表3　相模湾沿岸のカツオ漁（大正十三年調査）

（『日本鰹漁業史』下巻より）

漁業組合	漁具	数量（鉢）	艘数	従業者	漁期	漁場	漁獲高	その他
二町谷	延縄	八	三	一八	八〜九月	三戸　城ヶ島沖	一〇〇〇	
長井村	延縄	七五〇	五〇	三〇〇	二〜十二	相模湾	一五〇〇〇	
長坂	竿釣	一円分	一	五	五〜十	地先	二八五	
秋谷	竿釣	五〇	五	八〇	四〜十一	相模湾	五〇〇〇	
葉山	竿釣		一	三六	四〜十	遠洋	三〇〇〇〇	
小坪	竿釣		四〇	二八〇	四〜十一	江ノ島沖	一四二四九六	鰹・ウズワ
腰越津	竿釣		二五	二〇〇	五〜九	相模湾	一二五〇〇〇	一艘餌料七円
須賀	竿釣	九艘分	九	一五四	四〜十	相模・伊豆・房州	七五〇〇〇	
大磯	竿釣	一六五	一七	一六五	八〜十一	相模湾	七一七六〇	漁具費〇・四一円
〃	延縄	三〇〇	三〇	一五〇	八〜十一	〃	六二六四	〃　一・七五円
二宮	竿釣	三〇	四	三〇	八〜十一	〃	一〇〇〇	〃　〇・四〇円
〃	延縄	五〇	七	四〇	八〜十一	〃	五〇〇	〃　一・七〇円
前川	竿釣	一二	二	一二	六〜十一	〃	一八〇〇	

三崎のカツオ漁も明治四十年ころには、すっかりさびれてしまった。その原因は、漁獲高の減少もあったが、夏季のカツオ漁や冬季のマグロ漁にかわって漁獲高に安定のある昼イカ漁が鉛製の擬餌（ツノ）を使って大きな利益をあげるようになったためである。三崎では明治の終りころカツオ釣はなくなったが、長井方面では、それ以後もつづけておこなわれていたという〔話者：小川慶次郎〕。

長井の聞書きでは、和船のころ（明治末期より大正五年ころにかけて）、カツオを釣る船が荒井に三、四艘、漆山に三、四艘、新宿に一、二艘の合計一〇艘ほどあった。その後、発動機船の導入によってから、屋形（学校下）方面でもカツオ漁をおこなう漁師がでるようになった（話者：鈴木勝造）。

佐島では明治期に二度の遭難があり、「漁獲高の減少もからんで、本格的なカツォ一本釣漁が急速におとろえ、餌いわし漁一本へと船元が転換していくきっかけともなるが、しかしそのような事故が手漕ぎ船の遠出をにぶらせたわけでは決してない」という。しかしカツォの一本釣はおとろえてしまった（『相模湾漁撈習俗調査報告書』一五二頁）。だが、佐島においては現在でも、カツォ一本釣は小型化しながらもつづけられている。しかも乗組人数も三、四人ほどである。

昔、一日、二日がかりで行った伊豆の島々にも三、四時間で達する（多くは三時間ばかりで「ゴケ場」附近に行く）、機動力もあり、冷凍設備も整い、漁法も変化した。佐島の一本釣業者は、以前には短か目（二尋程）の竿にえさイワシのかわりに疑似餌をつけ、竿を出して魚が喰う時に右手で竿にしばったオタマで疑似餌に海水をかけて餌をごまかしていたが、それも散水ポンプで、海水を吸いあげて散水し、海面を泡立たせて獲るように進歩した。また、「ツキソバ」といってカツオをモリで突くこともあるという。数年前にも、四人乗りのカツオ船を「ウチマル」（兄弟）で新調し、津軽までの一回の旅漁で一〇〇万円位の水揚げをしてきた人があるという。漁法の内容はかなり変わったが、カツオ漁の一本釣の伝統は続いている（前掲書　一五二～三頁）。

三崎、長井、佐島などの消長とは別に平塚の須賀におけるカツオ釣（漁）をみると、元禄十四年にカツオ上納を金納にしているのに、それ以後、天保六年（一八三五）には、獲る魚としてタイ、アジ、ヒラメ、サバ、イワシはみえてもカツオがみえない（『新編相模国風土記稿』）。

しかし、大正十一年には漁獲方法として大謀網、地曳網、巾着網、手繰網、こませ網、二艘張網、鰹釣、小釣などがみえ、漁獲物の年間数量は一一種中の第一位がイカで四万六五〇〇貫、ついでカツォは四万二〇〇〇貫で第二位を示している（神奈川水産会資料）。

杉山久吉も子どものころの記憶として、カツオ一本釣の若い衆たちが、板でカツオの形をつくりそれを釣竿の先につけ、カツオ釣りの練習をしているのをよく見かけたという。当時のカツオ釣り船は浜（砂浜）から出漁し、帰ってくると浜に曳きあげたもので、その曳きあげた浜の船で練習したりしていたらしい。

福浦では大正期になっても大型の船は一艘しかなく、それも和船で十挺櫓であったという。この船は肩幅が九尺五寸から一丈あり、三宅、八丈島方面まで出かけた。船名は栄蔵丸と伝えられ、ハサキという家の個人持ちであったらしい。福浦で発動機船に変わったのは明治四十三年（一九一〇）ころで、最初の発動機船はカツオ漁をおこなったという。そのあと七人の仲間が共同出資をして発動機船を建造し、福良丸と名付けたが共同経営は一年しかつづかなかった。大正十二年（一九二三）の関東大震災の年である。その年以後、小型の和船も発動機を付けるようになり手漕ぎの和船は急激に減少した（話者：高橋千治）。

相模湾沿岸というごく限られた地域においてもその消長にはかなりのちがいがみうけられるが、カツオ漁の動向については多少の時間的なずれはあるにせよ、同じような過程や段階を経てきているといえるのではなかろうか。

また、今日ではカツオが沿岸近くまで洄游して来たということを聞かないが、「以前は南西諸島に伝わるカツオ釣りの話から、船を使用せずに岸上より釣具を投じて釣ったであろう」（『日本鰹漁業史（上）』九頁）と述べていたり、明治の中ごろまでは志摩方面でも「島の上からでもカツオが釣れる時があったといわれる」（上村角兵衛『鰹船』志摩郷土叢書第一号　一九七一年）と、各地でもカツオはかなり岸近くまで来ていたようである。

このことは相模湾についてもいえることで、島崎藤村の小説『春』にも国府津に近い前川村あたりのことについて、

海では鰹の釣れるころで、……岸には多勢漁夫が集って、二人の方へ恐しい魚鉋を投げてよこす。鉋は鳴って来る。それが右にも左にも落ちる。二人は吃驚した。そこそこに岸へ泳ぎ着こうとしたが、反って浪の為に反対な

方へ浚われて行った　またまた浪が押寄せて来て、渚の方へ二人とも持って行かれたかと思ううちに、やがて崩れ落ちるような壮大な音響がした。その時、二人は白い泡の中に立つことが出来た。海には幸の多い日であった。鉋に懸った鰹は、婦女や子供の群れに引かれて、幾尾となく陸へ上った

とあり、岸からカツオを釣っていたらしいことが、明治二十五年から二十九年にかけてあったと思われる。

2　カツオ漁の民俗

(1)　カツオおよびその種類

『日本山海名産図会』「堅魚」の項によれば、

鰹の魚品は縷《すじ》鰹、横輪《よこわ》鰹、餅《もち》鰹、宇津和《うつわ》鰹、ヒラ鰹等にて、中にも縷鰹を真物として次に横輪なり。此二種を以て乾魚に製す東国にて小なるをメジカという

とみえる。また、武井周作の『魚鑑』（天保二年〈一八三一〉）には

外貌相同じくして肉粘るを餅がつをといい、背に黒白線三四條あるを筋がつをという、又そうだがつを、あしかがつを、うづわ、よこわ、などいうあり、皆一類別種なり劣れり

とある。相模湾沿岸においてカツオの種類を聞書きにより俯瞰しただけでも次のように区別されている。

横須賀市長井ではカツオの種類を四種類に分けている。同じ季節に洄游してくる普通のオオガツオ、それに小型のソウダガツオ、やや時季的におそく、千葉方面に多いコーヨー（マンダラともいう）と呼ばれる種類、それにメジガツオである。コーヨー釣りの時季になると千葉県方面まで出漁したという。このうち長井の漁民が主に釣ったカツオは

オオガツオであった〔話者：鈴木勝造　明治三十年十月二十六日生〕。

江の島では「ホーサ」と呼ばれるカツオが記載されており、「ホーサは歯のあるカツオでサシミは白身でまずい」（藤沢「民俗文化（5）」二三頁）という。

平塚市須賀でカツオの種類を、マガツオ、ソウダガツオ（ウズワともいう）にマル（マンダラともいう）の三種に分けている。釣り方は三種類とも同じで、一本釣で、例外的には網で漁獲したこともある〔話者：金子長太〕。

真鶴ではマガツオとウズワの区別をしている。また、ウズワのことを別名でノドグロマンダラとも呼んだという〔話者：青木清治〕。

福浦においてはカツオとウズワに大別し、一般にカツオと呼ぶのは大ガツオのことで、ウズワの種類だけをさらに四種類に分けている。第一はウズワといわれ、ソウダガツオとも、通称「ヒラ」ともいわれる。第二はマンダラといわれ通称「マル」という。第三はボガツと呼ばれ、腹、胸部にホシがある種類、第四はスジガツオ、通称「ホウサン」といわれ、この種の特徴は、口歯がとがっているので一名「キツネ」ともいわれた。しかし、量的にはウズワ（ソウダガツオ）やマンダラが多く、ボガツやスジガツオは前者の種類にまじって時々釣れる程度であった〔話者：高橋千治〕。

ここではカツオにかんする聞書きだけを羅列したが、カツオの種類、方言などにかんしては渋沢敬三『日本魚名集覧』および『日本魚名の研究』を、習性および漁法などについては富永盛治朗『鰹―習性と漁法―』を参照されたい。なお、魚類学者の堤 俊夫によれば、高木正人『全日本及び周辺地域における魚の地方名』（一九七〇年）に、「うずわ」という地方名は静岡地方で使われ、標準和名は「まるそうだ」のことであり、静岡や神奈川地方では「ひらそうだ」のことも「うすわ」（スズキ目・サバ科・ソウダガツオ属）ともいうとみえるという。

(2)　漁期および漁場——旅漁およびその他の漁撈との関連

日本近海のカツオ魚群は、その来遊経路は異なっていてもすべて単一の集団から出発したものと見てよく、したがってその集団自体の数量変動が、局部的な海況変動とともに近海におけるカツオ漁況の豊凶を左右することになると考える（笠原康平『海洋科学』「カツオ資源の動向」通巻一五五号一九八三年）といわれている。カツオの漁場は黒潮の流れにそって太平洋沿岸一帯に形成されるが、洄游魚であるから時季にしたがって漁場もたえず移動している。相模湾沿岸の漁村でも、明治のころまでは沿岸付近までカツオの群れがおしよせることもあり海岸の岩場より一本釣による漁法でカツオを釣ることもあったらしい。

しかし、カツオが経済性の高い魚だけに、他村（他船）より、よりはやく、より多く漁獲したいという欲求が、船を大型化し、より遠くの漁場へ押し出して漁獲することを助長したといえよう。すなわち、カツオ漁の場合は地先に洄游するのを待たず、積極的に魚群を沖に求めた漁業であった。

三崎のカツオ漁は七月より九月いっぱいが普通であった。漁場は伊豆大島よりナダ商売が多く、したがってほとんど日帰りであった。三崎で使用していた八人乗りぐらいの船では八丈島方面へ行くには困難で、二〇人乗りのヤンノーでなければ八〇里の道は遠かったという。それでもカツオ、飛魚漁の時などには出漁する船もあった〔話者：小川慶次郎〕。

また、三崎のカツオ漁の状況について、内海延吉は明治三十六年の三崎町役場の郡役所へ報告した文書を引用し、

カツオ漁季の初めは例年四月下旬から五月上旬、盛期は七、八、九月、十一月で終わる。

表4　漁場・漁村（昭和十三年）

漁法	盛漁期	主な漁場	主な漁村
竿釣	自　5月～ 至　9月	相模湾 伊豆七島沿岸	葉山・福浦・須賀 腰越・大磯・長井
延縄釣	自　5月～ 至　11月	江ノ島沖 長井沖	腰越・長井・大磯 三崎・逗子・須賀

（神奈川水産会『神奈川県の水産』より作成）

漁場は初期利島附近、盛期は三崎近海、終期は伊豆諸島及び大島近海であった。
としている（内海延吉『海鳥のなげき』一八六頁　いさな書房刊　一九六〇年）

長井におけるカツオ釣り漁の時期も七月より始まり九月いっぱいで終わる。和船を押して行ったころは操業も日帰りだったので漁場は「江の島下」から「大磯のわき」が多かった。

朝六時ころより出漁し、魚が獲れれば早いが、夕方になって帰ることが多い。また、カツオ釣りに出てもカタクチイワシを多量に掬いあげることがあれば、カツオを釣らずにそのまま帰港することもあった。また、長井の漁師は和船のころにカツオ釣りで大島方面まで出漁した船はなかったともいう（話者：鈴木勝造）。長井での旅漁については聞けなかった。

佐島のカツオ漁について、

餌鰯がなくなる迄、カツオを追って漁を続ける。大体一航海二日、ないし七日間位で、江戸期の文書に出てきたような、アガリ鰹の地鰹漁を一日三回往復してとることなど、もはやなくなっていたようである。（ふつう朝夕二回操業し、一回の操業で船に満載になった場合は日帰りするが、四、五日がかりが普通であった。）これを五月から九月迄の漁期の間くりかえすわけである（『相模湾漁撈習俗調査報告書』一五一頁）。

漁場はについては、

主として近くは大島附近から伊豆下田沖辺り、遠いと三宅島、式根、新島の辺に出かけるのが普通で、未熟な若者が早く島の名を覚えるようにサノサの「島づくし」でおしえられた（～大島、利島、新島式根に神津、あしか島、三宅に御蔵にいなんばた沖にみえるは八丈島～　前掲書同頁）。

また佐島では、明治三十八年ころより大正期にかけて、減少していく魚群を追って、ある者は四月ころ魚群を出迎え三重の方に行って試し漁をし、多くの者は組合の奨励もあって茨城、福島、遠く青森の八戸沖にまで、帆と櫓のみにたよる船のへさきを雄々しく沖へ向けて出漁していくようになっていた。

組合文書には、明治三十六年の年次総会において「魚族減少の傾向により、遠洋漁業（伊豆七島、青森県白糠沿岸）の鰹釣漁業奨励」を決議しており、地カツオ釣りおよび伊豆諸島方面の漁のあと、八月十五日のお盆に出漁し、九月、十月にかけて福島、津軽まで旅漁をした経験をもっている人も多い。櫓をおして行くと一〇日から一五日もかかり、八戸の巾着から餌のイワシを買うか、あるいは自分で獲るかして、旅漁を続ける。十月の声をきくと、もう北の地方は寒かった。銚子に行っても福島に行っても、「三浦だ」というと「カマクラか」といわれたものだが、どこでもみな「よくここまでオシテ来た」と感心される。長井、千葉、茨城方面からも津軽に来ていた（津軽旅漁の根拠地大湊には、豆州の網代、宇佐美、戸田、内浦、房総の館山〈七ケ統〉、相模からは佐島のほか、大津、川尻、小網代などからも来ていた）。帰りは、「秋の北風を利用して帰って来る。佐島の遭難の三、四年後から秋谷ジントク丸などは、炭を五、六俵おこしてガスエンジンをかけ、手漕船をしり目に津軽へ行くようになったらしいが、佐島は長く帆と手漕ぎの伝統を捨てなかった」という（前掲書一五二頁）。

久留和では四月一日より九月いっぱいまでカツオ一本釣がおこなわれた。漁場は大島から利島方面まで、櫓を漕いで出かけるが風があれば帆を張った。大島付近にて天候が悪く雨ならいの時などは島に入港できないので下田方面へ入港し、避難した（話者：関沢岩松）。

葉山の堀内におけるカツオの漁期は新暦の五月初めより十月いっぱい。地カツオの漁が終わると十月より房州の乙浜、千倉へ行ってマンダラ（コガツオ）釣りをおこなった。この漁は十月末より正月二十五日ころまでつづけられるが、暮れから正月にかけては家に帰ってきた。正月二十五日が終わると五月ころまでコガツオ釣りが始まる。コガツオは大ガツオよりひとあし早くやって来る。また、この時期には大きなムツ釣りを沖ノ山漁場（堀内より五里沖）まで出かけて釣ったり、江の島ワキでカツオ釣りをおこなったりもした。

地カツオと呼ばれるカツオのうち、コガツオ（ソウダガツオ）は江の島の内の下の二、三里沖や地元名島沖が漁場であった。また、大ガツオは江の島の内の下の二、三里沖から、遠くは稲荷前まで出かけることがある。江の島下の漁場などの操業は一時か二時ころには帰港できた。

堀内でも大島、新島、三宅島まで和船の櫓を漕いで出かけたこともあった。普通の旅漁は三日から一週間であったため、一〇日分ほどの食料や水を用意した。三宅島までは二日間漕げば着いた。島への旅漁の時は釣ったカツオは地元（島）へ水揚げして現金にして帰った〔話者：小峰角蔵〕。

小坪におけるカツオ漁についてみれば、

和船のころの漁場は、大体大島ウチで、時には三宅まで行った。三宅へ出ると風向きさえよければ帆で走るから二、三日がかり、長くても一週間とは居ない。それだけの食料を積んでいられない。大島か下田に入って食料を積むことが多かったし、そこが漁師の遊ぶ場所にもなっていた。（『逗子郷土史ノート』）

江の島では、

三月の終り（四月に近いころ）になると、相模湾に（サンガツォのことか）来る。そしてお祭り前（八坂神社の祭礼七月十四日）になるとその量も増え、九月から十一月ころにかけてソーダガツオが取れた。（『民俗文化』(6)五六頁）

ソウダガツオの漁期は八月盆から十一月中までで、九月、十月がもっともよい」。カツオは暖いときの魚で、八月ころ卵をもってくる。ウワモノの卵はどこへ卵を生むのかわからない。（『民俗文化』(5)二二頁）

カツオが出ると三月から九月まで大島から八丈島まで行く。（前掲書二一頁）

大島までは和船で帆と櫓で出かけ波浮港で帆を屋根にしてとまる。（前掲書二一頁）

江の島ではカツオ船は一パイだけだが、片瀬は何バイもあり十トンほどの船だ。（前掲書二二頁）

カツオは五月から獲れるが、秋になってからのほうが脂がのってうまい。九月すぎてからのものがよかった。

カツオにはソウダとマンダラという種類があった。（『江の島の民俗』一一五頁）

須賀では四月の彼岸過ぎになれば、カツオ漁に早く出る船は準備を始める。六月三日ころにホンガツオが相模湾にはいってくるが、一回さしこんできても、北上してしまうことがあるので、本格的には七月より漁期にはいり、十月末までつづく。十月にカイホウ寺の十夜が十三日から十六日の朝までおこなわれるが、この時季になるとカツオ漁も終りに近い。漁場は長井沖、初島、真鶴方面で、日帰りの漁場が多かった（話者：金子長太　明治三十四年生）。

また、須賀におけるカツオ船は朝出港して、夕方の三、四時ころに帰る者が多かった。それほど相模湾のカツオ漁場は近かったのであるという（話者：杉山久吉　平塚在住）。しかし、明治四十一、二年ころは櫓を漕いで大島、利島方面へも旅漁に出かけたことがあったという（話者：金子長太）。

大磯では四月下旬ころより、六月いっぱいぐらいが例年の漁期であったが、年によっては八月中旬ころまで出漁することもあった。四月、五月、六月ころのカツオ漁は大島や利島沖方面へ七挺櫓の和船を漕いで出かけた（話者：真間福次郎）。

真鶴ではカツオ一本釣は八月から九月におこなわれ、漁があれば十月ころまでつづいた。カツオが釣れなくなると「カツオ縄」で十月、十一月ころまで漁をしたこともある。また「ウズワ流し」によりノドグロマンダラを漁獲することは九月から十月、十一月までおこなった。漁場は比較的近くでウズワ流し網は「沖網」と呼ばれる沿岸の鰤定置網の沖合を流したし、ヒキズリによるカツオ釣りや一本釣は沖網の張ってあるあたりから、小田原下初島ジアタリなどであった（話者：青木清治）。

福浦におけるウズワ一本釣の漁期は七月に始まり九月、十月、十一月ころまで約三か月間続けられるが、おそい時期には十二月にはいっても操業した。漁場は初島周辺より網代方面までであった。初島から外洋へは行くことがなかったし、真鶴、伊豆山、熱海沖あたりの漁場が普通であった（話者：高橋千治）。

以上、カツオ漁の漁期および漁場についてみたが、全国各地の沿岸漁村においては年間をとおしてみると、多種多様な漁業生産活動をとおして生業がなりたっているわけで、とくにカツオのように洄游魚を漁獲の主要な対象としている浜（村）においては、漁期以外の他の漁業生産とのかかわりあいがなければ生活を営んでいくことが不可能であるといっても過言でない。本節ではそれらを「生産暦」にまとめて、一年間の漁業生産のローテーションとカツオ漁との関係およびその位置づけなどについて看取できるような配慮をした。

また、一言に「裏漁」といっても生産暦をみてわかるように地域によりかなりの特徴がある。さらに一村をみた場合には漁船の大きさにより、漁家の土地所有との関係や労働力とのかかわりあいによりかなりの差があり、その事例も多彩である。ここではその一例として佐島における裏漁をあげ、土地所有との関係については別項（カツオ漁をする村）にゆずりたい。

鰹船は七月より九月にかけて鰹を釣りながら引き網でアオリイカをとった。九月に地鰹や伊豆の島々あたりのカツオが終わると（あるいはその後、八月ころから東北への旅漁でカツオを追って十月ころ帰ったあと）、冬はマグロ漁に出かけた。

鮪は、ハエ縄でとり、八人から十人位乗って、房州沖、勝浦沖、銚子沖、遠いと福島の辺まで櫓をこいで出漁した（江戸〜明治初めころか、福島の方に鮪漁に行き、コレラにかかって死んだ人がいた）といわれる。生きた鰯かスルメイカを沖の船で買って餌にして釣り上げた。はえ縄は二十枚位持って行けば多い方で（現在の鮪延縄は二百枚から八百枚位もって行く。）小規模なものだが、寒のうちの旅漁はつらかった。米を一俵位まで積み込み、船にはムシロを敷き、サシコを着、保温のワラゾーリをはいて出漁する。寝る時は、船べりにムシロをしきかえ、ボタを着たままちぢまって寝たという。（『相模湾漁撈習俗調査報告書』一五三頁）

表5　三浦市三崎の漁業生産暦（新暦）　（聞書：小川慶次郎　明治十五年五月二日生）（一九七四年六月十日調査）

魚種、漁法＼月別	一月	二月	三月	四月	五月	六月	七月	八月	九月	十月	十一月	十二月	摘要
カツオ一本釣							━	━	━				
サバ釣										━	━	━	地元のサバ釣り
ムツ釣	━	━	━										
タイ釣					━								
イシナギ釣					━								
イカ釣	━	━											ヤリイカ　ケンイカ
イカ釣					━	━	━	━	━	━			スルメイカの小さいもの
ホウボウナワ				━									

表6　三浦市城ケ島の漁業生産暦（新暦）　（聞書：青木広吉　明治二十一年九月十日生）（一九七〇年一月三十一日調査）

魚種、漁法＼月別	一月	二月	三月	四月	五月	六月	七月	八月	九月	十月	十一月	十二月	摘要
カツオ流し網									━	━	━	━	ウズワ、イナダ、メジ、潜り漁が終わってから
ハダテ網	━	━	━	━						━	━	━	ウズワ、イナダ、カマス
マグロ流し網			━	━	━								マグロ
小晒網		━	━	━	━								イワシ
手繰網		━	━	━									アマダイ、ヒラメ
七目網			━	━									ヒラメ、三月三日より
ゴト網	━	━	━	━						━	━	━	スズキ、コノシロ、ヤリイカ
棒受網									━	━	━	┅	アジ、ムロアジ、九月下旬より十・十一・十二月
アジ巻網									━	━	━	━	アジ
エビ網	━	━	━	━	━			━	━	━	━	━	伊勢エビ、他、六・七月は産卵期のため禁漁
サンマ流し網										━	━	━	サンマは小さくなるが、正月にも時々操業した。
イカ釣	━	━	━										
舫舸	━	━	━	━						━	━	━	アワビ、サザエ、磯魚
裸潜り					━	━	━	━	━				男のみ、五月は諸磯へ出かける。九月二十八日まで

表7　横須賀市長井の漁業生産暦（新暦）

〔聞書：鈴木勝造　明治三十年十月二十六日生〕（一九七四年五月十八日調査）

魚種、漁法＼月別	一月	二月	三月	四月	五月	六月	七月	八月	九月	十月	十一月	十二月	摘要
カツオ釣							━	━	━				
マグロ一本釣										━	━		ホンマグロ手釣、漁場は小田原前
イカ釣			━	━	━	━	━	━					ヒルイカ釣（ヤリイカ、スルメイカ）
イカ釣	━	━											キワのイカ釣（ツノ釣）
ムツ　キンメダイ釣	━									━	━	━	昼間の漁
エビ網	━	━	━	━	━			━	━	━	━	━	六月、七月は禁漁、網漁は年寄りの仕事
トビウオ網						━	━						
七目網		━	━	━	━								ヒラメ
舫舡	━	━	━	━	━	━	━	━	━	━	━	━	アワビ、サザエ、磯魚（年寄り仕事）
ツキンボ	━						━	━	━	━	━	━	カジキマグロ

表8　横須賀市佐島の漁業生産暦（一本釣の小釣業者を中心に）（新暦）

（一九七四年六月十日調査）

魚種、漁法＼月別	一月	二月	三月	四月	五月	六月	七月	八月	九月	十月	十一月	十二月	摘要
カツオ							━	━	━	━	━		
マグロ										┅	━	━	
タイ	┅	┅	━	━	━	━	━	┅	┅	┅	┅	┅	四・五月、ノボリダイ
アマダイ	━	━											
サヨリ	━	┅	┅							━	━	━	
ゴトイカ							━	━	━	━	━	━	
ヤリイカ	━	━	━										
ブリ					━	━	━	━	┅	┅	┅	┅	
サバ								━	━	━	┅	┅	
スズキ	┅	┅	━	━	━	━	━	┅	┅	┅	┅	┅	四・五・六月・入梅、スズキ
アジ	┅	┅	━	━	━	┅	┅	━	━	┅	┅	┅	

表9　横須賀市久留和の漁業生産暦（新暦）　（聞書：梶ケ谷弥右衛門　明治二十二年三月六日生）（一九七二年二月二十一日調査）

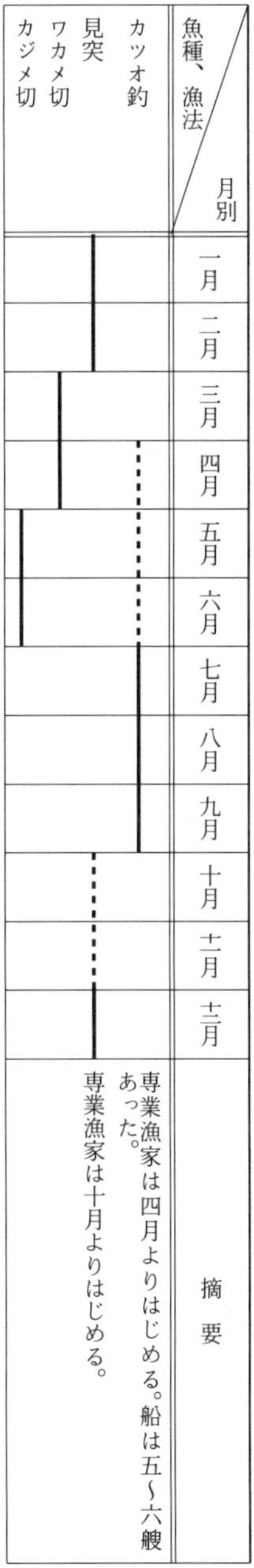

魚種、漁法
月別
カツオ釣
見突
ワカメ切
カジメ切
一月
二月
三月
四月
五月
六月
七月
八月
九月
十月
十一月
十二月
摘要
専業漁家は四月よりはじめる。船は五～六艘あった。
専業漁家は十月よりはじめる。

表10　横須賀市久留和の農業生産暦（新暦）　（聞書：梶ケ谷弥右衛門　明治二十二年三月六日生）（一九七二年二月二十一日調査）

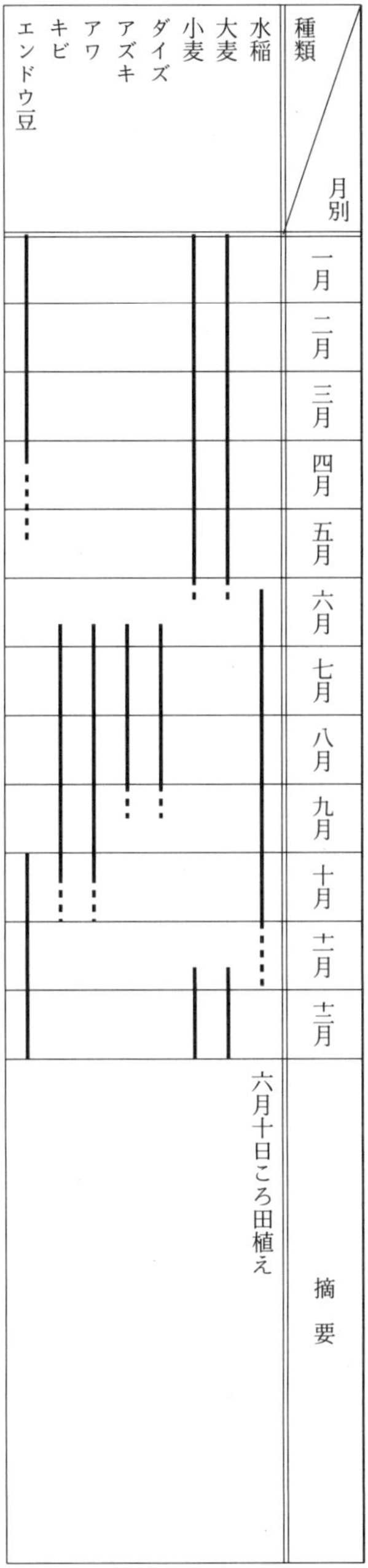

表11　三浦郡葉山の漁業生産暦（新暦）　（聞書：小峰角蔵　明治二十二年八月二十五日生）（一九七四年五月二十七日調査）

表12　平塚市須賀の漁業生産暦（新暦）　（聞書：金子長太　明治三十四年八月十七日生）（一九七四年五月三十一日調査）

魚種、漁法＼月別	一月	二月	三月	四月	五月	六月	七月	八月	九月	十月	十一月	十二月	摘要
カツオ一本釣					┅	┅	━	━	━	━			ホンガツオ
マグロタテナワ										━	━		ホンマグロ、メバチ、キハダ
三浦棒受け		━	━	━	┅								ウルメイワシ、マイワシ
棒受け網	━	┅										━	シコイワシ（カタクチイワシ）

表13　中郡大磯の漁業生産暦（新暦）　（聞書：真間福次郎　明治二十七年二月二十七日生）（一九七二年二月十三日調査）

魚種、漁法＼月別	一月	二月	三月	四月	五月	六月	七月	八月	九月	十月	十一月	十二月	摘要
カツオ釣				━	━	━	┅	┅					
ニソッパ				━	━	━	┅	┅					カツオの餌魚　カタクチイワシ
スズキ釣									━	━			
タイ釣									━	━	━	━	
アマダイ釣	━	━	━								━	━	
大ギス釣	━	━	━	━	━								
カツギ（潜り）						━	━	━	┅				
大謀網	━	━	━	━	━	━							ブリ網　大正五年頃よりはじめた

表14　真鶴の漁業生産暦（新暦）　（聞書：青木清治　大正元年八月一日生）（一九七〇年二月八日調査）

魚種、漁法＼月別	一月	二月	三月	四月	五月	六月	七月	八月	九月	十月	十一月	十二月	摘要
カツオ一本釣								━	━	┅			
カツオ縄										━	━		カツオ一本釣りがおわってからはじめた
ヒキヅリ								━	━				
ウズワ釣								━	━	━			
ウズワ流し									┅	━	━		ノドグロマンダラ

表15　真鶴町福浦の漁業生産暦（新暦）　（聞書：高橋千治　明治三十一年十月二十二日生）（一九七四年六月十二日調査）

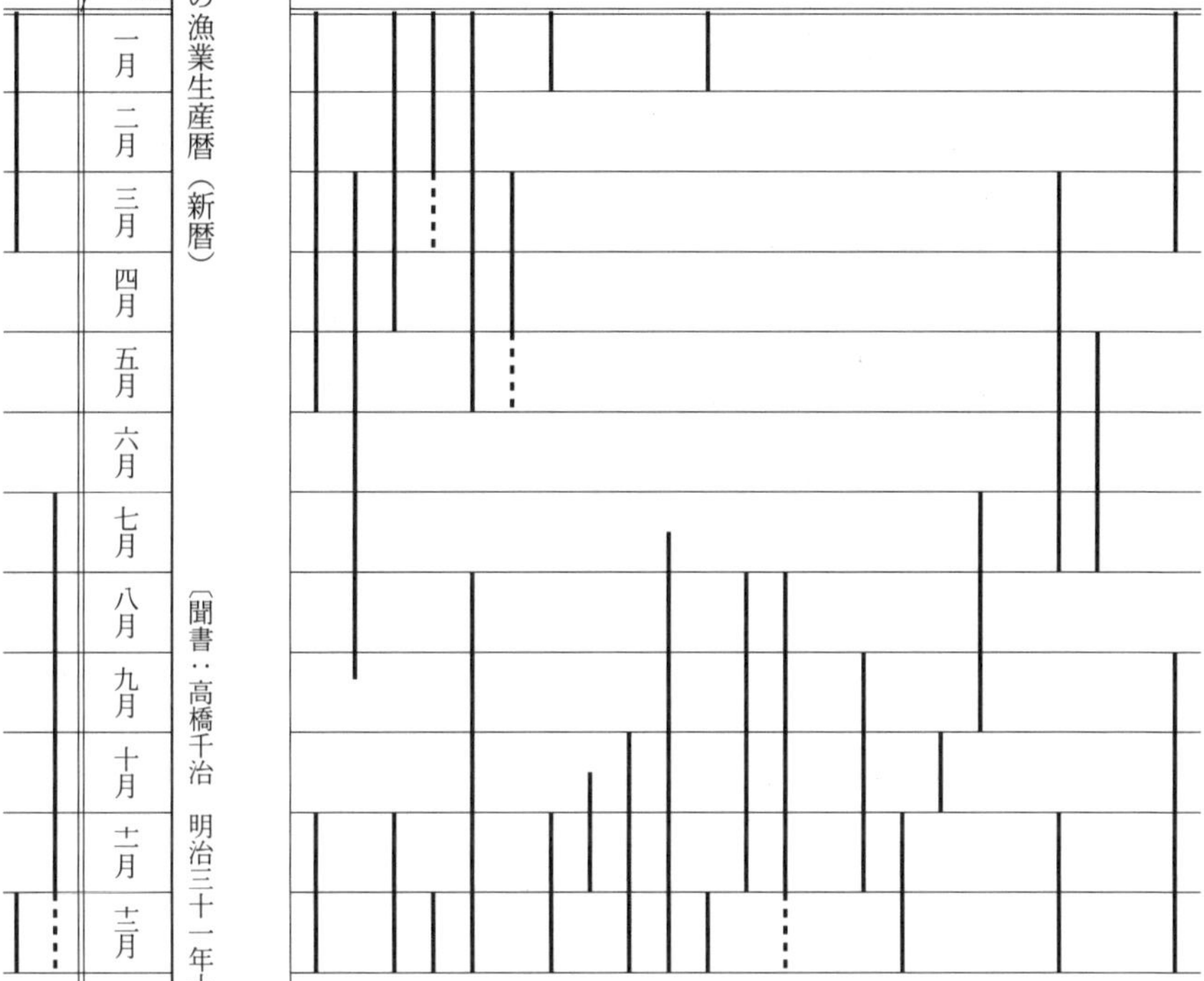

魚種、漁法 ＼ 月別	摘要
イカ釣	夏イカは九月より十一月まで　十二月より三月はヤリイカ
イサギ釣	
タイ、アマダイ釣	三月より七月まではタイ釣り　十一月・十二月はアマダイ釣
ホウボウ	
ヤガラ	
カサゴ	
イナダ	ビシ釣、小さい時はワカシ、大きくなるとハナジロ、ワラサ
シオラシ	五月にはゴマメになってしまう
ハチダ網	アジ、サバ、イボダイ
サヨリ網	サヨリ、タナゴ
棒受網	アジ、ムロアジ
カマス網	
サンマ流し	
オラシ網	カンパチ
シラス網	五月にはゴマメになってしまう
磯立網	六・七月はイセエビの産卵期のため禁漁
七目網	ヒラメ、アンコウ
テグリ網	カワハギ、ホウボウ
潜り	アワビ、サザエ（男だけ）
大謀網	ブリ、マグロ
ウズワ一本釣	
磯アジ釣	

ムツ釣	
シラス曳き	三月すぎは食用のシラス、以後、カツオの餌用

(3) 漁法と漁具

まず、カツオ漁の内容全般についてふれておきたい。カツオ一本釣漁を中心に、またその漁撈を主軸とした文化(民俗)について述べるのであるが、一口にカツオ漁といっても、その種類(漁獲方法)は多い。大きく分けて釣漁と網漁に分かれる。しかしカツオ漁の種類や漁獲時季によっても方法が異なり、漁法は地域差ということでは分けることができない。

さらにカツオ釣漁は一本釣・延縄(ハエナワ)または長縄・ヒキヅリというような漁法でおこなわれ、網漁には流し網・揚繰網・地曳網によるほか、辻堂や平塚のようにアジ網などを使って漁獲することもおこなわれた。

伊豆川浅吉によれば、

幕末に至って前川国府津辺を境としてその以西には揚繰網による鰹漁業が普及され、専ら釣による鰹漁業はそれ以東の諸部落に行われる様になった。地曳網による漁業も若干存した……(『日本鰹漁業史』五四頁)

がおこなわれているが、その根拠については不明である。

以下、相模湾沿岸において伝統的におこなわれてきた各種のカツオ漁にかんする調査結果を掲げるが、カツオ漁は主に一本釣によるものであることは前述のとおりである。

① カツオ延縄《はえなわ》

三崎ではカツオを延縄によって漁獲していた。漁期は一本釣と同じであった。漁場は海鳥のいるところへ船をもっ

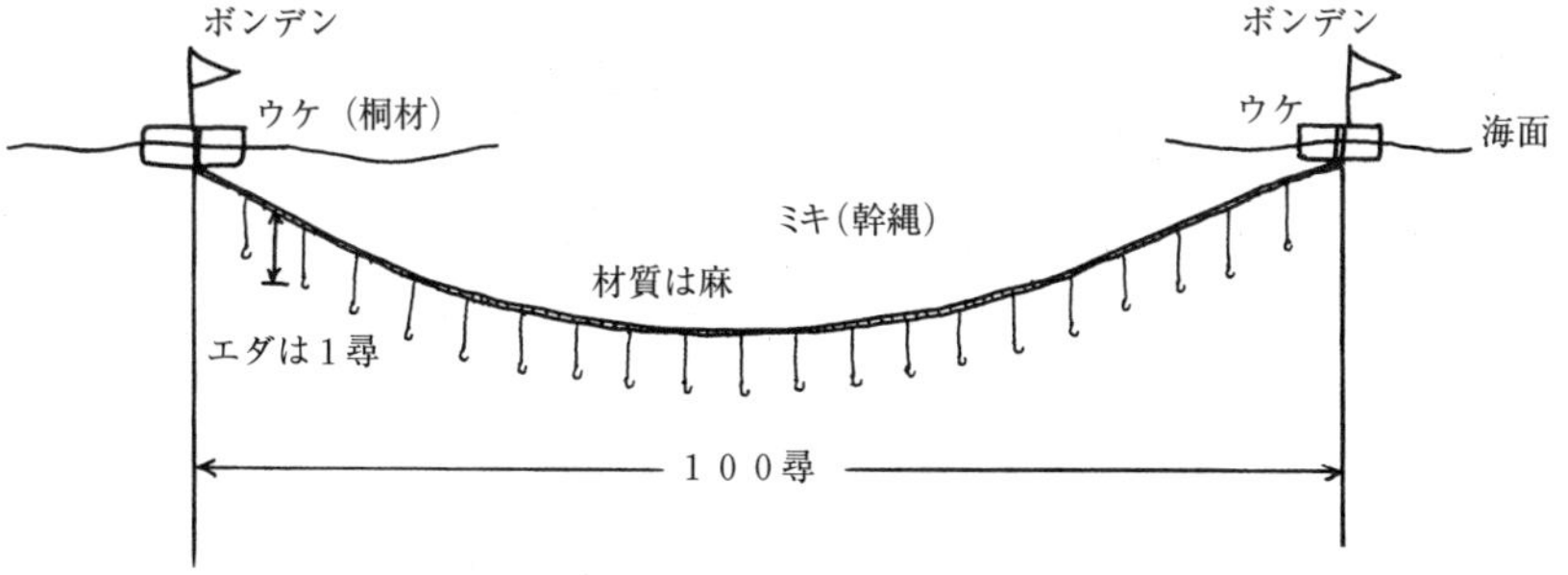

図1　カツオ延縄

ていって延縄をおろすが、この時は海面に魚がみえなくても延《は》える。漁具は延縄で個人的に竹材のハチを使ったり、セーロと呼ばれた曲げ物のハチを使う者もいた。一般にはこのハチを一〇ハチほど使う。ヒトハチのミキ（幹縄）の長さは一〇〇尋で、これに長さ約一尋のエダ（枝縄）をつけ、先端に釣鉤（ツリ）を付けるが、エダは普通三〇本から四〇本程度を付けた。エダが多すぎて、あまり近距離に付けすぎるとカツオが釣れた時、作業をする場合に危険なこともあるので、三〇本程度を原則とした。幹縄、枝縄ともに材質は麻材、ツリの餌にはカタクチイワシをつけた。

この延縄を海中に延えて、水深約一メートルほどのところに流す。また幹縄の両端には直径五～六センチ、長さ二〇センチほどの桐材のウケを付け、さらに竹を立ててボンデン（目印）とした。こうしてカツオの延縄を一〇〇尋も延えると、両端は水深一メートルほどだが幹縄の中間は水深三、四メートルにも及んだ。この漁法は現在でもおこなわれている伝統的漁法だが、漁具の材質は変わった。〔話者：小川慶次郎〕

②　カツオ流し網

カツオ流し網は三崎や城ケ島の漁民によりおこなわれていた。三崎では八月ころより九月にかけておこない、夜に流す商売で、普通は夜のうちに三回ほど操業した〔話者：小川慶次郎〕。

城ケ島ではカツオ流し網のことを「カツ流し」といった。漁獲物はカツオのほか

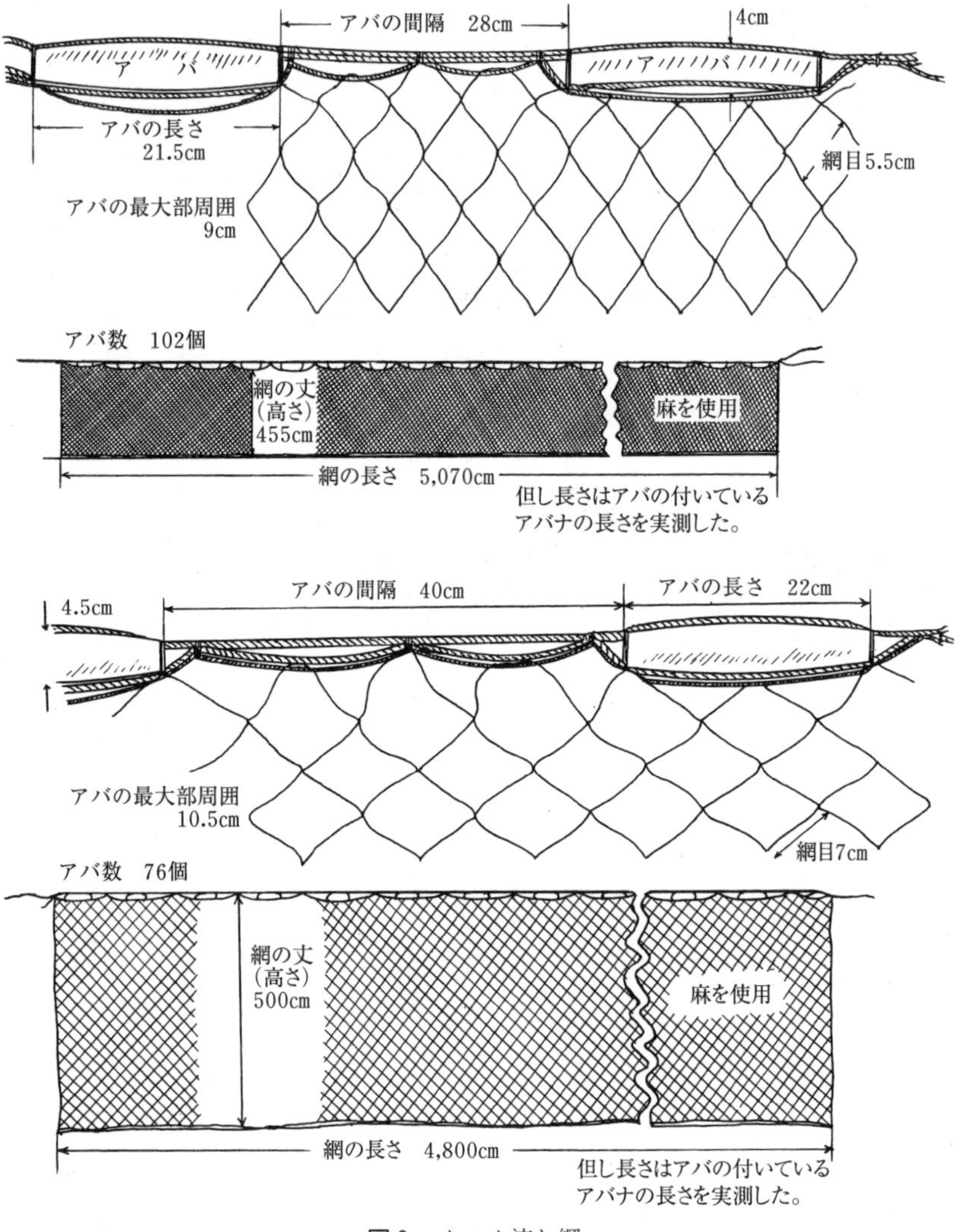

アバの間隔 28cm
4cm
ア バ
アバ
アバの長さ
21.5cm
網目5.5cm
アバの最大部周囲
9cm
アバ数 102個
網の丈
(高さ)
455cm
麻を使用
網の長さ 5,070cm
但し長さはアバの付いている
アバナの長さを実測した。
4.5cm
アバの間隔 40cm
アバの長さ 22cm
アバの最大部周囲
10.5cm
網目7cm
アバ数 76個
網の丈
(高さ)
500cm
麻を使用
網の長さ 4,800cm
但し長さはアバの付いている
アバナの長さを実測した。

図2 カツオ流し網

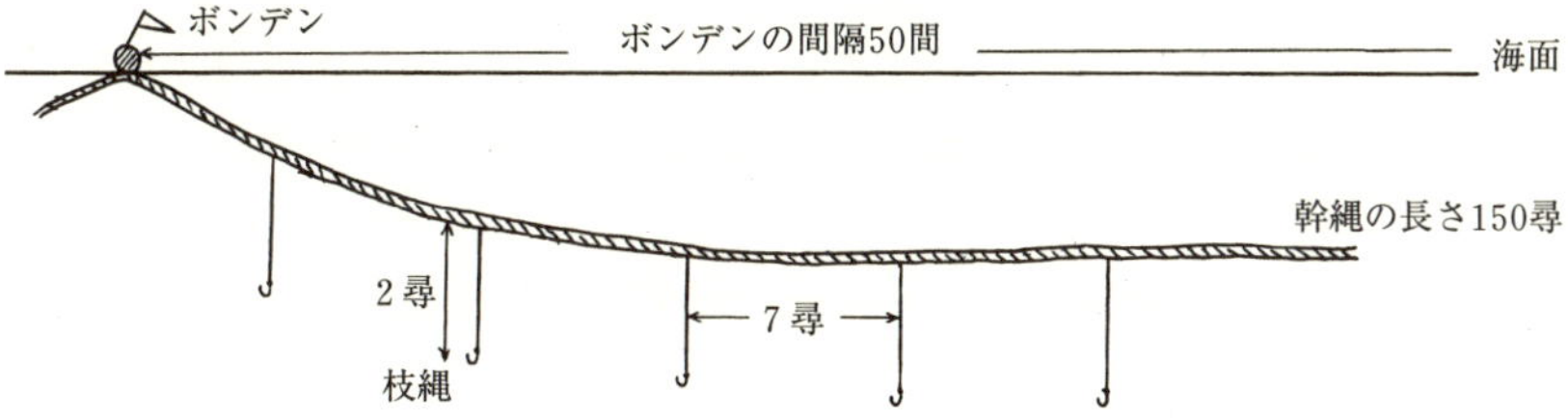

図3　カツオ縄

にウズワ、イナダ、メジなどを漁獲する。漁期は毎年夏の裸潜りが終わってから始めた。漁場は江の島沖から相模湾中央部。カッ流しの網には四寸目、三寸目、二寸八分目などの種類がある。

カッ流しは青木広吉（明治二十一年九月十日生）が三十歳までおこなわれていた。それ以後も使用されたが、一般に明治四十年前後にはなくなりはじめた。この漁業は乗組員四、五人で夕方に出漁し、ひと網（一回）いれて夜の九時から十時ころには城ケ島へ帰ってくる。夜十時ころに帰港するのは、三崎から東京へ向かう汽船が夜の十時ころに出航するので、漁獲物をこの船に積むために合わせた時間であった。この船にまにあえば翌朝には東京へ三崎のカツオがとどくという計算であり、氷のない時代に鮮度を考えての操業であった。明治四十年ころのことである。

明治からつづいたカツオ流し網も大正の終わりころになるとやめてしまった。その理由は大正末期より昭和初期にかけて「サンマ流し網」がさかんに始められるようになり「カツ流し」はすっかりすたれてしまった。それに漁獲量も減少したこともある。網の原料の麻は三崎に売っていたが、ヌカソ（サワマサ）という麻屋で購入し、糸車を使って苧《う》んだ（話者：青木広吉）。

③　カツオ縄

カツオ縄は「カツオ一本釣」では釣れなくなるときりかえて始められた。真鶴では「カツオナワ」による漁法でかなりのカツオを漁獲した。時期は十月より十一月ころまで。漁

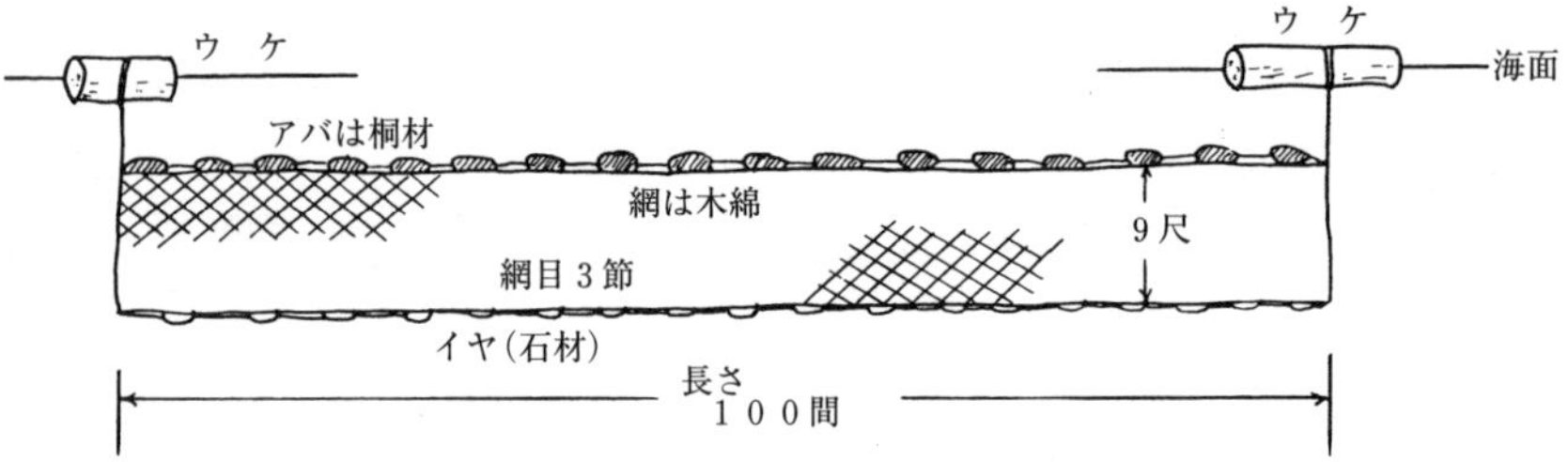

図4　ウズワ流し網

場は初島沖、江の島、その他の相模湾周辺。

カツオ縄はシイラ縄と同じように水面に縄を浮かせるように工夫してつくられた。幹縄はシイラ縄より細い。幹縄の長さは一五〇尋で、五〇間ごとにボンデン（旗）を付けて浮かせ、七尋ごとの間隔で枝縄を二尋のばし、その先に釣鉤をつけるのが普通〔話者：青木清治〕。

幹縄、枝縄の材質は大正ころまでは麻材であったが、その後は木綿（綿糸）に変わり、最近ではクレムラとなった。また、大正のころは釣鉤も自製した。縄を入れる籠は真鶴の籠屋に注文してつくった竹材のものが使われた。

カツオ釣りの餌はイワシまたはイカの切り餌を使用。カツオは釣れるとすぐに死んでしまうため、あまり多く釣れると重みで縄が沈んでしまい、縄をなくすこともあったといわれる。

④　ウズワ流し網

大正初期までおこなわれた漁法だが、漁獲量が減少したのでおこなわれなくなった。真鶴が主であった。漁獲物はウズワ（ソウダガツオ）。漁期は九、十月より十一月まで。漁場は「沖網」と呼ばれるブリ定置網のさらに沖合を流した。網は木綿で長さ約一〇〇間、丈は九尺、網目三節のものを使用。桐材のアバと石のイヤが付いていた。

漁船は肩幅五～六尺で長さ一二、三尺のものを使用した。櫓船で操業に必要な漁夫は六人ぐらい。個人経営で、佐七丸（青木清治宅）のほかに真鶴で一〇軒ぐらいの家がこの網を所有し操業していた。

⑤　ヒキヅリ・その他

真鶴ではカツオをヒキヅリによる漁法でも漁獲した。漁期は八月より九月。ヒキヅリの漁法は一本釣りのバケを使って釣った。ヒキヅリの船は小さな漁船でも散水しながら操業する。漁場は沖網の張ってある沖あたりより小田原下、初島ジアタリなどであった〔話者：青木清治〕。

辻堂地区の昔のカツオ漁業に関する聞書によれば辻堂でも、

鰹は網でとる。夏は海が真黒になるほど沢山よってくるので、ウキをたくさん網につけて捕る。網はもちろん鯵をとる際に使う網と同じものだが、ただウキを沢山つけるということである。（藤沢『民俗文化』(7)、五〇頁）

というように、カツオ漁専用の網は使用されていないが、網漁でカツオが漁獲されていたことがわかる。

平塚の須賀においてもカツオ漁専用の網はなかった。しかし他の漁業に使用する漁網でカツオを漁獲したことは辻堂と同じようにおこなわれていた。大正八、九年ころは、手漕ぎの和船でキンチャク網をおこないマイワシを漁獲しては加工業者が煮干しにしていた。そのころ、同じ網を使ってカツオやメジを漁獲したことがあったが、メジが獲れすぎて、網をもっていかれてしまったことがあった〔話者：金子長太〕。

福浦のようにカツオ漁は一本釣りだけで網や延縄による漁法をいっさいおこなわなかった村もある。福浦では今でも網職を個人的におこなっている漁家は少なく（昭和四十九年）、共同の定置網以外には海老網漁をおこなっている家が一軒あるにすぎないという〔話者：高橋千治〕。

(4)　カツオ一本釣漁

①三浦市三崎

【魚群の発見】　三浦三崎ではカツオの群れを海鳥に教えてもらう。「鳥は案内者」で、海鳥がいなければ漁師という商売などはできなかったといっても過言でない。海鳥の名を夏はマトリ、冬はカモメという。「恩人」ならぬ「恩鳥」であった。鳥が高いところを飛んでいる時は魚群は深くにいるし、海面をするように飛んでいる時には魚群は浮上して浅い場所にいるという。これはカツオもイワシも同じであった〔話者：小川慶次郎〕。

【餌】　三崎のカツオ船が使用したカツオの餌は小網代で調達した。網代湾内にはカタクチイワシがおり、地元の漁師が船地曳網などを使って漁獲しては商売にしていた。湾内に生簀を浮かべておきカツオの生餌専用として売っていた。売り方はタマいっぱいとか、ヒトカゴいくらとか、カメいっぱい幾らというような計り方をしていた。生餌は前もって注文しておくこともあった〔話者：小川慶次郎〕。

【操　業】　朝は夜が明けるか明けないころに出かけることが多かった。出漁の時間は船頭が決めた。魚群を発見するとただちにカメの中に入れて生かしてあるイワシを掬い出して魚群にむかって投げてみる。このイワシを投げる役目は誰れでもよいというわけにはいかない。普通は「イワシナゲ」と呼ばれる専門があり、この役を仰せつかるのはベテランということになる（後述乗組員の項参照）。投げた餌にカツオが食いつきはじめると、長さ四間三尺ほどの竹竿にブッパイと呼ぶ擬餌鉤をつけた釣竿を持ってカツオ釣りが始まる。ブッパイによる釣りの場合は釣り上げたカツオをタマで素早く掬《すく》うため、タマドリという者一人が一緒に組になって作業をしなければならない。ブッパイによる釣りはカツオの顎に釣鉤が簡単にかかるためである。また、この釣り方は、海面上をひきずるように竿を操作するので多くの乗組員が同時におこなうわけにはいかない。したがって大勢乗っているカツオ船でブッパイによる釣りをやればぶつかりあって操業を不利にすることもあり、あまりやらない。ブッパイを使用するとしてもミヨシとトモにいる者ぐらいであった。

ブッパイ釣りによって釣りがおこなわれていてもカツオの食いが悪くなると船頭は竿釣りをおこなうように命令する。竿釣りは、いわゆる「カツオ一本釣」で長さ三間二尺から三尺の竹竿を使い、イワシの生餌を直接釣鉤につけて釣り上げる方法である。この時に釣ったカツオは釣人が脇の下にかかえこんで捕獲する。

この漁法も大正より昭和初期になると生餌としてのイワシは持っていったが「ツノ」を使ってのカツオ釣りがさかんにおこなわれるようになった（話者：小川慶次郎）。

②横須賀市長井

【魚群の発見】　カツオの群れは「マトリ」か「鯨」に付いていることが多く、とくに海鳥（マトリ）に魚群を教えられることがほとんどであった。漁師は海鳥がいない場所には魚もいないといい、シコイワシは海鳥付きなので遠方のものでもすぐわかるという。鳥付きのシコイワシはハミイワシといってまるくかたまるのでこのような時には船をその場に進め、「大ダマ」を使って掬うか「張網（四角）」で掬いあげる。時にはシコイワシを掬うだけで満船になり、カツオを釣らずに帰港することもあった。

【餌】　長井ではカツオ釣りに使用する生餌を前述のごとく出漁中に網で掬うという方法で入手した。また、餌になるシコイワシを沖で掬うとイケスに入れておきコトウ（小田和湾）に生けておくこともおこなった（話者：鈴木勝造）。

餌がどうしても入手できない時は三崎の小網代に買いに出かけたこともあったという。

【操　業】　長井におけるカツオ漁は小規模であり、操業も日帰りの漁をいうように決まっていた。したがって漁場も相模湾内なので朝六時ないしは七時ころより出漁した。五、六人乗りで出漁しても小型和船なのでとくに船上での役割を決めるようなこともなかったし、また役割分担を決めるほど本格的なカツオ漁でもなかった。したがって船もとくに「鰹船」というものはなく、沿岸、沖合共にあらゆる漁法を駆使してあらゆる魚種を漁獲するために使用する。

前述のように海鳥の飛んでいる海面にはシコイワシがおり、シコイワシのいる場所にはカツオがいるのでカツオを釣る場所にも、まず餌としてのシコイワシを掬うことから始める。シコイワシにカツオが付いている場合はカツオがシコイワシをまるくするのでたやすく掬えたという。したがって長井では出漁する時から生餌を仕入れて船のカメに入れていくというようなことはあまりおこなわなかった。

漁場に着くとまず掬いあげたシコイワシをカメに入れておく。また、漁場に到着してからも泳いでいるイワシを大ダマで掬い、それをすぐにカツオの群れにむかってまいたりした。クジラ付きのカツオ漁場ではクジラがシコイワシを集めると、集まったイワシを一口のうちに飲み込んでしまうこともあり、こんな時には乗組員一同が落胆するばかりか、クジラに水をかけられたり恐ろしい目にあうことさえあった。クジラにも種類は多いが相模湾のクジラはゴンドウクジラ（約二〇尺）やカツクジラ（約四〇尺）が主であった。

しかし首尾よくシコイワシを掬いあげて生簀に入れると、まずイワシをバラマキながら水をヘラでかけ、はじめはツノ「カツオヅノ」（後述）を使ってハタキで釣る。その後、このツノ釣りではカツオの食いが悪くなると竿を使い鉤にシコイワシのカタをかけて釣った。船で曳く時はバケを使うこともあったが、それ以外にバケを使うことはなかった。漁のよい時は「イッソク」（一〇〇匹）くらいは釣れた。氷がない時代であったから、釣り上げたカツオは船のカメに入れ、カメの栓をぬき、帰港までのあいだにたえず新鮮な海水がカメの中にはいるようにしておく。このような仕方を「水ガメにする」といった〔話者：鈴木勝造〕。

③横須賀市佐島

【魚群の発見】　佐島でもカツオの群れは、鳥やクジラでよいナブラ（魚群）をみつけるのだが、ことにカモメの下にはカツオがいるので（カツオはイワシなど小魚を追いながら北上するが、この小魚をねらうカモメの下にカツオがいるということになる）、カモメの群れをみつけると船はまっしぐらにそこへ進む。カツオの群れを発見してから、魚群が解体して海中に身をひそめるまでの短時間が勝負である。

【操　業】　エサナゲが餌をまき、カツオを船に寄せると、船の一方側に一列に並んだ漁師たちは、まず「表一番」の竿おろしから始めて一斉に釣鉤に餌をかけて釣りはじめる。海へ投げこむとすぐにかかり、ぐうと竿をあげると弓なりになってカツオは海から抜け出る。竿を立てると、魚はハネて大きな弧を描いて目の前にくる。それを巧みに左わきに抱きかかえて釣鉤をはずし、すぐに次の餌をかけて糸を投げ込む。（中略）この間、エサハコビの少年は、船の上を忙しく右往左往してカメから餌を掬い入れては先輩の足もとにエサバチを配ってあるくのである。船のオモテとトモは腕の良い人が釣り、時には生餌にまじって疑似餌釣もやった。今の棹は二尋半くらいで短いが、昔の棹は四尋くらいの長さがあり、「ヘラ」という太い竹を棹の元に付けて、膝には「棹当て」を当て、これを力にして、隣の人の糸や鉤と交わらないように自分の胸元に魚を抱きこむのだから十二、三歳のコワッパの腕力ではまだだめであった。

（『相模湾漁撈習俗調査報告書』一五一頁）

④三浦郡葉山

【魚群の発見】　カツオの群れはカツオ自身が群れをなしてアカミになってみえる場合もあり、鳥つきでないこともある。また鳥つきの場合も多く、その時にはマトリと呼ばれる海鳥に教えられた。

葉山堀内ではカツオ一本釣以外に網漁を禁止していたが、カツオの群れを発見しても地元以外の船が大敷網などを持ってきて操業するとアカミ（カツォの群れ）が相模湾から出ていってしまうこともあった〔話者：小峰角蔵〕。

【操　業】　話者の小峰角蔵（明治二十二年生）は十五歳の時に自分の家の持船にはじめて乗ったという。和船の櫓を押し、風のある時は帆を立てて漁場に出かけるが、年寄から「若い者はスネッポから汗をださないと一人前になれない」などといわれて一生懸命になって漕いだ。漁場へはほとんど早朝出かけた。遠い漁場への出漁は朝の三時ころ出かけるが、近場では六時、七時のこともあった。船頭はあらかじめ明日の漁場を前夜に決め、明朝は早いかおそいかを決めて知らせる。漁場をいったん決めても船頭は夜中に何回か空模様をたしかめ、天候が急変するような前兆があれば、漁場を変更したり、休漁したりする。したがって船頭はもっとも早く起きておそく寝るような職業で、大変な仕事であり、またそれが船頭としての仕事でもあった。

餌は沖でカタクチイワシをタモ網で掬い、船のカメや「イケカゴ」に入れて生かしておく。また「シマセ」といい「今日は出漁してもカツオは釣れそうもないという日」を選んで自分たちでとりに出かける。この時もタモ網で掬ってカタクチイワシを漁獲した。このような時も船頭が日を決めることになる。

出漁の際、「イケカゴ」をあげてタマでイワシを掬い、船のカメに入れて持っていく。一本釣の竿にはオトコ竹（カッ竹ともいう）を使い、麻糸にイケのない釣鉤を付ける。釣鉤の大きさは餌となるカタクチイワシの大きさによって変え、イワシの頭のエラのところにかけ、「きげんよく泳がせる」のが餌付けの腕であった。このように最初はイワシの生餌を使い、カツオがたくさん釣れはじめるとバケ（擬餌）を使った。

⑤鎌倉市腰越

【魚群の発見】　腰越の漁師、伊勢吉の聞書きをまとめた『伊勢吉漁師聞書』（神奈川県教育委員会刊）の中には次のような記載がある。

この辺に来るのは、大抵イワシクジラだ。クジラは必ず他の魚を連れている。クジラについているのはカツオで、カツオが追うシコをクジラが食べるのだ。クジラはこのごろでもいることはいるが、少なくなったらしい。私が療養所へ来る前は、ずい分いて、漁の邪魔をされてどうしようもなかった。クジラが三本も五本も入ってしまうと、シコを食うので、船を引き返して来てしまう。おまけに尻尾で、ぽんと一つやられると、小さい船はけし飛んでしまう。クジラの吹く潮は波の上に一間ぐらい白く立つ。潮を吹いているときは頭は少ししか水面に出ないが背中は二間も三間も出ているのが普通である。遠くからでは身体は見えぬが、潮は一里ぐらい先から見える。（二一六・二一七頁）

またエトコ（魚群）についても、

エトコまたはハミというのは、シコがサバ、カツオ、ソウダに追われて水面にぎっしり固まってしまうことをいう。魚だけかたくなって鉛を流したように、とろんとした色になり、押し合って水面から少し持ち上っているのは、まるで座布団を投げ出したように見える。そうなると、下からは他の魚が集まって突っつくし、上からは鳥が寄って来て食うので、遠くで見ていてもよくわかる。時にはクジラが水中に縦になって、大きな口をあけて飲み込んでいることもある。エトコの大きさは、七、八畳の部屋ぐらいのこともあり、たたみ一畳ぐらいのこともある。深さは初めは薄いが、待っていると、ぎっちり厚くなってくることがある。（前掲書一〇六頁）

さらに同書は「ナブラ」についてもふれている。

カツオやマグロの群の固まっているのを、ナブラという。カツオやマグロが集って泳いで、水面の所がびちゃびちゃしている水面に表われないで、少し下の所にもっとぎっしり寄っているのをアカミという。水がそこだけまっ赤になっている。

ナブラの小さいものを十三本ナブラといっている。本当に大きいか小さいかは、なかなかわからない。十三本ナブラだと思ったのが、マキ餌をして寄せて見たら、大変な大きさに育つこともあるし、十三本ナブラだと思って釣りはじめたら、幾らも釣れて百本以上とれたこともある。海中のことはわからないものだ。カツオは一本はねると十本カツオがいる。その一本をみつけよともいっている。（前掲書一〇七頁）

⑥藤沢市江の島

【魚群の発見】　「カツオはクジラがつきもので、クジラの腹の下にはきまってカツオがいる。クジラがくると鳥もついてくる。クジラがいると船をもちあげてしまうから、イワシもとれない」（藤沢「民俗文化（5）」二一～二二頁）と記録されているが、やはり江の島でもカツオの群れを発見する目印としてクジラや海鳥で見当をつけていることがうかがえるのである。

【餌および操業】　シコイワシをカメに入れて持っていくが、カメの中でぐるぐるまわり泳いでいる。

一本釣でハリスにはイワシをつけ、切ったものをマキエにして、いっしょに沈める。二十ヒロから三十ヒロの深さだ。カツオがイワシを追い上げて水面におったつ。それをクジラが食べるのである。（前掲書二一頁）

カツオは昔は釣りあげると、だいて鉤をはずしたが、いまはイカシなしの鉤で、引き上げると頭上ではずれて船に落ちる。引いたらすぐ合わせないといけない（前掲書二二頁）。

ソウダガツオはシラスについてくる。ヒコイワシをえに一本釣である。（前掲書）

「夏の暑いころは、漁師でもぐれる人はもぐっているが、調子の悪い人やもぐりのできない人はカツオ船に乗った。タイやスズキは船のドウノマから後で釣ったが、カツオはヘサキの方でシコイワシを餌にして釣る」（『江の島民俗調査報告』五六頁）

⑦平塚市須賀

【魚群の発見】　平塚の須賀では漁場をヨーバ（魚場）と呼んだが、このヨーバは海鳥に教わることが多い。いわゆる「鳥つき」にはマトリ、クロチョウが飛びかうが、鳥の飛び方やまわりかたを見て鳥の下にはいい群れがいるかどうかがわかったという。このほかにもカタクチイワシを追ったカツオのハミを直接発見することもあった。いずれにしても、船頭は勘がよくなければよい漁はできなかった〔話者：金子長太〕。

【餌】　カツオ釣りにはカタクチイワシの生餌が必要なので、テブネと二艘で出かけ、まず相模川（馬入川）河口の五〇〇メートルほど沖へ出てから夜の明けるのを待つ。夜が明けはじめ「朝まづめ」になると、「コマセ」をまき、カツオの餌となるカタクチイワシが集まったところをテブネと共に「二艘張り」で掬い上げ、漁獲し、生餌としてカメに入れる。カタクチイワシが大漁で船のカメに入れきれない時はテブネが生簀に入れて持ち帰る。「コマセ」はあらかじめ五月から六月にアミの小さなものを漁獲し、塩にして樽に入れて保存しておく。

この時、餌のカタクチイワシが獲れなければ、朝の六時でも八時までも待ってから生餌を漁獲して沖へ出漁した。コマシに使うアミが不足する場合は、コマシ船がコマシブクロを曳いて餌を調達するが、これを商売にする船もあったので他船の漁獲したアミを買った。

生餌のカタクチイワシを漁獲する場合は「二艘張り」と呼ばれる漁法でおこなわれるが、この漁法は最初に二艘（カツオ釣りに出る船と他の一艘はテブネ）がもやいで出かける。

漁場が暗い時はイッチヤランプで照らしてみてからコマシを投げる。コマシにカタクチイワシが集まってくると、屈強な若者が長さ五、六尋の「ツッパリ竹」と呼ぶ竹棹を使って二艘の船をつっぱりながらはなし、オデ石という二貫目ほどのオモリ石を一四、五尋の海底に落とす。その後二艘の船は互いに網（五寸に三〇目ある）を張り、魚群を掬うような方法で前進し、取り囲んだところでアンバナをしめあげて漁獲する。掬い網である。

生餌のカタクチイワシが漁獲されるとテブネ（補助船）は網を積み込み、手伝いの年寄りや子どもはこの船に乗り移って帰港する。他方、カツオ船には若い者をはじめとする船方が乗り込んでいよいよ漁場へ向かう。

また出漁に際しては、当時は相模川の水をそのまま「水樽」の中に汲み入れ、四斗樽一ぱいほどを飲料水や炊事用の水として使用したという〔話者：金子長太〕。

【操　業】　カツオ漁は夏場である。午前二時ころになると船頭は船方の家をまわって起こして歩く。船方が各自の弁当や「チゲ」（道具入れ）を持って船主の家に集合すると、全員揃って船に乗りこんだ。早い時は午前三時ころに櫓を漕いで出漁した。餌とりをすませ、さらに沖へ出てから魚群を発見すると全速で船を近づけ、カツオの見張りをしているエサナゲがカタクチイワシを投げる。この投げ方によっても漁、不漁が決まるので、エサナゲをする者は船頭を務めることができるような年配の人がおこなうことを常とした。

カツオが船につくと一本釣の竿を出して釣りはじめるが、ミヨシとトモにいる者は「ブッパイ」と呼ばれる擬餌鉤を使用して一本釣をおこなった。ブッパイ（擬餌鉤）による釣りをおこなう際にはブッパイの擬餌がカツオにわからないようにするため、「ケーベラ」と呼ばれる竹のヘラを使って水をかけた（漁具の項参照）。

また、生餌がなくなるとナカのブッパイといって船のハサミに立っている者もブッパイを使って釣りをおこなった。ブッパイによる釣りをおこなう場合は、ミヨシとトモに一人ずつタマモチといわれる者が釣りをする者と一緒に組みつき、擬餌で釣り上げたカツオをすばやくタマで掬い上げる作業を専門におこなった。

釣り上げたカツオはトモの下やハサミの下に並べて水をかける。トモやハサミの下には生簀を真中にしてハラ（ワキガメ）が左右にあり、これをオモカジのハラ、トリカジのハラと呼び、この中にカツオを並べた。

また、生餌がなくなった時はオモテガメに入れ、栓を抜いて新しい海水がはいるようにした。大漁で三〇〇本から五〇〇本も釣った時は、直接カメに入れたりもしたという〔話者：金子長太〕。

⑧真鶴町福浦

【魚群の発見】　カツオの群れはカモメ、沖ではマトリの鳥つきでも発見できるが、群れが大きい場合は餌となるカタクチイワシが飛び跳ねたり、風がない時は「水をもっている」といい、海水が動き跳ねているので海面の状態によっても発見できた。このような魚群の発見方法を「メケンでやる」といった〔話者：高橋千治〕。

【餌】　ウズワ釣り（カツオ釣り）用の生餌であるシラス（ウズワなので餌も小さくカタクチイワシの子を使う）は七、八月ころは吉浜海岸の沖で海底が砂場である地帯を船曳網で曳いて漁獲した。この網はいわゆるシラス網で、この漁法を「ウズワの餌曳」ともいった。約三センチほどの大きさのシラスである。また十、十一月ころになるとエサヒキは伊豆の網代方面へ出かけておこなわれた。漁獲した生餌のシラスは竹製の生簀に入れて生かしておいた。

そのほか、網代、宇佐美方面では、生餌を巻網で専門に漁獲し生簀に入れて売っていたのでそれらの生餌を買って使ったこともあった〔話者：高橋千治〕。

【操　業】　カツオの時季（ウズワ釣り）には朝三時ころに出発した。この時刻にはきまって北風が吹いているので帆をはって漁場へ向かうためには好都合であった。この時をのがすと風もなくなり沖へ出るためには櫓だけを押して出かけなければならなかった。福浦では早朝に出漁して夕方には帰港するウズワ釣りであった。

カツオの群れを発見すると全速力で近寄り、餌のカタクチイワシを投げる。餌はエサカイという餌まき専門の者がおこなうことになっていた。エサカイは年寄りでカツオ漁の経験も豊富である者が担当した。餌も運搬中に死んだシラス（カタクチイワシ）を先にまき、ウズワ（カツオ）を集める。この場合は桶に水を入れてその中に入れた餌を手でつかんでまいたが、生餌はタマでカメから掬って投げるようにしてまいた。こうして餌にウズワ（カツオ）をよせておき、それから生餌をまくようにした。

一本釣の竿釣りもカメに入れた生餌を持って行った時はツノ専門で釣ったが、カツオのつきがにぶくなると生餌釣りに変えた。

福浦ではツノ釣りの場合でも釣り上げたカツオはかかえとり、タマで掬うことはなかった。そのためにジュバンを着て操業した。また沖合で操業していると三浦地方の船と一緒になることもあったが、三浦地方の者はツノ釣りの時は釣ったカツオを上手にタマで掬いとっているのを何回もみた〔話者：高橋千治〕。

(5) 漁撈組織——役割分担

ここでは漁撈組織や役割分担を中心にみていきたい。また船頭その他の職掌をはじめ、船主（船元あるいは金主ともいう）についてもふれておくことにする。

三浦三崎でカツオ漁に出る時は、船頭のほかに「餌投げ」をおこなう役の者がいた。餌投げをするのは、船頭あがりのような者か、または船頭にこれからなるような老練の者であった。船頭は操業中はもとより、岡にあっても船主にかわる総指揮者であり、時には船主が船頭を兼ねることもあるが、船頭はもとよりイワシナゲ（餌投げ）もみきりのよい（計画性のある）人でなければできる仕事ではなかった。餌をむやみに投げてしまうようでは、採算がとれないので、どれだけ餌を使って、どれだけのカツオを釣れば採算があうかということを常に頭の中で計算していなければ務まらなかった。釣る量が少なければ、生き（活）餌を持ち帰ることもある。したがって、そのような見積もりもできなければ、餌投げはできない。

船上の役としては船頭、エサナゲ、ヘノリ、トモロオシという順であった。ヘノリは、ウラッポで竿を持ち最初に釣りはじめる役で技術的にむずかしく、最初にへまをするとカツオの群れが逃げてしまうこともあった。あとの乗組員はフナカタ（船方）と呼ばれ、とくに職掌もないがカツオ釣り以外の船内での仕事は必要に応じて分担した。炊事のように一般にはカシキと呼ばれる役の者がおこなう仕事も、沖で必要とあれば船方の中で手のあいている者がおこなった〔話者：小川慶次郎〕。

佐島でも、船の総指揮をとるのはもっとも老練な「船頭」（近年は漁撈長という）であり、小規模な場合はエサナゲを兼ねる。参謀格のトモロシ（トモ櫓押しをする）は、船頭がいないとき指揮を代行し、また船頭とトモロシを兼ねて一人でやる場合もある。この二人は、後尾のトモに位置して全行動を指揮する。大きい船にはさらに副の「ワキロシ」（脇櫓押し）がつく。もっとも腕の立つ者が「ヘノリ」または「表イチバン」と呼ばれ、へさきに乗ってカツオ釣りが始まる時、竿を一番先に出すのである。次に重要な役は「エサナゲ」で年季の入った人が二人くらいであたり、残りのエサイワシの量と水揚高をにらみ合わせて、無駄なく餌をまく大切な役目である。船頭が兼ねることも稀《まれ》ではない。その他は「ヒラ」で、誰が先に釣りだしても良いが、学校をさがってすぐ乗る十五、六歳のツッペリ（かけだし、コワッパ）は、「エサアゲ」（餌はこび）と「メシタキ」の仕事をやりながら、経験をつんでいく。エサアゲは、「エサバチ」（直径一尺くらいで高さ七、八寸）に水を張り、生（活）イワシを入れた餌を釣りの先輩のところに間に合うように運んでいく仕事である。メシタキは、ハサミ場（メシタキ場）で全員の食事の準備をうけもつのである（『相模湾漁撈習俗調査報告書』一五二頁）。

佐島に大きなカツオ船があったころは漁撈組織や職掌もかなり明確で細分化されていたことがうかがわれる。

葉山では肩幅五尺、七挺櫓押しのカツオ船に八人から一〇人が乗り組んだ。この場合、船頭一人、ヘノリ（オモテマワリともいい副船頭役を務める）一人、カシキ一人または二人で、あとの者はノリクミといった〔話者：小峰角蔵〕。

小坪の場合、ノリクミは上の役はカツオ専門の者だが、釣人にはミヅキの者も時にはまじった。ミヅキは年間とおしてやる者もいたが大体冬場のものだし、夏場のカツオ漁に乗る者も多かった。カツオ釣りは片舷で釣る。役はセンドウ（船頭）が船長で舵もとるが、今日はどこへ行ったら漁があるかを、カン（勘）で知らねばならぬ責任がある。ヘノリ（舳乗）はヘ（船首）に居てサカナを見る。釣るのも一番前に出る。だからセンドウと共に歩合がいい。エサナゲ

（餌投）はサカナを呼んで、いつまでも船についてくるように撒き餌をする係りで、特殊な技術を要する。また、ヘラという径二寸の竹を半割りにしたもので撒き水をした。釣人はふつうの乗組員で「ノリテ」ともいう。カシキ（炊事）は炊事当番や雑役で十六、七歳のツカイノワカイシュがなる。（『逗子郷土史ノート』7）

このようにかなり仕事が分業化されていた。カシキは、釣りが始まると、イケスからタマ（タモ）でイワシを掬って釣人にエサクバリをするが釣りはしなかった。また、カツオ船では乗組員を多く集めなければならなかったのでその経営も大変な苦労であった。小坪では次のようにいう。

商人に金主になってもらった。商人としては出漁者は上得意なわけで、小坪の者はふだん麦はおろか粟めしを食っていたが、よそに行くのに麦飯を食わせられないから、米を大量に積むし、味噌、醬油なども商売もので仕込めるからだ。そのうち自分で船持ちになる商人も出てきた。

金主は出漁の仕込みに物や金を出すだけでなく、船を作るにも金を出したが、ほとんどの場合、船頭になるのは相当の家の人なので全額を金主に出してもらうことはなかった。この場合も、商人は得意がふえるので進んで金を出したわけだ。（前掲ノート）

平塚の須賀では七挺パリのオオブネには一五、六人の乗組員が乗った。船頭はトモ櫓を押し、ヘノリはオモテ櫓を押して漁場まで全員で漕いだ。エサナゲは年配者で船頭をできるほどの経験者であり、カシキは炊事やエサマワシ（エサバチの項参照）を担当した〔話者：金子長太〕。

以上、漁撈組織について、また仕事の内容についてもふれた。仕事の役割分担については魚群の発見、操業の項などとあわせてみていただくほか、「勘定」（代分け）の項についても参照いただければ、より具体的に関係づけて知ることができると思う。

(6) 漁獲物の処理――水揚げ

三崎では、漁獲物は市場へ水揚げして競り売りした。仲買人が市場で買い上げたカツオはその日の夜に東京へ汽船で運搬され、翌朝には築地へ船が着いた。このような運搬船は三艘あった〔話者：小川慶次郎〕。

カツオが直接生産者より仲買人によって買い上げられた後は、氷がない時代にはカツオを買うとハラワタを抜き、イケスと呼ばれる「池」の中に入れ、真水をとりかえながら鮮度を保ち夕方まで東京行きの汽船を待って積みこんで輸送した。汽船以外に、それ以前は押送船で直送されたこともある。

三壁甚五郎宅の前庭につくられていた魚を入れる池（イケス）は岩盤を掘りぬいたような形でそれにセメントの枠をかためたものであった。大きさは長さ二間半、幅一間、深さ半間ほど。イケスの中は長さ一間半および一間の二つの部屋に分かれ、全体で五〇樽分ほどのカツオを入れておくことができたという。真水は同家の深井戸より冷水を汲んでとりかえ、夕方、汽船が来ると樽にカツオをつめた。そして樽の中にも同じ井戸水を入れて東京へ発送した。汽船は夜、三崎を出発し、翌朝魚河岸のある築地に到着する。明治の終りごろのことである。

また、カツオのハラワタを抜く時は、アジキリボウチョウを使ってエラとワタを抜いた。ワタは畑の肥料にするため三崎の網代方面の農家の人びとが牛車に肥桶を五本から八本ほどつけて、とりに来た。また、品物と交換したり、金を支払ったりもしたが、野菜や薪などを農家の人びとは持ってきた。

カツオを専門に入れて運搬する樽は普通の樽とは異なった型のもので「サカサダル」と呼ばれるものが使われた。一般に使用される樽は入り口がやや大きく、下部は狭くなっているが、この型の樽にカツオを入れると、カツオは頭部より腹部にかけてがもっとも太いため、頭を下にむけて縦にさしこむと数多くの魚を入れることができない。そこで、底部の直径を最大とし、上部（入り口）を狭くするサカサダルがつくられた。このサカダルはカツオを入れるのに都合がよかった。一樽に一二、三本入れるのが普通だが、大型のものは一一本程度を入れて一樽とした。

三崎ではカツオ節製造は地元としてほとんどおこなわれず、鮮魚として出荷されることが多かった。それでも山星(宮城)や、鈴木、長谷川宅など数軒で小規模ながらおこなわれたこともあり、また静岡より来てカツオ節製造をおこなった者も若干はいた〔話者：三壁甚五郎〕。

長井では明治から大正になるまで市場がなかった。したがって漁獲物は地元の魚仲買に売ることがほとんどであった。漁場が三崎方面または三崎に近い場合は釣り上げたカツオを三崎に水揚げすることも時にはあった。しかし、氷はもとより陸上に冷凍施設がなかった時代であるから鮮魚のままで輸送することはほとんどなく、仲買を兼ねたカツオ節製造業者に直接売ることがほとんどであった。それに直送するほどの数もまとまらなかったということもある。

長井の荒井に「田中」「三五郎」という二軒のカツオ節製造業者がおり、なかでも田中は大きく、大釜が三つもあったという。話者の鈴木勝造（明治三十年生れ）が十歳になるころまで続けていた。

横須賀市佐島でも、氷がなかった時のカツオの処理にはかなり気をつかっていたようである。釣ったカツオを船底に入れ、魚と魚がふれ合わないようにトバをかけて仕切り、また、尾と鰭以外は絶対に手でさわらないように注意して保存につとめながら、漁場から最寄りの漁港になるべく速く水揚げした。三宅、下田、三崎などが主な水揚港となったが、三宅は安いので、できるだけ下田、三崎につけるようにした。（『相模湾漁撈習俗調査報告書』一五一頁）

葉山の堀内には魚仲買が多かったので、釣ったカツオは地元の仲買人に売った。夜になって帰港してもホラ貝を吹けば仲買が浜へ集まってきてくれた。魚は馬力につけ横浜の市場へも運んだ。漁場が八丈島に近い場合などは島に水揚げしてフシ加工することもあったが、ほとんどのものは地元で水揚げし、主に生のままで食用にすることが多かった〔話者：小峰角蔵〕。

江の島では次のような報告がある。

カツオはウワモノ〔海の上の方にいる魚〕だから釣って船に入れると、一分ぐらいでもう弱り、死んでしまう。このためカツオ船は朝早くでかけ、朝のうちに帰ってきて、取ったカツオをできるだけ速く市場〔平勝〕か、直接イサバへ持っていった。しかしおもには市場へもっていった。〔『江の島民俗調査報告』五六頁〕

平塚の須賀では大島、利島方面の漁場へ出漁して漁獲したカツオも内臓を抜いてそのまま持ち帰ったという。帰港すると、夏の暑い時は船の帆を天幕がわりに張り、西日をさけて日影をつくり、船主が魚を競りで売った。加工するようなことはなく、ほとんど生のままで売られた。

魚を買った者の中でも足の達者な人は天秤棒でかつぎながら八王子方面まで商いに出かけたという。八月になると大山〔ボンヤマ〕が開山するので昼過ぎまでに帰港して水揚げすればボンヤマの食事〔夕食〕の料理に間に合うため、とくに値段がよく売れた。また、買った商人たちは大磯方面へ売りに行ったりもした〔話者：金子長太〕。

真鶴の尻懸《しっかけ》に住む高橋佐一郎は大正十年ころより同じ地で生活しているが、ウズワ、アジ、イカなどを水揚げするとヨコシマと呼ぶ籠に入れ、天秤棒で前後にひとつずつかついで小田原方面まで売りに出かけたという。天秤にかついで魚類を売り歩く者を「イサバシ」あるいは「アキンド」と呼んだ〔話者：高橋佐一郎〕。

福浦ではカツオを釣って帰港すると港の敷石の上にカツオを並べる。地元の仲買人〔アキンド〕が生きがよいかどうかを他船と比較しながら値段をつけていった。カツオが一艘で一〇〇匹も二〇〇匹も漁獲されることは稀であるため、ほとんどが地元の温泉場で消費されてしまった。大正十二年より以後、フシに加工することも若干はおこなわれた〔話者：高橋千治〕。

(7)　勘　定——代分け

和船のころ、三浦三崎における勘定は船代として一代〔一人前〕をとるほか、残りは船頭、船方ともに同じ一代ずつであった。代を特別に多くもらうということはなく、日帰りの漁ばかりだったので個人が弁当をもっていく程度ですませた。乗組みの船方が同じように一代の代分けで平等であることを「グイチサブロク」だといった。この言葉は賭博用語で「ゲス人の言葉」からきたものだという。乗組員は十七、八歳になると一代となったが、これは「若い衆の酒盛」（仲間入り）をおこなってはじめてその資格が取得できた。また、一人前であれば米一俵をかつげるようでなければいけないともいわれた〔話者：小川慶次郎〕。

横須賀市長井のカツオ船は比較的小型で四、五人乗りがせいぜいであった。したがって肩幅も四尺から四尺五寸ほど（船の項参照）のため、船代は人間一人分（一代）が普通であった。普通の者は「乗り代」といい一代を、とくに若い者は七分や半代ということもあった。カツオ釣りといっても日帰りのことがほとんどで、身うちの者ばかりが乗ることが多かった。したがって船頭とかへノリとかいうこともとくになく、カシキが炊事を担当するということもせず乗組みの者は弁当やおかずを持参して乗船した〔話者：鈴木勝造〕。

横須賀市佐島におけるカツオ船の代分けは、総水揚げから経費（クイブチ、餌代などのかかり）を引き、残りの半分を「株金」といって船元がとり、他の半分から船頭は月給のほかに「ブキン」（歩合）三人前、骨折り一人半分もらう。十五、六歳までのブキンは一人前にならず「八分」くらいであり、ほかはならしで一人前ずつ分けられた。明治末期より大正期になってからは一応水揚げが多くても少なくても固定給制となった。津軽の旅漁の場合を例にとれば、月給七円五〇銭であったが、三か月行って月給のみでは二三円五〇銭にしかならないところを、水揚げが多く「ヌケ職」になれば、「月給よりヌケれば、配当が出る」。これがブキンで分けられるわけである。

ヌケ職で三か月五〇円位になったこともあると古老は語った。しかし乗子稼ぎは決して分が良いわけではないと述べている。

「一本釣りのカツオのシロは、モグリの半分ももうからぬ」とベカ船をもつ人の中には乗子をやめてモグリに

かえる人も多かった。（『相模湾漁撈習俗調査報告書』一五三頁）

三浦郡葉山堀内での船代は二人前または三人前。三崎などにくらべて船代が多い。その船代は船の大きさによって割合が決まった。大きな船は船代も多い。乗組みは土地の者が集まり、遠方より来る者もなく、親類ばかりとも限らない。乗組みの者は一人前。船頭は一人半。ヘノリは一人三分、カシキにも一人前出した。また、小さな船では船頭といえども皆（乗組員）と同じように一人前しか出さないこともあった（話者：小峰角蔵）。

鎌倉の腰越においては次のような漁の分け前（代分け）であった。

人の船に乗って出るのは船方、船を出している方が船元。網のときは網元、これからシロワケを受ける。報酬は遠洋に出るような大きなところは、月給に歩合をつけるものもあるが、小さいところはシロワケといって、船方一人ずつがヒトシロ、船元も船に乗っていればヒトシロ。その他に船や道具をヒトシロハンとか、フタシロとか定めた分にその持ち主がとる。この分はカブシロという。

これは売り上げてから金で分配する。それから売り上げ高のうち、ブキンといって五ブとか三ブとかを販売所や問屋につんでおく。この分金は半期ずつ清算して、ずっと船に乗っていた船方に等分する。これをブワケという。このシロワケの仕方に最低の保証をすることがある。これは漁が悪いと、船元が負担して保証した額を分ける。この方法をヌケショクという。この代分け方法はカツオ漁だけでなく、他の漁についても同じであった。

（『伊勢吉漁師聞書』一三〇頁）

平塚の須賀には明治の末期より大正期にかけて「五分屋」と呼ばれる商売をする者がいた。この商売は仲買が買った魚の値段より帳面をみて五分引き、現金を直接船主に手渡すことを商いとしているもので、現金が必要な船主は五分屋より直接現金を受け取った。勘定はまず水揚げより大仲経費を差し引くが、大仲経費の中には餌代、酒代、食事代などが含まれている。大仲経費を差し引いたあと、船代を含めて代分けがおこなわれ、船代は二代または三代、これは親方（船主）の収入となる。その他の者（船方）はすべて一代であるが、一人前にならない学校さがりの者などは半代、少々働きがよくなると六、七分というように代を与えた。また、船頭代は全体の中から少しは出したこともあるが、普通は船主より代分けの割の三割程度をさらに船代中より船頭に出した。さらに特筆すべきは、乗子（船方）の家をはじめ近所の家で男子が誕生すると船主は生まれた子供の誕生を祝して二〇分の一ぐらいの代を出した。これは男の子が大きくなった時に自分の船の乗子になってもらうための労働力確保の手段でもあった〔話者：金子長太〕。

また、真鶴町の福浦の船は六挺だての大きさだと二代（二人分）を出したが、あとは乗組員のあたまかずで分けた。船に二代出すのは、船で使う道具をみんな船主が揃えるためでもあった。釣竿をはじめ、釣糸を買うのもすべて船主側で買いそろえた。したがって、乗組員は弁当を持ってくるだけでよかった。乗組員はすべて一代で、漁があった時には船主が船頭に対していくらかの気持ちをあらわす歩を出した。話者は小学校五年生をおえて船に乗ったが、初めは三分、五分、八分などあり、若い衆組に十六歳で加入した時から一人前として認められ、一代もらうことができたという〔話者：高橋千治　明治三十一年生〕。

(8)　儀礼と信仰

漁撈習俗のうちでも一般的な「大漁祝い」や「不漁なおし」などは第四章でまとめてあつかうので、ここでは、カツオ漁にかかわる儀礼や信仰だけをあつかう。

カツオ漁のように沖へ押し出していく漁業には、沿岸の見突き漁業や小釣り、裸潜水漁撈などに比較して多くの儀礼や禁忌が守られ伝承されているようにみうけられる。それは沖へ出ることによってより危険に遭遇する頻度が多いこと、また漁そのものに当たり外れがあることや、漁撈が個人の勘だけにたよるばかりでなく乗組員のチームワークを必要とすることなどに起因しているともいえよう。

また、カツオそのものを神魚とみることや「縁起のよい魚」とみることも関係があろう。

今はあまり近くへは来ないというが、昔はすぐ近所までカツオの大群がやってきたそうで毎年一度はきっと鎌倉の由比ガ浜に一匹ずつあがって、奇瑞だといわれ、それをみつけた人はきっと八幡宮へあげたものだという。もしあげずにたべると病むといわれたという。最近は付近にカツオの群を見ることはまれで、船で出かけて釣る。

(『江の島民俗誌』八五頁)

『譚海』にも、

……是を釣えたる猟師先づ弁才天に供し、さて公儀へも奉る事といえり

とみえる。初ガツオのことである。

①カツオのナマ

『伊勢吉漁師聞書』によれば、鎌倉腰越ではカツオのナマということがよくいわれる。ナマとは血のことである。

カツオやマグロは弱い魚で、網の中でもがいてエラから血を出す。そしてそこらがまっ赤になって皆死んでしまう。死ぬと網が重くなる。ブリやサバは強いからナマは出さない。船にいるとナマが着物につく。普通の魚の血なら朝ついたものを、夕方に洗っても落ちるが、カツオのナマだけは家へ帰ってシキイをまたぐと絶対に落ちない。それが船で洗うと落ちる。(一三八頁)

②カツオのナマをアワセル

鎌倉の腰越では、次のごとくいう。

カツオは船で刺身にするとき、いらないところは捨てないでエサバチに入れておく。そして帰ってきた時、港

の入り口で「ナマをアワセル」のだ。ナマをアワセルとは、船霊様に海の水をあげ（海水をかけること）、その中にエサ鉢のカツオの頭やワタを一緒に入れて、それを鎮守様と龍宮様にあげる。あげるといっても海に流すのだ。鎮守様と龍宮様の所に来たときに「ナマをあわせろ」という。漁のお礼と次の漁のお願いだ。ナマをアワセルのは、一人がエサ鉢に入れたナマに、海水を入れて洗って持ち、一人が別に海水を汲んで「ツイヨ」といいながら一緒に海中にほうる。翌日の漁を頼む気持ちであるが「釣れろ」とか「食え」とかいわない。それをおかから見ていて「ナマをアワセタ」から、幾らか漁があるなとわかった。（『伊勢吉漁師聞書』一三九頁）

③ホシとオブリ

三浦三崎ではオブリは初漁に限らず、

マグロやカツオを漁して来れば必ずマグロはワタ（内臓）を、カツオはホシ（心臓）を海南神社、龍宮様、船霊様に供えた。これもオブリの慣行である。船霊様にはお神酒も共にあげた。海南神社には社務所へ持参、神官が神前へ供えるが、龍宮様や船霊様へも供え、付近に子供が遊んでいると、すぐ呉れてやった。（『海鳥のなげき』六五頁）

といわれる。しかし、同じ三崎でも白石では、カツオ漁の場合、オブリなどということはほとんどおこなった記憶がなく、小川慶次郎（明治十五年生）は、久しくカツオ船の船頭であったが自分でも経験はないという。それというのも白石には「宮」（神明社）はあっても、おもりをする神主（官）が不在で、南下浦の笹塚不動より神明社にわざわざ来てもらわねばならなかったためかもしれないという。

横須賀市長井では漁があればカツオのエラのところにあるホシをとっておき、船霊様と土地の氏神である住吉神社にオブリとしてあげる。また漁があった時は船霊様にお神酒をあげた〔話者：鈴木勝造〕。

横須賀市佐島では漁獲物の一部を氏神様や神様にあげることをオブリといった。

共同で漁をした場合、必ず代分けに集まった宿で、代分けの前にその宿の神棚に勘定を全部供えてから代分けするが、その時、勘定の一部をエベッサマにあげる。これは、その宿や船元のカミサンのお茶代になるのである。オブリは熊野社、耕守社、観音様、福本寺の不動様、天満宮、神明社、御嶽様、事務所の八ヶ所にあげた。昔は魚であげたが、今は現金を上げるようになったという。(『相模湾漁撈習俗調査報告書』一二四頁)

三浦郡葉山でも漁があった時は釣るたびにカツオのホシを稲荷様、山王様に一つずつあげた。カツオのホシをあげた場合、猫や犬がくわえて行くが、早く食べたほうがよいとされた。神様が早く許可したので食べたのだからといって喜んだものである〔話者：小峰角蔵〕。

逗子市小坪では、

大漁シコミで「えんさのさのさあえー」とヤゴエながら帰った時は、帰りしなにリュウグウサマ(湾中央)に向かって魚を投げた。さもなければ船のタツに懸けた。このイオ(魚)を投げるのをオブリという。(『逗子郷土史ノート』」(7))

鎌倉の腰越ではカツオを神魚だといっている。

スズキは平家のカミイオで、源氏のカミイオはカツオだ。カツオは一尾釣ってもネアイという旗を立てる。カツオの大小にかかわらず立てる。ネアイは大漁のときは沖から立ててくるが、ネアイジルシは家へ帰ってから立て、オカへ上がってから一杯飲む。(『伊勢吉漁師聞書』一四一頁)

カツオの初イオには、船中でそのホシ(心臓)を抜いて船霊様にあげる。家に帰ってからも神々にカツオのホシをあげ、自分の信仰している神々にカツオの魂をあげるのだという。(『民俗』十号)

一月から五月ごろまでの間に、相模湾のどこかに必ず一尾カツオが打ち上げられることがある。小坪であったり、腰越であったり、江の島、茅ケ崎であったり、どこへ上がるかわからない。一月から五月はカツオが一尾も泳いでいない。これは毎年のことでオブリといっている。オブリをみつけた人には、いいことがあるそうだが、なかなか出あうものではない。これは生きていることさえあり、死んでいても今死んだというくらい新しいものだ。カツオは神に仕えるために、沖からまっすぐに海岸へかけてくるのである。こういう不思議にあったときはその魚を決して身につけてはならない。海で死魚を拾ったときも同じである。オブリは鎌倉の八幡様へ持っていく。八幡様では例年のことであるから心得ていてノリトをあげ、それも半分に切り、半分をお礼と一緒に返してくれる。それを持って帰り大抵は食べないで神棚にあげてしまう。（『伊勢吉漁師聞書』一四〇～一四一頁）

平塚市須賀ではカツオを釣ったときは岡役（ほとんどが子ども）がイスゴ（カツオのホシを須賀ではそう呼ぶ）を一つ抜いて龍宮様（漁業協同組合事務所の脇の浜にある）にあげた。これを「イスゴアゲ」といった。イスゴアゲは龍宮様のほかに近所の稲荷様、道祖神（西町）、鎮守様（三島明神）にも一つずつあげて帰る。これも子ども（岡役）の仕事の一つで、イスゴアゲは櫓を漕ぐ時のようにエヤ、エヤ、エヤ、エヤとかけ声を威勢よくかけながら、エサオケ（マル桶）にイスゴを入れ、かけあしで持っていった〔話者：金子長太〕。

真鶴町福浦でも漁をしてくれれば、家のエビス様にはカツオ、ウズワのホシをあげる。あげたホシはすぐに「龍宮さんにおさめる」といって、また海へ持っていって流した〔話者：高橋千治〕。

④カケイオ

佐島ではカケイオ（懸魚）について次のようにいう。

正月、祭、大漁、婚姻等、何につけても儀礼の時の必需品である。サバは忌まれるが、あとは自分のとった魚の中から大きい姿のよいものをえらんで懸魚にするという。（『相模湾漁撈習俗調査報告書』一二三頁）

真鶴町福浦では、きまってカツオ漁があれば二匹のカツオを子ノ神社や天王稲荷にカケイオとしてあげた。カケイオをあげると神社や稲荷では同じように大太鼓をたたき、祈禱をしてくれた。この時は代理の者が持っていくのが常であった〔話者：高橋千治〕。

(9)　遭　難

海とかかわりあいをもつ長い歴史の中では、各地にかなり多くの遭難があったと思われる。その第一の理由は海上での気象の急変によるもので、現代のように気象情報を得ることができなかったことがあげられる。しかし、相模湾内での遭遇はそれほど多くはない。しかし、沖に出港すれば危険であった。

三崎でのカツオ漁は大島方面が限度で七挺櫓を漕いでいくため、それほど沖へ行くこともなく、したがって遭難もなかった。また「お天とう様いっぱいの仕事」で日帰りであったためもある〔話者：小山慶次郎〕。

横須賀市長井のカツオ釣りも規模が小さく、漁も昼ばかりであったし、船が小型であるため、天候が少しでも悪ければ出漁することを中止したので遭難するようなことはなかった〔話者：鈴木勝造〕。

同じ横須賀市佐島では旅漁にでることも多く、遭難にも何回かあっている。

台風やシケに出会った時は、急いで最寄の港に避難するのだが、それも間に合わぬ時には、運を天にまかせて帆を全部おろし、船を安定させるために櫓を四本ずつ水平にして固定した。これを羽根と称し、このままうまく風にのれば一番速力があった。ある古老は、コワッパとしてはじめて乗り込んで大洋にただよった時には、行き先どうなるかと飯ものどをとおらなかったと、追憶していた。遭難は珍しいことではなかったらしい。江戸期より明治初期のことは不明だが、明治中期以降、カツオ船が二回も大遭難している。

明治三十八年〔日露戦争中〕ころ「山根」のカツオ船一行二艘が伊豆諸島方面で遭難し、この時は六人死んで船は伊豆の稲取へ寄った。また、明治四十一年九月十八日のシケで「山三」のカツオ船が下田沖で遭難し、乗組員二四人全員が犠牲となり、空船のみが稲取へ寄った。昭和四十五年のうら盆におこなわれた浜セガキの折、明治の遭難で兄を失った老婦人が「海はおそろしいものだ。たった一人の十九歳の兄をあの時亡くして、半月もオマンマがのどをとおらなかったもんだ」と、当時を思い起こして暗い海に合掌しておられた。ことに、イナサ（タツミカゼ）が吹くと危ないと言われていた（『相模湾漁撈習俗調査報告書』一五二頁）。

三浦郡葉山ではカツオ漁で遭難した船は地元にはなかったということである〔話者：小峰角蔵〕。

逗子市小坪ではカツオ船ではないが、大正六年ころの八月に沖へ出ない腰越のカツオの餌取船（ハチダ）が高潮の時にイケスをとりこもうとして遭難したという〔話者：岡村清太郎〕。

平塚の須賀や大磯ではとくに遭難のことは聞かなかったが、真鶴町の福浦では昭和三十年十一月二三日にカツオ釣りの文蔵丸が三宅島近くで遭難し一二人の乗組員が死亡したという悲しい話を聞いた。その乗組員のうち一〇人が福浦の出身者で、しかも将来を期待された若者たちが多かったという〔話者：高橋千治〕。

出漁中に流れ仏をみることがあった。男は打ッ突せに、女は上向きになっているものだという。帰りに拾ってやるから漁をさせてくれと、トバやマエジキ（筵）を掛けてやり、山を見ておき、帰りにその山を当てて探すと、仏にもショウ（性）があるものとみえ拾ってもらおうと思うのだろう、前に見た場所と余り遠くにはいっていなかったそうである。

流れ仏を拾う前に、流れ仏に代わる男と船頭との間に、拾ってやるから漁をさせるかと問答をした話は、三崎には明治のころはまだ残っていた。…拾った仏は自分の墓地の傍らや寺の墓地の空いている場所へ葬ってやった。

（『海鳥のなげき』二七五頁）

また、三崎では、

遭難などの場合、死体が発見された時は、捜索船の中最も親類関係の濃い家の船につむことが、習わしになっていた。そのナマの積み方はトリカジのトモから揚げることにきまっていた。これは流れ仏を揚げる時にも同様であった。しかし船玉様となるべく遠くの場所という意味でオモテから引揚げて、そこへ置いたという船もあった。流れ仏はホトケと呼んでいたが、それを船に積むとなるとナマといった。（前掲書二七四頁）

佐島では、

ドザエモンをみつけたら、必ずあげないとたたられるといわれた。拾いあげる時は、船のオモテの間にゴザを敷いて「シケでつれてゆくから軽くあがってくれ」と唱えてトモのオモカジから引き上げ、胴の間に安置した。（『相模湾漁撈習俗調査報告書』二二五頁）

小坪では、水死人は面舵からあげる。

出漁の時ホトケをみつけたら拾い上げて岡へ引き返さないと漁ができないか、祟られるとか言った。（『逗子市郷土史ノート』（7））

鎌倉の腰越ではドザエモンという。

ドザエモンが流れているのをみつけると漁師は決して見逃しはしない。見捨てておくと必ず罰が当たるからだ。どんなに腐っていても引き上げる。仏様を引き上げるときは、そのまわりをオモカジマワリに三度回って、オモカジから引き上げる。男はうつむき、女はあおむけになって浮いている。（『伊勢吉漁師聞書』一四三頁）

小田原の江の浦では、

死人を船に引き上げる時は面舵（右）から上げて取舵からあげてはいけない。もしも死人を引き上げることができない場合はムシロをかぶせておく。（『相模湾漁撈習俗調査報告書』二四六頁）

真鶴では一般に、流れ仏は男女を問わず縁起がよいものとされているが、中でも女の仏を拾うと漁があるといわれている。逆に見逃すとたたりがあるともいわれる。

流れ仏に出会ったら三回まわりをまわっておもかじのはさみからひきあげる。漁へ行く時だったらござ等で姿を隠し、帰りに必ず救うからといって通る。ひきあげる時に一人海へ飛び込んで死人の代わりに口をきき、上に残った者と会話をする。「助けてやるから漁をさせろ。」「あげて下さいよ、必ず漁はさせるから。」

ワザオキが済んでから死体をひきあげる。死体はこもを敷いて船の中央におく。むきはどちらでもよい。ひきあげは手で行われる。陸へあがってからは、先ず役場に届け、駐在が来てから共同墓地へもっていく。（前掲報告書三四二〜三頁）

3　民具と習俗

(1)　カツオ船

①漁船の大きさ・乗組員の数・消長

三浦市三崎のカツオ船は和船のころ、肩幅六尺のものはなく、五尺程度のものばかりで、五尺三寸の肩幅は大きい方であった。普通、肩幅四尺六寸ほどのもので、シキの長さ二〇尺、七挺櫓であった。この大きさの船に八人から一〇人も乗り、大島方面まで行った。この和船を一般に「テントー」と呼び、三崎の船はテントーがほとんどでカツオ釣りもこの船でおこなった。しかし、秋谷などにはヤンノー型のさらに大型漁船があり、他の地域に比較して三崎の船は小型であった。

櫓船で七挺を漕ぐ時でも、カツオの群れを追うような場合は、乗組員全員が七本の櫓に取り付いて漕いだ。この時は一本の櫓に四人が取り付くこともあった。一人が櫓を正常な位置で漕ぐと、櫓のツクに縄をかけ、脇で漕ぐのを助ける者もおり、この役を「ヒンビキ」と呼び、またサキロ、アトロ、ダイロなどの名が役割によって付いていた。

三崎の和船が機械船になったのは、日露戦争を過ぎて明治三十八、九年のころでからのことである〔話者：小川慶次郎　明治十五年生〕。

横須賀市長井でカツオ漁をおこなう漁船はとくにカツオ船と呼ばれる種類のものではなく、一艘の和船ですべての漁に使用された。船大工は「ハチスケ」と呼ばれる屋号の家一軒で、地元の船大工に注文して建造することが多かった。和船のころは肩幅四尺から四尺五寸ほどの船がほとんどであった。カツオ漁はこの船に四、五人が乗りこんで櫓を押して出漁するが、風がよければ帆を張った。長井で和船から機械船にかわった時期は大正五年ころのことであったという。発動機船にかわった大正初期も乗組みの者は五人ほどであった〔話者：鈴木勝造　明治三十年生〕。同じ長井でも個人的に和船を機械化した年代は異なるが、「ハチスケ番匠」の嘉山福松によれば、十二、三歳のころ、したがって大正八、九年であったという。当時は機械船を「モーター」といい、造船の際にも船番匠として船型を決めるのに経験がなくて大変苦労したという〔話者：嘉山福松　明治四十一年生〕。

いずれにしても櫓で漕ぐ時代にくらべて機械船は漁場までの時間を短縮し、労力も大いに軽減された。横須賀市佐島ではカツオ一本釣りは明治四十年代で終わってしまった。

カツオ船には大小二種類があったようで、大型のものは肩幅九尺の和船で、七挺櫓から九挺櫓をもち、一艘に約二〇人が乗り込む江戸時代の海士船と同様のものが伝承されているが、やや小型の一般的な船は、肩幅七尺三寸〜五寸位のヤンノウ（四角いミヨシの船）で七挺櫓であり、帆柱は大柱、中柱、小柱を入れて五本、乗組員が一〇人から十五人と覚えられている。（『相模湾漁撈習俗調査報告書』一五〇頁）

また、佐島における動力船のはじめはカツオ船の「ちょうごろう」で、大型の新造船に動力を導入したが調子がわるく、カツオ船から小職の船の動力にきりかえたといわれ、佐島の本格的なカツオ漁は手押しの帆船時代でほぼ終りをつげたということができる。（前掲書一五二頁）

横須賀市久留和のカツオ船は明治四十四年ころまで和船型の七挺櫓のものであった。肩幅は約七尺、二七、八人が乗り込んだ。普通は櫓を漕ぐが風があれば帆を張った。久留和でカツオ船が機械船にかわったのは関沢岩松が十八歳の時。この時には神奈川県の指導船である二〇トンほどの「相洋丸」を秋谷でかりうけ、四十二人乗って三宅方面までカツオ釣りに出かけ、御蔵島周辺から八丈島のあいだにある岩礁「イナンバ」まで行ったのが最初であった（話者：関沢岩松　明治二十七年生）。

三浦郡葉山堀内で使用していた船の大きさは、普通のもので肩幅五尺、長さ六間ほど。八人から一〇人の乗組員が七挺櫓を押した。それ以上大きな船になると九挺櫓を押すものもあった（話者：小峰角蔵）。

瀧橋仙太郎の先代は新蔵という名で、新蔵が最後に使った和船のカツオ船は六軒の共同出資によるもので、大きさは肩幅一丈一尺五寸、シキの長さは明らかではないが、肩幅の四、五倍にあたったという。この船で櫓を漕ぎ、三宅島方面の漁場へカツオ釣りに出かけた。大正の初期には長者ケ崎に二艘、真名瀬に二艘、堀内に二艘の計六艘のカツオ船があったという（話者：瀧橋仙太郎　明治四十四年生）。

逗子市小坪には明治末に大きいのが七、八艘（パイ）残っていた。

大きいのは幅八尺、九挺櫓パリで乗り込み一五、六人。泊りがけで遠出する船で、小っちゃいやつは幅四尺五、六寸三挺櫓で相模湾内で夏場に五、六人でゆく船であった。最後まで残ったのは安全丸、神明丸。もっともこれは機械船だが、震災の時（大正十二年）にはもう神明丸だけで、それもカツオ漁はやっていなかった。（『逗子郷土史ノート』）

平塚市須賀の漁船には三種類あり、オオフネ、ナカフネ、コブネと呼んだ。いずれの船もあらゆる漁業に兼用され、

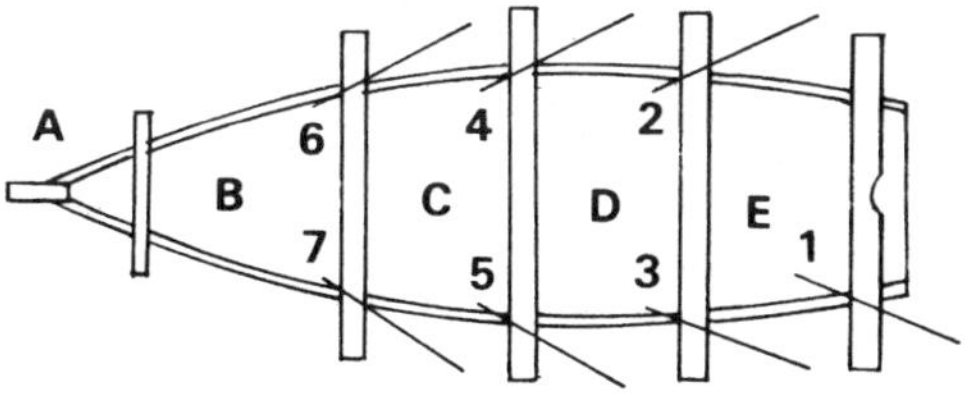

平塚市 須賀
1.トモロ
2.ワキロ
3.マエロ
4.四挺櫓
5.五挺櫓
6.六挺櫓
7.七挺櫓
(オモテロ) ともいう

A ミヨシ
B 三ノ間 (エサ場)
C ハサミ
D キリバサミ
E ト　モ

三浦市 三崎
1.トモロ
2.ワキロ
3.マエロ
4.四挺櫓
5.五挺櫓
6.六挺櫓
7.七ツ

A ミヨシ
B オモテ
C ドウノマ
D ハサミ
E ト　モ

真鶴市 福浦
1.トモロ
2.ワキロ
3.マエロ
4.四挺櫓
5.五挺櫓
6.六挺櫓
(トモロは船頭が漕ぐ)

A ミヨシ
B コ　マ
C ドーノマ
D ハサミ
E ト　モ

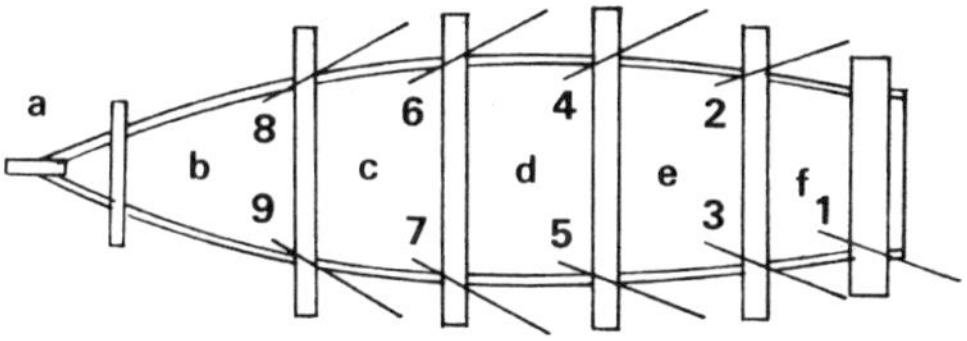

横須賀市 佐島
1.トモロ
2.ワキロ
3.マエロ
4.四挺櫓
5.五挺櫓
6.六挺櫓
7.七挺櫓
8.八挺櫓
9.九挺櫓

a.ミヨシ
b.ヘサキ
c.オモテ
d.ドーノマ
e.ハサミ
f.ト　モ

図5　カツオ船

カツオ漁に限らなかった。大船は肩幅六尺二寸から三寸、シキの長さは肩幅の五がけまたは六がけであったから三五、六尺ほど。小船は肩幅五尺、シキの長さ二五尺、中船はその中間というところであった。和船のころは、十四、五歳の者では一人で大きな櫓を漕ぐことはむりであった。したがって櫓を漕ぐ者と一緒になって助けるようなかたちで櫓を漕いだ。この助け役を「ウデロ」といった。平塚の須賀で和船から機械船にかわったのは大正二年であった。最初の船に取り付けた機械は池貝鉄工の焼玉エンジンで一〇馬力のものであったという。船は地元の船大工である南町の「フナモト」や西町の「フナマン」で建造した〔話者：金子長太〕。

中郡大磯のカツオ船は大型のものでも肩幅五尺五寸から六尺五寸止まり。長さはシキ（船底の長さ）で約六尋（漁師は五尺を一尋とする）くらいのものであった。大きな船には一〇人から一三人が乗り、七挺櫓を押して大島方面まで出漁した。四月ころのカツオ釣りは漁場が比較的遠距離であることが多く、大きな船で出漁したが、八月ころになると魚群が沿岸に近づくので、このころの漁は小型船でも出かけることができた〔話者：真間福次郎〕。

真鶴町福浦の船は肩幅四尺七、八寸、シキの長さ一八尺程度のもので四挺櫓。これよりやや大型のものは肩幅五尺ほどで六挺櫓だてであった。福浦にはこのようなテントーが五〇隻ほどあり、中には一軒で船を三艘も所有している家もあった。船は福浦の船大工により建造され、一般にシキの長さは肩幅の四がけとして決められていた。肩幅五尺の船には五、六人が乗り組んだ〔話者：高橋千治〕。

②漁船と習俗、儀礼に関して

まず、操船の作法についてみると、佐島では出漁の際、どんな船でもかならず龍宮様の前で海水をミヨシにかけ、ヒケエマワリで沖へ漕ぎだした〔『相模湾漁撈習俗調査報告書』一二三頁〕。

ヒケエマワリとは船首（ミヨシ）にむかって後方よりみた場合、左側（トリカジ）になる。また右側（オモカジ）にまわることをオセエマワリという。逆に、カツオ船のように大きな船を灘につける時は、やはりヒケエマワリをして灘につける。祭りの渡御の場合もそうであった（前掲一八一頁と同じ）

③操船の作法とかけごえ（ヤゴエ）

和船のころ、櫓を押して出漁したり、帰港したりする時はとくに勢いをつけて声をそろえながら櫓を漕ぐことはどこでもおこなわれてきたし、また調子を合わせるためにも声を出しあうことは必要であった。

三崎白石では櫓を漕ぐ時の掛け声は船の大きさによってもちがい、小さな船の場合は「ヒョイ、ヒョイ」といい、大きなヤンノー型の和船を力を入れて漕ぐ時は「カカタトコラ、カカタトコラ」といい、同じ三崎でも「ヤッコラ、ヤッコラ」というところもあったという。また、横須賀市の佐島、長井方面の漁師は「エンヤーコラ、エンヤーコラ」といって漕いだ（話者：小川慶次郎）。

逗子の小坪では、櫓の漕ぎ方も大漁シコミでちがっていた。

カツオ船などは、カゴバセ（イケスをおいてある場所）の少し沖合いあたりにくるとヤゴエと言って、櫓を押す掛け声をしながら浜に帰ってきた。「えンやーッ、えンやーッ」というのでカツオが大漁のときにはヤゴエもかわって「ンさ、さ、さーえー」と掛けた。（『逗子郷土史ノート』7）

真鶴の福浦では和船の六挺櫓を押す時には「エンヤサ、エンヤサ」といって漕いだ。漁が終わって初島より帰港する時は海上三里半あるが速ければ一時間。風がでても一時間二〇分あれば帰港できた（話者：高橋千治）。

(2)　漁具および船上用具

漁具については「カツオ漁」の項で操業にからめ、船上用具や船の付属具についても「カツオ船」の項でふれた。

ここでは有形民俗文化財としてのカツオ漁の漁具を、今後、収集、保管していくための手がかりとして、その製作の方法や入手経路などを含めて個々のものに若干の聞書きをそえ、参考にしたい。

①釣　竿

一般には「竿」としかいわない。カツオ一本釣には欠くことのできない漁具の一つである。

三浦市三崎ではブッパイ（擬餌鉤）用とエサ釣り用とでは竿の長さも異なる。ブッパイの竿の長さは四間三尺ほどで長く、エサ釣りの竿は二尺ないし三尺で短い。このカツオ釣り用の竹は飯森（現三浦市）へ買いに出かけた。竹を農家へ買いに出かける時季は八月がよかった。買った竹は家へ持ち帰り、すぐに火であぶって「ためて」おき、それを保管した。生のうちにためて、海岸に運び、海中に一日つけておいた。火にかけておかないと虫がついていけない。そのあと、煤のたまる天井に入れておいた〔話者：小川慶次郎〕。

三浦郡の葉山ではオトコダケが使われたが、一般に「カツダケ」の名で呼ばれた。カツダケはカツオを釣るタケという意味である。

この釣竿に使う竹材は毎年秋になると横須賀市長井、葉山町一色方面の農家に出かけ、現金でゆずってもらった。そのころはどこの農家にも竹林があるというほどオトコダケは豊富であった。買った竹材は家に運んでから、たばねて軒下へ吊るしておいた。竹が青いうちに「ためる」とどうしても割れてしまうので、よく枯れるのを待ってから使用する前に火でためるようにした〔話者：小峰角蔵〕。

鎌倉の腰越では竹をきる時季を、「十月の闇のころシケの日に、一日竹を刈りに山へ行く。この時期は大切で、これ以外の日に刈った竹は弱いし腐りやすい。春先の竹は一番いけない」（『伊勢吉漁師聞書』一六五頁）といわれていた。

平塚市須賀で一本釣りに使用した竹竿は長さ約四尋、およそ二二、三尺のものであったという。竹材はハチクで、入手するためには毎年十月中旬ころに平塚の台の方にある農家の竹藪へ買いに出かけ、現金を支払った。家に持ち帰ってから、ある程度節をはらってから海水に二日ほどつけておく。このように「潮をくれる」と竹がながもちし、枯れるのもはやい。また、節に塩水がしみこむため丈夫であった。こうしておいてから保存し、翌年の漁期前に使用する時に火でためて、まっすぐにしてから使った〔話者：金子長太〕。

真鶴の福浦では釣竿のことを「ハネ」という。ウズワ釣りのハネは長さが一尋から二尋の長さで短い。カツオ釣りのハネは三尋から三尋半の長いもので、ウズワ釣りのハネに比較して太いものを使った。ハネに使う竹材は地元の宮下、カジヤ付近にあったため、金を出して買った。毎年十一月より十二月ころに買いに出かけ、買ってくると海水に二、三日つけておいた。このように海水につけることを「塩ぶる」といい、竹が丈夫になった。海水につけた竹竿はそのまま天井などにしまい、家の中で火をたくので、煤をくれ、虫が喰わないようにしたり、丈夫にした。使用する前に焚き火の上でためてまっすぐにしたという〔話者：高橋千治〕。

②釣　糸

三浦郡の葉山ではカツオの釣糸に麻が使われていた。麻の原料は葉山でも売っていたが、三崎あるいは藤沢でも購入した。釣糸に使用する麻はシキダと呼ばれるとくに上等なもので質もよく、したがって値段も高かった。購入した麻をこまかく裂き、テツムを使ってよりをかけたが、この仕事は女性がおこなうのを普通とした〔話者：小峰角蔵〕。

平塚においては、釣糸をヤマといい、麻糸が使われていた。麻屋は平塚にもあり、網問屋にも売っていた。麻は質のよいものを束で購入した。ブッパイ（擬餌鉤）に使うヤマはツムを使ってかたく撚《よ》った。麻を苧《う》んで糸車でツムにまきつけ、それをさらに「ギッチョ」を使って二本に撚った。このような仕事は女性がおこなった。

また、生餌をつけて釣るヤマは、あまりかたく撚ってしまうと餌のうごきが悪くなるのでズルク（やわらかく）撚ったものを使った。擬餌の場合は釣鉤の上にテグスをつけるが生餌を使って釣る場合は釣鉤の上にコビキョと呼ばれる、やはり麻でやや細めにつくった一尺（三〇センチ）ほどの長さの別の釣糸をつなぎ、それにヤマをつけた。コビキョは釣鉤がどこになるかをたしかめるため紺染め（藍染め）などの糸を使った。ヤマの長さには個人差があり、身体の大きな人は比較的短く、小柄な人は長めにしておかないと、釣ったカツオをかかえにくく、普通は先端よりヤマとコビキョをつけ、その下に釣鉤をつけるが、竿全体の長さより一尺二寸ないし三寸ほど短い部分に釣鉤がくるような長さであった。テグスは大磯のアキミチ、ミトメヤなどのテグス屋が売りにきたものを使った〔話者：金子長太〕。

真鶴の福浦でも釣糸には麻が使われたが、この麻は小田原に麻糸を売る卸商（問屋）があり、そこまで行けば、信州、ヤシウ（茨城ものともいった）や南蛮麻など各種の麻がそろっていた〔話者：高橋千治〕。

③釣鉤（擬餌鉤）

三浦三崎では擬餌鉤をブッパイと呼んでいた。ブッパイは鉛や錫を使って自製する釣鉤で、海面にぶつけるように操作するのでこの名があり「ぶつけてはいる」のだともいう。針金をすって釣鉤をつくり、それに鉛をつけ、さらに鋳こんだ釣鉤のまわりにゲバチ（カワハギ）、フグ、ウナギ、ナマズなどの皮を細かく切ってまきつけ、ニワトリの羽根毛を赤く染めてつけたりした。この道具も潮の明るい時、暗い時など海況に応じてカツオの食い方がちがい、いろいろな種類を経験をもとにして工夫しながらつくったという。カツオ釣り用の釣鉤は一日に一〇〇本も「する」ことができたが、マグロ用の釣鉤は一日に一〇本も自製するのがたいへんな仕事であった。また、三崎ではカツオ釣りにツノが使用されはじめたのは大正より昭和初期にかけてであった。このカツオヅノは船具店で売っていたので自製することはなかったという〔話者：小川慶次郎〕。

横須賀市長井ではカツオヅノを「ツノ」ともいい、ツノは錫を使って自製した。このツノにはイケ（かえし）はついていない。したがって、このツノを使ってカツオを釣り上げると手でカツオを外さなくても船上に落ちるので、この釣りの方法を「ハタキ」といった〔話者：鈴木勝造〕。

葉山では、カツオ釣りの釣鉤は餌にするイワシの大きさによって釣鉤の大きさもかえた。一般に小さな餌の時は小型の釣鉤が使用され、イワシの頭とエラの部分にかけて、きげんよく泳がせるように努めた。また、たくさん釣れはじめるとバケを使ったが、いずれの釣鉤にもイケ（かえし）のないのが特色であった。バケは小さな釣鉤にトキの羽根毛をつけたものを自製した〔話者：小峰角蔵〕。

逗子市小坪ではソウダガツオなどは、餌をつけずゴマカシ（羽根の擬餌鉤）で釣る。

昔からあるにはあったが、しだいにこればかりになった。今はエサヅリはしない。もとはゴマカシの鉤はイケがない。釣り上げて竿を舞わすと、魚が船の上に落ちる。それをカシキがタマですくう。（『逗子郷土史ノート』）

腰越の擬似餌鉤について「小林氏（伊勢吉）自製のものは、鉤にイキがなく、角度も魚がはずれやすくしてあり、手早い処理と魚を傷つけないためという。魚に手を触れないではずみをつけて船中に落とすことができる」と著者自註をつけた項が『伊勢吉漁師聞書』にある。また、ツノについては、

擬似餌鉤のツノには牛の角、象牙、ビニール、水牛の角、牛馬のひづめ、ベッコウ、海亀の甲などいろいろなものが使える。水にぬれてから色の変わるものがよい。中でも馬のひづめのよいものには、ずぬけてよいものができる。山で使う駄馬が足を痛めて、血のまじったひづめがことによいという。小田原には昔からよいツノが出たという。今でも小田原にその名人がいる。（『伊勢吉漁師聞書』一一九頁）

相模国にては馬の蹄を用ゆ、背白腹茶色、白色葡萄色、背白腹黄色、背白中に黒條あるもの腹黄色、真の黒色等其の他尚ほ数種あり常に箱根嶺を上下する駄馬の蹄を良しとすと言う。又牛の蹄をも用ゆることあれども馬蹄に比すれば品位大に下る。（『日本水産捕採誌』一六七頁）

とみえる。

平塚の須賀でも擬餌鉤はすべて自製した。女竹の細いものを二つ割りにして型をつくりその中へ鉛をながしこんで製作したが、鉛を鋳こんだだけではやわらかすぎるので錫を入れた。また錫が多すぎると軽すぎるので、そのかげんがむずかしい。釣鉤にする真鍮の針金は平塚の金物店（マルサダ）より購入して自分で造るが、とくに熱処理をおこなうようなことはなかった。擬餌はイカシのない釣鉤をつくり、それに鉛と錫をとかした型をつける。そのあと、つけ根にトキの羽根をつけ、さらにナマズ、ヒラメの皮を使ってくるんだ。鴇《とき》の羽根はテグスを売りにくる大磯のテグス屋（アキミチ、ミトメヤ）が持って売りにきた。また、生餌をつけて釣る釣鉤は鉄製でイカシのないものだが、この種のカツオ釣鉤は売っていたので、それを自製することはなかった〔話者：金子長太〕。

真鶴の福浦でも釣鉤は針金を購入し、ヤスリですって、曲げながら自製した。カツオ釣りの釣鉤は「ノッポ」といい、メサキ（イカシともいう）がないものをつくった。また、「ツノ」も自製し、これはナマリをはじめ、牛の角、馬のひづめなどを材料とし釣鉤のもとにさしこんだ。さらにニワトリやカモメなどの羽根を赤く染めたものをつけた〔話者：高橋千治〕。

④ヘ　ラ

カツオ釣りに必要な「ヘラ」にかんしては、横須賀市長井ではカツオ釣りの際、魚群に海水をかけるために「竹べら」を使った。これは竹を割った簡単な道具で、ツノを使ってカツオを釣っているところへ水をかける。このような釣りの道具は昔から（四代前）使われ、伝えられているものであるという〔話者：鈴木勝造〕。

逗子市小坪でも、カツオ釣りには「ヘラ」を使って水をまいた。ヘラは径二寸、竹を半掛けにしたものであった〔話者：岡村清太郎〕。

平塚の須賀では「ケーベラ」といった。カツオ釣りの擬餌がわからぬように水をかける。ケーベラは直径五寸ほどの太さの孟宗竹を六尺ぐらいに切り、もとの部分を一節（ひとつくるま）分だけ半分に割ってスプーン状にしたもので水を掬う先端までの長さは七寸から八寸で半径は三、四寸程度のものであった。このケーベラを使って水をかける役目はタマモチ（操業の項参照）がおこなった〔話者：金子長太〕。

⑤タ　マ

釣り上げたカツオを掬う「タマ」についてみると、操業の項でもふれたが、平塚市須賀のカツオ釣りはミヨシとトモでブッパイという擬餌鉤を使うが、この擬餌鉤で釣りをおこなう時は必ずタマモチがついた。タマモチの使うタマは直径二尺五寸の自然木をカテ（枠）に使ったもので、材質はエゾマツなどであったという。主に房州の船方方面より入手したという〔話者：金子長太〕。

⑥イオダキとマエアテ

一本釣りの際に使用する「イオダキ」と「マエアテ」についてみると、カツオ釣りの時は擬餌鉤でも、餌をつけて釣る時でも、カツオを脇の下にかかえこむので、襦袢を一枚着て漁撈作業に携わった。中には古い浴衣を着る者もいたが、このように船上で着る労働着を総称して、葉山では「イオダキ」と呼んだ〔話者：小峰角蔵〕。

平塚市須賀では同じようにカツオを一本釣りする時に脇の下にかかえるので着物の古いものなどを着て作業をおこなった。夏の漁なので厚着をすることはなかったが、特別にそのための労働着はなかった。しかし、一本釣りの竿を前腰に当ててカツオを釣り上げる時に使用する小型の前掛けがあり、これを「マエアテ」と呼んだ。マエアテは釣竿をうけるためにサシコでかたくつくった。

また、相模湾沿岸の漁師はカツオ一本釣の場合、かならず労働着を着用していたが、茨城方面の人びとは裸のままカツオ一本釣をおこなって小脇にかかえたりしていたので、「イバラギのジャンジャンボー」と呼んだりしたという〔話者：金子長太〕。

⑦エサバチ（エサオケ）

佐島ではカツオを釣るとき、船のカメに入れておいたカタクチイワシ（生餌）を掬うためにはタマ（掬いタマ）を使うが、掬った餌を釣り人のところへ運ぶためには「エサバチ」と呼ばれる直径一尺くらい、高さ七、八寸の桶を使った。これに水をはり生きたイワシを入れた。

平塚では「エサオケ」と呼んだ。カツオの生餌であるカタクチイワシをカメから掬いいれて運ぶための桶で、直径一二、三センチ、深さ一二、三センチほどのもの。材質は杉材やサワラ材で、竹のタガを使い、地元の桶屋で製作した。餌桶には水を汲んでおいて、カツオの群れが見えはじめるとカメから生餌を掬い、群れにむかって投げる。このエサオケをカシキが片手に二個ずつ合計四個を持って配り歩く。この役を「エサマワシ」と呼んだ〔話者：金子長太〕。

⑧イ　ケ　ス

小坪で使用していた生簀は「イワシやシコなどカツオの餌を活けておくために使い、胴張り径五尺ほどの大きな竹籠で、口径はタモが入るだけの広さだった。ハチダ船は大漁のときには一二、三籠もつなげて引っ張ってきた。今は四角や八角の木の箱を機械船が引っぱっている。」「カゴは、大屋敷橋際のカゴ屋でも、桜山広地のカゴ屋でも編んだ。」〔『逗子郷土史ノート』7〕。

久留和では「イケカゴ」と呼んでいる。約六〇年前まで使っていた。『日本民俗図誌』（本山桂山、東京堂、一九四三年）には神奈川県葉山地方の図が示されている。大きなものは差し渡し六尺のものもあった。生簀を浮かせるためには、六、七尺の桐の木の「ウケ」をつけたが、ウケは両方に一本ずつ、計二本で浮かせた。

イケカゴの中の魚を取りだすには、ウケをもちあげ水を少なくしてタマで掬い、船のカメに入れて餌とした。イケカゴは地元のカゴ屋に注文してつくった。屋号をソウエム（小菅惣右衛門）といった〔話者：梶ケ谷弥右衛門〕。

平塚では「イキヨ」といった。大きさは五尺から五尺五寸の直径、高さもほぼ同じで、地元の竹屋に注文して製作した。この生簀は和船時代に生餌を生かしておくために使用するので、カツオ一本釣には欠くことのできない民具であった。普通は馬入川の河口五〇〇メートルほど沖合いのところに錨をつけて浮かしておいた〔話者：金子長太〕。

福浦で使用してきた「イケス」はカツオの生餌を入れるのが主であったが、四角な型のものが多かった。これは竹籠ではなく、縦、横四間ほどの枠組みを材木で組み、それに深さ四尋（二〇尺）ほどの網をはったものである。餌場である網代や宇佐美では巻網で漁獲したイワシをこの中へ入れてつねに生かしてあった。また、このほかにも竹製の生簀も使った者がある〔話者：高橋千治〕。

⑨船上の用具と生活

その他の民具と船上の生活についてみると、相模湾沿岸の漁村においておこなわれてきたカツオ漁は前述のごとくそのほとんどが日帰りの漁であった。しかし、中には佐島のように旅漁に出る村もあった。船上の寝泊りも楽ではなく、食料は一人ずつ持って乗っている「メンバ」（おはちの小さいもの）に飯と、そのフタにみそ汁を入れ、野菜の少ない魚だらけのお菜ですませ、それでも朝などメシに汁をかけると船頭などにきびしくおこられた。米は大目に二俵くらい積みこんでいた。寝るときは船上に「ムシロ」を敷き、「ボタ」（古着やサシコ）などにくるまってゴロに横になって寝るのだが、先輩からは決して手足を伸ばして寝てはいけないといわれ、小さくなって寝た。これは手足をのばして寝ると体温が奪われ、疲れがとれず、体力の消耗がおおきくなるからだろうといわれている（『相模湾漁撈習俗調査報告書』一五一頁）。

平塚でも船上で「トバ」を使い屋根代わりにしたが、トバを自分たちでつくることはなく、柳島へ買いに出かけて使ったという〔話者：金子長太〕。

(3)　餌漁・餌船とその他の聞書き

①餌　漁

カツオ一本釣には生餌であるカタクチイワシが必要となることは周知のとおりである。この餌となるイワシを漁獲するためには、カツオ船あるいはカツオ漁に携わる船や乗組員がみずから餌とりをおこなう場合と、イワシだけを専門に漁獲する船や漁師から漁獲したイワシを生餌として買い、それを船に積んで出漁する場合がある。

後述の場合はカツオ漁も分業化されているわけだが、この内容も地域によって異なる。その具体例は「カツオ漁」の項において述べたので、ここでは「餌漁をおこなう船」などについて述る。

小坪の文化六年（一八〇九）の史料中に、次のような内容のものがある（前掲史料）。

鰹餌鰯取船

長さ弐丈七八尺より三丈位迄　横七尺より七尺四五寸位迄　櫓五六挺立　帆莚拾六枚中江木綿幅広さ三四尺入乗組漁師拾人より拾四五人くらいまで　右船に而《て》餌鰯取鰹船壱艘付差渡し六尺くらい之丸籠壱つ宛生置其余鰯寄候節尤取揚肥に売亦又尤干鰯《ほしか》等に仕猶又鰯を取候組に満し船之儀は乗組五六人乗組暁六つ時ころより九ころ迄漁事仕是又餌入用丈け取置残りこませは肥に売出し申候是は至而木綿之肥に相成申候右之通鰹釣方餌取仕用に御座候勿論九月九日鰹漁仕舞候得者銘々思ひ思ひえ猟事候儀に御座候　相州に淘綾郡大磯浦　同州鎌倉郡腰越村　江

之嶋　同州三浦郡小坪村　三ケ浦　秋谷村　芦名村　佐島村　長井村　城村　三崎町
　右拾壱ケ村之儀者鰹漁其外諸漁仕候

このことから、当時カツオ漁を主におこなっていた諸村のことをはじめ、餌漁について知ることができる。

聞書きによれば逗子の小坪では餌取船を「ハチダ」と呼んだ。

　イワシ網をするハチダブネは和船では大きいほうで五尺以上あった。昔は随分あって相模湾では茅ケ崎南郷がとくに多かった。二艘（一艘に五、六人乗る）で組んで網を張り、撒き餌をし、巾着にしぼって取る。イワシはカツオの時期が終るとはじめて魚屋に卸し、食膳にのぼった。

　漁場は鎌倉坂ノ下が一番シコの湧くところだった。春、夏はここで網を張り、秋（八月）になると江の島の向こう（西）に行った。〔『逗子郷土史ノート』〕

大磯でカツオ釣りに使うカタクチイワシは巻網で漁獲したものを使った。カタクチイワシは馬入川の河口付近のやや沖合いが漁場であったため、この餌漁は「ニソッパ」と呼ばれる巻網でおこなった。ニソッパと呼ばれる巻網の名称は二艘の漁船で網を曳きながら巻きこんでいく沖取りの漁法からつけられたもので、船は櫓で漕いだ。網の長さは約一〇〇間、丈は一〇間ほど。網の材質に麻を使い、網目は約三分とした。アバナには桐材のアバを付け、アシナにはドロイワを付けたが、イワの数はあまり多くはなく、漁場の底が浅いため網だけで締め上げながら船中に漁獲物をあげるという沖巻網であった。

　カツオ漁が専門化され、大型化した場合には餌漁もかなりさかんであった。生餌は大きな竹の生簀に入れて波の静かな入江や内湾に置かれた。このような餌漁（イワシ漁）は上述の地域以外でも三浦半島の小田和湾、三崎小網代、南下浦金田などでおこなわれていた。また漁法も巾着網、揚繰網など、かなり改良されているものもある。

②「氷のこと」その他について

三浦三崎では明治の終りころより氷が使われるようになった〔話者：小川慶次郎〕。

平塚市須賀で氷がカツオ船で使われるようになったのは、大正七年前後のころである。沖へは氷がとけないようにオガクズを氷のあいだに入れて運んだ〔話者：金子長太　明治三十四年生〕。

葉山では船で沖へ出るとき、「ミズダル」と呼ぶ五斗ぐらい入る樽に港で水を入れて持っていった。樽は一つ持っていくだけで出港した。沖に出ればどんなに親しい船の仲間でも、米はくれても水はくれなかったという。また船には米や味噌を積み、味噌は樽で運んだ。米などは地元の米屋に船元が注文した〔話者：小峰角蔵〕。船の櫓などは漁からあがるとはずして岡へかついできたものだという〔話者：金子長太〕。

また、須賀では「大島ダル」という八尺三寸の大きさで、一斗五升は入る樽を船上で使っていた〔話者：金子長太〕。

4　カツオ漁をする村

(1)　村のタイプと構造

一般にカツオ釣りのように洄游〔回遊〕性の、しかも外洋的性格をそなえた漁業をおこなう村は専業漁村の人びとによっておこなわれてきたように思われがちである。しかし、相模湾沿岸の漁村では、もちろん村落内部においてはある程度の漁民的性格を強くもって生活してきた人びとと、農業を中心に生業を営んできた人たちもあろうと思われるが、半農半漁村的性格をもった人びとが農業を営むかたわら、カツオ漁にも携わるという性格が、かなり濃厚にみられる。

カツオを釣る村のごく一般的な生業のたてかたを一年間にわたってみるために一小村落の事例をあげる。専業漁業者の村とは別に、異なったタイプの村がカツオを釣る村であることを明らかにするとともに、その生産暦を構造の一部としてとりあげることにしたい。

事例にあげた横須賀市久留和は秋谷村の一部に属する。『新編相模国風土記稿』によれば近世の秋谷村は戸数二六一、宝暦六年の「村明細帖」に家数二三七軒、九二一人。石高三百四十九石五斗八升八合、押送船二艘、海士船一艘夏は餌鰯、鰹釣などとみえる。

久留和は農業が専門で、そのあいまに漁業を営む家が多く、この聞書きをおこなった梶ケ谷弥右衛門（明治二十二年生）の家もその一軒である。専業漁家は少なく一四、五軒が海の近くにあったといわれる。漁業にかんする生産暦からみると、十二月より一月、二月にかけては見突き（覗突き漁）を盛んにおこないサザエを主に漁獲した。専業漁家の人びとは十月、十一月ころより見突きを始めることもあり、翌年三月ころまで継続する場合もある。三月より四月にかけてはワカメ切り。ワカメ切りが終わって五月にはいると六月いっぱいカジメ切りがおこなわれる。カジメ切りの終わった七月から八月、九月にかけての三か月が農業兼業者にとってカツオ漁の時季である。明治のころには五、六艘のカツオ船があり、一艘に八、九人が乗り組んで出漁した。（前掲）

そしてカツオの漁期もすぎ、十月にはいって水温も低下し、潮が澄みはじめると専業の漁業者はまた見突き漁業を始めるようになる。しかし農業兼業者は十月、十一月が稲の収穫期や麦の種蒔きの準備とかさなるために、海に出かけて仕事をすることはほとんどない。

農業にかんする生産暦をみると、稲は六月中旬より田植えをおこない六月下旬ころまでかかる。収穫は十月下旬より十一月。麦は大麦、小麦ともに十一月中旬に蒔き、翌年五月下旬から六月初旬に収穫する。また豆類では大豆、小豆ともに六月十日より十五日ころに種蒔きをおこない、九月下旬までには収穫が終わる。また特筆すべきものにエンドゥ豆があり、十月ころに山の斜面に蒔いて翌年四月ころには収穫する。粟は六月になって蒔き、九月下旬になって収穫し、キビも同じく六月に蒔き、十月にはいって収穫した。

また、久留和では「久留和のヒエダンゴ」という言葉が西浦方面にのこっているほどで西浦の中でもとくに水田が少なく、ダンゴをつくるのにも米ではなくヒエを使ったといわれてきた土地であるが、ヒエ作りについては聞取りをすることができなかった。その他、野菜は自家消費用の大根、馬鈴薯、その他を栽培した程度であった。

このように農主漁従の生業を営む人びとの生産暦のなかで漁業についてみれば、非常に単純な漁業生産の組み合わせであり、農間漁業の性格がよくでている。しかしカツォ漁のように経済性の高い漁業生産にはかなり積極的に参加してきたようでもある。

同じ久留和においても漁業専業者の生産暦だけを詳細に聞書き（関沢岩松　明治二十七年生）すれば、その内容は多種多様であることがわかる。見突きの時期は十月ころより、翌年三月いっぱいが普通であるが、漁業専業者の中には一年中見突きをおこなっている者もいたといわれる。もちろん時期的に一年中という意味であって、毎日のように見突きをおこなうのではなく、他の漁業（法）とのかねあわせ、組み合わせによっておこなっているという意味である。夏期の潮はよくないが「夏ボウチョウ」（夏舫舸）といって四月から八月いっぱいぐらいは見突きでタコを突いた。これも以前はタコが多かったからできた。

ワカメ切りは早くて二月中旬より始まり、四月いっぱいまで。普通は三月より始まる。天候や潮流、干満の時間などをみて世話人がよい日を選ぶ。口明け（口開け）、口閉じをきめての採取である。

カジメ切りは五月より始まり六月ころまで。年によっては八月いっぱいおこなうこともあった。

カツオ釣りは四月一日より九月いっぱいおこなわれた。相模湾でも豆州の伊東付近では「三月ウオ」といって三月になるとカツオ釣りを始めたところもあるが、久留和では三月に出漁することはほとんどなかった。それでも久留和の漁業専業者は、農業兼業者に比較すれば三か月もはやくからカツオ釣りをおこなったわけで、前述のごとく、農業兼業者は七月にならないとカツオ釣りには出なかった。

夏期の七月より九月ころまではモグリ（裸潜水漁撈）によりアワビ、サザエを採取した。明治の中ころから末ころにかけてはモグリをおこなう者が四、五名いたが、久留和あたりの漁業者は他の漁が不漁であるとモグリを始めることもあり、年によって人数は多くなったり少なくなったりした。九月になるとアジ釣りがおこなわれた。海中の澄んでいる日は見突きをおこなったりしながらアジ釣りも十一月いっぱいまでつづく。

また、久留和における専業漁業者は各種の網漁業を組み合わせておこなっており、この点は農業兼業者との生業のたてかたがかなり異なる点でもある。

エビ網はイセエビを主に漁獲する刺網で、磯立網とも呼ばれている。六、七月の二か月間はエビの産卵時期にあたるため休漁（禁漁）であるが、この二か月をのぞいた八月一日より翌年五月三十一日までが漁期となる。

イナダ網は八月ころより始め、十月、おそい年は十一月中旬ころまで使用する刺網である。秋になるとカツオ網も始まり、普通は十月より、翌年三月ころまでが漁期となる。またカマス網は十一月初旬より十二月いっぱい。刺網によってカマスを漁獲する。

このように秋から冬にかけては網漁が多くおこなわれた。また、久留和における専業漁業者は各種の網漁業を組み合わせておこなっており、この点は農業兼業者との生業のたてかたがかなり異なる点でもある。

(2)　カツオおよびカツオ漁にまつわる話

カツオ漁がさかんであった相模湾沿岸の村々には、カツオに関係のあるいくつかの話が伝えられている。このような話はカツオ漁がほとんどおこなわれない日本海沿岸漁村には聞かれないことではないかと思われる。以下、内容的には重複するものもあるが引用してみた。

カツオは釣る魚でこれを銛で捕ってはならぬという一種の掟のようなものが、昔はあったのであろうか。三崎に残っている話に、「長井の漁師が船についたカツオを銛で突いたら、肩がくさる病気になって死んだ」というのがある。カツオは源氏の神魚として貴ばれたので、この貴い神魚に銛傷をつけるのはもったいない、罰が当たるという考えが、肩のくさって死んだ長井の男の話となったのではなかろうか。（『海鳥のなげき』二八頁〜二九頁）

カツオは沢山食べると、底にひそんで寝てしまう。そして一週間も出てこない。そのあとで取れたカツオが、泥を食っているのでそれがわかる。（『伊勢吉漁師聞書』一一六頁）

鎌倉近世史料の乱橋材木座編に「としよりの話」があり、木村彦三郎が、六十何歳かで亡くなった金子喜八からの聞書きとして「はつがつお」という話がある（昭和四十二年に刊行されたので昭和三十二年ころ）。

むかしから、かまくらのはつがつおの話は有名だが、材木座の浜には、まえには毎年のように五月はじめころにカツオがあがった。何でも大正の地震まえに、朝はやくカツオが一ぴきションバタにあがって跳ねていた。それを見つけたらきっと八幡さまへお初穂にあげて、それがお下がりになったら片身をもらって食うことになっていたが、そのとき見つけた人が拾って八幡さまへ届けず、内緒で家中で喰っちまった。そしたらそのものがみんな、ひどい病気になってしまって、それがばれちまったことがある。それからハツガツオはきっと納めることが実行された。

最近では昭和十六、七年ころにもハツガツオを拾って届けたことがある。そのおさがりを八幡さまからもらって、皆で一杯やったこともある。何しろカツオなんかよほどの沖でなけりゃ獲れなくなっているのに、ションバタへはねあがるんだし、それもまた魚屋にカツオが顔を出すよりもまえにくるんだから不思議なことだ。

この話は「オブリ」の項にあげた『伊勢吉漁師聞書』に共通する内容を多く含んでおり、また現実的な話の内容がつけ加えられているところも興味がもてる。
『江の島民俗誌』のうち「島のはなし」（清野久雄）によれば、漁師から聞いた話として、
昔、源氏と平氏とが互いに戦っていたころ、源氏が負けて頼朝は追われて伊豆に逃げた。伊豆から豆州に行こうと思って、伊豆のアジロから船にのろうとしたところ、エボシのひもがとけて浪に浮かんだ。そうすると、どこからともなく大きな魚がやってきて、そのひもをくわえた。びっくりしてひっぱってみると魚も一緒にあがってきたが大変いきの良い魚であったので、これはきっと、何かよい前兆に違いないと思って「カツウオ」と名付けた。これがカツオの語源だ」ということである（『神奈川県民俗シリーズ』1　八五頁）
源頼朝が石橋山の戦に敗れ、真鶴から房州へ逃れたとき、
帆走する船のオモテに一尾の魚がはね、飛び込んだ。頼朝の前に持っていくと、頼朝は側にあった硯を引き寄せて、それに指をつけて魚に平行線をぐっと引いた。そして、これはよい縁起である。今は逃げているが、やがてはきっと勝つ。この魚を以後カツオとよぶように、といって魚を逃がしてやった。以後カツオの横腹には五本ほどの黒い縞がついている。そして、カツオは源氏の守り神になった。オブリは大抵カツオだしオブリを鎌倉の八幡様へもって行くのもそういう関係があるからだ。（『伊勢吉漁師聞書』一四二頁）
といわれている。まったく同じ話が大磯にも伝えられている（福田八郎『相模湾民俗史』三三頁、一九六八年）。
カツオ漁のように沖でおこなわれ、活気があり、出たとこ勝負の漁にはいろいろな話が伝えられる。
目にも止まらぬ早業にカツオを立て続けに釣る漁師の中には、エサ桶の中に手を突っ込んでシコをつかみとる時間を惜しんで、次につける活き餌を口にふくんで（大工が打つ釘を口にふくんでいるように）いる者もいたという話もある。（『海鳥のなげき』一八七頁）
この話は、どれだけプロに徹していたかということでもあるが、同じように、

大ガツオは左わきに抱えて鉤を外すが、小ガツオや秋のソーダガツオ（三崎ではコイオという）は頭上へはねあげた瞬間魚は自ずと鉤が外れ、ブッパイは次の魚を跳ね上げて、最初の魚が船板に落ちない中に三尾目が頭上にある。これを「三階に釣る」という。というような早業も伝えられる。（『海鳥のなげき』一八八頁）

カツオおよびカツオ漁にまつわる話については、伝説化されているものも多くみうけられる。しかし、これらの話一つをとってみても、めまぐるしい漁村の経済的社会的な構造変化の潮流の中では早晩忘れられていく運命にあろう。

まとめ

魚の嫌いな人でも日本人であれば「カツオ」の名前を知らない人はないであろう。また日本海流（黒潮）とカツオとはとくに関係が深いので、太平洋側に住む人びとでカツオを他の魚と区別することができない人もいないだろう。カツオはそれほど、よく知られた魚なのである。それにもかかわらず、カツオ以外の「カツオにかんすること」になると、あんがい知られていない。

東京外湾の三浦海岸沖には、毎年きまって同じ時季、同じ場所に水押が長く白いスマートな船体をみかける。そんな時、今年もカツオの時季かと思って、いてもたってもいられないほど心よい興奮をおぼえるのだが、白い船がカツオ船であることを知らない人にとっては別になんのことはない。

それればかりでなく、あれがカツオ船だといえば三浦海岸沖でもカツオが釣れるのかという。実はこのカツオ船は金田湾で漁獲されたカタクチイワシ（カツオを釣るための生餌）を買いに来ているのであり、東京外、内湾においてはカツオ漁業は昔からおこなわれておらず、このことが相模湾沿岸の漁撈と東京湾沿岸とのもっとも異なる点の一つであるといえるのである。したがって相州のカツオと民俗といっても相模湾に限られる。

相模湾のカツオと民俗を調査するにあたり、一一の調査地域を設定し、地域別聞書調査をおこなった。その調査地域は、1三崎・城ケ島地域、2長井地域、3佐島地域、4秋谷・久留和地域、5葉山三ケ浦・堀内地域、6小坪地域、7江の島・鎌倉腰越地域、8茅ケ崎・平塚地域、9大磯・小磯地域、10小田原地域、11真鶴・福浦地域である。このうち、小田原地域については、調査を実施している段階でムツ、キンメダイなどツイシ専門の釣漁業のほかマグロ延縄をおこなうことが主で、カツオ釣りはそれほどおこなわれていなかったということがわかり、途中より調査地域より外した。したがって小田原地域をのぞく一〇地域の聞書調査が中心である。

相模湾のカツオ漁は江戸時代（とくに文化・文政のころ）には小坪文書にみられるようにかなり規模の大きなものがあったようだが、全体的にみても近世より、明治、大正期になるにしたがって縮小退化し、明治末期、大正初期に漁船が機械化されるにしたがって一部ではあるが再び大型化された規模のもとに沖へ出たということがいえる。

このような時代の潮流の中でカツオ漁をおこなってきた沿岸の漁村には三つの村のタイプがあった。それは生産暦にみるカツオ漁の位置づけからも俯瞰できるが、一般の釣漁業を主体とした釣漁村のように一年間の漁業生産全体の位置づけの中で、他の漁業と同じウェイトでしかも村全体がカツオ漁の時季だけ、カツオ漁（カツオ一本釣）をおこなうという一般的なタイプ。これに該当する地域としては三崎、長井、佐島、葉山、大磯、真鶴、福浦をはじめとする釣漁村が含まれる。

また、城ケ島のように主流は夏季の裸潜水（潜り）と冬季の舫舸（見突）であるが、村落内部には網漁を主におこなっている人びとによってカツオの漁期にはカツオ流し網（カツ流し）がおこなわれるというように、村落内部においても生産手段を所有する一部の漁業者によってカツオ漁がおこなわれるというタイプ、さらに久留和のように村落内部には少数の漁業専業者と多数の半農半漁の生活を営む人びとがおり、カツオ漁の時季だけは漁業を中心に生業に携わるというタイプなどがある。また、これらの村々の年中行事の共通点や特別行事にも注目したが、カツオ漁に関係した特別なものはみられなかった。

引用文献

田辺　悟「相模湾の鰹漁」『伊豆相模の民具』　慶友社、一九七九年。

相模民俗学会編『民俗』十号。

内海延吉「漁と魚の風土記」『海鳥のなげき』　いさな書房、一九六〇年。

富永盛治朗「習性と漁撈」『鰹』　石崎書房、一九五七年。

神奈川県教育委員会編『相模湾漁撈習俗調査報告書』　一九七〇年。

伊豆川浅吉『日本鰹漁業史』上下、日本常民研究所、一九五八年。

本山桂山『日本民俗図誌』　東京堂、一九四三年。

川名　登・堀江俊次・田辺　悟「相模湾沿岸漁村の史的構造」横須賀市博物館研究報告。

三　海藻採取と習俗

はじめに

海付きの村における海藻の採取は歴史的にも古く、採藻についてみていくことは、古い時代からの磯浜利用のあり方を探ることもできるといえよう。

藻類採取は、大きく分けて三つの側面からみていくことができる。

その第一は、自給自足の時代から今日まで引き継がれてきた食用（自家消費）としての採藻である。ワカメ、ヒジキはもとよりハバノリ、イワノリに至るまで、その種類は多い。また、テングサのように自家消費だけにとどまらず商品価値をもった海藻として、大量に採取され、出荷されて加工される種類のものも多い。食用としての海藻は、量が多く採取されれば、種類にかかわらず商品になりうる。

第二は、田畑の肥料として用いるために採取される海藻である。化学肥料のでまわる以前においては、海藻は重要な肥料であった。肥料としての海藻も量が少なければ自家用にしかならないが、多く採取できれば交換価値をもつ立派な商品になりえた。

第三は、商品生産だけを目的としておこなう海藻採取である。カジメを刈り、ヨードをつくるため、あるいは工業用原料や食品・薬用品原料などの加工を前提としておこなわれる採取がそれである。ツノマタやオオマタは衣料用のノリとして用いられたり、建築用の壁ノリとして使用されたりもしてきた。

これらの種類も量が多ければ商品として同じように流通もした。

このように、藻類採取は一方において自家消費的な側面をもち、他方において商品的な側面をもつといった二面性がある。海付きの村々の藻類採取は、時代により、藻類の種類により、これらの二面のうち、一方が強くおしだされたり、弱くなったりの消長を示しつつ今日に至っているといえる。

なお、明治以降しだいにさかんになってきた人工養殖としての海苔にかかわる海藻採取を除外した。

1　海藻採取の史的背景

わが国では大化の改新（六四五年）より国郡設定により、国々に政庁を置いて諸国の政治をおこなうようになった。その後、天武天皇十三年（六八四）の国境劃定、大宝元年（七〇一）の国級改定などがあり、国郡制度の基礎が確立され、五八国三島となる。が、その後も改廃があり、天長元年（八二四）には六六国二島におさまる。明治維新まで大きく変わることなく、この国郡制度が引き継がれてきた。

十世紀のはじめに編纂され、平安時代の延長五年（九二七）に完成したといわれる『延喜式』の主計式により、これらの諸国が調庸として貢進した魚介類についてみれば、相模国からは「鰒」「堅魚」「海藻」の三種が貢納されていることがわかる。海藻は和布《にぎめ》で、今日でいう若布《わかめ》。

さらに諸国のうち、アワビと海藻を貢進している国は、志摩、伊勢、相模、阿波の四国であり、これらの国々は今日においても「アマドコロ」といわれる裸潜水漁撈者の多い地として注目される。

くだって、正徳二年（一七一二）刊行の『和漢三才図会』に、テングサの産地として相模の鎌倉、豊後の佐賀関、伊豆の海辺、紀伊の熊野浦があげられている。

このように、断片的ではあるが、古文献上からも、相模における海藻採取にかかわる伝統をうかがうことができる。次に、天保十一年（一八四〇）にまとめられた『新編相模国風土記稿』によれば、三浦郡の「産物」の項に、

神馬藻（奈能利曾）三崎町海辺に多く生ず、鹿尾菜（比之紀毛（ママ））西浦賀分郷及横須賀村の海中に多く生ず、就中寒中に得を上品とす、世には概して浦賀鹿尾菜といえり

とみえる。さらに、

裾帯菜（和可女）、未滑海藻（可自女）、海蘊（毛都久）以上、横須賀村の海に産するを上品とす

とつづいている。

また、同書中の「西浦賀」の項の産物としても「鹿尾菜（比志記毛（ママ））」があげられており、

海鹿島（ママ）辺に産す、寒中に得るを上品とす世浦賀鹿尾菜と唱るものこれなり

と記されている。「横須賀村」の項でも同じように、

裾帯菜（和可女）、未滑海藻（加之女）、海蘊（毛都久）、鹿尾菜（比志紀毛）の類、此地海中に産するを美とす

とあるなど、海藻採取がさかんにおこなわれ、産物になるほど有名であったことがうかがわれる。

竜崎戒珠が天保十五年（一八四四）に著わした『新編三浦往来』[1]には、三浦半島各村の産物が詳細に記されており、産物中の「海藻」として、久比里の鹿尾菜（ヒジキ）、横須賀の和可布（ワカメ）、現在は逗子市小坪の荒布（アラメ）があげられている。

また、三浦半島をはじめとする近世各村における史料にも海藻採取にかかわりのある記載を散見することができる。たとえば、三浦郡松輪村の藤平家文書である「村明細帖」の中にみられるものをひろってみると、天保十四年六月の「明細帖（写）」に、

一、田畑肥しハ海より藻草荒布伐取又は秣場《まぐさば》ニ而草刈取肥し仕候

とみえるほか、同じく文久三年十一月の「明細書上帖」によれば、

田畑肥しハ藻草荒布又は秣場ニ而草刈相用申候

とみえ、これは慶応三年七月の「明細書上帖」についても同じ記載がみられる。

明治期にはいってからも、明治三年の松輪村藤平家文書に「藻草船」という名前の船がみえ、明治二十年の三浦郡菊名村の石井家文書中にも「若布水揚帳」があるなど、海藻採取がさかんにおこなわれていたことを裏づける史料は多い。

さらに、相模湾岸についての例をあげれば、明治三年の三浦郡佐島村の「明細帳」(2)に、

一、田畑肥之儀は村方磯根ニて藻草類伐取且下肥ニて耕作仕来リ申候

同年の三浦郡長井村の「明細帳」(3)にも施肥について、

干鰯専ニ相用、藻草、かじめ、魚汁、鰯把、馬糞など相用……（以下略）

とみえるなど、その事例は枚挙にいとまがない。

大正期にはいっての文献史料についても例をあげれば、大正四年十二月に刊行された『浦賀案内記』(4)の中に浦賀名物として、

鹿尾菜。和布。久比里鴨居の近海に産するもの名高し。

とみえる。当時、海藻が産物の中でしめる割合が大きかったことがうかがわれる。

2　相州の海藻採取

(1)　海藻採取にかかわる漁撈習俗

まず、相州（神奈川）の海岸地域を、①東京湾内および三浦半島南部地域、②相模湾沿岸地域の二つに分け、それぞれの地域でおこなわれてきた海藻採取につき、聞取調査、文献（調査結果の報告等）をもとに、伝統的な漁撈習俗をみていきたい。

とくに、東京湾内のモク取りなどの漁撈習俗やそれにかかわる有形民俗文化財は、これまでにも全国的視野のなかで注目されてきた点であり、桜田勝徳が「東京湾の海藻をめぐって」というテーマで内湾における採藻漁をまとめた業績もあわせて注目される。(5)

①　東京湾内および三浦半島南部地域

・　横浜市金沢区柴

「震災後まで、ツル藻（長い方）、ニラ藻（短い方）、赤藻など、これに藁を切りまぜて発酵させ、堆肥を作った。これは主として畑の肥料とした。又これを天日でよく乾燥させ、塩気をぬいた肥料は、田に使用した。いずれも自給自足で、外部に移出しなかった。現在では行なっていない。(6)」

・　横須賀市旧鉈切《なたぎり》・旧深浦

「舫舡（ボウチョウ）・主にワカメ、カジメ、テングサの採取をおこなった。漁場は夏島周辺が中心。以前、エボシ山と呼ばれた磯周辺は良い漁場であった。ワカメは浅い場所にあるのがほとんどであったから、まるいカガミ（眼鏡）を使って船上より海底を覗き、ワカメのあり場所を確認してワカメガマで刈り取った。カガミは桶屋が専門に製作したもので、三浦三崎や葉山より購入した。ワカメを刈り取るワカメガマは鍛冶屋へ特別に注文して製作してもらう。鍛冶屋は追浜（浦郷）にあった。ワカメガマに取り付ける竹棹はオンナダケを使う。竹はモトウラ、浦郷など、現在の追浜駅付近の農家へもらいに出かけた。金銭を支払って買うことが多い。また、鎌倉の十二所方面にも良質の竹があり、買いに出かけた。

アラメはカギを使い、ヒッカケて採取した。カジメも同じようにして採取した。天然のカジメが豊富であったため寒くなるとよいといって自家消費用に採取した。カジメは保存しておき、飢餓の時のたくわえにする。昔は保存食品として貴重なものであった。明治の末期頃より葉山でカジメからヨードをとる会社ができたため、原料としての販路が開けた。その結果、浜で干し、燃してヨードをつくる仕事もいそがしくおこなわれるようになった。(7)」

【旧深浦】「テングサの採取は、早ければ五月頃からはじまり、八月下旬までつづく。テングサは船の上よりミズメガネで海底を覗きみて、テングサカキという漁具を使用してヒッカキにより採取する。テングサカキの道具は最初、樫材のように堅い材質の木に鉄釘などを植えつけ、それに長さ二～三間のオンナダケの柄をつけた程度のものであったが、その後、鉄製のクシを鍛冶屋で製作したものが使用されるようになった。漁場は箱崎より先端の方面でカチリキ方面だった。猿島へは行かなかった。テングサは加工することなく、なまのまま売り渡した。

ワカメ採取も一人で出かけた。船上よりミズメガネを使って海底を覗き、カジメガマを使って刈り取った。カジメガマの柄にはオンナダケが使われた。ミズメガネは最初は四角であったが、しだいに桶形になった。ワカメは潮が引けば背中を出すので、メガネがなくても採取できた。

ヒジキは二月頃の最も潮の引く時に出かけ、手でむしり取ってしまう。家でヒジキをムシ、さらに天日乾燥して加工した。(8)」

・　横須賀市旧公郷町（田戸）

ボウチョウにより海藻採取もおこなった。主な海藻はカジメ、ササモク、ホンダワラなどであった。ボウチョウの漁期は十二月頃から翌年三月いっぱいであった。

【ワカメ採取】　「田戸のワカメは有名だった。内湾のものなのでやわらかいといわれた。ワカメ採取は一月下旬から三月いっぱいおこなわれたが、口明けの日は毎年、一月二十日のエビス講が終った後となっていた。エビス講はこの地域における漁業者の総会的な意味をもっており、この日は全員が休漁して大漁満足を祈願し、酒宴を催した。漁場は猿島周辺。(9)」

〔安浦地域〕「ボウチョウ（舫舸）　主に三月初旬から四月下旬まで海藻採取をおこなった。テングサ、ツノグサ、オオバ等の海藻が主なものであった。海藻採取は引き潮の時に腰まではいって素手で採取することもあった。ツノグサは洗濯に用いられ、オオバは左官屋がノリを壁土に混ぜるために需要があった。ボウチョウによる海藻採取の場所は猿島周辺におよんだ。田戸、山崎、春日町あたりの人達も海藻採取はボウチョウでおこなっていた。

ケタビキ　ケタビキではワカメ、アラメの採取がおこなわれた。ケタビキとは鉄枠の下口に木製の歯をとりつけ、左右に石錘または鉄のオモリをつけた道具に縄をつけて海底に沈め、船で曳く。ワカメ採取の漁期は三月中旬より五月下旬いっぱい。アラメは三月初旬より五月下旬までであった。漁場は猿島周辺。安浦ではワカメ採取はケタビキだけによっておこなわれていたが、アラメはボウチョウによって採取する人もいた。アラメは胃腸の薬になるといわれ、茹《ゆ》でて出荷した。(10)」

ケタビキは前掲のごとく、鉄製の長方形の枠の両端にオモリをつけ、下部には木製や鉄製の歯（クシ）をつけ、後部に網袋をつける。これを綱で海底におろし、船で曳くと、袋の中に海藻がはいるように工夫してある。ワカメやアラメを主に採取する。近年は大型のカマを用いた採取具も使用された。

・　横須賀市大津

【海藻採取】　「ツノマタを四月から八月末にかけて採取した。乾燥したものを久比里（久里浜）の業者に売った。ブト（天草）は三月から四月にかけて採取した。同じく久比里の業者に乾燥させてから売った。ツノマタ、ブトともに口明けの日が決められていた。(11)」

・　横須賀市走水

「若和布（ワカメ）採取　十二月から五月まで地先磯根で伐採する。漁具カマ。

荒布（アラメ）採取　三月から五月まで伐採する。漁具は同じ。

天草（テングサ）採取　十二月から八月まで地先海底より採取する。漁具ブトカキ。

藻草採取　四、五月のうち一回伐採を定めとし自用肥に供し、売買を禁じた。(12)」

【海藻採取】　「ヒジキは十月から翌年三〜四月まで刈った。ヒジキ刈りは女の仕事とされ、夜、庖丁とビクを持って出かける。潮をみて引潮の時に作業をする。刈りとったヒジキは大釜（ビク四〇ぱい分はいる）に入れ、一中夜煮る。火をとめた後、そのまま釜にムシロをかけて一晩蒸す。あとは天日乾燥をする。加工したヒジキは女が浦賀、佐原、平作、根岸方面へ売りに出かけた。また、商人が入札で買いに来ることもあった。
　ワカメは三月から四月にかけ、船上よりケタ（ワカメヒキ）を曳き、根こそぎとった。ケタは歯の部分が約四尺。三月一日を〈ソウダテ〉といい、この日から採取した。二〜三軒の家がワカメヒキをおこなっていた。

テングサ（ブト）は三月より八月にかけて採取する。テングサのソウダテも三月一日でこの日が口明けとなった。船上からも採取したが普通は女が腰まで水につかって採った。問屋（屋内といった）へ売った。

ツノマタも三月より八月にかけて採取した。天日で乾燥したものを保存する。新築の際、壁に入れる時に使うが、この時は煮てやわらかくしたあと、藁をまぜて使う。(13)」

・　横須賀市鴨居

話者は鴨居の漁家の生れであるが、同じ村内の小原にある純農家に嫁いだ。以前の臼井家は小原の砲台の近くにあり、専業農家で水田一町、畑一町ほどを所有し、耕作していた。昭和二十九年に古い家をとりこわし、鴨居中学校裏に引越した。

話者が十四〜十五歳（大正六年〜七年）の頃、「小原のモク切り」といって、「モク切りの作業」があり、その時はかなり忙しかった。

四月にモクを切ったが、その時は漁師が切るより先に、百姓がモクを切った。

朝の食事前に船を出す。農家（百姓）は船を持っていないので、親戚すじの浜の者（漁師）から借りた。どこの農家でも浜に親戚があったので、船は簡単に借りることができた。

女たちは、「モク切り」をおこなう日の朝は、夜中の二時頃から起床して、食事の仕度をしたり、「にぎりめし」をつくったり、お茶の準備をして海岸まで運んだ。

船で「モク切り」を、ひときりしてくると浜に干した。その日は多忙をきわめるので、子どもたちも学校を休んで手伝いをした。

浜に干したモクは、よく乾燥させたうえで「ヨコオ」と呼ぶ腕の長いツチでたたき、モクをばらばらにほぐす。ヨコオの柄は四〜五尺。

こうしたあと、米を入れてあったカマスに入れて保管する。当時は米をカマスに入れてあったので、どこの家にもカマスはあった。

モクをたたいて、ばらばらにしたもののうちでも、とくにこまかいものは麦を蒔く時に用いたが、荒いところやモクのシン（茎など）は田圃の中に入れて肥料にした。田圃には、すぐに入れてしまった。

天候が悪いとモクが乾燥せず、ビシャビシャになってしまったので、その時は、ひとかかえほどにたばねて、牛や馬で田圃まで運び、それを田圃の肥料として使ってしまった。モクを田に入れる時は、あらかじめ田起しをおこなっておいた。普通よりは、はやめに「タオコシ」の作業をおこなっておくわけである。

モクを肥料に使うのは稲（水田）や麦（畑）のほかに、ネギ、キャベツなどの野菜栽培をおこなうときにも用いた。

ネギやキャベツを植える時は、深く掘り、ひとにぎりほどのモクの粉を堆肥とまぜあわせて入れた。モクを肥料に使うと作物がとてもよくできた（話者：臼井ツル　明治三十七年九月二十五日生）。

・　横須賀市久里浜

久里浜や久比里では、ワカメ、ヒジキ、アラメ、カジメなどの海藻採取がさかんであった。とくに久里浜ではアマタメと呼ぶ海藻を量的にも多く採取していた。

アマタメは食用になる海藻で、良質のものがアシカ島周辺に多く繁茂していたため、和船を押して出かけると、船が沈みそうになるくらい積んで帰ってきたという。

むろん、自家消費用ではなく、海藻仲買人にそのままで売り渡した。したがって、仲買人は大釜でそれを茹であげて商品にしあげた。

アマタメと呼ぶ海藻はコンブを短くしたような種類で、かたさも同じようなものだった。アマタメは春先に採取するが、秋頃まではえている。しかし、春をすぎるとしだいにゲイサと呼ぶカキの小さいような貝殻がついてしまうので食用にならなくなってしまう。

ワカメだけは口明けが決められていて、新暦の四月一日が解禁日であった。カジメ、アラメなどは、とくに定められた口明けはなかった。不漁つづきで漁獲量の少ない年は、早めに海藻採取をおこなったりした。

海藻採取の場所はアシカ島周辺が中心だが、千駄ケ崎方面や千代ケ崎方面にも及んだ。沖は潮流が速いので、海藻採取にはむかない。水深五〜六メートルにはえるカジメをカジメガマを使って船上から採取した。また、カジメガマを使ってヒジキなどは刈りとった。

七十年ほど前、鍛冶屋が久比里と野比にあったので、カジメガマを注文して製作してもらったものを使った。〔話者：鈴木房松　大正七年十二月三日生〕

・　横須賀市野比・長沢

野比や長沢の海には二種類のワカメがあった。普通、岩礁にはえるワカメを「イワワカメ」とか、「イソワカメ」とか呼び、そのほかに、野比や長沢の沖には、一〇尋から一五尋ぐらいの深い場所にもワカメが生えていたので、そのワカメを「オンバワカメ」と呼んで区別していた。「オンバワカメ」は、海底の小さな砂利に生えるので、ワカメのクキがない形状をしており、一見するとコンブに似ている。根元は小砂利をかかえ込むように櫛状をしており、その色彩はベッコウのような色で、黄色味をおびていた。

このワカメは肉の厚みがあり、汁に入れるとドロリとしたが、磯の香りは少ない。

「イワワカメ」「イソワカメ」は箱目鏡を用いて、船上より舫舮（見突き）によって採取できたが、「オンバワカメ」

は水深の深い場所にあるので、独特の方法で採取した。

「オンバワカメ」の採取は、小船で一人または二人で出かけた。カギと呼ばれる道具を用いる。カギは、海底の小砂利に林立するように生えているワカメをはさみこむための櫛状の道具で、歯にあたる部分が三本ないし四本ほどある。丈夫な材料で製作しないと歯が折れてしまうので、材質はツメにあたる部分だけをコシキデの材を用いた。長沢ではこの道具を「カギ」(14)と呼び、歯の部分を「ツメ」と呼んだ。腕にあたる部分はとくに材質を選ぶこともなく、杉材や檜材を用いて自製した。腕の部分に石のオモリをつける。

このカギに綱をつけ、綱の途中二、三個所に石のオモリをつけて水深一〇～一五尋の海底におろし、小船の櫓を押して船を移動させながら、カギで海底を曳きずり、オンバワカメをかき取る。一艘の船には、このカギの道具が二本ぐらい用意されており、二本を同時に海底におろし、一〇〇メートルぐらい船を移動させては海底からカギをひきあげる。

「オンバワカメ」は、「イワワカメ」がなくなってしまってから採取する遅い漁で、五月から六月の麦刈りの頃までおこなわれた。オンバという名前は、オンバアとかかわり、嫁にいくのが遅いという意味と採取する時期の関係らしいと聞いた。

採取したワカメは、夜なべ仕事で出荷の準備をした。「ウマヅケカゴ」の裏がえしたものに、三枚、四枚とかさね、その一方を稲藁で縛る。翌朝、天気が良ければ海岸の砂浜に麦カラを敷き、それを乾燥して売りに出す。

こうした天然のワカメ採取は養殖のワカメが一般化するまでおこなわれていた。〔話者：大古益男　昭和五年十二月八日生〕

・　三浦市南下浦町金田（小浜）

【モク取り漁業】　「金田湾の〈モク取り〉も旧廃漁業のひとつに数えられる。モク取りやカジメ切りは戦時中（太平洋戦争中）まではおこなわれていたが、戦後、モクが売れなくなってしまったことや、畑の肥料に自家用としても使用されなくなってしまったので、現在（調査当時の昭和四十五年）では口明けの制度もなくなり、したがって口閉じもない。

それどころか、モクがすっかり枯渇してしまったという現状である。

戦中から戦後、モク取りがおこなわれるのは、三月の初めの二日間ぐらいのあいだにおこなうのを常とした。そのあとワカメの口明けがはじまるので、ワカメの口明け前に、モク取りをおこない、磯をきれいにしておいてから、ワカメの口を明けて切るということをおこなっていた。切ったモクは浜に干して乾燥させ、売ったり、自家用の肥料にした。

モク取りといっても、カジメガマなどで切るのではなく、その採藻方法は、長さ七尺ほどの竹棹（メダケ）を二本用意し、竹を二本並べて箸のようにあわせ、中ほどを紐でゆるく結び、船の上から目鏡を使わずに、モクの中に二本の竹棹をさしこみ、モクをからげるようにはさんで引き上げ、採取する。

三月頃になると、モクは海面に靡《なび》くように繁茂しているので、こうするとモクはすぐに切れた。竹棹にはメダケを使った。

メダケを切り、ふしのまがっている部分を焚火であたため、あぶりながら真っすぐにした。この作業を小浜では竹をタメルといい、竹をタメてから使った方が使いやすいという。

モク切りに使用された船は肩幅四尺五〜六寸の大きさで、長さ四間ほどの和船であった。モク切りは地先漁場に限られていたので、一人で出かけることが多かったが、一艘の船に二人乗って出かけることもあった。

切ったモクを船に積んで浜にかえれば、モクはカギで船から引きおろされた。このモクを船からカギで引きおろす作業や、浜で干す作業は主として女子供の仕事であった。

船からモクを引きおろす〈カギ〉はサクラやモチの木の枝を利用したもので、長さは使用する者によって多少異なったが、だいたい六尺ぐらいの長さであった。(15)」

【舫舡漁業】　金田では舫舡を、見突き、菱突きなどとも呼んでいる。

「漁期は周年とはいえ、夏期は潮が濁るのでテングサ採取以外は不可能となる。テングサは四月から八月、アワビは十一月から二月、ワカメは三月から四月である。

漁師は、小型漁船を使用し、一人あるいは二人乗りでおこなう。メガネで海中を覗き、漁獲対象物をさがす。テングサは、船上から〈クマデ〉を使って掻きとる。クマデは昔よりやや大きくなった。口明けの時は比較的目の大きな〈クマデ〉を使い、漁期の終り頃には目の小さいものを使う。したがって、〈クマデ〉の種類も二〜三種類あり、クシの目の大きさが異なる。（中略）

ワカメは竹棹の先に〈カマ〉をつけて採取する。カマの型は昔と同じである。(16)」

・　三浦市城ケ島

城ケ島では、夜おこなう海藻採取の作業を「ヨイソ」と呼んでいた。

ヨイソで採取する海藻の主なものはヒジキ、ツノマタであった。海藻は九月頃になるとのびてくるが、ヒジキは十一月に解禁となり一斉に採取する。

冬の季節の方が夜間に海水がひあがっているので、十二月、一月、二月が海藻の主な採取時期となる。

ヒジキは、ヒジキガマを使って刈り取ったが、ツノマタは、手でつまんで取った。

ヒジキを刈るヒジキガマは、金物屋にいけば、どこの店にも売っていた。小型の鎌である。

ツノマタを採取する時は、親指と人指し指に、「ユビブクロ」と呼ばれる袋をつけた。ユビブクロはフランネルを使って自製したものであった。三崎には足袋屋が数軒あり、いずれの足袋屋でも職人が足袋をつくっていたので、足袋の材料として用いるフランネルのきれはしを足袋職人に頼んでとっておいてもらった。したがって、フランネルは、きれはしではあるが新しいものを使ってユビブクロを自製した。

ヒジキ、ツノマタなど、海藻を採取して入れる網袋を「スカリ」といった。海藻採取用のスカリは、入口のまるみを大きくして製作し、下に重みがかからないように工夫していた。腰につける場合でも、下にぶらさがってしまわないようにしたわけである。

城ケ島でおこなわれるヨイソは、ほとんどが城ケ島の裏側（外洋に面した磯）でおこなわれたので、各自が家から四個、あるいは五個のスカリを準備して出かけていった。作業中、一個のスカリがいっぱいになると、それは、そのままにしておいて、次の空のスカリを用いる。こうして、持って行ったスカリ全部に海藻がはいると、そこではじめて海藻をスカリから出して岩場の上にあけた。したがって、スカリは同じものがいくつも必要であり、どの家にも五個以上はあった。

城ケ島の裏で作業をする場合はもとより、ヨイソに出かける時は、「ショイビク」の中にスカリをはじめ、用具すべてを入れて運んだ。

磯で作業をする場合は足もとがすべるので「ワラゾウリ」を履き、冬なので、古い足袋を履いて作業をした。ワラゾウリは自製もしたが、半分ぐらいは購入して使った。

ワラゾウリを自製するといっても、城ケ島には水田がないので、島外から稲藁を入手しなければならなかった。稲藁は農家の人が、なにかの用事で城ケ島に来る時などに持ってきてもらった。

ヨイソは女がおこなうことが多かった。顔や頭には、「ホッカブリ」（頰被《ほおかぶり》・頭から顔、ほおにかけて手ぬぐいなどで包む）

をしたり、「モーロクズキン」と呼ばれるかぶりものを用いた。

ヨイソなどの作業をする場合は、女の腰巻も、ヒザまでの短いものを着装し、足がからまないものを用いた。こうした腰巻も、古い布ぎれを用いて何枚もつくってあった。

ヨイソは、月の出る夜におこなうのが普通であるが、闇の潮の時にあたる日もあるので、そのような時は、松の木の根元のヒデ（油の多く含んでいる部分）に火をつけて使った。これをヒデマツと呼び、ヨイソや、ヨイカ（夜の烏賊釣）の時のために普段から準備しておいた。ヒデはダイ（丸い金網）の上に置く。

明治時代も中期以後、石油ランプがでまわり、石油が入手できるようになってからは、ヒデマツにかわり、「イッチャイッチャイッチャラランプ」とも呼ばれ、薬罐と同じような形にトタンでつくり、薬罐の口にあたる部分に糸くずなどを入れ、中に石油を入れて火をともす道具であった。

家を出る際から、このランプをつけて行ったが、石油が中にはいっていれば、どんなに風が強く吹いても火が消えることがなく、ヨイソに使う道具としては実によかった。

このランプは自製したり、ブリキ屋に注文して製作してもらったりした。このランプも一人で一個は必要になるので、どの家にも数個はあった。

城ケ島ではヒジキ、ツノマタなどの海藻を売買するのに島内でおこなっていた。島内では三軒の家が海藻を買っていたので、それぞれ個人的なかかわりで売った。

売る際に、海藻（ヒジキ、ツノマタ）は、そのまま乾燥させるだけで加工することはなかった。ヒジキも昔から天日乾燥だけで売ったという。

買いとった家では、大阪方面や信州方面へ送っていたが、荷を送ったあと二か月ほどして支払いがおこなわれた。

したがって、三軒の家は海藻の仲買人をおこなっていたわけであり、勘定は後払いが普通だったのである。

ワカメ、カジメなどの海藻は正月になると解禁となった。石橋七三郎が子供の頃は、ハバ（ハンバとかハバノリともいう）が豊富で、海藻採取の際に、ハバの上にのると滑るから気をつけるように注意されたものだというが最近では、まったく見られなくなってしまった。その反面、以前は自家消費用として採取する程度のハバが、近年は商品価値が出はじめてきた。わずかばかり、沖の磯についているハバを見突き（舫舡）漁師が採取するだけであるという。

テングサは「ヒッカキ」と呼ばれる櫛状の道具を用いて、船上より採取する。近年はテングサの商品価値が低下したので採取する人びとが少なくなった。海藻（テングサ）は、採取しないでおくと質までが低下してしまうという。

〔話者：石橋七三郎　明治三十年七月十八日生〕

【舫舡《ぼうちょう》（覗突漁業）】　「舫舡は船上よりヤス、コゾ、カマ、サザエブシ、ヒッカキなどの漁具を使用して海中の魚貝藻類を捕採する漁業である。船上より海中をのぞくため潮のすんだ冬の時期におこなうのが一般的だが、城ケ島に於ては十月より翌年の四月までおこなわれる。

採取物はアワビ、サザエをはじめタコ、磯魚のほか、ナマコ、海藻（ワカメ、カジメ、テングサ）と多種類にのぼる。明治二十年以前は箱目鏡がなかったため素眼で海中の魚貝藻類を採取した。したがって熟練とカンが必要であった。以下、舫舡で使用する漁具のうち、海藻採取に関係するものについてのみ、個別にみていくことにする。

【カマ（カジメガマ）】　海底の海藻類、特にワカメ、カジメを船上より刈り取るために使用される。カマの刃の長さは普通で約二五センチ。鯨尺の七寸が普通と昔（明治の頃）はいわれた。八寸のものがいちばん大きい。

深い場所で使用するには大きいものが必要になる。現在はカジメを取るようなことはなく、〈カジメックイ〉とよばれるカジメについた巻貝を採取するだけ。カジメガマを使ってワカメきりをするが、あとは〈シタソウジ〉といって、テングサがよく生えるように岩礁の海藻を切る。このシタソウジは毎年一、二回は組合員全員で実施するが、それもできない時は覗突専門の者に依頼して、組合から日当をだしてシタソウジをしてもらう。カジメをさかんに採取した時代には〈ヒキガマ〉とよばれる大型のカマを使ったこともある。

【ヒッカキ】　城ケ島ではテングサを採取するために使用する櫛状の鉄具をヒッカキという。ヒッカキにも種類があり、大きく三種類に分類される。この種類は形状についてではなく櫛の歯にあたる部分の間隔のちがいだけで、四月頃、口明けの時期に使用するものは、ヒッカキの歯の間隔が大きく荒い。口明け当時はそれでもよく採取できるが、だんだんテングサがなくなるにしたがい中型、さらに歯のこまかいものが使用される。このヒッカキは、舫舸によりおこなわれるので、竹棹の先端に鉄具はとりつけられる。このヒッカキは天保九年（一八三八）に七十四歳で死去した城ケ島の石橋弥市郎が考案したと伝えられる。

【カジメガマとヒキガマ】　海藻採取のうち、特にカジメ切りに使用する。大きさは鯨尺の七寸が普通であるが、八寸のものもある。最近はカジメ切りがおこなわれなくなり、比較的小型のものが使われている。また、最近はカジメガマもカワメを刈ったり〈シタソウジ〉（海底の岩礁をきれいにする）といって岩礁のカジメ、その他の海藻を刈りとり、テングサがよく育つようにする以外に、あまり使用しなくなった。

海底にカジメが繁茂すると、テングサのつきが悪くなるため、城ケ島では毎年一、二回は組合員全員でシタソウジをおこなってきた。

カジメは戦争中（第二次世界大戦中）、火薬やヨードの原料として使われたので値段も高かった。その頃はカジメガマとは別に〈ヒキガマ〉とよばれる大型の道具を使い、カジメを深みで引いて採取する方法をとった。カジメ切りは〈カジメガマ〉を使って一日採取しても舫舸船に一、二はいがせいぜいだが、〈ヒキガマ〉とよばれる大ガマを使い、これにスカリ（網袋）を付けて船で引けば、三回ほどで船にいっぱいになってしまった。

戦争中はカジメを一年中浜にでて焼いていた。空襲がはげしくなっても、赤羽根海岸などで岩影にかくれながらカジメ焼をおこなった。また赤羽根海岸には風が強い日にカジメがよってくることも多かった。

カジメを焼くには蒸焼きにして、かたく焼かなければならない。そのため技術的な難しさがあった。飯島井之助、二代目九兵衛はそれを専業にし、赤羽根海岸に泊りこんで仕事をしていたという。両者はカジメを切り、乾燥させ、焼いて工場へ送るまで一家の家族労働としておこなっていたと聞いた。

カジメを切るのがさかんであった時期にはマグロ流し網を赤羽根海岸にはって、カジメ切りをおこなったこともある。しかし最近ではカジメの需要がなくなってしまったので、〈カジメックイ〉という小さな巻貝は採取しても切ったカジメは海に捨ててしまう。(17)」

畑の肥料・「五月から六月にかけて、アジモ刈り、カジメは流れてくるものを肥料にした。十月頃に麦を蒔く時にこれらの海藻類を肥料にした。また、海藻を積み、雑草をあいだに刈りこんで、〈ドヒ〉にした。その中に灰をまぜることもあった。(18・19)」

② 相模湾沿岸地域

・　三浦市浜諸磯

「カジメはミヅキ（ボウチョウともいう）で採取した。船は、肩幅三〜四尺の舫舸船を使用し、船上よりカジメガマ（ワカメ採取のときはワカメガマでやや小型）を使い、海中をハコメガネでのぞき、片手でカイをあやつりながら漁をする。当時二〇人、二〇艘位やっていた。

カジメは、旧暦七月一日に〈口明け〉をし、八月中旬頃まで採取する。

城ケ島の漁師との契約（三〜四年ごと）により、浜諸磯の者は城ケ島の外側の浅瀬でカジメを採取し、城ケ島のモグリは、きつねうまばのはなっとで、アワビ、イセエビ、テングサを採った。肩幅三〜四尺の和船二〇艘位できていた。

アワビ、イセエビは七月から九月いっぱい、大島のまわりで採った。テングサは、七月はとめてあり、二日間浜諸磯の者が採ってから、城ケ島の者にとらせた。

カジメガマは三崎の鍛冶屋で買い、長さ四尋位の真竹につけて使う。昭和二十五年～六年頃まで、諸磯にも鍛冶屋があり、そこで買った。

一日で、一束一五キログラムのものが一二～三束採れた。千葉、東京から仲買が二～三人来ていた。

ワカメは旧三月五日から十日の間に口明け。天候により決まる。南の浜、西根の浜、宮下の四尋位の深さの所で採取する。〈ハコメガネ〉でのぞき、〈ワカメガマ〉（カジメガマより刃が少し短い）で切って採る。ひとこも一貫目で、一日で三貫目採れれば良い方であった。ワカメは、採ったその日のうちに〈カゴ〉にならべておき、翌日はれると、一日干す。劔崎、横須賀から、仲買が来た。

テングサは五月に口明け、九月いっぱいに採る。〈ブトカキ〉（テングサをブトともいう）で採る。女も採る。夏にはもぐってとった。一人一日で一貫五百匁採れば多い方であった。

ツノマタは六月、七月に女が浅い所で採った。一人一日で、一貫目採れれば多い方であった。

ヒジキは四月から五月、男女とも採取する。二～三日採ると一度とめ、次の潮までまつ。一貫五〇〇匁で当時二円、一家族で一日、一貫五〇〇匁の袋に二〇～三〇採れた。浜に三日位干し、出荷する前に一日干してゴミをとる。[20]」

・　横須賀市長井

海藻採取の上手な人は、耕作する畑が一枚、二枚と少なくても、子どもの一人や二人は女手だけで育てることができたほど収入があった。

ヒジキ採取は「月夜出し」といって、冬の夜、月あかりのあるときは出かけた。百姓仕事の際に用いる古鎌を持ちヒジキを刈りとってザルに入れる。ザルにいっぱいになると磯の上にあけておき、上げ潮になってくると終りにして帰る。潮の引かない昼間のヒジキ刈りは腰まで海中にはいっておこなった。

ヒジキ採取といえども危険をともなうもので、隣村ではヒジキ採取の船が転覆遭難して死者がでたこともあった。(隣村といっても漆《うるし》山《やま》のことで、岡方から嫁いできた人であったという。)

ツノマタ(ウサギの耳のような海藻という)には、「口明け」があり、正月をおえ、二月頃に口明けとなる。ツノマタを採取するためには百姓仕事で使った古鎌の先端を曲げて使った。しかし、手で直接むしり取った海藻は選別の必要なしだが、鎌で刈り取ったものは磯の小石などが付いているため、後で選別をする手間がいった。ツノマタは白く晒《さら》してから売った。採取するのは昼間の引き潮のときだけであった。

ワカメは船上から「ボウチョウ」によって採取することもあれば、岡から磯をつたわって移動し、棹の先にカマをつけ、それでワカメを刈りとる方法で採取することもした。

磯からのワカメ採取では、とくに「クレバマ」と呼んだ場所は、磯の近くに水田があり、浜から海へ湧水が流入している場所で、その付近には良質のワカメが繁茂していたので、「ショイカゴ」にいっぱいも採取できた。

岡からのワカメ採取は女仕事だったので、ショイカゴいっぱい採取すると、家までやっと背負ってくるほど重かったという。船を使ってワカメ採取をする時は、一人または二人で出かけ、「ボウチョウ」(舫舡)によって採取した。メガネで海底をのぞき、棹の先端に取り付けた「ワカメガマ」を使って刈りとる。二人で出かける時は一人が櫓を押す。しかしこの採取方法は、波の静かな時でないとできない。一般に、引き潮の時は波がないが、上げ潮になると波が大きくなるため、二人してボウチョウでワカメ採取をすることは無理である。どうしても一人は櫓を押すようになるという。

テングサ採取には「口明け」がある。四月頃に始まり「口閉じ」は八月頃。テングサ採取も岡から出かける場合と船による場合がある。岡から出かける時は、スカリ（網袋）や一斗樽（醤油樽）を持って行き、樽を海中に浮かべてその中へテングサを入れた。岡から磯づたいに腰まではいって採取する時は素手であったが、船にのり、ボウチョウで採取するときは「テングサカキ」を使った。テングサカキの道具は長井の井尻の鍛冶屋に注文して製作したものを使った。また、棹は、長井の岡方の竹林を持っている家に出かけて現金で買ってきた。普通は竹棹をまとめて、ひと束ほど買い、かついで歩いて運んできた。竹は節の短いもの、こんでいるものを選んで買った。節の長いものは弱くていけないとされた。

深い場所には大きな株のものが多い。採取したテングサは磯の上にあけ、ショイカゴ（ショイビク）に入れて運搬し、家に帰る。

採取したテングサは浜で乾燥させることもあるが直接、仲買人に売った。ときには砂をまぶしたりすることもあったが、あまり砂が目立つと、その分の目方は減らされた。地元では相模屋（米穀や海藻仲買をおこなっていた）をはじめ、数軒の仲買人がいた。酒屋であったり、駄菓子屋であったりしたが、いずれも海藻を仲買し、買い入れたものを小さな川の中につけて晒した。太田、持田などの家の名前を記憶している。

アラメ、カジメの採取もおこなった。アラメは時間をかけて煮れば食用としても他の海藻にひけをとらない。カジメはヨードをとるためにボウチョウによる採取をおこなった。カジメは長浜《なはま》で刈り取った。よい現金収入源であった。

ハバ（ハバノリ）は暮れの十五日頃に採取する。潮の引いた日に出かけた。ハバが繁茂する磯は決まっており、日あたりの良好な磯に多くついている。採取したハバはムシロの上にて乾燥し、一枚二銭で売ったが、買うとなると、一束を買うには高くてたいへんだった。

アオサも採取した。自家消費用として採取し、スリバチに入れてすり、ノリと同じように乾燥させる。また、磯の上に「イソノクロノリ」と呼ばれる黒いノリがついたが、これは量が少ないので採取するのに手間がかかった。アオサが青ノリとすれば、黒ノリということになる。

そのほか、ヒジキの採取は船上で採取したものを、仲買人の船に直接、海上取引きしてしまうこともあった。自宅で加工する時は、味噌をつくる際に大豆を煮る大釜で茹であげた。

ワカメは成長して長くなると、色が悪くなってしまう。したがって、日のあたる場所のワカメは成長がはやいので「ヒトコッパいって切ってこべえ」などといって出かけた。〔話者：鈴木ヤス　明治三十四年五月二十五日生〕

【ボーチョー（ボウチョウ）・舫舸】　長井ではボーチョー（見突き）用のメガネを使うようになったのは明治十四年五月二十五日生れの嘉山清次が十五〜六歳の時からだという（したがって、明治二十八、九年頃になるので昭和五十一年から九〇年前頃ということになる）。

「最初の頃のメガネは四角で〈ハコメガネ〉と呼んだ。長井ではこのメガネを桶屋に注文して作った。口でくわえながら見るようにつくられている。ボーチョーはこのメガネを使って船上より海底をのぞき見しながら魚貝藻類を捕採する漁法である。そのために、フシ、サザエブシ、コゾ、トコブシコゾ、カマ、ブトカキなどと呼ばれる漁具が使用される。

フシでは魚類を突き、コゾはアワビをおこし、カマではワカメなどの海藻を刈る。またブトカキは海底の岩にはえたブト（天草）をかくようにして採取する。これらの漁具には、いずれも水深にあわせて長い樫材や竹材の棹がつけられている。ボーチョーは潮のすんだ秋より冬にかけてよく、夏期は潮がわるいため、あまりおこなわれない。(21)」

【マンガ（テングザ採取）】　「長井でマンガを使用するようになった時期は新しく、昭和三十年頃になってからであるという。それ以前は〈ボーチョー〉によりクシ〈ブトカキ〉を使っての天草採取であったがクシの使用では深い場所の天草を採取することができないため伊豆の白浜へマンガを買いに出かけ、それを使ったのが始まりだという。長井の浜田旦によれば、三十歳の頃、伊豆の親せきからマンガをもらいうけ、それを見て自製した。その後、長井では、マンガを使っての天草採取がさかんになったという。マンガの〈ワク〉は堅い樫材を使い、竹の歯は孟宗竹で自製した。マンガも初期のものは〈ワク〉が一つであったが、次に二段式のものがつくられ、ワクが鉄製になってからは組合が斡旋して購入できるようにした。マンガを使った天草の採取は昭和三十年以後、櫓を漕いで四～五年間つづいた。その後、しだいに機械船に変わった。

天草の口明けは四月にはじまり、八月頃に口閉となる。(22)」

・横須賀市佐島

佐島で採取する海藻の主なものは、テングサ、ワカメ、カジメであるが、そのほかにヒジキ、アラメ、ハバ、ノリ(イワノリ)、モク、モズク、ジンジグサなども採取した。

テングサは四月中旬頃に口明けとなり、九月三十日まで採取した。テングサは船の上から、「テングサカキ」を使ってとる。テングサカキには歯の数が三〇本のものと二八本のものがあり、テングサの生えぐあいで使いわけた。

テングサカキに付ける竹棹は長坂方面の農家へ行って買った。毎年、十月を過ぎると竹の性がよくなるといって、十月頃に買いに出かけた。また、浅場のテングサは素手で取ったが、こうした採取方法は女や子どもたちが主におこない、深場はテングサカキを用いて船上より採取するのが普通であった。

テングサを繁茂させるために、「モクの切り流し」といって、岩礁のモク切りをおこなった。

採取したテングサは佐島在住の海藻仲買人に売った。佐島には海藻を買い付ける家が五、六軒ほどあった。

ワカメは二月末から四月いっぱい採取した。現在は二月一日が口明けとなっている。ワカメはボウチョウ(舫艀)により船上よりワカメガマによって刈りとる。ワカメガマは佐島に二軒あった鍛冶屋に注文して製作してもらった。

佐島には芝と宿に鍛冶屋があり、「シバノカジヤ」、「シクノカジヤ」と呼んでいた。ワカメの加工はコモの上に干す

「コモボシ」で、「マルボシ」ともいった。最近は塩づけにもしている。

カジメは七月にはいり、天候をみてから口明けの日を決めた。天候が良くないと採取したカジメを天日乾燥できないからである。カジメはボウチョウにより、船上からカジメガマを使って採取する。二人乗って作業をするのが普通で、一人がカジメガマを使ってカジメを切り、他の一人は櫓を押す。カジメを刈る者を「センドウ」（船頭）、櫓を押す者を「トモロシ」と呼んだ。自家消費食用にするほか、ヨードの原料として売った。

アラメも寒い季節になると刈り取ったが、口明けを決めることはなかった。「トリモチ」の代用などに使われたという。

ヒジキは四月十日ごろが口明けとなった。四月までヒジキを刈らずにおくと成長するので、それを待って刈り取った。短いときのヒジキは何回でも刈れるが、長くなるまで待ったものは一回刈り取ると、あとはのびてこない。しかし、量としては多くなるので成長を待った方がよい。

ヒジキ採取にあたっては草刈り鎌の古いものを利用した。鎌は行商人が売りにきた。ハバは寒い時期になると岩礁につくので、ザルを持って出かけ、素手で採取した。自家消費用とするほどの量だった。湯河原（千歳川あたりの住民）では、「ハバがなければ正月ができない」といって、佐島方面までハバ採取に来ていたという。昭和五十五年頃も来ていたと聞いた。「ハバシク年をとる」という意味があるというが、詳細な意味は不明。

ノリ（イワノリ）も同じような方法で採取したが、灰を持って行って素手につけると、よくとれたという。

モクは正月明け頃になると刈った。「ネモク」ともいい、モクの種類も四種ほどあった。タラギと呼ばれるモクは成長すると海面になびいた。その他、ホンダワラ、シシツケ、アブラモクなどを刈り畑の肥料にした。麦やイモ類の肥料にするが、刈り取ったモクをそのまま畑に運び、土肥の草の中にまぜておくと草とともに腐り、肥料となった。麦作りのときは、サクの中に直接モクを敷きつめた。また、モクの上部には「モズク」がでたのでモズクも採取し、食用とした。

モズクは五月下旬から六月頃まで、梅雨時にかけて採取した。天神島の旧サドラー邸（天神島臨海自然教育園の隣り）の下から西をスカッポまたはワタッパと呼んでいたが、そのあたりの海域や、毛無《けなし》島の東根にあるナガッパラと呼ばれる場所で採取した。水深はいずれも一メートルないし二メートルで、引き潮の時、女たちは腰まで海中にはいって採取する。女たちは一斗樽（醤油樽）を海に浮かべ、素手で取って中に入れた。樽がいっぱいになると岡に持って行ってあけた。

男たちは船を使い、船上から手でつまむだけで採取した。船中には桶などを置き、その中へ入れる。多い時は四斗樽いっぱいぐらい採取できた。モズクは佐島の市場や仲買が買わなかったので個人で長井へ売りに行った。また、モズクを佐島の漁師（時に仲買人ではないが素人商人）が買い、一斗に三升の塩を入れ、塩にしたモズクを葉山方面へ売りに行った。塩がきかないとモズクは色がかわってしまい、売りものにはならなくなってしまうという。現在、モズクはすっかりなくなってしまった。モズクが採取できた頃は、季節のうちに二、三回は採取した。〔話者：福本幸吉　明治四十二年九月一九日生〕

「魚貝類とともに水揚される海藻類（ワカメ、カジメ、テングサ）などの比率も結構高く、福本忠次の場合の漁獲金額中の二五〜五〇％を占めている。磯突の漁期は周年とはいえ、海水の澄む秋から冬場には北風も吹いて海を覗くのによいので、磯突の本領であるサザエ等の貝類採取が中心となり、海水も濁り、南風で波も立ちやすい夏場は主として海藻類採取や捕魚をおこなっている。(23)」

・　逗子市小坪

小坪で採取した海藻の主要なものは、ワカメ、テングサ、カジメ、モズク、ヒジキ、モクなどであった。ワカメは三月にはいってから刈りはじめ、四月いっぱいから五月はじめ頃までおこなった。最近は二月十日に刈りはじめる。水温が上昇するまでおくとワカメがいたんでしまう。ワカメは船上よりメガネとワカメガマを使って採取する。ワカメガマ、テングサトリ、アワビトリ、モリなどは長井の鍛冶屋に注文して製作してもらった。また、横須賀の海軍工廠で鍛冶屋仕事をしたことのある人が小坪にもいたので、昭和四十年頃まで、ごく最近は、その人に注文したこともあった。

ワカメガマなどにつける棹は竹材。竹は秋から冬季の海が荒れて出漁できない日をみて、横須賀（衣笠方面）や木《き》古庭《こば》まで歩いて買いに出かけた。こうした時は一〇人ぐらいの仲間が一緒に出かけたものである。農家では、竹を一本いくらという値段をつけたので現金で買い、かついで帰ってきた。普通は十月から十一月頃に竹を切る。十月頃が良く、それより前の季節に竹を切ると水分を多く含んでいるのでよくない。乾燥をさせる前に焚火で竹を「タメル」（まっすぐにする）。

そのあと、天井に入れておくと、いろりの煙のためにいぶりかかるので、虫がとおさない（虫がついて穴をあけることがない）。

ワカメを採取しはじめた三日間（最初の日から）ぐらいは生のまま市場に出すが、その後は各家庭で加工した。加工の方法は、ワカメを湯どおしして、色が変わったときにあげ、その後、冷水（淡水）で洗ってから乾燥するとい手順をとる。また、ワカメはまとまって繁茂しているので、五本ぐらいずつまとめて刈ってから一緒にからげて引きあげる。しかし、海中で五本ものワカメを刈り、一緒に引きあげるのには熟練した技術が必要なので、こうした作業はミヅキ（見突き）専門漁師でないとできない。したがって釣り職の漁師がワカメを刈る時は、一本ずつ刈ってはあげることになる。当然のことながら採取量に差ができてしまう。

小坪の海底は東方向にむかってタナがあるが、たいていの場所はたいらである。しかも岩礁の質が葉山方面（アブズリなど）よりやわらかい。そのためか、ワカメはやわらかく貝類なども美味だといわれる。良質のワカメは夏から秋にかけて台風が二回ほどくると海底が荒れ、岩礁が掃除されるので、次の年には期待ができるが、大きな台風がこない翌年は質が悪いという。また、ワカメは五月中旬を過ぎると葉にあたる部分が枯れて（腐って）しまい、クキだけになってしまう。

テングサは四月一日から解禁。現在は四月十日頃から採取しはじめる。船上よりミヅキの方法と同じくテングサトリの鉄製の櫛を使い、メガネを用いて採取した。二〇年ほど前まで、生のままで信州方面より買いにきた業者に売った。買ったテングサは業者が砂浜に干し、白くなるまで真水をかけて乾燥させる仕事をしたが、この仕事は小坪の女衆を雇っておこなっていた。また、三浦半島内の業者としては久留和の関沢という業者が一〇年ほど買い付けていたこともあった。

カジメは朝の二時間ほど刈った。第二次世界大戦中はカジメを刈って売ったことがある。ワカメの繁茂する場所にカジメが繁茂してしまうと、ワカメに影響をおよぼすので、ミヅキの漁師が「ネソウジ」（根掃除）といって、カジメ切りをおこなった。普通、「ネソウジ」は十月から十一月にかけて実施した。「ネソウジ」には千葉県の海女（女潜り）を雇っておこなった年もあった。

カジメはカジメカゴと呼ばれる大きなカゴに入れて運んだ。

モズクは六月頃から入梅時にかけて、モクの先端についたので、それを採取した。潮が引いた時は岩礁づたいに採取することもできたが、普通は船（ベカと呼ばれる）で出かけ「モズクトリ」と呼ばれる道具で採取した。「モズクトリ」は約二〇センチほどの大きさの板に竹のクシ（櫛）を植えこんだもので、それに竹棹がついており、船上よりメガネで海底のモクを見定め、モクに付いているモズクをかきとるという簡単なものである。採取したモズクはきれいにしてから醤油樽（一斗樽）に入れ、鎌倉の八百屋（坂の下にあった）に売りに行った。

ヒジキは引き潮になると（磯が引くという）、採取に出かけた。自家消費のための採取で、商売にはしなかった。商売になるほどヒジキの採取量は多くなかった。自家消費のために大釜で煮あげ、それを蒸し、アクをとるために水にひたして加工した。

モクは飯島の地先水面の玉石のある沖に多く繁茂したので、稚魚の生息場所ともなっていた。アワモクと呼ぶ種類のモクは海面まで流れるように繁茂していた。そのほかに、ネモクと呼ばれる種類でやわらかいもの、ナガモクと呼ばれ、名前のとおり海面にまでおおいかぶさるモクなどあった。

ネモクはホンダワラとも呼ばれた。この種類のモクは肥料として採取され、とくに鎌倉の腰越の人たちがほしがったので、腰越の人たちに小坪地先のモクの採取を認め、小坪の人たちは腰越の地先で見突き漁をおこなうという相互の約束を組合でおこなっていた。腰越の人たちはモクを棒でからげて採取していた。

そのほか、オビラメという海藻採取をおこなって自家消費用とした。オビラメはカジメに近い種類であると聞いた。しかし、カジメは茎が二本になっていて、比較的浅海にあるが、オビラメは茎が一本で長く、手のひらを広げたような形状で、しかも比較的深い場所にあるという。加工方法としては煮たあとで蒸し、あくを出してから天日乾燥をして保存し、食用とするには野菜と一緒に煮たという。

小坪では海藻採取をおこなう場合、ほとんどの漁師がベカと呼ばれる船（ミヅキデンマともいう）を使う。このミヅキデンマに似た「マルキ」と呼ばれる船が以前にはあった(24)。

ミヅキに使用されるメガネは鎌倉材木座の桶屋に注文して製作してもらった。メガネがなかった明治初年までは、船に三人が乗り、オモテの一人が櫂を使い、真中にセンドウが乗って作業をおこない、トモにはトモオシ一人が乗って櫂を使うという操業方法で、つねに海の後方から風をうけるように操船したという。そして、コメヌカ（米糠）を海面にまいたり、魚の油を海面にたらして海面下を見定めたものだと聞いた。

その後、ミヅキ漁もセンドウとトモオシの二人でおこなうようになった。

作業をする際、二人の作業の呼吸があわないと思いどおりの操業ができない。ときどき海藻採取以外の魚突きなどの際、魚を逃がしてしまったりすると喧嘩さわぎになるほどであったという。深場の海藻採取には棹をつなぎ、「サシコミ」といって棹をたして使った。カジメガマ、ワカメガマ（ワカメトリ）などの鉄製の道具は砥石でといで手入れをして保存し、使用した。〔話者：草柳金太郎・大正十二年十月三日生〕

「見突漁をする人は、秋になると一年中使う竹を三〇本ぐらい用意しなければならない。どうしても割れたりするので、二〇～三〇本は用意しておく必要がある。竹はニガダケとか、メダケといわれるもので、真竹である。切る時期があって、〈九月のやみ竹〉といい、九月頃の暗夜の竹がよいと信じられている。昔は自分で山へ行き、一本一本選んで買ってきた。買ってきた竹は枝をはらい曲りをためさなければならない。たき火であぶり真直にしては水をかけてひやす。竹のくるいがうまく直せれば見突きも一人前といわれた。魚をつくには、これにヒシをつける。前述のように古くは元木に鉄製のくぎのようなものを三本さしたのであるが、元木はかしの木がよいといわれた。かしの木は重いので水に沈みやすく、使いやすかった。

ワカメをとるには、これにカマをつけた。これも古くは丁字型の棒を竹の先につけ、ワカメをからめてねじりとったのであるが、これがかまになった。昔はワカメはあまりやらなかった。十二月に風がふかなければ、あまり伸びない。昔の採取期は二月末から三月であったが、今は三月二十五日頃解禁で、四月頃までワカメとりをする。ワカメの伸びの悪い時には一時トメルといって、採取を禁止することがある。小坪のワカメは海底の岩がやわらかくおいしかった。西は稲村ケ崎から東は鐙摺《あぶずり》まで岩場でよかった。見突きで採取してきて、湯がいてさっと青くなったところであげて乾す。生のままの方がおいしかったが、おけないので乾した。特にツユ時にはかびが生えて夏までおけなかった。漁業権のある家ではどこでもワカメとりはしたが、船で専門にする人は三〇戸ほどで、すべて個人取引であった。(25)」

「年二回、ネソウジといって、ネに生えたアラメを刈りとる。アラメは乾して燃料にもなるので、風呂屋でたきものに使った。そのまま畑に入れて肥料にもしたことはいうまでもない。カマで刈りとったあとに、ワカメが繁植する。(26)」

・　藤沢市江の島

【海藻と口明け】「海藻の口明けは、物によって異なるが、組合が潮時をみて決める。冬から春にかけてとれるものが多く、寒いのに足半《あしなか》を履き、競ってとりにゆく。そして海藻は漁師の家の人しか取ることができない。他の島の人は漁師から買う。この場合、どこか一軒の家にたのんでおき買う。

ハンバは十二月から二月にかけてとれる。これは岩についているので、手でむしりとる。

ノリの口明けは一月なかばで、潮時によって明けるが、大潮の干潮時が一番良い。ノリには色々種類があるが、いずれも足半を履き、ブリキでできているノリカキという道具でひっかけてとる。とったものを長方形の型に入れ、日に干すのは女の人の仕事である。ノリの種類としては次のようなものがある。(イ)岩ノリ・黒色で、岩についている。(ロ)青ノリ・苦味がある。(ハ)ハバノリ・茶色で小さいワカメぐらいの大きさだが、ノリの中では一番大きい。(ニ)ボンボロケ・長く、ナノリ、ハラともいう。これらのノリは、いずれも、とってからはこまかくたたいてよなげる（ごみや岩などをはき出す）。それを箱型のカタにはめてノリの製品の形にし、一〜二日くらいかわかして製品とする。

ワカメは三月頃、潮時をみて口明けをする。東浦の山二つの辺に集まり、組合の旗が降りると、みんないっせいに切りはじめる。しかし、ワカメは値が良いし、量も年々少なくなるので、みんな約束の時間よりも早くでかけてゆき、こっそり切ってしまったこともあった。このワカメは、カマで切り、ほとんど島の人に買われてゆく。江の島、腰越のワカメは柔らかく、いくら煮ていても、どろどろしてこない。またワカメをとるとすぐ、浜に作った大きなカマでサット茹で、干してしまう。干しておけば一年でも二年でも持つ。

ヒジキもやはり三月頃、潮時と、ヒジキの成長の様子で口明けする。ヒジキは足半を履き、手または包丁でとる。しかしヒジキはワカメほど値も良くないし、加工がめんどうなので、この頃はあまりとらない。加工は普通ゆでて干すが、かさかさになるまで何度もひろげては干す。

トコロテングサは四月頃口明けされる。とれたものは、真水でゆすぎ、砂の上にひろげて白くなるまで毎日洗っては干し洗っては干す。ほしあがったものは、ゆでてふくろに入れ、しぼる。しぼって出たつゆがかたまってトコロテンとなる。

アラメは四月～五月頃とれるコブに似た海藻で、とれたものはひろげて保存する。これらのほか、カジメ、チャセンボーがあり、チャセンボーは、その枝にノリがつき、つくだにするとおいしい。これは四～五年前までは、宿に持ってゆくと二升樽一杯百円ぐらいで売れた。特に戦争中はたべるものがないので、このチャセンボーやカジメを御飯に混ぜて食べたという。(27)」

・　中郡大磯町

大磯ではワカメ、ヒジキ、ハバ、オビラメなどの海藻採取をおこなったほか、カジメ、テングサなども少量ながら採取した。

ワカメ採取の権利は青年団がもっていて、ワカメを採取した売却代金をもって祭礼の費用にあてた。青年団は数え年の十五歳になると加入し、三十八歳まで加入していた。大磯には、南下町青年団、北下町青年団があり、両方の青年団とも一三〇人から一五〇人ぐらいの人員がおり、祭礼の際には両青年団が祭り船を一艘ずつだしたので、その費

「ハコブネ」全長２m80cm

「シモク」の先端部分（樫材）

「シモク」全体（樫棹つき）

写真11　大磯の「ハコブネ」「シモク」

用などにあてた。ワカメには解禁日が決められていた。

ヒジキ、ハバ、オビラメなどの海藻には解禁日はなく、個人で勝手に採取することができた。オビラメはワカメより茎が太いがやわらかで、正月などに黒豆と一緒に煮て食べた。ワカメ、オビラメは「シモク」と呼ばれる道具を使って採取した。シモクは樫材の角棒に細い枝を十文字方向にとりつけたもので四角い棒は長さ一メートル一〇センチほどあり、十文字状につける枝の部分は一辺が一七センチほど。二〇センチ間隔に四段つけてある。実際に使用する時は、この棒に四、五メートルの樫の棒をつなげ、ハコブネ（ハコチャンともいう）と呼ばれる船で一、二名で出かけ、メガネで海底をのぞき、シモクをつかって、ワカメなどをからげるようにして採取する。

関東大震災（大正十二年）以後、大磯の照ケ崎近くの岩礁が隆起してしまったので、テングサなどの海藻採取ができなくなってしまったが、それ以前は、テングサ、ヒジキなどを女たちが採取し、テングサは加工をしないで、平塚まで売りに行っていた。（話者：真間磯八　大正四年八月二十日生）

【ワカメ取り】　「モクワカレと云い、口明は毎年高来寺町で行う千手観音の御祭と供養の日である。四月十八日に解禁になる。

それまでは、一般の者の取る事を禁じ、ワカメを取って持って行く処をみつかると、全部取りあげられてしまう。その頃のワカメはやわらかく、非常に美味で、幼い頃、良く取り上げられて頭をこずかれたものです。

ワカメを取んにゃあ、船の上からノゾキ眼鏡（タルの様に造った底にガラスをはめこみ、竹タガで締めた道具）でもってのぞきながら、長げえ約二間ばけーのカシの棒の先に、三段ぐれい十文字を取り付け、ワカメの根に巻き付け廻しながら切り取る。なれないとなかなかとれないものだ。(28)」

・　足柄下郡真鶴町

真鶴ではテングサの採取をおこなっていた。テングサは裸潜水によって採取していた。二つメガネをつけ、男たちが潜って、素手でテングサをむしってくる。大正以後は女たちも加わった。採取したテングサは浜に干しっぱなしにしておくと雨にぬれて白くなった。テングサ採取は地元の「原忠」という業者が中心になっておこなっていたので、すべて「原忠」が買いうけていた。

また、江の浦では志州（三重県の志摩半島）から出稼ぎに来た海女が裸潜水によってテングサの採取をおこなっていたという。〔話者：高橋佐一郎　明治四十二年十月十八日生〕

【モク取り（磯海苔採取）】　「モク取り、磯海苔および海藻類の採取を冬期におこなった。昭和四十年頃までは磯海苔の採取を婦女子や老人がおこなっていた。(29)」

(2)　海藻採取の系譜

江戸期における海藻採取は、食用としての自家消費および近郷で消費するものが多かったことと、畑の肥料として用いられるものが多かったことである。また、海藻採取は漁撈の一部分として位置づけられるほかに、松輪村の藤平

家史料中に、

一、農業之暇漁業仕　女ハ織機賃苧磯稼等仕候(30)

とみえるように、女が暇をみては磯に出て海藻採取などをおこなっていたことがうかがわれる。

ところが、他方、三浦市二町谷の旧石渡トヨ家史料（神奈川大学日本常民文化研究所所蔵）によれば、享和二年二月の「一札之事」に、二町谷村の布草荷物を江戸日本橋の四日市町にある越後屋、海野屋、住吉屋などへ送っていたことが記されていること、また、嘉永三年六月、相州三浦郡秋谷村の「浦証文之事(31)」にみえるように、伊豆国の新嶋から六人乗りの船が、鯖干魚千百俵、同節五拾俵、鰹節壱樽ト弐拾俵、天草弐拾八本、婦のり七俵、椿油壱斗樽壱ツ小樽壱ツなどの積み荷をして江戸へ向かったが、途中で強風のため秋谷村の地先海岸に漂着したとあり、中に「天草、婦のり」などの積み荷がみえることからすれば、その荷が新嶋産のものでなく、他の伊豆諸島や伊豆半島産のものであったとしても、江戸へ運ばれることにはちがいない。

このようなことからみて、当然のことながら、江戸内湾はもとより、三浦半島沿岸をはじめ、相州沿岸の浦々において採取された海藻は江戸城下町の需要に対応して、商品になっていたとみることができる。そして、江戸日本橋の四日市町が『江戸名所図絵』に記されていることなどは、各地から集められた海産物などの商品取引きで繁栄していたことを裏づけていると見ることができよう。

また、江戸時代の三浦半島では田畑の肥料不足がめだち、海付きの村々では藻草を刈って畑の肥料にしていたことが八幡久里浜村や三戸村、菊名村などの村明細帳(32)の記載から知ることができる。

なかでも、菊名村の「村差出明細帳」（文政四月十一月）には、肥料として藻のほかに芝草、灰、馬屋肥、下肥を使っているが、下肥は三崎町から燃料としての松葉と取り替えているし、灰は安房、上総より大根と取り替えて肥料不足を補っているとみえる。こうしたことからみて、農業生産の拡大にともない、肥料調達はたいへんなことであったことがうかがえるし、それ故に、肥料としての海藻採取が暮らしの中で重要な割合を占めていたことを察することができる。

さらに、明治期にはいると、海藻採取は江戸期と異なった意味で重要かつ深刻な問題を生むことになった。その一つは、近代産業資本と結びついた海藻採取で、とくにカジメ採取が問題を生むことになる。

すなわち、明治三十年頃になると、カジメはヨード（沃度）原料として換金できる重要な収入源に変わった。その結果、漁民はもとより、海付きの村の人びとは競ってカジメを刈り取り、海藻を海岸で天日乾燥した。その結果、カジメを刈り取るカマにも工夫がほどこされ、大型のカジメガマなどが考案、使用されるに至った。

三浦半島では、当時、葉山在住の鈴木三郎助が設立した葉山沃度製造会社（のちに味の素株式会社）と関係をもち、日露戦争の勃発と同時に軍需薬品としての沃度カリ、沃度チンキなどの需要が高まり、事業は家内工業的な沃度の製造から、しだいに近代的な化学工業に発展するに至った。そして、このヨードの原料となるカジメを供給する役割を果たした人びとが、とりもなおさず三浦半島沿岸をはじめとする浦々で海藻採取をおこなってきた漁民をはじめとする人たちだったのである。

ところが、それまでは自家消費用として採取されるほどであったカジメの商品価値が高まるにつれ、急激な需要を満たそうとする漁民のあいだにも数々の問題が起こった。

このいきさつについては辻井善弥の『ある農漁民の歴史と生活』(33)に詳しいので高著にゆずるが、鎌倉では長谷村と坂の下村が対立し、東京湾側では久比里村と鴨居村、久里浜村がカジメをめぐっての争いを起こしている。また、城ケ島では島内において東と西での対立を生むことになったりもした。

たとえば、明治三十年七月七日の「漁業採藻権確認請求の訴状」(34)（久比里・臼井家所蔵史料）によれば、浦賀町川間の原告一〇九名が申し立てをおこなっており、その内容は、被告ハ原告ガ神奈川県三浦郡浦賀町大字川間地先小僧ケ越ヨリ検校崎ニ至ル海面ニ於テ漁業採藻ノ専権ヲ有スルコトヲ確認スヘク且本件訴訟費用ヲ負担スベキ旨ノ御判決相成度候

とみえる。「請求ノ原因」は、

原告等ハ祖先ヨリ累世漁業採藻ニ依リ生計ヲ営ミ漁獲ハ以テ之レヲ鬻《ヒサ》ギ採藻ハ以テ之レヲ農耕ノ肥料ト為シ神奈川県下三浦郡浦賀町大字川間地先ナル海面殊ニ字平根ト称スル場所ヲ以テ右漁業採藻ノ根拠地ト為シ来リタルガ被告等ニ於テハ其区民ノ多数ナルヲ恃《タノ》ミ不当ニモ其住地ナル同県同郡同町大字久比里近辺ノ漁区ヲ越ヘテ原告等ノ住地ナル川間地先ニ来リ一方ニ在テハ窃カニ潜水器ヲ使用シ漁獲採藻殊ニ鮑ヲ捕ヘ他方ニ在テハ原告等ノ漁獲採藻ヲ妨ゲ常ニ事ヲ腕力ニ訴ヘ特ニ近来ニ至テ甚シク現ニ此頃ニ於テ原告等ノ住地大字川間波打際ヨリ凡十四町四十四間程辰ノ方位ニ於ケル所及ヒ凡二十間ヲ隔テ巳ノ方向ナル所ニ於テ被告等ヘ暴力ヲ用幷原告等ノ漁業採藻ヲ為スヲ妨害シ以テ彼等ノ慣手段タル漁権侵奪ノ貪欲ヲ逞フセントシテヨリ以来紛争遂ニ解ケス

然ルニ地形ニ由テ之ヲ見ルモ明カナルガ如ク原告等ノ住地ナル川間ハ殆ンド海ヲ以テ圍繞セラレ漁業採藻者ノ住地ニ適シ亦他業ノ資ケヲ受クルコト難シ然ルニ被告等ノ住地即チ久比里ハ川附ナルモ海面ニ接近セズシテ毫末ノ疑モナク現時紛争ノ場所ハ原告漁民ノ漁区ニ属セルモノナルニヨリ仮令被告等ガ此所ニ於テ漁業採藻ヲ為サントスルモ明治廿五年神奈川県令第五十五号漁業取締規則殊ニ其第五条ノ明文アルヲ以テ原告等ノ承諾ナクンバ之レヲ為シ能ハザルトコロナリ故ニ右争場ニ於テ原告等カ漁業採藻権ヲ専有スルコトヲ被告等ニ於テ認メザルハ到底不法タルヲ免レズ依テ前顕一定ノ申立ノ如ク御判決相成度茲ニ出訴ニ及ヒ候也

とある。この訴状は横浜地方裁判所へ提出されたもので、内容から、浦賀町大字川間と久比里とが海藻などの採取権で争っていたことがわかる。

このような事例はこの地域に限ったことではなく、前例からも、東京内湾、三浦半島沿岸、相模湾沿岸などでみられた。その原因の一つは、それまで肥料などにしかならなかったカジメに工業原料としての価値がではじめたことが影響していたわけである。

また、カジメは太平洋戦争の勃発とともに火薬の原料としても注目されるようになり、第二次世界大戦中はカジメを採取して海岸で焼き、ヨード原料として出荷されていたことも付記しておきたい。戦時中、城ケ島の裏海岸でカジメを焼いていた煙を目当てに艦載機の機銃掃射があったと聞いた。

カジメの需要が増加するにしたがって、各地で起きた「カジメの騒動」も時代の流れの中で紛争も消えてしまったのである。

3　海藻採取にかかわる民俗

昭和四十年に文化庁より刊行された『民俗資料調査収集の手びき』の中に「都道府県別調査収集目標例」が記載されている。この目標例は、各地方における調査収集事業の推進に資するため、都道府県別に保護を要すべき有形、無形の民俗資料を具体的に掲げたもので、記載されている資料は各都道府県教育委員会から提出された資料と事務局における原案とを取捨選択した結果をもとに作成したものである。

このうち、神奈川県の項目中に「東京湾内湾のもく取り等漁撈習俗と用具」が掲げられており、神奈川県における「もく取り」はかなり以前よりその民俗的な重要性を指摘されながらも、系統的な調査、研究がなされないままに今日に至ったきらいがある。採藻にかんしては「海苔」についてだけが、まとまった調査報告として川崎市教育委員会より刊行[35]されているのと、岡村金太郎による著作（『浅草海苔』博文館、一九〇九年）があるにとどまる。

本山桂川が昭和十八年に刊行した『日本民俗図誌』の「漁撈編」に東京湾漁業の五〇種の記載があり、採藻に関係のあるものとして（四八）マングワ（モギリダケ）、（四九）藻刈鎌（河川の藻刈法）、（五〇）道具三種がある。

このうち「藻刈り」（マングワ藻刈り）についてみると、

二寸角位の木を一尺五寸位に切り、長さ二寸位の竹針を七～八本挿し、八～九尺位なる竹或は木の柄をつけたマングワを用ひて藻を搔き切り船中に引き揚げる。これは十月から翌年三月頃まで行われる(36)

とある。マングワは「万牙」の文字をあてているように、多くの歯（牙）をもっているという意味と、農作業の際、水田の土を搔きくだくために馬にひかせる「馬鍬」（マンガ・マングワ）と同じ形態である点に共通するところからつけられた名称であろう。

また、モギリダケについて、

藻切り竹を使用するもので、藻切り竹は長さ七～八尺位の枯竹を二本合せ中央を縄で結んだものである。四～五月および九月頃、船に乗り、この藻切りの竹を藻中に挿し通し、藻を捻り切って船中に引き揚げる。海川いずれにおいても行われる。(37)」

とみえる。このモギリダケによる採藻方法は三浦市南下浦町金田（小浜）の採藻法に共通していることがわかり、以前は各地でこのような方法により採藻がおこなわれていたのであろうことがわかる。

藻草の採取について、明治八年に浦賀役場が刊行した「水産調書」によれば、浦賀周辺の漁業などの記載があり、「四月～五月のうち、一回伐採を定めとし自用肥に供し、売買を禁じた」とみえ、他方、明治四十五年発行の『浦賀町郷土誌(38)』によれば、

鴨居漁船二三〇・漁夫三五〇、走水漁船二一七・漁夫五七六

とみえるほか、

久比里は重に望潮漁にしてまゝ鹿尾茶《ひじき》を採獲す。以上産物の販路としては従来は浦賀、横須賀其他附近の村里な

りしが、近時汽船便によりて多く東京に出荷するに至れり。従って売価の上騰を促したれば前途全く望みなきにあらず。已に漁業組合を設けて之が統一奨励をなすが故に将来漸次面目を新にするに至るべきか。

とみえる。このような記載からしても海藻採取は商品としておこなわれることのほかに、自家消費のみに用いることだけを目的としておこなわれるなど、二側面があったことがわかる。

それでは、自家消費用としての海藻採取がどのようにおこなわれてきたのか、以下、その民俗学的な側面に視点をあてて事例をみることにしたい。

ホンダワラは、地方により「ナノリソ」などの古名でよばれるほか、相州では「コイモク」(肥モク)とも呼ばれ、方言(地方名)が多い。たとえば、陸前では「バッモウ」、陸中では「タワラモク」「ゲイナ」、越後では、「ジンバソウ」と呼ばれる。

横須賀市の走水では、『東京内湾漁撈習俗調査報告書』(39)によると、モクには二種類あり、(一)長くなって海面に潮の流れでなびくもので、手ざわりのツルツルするものをアブラモク(ツルモク)、(二)短くて、ズングリしており、手ざわりのこわいものをコアンゾモク(ニラモ)と呼んでいた。(一)のアブラモクがホンダワラ、(二)のコアンゾモクがオオバモクとかノコギリモクと一般に呼ばれるものであるという。

横須賀市の鴨居のモク取りは、小原や中台の百姓が専門であったので、そこの集落で取ったあとに船のもの(漁師の中で一反ぐらいの畑を所有している者)が切ることができた。モクは畑の肥料にする。船がない百姓の家では親戚の漁船を借りたりした。

普通、四月頃からモクを切りはじめ、四月いっぱいに終わった。モクを切る日はみんながモクを必要とするので解禁日を決めてある。この日を「モクの総ダテ」といった。また、「五月モク」を切るものではないと伝えられてきた。

モクを採取するための用具として「モクザオ」を用いた。棹は青竹で、三間ほどのものを二本使う。竹のウラ(細い方が海底にはいるようにして）を使い、モトを手で持ってまきつける。二本の棹は中ほどをゆるく紐で結んでおく。

鎌で切るより棹でまきつけて採取した方がはやい。水面一尺ぐらいのところでまきつけると、一回で「ショイビク」（背負籠）にいっぱいになるぐらい採取できる。これを鎌でとると、モクを刈ったあとでモクが流れてしまうため採取用具としては棹の方がすぐれていた。

モクザオは、小原の百姓の家にあったが、漁師の家にはないので小原へ買いに出かけた。小原の百姓はもちろん自家のものを使った。モクザオは毎年、新しいものを買った。モクザオは、いくらか「ナマ」（生）でないと、ねばりがないので折れやすい。古いものを使うとすぐに折れてしまった。

モクを採取するためには「カモイデンマ」（鴨居天馬）と呼ばれる無動力船を使った。肩幅は約四尺四寸。普通は二挺櫓または三挺櫓を用いて使用することが多い船だが、モク取りの時は「トモロ」だけ一挺櫓を用いた。船にモクを積むため、モク切りの時は船板をすべてはずして出かけた。

モクの採取にあたっては、船に錨をうっておく。イカリには二種類あり、鍛冶屋で製作してもらった鉄製のイカリと自製した木製のもので、石のオモリを付けた「キゴイカリ」のいずれかを用いた。

鴨居の三軒屋には、モクを切って使用する家が七、八軒あった。それらの家が集まり、浜にモクを乾燥させる場所を決めるために「クジ」をひいた。毎年、クジビキで乾燥する場所が変わるが、浜が狭いので、船に二はい分ほどしか干すことができなかった。したがって、それ以上を採取した家では、他の場所を探して乾燥しなければならなかったという。

乾燥させてからのモクの処理は、天日で干したあと、バラバラにほぐしてから、「カマス」に入れて保存しておき、麦を蒔く時に使った。

また、雨の降る十月頃、畑の近くで雨にぬらし、燃し火の灰や豆がらなどにまぜて腐らせてから肥料として用いた。

水田耕作をおこなっている家では、田植え前、水のはいっている水田へ乾燥したモクを広げるようにして撒いた。肥料はチッソに人糞、リンサンに魚骨など、カリに海藻（モク）がきくといわれ、しだいに普及しはじめた化学肥料よりも、豊作が望めるし、味のよいものができるといわれた〔話者：石井石次郎　明治三十九年一月二十三日生〕。

他方、モクの採取は稚魚をはじめ、魚類の生息場所をうばうことになり、漁業資源の保護という立場からすれば問題がある。

アブラモクには稚魚の餌となる動物プランクトンなどがつくので餌をもとめて稚魚が集まる。クジメ（魚類）はアブラモクについて生息している。したがってクジメのことを鴨居では「アブラッコ」とも呼んでいる。この呼び名はアブラモクについているという意味で、土地の言葉では「スムカイ」しているという。すなわち、アブラモクのある場所について生息しているということである。

このアブラモクの中に生息しているクジメ（アブラッコ）を漁獲するためには、モクが繁茂しているあいだに漁網を張り立てなければならない。このクジメを漁獲する網を「ズコ網」という。ズコ網は丈（高さ）が二五センチの小型の網で、五〇反から一〇〇反を必要とした。

また、三浦半島沿岸における村々の近世史料中に、「藻草船」「藻刈草」の記載が多いこともみのがすことができない。佐島の福本家所蔵史料「相模国三浦郡秋谷村寄場組合村々明細帳」によれば、「芦名村　船数合弐拾三艘　小漁船拾六艘、藻草船七艘」、「佐島村　船数六拾七艘　漁船五拾四艘　藻草船拾三艘」、「長井村　船数百九拾一艘　押送船六艘　大天当船廿九艘　小天当船百二拾艘　藻草船三拾六艘・職人　船大工三人　明治二巳年九月」、「赤羽根村　天馬藻草船二艘」、「下宮田村　藻草船八艘」、「三戸村　藻草船小漁船五拾艘　本船三艘　押送船壱艘」、「小網代村　小漁船拾艘」、「二町谷村　文久三年　押送船四艘　天当船拾八艘　藻草船廿五艘」、「城村　漁船大小拾艘　押送船五艘　右附小船九艘　明治二巳年九月」、「向ケ崎村　押送船壱艘　小漁船□艘　小買船□六艘　渡し船三艘　船大工二

軒　文久三年」、「毘沙門村　天当船三拾艘」、「松輪村　船数八拾五艘　押送船五艘　漁船八拾艘」、「金田村　船数八拾艘　押送船五艘　地引網三艘　漁船拾艘　渡し船壱艘　藻草船六拾一艘」、「菊名村　船数二拾六艘　押送船六艘　漁船二拾艘」、「上宮田村　船数四拾九艘　押送船四艘　地引船六艘　小漁拾二艘　藻草船二拾七艘」、「津久井村　船数三拾四艘　押送船二艘　小漁船三拾艘　地引船二艘」などとみえる。

上記のうち、藻草船の名がみえない松輪村の漁船八拾艘の内訳について、別の史料により、具体的に調べてみれば、嘉永六年十一月「諸事書上控　松輪村」（藤平家所蔵史料）中に、「海老網　縄船　蚫　押送船当時立船弐艘　小漁船八拾艘内縄船海老船三拾艘　漁船縄はへ船二拾艘　えび網船拾艘　小漁船藻刈船五拾艘」とみえる。したがって、松輪村においても漁船八拾艘中に多くの藻刈船があったことがわかる。

しかし、「藻草船」「藻刈船」という名で呼ばれた小船も、一般には海藻採取を主としたのであろうが、海藻採取を年間とおしておこなうわけではなく、とくに冬期より初夏に至るあいだが主であろうから、これも小型漁船につけられた名称で、現在使用されている海苔採取用の「ベカ船」と同じようなことがいえるのではないだろうか[40]。

海藻採取にかかわる民具についてみれば、横須賀市人文博物館で保管している国指定重要有形民俗文化財（三浦半島漁撈用具二六〇三点〈九二二件〉）[41]のコレクション中、ブトカキ、ワカメキリ、カジメガマ、スカリ、メガネ、ノゾキメガネ、メガネ、ハコメガネ、トウシ、ワカメトリ、同七八六番から七九〇番までのカジメガマ、同七九一番のカジメキリのカマ、同七九二番のモクキリガマ、カギ、マンガなどが主なものである。詳細については『人文科学研究報告書』[42]を参照されたい。

また、クジメを漁獲するための「ズコ網」もあわせて参照されたい。

まとめ

以上、相州における海藻採取（採藻漁）と、それにかかわる若干の習俗についてみてきた。その結果、海藻を採取することは保存食品としての商品価値が高く、また、太平洋戦争中にはアラメを採取して煮だした汁を醤油の代用品として利用（石渡友吉）したり、普段は食用としなくても荒凶時の食料として、一度天日乾燥をしたものを大釜で茹であげ、再び天日乾燥することにより、加工の仕方によっては食用となるなど、今日まで幅広く利用されてきたことがわかった。

また、明治以後は工業用の原料としての新しい価値も見出されるなどの点についてもふれた。しかし、明治以前の化学肥料の普及するまでは、海藻は食料以外に、地元農業の自給肥料として重要な役割を演じてきたことである。

さらに、鴨居のモク取りに関しての事例にみられるように、モクの採取は漁師（漁民）よりも百姓（農民）である中台や小原の地区の者に優先的採取権があったということは鴨居の村落成立にかかわる点との関連で注目すべきところである。すなわち、鴨居村は脇方、北方、宮原、東、腰越、三軒屋の「浜方」と呼ばれる集落と、海からはなれた中台、小原の「岡方」と呼ばれる農業集落から構成されていた。

したがって岡方の二集落にモクを採取する権利が残存してきたことは、鴨居村の村落形成における順序として、まず、中台や小原の農業を中心とした地区に集落が形成され、やがて、海岸周辺部に、第二期的な順序で集落形成がなされてきたとみることができる。

仮説としては、鴨居村の浜方集落が形成、成立する以前に、中台、小原に農業を主とする家々があり、はじめはそれら農業者が自家消費用の肥料を確保するために村の地先海面の利用をおこなっていたとみられる。

そして、その後の近世初頭頃より、他地域からの移住者により浜辺近くに集落が形成されはじめるとともに、江戸城下町をはじめとする水産物の需要拡大にともなって水産物の供給人口も増加し、海付きの村は「漁村化」の方向に発展した。

この時期において、中台、小原などの岡方においても分家がさかんになり、漁業者として浜方集落を形成するという、いわゆる「浜おり」がおこなわれたとみられる。

このような史的背景にあって、魚介類の漁業権は浜方の漁業専業者に移行したが、伝統的におこなわれてきた岡方農業者のモクの採取権はそのままの権利として継続されてきた結果が事例にみられるかたちで残されたとみることができるのである。

上述の、海付きの村が近世初頭より、しだいに漁村化されていく過程や、先発漁村が権利として利用してきた漁場の専有権を、後発漁村がしだいに手中にとり込んでいく過程については、別稿で述べたところである。[43]

採藻漁にかんしては、また別の面から、横須賀市走水の「伊勢町」のように、関西方面より移住した漁民が母体となった地区においては、漁業権はもとより、採藻に関する権利の制限も当然あったわけであり、あわせて馬堀、走水、鴨居でおこなわれていた「クジメ漁」はモク取りと相反する漁であることなど、今後、注目していくべき点も残されている。

これらの採藻漁に関しては、明治十五年に柳原秀澄の編んだ『東京捕魚採藻図録』（文部省史料館）や明治二十三年に東京府農商課が編纂した『東京府管内水産図説』、さらには、明治四十一年、千葉県君津郡真舟桜井の泉水《せんすい》宗助が農商務省の認可を得て発行した『東京湾漁場図』などをあわせ、東京湾内（江戸内湾）をはじめとする拡大視点での考察が今後はなされなければならないといえよう。

註

（1）竜崎戒珠『新編三浦往来』天保十五年（一八四四）、横須賀市人文博物館所蔵。
（2）神奈川県教育委員会『相模湾漁撈習俗調査報告書』九五頁、一九七〇年。
（3）註（2）に同じ、九五頁。
（4）職員懇話会『浦賀案内記』信濃屋書店、三浦郡浦賀町、一九一五年。
（5）桜田勝徳「東京湾の海藻をめぐって」『日本水産史』日本常民文化研究所編、角川書店、一九五七年。
（6）神奈川県教育委員会『東京内湾漁撈習俗調査報告書』四二頁、神奈川県教育委員会、一九六七年。
（7）田辺悟「内湾漁撈の伝統(2)」『横須賀市博物館報』二七、二四頁、横須賀市博物館、一九八一年。
（8）註（6）に同じ、二六頁。
（9）田辺悟「内湾漁撈の伝統(3)」『横須賀市博物館報』二八、一五頁、横須賀市博物館、一九八二年。
（10）註（8）に同じ、一五～一六頁。
（11）田辺悟・田中勉「内湾漁撈の伝統」『横須賀市博物館報』二五、三三頁、横須賀市博物館、一九七九年。
（12）註（6）に同じ、七四～七五頁。
（13）註（10）に同じ、三六頁。
（14）田辺悟「三浦半島の漁撈関係用具〔Ⅳ〕」五六頁（整理番号七八四）・六〇頁（整理番号七九三）を参照。『横須賀市博物館研究報告』〔人文科学23〕、横須賀市博物館、一九七九年。
（15）註（6）に同じ、二二一～二二二頁。
（16）註（6）に同じ、二三三～二三四頁。
（17）田辺悟『城ケ島漁撈習俗調査報告書』四七・四九・五〇・六五頁、三浦市教育委員会、一九七一年。
（18）註（17）に同じ、八七頁。
（19）田辺悟・他「海辺の暮らし　城ケ島民俗誌」『三浦市民俗シリーズ』（Ⅱ）、三浦市教育委員会、一九八六年。
（20）田辺悟・他「海辺の暮らし　浜諸磯民俗誌」『三浦市民俗シリーズ』（Ⅰ）、四一～四三頁、三浦市教育委員会。一九八五年。
（21）田辺悟「長井の漁撈習俗」『横須賀市博物館研究報告』〔人文科学一九〕、二九～三〇頁、横須賀市長井特集号、横須賀市博物館、一九七六年。

(22)　註(21)に同じ。
(23)　神奈川県教育委員会『相模湾漁撈習俗調査報告書』一七一頁、神奈川県教育委員会一九七〇年。
(24)　田辺悟「漁船の総合的研究(後)—三浦半島における民俗資料としての漁船を中心に—」『横須賀市博物館研究報告』〔人文科学一八〕、二一頁、横須賀市博物館。一九七五年。
(25)　逗子市教育委員会「民俗」『逗子市文化財調査報告書』一〇、一一〇—一一一頁、逗子市教育委員会、一九八一年。
(26)　註(25)に同じ、一二三頁。
(27)　間宮美智子「江の島民俗調査報告書」『民俗文化』(六)、五九—六〇頁、藤沢市教育文化研究所、一九七〇年。
(28)　福田八郎「相模湾民俗史　漁民生活(一)」福田八郎(謄写印刷)、一九八六年。
(29)　註(23)に同じ、三一七頁。
(30)　三浦市松輪　藤平二郎家文書、文久三年亥年十一月「明細書上帳」。
(31)　横須賀史学研究会編『相州三浦郡秋谷村(若命家)文書』下巻、一三三頁、横須賀史学研究会、一九七九年。
(32)　三浦市三戸　前田浩家文書、文政四年十一月「明細帳」、三浦市菊名　石井惣治家文書、文政四年十一月「村差出明細帳」など。
(33)　辻井善弥『ある農漁民の歴史と生活』三一書房、一九八〇年。
(34)　横須賀市久比里　臼井家文書。
(35)　田辺悟・近藤茂「海苔養殖について—海苔養殖具」『川崎市民俗文化財緊急調査報告書』(第二集)、大師河原の民俗、川崎市教育委員会、一九八三年。
(36)　本山桂山『日本民俗図誌』漁撈編(一五)、本山桂山、一九四三年。
(37)　(36)に同じ。
(38)　三浦郡教育会編『浦賀町郷土誌』一三頁。(奥付なし)、一九一二年。
(39)　神奈川県教育委員会『東京内湾漁撈習俗調査報告書』一九六七年。
(40)　註(24)に同じ。
(41)　田辺悟「三浦半島の漁撈関係用具(Ⅳ)」『横須賀市博物館研究報告』〔人文科学二三〕、横須賀市博物館、一九七九年。
(42)　註(24)(41)に同じ。
(43)　川名登・堀江俊次・田辺悟「相模湾沿岸漁村の史的構造(一)」『横須賀市博物館研究報告』〔人文科学一四〕、横須賀市博物館、一九七〇年、同（二）〔人文科学一六〕、一九七二年。

第三章　近世以降の漁撈と習俗

一　タコ漁

はじめに

タコが、わが国の沿岸に広く生息、分布していることは、よく知られている。また、タコを好んで捕食する国民であることから、わが国を「蛸の国」だと表現した人さえいる。

わが国の沿岸に生息するタコの種類は十種類に近いが、漁獲の対象になるのは次の四種類がほとんどである。マダコ・ミズダコ・イイダコ・アシナガダコ（地方によりテナガダコともいう）がそれである。これらの種類は岸近くの浅い場所にいるので、全国的に漁獲されるが、生息分布は地域によって異なっている。

1　タコの種類

(1)　マダコ

日本全域で捕獲されるが、その分布は日本にとどまらず、地中海、大西洋にも分布し、初夏にかけて産卵する。食用として美味なので、わが国では、もっともなじみの深い種類であり、普通、「タコ」といった場合は、この種類をさしているといってよい。全長約六〇センチに達し、大きなものは、三浦半島の鴨居で八キロ（約二貫目）のものが捕獲されたこともある。腕の長さは八本がほぼ等しく、頭と胴を比較すると、頭は胴の約三倍にあたる。夜行性で、カニ、エビ、貝類、魚類などを捕食するが、昼間は岩礁地帯の岩穴にかくれ、じっとしていることが多い。

マダコは、瀬戸内海では五月頃になると捕獲されはじめるので、下津井では「木ノ芽蛸」と呼んだり、横須賀市鴨居では、台地の畑で麦の刈り入れが終わり、麦のカラを浜辺で燃す頃に捕獲される小形のマダコを「ムギワラ蛸」と呼んだりしている。

マダコの捕獲方法は、タコ壺によるのが一般的だが、タコ釣によったり、覗突き（舫舸）、網漁、あるいは、茨城県の那珂湊でおこなわれてきた、「タルナガシ」と呼ばれるタコ釣漁法など、地域により異なる。「タコツボ」も、全国各地では、名称、形態、使用方法などもかなり異なり、時代的な変遷もみうけられる。伊勢湾周辺や愛知県篠島では「タコガメ」、「コシキ」（西国）(1)、「ヘイジ」（尾張）、また前述の篠島では「オトシ」「オトシガメ」など、何種類かの名称が使われている地域もある。

(2)　ミズダコ

東北日本に多く、とくに日本海沿岸の秋田、山形、新潟、富山湾に至る地域と、青森、岩手から宮城に至る三陸海岸、それに北海道沿岸に多く生息分布している。

産卵は六月頃で、北太平洋海域でおこなうとされる。日本近海では、前述四種のうちもっとも大きなタコで、全長三メートルにおよぶものもある。肉質はやわらかいが、味はマダコに比較して劣る。しかし、個体が大きいので、わが国における水揚量としてはタコのうちでももっとも多く、水産資源としては貴重である。

北海道地方（とくに利尻など）では、「磯まわり」と呼ばれる磯漁（見突き漁）で捕獲がおこなわれるほか、タコ縄、タコ樽流しなどと称する釣漁で捕獲する。

タコ縄はタコの移動する時期に、海底のタコの通り道に無数のカラ鉤をつけた延縄を海底に張り、それにタコをかけて捕獲する漁法である。タコ樽流しはタルにイシャリという釣具をつけて流して釣る漁法で、タルの動きが止まることによってタコが釣具にかかったことがわかるので、それをあげて漁獲するもので、一艘の船で二〇個もの樽を流して操業する。これらのタコの漁はニシン漁の盛んだった時代にはあまり行なわれなかったものであるが、今ではニシン漁にかわって盛んになっている(2)。

また、新潟県三島郡の寺泊では杉材や松材のタコバコを用いて、ミズダコを捕獲しているし、岩手県久慈市小袖でもケヤキ材のタコバコを用いてミズダコを捕獲している。このように、木箱を使うのは、ミズダコの体が大きいため、壺が使えないことと、東北地方では海が荒れることが多いため、木箱の方が破損が少ないことなどの理由による。

(3)　イイダコ

イイダコは、小さなタコである。二月より四月頃になると、腹の中に米粒状の卵をぎっしり持ち、その時期に産卵するので「飯」(イイ)ダコの名がある。

温帯沿岸に生息し、マダコより、やや浅い場所に住む。わが国では日本海沿岸をはじめ、瀬戸内海、北九州、有明海などが主な産地だが、東京内湾の千葉県富津でも、よく捕獲される。最盛期は二月から三月頃と、十月、十一月頃。三浦半島では、ほとんど捕獲の対象にしていないが、三浦市城ケ島では、巻貝(サザエ、アカニシなどの殻)の中に入っていることがあるため、「ケーッポダコ」(城ケ島では貝のことをケーと訛《なま》る)の名で呼ばれてきた。イイダコは全長を含めても二〇センチ前後の大きさがせいぜいである。肉は美味で卵とともに好まれる。

捕獲方法は、釣によるほか、タコナワによる方法がある。「タコナワ」とは、幹縄にサルボウと呼ばれる二枚貝、あるいはニシ（巻貝）、竹筒など（有明海太良町竹崎）をつけて海中に沈めておく漁法である。同じように二枚貝を使う例は新潟県の出雲崎尼瀬などでもおこなわれている。瀬戸内海の岡山県下津井のように、アカニシ（巻貝）の殻をつける例や、山形県のようにアワビの殻を二枚あわせて用いるなど、この漁法は各地で工夫がこらされ、今日におよんでいる。また、下津井のように、イイダコ専用の小型のタコツボを使用している地域もある。

(4)　アシナガダコ

アシナガダコは、テナガダコとも呼ばれている。わが国では瀬戸内海地域で、とくに多く捕獲されている種類である。このタコは、頭や腹に比較して、腕（足）が長く、長い腕は全長で六〇センチにもおよぶが、また短い腕もあり、その半分もないなど八本の腕がそろっていない。白い紋があるところから「モンダコ」と呼ばれることもある。三浦半島周辺では少ない。

以上、四種類のタコの捕獲は、漁業全体の位置からみた場合、零細であるが、一年中漁獲されるため、盛期はあっても、特定の季節と結びつかず、年間の漁獲は、数量的には主要漁業の一つに数えられる。近年にいたっては、国外より移入しなければ需要に追いつかないといった現状もある。

このような、タコを好んで食する背景には、伝統的な、魚介類への嗜好が、民俗生活のなかにとけこんでいる点が大きく投影されているといってよい。たとえば関西方面で、タコは「桜蛸」といって、煮て食べるだけでなく、腕をゆでて細く切ったものを飯に炊きこんで、「桜飯」と呼んで、楽しみながら食べたり、関東方面では、酢の物として「晴れ」の食べ物や、正式の膳につける「膾」（なます）を重要視するなど、地域的なちがいはあっても、タコを食する慣習が日本人の食生活のなかに定着している例の一つであることによる。また、半夏生《はんげしよう》（夏至から数えて一一日目）には、タコを食べる食習慣もあった。この時期（旧暦七月初旬頃）は稲穂が豊作のときは頭をさげたところがタコの頭に似ているといわれ、豊作と多幸（タコ）を祈願してタコを食べたといわれ、稲作と漁民とのかかわりを知ることもできる。

2　タコ漁にかかわる漁撈習俗と系譜

神奈川県の海は、東京内湾、三浦半島沿岸、相模湾周辺の三地域に区分することができる。この地域で伝統的におこなわれてきたタコ漁は、(1)タコツボ漁、(2)タコツリ、(3)見突き漁（覗突き、舫舡ともいい、船上から海底をのぞき、カギやヤスなどの漁具を用いてタコなどを突きとる）、(4)網漁（テグリアミ漁など）による四つの方法が主なものである。以下、各地域におけるタコ漁について、聞取調査、文献（調査結果の報告）をもとに、その伝統的な漁撈習俗をみていきたい。

(1)　タコ漁にかかわる漁撈習俗

・横浜市金沢区柴

横浜市金沢区の柴漁村においてもタコは捕獲されていた。毎年五月より十月まで、タイコンボウ網漁がおこなわれてきたが、このタイコンボウ網の中にタコがはいった。また、周年にわたってテグリ（手繰網）がおこなわれてきたがテグリ網の中にもタコがはいった。

タコ壺漁も昭和三十三年より三十六年までおこなわれていたという。この時期のタコ壺漁は伝統的な素焼き（土焼製）タコ壺によるものではなく、セメント製有蓋式蛸壺によるものである。この時期はセメント製の有蓋式蛸壺が東京内外湾の沿岸漁村に普及したため、それまで伝統的にタコ壺漁をおこなっていない漁村においても新漁具として導入され、試みられた。しかし、数年してやめたという結果から、漁獲量があまりなかったことを裏づけるとみてよい

だろうといえる。(3)

・横須賀（旧鉞切村）

鉞切ではテグリ網を曳くとタコ（小さな赤蛸）が中にはいってきた。このタコはイイダコと異なる種類であった。テナガダコも獲れた。テグリ網は三月の彼岸より十月いっぱいまでおこなわれた網漁で、「ウタセ」とも呼んでいた。〔話者：蒲谷鉄五郎　明治二十八年四月七日生〕

・横須賀市安浦（田戸）

安浦でおこなっていたタコ壺漁は五月はじめから八月いっぱいと、十月はじめから翌年二月までの二漁期に分かれていた。タコ壺は千葉県君津郡の大久保から買ったものを用いて、マダコを捕獲した。〔話者：加藤善治　明治三十五年二月九日生〕

・横須賀市大津（馬堀）

「タコガメ」の漁期は十月から翌年一月末まで。大津では八軒がこの漁をおこなっていた。船は肩幅四尺四、五寸で三人乗り、三挺櫓。一回に三〇個のカメをおろす。これを一〇か所に沈めておき、順番にあげる。三〇個のカメの間隔は沖と灘とで異なり、沖の場合は二〇尋に一個つけておくが、灘では一〇尋に一個の間隔とした。漁場は猿島の沖や伊勢浦。伊勢浦のことは「まっさき」ともいった。タコ（本蛸）は漁獲後、仲買に売った。

テグリ網（夜テグリ）をおこなうとイイダコ、シャコ、アナゴなども漁獲できた。(4)〔話者：雑賀甚之助　明治三十六年一月十三日生〕

・横須賀市走水

『東京内湾漁撈習俗調査報告書』(5)によれば、走水のタコ壺漁は「明治二十年頃から操業している。ツボは下浦から購入していた（当時三軒位製造していた）。昔は中型を使用していたが昭和初期から大型を購入使用している。幹縄は藁縄径七・五ミリを三本撚《よ》ったものを使用。水深六〇メートルで三〇メートル間隔、一五メートルで一五〜二〇メートル間隔にツボを取付け、一張のツボ数は平均三〇個付を使用した。」また、土焼製タコ壺の特徴として、「浅い漁場で操業するのに適する。深い漁場では揚縄時ゆっくり揚縄するとタコが逃げることがある。大型タコツボは四〜六キロの大ダコがはいる。蓋がないので出漁すれば全部の漁具を揚げる」などと記している。

漁場については、「五月から八月にかけては、水深約八〜三〇メートルの根の上やその周辺がよいが、十一月から一月は、水深四〇〜六〇メートルで底質は砂地、泥場がよい」とされる。

漁期は「五月から八月と十一月から一月の二漁期に別れ、冬季が最も漁が多い。夏季は平均一〜一・五キロ、冬季は二・五〜三キロのタコが漁獲される。昭和八年一月六日には一二〇尾が入り二二五キロの水揚げがあったことがある。」

漁法は「土焼製タコツボの頃は一艘で三〇〇〜三五〇個を使用していたが、三人乗和船で出漁すれば手揚げにより全部揚げるようにしていた。」

漁獲は、「闇夜から若潮になる二〜三日及び満月の二〜三日前から満月になる頃、漁が多い。」

走水においてはタコ壺漁のほかに、タコ釣もさかんにおこなわれていた。前掲報告書によれば、走水のタコ釣に用いる漁具は、テーラと呼ばれる竹製の板（長さ一一センチ、幅二・五センチ、厚さ〇・五センチ）の先端に鋼鉄製の針金を曲げてつくったカギを二本縛りつける。針金の太さは径約二ミリ。テーラの背の部分には鉛錘を固く縛りつける。鉛の重量は漁場の水深により異なり、一〇〜二〇尋の水深では三〇匁、二〇〜三〇尋の深さでは四〇匁とした。テーラの後部（カギと逆）方向から幹縄をつけられるように工夫する。普通はテーラをくびらせて削り、そこに幹縄を縛りつける。撚糸《より》でセキマク（ぐるぐるまきにする）だけでは岩礁にすれて切れやすいので、さらに先端部分（約二〇センチほど）は銅線でセキマクということをして補強した。さらに、テーラの部分も銅線でセク。これらの道具はすべて自製した。テーラには餌を縛りつけるための細紐をつけておく。最近の幹縄は材質も麻ではなく、テトロンコード四〇号や、クレモナ五号が使われている。また古い時代の道具はテーラの背の部分に鉛錘を固定したが、最近（調査当時）のものは、幹縄方面に鉛錘を移し、しかも完全に固定することなく、鉛錘が海底で少し動くように一か所だけ銅線で止めるだけにしたものが使用されるようになっている。

このタコ釣具でタコを釣るときは、船上より海底に落とし、海底にテーラが接地してから幹縄を少し上下させながら動かす。こうすると漁具は潮下に流れながらゆれるので、餌のカニが生きて動いているように見えるのでタコがテーラの上に乗りかかる。幹縄を手で持っていると、フワーと動くとともに重みを感じるので、時機をみていきおいよく幹縄をたぐりあげるとタコはテーラの先端のカギにかかり、テーラにからみついてあがってくる。タコ釣をおこなう漁場は水深三〇尋ぐらいまでの根のまわりを中心にして操業した。漁期は周年操業であるが、六月から十二月までが盛漁期。

餌は生きたカニがもっとも良いとされているが、魚の身と併用している。餌料の装着方法は、魚の身を手前（鉛錘の方）に、生きたカニを先端のカギの下に取り付ける。カニは腹を上にして餌しばり糸でしばる。カニをふせてつけてはいけない。タコは餌の上に乗ってカニをせめるので鉤にかかりやすく、また、生きたカニが傷つかない。

餌料にする生きたカニは一〇尾から二〇尾を活魚艙を仕切って入れ、雑魚数尾も同時に持って行く。タコ釣は普通朝七時頃出港する。漁場の付近に至り、陸上物標を合わせ（山をあわせ）、予定した漁場に至り、櫓を漕いで風に真立て、流し釣をおこなう。日没前に帰港する。

タコ釣は岩礁地帯でおこなわれることが多いため、海底の岩礁に蛸釣具がかかってしまうことがある。こうした時に岩礁（根）から釣具を外すための道具を「ネハズシ」と呼んでいる。ネハズシは重量約三キロほどの鉄製の丸棒の両端に古いスプリングなどを用い輪の中へ幹縄が通せるように工夫してある。海底の岩礁に釣具がかかってしまった時は、櫓を漕いで船を釣具の真上にとめ、幹縄をスプリングの部分に通し、手綱をつけたネハズシを海底に落とすとネハズシの重みと衝撃で漁具が外れる。「ネハズシ」は「ネオコシ」とも呼ばれた。

タコ釣具は明治四十年頃には使用していたという。だが、その頃の道具は鉛錘をテーラの中央部に固く縛ったものであり、先端のカギ（鉤）の底部（テーラに縛った時に、その延長になる部分）は直線的で、上へ曲げていないものが使われていた。

話者の谷口孫治によれば、タコ釣の餌は岩場や磯で捕獲したカニを使った。タコ釣を流しておくとタコがのり、重くなるので、頃合いをみて釣糸をすばやく船上へたぐりよせる。根さえわかっていれば、タコはいつでもたやすく釣れたという。

また、谷口孫治の聞取りをまとめた「内湾漁撈の伝統[6]」によれば「蛸壺漁は走水の二～三軒の家でおこなっていた。五～六間ごとにツボをつけて海底におろすが、一度に五〇～八〇個を用いた」という。（話者：谷口孫治　明治三十四年十一月七日生）

・横須賀市鴨居三軒屋

昭和の初期、三軒屋には三二軒ほどの家があった。このうち約半数の一五軒で漁業をおこなっていたが、タコ壺漁はほとんどおこなわれていなかった。しかし、大正時代すでに鴨居三軒屋では、千葉県の大久保からタコ壺を購入したり、北下浦（現在の横須賀市）の長沢からタコ壺を購入して用いている家もあった。

タコは十月から十一月頃になるとかなり成長するため、その時期に使用するタコ壺は大型のものが用いられた。したがって、タコ壺には大きさに差があり、大、中、小ぐらいに分けることができた。

三軒屋におけるタコ漁は釣漁が主で、道具は自製した。鉄製の鉤針二本を、「オデギ」と呼ばれる板の先端に縛り、オデギに鉛材の錘を縛りつけたものを用いた。オデギの材料はカシ、コシキデ、竹など、材にねばりのあるものが選ばれた。なかでも竹材は一時期用いられただけで、他の材質のものに変えられた。

釣糸には麻が使用された。釣糸のうち、とくにオデギから一尺、二尺ほどの部分は海底の岩礁などにあたってすれることが多いため、麻材をさらに撚って強靭にしたものを用いるとともに、その上、アカ（銅線）をまいて強くしたものを使った。錘は鉛材を使用する以前、石を加工して用いたり、自然石をそのまま使った。〔話者：石井石次郎　明治三十九年一月二十三日生〕

・横須賀市鴨居

鴨居におけるタコ漁はタコ壺漁、タコ釣、覗突き漁などによっておこなわれてきた。

「タコツボは素焼もので、長沢で製造したものを用いた。漁場は地元地先〈第三海堡から海馬島〉、漁期は周年だが盛期は八月。幹縄は藁縄を用いていたが、昭和二十七～八年頃、マグロ延縄用の縄を使うようになった。枝縄は〈ツボしばり縄〉ともいう。ツボの入口一七センチ、胴の最も太い部分二〇センチ、高さ（深さ）三四センチ。投入位置を定め〈一すじ〉の幹縄〈一〇～一五尋〉に三〇個のツボをつけ、〈一すじ〉の幹縄二～三本をつなぎ、順次投げ入れ、これを数カ所に沈設する。ツボは一～二日放置した後、揚縄にかかるが、浮標を用いないで、〈スバル〉とよぶ鉄製、円錘型の、鉤状の錨を用い、ひっかけて揚げる。その後は、ローラーまたは手繰りにより順次ツボを引きあげる。昭和三十一～二年頃からセメント製有蓋式タコツボが用いられるようになった。(7)」

なお、昭和五十五年より、タコカゴを用いてタコの捕獲をおこなうことが、数人によりおこなわれている。また、「大正の頃、タコ壺漁をはじめた家があったが、潮流が速く、〈商売としてはだめだった〉。それに、〈タコ壺は一本釣漁業のものには毒だった〉とも言われるが、結局、鴨居村でタコ釣漁業が主流となり、タコ壺漁業が発達しなかった原因は、第一に東京湾口に位置し、干潮時の潮流が特に速いこと、第二にタコ壺をいける場所に岩礁が多いため、潮流による影響で破損する割合が多いこと、第三に潮流が速く、しかも〈風波がはげしく壺が動揺するため漁獲が思わしくない〉などによる」ものであったといえる。(8) また、釣漁（底延縄漁）の邪魔になるといった理由もあったようだ。

以上のように、鴨居村においては、タコ釣が主で、タコ壺漁は、わずかばかりおこなわれてはきたが、規模は小さかった。鴨居の場合、「タコ壺を買わないのは、鯛釣をはじめ、釣漁の邪魔になること」だと言われる。それは、釣漁の伝統を重視しているといってもよい。

他方、タコ釣についての事例は「東京湾沿岸に於ける漁村の生産用具」(9)にゆずるが、話者の石渡友吉によると、タコ釣の先餌にはスボを使い、石の上にはカニをつけたという。すなわち、釣り用の石錘の部分には裏にカニを縛り、釣鉤の方へスボをつける。スボという魚はアナゴに似た魚で、トラボともいった。この魚は皮がかたいので、釣の餌としては、「もちが良い」ので、よく使われた。それに、タコがこの白身の餌を大変このんだ。スボは海底が沼地のようになっているところに生息している。鴨居付近では、浦賀港口や観音崎沖のオオネ（大根）にいた。

前述のとおり、鴨居においても覗突き漁はおこなわれていた。しかし、数人の漁民によっておこなわれるにすぎなかったし、覗突き漁の捕採対象はアワビ、サザエの貝類やテングサなどの藻類が主で、そのあいまにタコを見つければ「ヤス」で突きとるていどの捕獲であった。〔話者：石田　保　大正七年三月八日生／赤穂竹松　大正十年十月三日生／石渡友吉〕

・横須賀市久里浜

久里浜ではタコ壺漁、タコ釣をおこなっていたが覗突きによるタコ漁はおこなっていなかった。久里浜におけるタコ壺漁はごく零細で「年寄りの商売」とされていた。タコ釣もまた同じであった。久里浜における明治末期から大正年代にかけての漁業生産は共同漁業としての揚繰網、地曳網があり、個人漁業としては手繰網および小職としてのアジ釣、オタンジョ釣、タコ釣などの釣漁業にワカメをはじめとする海藻採取などにより成り立っていた。

タコ釣は五月から七月頃にかけて、網漁に行かない年寄りたちがおこなった。五月頃のタコは「ムギワラダコ」と呼ばれ、小さいタコであったが浅い場所で釣ることができた。

話者の榎本傳治は祖父がタコ壺漁をおこなっていたので手伝うようになり、その後も継続したというが、久里浜でもタコ壺漁をおこなう漁師の家は数えるほどで、現在(昭和五十六年)、三軒がおこなっているだけである。

このあたりのタコは一年のうちで十二月頃と四月から七月頃にかけての二回の盛漁期がある。しかし、十二月頃の暮れに漁獲されるタコは大きいが、量的に不安定であてにならない。それにひきかえ春から漁獲されるタコは小さいが漁獲量は安定している。

漁場は地先沖のアシカ島周辺。水深一〇尋から一五尋ほどの場所が一般的だが、冬の漁場はやや深くなる。潮流の速い場所なので、タコ壺を入れる時は、海底の岩礁のあまり近くに入れすぎると岩礁に根がかりすることがある。そのため潮流のよい時をみてタコ壺のあげさげをおこなわなければならない。現在使用している有蓋式蛸壺は海底の岩礁上にのっていてもタコがはいるが、昭和二十年代まで使用してきた素焼きや、セメント製の「壺型」のタコ壺は海底の岩礁上にのったのでは漁獲が期待できなかった。タコの生態からして、岩礁下の根元や割れ目近くにおろすことが最も効果的である。したがって「潮かげんをみて入れる」のが難しかった。

一軒の家で二〇〇個ほどのタコ壺を入れていた。稲藁を用いた幹縄につけ、それを人力でたぐりあげるので、壺を入れる数も労働力に合わせざるをえなかった。それでも大漁の時には七〇貫もの漁獲があったし、一匹で一貫二、三〇〇匁の大きなタコがはいることもあった。

タコ壺は長沢の「サンキサン」という家に注文して購入した。話者が二十歳の頃（大正十年頃）、タコ壺一個の値段が一〇銭であった。注文すると、出来上がる日を指定されるので久里浜から長沢までは自分の漁船で引き取りに出かけた。しかし、長沢の浜は波の高いことがあり、苦労したという。

昭和二十五年頃になると伝統的な素焼きのタコ壺に変わり、形態は同じだが、材質がセメント製のタコ壺を使うようになった。セメント製のタコ壺は木型をつくれば自製することができたので、話者もこれを自製するようになった。

昭和三十年頃より有蓋式蛸壺（ネズミトリ式ともいう）が使われるようになり、話者はこれを自製するだけでなく販売するようになる。話者によれば、有蓋式蛸壺は最初、房州より伝えられたものだという。久里浜に「マルキサン」（大正丸）という家があり、この家で働いていた房州の人がそのタネをもってきた。それをマルキサンの親戚にあたる榎本留吉が製作し、その後、近所の人たちのあいだに伝わりはじめた。だが、有蓋式蛸壺にはカニの餌が必要なので餌を探すのに苦労をしたという。時には鴨居の三軒屋の方まで餌のカニを捕獲しに出かけたこともあった。

久里浜では素焼きの伝統的なタコ壺を「タコツボ」と呼ぶが、この壺の底には小指の先ほどの小さな孔があけられている。壺の底に孔をあける理由は、タコ壺を海底へおろしていく時、先におろした壺の重みで幹縄が引かれ、いきおいよく海中に投入されると壺の中に空気が入ったまま沈んでいく。こうして、一旦空気が入ってしまった壺は海底に至ると横たわることなく、逆に宙吊りのような状態になるため、タコが入れる状態ではない。したがって、壺の中にはいった空気を抜き、海底に壺が横たわるようになるための工夫である。

久里浜で捕獲されるタコの種類は「マダコ」であるが、ひと夏に二、三頭、食用にならないタコが入る。「ヤナギダコ」の名で呼ばれている。毒があるためではなく、足もやせており、くちゃくちゃしているという。イイダコはいない。

久里浜に近い久比里でもタコ漁をおこなっていた。久比里でもタコ釣をおこなっているほか、四、五軒の家がタコ壺漁をおこなっていた。久比里におけるタコ漁の特色は「ボウチョウ」(舫舸)による漁法であった。覗突き漁と同じであるが使用する漁具として、竹棹の先端に針金を加工してつくった鉤を付け、そばにタコの好物であるカニを縛りつける。この棹の先端を船上から海中を見定めながら岩礁の穴に入れると、タコがいる場合は、餌のカニにタコがからみついてくる。その時、素早く鉤でタコをかけて捕獲する。〔話者：榎本傳治　明治三十五年十二月十八日生〕

・三浦市南下浦町金田

金田におけるタコの捕獲はタコ壺漁、舫舸、タコ釣などによっておこなわれていた。なかでもタコ壺漁が主で、舫舸ではタコの生息場所をさぐり、発見すれば「ヤス」で刺して捕獲するが、数は多くない。タコ釣は、わずかしかおこなわれていない。

明治三十五年頃のタコ壺漁は、使用に必要なタコ壺を横須賀市北下浦の長沢にあった「カメンボヤキ」という屋号の家から購入した。北下浦には二軒の「ツボヤキ」があったという。

また、金田地区の岩浦《いわぶ》の聞取調査では「ツボヤキ」という家号の家から買ったとも聞いた。北下浦には、川尻に「ヤマノウチ」という家があり、大正の初期に付近の田圃から粘土を採取してタコ壺を焼いた。したがって、この家で焼かれたタコ壺も近隣の漁家で使用された。

明治三十五年頃に使用された土焼のタコ壺は稲藁を「ミツヨリ」に編んだ縄を、幹縄や枝縄に用いた。ミツヨリといっても、普通に二本で編んだものの上に、さらにもう一度編みたして強靭にしたものにすぎない。幹縄三〇尋のものを単位として、これを「イチボ」として用いる。この幹縄をつなぎ、一〇ボから一五ボぐらいの長さにした。したがって全長は三〇〇尋から四〇〇尋ぐらいになった。タコ壺はイチボに五個ぐらい付けるのが普通。

関東大震災の前から大正十四年頃にかけては、タコ壺を千葉県の船形まで和船を漕いで買いに出かけたこともあった。土焼のタコ壺にも型のちがいがあり、大、中、小の三種類に分けられた。大きなタコ壺は目方のあるタコを捕獲するために使われる。秋から冬にかけて、タコが大きくなるので、大型のものはこの時季に使用された。

金田では明治三十五年の頃から、タコ壺の底部に小孔のあいているものを使用していたという。その後、孔のあいていないものをつくったことがあるが、最近のものは、また小孔のあるものが用いられたりしている。

タコ壺の底に小孔があいていると壺の中にはいっている藻屑や潮水（海水）が、引きあげてくるうちに孔から流れてしまうので都合がよい。また、タコ壺の底に海水が残らないので船上にあげてから、あらためてタコ壺の海水をあける作業をはぶくことができる。

昭和四十五年（調査当時）、金田のタコ壺漁はセメント製のタコ壺が多く使用されていた。このセメント製のタコツボは昭和三十年頃になり、数多く製造されるようになった。

明治時代から北下浦では土焼タコ壺をつくっていたが、昭和三十年頃になって製造しなくなってしまったため、自分たちでタコ壺をつくらなければタコ壺漁ができなくなってしまった。ところが、自家製で土焼のタコ壺はできない。粘土がないのである。そこで代用にセメントを買ってつくったのがセメント製のタコ壺であった。ところが、その後まもなく、昭和三十三年頃、鴨居、浦賀、久里浜からセメント製の有蓋式蛸壺が導入され、従来から使用されてきたタコ壺は駆逐されはじめた。が、それでも以後併用されて現在（調査当時）に至っている。

タコ壺を使用してのタコ漁は、山を合わせて投入位置（漁場）を定め、三〇〇尋の幹縄に、セメント製有蓋式蛸壺ならびにセメント製タコ壺を交互に二五〜三〇個をつけ、順次投げ入れ、これを海底に沈設する。

タコ壺は一日か二日放置しておき、数日後に揚縄にかかるが、この時は浮標を用いないで、「スバル」と称する鉄製の円錘型をした鉤状の錨を用いて海底を探り、海底の幹縄にかけてタコ壺の引きあげをおこなう。幹縄を探りあててからは、手ぐりのほか、ローラーを用いて順次タコ壺を引きあげることもおこなわれる。

有蓋式蛸壺をセメント製タコ壺と併用するのは、有蓋式蛸壺は中に小蟹を餌として入れることによる便宜的な方法である。いわゆるネズミ取り式のものが有蓋式蛸壺と呼ばれるもので、このタコ壺には餌の小カニが必要になるため小カニの入手が問題である。普通、餌にする小蟹は毘沙門の入江までさがしに出かけなければならないから面倒であり苦労も大きい。しかも、数多くの小カニを常に捕獲することは困難であるという理由による。また、餌にはイワガニ、イシガニなども使う。

漁場は季節により多少の変化がある。五月から十月頃は比較的、浅場（岸に近い）で漁獲される。すなわち、漁期は周年であるが、とくに「花どき」からは地先共同漁業権内が漁場だが、寒い時期はタコが深場へ移動するので、十一月頃から翌年の春までは共同漁業権外の水深二七メートル付近にタコ壺を投入する。盛期は六月から十月。

昭和四十五年現在、年間をとおしてタコ壺漁をおこなっている金田の漁業協同組合内組合員は四名ないし五名になってしまった。[10]〔話者：山田茂八　明治十六年生／石井兼松　明治二十一年生／菱沼新太郎　明治三十八年生／深瀬義雄　明治三十七年生〕

・三浦市南下浦町金田・三浦市諸磯

タコツボは口径一五センチ、底径二三センチ、深さ二三〜三〇センチの大きさ。タコツボは金田では昭和二十年くらいまで、諸磯では昭和三十年くらいまで使用したというが、今ではブロック製のネズミ取り式のものに変わっている。[11]

・三浦市南下浦町松輪

タコツリは釣鉤のついた長さ二二センチ、横幅五センチくらいの木台の片側に石錘を付けたもので、これに餌をくくりつけて海に沈めた。調査中に実測した資料（松輪ではタコイシと呼ぶ）はその石錘で長径一〇センチ、短径八センチであった。(12)

・三浦市南下浦町毘沙門

【タコガメ】　タコツボをタコガメといい、タコツボを使った漁をもタコガメといった。明治の末から大正にかけてのタコガメは底に孔のあいていないものを用いたが、昭和になってからのものは底に小さな孔のあるものを用いた。この孔はタコがカメから出ない時につつき出すためのものともいわれ、また、タコガメを設置する時に抛り投げた時口元から落ちるのでカメの中にこもった空気のショックを和らげるためのものだともいわれている。このタコガメは北下浦の長沢と野比で焼いていたもので、長沢のものより野比のものが硬質であった。

タコガメの漁期は十一月から七月いっぱいまでで、土用波が来るようになるとやめた。毘沙門では二〇人ぐらいが漁をやっていた。今はおこなわれていない。

タコガメを設置する場所は、タコはネ（礁）に住むことが多いので、ネへかけるのがよいが、波のために破損したり、引き上げる時、ネへ掛かったりするので、ネの近くのスナマ（砂地）へ設置する。その方法はカメの口もとをワラナワで縛り、それをさらに長いワラヅナにとりつける。ワラヅナは切れないように藁で太く三本よりになったものか、マグロヅナのアガリヅナを使う。ヒトナワにつけるカメの数は、設置するウミダナの深さによっても異なるが、浅い所で三〇くらいから、深い所で一五くらいつける。ウミダナが一〇ヒロ（一七〜一八メートル）以上ならばカメを少なくする。それは、カメを引き上げるとき、一つ目（一ばんガメという）を船にとり込んだとき、二つ目のカメが水深の中間くらいに来て、三つ目をワラヅナが引きはじめるくらいの間隔にするためである。

浅い所では、潮の流れによる水圧も少ないので途中に二つくらい下がるようになっても良い。タコガメを入れた位置を知るために、ワラヅナのはじにウキをつけておき、これを引き上げるようにするが、船が通るような場所ではウキは邪魔になるので、その位置を、ヤマを見て覚えておく。

ウキが流されたり、つけていない場合は六～七寸くらいの鉄のオモリ（ドウ）に竹の枝のカット（爪にしたもの）をとりつけ、それを綱にとりつけて、イチバンガメとニバンガメの間にかかるように海底を曳いてあげる。

タコガメをあげる時間は場所によって、ヒキシオの時が良い場所と、アゲシオが良い場所があるが、アゲシオの時が良い場合が多い。

【タコツリ】　毘沙門で使っているタコツリの道具は、幅三～四センチ、長さ一二～一三センチ、厚さ一センチくらいの板の裏に、堅い質の、亀の甲のような一面が平らな石を麻糸でとりつけ、板の側面に二本の鉤をとりつける。その板に餌もちのよいカワハギのような魚を縛りつける。

タコはネ（礁）ぎわに巣があるので、そのような所を、三尺くらいの距離を力を入れてカッチャクと、タコはこれにかかる。深さは二〇メートルから三〇メートルくらいの間がよく、それよりも深いと、シオノリがしてタコがかかってもわからない。これだけを専門にやる人はないが、年間を通じてとれる。(13)

・三浦市城ケ島

城ケ島ではタコ壺漁、タコ釣、舫舸、裸潜水漁などによりタコの捕獲がおこなわれてきた。

タコ壺のうち口径（外側）の大きなものは藁縄を使用してタコ壺を結わえたもので、この型のものは明治、大正の頃に用いられた「古いタコ壺」である。

城ケ島のタコ壺は千葉方面と三浦半島の下浦〈長沢〉から購入した。下浦というのは長沢の北下浦小学校下にタコ壺を製造する家が二軒あったので、そこに注文した。

タコ壺の縄には藁縄を使っていたが、城ケ島には稲藁がないので、三崎から藁を買って、自分たちで「よった」(なった)。

昭和三十年頃より、ネズミ取り式の改良セメント製タコ壺が使用されるようになった。タコ釣には「ツイシ」(釣り石)が使われた。これを「タコヅイシ」といった。二本のツノ〈カットという〉を付けたものである。古い道具にはオモリに石を用いたのでツイシの名がある。近年使用されているものは鉛を錘としている。鉛の部分を「オモリ」という。(14)

明治三十七年当時、城ケ島において「タコ壺」を専門におこなっている漁船数は二、一艘に二人乗って操業がおこなわれていた記録があり、ちなみに、三か年の漁獲平均は一二円とみえる。(15)〔話者：池田熊吉　明治二十五年十月十七日生／金子三吉　大正五年十一月十七日生〕

・三浦市三崎町

三崎ではタコヅイシを用いてタコ釣をおこなう。「タコヅイシ〈垂石〉というタコの一本釣の漁具がある。楕円形の堅石に先端を曲げた二本の金の棒をしばり、これにカワハギのような白身の魚を餌にくくりつけ、縄をシャビキ〈上下に動かし〉ながら、船を片手漕ぎして海底の岩礁の間を静かに曳いて行くのである。フワリとタコの重さを感じたら間髪を入れず、縄を三手四手たぐれば、ツイシの鉤がタコの体にささるから、それからは安心して唯縄をたるませないように手繰ればよい(16)」。

・三浦市初声三戸

三戸では三軒だけタコ壺漁をおこなっていた。そのほか、ミヅキ（覗突き）でタコを捕獲する人たちの家が二〇軒ほどあったが、普段は百姓をしている人たちだった。話者の場合の生業は一月から五月頃まで覗突きをおこない、この時にタコを捕獲することもあった。六月から八月にかけてはモグリ（裸潜水漁）を専門におこない、九月から十二月にかけ、再び覗突きをおこなった。タコ壺漁は、この間の四月から八月いっぱいまで、合い間をみておこなった。土用波が出はじめるとタコ壺が割れてしまうことが多いので、タコ壺をすべてあげてしまう。三戸では農業が主力で漁業専業者は数えるほどしかいなかった。このような状況は現在でも同じである。

タコ壺を入れるには水深七尋から一五尋ぐらいの場所で、山あわせをおこない、岩礁と砂地の境に入れるようにする。三戸で捕獲されるタコの種類は、ほとんどマダコである。山あわせは一〇か所ぐらいの漁場をおぼえている。「梅雨の時は浅い場所が良い」といって、浅場にタコ壺を入れたり、「七月頃になるとタコが移動する」といって、その移動を考慮してタコ壺を入れたりした。

もっとも捕獲量の多かったのは戦後（第二次世界大戦後）で、三〇貫目ぐらいタコが壺にはいったことがあり、普通でも、一〇貫（四〇キロ）ぐらいは捕獲できた。その理由は、戦争中、あまりタコ漁をおこなわなかったためだろうという。こうした傾向はタコ漁だけでなく、他の魚種についても同じことであった。

話者の場合、タコ壺は全部で四五〇個ほどを使っていた。約二〇〇尋の「ミキナワ」に「エダ」を約八尋ほど出し全部で二五個ぐらいのタコツボを付ける。ミキナワに付けるエダナワの間隔や、エダナワの長さはウミダチ（海の深さ）により異なる。

タコ壺は千葉県の保田まで船で買いに出かけた。昭和二十四、五年頃、定置網で使っていた五トンほどの焼玉エンジンの船を貸りて出かけ、一回に約三〇〇個を運搬したことがあった。紐は稲藁の、太さ三分ほどのものを用いた。

稲藁は大田和に「進藤」という縄屋があり、そこまで買いに出かけた。タコ壺漁に用いた漁船は肩幅四尺二寸、敷きの長さ二二、三尺のもので、三崎小網代の小菅造船に注文して製作してもらったものであった。

捕獲したタコは三戸（神田）のヤマコ（高橋ヨシカツ）が活きたままのものを買った。

現在（昭和五十六年）、使用されている有蓋式（ネズミ取り式）蛸壺は、使用されるようになってから、まだ、五年ぐらいしかたっていないというから、三戸では、昭和五十一年頃から使われだしたことになる。三戸でおこなうタコ漁が、タコ壺と覗突きに限られ、「タコ釣」がおこなわれない理由は、話者が、タコ釣を五、六回ほどこころみたが、タコがのらない（かからない）ためであるという。〔話者：沢村政雄　大正十三年三月十日生〕

・横須賀市長井

長井では、各家ごとにタコ壺漁をおこなっているということはない。ごく限定されている。代々続けてタコ壺漁をおこなっている家が一軒あり、「又八丸」または、「又八のタコツボ」と呼んできた。使用するタコ壺は、長坂のタコ壺屋より購入した。

長井では、「なにもないこと」を、「タコツボスイ」と表現したりする。そのためか、漁師仲間から、タコ壺漁はよくいわれないこともあったという。現在では、そういうことがまったくないし、以前の表現も忘れられている。(17)

また、別の聞取調査によれば、ミヅキをする人の中に、何人かがタコ壺漁をしている。もとは、千葉県か三浦の長沢でツボを注文してつくらせて買った。ツボの口を縛る綱をエダナワといい、エダナワをつける綱をミチナワという。昔は藁縄を使ったが、マグロナワの古いものを用いる。ヒトハリに一五メートルおきぐらいに五〇ほどのツボをつけヤマを見て沈める。あげる時はイカリのような形のスバルでミチナワを引き上げてたぐる。四月頃から八月頃までが盛期で、八月になると手の長いヤナギダコが入るようになる。(18)〔話者：鈴木勝造　明治三十年十月二十六日生〕

・横須賀市佐島

佐島では副業としてのタコ壺漁が、かなりおこなわれていた。「鰹船に乗っていた頃から揚繰まで、乗子の副業にタコツボをやっていた人は多い。鰹船から下りている時期には副業に覗突きをやるよりタコツボの方が割によかったとも語られており、これは、手漕ぎの時代〈ミナミ〉(南西の風)が吹いて一〇日間位沖へ出られぬ時でも、タコツボなら操業できることも原因であろう。〈タコツボ〉つくりは長沢の人がやっていたのが、のちに長坂に伝わり、ここで焼いたものを購入した。スヤキのタコツボは、その後入った蛸が出られないようにタコガメに蓋をつけて使ったりさまざまの工夫がなされ、地先で操業するだけでなく、親類同士などのカブで房州のなみわ迄出稼ぎしていたこともある(19)」。

話者宅では以前より、タコ壺漁をおこなっており、タコ壺は長坂の「カメクリヤ」という家で焼いたものを使っていた。〔話者：高橋一夫・昭和二年十一月十日生〕

・逗子市小坪

小坪ではタコ壺のことを「タコガメ」と呼んできた。話者の草柳金太郎が子どもの頃、小坪でタコ壺漁をおこなう家が三軒あった。ゲンパチ(源八)、ヨサブロウ、ショウキチの名で呼ばれていた。これらの家では年中、タコガメだけを主におこなっていた。年中といっても、タコガメの漁期は四月から九月頃までで、九月の土用波が立つころになるとタコガメの破損が多くなるのでカメをあげてしまった。

小坪のタコガメ漁は地先の漁場でおこなわれ、カメは割れないように砂地の海底におろされた。「ゲンパチ」では、約五〇〇〜六〇〇個のタコガメを用いて操業していた。使用するタコガメは横須賀市の長坂の「ツボヤ」(壺屋)で購入した。注文すれば運搬してくれることもあった。

タコ釣やタイの一本釣に使用する「鴨居船」

セメント製の有蓋式蛸壺

タコ専用のイケス（タコバコ）（鴨居）

有蓋式蛸壺（ネズミ取り式）での操業（小網代）

タコの産卵用の壺（城ケ島）

写真12　タコバコ・タコ壺

タコガメに用いる縄は稲藁をなったものであった。稲藁は二浦の初声に在住していた体の不自由な人が、なわないを専門におこなっていたので、その家から縄の巻きあげたものを買ってきた。

太田源一宅は、父が太田定吉（明治三十一年生れ）で祖父を太田源八といった。前掲の「ゲンパチ」の名は、この先代の名前をとっての屋号である。太田家では、「源八」の時代からタコガメを専門におこなってきたという。

小坪におけるタコ漁は「タコガメ」によるほか、ミヅキ（覗突き）によってもおこなわれてきた。タコガメをおこなう家は村の中でも少なく、前掲のとおり三軒。これらの家ではタコガメをやっているといっても九月を過ぎればカメをあげてしまう。だが、その後、寒くなっても、これらの家の人たちは覗突きをおこなうことはなかった。一軒の家だけが、冬場になると網漁をおこなったという。

小坪でのタコガメは戦争前から戦争後（昭和二十年）に引き継がれ、やがて、セメント製のタコガメに変わった。ここ二、三年前（昭和五十四〜五十五年）より、「タコアミ」（タコ網）をおこなう漁業者が一〇軒ほどあらわれ、五月から八〜九月にかけて漁をおこなう。「タコアミ」は砂地でも岩地でも、どこにでもしかけられるので良いといわれる。網をはった「カゴ」である。〔話者：草柳金太郎　大正三年七月一日生／太田源一　大正十二年十月三日生〕

・藤沢市江の島

江の島ではミヅキのことを、「ボーチョウ、シタミ、フシヅキ」ともいう。「これは船から箱メガネを口にくわえ、片手にカイを持って、残りの手でフシを持ってサザエ、アワビ、ヒラメ、石ダイ、タコ、ナマコなどをとる。このミヅキをしていた人は島に多い。[20]」

・茅ケ崎市柳島

「柳島にもタコ漁をする家が一軒だけあった。明治の末期頃までやっていたという。寒い時の漁で、小さい船で出て、ドロ焼の赤いタコガメを、四〇〜五〇個海底におろす。カメは、縄の一〇尋おきくらいにつける。所々にヤマ（目印）を立てながら、磯におろしておく。夕方仕かけて早朝あげる。あげるには鉛のカットウ（カギ）を四本ついたスバルというもので引きずりあげ、一つ一つカメをみる。(21)」

・小田原市山王原

小田原ではタコ壺のことを「タコガメ」という。「タコガメは三寸五分より七寸五分　二〇個、道縄三束〜九束三八〇間　浮縄（ウケ縄）六束　六〇間　ボンデン用竹五寸　一間　三個、漁場は山王原沖で、漁期は六月より八月、水深五尋〜二〇尋。盛漁期は七月。漁法は朝入れて一度あげ、夕方一回あげてタコだけをとって、そのまま置いておく。餌はカメの内側に魚の頭を付けておく。(22)」

・そ の 他

藤沢市の教育文化研究所所蔵資料中に、小田原市山王原で収集した「タコガメ」が一個ある。この地で「タコガメ漁」がおこなわれていたことを裏づける。また、小田原郷土資料館に所蔵されているタコツボ二個は千度小路（現在の漁協近く）で使用していたもの。

横須賀市長沢のタコ壺製造業者高橋春吉家に残る郵便物の中に、昭和三十二年三月十三日付で、足柄郡橋町前川三九九番地の大曾根助太郎が発注したタコ壺に関する資料がある。それによると、「六月はじめまでに、小壺百個を送ってもらいたい」と注文している。このことから、前川においてもタコ壺漁がおこなわれたことがわかる。しかし、伝統的であるかどうかは、今のところ明確でない。

(2)　タコ漁の系譜

相州沿岸におけるタコ漁の漁法は村によって単一におこなわれたり、数種を組み合わせておこなうなど一様でない。しかし、相州全体を俯瞰した場合、地域的な特色を示しており、こうした実態は、各村々、あるいは各地域のタコ漁にかかわる漁撈の伝統とみることができる。それはまた、各地域におけるタコ漁の系譜であるということもできよう

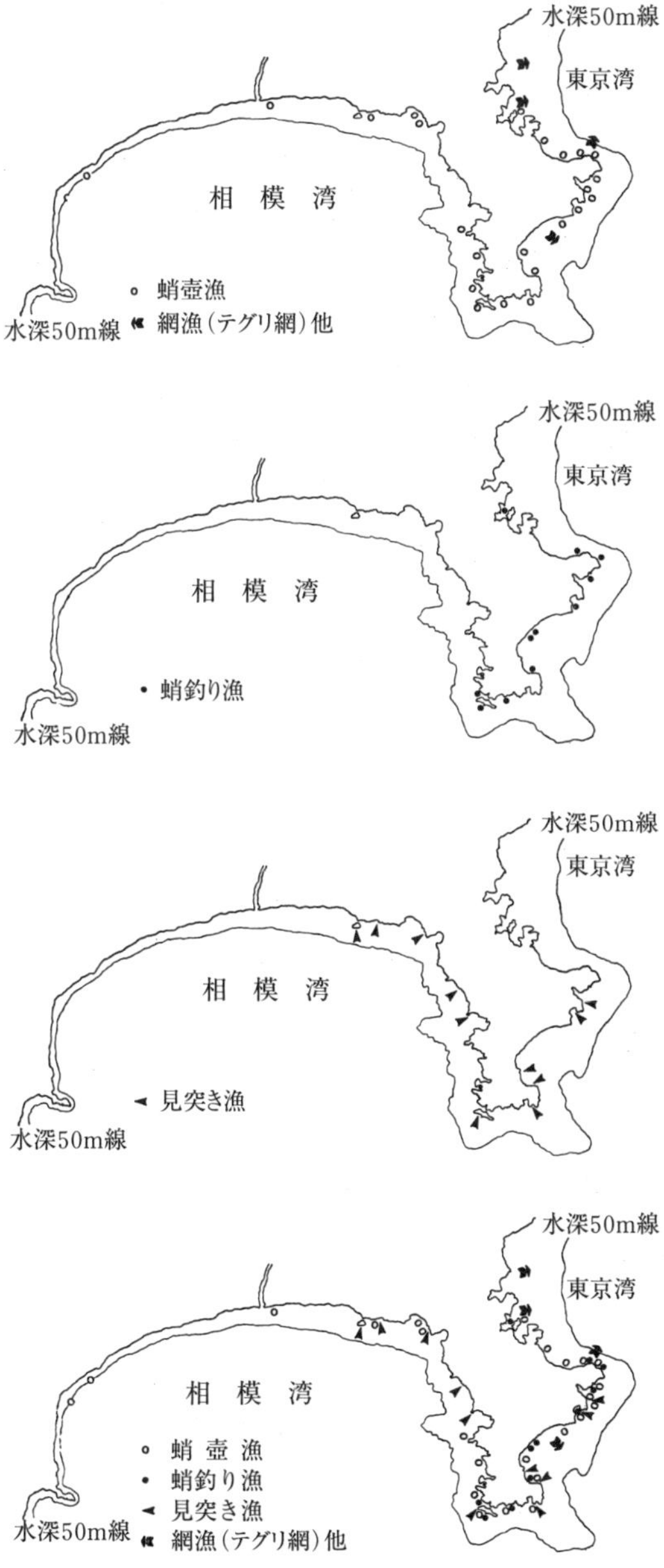

図6　相州におけるタコ漁と漁法

（図6参照）。

以下、各地域にみられるタコ漁の系譜についてみれば、第一に特徴としてあげられるのは、東京湾内において、四地域でおこなわれてきた網漁によるタコの捕獲である。東京湾内では網漁（テグリ網など）による漁業がさかんにおこなわれ、横須賀の旧鉈切《なたぎり》村ではタコのほか、ゲンポと呼ばれる魚を捕獲してきたし、走水村ではヒラメ、カレイなどを捕獲してきた。こうした魚種にまじって、タコが多く捕獲されたわけである。

第二に注目される点は、東京湾内でも観音崎に近い伊勢町、走水から三浦三崎、城ケ島に至る村々ではタコ釣がおこなわれていることである。それとは対照的に、相模湾沿岸の漁村ではタコ釣にかかわる事例をあげることができない。この点については、今後さらに詳細な調査を必要とするが、いずれにしてもこうした地域的な特色は基本的に変わることはないと思われる。

第三は、タコ壺漁をおこなっている漁村は、他のタコ漁との絡み合いでなく、単一でタコ壺漁だけをおこなっている点である。このことも注目され、他の漁業生活とのかかわりと関係して、今後、タコ壺漁のみをおこなっている系譜をもつ漁村の共通的な面を明らかにしていく必要がある。

第四は、覗突き漁によりタコの捕獲をおこなってきた村である。この漁村は東京湾内の浦賀から外湾に分布しており、三浦半島の西側から江の島に至っている。東京湾内の旧公卿（田戸）、山崎、深田などの村々においても、覗突き漁はおこなわれてきたが、海藻採取や貝類採取が主なものでタコや魚を突きとることは、ほとんどなかったようである。海底の状態をはじめ、海況のちがいにより、タコの生息する場所が異なるのであろうか。こうした自然的条件と漁法の系譜にかかわる関連なども今後、明確にしていく必要がある。

3　タコ漁およびタコにかかわる俗信

鎌倉市腰越の事例に、注目すべきものがある。それは、『伊勢吉漁師聞書』（鎌倉腰越の民俗）に記載されている「タコは魔物で、結局ろくなことは起らないので、やり手がない。……」という点である。こうした、タコ漁およびタコにかかわる俗信については、鎌倉市材木座の事例、逗子市小坪の事例にもうかがうことができる。また、江の島では「タコを取ると、とっついてたたり、女や子どもは死んでしまう」という。したがってタコが捕れてもすぐお金にかえ、そのお金を貯めて置かずにすぐ酒にかえて飲んでしまう。[23]

近世以降、タコ漁が、かなりさかんにおこなわれてきた東京湾側においては、一本釣の漁業者たちが、「タコ漁は年寄りのやる仕事だ」とか、「タコ壺は一本釣漁業のものには毒だった」[24]とかいうことはあっても、相模湾の湘南地方ほどタコ漁に対する偏見や、「忌嫌う」感覚をもっていない。地域的にみた場合、それほど広くない両地域で、これだけの差があるということは、なんらかの背景があるように思われる。

これらの点については、漁撈習俗全般を調査研究していくうえで、要因を見定めていく必要があろう。

全国的にみて、タコは「薬師」や「地蔵」と縁を結んだものが多い。「京都の蛸薬師、淡路島福良の蛸薬師、京都の蛸地蔵」などはその例である。これらの「薬師」や「地蔵」にはタコの絵馬が奉納されることが多い。

蛸の絵馬はどこでもたいてい腫物を吸い出して下さいとか、蛸疣《いぼ》をとり除いて下さいとかの祈願になっているが、これは蛸の吸盤に因縁づけた俗信である。蛸薬師はとくに婦人病、小児病にあらたかであるとされ、蛸を禁食して絵馬を奉納する。

図柄は蛸が一匹正面を向いているのが大部分であるが、わかったものでは東京目黒の蛸薬師だけは、足を一束にして横たわっており、京都の蛸薬師のは、男また女が蛸と並んで合掌礼拝している[25]。

このような事例は三浦半島においてもみうけられる。東浦賀町の東林寺には「蛸絵絵馬」が奉納されている[26]。板製。五角。黒塗板枠つき。大きくタコの絵を描き、白くぬる。上に〈奉納〉、左下に〈願主二才、みね吉〉と書く。年号を記さないが字は江戸期。絵も文字も上手。本堂内にあったもの、伝承不詳。病身の幼児の延命を祈ってタコを絶つ願がけをしたものか。江戸期。

伊豆七島の三宅島では「タコを絶対に食べない。それは村の鎮守社の使がタコであるからだといい、京都でもこうした話はよく聞かれる[27]」という。

以上のような〈蛸〉にかかわる民間信仰が広まるにつれ、庶民の中には〈多光薬師〉を〈蛸薬師〉におきかえてしまったところもある。

横須賀市鴨居の能満寺もその例で、『浦賀案内記[28]』によれば、

鴨居山と称す。鴨居にありて曹洞宗に属し、明應大巳年創立、慶長九年甲辰年二月長谷川長政再興、本尊は行基作虚空蔵菩薩なり。又、寺内に薬師の木像長二尺五寸行基作を安置す、元来此薬師は多光薬師と称するを里人誤り伝へて蛸薬師と称へ奉納物には必ず蛸の絵を書くを常とす（傍点は筆者による）。

とみえ、『三浦古尋録[29]』には、「此寺ノ薬師ヲ蛸薬師ト云……」とみえる。

能満寺の二十代住職である大久保俊明によれば、「薬師様」の開帳は十一月十二日。この日は参詣者が多い。関東大震災頃までは薬師堂に、たくさんの絵馬が奉納されていたが、その頃に整理したため、現在は残っていない。現在、多光薬師のご利益をしるした木版の刷りものが残っているだけである。

次に、三浦半島内に伝えられてきた「蛸」にかかわる「伝説」（民間説話）のたぐいをいくつかあげてみたい。いずれも「大蛸」にかかわる話で、「八本目のたこの脚」とか、「一本脚の大蛸」、あるいは「七桶の里」の名で呼ばれて

きたものである。

内海延吉が採集したのは三浦市三崎町の田中の話で、「三崎の宮川の桶島の磯に大きなたこがおり、脚を一本切り取って持っていくと桶に一杯になった。毎日そうして七日まですぎたが、八日目に残った一本の脚にからみつかれて桶もろとも、海に引きずりこまれて死んでしまった」[30]というものである。

同じような話を内海延吉は「三崎の小網代」の事例としても採集し、発表している。

また、『三浦古尋録』中の「長沢村」の項に、「七桶ノ里」とあり、

此里ノ漁者昔シ磯ヱ出テ或日大ナル蛸ヲ見付是ヲ取ントスレトモ大ニシテ磯ヲ不離是故ニ足一本ヲ切リ取処桶ニ満又翌磯ヱ行ハ以前ノ大蛸居レリ又一本ヲ切リテ帰ル以上七日行テ足七本ヲ得ル八日目ニ又行其蛸居レリ漁者取ラントシテ一本ノ足ヲ以テ蛸其漁者ヲ海中ヱ引込ンテ蛸ノ為ニ命ヲ失ヒシトテ此里ヲ七桶ト申ヨシ

とみえる。三浦郡の葉山町にも「堀内の高砂に七桶というところがある」と、同じような話が伝えられている。

以上、三浦半島に伝えられる「大蛸」の話は共通した内容をもっている。

4　タコ漁の史的背景

南関東一帯におけるタコ漁について、古文献、古文書などにより、史料、資料を渉猟してみても、歴史的背景を多く語ることはできない。

元和六年「御膳御肴帳」[31]の一三品中に、「タコ五ハイ」とみえることから、元禄八年に平野必大が『本朝食鑑』を著わす以前より、タコが捕獲されていたことはわかる。

『本朝食鑑』には、「蛸魚　生食よからず、煮食よし、曝乾して市に売る物もあり」とみえる。

南関東における、他のタコ漁にかかわる史料として、「文政九年中新規蛸瓶漁企候に付……[32]」とあり、安房の見物村、浜田村では一ケ年ノ内「八月九月十月之三ケ月間舟数両村ニテ一五艘瓶数一艘ニ付八〇宛惣数一二〇〇は相稼可申筈……[33]」とみえることから、当時はすでにタコ漁が盛んにおこなわれていたことがわかる。

三浦半島においても、天保元年に毘沙門で、「私共近年蛸壺漁業相始儀ニ付[34]」というタコ壺漁に関する史料があり、毘沙門では、今からおよそ一六〇～一七〇年前、すでにタコ壺による漁をおこないはじめたことがわかる。

また、天保十二年に編纂された『新編相模国風土記稿』(刊行明治十七～二十一年)の産物中に、「章魚、走水村の海中最も多し、俗に三浦鮹と呼ぶ」と記載されていることから、約一六〇年ほど前、すでに「三浦鮹」は名産となっていたことがわかる。また、同書の走水村の項には、「章魚　此地海中に産するを美とす　俗に三浦章魚と称す」と記されている。

明治十年の「漁業仕り為職替証[35]」によれば、東京湾内の浦郷村、長浦村、大津村、八幡久里浜村、鴨居村の五村のうち、タコ釣をおこなっている村は、浦郷村、八幡久里浜村、鴨居村の三村である。

タコ壺漁に関しては、明治三十九年の「入漁登録漁業内訳」中に、大津、浦賀、川間、久里浜があげられている。

次に、水揚高により、タコ漁の占める位置をみてみたい。

柴(現在の横浜市金沢区柴)における明治三十七年の漁獲高をみると、第一位はヒラメで、二、七三〇円(一八、六〇〇貫)、次に、タイ、一、四五八円(七、二九〇貫)、アジ、一、二〇〇円(一、九〇〇貫)、エビ、一、〇九〇円(七、四六〇貫)、タコ、八七〇円(一〇、九〇〇貫)、カマス、七二〇円(八五〇貫)、バカ貝、五四〇円(五、四六〇貫)、ミル貝、五四〇円(一、八〇〇貫)、サバ、四八〇円(九五〇貫)、タイラギ、一八〇円(九〇〇貫)の順で、魚介類一〇種類中、タコの水揚高は第五位であり、かなり主要な捕獲対象の種類であることがわかる。

『新編相模国風土記稿』に記載されている「三浦鮹」の産地である走水村の水揚高をみると、明治二十年の資料に、魚介藻類三六種のうち、第四位の水揚高であったことがわかる。第一位はタイで、九、二〇〇円（三〇、〇〇〇尾）、コノシロ、二、五〇〇円（一、五〇〇、〇〇〇尾壱万樽）、ブリ、二、〇〇〇円（五、〇〇〇尾）、タコ、一、〇〇〇円（二〇、〇〇〇尾）となっている。(36)

明治二十年の、走水村における総水揚高は、二〇、一〇八円であるので、この村におけるタコの占める水揚高は全体の二〇分の一にあたる。

なお、この年における魚介類の価格を参考までにあげると、タイは一尾三七銭、コノシロは一尾一厘六毛、ブリは一尾四〇銭、タコは一尾五銭であった。(37)

鴨居村におけるタコ漁は、伝統的に「蛸釣」によっておこなわれてきた。その漁獲高を明治二十八年と、明治三十二年の資料をもとに比較してみると、(38)明治二十八年には、二六魚種中の第八位である。その内訳を順位別にみれば、第一位はタイ（五五、〇〇〇尾、六、六〇〇貫、四、六二〇円）、第二位はスズキ（四五、〇〇〇尾、六、七五〇貫、四、〇五〇円）、第三位はイカ（二八〇、〇〇〇尾、一二、六〇〇貫、三、七八〇円）、第四位はメバル（六五、〇〇〇尾、七八〇貫、一、六二五円）、第五位はタナゴ（六五、〇〇〇尾、一、三〇〇貫、一、六二五円）、第六位はクロダイ（二〇、〇〇〇尾、一、二〇〇貫、四八〇円）、第七位はキス（一二〇、〇〇〇尾、六〇〇貫、三〇〇円）、第八位がタコ（五、五〇〇尾、一、一〇〇貫、二四七円五〇銭）となっている。

それが、明治三十二年になると、タコの順位は同じく、二六魚種中の一二位にさがっている。内訳をみると、第一位はイカ（二五〇、〇〇〇尾、一〇、〇〇〇貫、八、七五〇円）、第二位はスズキ（四五、〇〇〇尾、九、〇〇〇貫、八、一〇〇円）、第三位はタイ（四〇、〇〇〇尾、四、八〇〇貫、四、八〇〇円）、第四位はアマダイ（四〇、〇〇〇尾、四四、〇〇〇貫、三、二〇〇円）、第五位はブリ（二、八〇〇尾、二、四四〇貫、一、四〇〇円）、第六位はクロダイ（二〇、〇〇〇尾、一、四〇〇貫、一、〇〇〇円）、第七位はメバル（六五、〇〇〇尾、七八〇貫、五二〇円）、第八位はベラ（一二〇、〇〇〇尾、一、八〇〇貫、九六〇円）、第九位はキス（一〇〇、〇〇〇尾、五〇〇貫、五〇〇円）、第一〇位はホウボウ（二〇、〇〇〇尾、七〇〇貫、五〇〇円）、第一一位はタナゴ（六五、〇〇〇尾、九七五貫、四八〇円）、第一二位がタコ（五、〇〇〇尾、一、〇〇〇貫、四〇〇円）となっている。

明治二十八年に比較すると、魚種ではアマダイ、ブリ、ベラ、ホウボウの四種が上位にあがったことにより、タコの順位が八位から一二位にさがっている。しかし、全体の漁獲高からみた場合は、やはり、重要な位置にあることがわかる。

資料はやや新しいが、神奈川県全体における「タコ漁」の占める位置を、昭和十二年の「種類別水産価格（額）」[39]によってみると、神奈川県の沿岸における主要漁獲物三〇種のうち、タコは上位一四位にある。

その位置を順番にみると、サバ（六八〇、五〇〇円）、ブリ（四四一、二〇〇円）、アジ（三五一、六〇〇円）、イカ（三三九、五〇〇円）、イワシ（三二三、四〇〇円）、テングサ（一〇九、一〇〇円）、アユ（一〇五、八〇〇円）、イセエビ（一〇一、八〇〇円）、アマノリ（九九、八〇〇円）、タイ（九七、〇〇〇円）、カレヒ・ヒラメ（九五、五〇〇円）、マグロ（八八、二〇〇円、他に海洋のものあり）、アワビ（七一、〇〇〇円）、タコ（七〇、四〇〇円）という順である。

以上、断片的な資料からのタコ漁にかかわる水揚高や、その順位であるが、いずれも上位に位置しており、タコは神奈川県において、主要な捕獲対象種であることがわかる。

5　タコ漁にかかわる覚書

(1)　その他の捕獲方法

最初に、四種の主なタコ漁にかかわる漁法をあげた。だが、タコを捕獲する方法には、それ以外の方法もある。ここではまず、上述四種以外のタコの捕獲方法について述べる。

その第一は、裸潜水漁によるタコの捕獲である。裸潜水漁を三浦市城ケ島では「モグリ」と呼び、大磯では「カッギ」と呼ぶなど、地域によってその呼称は異なるが、その業態はほとんど同じである。神奈川に限定してみたとき、捕獲対象をタコだけに限って裸潜水漁をおこなうことはない。しかし、アワビ、サザエ、トコブシなどの貝類、テングサなどの藻類、イシダイなどの魚類のほか、イセエビなどの捕採をおこなっている時にタコを見つければ、ヤス（モリ）などを用いて捕獲するし、また貝類採取や海藻採取を主目的に出漁する場合でも、タコや魚を見つけた時に突き取るための道具（ヤス、モリなど）は船上に用意したり、浮樽（採取物を入れる網袋を吊るしたり、潜水作業をする時に呼吸をととのえたり、休憩をとるために利用する）に付けておくことを常とする。

第二は、「磯物とり」あるいは「磯どり」などの名で呼ばれる磯物採取による方法でタコを捕獲する場合である。

冬期の岩海苔採取や海藻採取は、引き潮の時に、足腰まで海中に入っての作業となる。春から夏にかけては、より沖合（といっても数十メートルだが）に出て貝類や藻類、時には魚類の捕獲をおこなうことがある。磯のある村では、こうした時に腰まで海中に入り、岩礁をめぐりながら漁獲対象物を求めて移動する。したがって「従走《かち》見突き」などの総称で呼ばれることもある。

こうした作業のうち、貝類や藻類採取は主に女がおこない、魚類、タコなどを主に捕獲目的とするのは男である。腰まで海中に入り、海底の岩礁の小さな割れ目をたんねんにヤスなどの漁具を用いて突きさしていく。「あてずっぽう」の作業であるが、タコが岩礁内にひそんでいるような場所の近くには、タコの好物であるアサリをはじめとした貝類の殻があるので見当をつける。貝殻が新しい時は、貝の内面にまだ食べのこしたかすがついているので、きめこまかに観察する。そうした場所の近くには、かならずタコがひそんでいることが多いからである。また、砂地（ママという）ような場所でも、タコが砂の上を移動した跡を見つけることもできる。長い経験と勘が必要になる。

岩礁内にタコがひそんでいれば、「あてずっぽう」にヤスなどを突きさした時に「ぐにゃり」とした反応がある。こうした感覚も長年の経験で感得しないとわからない。運よくタコを突きさした時は、タコがヤスなどにからみついてくるので、上手に捕えて腰の網袋（スカリ）などに入れる。上手な男は一日で二〇〜三〇匹ものタコを捕獲することもある。ただし、こうした漁は引き潮になりはじめた時が良く、引き潮の日でも一日中おこなうということではない。潮汐に関係の深いタコ漁である。

また、上述した漁法とは異なったタコの捕獲方法が三浦半島の一部にはあった。新倉 保からの聞取りによれば、三浦市初声町和田の矢作（矢作の「船番匠」の隣）に、「徒走見突き」でタコ漁を専門におこなう人がいた。

朝潮（朝のうちに引き潮になる）の春から初夏にかけての漁で「ショトキ」（潮時がよいという意味で旧暦の十一日から二十六日頃まで）をみての漁でもあった。腰に菜種油を入れたビンを吊るし、その中へ、アズマネザサ（細い竹）で、長さ約一メートルをさし込み、タコの巣がありそうな岩礁の穴を見つけると、菜種油を海面にたらして、海中を見定める。こうすると、油が海面に広がり、海底の様子がよく見えた。

タコの巣の近くには新しいアワビ、トコブシの殻があるので、すぐ見つけることができたし、タコ漁を専門におこなっている人なので、タコの巣のあり場所を自分なりに記憶していた。巣を見つけると油をたらし、細い竹（油をっける棒）を穴（巣）の中へ入れて、くすぐるようにすると、中にタコがいるときは、細い竹棒の先に、タコが足をからげてくる。こうして、タコがいることを確認したあと、モリを持って突きとる。したがって、箱目鏡を用いて海中をのぞくようなことはなく、使用する道具は、ビン、細い竹棒、モリ、それに捕獲したタコを入れる網袋（スカリ）だけである。

なお、タコがアワビ、サザエなどの巻貝、アサリなどの二枚貝を捕えて食餌とするときは、貝の上から押さえこむようにして動けなくし、いわゆる「窒息状態」においこんで弱らせてしまったり、なかには毒液を出して「麻痺」させたりするといわれている。

第三は、横須賀市の久比里ではタコの捕獲を主目的とする「見突き漁」（舫舸ともいう）がおこなわれてきた。上述の三浦半島で一般におこなわれてきた「見突き漁」は、船上から箱目鏡を使用（明治以降）して、海中の岩礁をのぞき、魚貝藻（介）類を見つけて捕採する。

久比里では、タコ壺漁をおこなう家が四、五軒はあったが、タコ釣漁をおこなう家はなかったといわれる。榎本傳治から聞取りによれば、久比里でおこなってきたタコ漁を主とする「ボウチョウ」は、竹棹の先端に、タコの好物であるカニを縛り、海底の岩礁の割れ目などにさし込んでいくと、タコがいるときは餌のカニにとり付いてくるので、船上に用意しておいたカギ（棹の先端にカギ状の鉄具をつけた漁具）を用いてタコをかけとるという方法であった。これに近いタコ漁の方法は、たとえばカニのかわりに赤い布をつけてタコの注意をひくなど、各地でおこなわれているが相州においては事例がほとんどない。

なお、久比里の隣村である久里浜では、タコ釣漁はおこなっているが、「ボウチョウ」はおこなっていないといったことも注目される。

(2) タコ壺底の小孔

タコ壺のうち、土製のもののなかで、比較的新しいものの特徴は、タコ壺の底に小孔（直径約一センチ〜一・五センチ）が一つあけられていることである。この種のタコ壺は、細やかながら改良が加えられたものとみてよいが、その理由については、これまで明確でない点があった。

この小孔については、『最新漁撈学』[40]に「タコが壺の底に密着するとなかなか離れない。そこで適当な竹筒を小孔に当て、一息吹くと離れる」と述べられたり、千葉県安房郡の業者は、「小孔から湯を注いで、壺の中のタコを離している」[41]ともいう。また、千葉県の富津で使用されてきたタコ壺は、小孔の大きさが他の地方よりやや小さい。これは、「壺を海底に沈める時に底が上向きになるような場合、空気孔の役目をするのであって、無孔であると水圧が強くかかって壺が破損することがある」[42]ともいわれている。

さらに、上述した「金田」の事例のように、「タコ壺の底に小孔があいていると壺の中に入っている藻屑や潮水（海水）が、引きあげてくるうちに孔から流れでてしまうので都合がよい。また、タコ壺の底に海水が残らないので船上にあげてから、あらためてタコ壺の海水をあける作業をはぶくことができる」ともいわれる。

上述の事例は、各地において、タコ壺の使用者が、それぞれに壺を使いながら、底の小孔に関しての効用を、その経験にもとづいて語ったものであるから、実質的な用途になっていることはたしかである。だが、それらは、タコ壺製造業者がタコ壺を製作する際の本来的な目的であるかどうかには疑問が残る。むろん、タコ壺をはじめとする漁具（広くは民具一般）は、その使用者の注文（要求）を反映して製作されるのが普通であるが。

こうした疑問を解決してくれる聞取りが以下に述べるものである。

それは久里浜のタコ壺製造業者である榎本傳治によるもので、タコ壺の底に小孔があけられているのは、タコ壺を次々に海中へ投げこんでいくと、共に投入したタコ壺の重みや縄の影響で海底へ引きこまれていき、底で壺が逆になって浮いているような状態のこともある。これは、タコ壺の中に空気が残っている場合におこり、こうした状態にあっては、タコが壺の中へ入ることはない。このようなことを防止するため、タコ壺の底に小孔をあけておくと海底についてからでも、タコ壺内の空気が底の小孔から抜けるので、海の中で壺が入口を下にむけて浮いているような状態になることはない。

以上により、タコ壺の底にある小孔は、その製作時の初期の主目的は「空気孔」であったということがわかる。

まとめ

相州においては、東京内湾、外湾を含めた三浦半島の南東部や、三浦半島の相模湾にそった西部においてはタコ漁はさかんであるが、相模湾も西側になるにしたがって、タコがそれほど重要な漁獲の対象になっていないことがわかる。相模川以西はタコが生息する環境ではないからであろう。その結果、タコ漁が発達しなかったとみてよい。

こうしたタコ漁にかかわる伝統は、そこに暮らす人びとの民俗生活の中にも、なにがしかの影響を与えてきた。たとえば、タコにかかわりのある食制がそれである。わが国における古来からの調理法の一つに「酢の物」がある。本膳などの場合は「膾《なます》」と呼ばれ、魚介および野菜、海藻をはじめ、鳥獣の肉にいたるまで、生《なま》のまま加熱し、一種類、あるいは数種類のものを適当にまぜあわせたうえで、調味の酢をかけたものである。生食料理の一種として、淡白な味が日本人の食生活にあい、好まれてきた。

一般にはダイコン、ニンジンなどを細くきざみ、二杯酢、三杯酢であえた「ダイコンナマス」などがその代表である。古くは『日本書紀』にみえる「割鮮」（なますつくる）がそれにあたるとされる。こうした「酢の物」は、東京内湾周辺部や三浦半島においては「蛸の酢の物」であることが多く、正月や花見の頃（三月下旬から四月初旬にかけて）の料理をはじめ、婚礼などにおいて、「晴れの料理」とされている。

しかし、相州のうちでも、とくに相模川より西側の海村においてはタコ漁がさかんでないため、「タコの酢の物」は前述地域に比較して晴れの日でも本膳に加わることが少ない。

真鶴では正月、大根、人参の膾（酢味噌あえ）がつくられ、若小月の時は「ようかん、寒天のよせ、人参、ごぼうの煮しめ、ごぼうだけのきんぴら、生あげ、焼豆腐の煮しめ、こんぶの煮しめ、うずら豆、黒豆、きんとん、なます（大根、人参の酢味噌あえ）がつくられた[43]」。タコの酢の物ではない。

以上の事例からも、相州においてもタコにかかわる食制の地域差をみることができる。また、三浦半島沿岸においてはタコ漁がさかんであったため、他地域にはみられないタコにかかわる調理法が伝えられている。横須賀市の鴨居ではこの調理名を「イモダコ」と呼んできた。鴨居では近世以後、わずかばかりの台地の畑で里芋を栽培してきた。収穫される里芋と、地先の海で漁獲されるタコが調理の材料となる。

現在、タコを料理する際には、一匹のままのタコを塩でもんで、タコについている体液をぬぐい去ってから熱湯の中に入れる。が、以前は、漁村といえども塩は貴重品であったため、タコに塩をふりかけるというようなことはしなかった。ヌルヌルした体液をとらずにそのまま湯の中に入れた。このとき、里芋もあわせて茹であげると、里芋からは「あく」がでてくるし、タコからはヌルヌルがでてくるので互いに調和し、ほどよく「あく」もとれ、ヌルヌルもなくなる。そのあと、タコをブツギリ（打切）にして煮込みにした。とくに小さなタコを料理する時はこの方法が用いられた。

このような調理法は鴨居だけではなく、三浦半島西岸の芦名方面などでもおこなわれてきた郷土料理であった。

タコを食べることそのものが、世界的にみた場合、かなり民族的な食制とかかわりがあり、日本人とタコとの結びつきについてもこれまでに論じられてきた。だが、わが国における各諸地域におけるタコ漁およびタコにかかわる習俗については、必ずしも明らかにされているとはいえない。

註

（1）農省務省水産局『日本水産捕採誌』水産社、一九一二年。
（2）辻井善弥『磯漁の話』二〇頁、北斗書房、一九七七年。
（3）神奈川県教育委員会『東京内湾漁撈習俗調査報告書』二〇〜二一頁、神奈川県教育委員会、一九六七年。
（4）田辺　悟・田中　勉「内湾漁撈の伝統」『横須賀市博物館報』二五・三三頁、一九七九年。
（5）註（3）に同じ、九五頁。
（6）註（4）に同じ、三六頁。
（7）神奈川県教育委員会『東京外湾漁撈習俗調査報告書』一二七頁、神奈川県教育委員会、一九六九年。
（8）田辺　悟・辻井善弥「東京湾沿岸に於ける漁村の生産用具」『横須賀市博物館研究報告』〔人文〕一五、二九頁、一九七一年。
（9）註（8）に同じ。
（10）註（7）に同じ、二三四〜二三五頁。
（11）宮本馨太郎・小林浩子「三浦半島南部の生業と民具」『横須賀市博物館研究報告』〔人文〕一一、三九頁、一九六七年。
（12）註（11）に同じ。
（13）神奈川県立博物館『三浦半島の民俗（Ⅰ）』三三〜三四頁、神奈川県立博物館、一九七一年。
（14）田辺　悟『城ケ島漁撈習俗調査報告書』四五頁、三浦市教育委員会、一九七一年。
（15）註（13）に同じ、二二頁。
（16）内海延吉『海鳥のなげき』三八〜三九頁、いさな書房、一九六〇年。
（17）石黒幸雄・大島暁雄・田辺　悟・辻井善弥「横須賀市長井の民俗」『横須賀市博物館研究報告』〔人文〕一九、二九頁、一九七六年。
（18）神奈川県立博物館『三浦半島の民俗』Ⅱ、四二頁、神奈川県立博物館、一九七二年。
（19）神奈川県教育委員会『相模湾漁撈習俗調査報告書』一八八頁、神奈川県教育委員会、一九七〇年。

(20) 間宮美智子「江の島民俗調査報告」『民俗文化』(6)、五二頁、藤沢市教育文化研究所、一九七〇年。
(21) 茅ケ崎市文化資料館編集『柳島生活誌』七三頁、茅ケ崎市教育委員会、一九七九年。
(22) 小田原第一六区自治会『専漁の村』一二九～一三〇頁、万年公民館、一九八〇年。
(23) 註（20）に同じ、八六頁。
(24) 註（8）に同じ、二九頁。
(25) 岩井宏実『小絵馬』四四頁、三彩社、一九六六年。
(26) 横須賀市教育委員会「第1集浦賀地区」『横須賀市文化財総合調査報告書』三三五頁。一九八一年。
(27) 註（25）に同じ。
(28) 職員懇話会『浦賀案内記』信濃屋書店、一九一五年。
(29) 加藤山寿『三浦古尋録』一八一二年。
(30) 註（16）に同じ、三七頁。
(31) 岸上鎌吉『安房郡水産沿革史』「安房郡水産組合」七頁、一九一四年。
(32)・(33) 註（31）に同じ、一三五頁。
(34) 三浦市松輪「藤平二郎家所蔵文書」。
(35)「横須賀市鴨居漁業協同組合所蔵文書」。
(36) 註（3）に同じ、四九頁。
(37) 同右。
(38) 註（7）に同じ、一一六頁。
(39) 神奈川県経済部『神奈川の水産』一三頁、神奈川県水産会、一九三九年。
(40) 長棟暉友『最新漁撈学』三六〇頁、厚生閣。一九四八年。
(41) 千葉県立富津海洋資料館『館報』(1)、一六頁、富津海洋資料館、一九六七年。
(42)・(43) 註（19）に同じ、二八三頁。

二　イワシ漁

はじめに

わが国で漁獲される魚のうちで、イワシはもっとも一般的で、よく知られた魚種である。ところがイワシの種類となると、あまり知られていない。それはイワシという名前がこの種類の総称として呼ばれてきたことに起因しているといえよう。

イワシは動物プランクトンを餌にしているが、イワシより大きな魚種の餌になってしまうので弱い魚だから「鰯」と書くのだともいわれるが「鰮」の文字もあてられてきた。

大量に漁獲されることが多いため、下魚あつかいにされてきたが、目刺や干物、油漬などに加工されるほか、イワシから油をしぼり、肥料や餌料としても有用であった。「田作り」の名もこうした「干鰯《ほしか》」や「〆粕《しめかす》」と同称に金肥にされてきた経過を物語っている。

日本産のイワシの種類を魚類学上から分類すると、ニシン目ニシン科（類）にはいるもののうち、ギンイワシ・ウルメイワシ・ミナミキビナゴ・キビナゴ・マイワシなどがある。また、ニシン目カタクチイワシ科に属する種類にはカタクチイワシ・インドアイノコイワシ・ミズスルルがあり、その他にもイワシと名のつくものにはオキイワシ・カライワシ・ソトイワシなどの名もある。(1)

しかし一般にはマイワシ・ウルメイワシ・カタクチイワシを総称して「イワシ」と呼んでいる地域が多い。

本節では、神奈川県沿岸で伝統的に漁獲され、その漁獲量も多いマイワシ・ウルメイワシ・カタクチイワシの三種類を総称して「イワシ」と呼び、とくに必要がある場合にかぎり、種類を明確にする。

マイワシは体側に一縦列に並ぶ七個前後の紫黒色点があり、大きなものは三〇センチにも達する。地域によっては小羽（〇・五〜九センチ）・中羽（九センチ以上）・大羽（一五センチ以上）などの区別をして呼び、商品としてのイワシを標示しているところもある。

ウルメイワシは体の背部が暗青色で、腹方銀白色であり、体側に黒点列も銀白色縦帯もない。大きなものは三〇センチほどに達する。「ウルメ」は眼に特色のある名前からきている。

カタクチイワシはヒコイワシ・シコイワシ・セグロイワシなどとも呼ばれる。背部が蒼黒色なのでセグロイワシの名があり、腹面は銀白色、体側に銀白色の一縦線がはしる。大きさは一五センチどまりである。「片口鰯」の名は片方の口ばかり大きいところからきている。

わが国の沿岸各地では、どこでも漁獲されてきたイワシだが、その洄游をはじめとする研究はそれほど多いとはいえない。

これまでのマイワシの洄游に関する研究成果によれば、マイワシの洄游は、(1)太平洋沿岸を三月から四月にかけて本州太平洋岸中部から北上し、七〜八月に北海道南岸沖に達した成魚群は、十一〜十二月に未成魚と同じように南下して本州中部に達する群れがいること、(2)十月から十一月に主として本州中部以南（紀州沖）から南下した魚群は九州南端に達し、二月から三月に九州西岸から北上する魚群と合するようで、この連合群は六月から七月に北海道西岸に達するとされる。なお、この際、成魚も未成魚も津軽海峡を通じて日本海群と太平洋群はあまり混合しないとされている。

このようにマイワシの洄游する群れはわが国の近海では、(1)太平洋沿岸洄游路をたどるもの、(2)黒潮洄游路をたどり、沖をまわるもの、その他に本節とは直接関連はないが、(3)日本海・対馬洄游路をたどるもの、(4)日本海リマン洄游路をたどるものなどの群れが想定されているのである。(2)

昭和十二年の資料をもとに神奈川県水産会がまとめた県内の「種類別水産価格(額)(3)」をみると、全水産物の種類(加工品も含む)の四七種類(主なもの三〇種類)のうちイワシは十位八位である。

ちなみに、一位はカマボコ・チクワ、二位ホシノリ、三位サバ、四位アマノリ、五位ブリ、六位アジ、七位イカ、九位マグロ、一〇位カツオとなっている。

また、前掲資料中の「重要漁業一覧」(昭和十三年)によると、イワシ漁については、「改良揚繰網」(周年)の漁場は相模湾及び東京湾で、大楠・南下浦・北下浦・横須賀・三崎などとなっており、「地曳網」(自五月〜至九月)の漁場は地元沿岸で、主に須賀・茅ケ崎・南下浦・北下浦などであるとされている。「八駄網」(自五月〜至九月)も漁場は同じで、鵠沼・福浦・須賀・真鶴・小田原・浦賀・三崎・長井・葉山などでおこなわれている。「猪口《ちょこ》網」(自五月〜至八月)も漁場は同じで、大楠・初声・長井・南下浦・北下浦・三崎などでおこなわれている。「流刺網」(自三月〜至五月)の漁場は地元沖合で、三崎・南下浦・横須賀・横浜でおこなわれている。「六人網」(周年)の漁場は横浜地先で、横浜・三崎でおこなわれているなどの記載がみえる。

このことから、神奈川県下における昭和十三年当時のイワシ漁は、上述の六種類の漁法が主なものであったことがわかる。以下、相州(神奈川県)の沿岸における各地域の事例をみていくことにしよう。

1　相州のイワシ漁

(1)　イワシ漁にかかわる漁撈習俗

・川崎市大師河原

【ロクニン網】　「六人いないと船が出せないといったが、六人でもむりで、八人から一〇人ぐらいでやる。人手が足りないので、農家の次三男をもらい子をして漁師にしたてて使い、カタフネ（分家）に出したりした。〈ボラは一匹はねれば何匹いるかわからない〉といって、ボラはとれ出すと多くとれた。イワシがとれなくなったので、コザラシも六人網もすっかりすたれた。ロクニンは、イワシ・ジャコ・コノシロ・ボラ・セイゴなどをとるが、網船二そう、テブネ一そうでやる。網船は二そうで各五人ほどのり、テブネはナムラをさがしてあるく。これをウケアイという。ナムラがあるとウケアイは夜ならランプ、ひるならテヌグイであいずをする。網船二そうは網をひろげて、ナムラをかこむ。ウケアイは船ばたをたたいたりして、ナムラを網に追い込む。すっかりかこむと、アバはそのままにして、ヤモトからすくうようにしてあげるのだが、非常にほねがおれる。竹ビシャクで水一ぱいのんでからでないと、とてもあがらなかったという。(4)」

【コザラシ網】　「コアミと似たものにコザラシ網があった。糸は細いもので、サシ網の一種でタケは二ヒロカタギから三ヒロカタギ、長さ一四ヒロのものを二段つなぎ、一四から二〇も使った。イワシだけをねらう。コザラシは本職ではなく、終戦前後からで、戦後一時盛んであった程度だ。網は完成品を買ってきて使用した。(5)」漁期は六月から十一月まで。

・横浜市中区本牧元町

【小型巻網（六人網）】　「漁期は四月〜十一月、魚種はイワシ・コノシロ・コハダ・スズキ。船は肩幅五尺前後（網船）二艘、五尺二〜三寸（手船）一艘で六人でも出来るから六人網とも言った。しかし実際は一四〜一五人で操業し、古くは江戸より昭和二十五年位迄続けられた。手船は指揮船と言って漁撈長（ウケー）が乗った。指揮の合図は手拭（お稲荷さんの旗を使った事もあった）を使った。〈およびがら〉と言って柏の皮を束ねた物を燃して合図する事もあったが、これは薄明薄暮の時が多く、夜間は光で海面を照らすと魚群が散逸するので、主に声で合図した。声の合図はオシマレー・オモカジ・トリカジ・オシコメー・ヤレヤレ（網を張る時）と言った。尚、柏の皮は網を染める染料にも使った。

【ヒコハチダ（シコハチダ）】　漁期は七月〜十月、片口イワシを獲った。船は肩幅六尺五寸前後（一九五センチ位）、櫓は五挺、二艘で一艘七〜八人で操業し大正十年頃迄続けられた。主に昼間コマセの餌を撒いてイワシを集め網を張って獲った。

【コザラシ】　漁期は五月・八月〜十二月でイワシを漁獲。一艘五尺二〜三寸肩幅の船三人乗りで操業し、昭和三十年頃まで続けられた。浮き刺網の漁法で網をイワシの洄游してくる位置に張る。コザラシ網一反で、操業時は二〇〜二五反を連結して夜間に海の上層に流す。そして網目に刺さったイワシを獲る。五月頃獲れるのは前年に育生した大きなイワシである。」(6)

なお、引用文献中に記載された〈図〉によれば、コザラシ網の丈（高さ）五間、一反の網の長さ二二間である。したがって、全体の網の長さは四四〇間から五〇〇間の長さを流すことになる。なお、同図によれば、網の上部の浮きには桐棒を五間おきに付け、一反ごとの網の目印には浮樽をつけ（灯り）を付けておく。桐棒を付ける縄の長さは一尋ないし二尋、網にはアバ（浮き）を付け、下部にはところどころに鉛材のイワ（オモリ）を付けた。

・横浜市金沢区柴

【六人網】「日本水産史（日本常民文化研究所編）には、〈横物長さ一四〇間、丈一七間、桐の木アバ五間五〇枚程付、金イヤ一五〇付、サノ網目（一〇目のこと）一尺に付二八廻り、一〇目の儀に付一尺に付一〇廻り〉とあり、小柴では大正十一年の報告書にみえている。これは巻網のことで、あぐり網の小さいもの。冬場を除き、イワシ・サバ・アジなど一年中とれる。柴では戦争中までこれをやっていたが、その後中止し、昭和四十一年からまた小山松五郎、斉田周蔵と仲間で再開した。しかも方法として、二艘同時に左右に回らないで、一艘は一定点に停止し、前の一艘が網を引いて回り、後者の船まで回ってモヤイをとり、前者の船がドラムでまく。この時二艘の乗員は一艘に乗って中網を引よせるように改良した。(7)」

【地曳網】「明治三十六年の記録によると、地曳網は、七月から九月まで、柴・野島・富岡の専用漁場で、鯵・鰯・鯖・カマス・タナゴなどをとった。使用船六艘、乗組六〇人とある。ついで元網は宍倉弥五郎（大船）、宍倉卯左五郎（大船）、斉田網三（小船）、斉田七五郎（大船）、斉田庄五郎（小船）、小山定五郎（大船）、小山富太郎（大船）、小山俊蔵（小船）他二名など一〇人となったが、あとから宍倉浜吉（大船）、斉田平太郎（大船）、小山新太郎（大船）、斉田吉五郎（大船）のほか六名の新網ができた。これらは一日交替で場所を替え、各網主が引く。

地引網は、二四〇ヒロの網を使い、船四杯（網二艘、網、外に魚をつかむ手船一艘）で、網を張ると同時に、網をつける。網は二〇ヒロのものを二〇ボウつなぎ合せ、波打際まで伸ばし、網を引きよせる。網を引くときは、元網双方で三〇人位かかり、二人宛組んで網の左右に並び、腰に補助縄をつけ、各々がなるべく元網のきわに身をよせつけて引く。地曳網は、七〜九月までの間に実施し、アジ・カマス・タナゴ・セイゴなどをとった。場所は乙浜海岸から長浜まで、昭和のはじめ頃までおこなったが、その後金沢の沖に藻がなくなり、魚がよらなくなったことと、海苔の養殖がはじまり、ヒビの残りが網に引っかかって邪魔するので現在はやらない。(8)」

【小晒網《こざらし》（流しさし網）】　「コザラシ網は、イワシの採捕を目的とするもので、往年は内湾漁業の花形であった。七月から十月の末まで、一艘三〜四人乗で、柴共同漁業および横須賀から本牧沖にかけて、中ノ瀬付近で操業した。しかしその後、内湾におけるイワシ漁業の不漁と共に衰微した。また一昨年（昭和三十八年）あたりから、イワシが少しとれだしたので、再び始められている。コザラシ網はさし網の原型で、一枚だけの浮さし網を使う。網には一〇〜一二目の三種があり、季節により、イワシの大小により使いわけする。網は水面または水面近くに網を固定することなく、潮流のままに流して使用する。魚の遊泳方向の一定した（例えばイワシ）など、魚群をみつけ次第流す。

往時のことは、〈江戸湾口でも小晒網と称するイワシ浮刺網業が行われた。その起源は明らかでないが、明和六年（一七六九）の上総大井村文書にはその網名が記され、また相模久里浜では、文化初年に初めてこの網を使用したという。この漁業は、漁船一艘に漁夫三人が乗り、夜間長さ百四、五〇間に及ぶ網を海中に張り、船は網から離れ、船板を叩き、又は篝火を照らして魚を驚かして、網目にかからしめるものであって、他の漁業を著しく妨害するもので、当初からその使用を制限または禁止された。しかし漁獲が多かったので、ひそかにこれを営むものが絶えなかった〉（『日本水産史』日本常民文化研究所編）とみえている。(9)」

・横須賀市（旧）深浦

【ハチダ網】　「ハチダ網ではカツオの餌にするヒコ（シコ）を漁獲した。夏の漁で六月頃より九月にかけておこなわれる。深浦にはヒコを漁獲するハチダが六統あった。四挺櫓で片方に六人ずつ乗り、オモテに一人見張りが立つ。マネをふると網をおろす。

漁獲物は伊東、稲取、葉山などからカツオ船が来て餌を買っていく。ハチダ網にはカゴブネもいて、後をおってくる。ハチダの役はカゴナワを曳く仕事もある。カゴは直径二メートルほど。

カツオの餌にするヒコは漁獲してからすぐに船のイケスに入れると魚は死んでしまう。したがって漁獲したものは一度、竹製のイケスに入れ、〈イケツケ〉をしてから船に移す。イケツケは、カゴに入れてヒコをならすことである。一週間も入れておくとなれた。普通は船主が先に来て宿に泊り、良い餌があるのをみて電報をうつと鰹船がまわって来た。イケスは太い孟宗竹のウキにささえられて海中に浮かべておかれた。(10)」

・横須賀市大津

【ハチダ網】「ハチダ網は七月から九月末にかけて行われた。親方が七人おり、漁の時は周辺の家人が船子として親方の船に乗る。人手不足の時は下浦、長井、時には千葉方面から人を雇った。アミブネは二艘で、肩幅五～六尺、七～八人乗りで五挺櫓。船は沖に出てからもやう。カゴブネは三艘、肩幅四尺四～五寸、一～二人乗りで二挺櫓。一艘に生簀を二～三個積んでいく。親方はカゴブネに乗った。網は長さ三〇～四〇間のものを使う。主に鰹の餌にするシコ（ヒコ）を漁獲するが、この時はコマセを撒いてシコを集める。

漁場はナザ（灘）の沖で岸から五〇〇～七〇〇メートルの場所。この地域でナザ（灘）とは岸に近い所で、現在は埋立てられ、宅地となっている場所をいった。シコは伊豆や焼津のカツオ船が買いに来た。ハチダ網は大正十二年の関東大震災以後おこなわれなくなった。

【コザラシ網】　イワシを漁獲するコザラシ網は五～六月から十二月にかけておこなわれた。船は肩幅四尺四～五寸。三人乗り。網は長さ四〇間のものを四～五枚つなぐ。網の丈は七尋。(11)」

・横須賀市走水

【アグリ網】「漁はサンソウバリ（三艘張）といい、見張り一艘、網船二艘の計三艘でおこなわれた。見張り船に親方が乗り、漁の指揮をとる。魚群を発見すると手拭で網船に合図をする。見張り船は二挺櫓で三人乗り。肩幅四尺二寸。網船はモト船ともいい、七〜八挺櫓で、一艘に一二〜三人の船子が乗る。二艘の網船はモヤイになる。肩幅八尺。走水の親方（船元ともいう）は伝五郎・延左衛門・又兵衛の三軒で船子はそれぞれ親方がきまっており、その親方の船に乗る。網は一〇〇〜一五〇間の長さのものを用いた。捕獲した魚は見張り船に積んである樽に入れて運ぶ。樽は一艘に七〇個も積んだ。ヒコイワシが主である。漁場は伊勢浦（伊勢町の沖）が多い。山見は武山、富士山、佐原山など。六月から十二月末まで、ヒコイワシをカツオの餌にするために漁獲したが、こイワシは焼津方面の鰹船に売った。イワシは春になると東京内湾へのぼり、十月頃おりてくる。秋におりてくるイワシは油がのっていて美味であった。また、十月から翌年三月にかけてはコハダ（コノシロ）を捕獲した。代分けは船と道具（網）は一代。十五歳より六十歳の者は一人前もらった。(12)」

『東京内湾漁撈習俗調査報告書』の横須賀市走水には「明治二十年走水水揚量並魚価」の表が掲げられており、「イワシ・三五〇、〇〇〇尾（千樽）・二五〇円・一尾の価格七毛」とみえる。

「旧廃の漁業」（前掲書）に三艘張網・あぐり網・八駄網・小晒網などがみえ、いずれもイワシを漁獲していた記載があるので、概要をまとめて事例に加えた。

【三艘張網】　「実施の時期は明治時代。以後、あぐり網となり大正時代で終る。漁場は羽田〜浦賀沖の東京内湾。漁獲対象はイワシ。漁期は五〜六月と十〜十一月。網は麻網一二節（綿二号相当）、綱はシュロ（五分）、漁船一・五トン位で、走水地区に一〇ケ統あった。漁法は、潮流を受けて張り曳網し、網をたぐり、すくってとる。漁網は片方（上部）を一〇〇間を四〇間にいせ、これにアバをつける。また他方（下部）は一〇〇間を二〇間にいせアバをつけ、両端に金石（一尺位のもの）をつける。網幅は二〇間のものを七間にいせる。この網を左右から各網船が曳き、真中部分に手船が位置して操業した。(13)」

【あぐり網】　「実施の時期は三艘張網を引継ぎ、明治末期から大正時代にかけて。漁場は東京内湾。漁獲対象はイワシ。漁期は九月中旬から三月中旬にかけて。網は綿糸又は麻一〇節太さ二〜三号。漁法は漁船二艘を使用し、魚群を包囲してまきあげる。走水に一ケ統あり、二〇人ぐらいが従事していた。
漁網は片側（上部）一三〇間を六五間にいせる。浮子綱四分二本を使用し、桐材のアバ（浮子）をつける。アバは一〇センチ間隔で、大きさは横八寸、縦四寸、厚さ一寸五分ほどのもの。他の片方（下部）は一三〇間を七八間にいせる。沈子は板鉛四〇匁で六尺間隔につける。網の丈は二五間を六間にいせる。この網を二張継いで使用するので網の上部は一三〇間となる。(14)」

【八駄網】　「実施の時期は昭和十年頃まで。漁場は羽田から観音崎、千葉沖合。漁獲対象はシコイワシとシバエビ。漁期は七月から九月。
網は浮子方の長一〇〇間を三〇間ぐらいにいせる。沈子方の長一〇〇間を二〇間ぐらいにいせる。一四節位。
漁法は網を二艘で曳き、手船が威嚇、撒餌で集魚。走水で七統。約三〇人ぐらいが従事していた。賃労働で、漁夫は長井、北下浦、千葉方面より。(15)」

【小晒網】　「実施の時期は昭和二十二〜二十三年頃まで。漁場は羽田から浦賀にかけて。漁獲対象はマイワシ。漁期は六月から八月。網は網目九〜一一節、綿一号。六〇尋幅の網を四〇尋〜四二尋にいせる。
ウキには樽を用いる。アバは桐丸棒。網の丈は二尋位。一〇節の場合は二五〇目、一一節の場合は三〇〇目。網の上部は四〇尋だが下部は四二尋にする。この網をつなげて流す。(16)」

・横須賀市鴨居

【八駄網】　「明治時代、操業されていたが明治の終り頃には終ってしまい、詳細は不明。大津から導入されたのかも知れないということである。この網はその後改良を重ねて現在の揚繰網に発展した。所有形態は個人（オトジロ・石田音次郎）であった。

漁船は長さ約一〇メートル・幅一・六メートル・深〇・七メートルで、現在の揚繰網船よりやや細型で動力は櫓（五挺櫓）を使用した。所有形態は、網同様個人である。漁船そのものは他所の造船所で作ったが、それがどこであったかは不明である。（上記の揚繰網船は昭和四十八年四月六日に横須賀市人文博物館に収蔵された）

漁法は夏季、早朝又は夕暮時、網船、二艘に六～七人が乗り込み、魚群に近づくとまき餌（こませ・こませあみ）をまいて魚を寄せまきとる。漁獲対象は、シコイワシで主な漁場は大津地先であった。漁獲したシコイワシは〈ぼうけ〉（いけす用かご）に入れて生かしておき、カツオの餌として売った。ぼうけは〈つる〉の所に竹竿をつけたくさん並べて浮かしておいた。操業資格等は特にない。[17]

「ぼうけ」と呼ばれる直径二メートル・高さ二メートルほどで首の部分の直径五〇センチほどの生簀用の竹籠を浮かせておくために首の部分に井桁を組んだ孟宗竹や桐材などのウキをつけるが、このウキを「つる」と呼んだ。」

【揚繰網】　「漁具は八駄網から発展した大型のまき網（といっても分類上は小型まき網第一種）で現在も使用されており操業方法も鴨居では最も大がかりで漁場の範囲も広い。

八駄網のあと明治の終り頃、甘酒屋（屋号）がたい網を作った。これは船につんだたいこを叩きながら〈たい〉をとる大仕掛なものであったので、一本釣の強い反対にあって操業はできなかった。大正になるとハイカラ網が始まった。これは、イナダ、ボラをとる網である。ハイカラの意味は網しめに工夫をこらしてあるところからつけられた名前でカン網に重りをおとして網をしめるものであるが、あまりうまくいかなかったので二～三年で廃止され、やがて揚繰網が発達した。

漁法は十月～二月まで朝方、夕暮に操業する。網船二艘と電探船一艘で一五～一六人を要する。昔は魚のはねるのを見て出漁し、従事した人数も二五人位で多かった。漁場は久里浜から金沢沖で対象魚種は一〇節ではコノシロ・コハダ・ボラで、一四節ではイワシをとる。

賃金形態は水揚の三割を網元が、船や網の費用として取り、それから他の費用を差し引いたものを、乗子の数で割った額が各自に賃金として支払われた。乗子は、ほとんど土地の一本釣の漁業者であった。(18)」

次に昭和四年に出された石田音次郎外二名の改良揚繰網許可願をみると、漁業方法等の内容の詳細をよく知ることができる。


〈組合文書・改良揚繰網漁業許可願〉

漁業ノ方法・網船二艘手船一艘ヲ用ヒ沖合ニ於テ之レヲ行フ、網ハ網船ニ分載シテ出漁シ魚群ヲ発見シタル時ハ二艘相舫ヒ網ヲ接続シ左右ニ漕ギ分レ魚群ヲ包囲シツツ投網ス、投網シ終ルト共ニ両船再ビ舫ヒテ環綱ヲ引キ締メ然ル後両船ニテ網ヲ引キ揚ゲ魚ヲ魚取部ニ集メ之レヲ欟《タマ》ニテ抄《スク》ヒ捕獲ス。

漁業ノ場所・相模湾及東京湾一帯。

漁獲物ノ種類・イワシ・サバ・イナダ・コノシロ・アジ・ボラ・スズキ・サヨリ等。

使用漁船数・網船二艘・手船一艘・曳船一艘。

漁業ノ時期・毎年自一月一日　至十二月三十一日。

許可ノ時期・五年間。

右漁業御許可相成度漁業取締規則第一条ニ拠リ奉願候也
昭和四年五月三十日
三浦郡浦賀町鴨居　石田音次郎
〃　青木　滝蔵

〃　　　　　　　　　　　　二木木紋一

神奈川県知事　池田　宏殿

具体的な大きさを示せば、網の丈（高さ）は二〇間、目合は二〇〜二五節、アバは桐材で四センチ×一五センチと示されている。(19)

また、揚繰網については、網の丈（高さ）が三〇間、長さ七〇間で目合一〇節・八節まじり、一四節・一五節・一六節まじり、長さについては七〇間の網二枚で一組なので全体で一四〇間。網の材質は大正時代から昭和四十一年頃まで木綿であったが、昭和四十一年以後ナイロンになった。(20)

・横須賀市久里浜

【キンチャク（アグリ）網】　「ヒコイワシを主に漁獲するため三月より十一月にかけておこなわれた。三組（日ノ出網・大正網・エビス網）の株仲間があり、株を買って仲間になる。久里浜の漁師はいずれかの仲間に加入していた。網仲間であるため親方はいない。したがって漁に出て指揮をとる者を〈ウケ〉と呼び、組の中で最も眼がよく、年齢四十歳以上、血気盛んな人を互選した。出資の面では〈岡モン〉の方が金持ちなので、金だけ出してオヤカタになった者もいる。

漁獲したヒコイワシはニボシに加工する。船は網船二艘、肩幅七尺、一艘に一〇人乗り、六挺櫓、港を出てから二艘はモヤウ。他にテブネ一艘、肩幅三尺四〜五寸、三人乗り、三挺櫓。テブネは網船より約一時間もはやく出漁し、魚群をさがす。テブネにウケが乗る。

網は全長一〇〇間、丈二〇尋、一寸に一六目のものを使用した。漁場は鴨居沖から金田湾までで、アシカ島より手前、二〇尋以内の水深。普通は一〇〜一二尋の場所へ網を入れることが多かった。テブネにイケスを積んで出かける。

代分けは十六歳からは一人前。道具代をのぞいて人数割りをおこなう。大漁の時は〈オキアガリ〉といい、番屋（網を保存してある小屋）で酒宴を催す。このときはマイワイをくばることをしたり成田山へ参ったりした。前述の網仲間は昭和十三年頃までつづいた。(21)」

【ハチダ網】「日ノ出網は地曳網のほかアグリ網やキンチャク網もやった。子供の時はハチダという網だった。ハチダ網にはヒコ網とイワシ網の二種類があった。ヒコ網は目合百でナカミが千間、ヨウドリの部分は桝形になっていて目合二二を使った。もちろん昔は麻の網であった。

ハチダは片方の船に四、五人が乗り、二艘で網をかけた。イワシハチダは目が一四、（一尺に一四目）、ヘリは八つ、イワバラ（重りのついている方）は一間のタチアゲで、オラシの所にブチ一間がついていた。

ウケアイ（指揮者のこと）はテブネ（小型の船）に乗り、海の色合を見て指揮をとった。当時下浦や金田にはハチダ網は一八じょうもあり、イワシはとりっこであった。毎年正月の発令式に今の税務署の前にあった郡役所で規約をきめた。規約ではイワシを発見するとウケアイがホデ（手ぬぐい）を肩にかつぐとその網の権利であった。つまり、肩に早く手ぬぐいをかついだ方が早くイワシの群れを発見したということになったわけである。

ハチダ網にかわってアグリ網が入ってきた。アグリは〈ヤ・ホイ・ヤ・ホイ〉とイワバラを引っぱると魚が下にもぐってしまう欠点があるので、キンチャク網が用いられるようになってきた。キンチャクはその名の通り、網の下を締めてしまうので、魚がぬけることは出来ない。キンチャク網は大正時代に普及してきた。

ハチダも棒受網もコマシでだましてイワシを網に入れ捕獲したものであるが、大きい群れの時はコマシを使わなかった。捕獲したイワシはカゴに入れ、昔は〈ホンリャエ・ホンリャエ〉といいながらカゴを船で曳いて来たものだった。

三、四月頃になると、登りイワシといって東京湾にイワシが入って来た。イワシの群れの状態にはいろいろあって団子のようにかたまった群れを〈イトコ〉といった。またイワシの群れで海の色が変化するが、これを〈アカミ〉といった。大きいイワシの群れにはクジラやカツオがついてくることもある。冬場にはオナガザメが東京湾から落ちてきて中の瀬のまわりにつく。それは寒くなるとイワシも中の瀬に来るからである。

・イワシの漁期　イワシは三戸（三浦市初声）から一～二月にはじまるといわれ、三戸沖はネドコのいい所だった。その後四、五月頃になると相模湾のイワシが東京湾に入り、中の瀬にイワシが来る。

八十八夜も過ぎると〈シキ〉が立つようになる。シキとはイワシがおよぐと海水が白く光る状態をいう。もちろんこれは夜しか見えない。ちょうど象牙のように海に模様が出来るのである。また、この頃に〈ガニビキ〉といって大豆ぐらいの小さなカニがわいて泳ぎ出し、これを追ってスズキやメバルがはね出す。この頃になると昔は浜に設けた番屋で終日魚見をし、魚群を発見するとホラ貝を吹いて人を集め、いそいで網をかけた。

また、ヤナギビキといって指でひっかいたように海水がイワシの群れによって変化することもある。昼間はこのような海の状況を見ることはないから、海の色によって魚群を見分ける。ヒコイワシは色はこく、コノシロは薄い。また、泡の出る状態で魚の見分けがつく。コノシロは細かい泡が出る。また泡の出方によって魚の進行方向を見分ける。このような判断が出来ないと、ウケアイは出来なかった。イワシのハネ方でも群れの状態がわかる。真上にはねると群れは固まっている。イワシのはねる状態をセリというが、これは誰れでも見えるので、その進行方向などは判断できる。

五月五日の節句がキリカエで、夏期のイワシ地曳網とアグリ網は一応終りをつげる。この時乗子は親方をかえることが出来た。また十月十日の金比羅様の日もキリカエで、この日から冬のアグリ網がはじまった。冬期の地曳網はなかった。

・代分け　アグリ網・チョコ網などの代分けは、網元が株金として水揚高の四割をとり、あとの六割を人数で割った。

地曳網の場合は網元の株金は三割であった。網元も漁に顔を出せば一人分もらえた。分合いは十三歳の者は三分、十五歳になると五分、十五歳から十八歳は八分、十九歳以上になると一代もらえた。その他は皆平等の代分けであった。トバシロ（病気などの時の賃金）は一人分は出ないが、事情によってあんばいして分がきまった。

ホネシロは二十歳から二十五～六歳の血気盛んな若者に出した。何故にこのようなホネシロを時折若い者に出したかというと、どうしても沖の漁では危険な作業がともなう。たとえば海に飛び込んで魚群のむきをかえさせたり、海にとび込んで網をはずしたりすることがある。このような時にはどうしても若い者の力をかりなければならない。つまり、いざという時にホネシロの効果が出るのである。網の修理などにはあまり熱心でない若者で、いざという時には命の危険をかえりみず働き、貴重な網を救うこともあるので、それを期待して、ふだんから時折ホネシロを出すのである。ホネシロはもちろん、網元が出した。（中略）

【アグリ網の船】　アグリ網は網船二艘（肩幅六尺五寸の船）とこれより小型の手船一艘。それに漁獲されたイワシを運ぶ船などから構成された。網船は左舷を舫う方のものをマアミ船といい、右舷を舫うものを逆アミ船といった。双方には一三人の乗子が乗組んでいるが、これをやたらと交替することは出来なかった。というのはマアミ船から見れば、逆アミ船の仕事は網に関しては全く逆になるので、仕事がスムーズに運ばないのである。だから、欠員がある時などでも、もう一艘の方から補充することは出来なかった。

どの船でも船ごとに船頭になる者を配置したが、それはトモロオシでトモの櫓を分担しながら船尾から指揮をとった。船頭の補助はヘサキの櫓を担当するヘノリで、副船頭格であった。ヘノリは腕っぷしの強い性格の荒い者がこの役につくのが普通だった。アグリ船ではそのほかにアバウケといって、網のアバ（浮きのこと）を受ける係りがいた。この仕事は網をウケアイの指図で海に投げ入れる重要な仕事であったので、ウケアイから見て信頼のおける性格のおとなしい、しかも力持ちの人が当った。これらの役づきの乗子には代分けとは別に網元から多少のサカテという手当が支給された。

ウケアイ（総指揮者）は手船のヘサキに乗り魚群を発見し、網船を誘導した。手船のトモロオシは、最も年季の入った熟練の漁師がなり、ウケアイの相談にのった。いわば手船のトモロオシは参謀長というところで、アグリ網では網元からも、漁師からも神様のように扱われた。たとえば、船が浜に着くと、網元の女衆が下駄を船のわきにならべて、手船の船頭だけは足をぬらさずに陸に上った程であった。もっとも、手船の船頭になるような人は相当の高齢者の場合が多かった。ウケアイはホデ（白い手ぬぐい）を手に持っていて、これを振って方向を指示したり、魚群の発見や網をかける合図をした。

・イワシの処理　イワシはその種類、また漁獲量や季節によって処理の仕方はちがう。カタクチイワシが少ししか入らなかったような時は、カツオの餌用として棒受籠に入れて海に浮べて活かして置く。だが、籠にはケンチ桝（漁獲したイワシを売る場合に用いられる桝）に二杯ぐらいしか入らず、それ程生簀籠が用意出来ないので蓄養出来るイワシの量は限られる。生簀に蓄養されたイワシはカツオ船が買いに来ると売った。

大量にイワシが漁獲された時は、蓄養して余ったイワシは生のまま売る。これが二段階目の処理の仕方になる。だから魚の仲買も生きた魚を扱う仲買と、〈アガリ〉（死んだ魚をいう）を扱う仲買とがあった。前者では山本家の親せきになるが鈴木サンザブローという人が久里浜にいて、漁師の獲ってきたタイ、ヒラメ、ブリ、イワシなどを生簀籠に生けて置いて、商売をしていた。サンザブローでは六挺張りの押送り船を持っていて、江戸送りもやっていた。〈アガリ〉の魚を扱う魚商には〈ノンダ〉という屋号の家があり、ヨーさんという人がひとしきり仕切っていた。よく、〈親がノンダ（飲んだの意）が子がヨー（酔うの意）た〉などとひやかしたものだった。ヨーさんの子供にカクさんという人がいて、後に八幡に店を出し、今でもその魚屋は続いている。

ヒコイワシはタテカンゴと呼んだ小さな竹製の籠にならべ、それを何段にも積み重ねて天秤棒でかつぎ、ボテフリ（天秤棒をになって魚を売りあるく行商のこと）が〈エーヒコ・エーヒコ〉といいながら近在へ売りあるいた。そのほか、タテ船といって網元が仕立てた船にイワシを百樽も積んで、江戸まではとどかないから、本牧や神奈川方面へ持って行って売った。

このようにして、生のイワシを売っても未だ余っている場合にはニボシにした。これが第三段階目の処理方法になる。さらに、第四段階目として、ニボシに手があまると、冬ならばタテボシ、夏ならばシメカスにした。

ニボシは夏には良質のものが出来ないので冬期に行なった。現在は乾燥機を使用したりイワシを煮るにしても蒸気で蒸したりしているので、夏期でもニボシの加工はできるようになっているようだ。また店頭に並べてあるニボシもきれいで上手に出来ているが、このような加工法の進歩がもたらせたものだろう。

昔の加工法はおおよそ次の通りである。まず水揚げされたイワシは大きな水槽に入れて真水で洗い、アゲズに入れる。約一斗（ケンチ桝による）のイワシは一〇枚のアゲズに入る。一〇枚のアゲズは鉄のモッコでまとめられ、釜の湯の中に入れられる。釜には一〇杯の水に対して一升の割合で塩を入れた。ニボシは煮方の技術がむずかしく、あまり煮過ぎると、尾や頭がとれてしまうし、また煮えが弱いとガンダになってしまう。二、三回沸騰してあぶくがあがってくるとイワシを釜から揚げた。イワシの入ったアゲズは上からもう一枚のアゲズ（イワシの入っていないもの）を重ね両端を二人で持って手際よく反転し、イワシは別のアゲズに移されて、しばらく風通しの良い所に置かれる。やや乾燥して身がひきしまってくるとホシズに移し本格的に乾燥する。

ニボシは主に関西方面に出荷した。一等品はゴザイともいい、大きさが五センチ程の大きさのイワシで最も値がよく、これは大阪の織田留商店、永田四郎兵衛商店に送った。二等品はチュウザイといい、七センチから一〇センチ程のイワシで、これは名古屋の市場に送った。メザシにするような一〇センチ以上ものイワシはオオザイといって値は低く、これは主に岐阜の問屋に送った。ニボシは絹を送るのに用いた木箱を買ってきて、それを再利用して、横須賀駅から鉄道便で送った。今でも一枚だけその時に使った送り状の用紙を残している。

ニボシの買付には、関西方面からそれぞれの商店の番頭が来て行なった。彼らは計算高く、そろばんをパチパチやりながら買付の交渉をした。漁師はソロバンは苦手だからどうしても後手にまわった。でも、これらの商人に、なめられては損だから、商人にわからないように符丁を使って、〈今日は〝ブリ〟でなければ売るな〉などと、漁師仲間で協定したりして、これに対抗した。しかし、最初は買手側で相場を根拠に切り出して来るので、漁師側の要求する値はナカナカ通らなかった。符丁には色々あったが、ソク㈠・ブリ㈡・キリ㈢・ダリ㈣・イデ㈤などといい、ソクガレンというと一・五を意味した。

生のイワシをそのまま砂浜に干して乾燥させるのをタテボシといった。タテボシは主に冬場、大量にイワシがとれたときに行なった。これは主に肥料として売るのであるが、食べても結構うまかった。よく乾燥させれば、砂は肉の中に入り込んでいないので、直ぐとれるし、油が魚肉にしみ込んでいるので焼いて食べると良いおかずになった。腹がへると若い衆は網小屋でそれを焼いて食べたものだった。だから、浜に干したイワシがよく盗まれたものだった。タテボシされた干鰯はタテゴといわれる両端が編みっぱなしになったコモに入れた。このコモに二斗量りで二杯ずつ入れ、両端を締めて俵にした。

シメカスは主に夏場に行なった。シメカスにするには、まず釜の中に直接イワシを入れて煮る。水を手桶に八杯、イワシはケンチ桝で八杯入れる程であるので、釜はかなり大きい。釜は底は平らであるが上部は樽のような木製のもので枠どりされていた。昔のことであるが、この釜に落ちて死んだ人がいたと聞いている。釜でイワシを何回も煮ると、水が悪くなってよく煮えなくなるので、時々煮汁をとりかえる。熱い煮汁を汲み出すのは危険な作業である。この熱い煮汁を天秤で運ぶ際、つまずいて釜の中に落ち、全身火傷をおって死んだということである。煮汁は捨てずに肥料として利用した。

釜の脇にはシメ道具が置かれていて、それで煮えたイワシを圧搾して油をしぼり出した。一度に圧搾してしまうと平均にしまらないので、徐々に力を加えて圧搾した。搾り出た油は煮汁の上面にたまるので、それをすくい取って油樽に入れる。油は買い集める人がいて買いに来たが、この油は主に工場などへ売られたようである。魚油は焼けないので機械油としては最良だったのである。イワシは土用に獲れるものが最も油がのっていて油が出る。出カスは夏場でも一週間ぐらいはそのままでもくさらないが、入梅時で乾燥させることができない時は砂浜に大きな穴を掘ってそこに一時埋めて置いた。直のシメカスは食べても結構うまかった。特に一日ぐらい乾燥したものはやわらかく、油が肉にしみ込んでいてうまかった。だから、乗子の主婦などは〈兄さんこれ釜にほうり込んでおいてよ〉などといって網に入れたイワシを煮てもらい、他のイワシといっしょに圧搾してもらった。それを副食物にしたものだ。シメカスは良く乾燥させると堅くなり、保存がきき、料理にも利用できた。シメカスはタテボシより現金収入とはなったが、手間がかかり、人を雇うので、それ程利益とはならなかった。大正時代（後期）で一人一日八〇銭の賃金で、朝のお茶に八銭、午後のオヤツが十二銭と費用を計算すると、一人雇うと一円の出費となった。またシメカスには燃料費も掛った。石炭も少しは使ったが主に松薪を使った。硬い薪なら良いが、値が高くてやりきれないので、安い松薪を使った。松薪なら一円で五〇把も買えたが、カタギだと一円で一三把しか買えなかった。松薪は真黒い煙が出てよごれるが、火力は強かった。[22]」

・横須賀市野比

【地曳網】　野比漁業協同組合の組合長をしている（昭和四十三年十月六日現在）話者の菱沼重蔵によれば、野比海岸には三組のイワシ地曳網があり、中村・下《しも》・東《ひがし》の各地区に漁船が各三艘ずつあった。網小屋のことを「バンヤ」（番屋）

と呼び、網をしまっておいたり、漁の時の拠点となるが、魚群を発見しやすい高台（砂丘上）に建てられていた。

イワシの地曳網は二〇〇間の長さがあり、ほかにユ（イ）オアミといってコノシロ・イナダ・サバなどを漁獲する網の長さも二〇〇間はあった。地曳網などは共同で所有しており、仲間が一三人いた。イワシ地曳網の場合、野比海岸の各漁場で網を張ってもよかったが、自分たちの漁場以外の場所で操業した場合には、「場代《ばだい》」を水揚げの二割五分、支払うことになっていた。昔は、村人たちは百姓（農業）をしていたが、浜にはかならず一人は見張り番（役）がいて魚群を見つけるとホラ貝をふいて知らせた。イワシは漁獲が多い時はスナボシといって浜へ干して乾燥した。

〔話者：菱沼重蔵　明治三十一年九月五日生／菱沼松蔵　明治三十六年一月四日生／青木松五郎　明治三十三年三月五日生／青木清次　大正十一年十月四日生／永塚豊次郎　明治三十五年四月九日生〕

地曳網船は四挺櫓を使って操業した。

「野比から長沢・津久井に続く砂浜海岸は地曳網の好漁場で、このあたりの地曳網漁業は江戸時代初期の頃紀州下津の漁民がこの地に集団移住した頃からはじまった。

野比浦では、すでに天和年間（一六七一〜八四）の頃地曳網がおこなわれていて、この頃不漁が続いていたことが、次にかかげる史料によってわかる。（中略）

県史に所載されるこの史料によって、おおよそ次のことがわかる。一つはすでに天明の頃野比地先に地曳網のあど場（漁場）があり、それは三分されていたことである。第二はこのあど場には年々十両の運上金が課負され、公認の漁場であった。ところが、天明の頃漁がまったくなく、そのため運上金を三分の一にしてくれとの要求がなされたのであった。さて、野比地先には戦前まで地曳網の漁業権が認定されていて、それは東地区の地先、中村地区の地先、下地区の地先と三つに区分されていた。この三つの区分はすでに天明期にも認められていたことは、先に述べたことである。

明治三十六年の特別漁業免許願書によると、漁獲物の種類はコノシロ、イワシ、ボラ、イナダなどとなっている。また漁期は周年で、免許期間は二十ケ年となっている。明治にあっては、この特別漁業免許にもとづき、野比では東網、中村網、下網の三つの網組があって地曳網をおこなっていた。特に明治の中期より昭和の初期にかけてが全盛期で、この頃には大漁もあった。各網組とも、魚群の見張りのため、海岸の高台に魚見小屋を建て、漁期になると毎日ここで見張った。地曳網の漁獲物はイワシ、コノシロが主なものであった。

東網の場合、船が三艘あって、網元は東の〈オモテ〉（屋号）で、約一三人から一五人の仲間で地曳網を操業した。網はかわり網といって一艘の船に二ケ統の網が用意されていた。それはイワシ網とアジ網の二種類でイワシ地曳網は長さ一八〇間、タケ最高八間、最低一間の曳網で、イワシ、ボラ、イナダの魚群が漁場内に進入するとこの網をかけ徒歩掛けでひきあげた。アジ地曳網は長さ一〇〇間、タケの最高五間、最低三尺の曳き網で、満潮の潮が静止した時をねらって、曳き縄一二房以内に浮樽をつけ、徒歩掛けで曳きあげた。この網は六月から十月までの間にかけることが多く、カマス、アジ、サバが入ってきた時にかけた。網は使用しない時は〈ダテ〉とよばれる網台に積んでおいた。

東網にも、浜の小高い所に見張番屋があって、いつでも一人は番をしていて、魚群を発見すると、ホラ貝を吹いて合図した。ホラ貝を吹く音を聞くと、食べかけの飯もそのままにして漁に出たものだという。

東網には二人のウケアイ（船頭）がいて、これらは網組の中から、経験を積んだ、眼の良い人をえらんだ。ウケアイは二年契約であった。地曳網は魚群が入ってきた時のみに操業するもので、網を入れない時は、それぞれ小ショウバイ（小さな漁）や百姓をやった。しかし、藁仕事（〈コナ〉とよばれる藁縄の網をつくるなど）は番屋でおこなった。

野比の地曳網では三つの網組が漁業権区域を接していたので、相互間に操業の取りきめがあった。たとえば東網が中村網の漁業権区域内に入って操業する場合（中村網が人を集めることが出来なくて網をかけることが出来ない時など）、とれ高の二割半を現物納で中村網に出した。

また、〈アテジリ〉といって、一回目の網に魚群が入りきれないとき、言葉をかわして優先権のある一番網に了解を求めれば、その直後に網をかけて、獲り残した魚群を獲ることができた。この場合、三番網は、〈トリドク〉といって場代を払わなくてもよかった。実は、この取りきめは、毎年二月十五日のお神楽の際に三つの網組の網元が集まって協定書がとりかわされた。この神楽は地曳網の大漁祈願の神事ともいえるもので、毎年、三つの網組が交代で祭りの役をつとめ、その費用なども役に当った網組が支出した。

この日、祭りの役となった網元の家でケッポ（ほら貝）が吹かれると、網組の仲間が集まってきて、そのホラ貝を吹き吹き白髭神社へ列をつくって集まった。この時漁師は皆マンイワイの袢纏を着ていったものだという。久里浜から神主がきて、境内で神楽が奉納される。これがおわると、神酒やオモッコ（赤飯）が集まった人達にふるまわれて、祭りは終る。この神楽には各町内の区長（常設委員）も招待され、祭のあと当番の網元の家を宿として祝宴が盛大に開かれた。

大正十二年の協定書は次のようなものであった。(23)

協定書

大正十二年二月十五日、豊漁祈願例祭当番下地曳網にして、野比漁業特別漁業行使者を代表するもの協議を為し、

一、特別漁業地曳網は各地先に於て魚群を発見したるとき、一番網は当然地先にて漁業し、二番網は隣接網組より応援を求むるを必要とする。相互言葉掛合を為し、漁業開始し漁獲物は折半とするものとす。三番網は任意漁業するに異論なきを各網に於て承認し居れるを以て漁獲物は其網の全収得とす。

例、下網に於て群魚を発見し、其の魚群が中村地先に入りたる場合、中村番屋に留守なるとき、下網は中村の漁具を使用、若くは自己の網を以て追掛漁業すといえども、漁獲物は折半するもの追掛漁業三張の場合及他漁場

に追掛のときは三分するものとす。

以上分配の場合は、捕魚現物に依ること、此場合、中村魚見番屋に漁業に従う相当人員の在る時は追掛漁業は為さざるものとす。

右協定を証する為、会議録を作り代表者記名捺印す。　大正十二年二月十五日

下網代表者　永塚市太郎㊞
中村網代表者　荒井　留蔵㊞
東網代表者　菱沼甚左衛門㊞

【コザラシ網】　「イワシなどを獲る浮刺網で、アグリ網が盛んになってからやらなくなった。この網は〈マズメ〉とも呼ぶ夕暮れ時がよく、蒸気船三盛丸が通っている時分には夜の十時半に三盛丸がやってくるので、それに間に合うように網をあげて、小さい魚カゴに入れて、三盛丸に積んで、築地へ出荷したこともあった。(24)」

・三浦市南下浦町上宮田

話者の吉田進の屋号は「船小屋」というが、もとは「船具屋」であったらしい。昔は船具を商っていたという。漁業協同組合の組合長をしていたこともあるが、半農半漁の生業を営んできた。以前はマキアミ・キンチャクアミなどをおこないカツオの季節にはカタクチイワシは餌にするが、それ以外はニボシに加工していた。

【コザラシ網】　マイワシ用の流し刺網で、夜に操業した。コザラシ網は場所によって海面より深く張ったり、浅く張ったりした。普通、二メートルから五メートルぐらい海面よりしずめる。

上宮田では櫓を漕いで城ケ島裏の方まで漁場を求めて出かけた。東京内湾では海堡の近くまで行ったが、大きな船が通過するので深い場所に網を張るようにした。また、網を切って捨てたこともあった。コザラシ網は個人経営で

あった。

【キンチャク網・シラス網・地曳網】　キンチャク網は南下浦海岸に二〇張ぐらいあった。

シラス網は小型のもので長さ一五〇間、大型のものだと長さ二三〇間ほどであった。

地曳網は「イオウ網」といった。野比海岸は水中が急に深くなっているので、他の地方とちがって、地曳網の長さは短くても、丈が高くできているのが特徴であった。

また、三浦市南下浦町上宮田のイワシ漁に関して、「明治時代の漁業」と題した報告が、昭和三十六年三月に発表されたが、それによると、揚繰巾着網には〈一そうまき〉と〈二そうまき〉がある。このうち〈二そうまき揚繰巾着網〉で、二艘の船で同時に網をまきながらおろしていって、また元の所に帰ってきて網を揚げる。この漁船として二〇トンくらいの漁船を使用している。もちろん、以前は和船を使用していた。

漁獲物はカタクチイワシ（俗称シコイワシ）が主であるが、以前はマイワシ、カタクチイワシが多く、そのほか種々の魚がとれた。この漁業の従事漁船数は調査当時には一ケ統しかないが、以前は七ケ統もあったという。

【地曳網】　地曳網の時期は五月から七月にかけて。

地曳網には「大地曳」と「小地曳」と、もうひとつ「シラス地曳」がある。

「大地曳」は協同組合のような組合を組織して、これを共同で経営するが、現在はこれに該当する経営体（経営者）が三ケ統しかないが、明治の頃は一一ケ統もあった。漁獲物はマアジが主。

「小地曳」はほとんど個人経営で、現在は六ケ統あるが、明治の頃は七ケ統あった。これを俗称で「ゴザ」ともいった。マアジが主な漁獲物。

「シラス地曳網」は、現在は有無がわからず操業していない。明治の頃は一〇ケ統あり、個人経営。シラスが漁獲物の主なもの。

旧上宮田村と旧菊名村との海における境界（村境）は〈琴根磯〉であった。したがって、上宮田漁業組合の傘下にはいれる網漁業者は、それより北東の海岸でのみ、地曳網を曳くことができた。

以下、菊名の境から順に〈北下浦〉の横須賀（旧津久井村）境まで、地曳網がおこなわれてきた〈網〉の名前を掲げてみると、次の如くであった。㈠琴根磯に最も近い場所に〈モトアミ〉（本網）があった。以下、順に、㈡〈ショウエムアミ〉（四五右衛門網）、㈢〈タカベアミ〉（高部網）、㈣〈ヒノデアミ〉（日の出網）、〈トザエムモン〉（トザエムともいった）、㈤〈タイショウアミ〉（大正網）、㈥現在の三浦市と横須賀市の境に近い場所に〈イマイバラアミ〉（今井ばら網）があった。この網は大型の地曳網であったが、やめたのははやかった。

以上、上宮田地区には六ケ統の地曳網漁がおこなわれてきたが、これらの地曳網のうち、漁船の動力化（機械化）にともない、〈タカベアミ〉（高部網）、〈ヒノデアミ〉〈トザエムモン〉が共に〈タカベ丸〉、〈トザエム丸〉として動力化にふみきった。

そのほか、下浦海岸（北下浦の津久井方面）に、地曳網が二ケ統ないし三ケ統あったが、それらは個人経営によるものであった。

地曳網にも、イワシやアジを主な対象とするもの、コノシロやコハダの漁獲を主な対象とするものがあり、漁獲対象により網目の異なる魚網を使用してきた。

イワシの中でもマイワシを漁獲する網は網目が一尺に一四節のものを用い、カタクチイワシを捕獲する網は、一尺に二〇節から二五節ぐらいの網目のあるものを用いた。このように網目のこまかい網を〈コマアミ〉とか〈コマ〉と呼んだ。

網目の多い魚（漁）網を使用すると、網が重いので、それだけ多くの労働力を必要とする。したがって、少人数でカタクチイワシの〈コマアミ〉を曳くのはたいへんであった。

地曳網は大工でも、他の職人でも、子どもたちでも、〈アバにさわれば一人前〉（アバは浮子のこと）などといわれ、手伝えば、それだけ、後になってから手当がもらえた。

漁獲が多すぎると、ニボシ（煮干）の加工場で徹夜をしてでも〈ニアゲ〉（煮揚げ）作業をおこなったが、それでもまにあわないときは、海岸の砂地にそのまま干して、肥料用に出荷した。この肥料用の加工を〈スナボシ〉と呼んでいた。

各地曳網には〈バンヤ〉（番屋）があり、そこを拠点にしていた。南下浦で漁獲される魚類は東京内湾で産卵しておりてくるものが多いという。

【イワシ流し刺網】　この漁網（漁業）をコザラシ網という。漁獲物はイワシ。時期は、夏場は七月から八月頃まで。また秋口は九月より十月頃まで操業。イワシ刺網は一枚一〇五メートルほどの網を三枚〜四枚とつなぎ合わせて張る。

〔話者：吉田　進　大正八年六月二十八日生〕

・三浦市南下浦町金田

【キンチャク網漁業】　「キンチャク網は大正から昭和の初期にかけて、盛んにおこなわれた巻網漁法である。ところが昭和になってから、手漕ぎのキンチャク網にかわってアグリ網漁業が盛んになり、キンチャク網はしだいに衰退していった。アグリ網は、漁法としては手漕ぎのキンチャク網と変わらないが、漁船が動力化されるにおよんで、手漕ぎはなくなり、網も改良されていった。

・漁船について　キンチャク網をおこなう場合には、テブネ一艘、モヤイブネ二艘のあわせて三艘が必要であった。

テブネは、漁の采配をふるう船で、親方が乗った。船の大きさは、肩幅四尺五寸ぐらいの和船で三挺櫓。三人から四人が乗り組む。テブネは株仲間で組織する網組でも、株として出資した中から造らずに組合員の船を輪番で使用していた。

キンチャク網では親方のことを〈ウケアイ〉とよび、共同出資のキンチャク網の時は、ナブラ（魚群）を見つけるのに眼のよい人、勘のよい人、漁に実力のある人を毎年正月の十一日におこなう〈船祝い〉の日に全員に中から互選した。キンチャク網の株主が交代したりするのも、毎年一月十一日であった。

ウケアイが選ばれて一年間采配をふるった結果、漁があって水揚げの成績がよければ、皆んなからの信望も厚く〈もう一年頼む〉ということになり、再選もかまわなかったし、ウケアイは選ばれさえすれば、何年続けてもよかったという。

ウケアイがテブネに乗っておこなう実際の仕事としては、潮の流れ、魚群の方向、風速などをみて、ナブラの方向にモヤイブをみちびき、網をおろす時の合図をすることである。

モヤイブネとは網船のことをいうが、この呼び名は、網船を二艘を、モヤウことからでたものである。網船に網をおろす合図をする時に、ウケアイは、晒し木綿でつくった〈ボデ〉とよぶ三尺ほどの布を振って采配をとった。右へモヤイブネをむける時は右へボデを振り、左にむけるにはその反対にあつかう。

網を海に入れる時は、モヤイブネがモヤイを解く時である。このときの合図は純白なボデを左右にピンと一直線に張った。

また、ボデは毎年おこなう正月十一日の船祝いの日にウケアイを選出する時、同じように新調した。

ウケアイは常に浜に出て魚群を発見した時は〈ホラ貝〉を吹いて知らせた。昔は金田湾の中間にあたる場所が高台になっていたので、そこから魚群を発見した。魚群はカゴメつきが多く、黒く、あるいは赤く見えた。ナブラの上の方を〈セリ〉といった。

モヤイブネ〈網船〉は同じ型の船が二艘必要である。網船は二艘をモヤッて網を積むので、モヤイ船の名が付けられるようになった。二艘にわけて網を積むのは、ナブラを発見すると、網を左右から巻くためである。

モヤイブネの大きさは、肩幅が六尺ぐらいで、長さ四間半ほど、屯数で三屯から四屯ぐらいの大きさであった。

また、金田の船大工（屋号・横浜ミセ）の記録には、大正のはじめから昭和にかけての〈手ギンチャク〉の和船は、肩幅六尺五寸、長さ三五尺となっている。菊名の大きな船は長さ四間半ぐらいで、三屯半から四屯の大きさ。櫓は七挺。金田では一艘の船に八人から一〇人が乗り組み、五挺櫓であった。網船は株によって造ったので共同での所有であった。

キンチャク網漁業をおこなう場合は、前述の如く船三艘と網が必要だが、これをあわせてヒトモヤイと呼び、ヒトモヤイに漁夫は二〇人から二三人ぐらいが必要であった。

・網について　キンチャク網の大きさは一二〇間。明治のはじめ頃は麻を使っていたので、麻を東京へ買いに出かけて網綱をつくった。その後、三崎や銚子へも買いに出かけた。また、浦賀へ買いに行ったこともあった。

網には〈カン〉とよぶ真鍮製の管をつけ、それに綱がとおしてある。したがって、その綱を引きしめれば網の底がしぼれてちぢむようになる。この時の状態が、丁度、巾着（皮や布でつくった小さな袋のキンチャクの口をくくる）のようになるため、この名前がついた。真鍮のカンにとおしてある綱をカンズナと呼び、一艘の船からおろす網に三〇個ぐらいのカンがついているので、網全体では六〇個ぐらいのカンがついていた。

網はのちに木綿製になった。アバには桐材を使い、その型は丸型のものでなく、長方形の型のものを使った。イワには土製のものが使われた。しかし、土製の素焼のイワは割れやすかったので、のちに鉛製のものを使った。

木綿の網は腐りやすいので、網は時々染めなければならなかった。金田では一ヶ月に一回染めることにしていた。この原料には、カチャギと呼ばれる柏の木の皮を使った。カチャギの皮をチョロケンで搗《つ》いてこまかくし、釜にいれて網とともににつめた。この時は燃料に松葉を使った。また、菊名では〈カシワ〉を使ったといっている。その後カッチンを使って染めるようになった。

キンチャク網はイワシ〈カタクチイワシ〉を漁獲するのが主であったから、漁場は地先の金田湾に限られていた。ただし、海底の岩礁地帯に網をおろすことができなかったので、このような時はナブラが移動するのを待たなければならなかった。網は個人所有のものはなく共同出資〈株〉でもっていた。

・代分けについて　金田では前述のとおり、キンチャク網を株でおこなっていた。普通は一二～一三軒の共同出資によったが、多い時は一五軒ぐらいの時もあった。代分けは〈カタジケ〉といって、沖へ出られない時や、毎月一度おこなう網染めの時におこなった。

具体的な代分けについては、ウケアイが一番骨がおれたので、苦労の多いウケアイに一代半をだした。時には二代だしていた時期もあった。〈ウケ代〉といった。

ヘノリは、モヤイを解く仕事のほかに、ウケアイの合図や、そのほか操業の時の確認をするという仕事などもあったので、一分だけ多く代分けをあたえた。しかし、この一分の代はヘノリが個人のものにすることなく、たいていは乗組員の〈飲み代〉になってしまった。乗組員が酒でも飲もうといえば、ヘノリが自主的に一分の代を飲み代にだしたものだという。

乗組員はすべて一代であるが、乗組員でも十八歳ぐらいにならなければ一人前として認められず、〈一代〉もらうことはできなかった。

一人前になるまでには、高等小学校をさがって十五歳ぐらいの年齢の者は三分、一年間漁にでて十六歳ぐらいになると五分に増え、十八歳ぐらいになると七分の〈代〉があたえられた。漁夫として一人前の〈一代〉が与えられるのは、ただ年令だけ増えていくのではなく、年が若くてもよかった。ただ、〈網イチボウが持てなければ代がもらえない〉といわれ、このことばが労働力の基準のようになっていた。もし、いつまでたってもイチボウの網が持てないようでは漁師仲間にはいることができなかった。

その他、岡には会計という役もいたが、会計について正確な代分けの歩はわからない。また、乗組員以外の船や網についての代分けは、共有の船だが二代から三代をつけ、網には七代をつけた。船代や網代については、のちに半々になったこともあり一定していなかった。

また水揚高のうち、船や網に四代、乗組員に六代という全体的な代分け方法もとられた。代分けは網あげのですらだけで代分けをするのが普通だった。その他、網染めなどの大仲経費は、網代の中から捻出した。

特別なものとしては、沖では操業中に事故があった場合などは、特別の代分けを考えた。

また、お産をした家の者は一一日間漁に出ることを禁止されていたので、その間は皆んな同じように代分けをした。不幸があった家でも初七日までは船に乗れなかったので同じように代分けをした。

・その他の聞取り　キンチャク網は金田湾に四統あった。北の里で所有していた里網・エビス網・岩浦のイワブ網・小浜のコバマ網である。

大正の頃は一日六〇円から一〇〇円の水揚げがあったが、その後は株の配当もなく、赤字がつづいた。

大正の頃は漁があるとノボリの小さなもの〈大漁旗〉を沖からかかげて帰ってきたり、〈大漁祝着〉をだしたりした。今まで大漁祝着を三回ぐらいだしたことがある。

キンチャク網の〈ヤド〉は一年ごとの輪番でおこなった。大正十年過ぎて、江戸屋でヤドをやっている時にマイワイ〈大漁祝着〉を出し、大山参りをしたことがあった。大漁祝着は房州の館山へ注文してつくった。

網をたぐりよせる時、漁夫はトバを腰に巻いて使った。このトバはチガヤを編んでつくった。

キンチャク網で獲ったイワシはシメカスにしたり、煮干にして加工した。

その後、明治四十年頃になって伊豆からカツオ船が生きたイワシをカツオの餌にするため買いにきたので、イワシが餌として売れるようになり、イワシを生簀にいけるようになった。

キンチャク網が衰退した原因は、定置網漁業の普及にともなって、おされてしまったこと、アグリ網がさかんになったことである。

キンチャク網の時は大漁があると大漁祝着をだしたりしたが、キンチャク網の共同組織から、定置網の個人経営にかわってきたので、大漁祝着をだすようなことはなくなった。(25)」

・三浦市城ケ島

【小晒網《こざらし》（イワシ流し網）】「小晒網はイワシを漁獲するための流し網で、東京湾口に於て、この網を使用することをめぐり、争論がたえなかった。

城ケ島においては、漁期は二月より五月まで。特に三月、四月頃は漁獲が多かった。漁場は特にないが「荒崎前」（長井の地先）が多かった。鎌倉沖も張った。

イワシは西からきて城ケ島の西カドを通過し、東の安房崎方面へむかい、沖に出て「ジョウキ通り」（蒸気船の通り道という意味で航路をいう）から房州方向へ、そして東京湾へはいるという洄游のしかたをしていた。

マグロ流し網をやめてからイワシの小晒網をやったものが多く、小晒網は三、四人が一艘に乗組み、大きな船になると五人ぐらい乗った。

小晒網も漁獲がありすぎると氷がなかったために水揚げしたイワシの鮮度が、いちじるしくさがり、価格もおもわしくなくなった。そんなことからも小晒網をやめるものがでた。

小晒網はイワシが多く漁獲されると網がオッテ（沈んで）しまうので浮樽を付けておいた。イワシ流し網に使用する樽は円柱型をしており、網二五尋の間に桐でつくったウケが二個ついて、その網のつなぎに樽をつけて使った。

流し網は二五尋の網を普通は六、七枚つないで使ったので、網を流すためには樽が七個は必要であった。この樽がのちに裸潜りに使用されるようになる。

網目は一寸四方。縦の長さ（丈）六〜七尋、網の長さは五〇間のものを三五尋にゆいあげるという〔青木広吉〕。一艘に一〇網を積んでいく。

城ケ島の漁師はほとんどのものがこの漁業をおこなったが、三崎の漁師はやらなかった。よくイワシがかかるので魚の頭が網にかかり、頭がとれてしまうことが多く、めんどうな仕事であった。昭和二十年以後も、かなりおこなわれた。[26]」

【コザラシ網】　「イワシを漁獲する〈コザラシ〉網は、ヨイマヅメ（夕方の日没近く）とアサマヅメ（日の出近く）の二回、網入れをおこなった。コザラシ網は刺網なので、漁があると、網に刺さったイワシをはずす作業におわれ、寝ることができないような日があったという。このイワシ刺網のことを〈コザラシ〉とよぶのも、冬季におこなわれるこのイワシ刺網漁が大変な苦労をともなうものである故についた名称だという。

城ケ島は西風があてるので、西風が吹きすさぶ厳冬の浜で、刺網にささったイワシをはずす作業は寒風の中に立ったまま長時間におよぶ。女房が、背中におぶった乳呑児は、空腹をうったえて泣きわめくが、乳をふくませるひまもない重労働である。

しかも、乳呑児も、同じように寒風にさらされて耐えなければならない。

イワシ刺網のことを〈コザラシ網〉の名でよぶのは、だれがそうよんだかもさだかでないが、〈乳呑児を寒風の中にさらす作業をしいられる漁法なので、その名がでた〉といわれる。すなわち、〈コザラシ網〉が〈小晒網〉といわれるゆえんであると聞いた。[27]」〔話者：青木広吉　明治二十一年九月十日生／星野俊男　昭和二年十一月十日生／星野峯二　昭和四年七月十七日生〕

・横須賀市佐島

【棒受網】「棒受網による餌鰯漁は、明治期にまで引続き盛行しており、明治期の記憶によれば、〈三次郎〉・〈山三〉（二網）・〈前しょくり山三〉・〈山根〉・〈五平〉・〈丸中〉・〈茂八〉の八つの網があった。その他〈三えむ〉・〈長五郎〉の名も聞かれ、あるいは若干の時期のずれがあるかもしれない。〈丸中〉のように餌鰯漁一本の網元もみえるが、これをみると多くカツオ船を持つ船主の同時経営で餌鰯漁をもつものが目立っている。明治期のものは前掲（省略）江戸期の仕用にみえる七尺より七尺四〜五寸とあるものよりやや小型のもののようで、カタ五尺五寸〜六寸から大きいもので六〜七尺、六挺櫓の船に七〜一〇人位が乗り込み、地先の小田和湾を主漁場としつつも、春先には江の島から秋谷沖、また城ケ島沖にも出漁し、八〜九月になると、〈ドビンカゴ〉（ビク）を積んで内湾大津の沖から東京湾へと出漁した。大漁で〈ビク〉が一杯になると、内浦の楠ケ浦（現横須賀米軍基地内）まで運んだ時もあったが、普段はビクをしょぴいて帰るが、またはカツオ船に沖売りする。原則としては、船に積んだイワシの餌のコマシがおしまいになる迄イワシを追い続けるので、豊漁の時は一日に二〜三往復することがあった。しかし、大正、昭和と下るに従ってイワシも少なくなり、二日から四日位出漁し続けることも多かった。漁期はカツオ漁と同様で、四月から九月頃迄である。

当時の棒受網は、現在のサンマ棒受網とほぼ同じ構造で、太い棹によって船の片舷から網を支え、竹がそのまま浮になるようにできているが、光は利用しなかった。まず、網の反対側にコマシ（コマセ）を撒いて、イワシを集め、〈サシドリ〉という五尋位の棹の先にコマシを入れた網袋をつけた道具でイワシをさそい、いけた網の中へ導入した。船頭が覗き眼鏡で海中をみていてイワシが多く入ったところで合図をして網を引き上げる。当時の網は麻製であり、この麻を績むのは家での女の仕事であった。イワシは一タマ（一斗入り）四円位で売られ、代分けは〈コマシ引き〉といってイワシの餌のこませ代を差引いて、弁当自分持ちで残りを分ける方法であった。ある故老の話では、十歳位から棒受けで働いたという。この棒受網の漁法は、明治の末頃、八駄網の漁法にかえられた。

【八駄網】　明治四十年頃から、棒受にかわって八駄網が登場した。例えば、棒受網の所有者中の〈山根〉（福本仲蔵）を例にとれば、明治三十四年同家所有のカツオ船が伊豆沖で遭難し、以後漁業を一時中断せざるを得なかったが遂に永年営業したカツオ船を止め、更に棒受のかわりに大規模な八駄に切りかえて、これを四十二年九月から操業している。既に当時、佐島付近には、芦名の〈井戸端〉・〈川端〉、秋谷の〈大六天〉などが八駄網をはじめており、〈山根〉は井戸端から導入したといわれる。このように西の方から導入されてきた八駄は、当時〈餌つけ漁業〉といわれ明治末から大正にかけて、葉山から佐島にわたり一三ケ統あったと伝えられる。

八駄は、二艘の船の間に網をしき、一組で操業する漁法で、この二艘の網船はそれぞれ六尺〜五〜六寸、六挺櫓のもの。そのほかに〈カゴ〉を積む船が二艘、計四艘一ケ統をなした。乗組員は一五人から二〇人ほどで、〈コマシ〉を大量に積んで出漁、漁場に着くと網を敷き、〈こましあげ〉（餌まき・こましを撒く係）が海面に餌をまき、イワシを浮上誘導して網の中に入れ、更に〈こましあげ〉はその状態を覗き眼鏡で見とどけ、網をあげる合図をする。網は両側から徐々にあげ、下を締めて漁獲した。この網は伊勢方面でつくられた網であると伝えられ、木綿網で夏は腐りやすく、網の手入れがたいへんだった。網の腐りを防ぐため八月は休業し、その間、乗子達はカジメ切りやイセエビとりなどの雑漁をして暮らした。漁場は棒受の場合と同様、小田和湾で主にとり、春は秋谷から葉山方面、七月十五日以降は東京湾へも出漁した。東京湾で操業する時は、深浦（内浦追浜地先）に寄港して佐島には帰らず、獲れたイワシは五尺カゴに入れて馬力で楠ケ浦（現横須賀米軍基地内）まではこんだり、カゴで生かして引いてきては、カツオ船に沖売りした。ふつう、近く迄カツオ船が買いに来ることが多く（当時は静岡のカツオ船が多かった）持ち帰ることはあまりなかった。当時佐島の八駄網は、棒受から引き続き網主が多く、〈山根〉・〈山三〉・〈五平〉・〈丸中〉・〈丸三〉の五ケ統が操業していた。

八駄網の代分けは十六歳からは一人前にもらえ、水揚高から〈大仲経費〉(船・網の維持費・コマシ代・メシ代等)を引いた残りの一割が〈骨代〉として分配され、三割を親方、のこりが乗子に分けられた。

なお、引用の八駄網漁法の図(省略)によれば、網の四角い部分のうち、二方向〈左右〉にアバ〈浮き〉をつけ、網をはさむような形で船が網あげをするがその際、網の四角には船の錘をおき、船は碇をうってとめておく。網の大きさはアバが付いている部分二〇間、船に面する部分二〇間から二三間ほどの大きさである。

【手揚繰(巾着網)】　大正六年頃、八駄網に代って手揚繰網が導入された。さいしょ〈山根〉で、仲蔵が南下浦へ手揚繰網を見習いに行き、船や網を購入してきた。そこで〈山根〉と、これについだ〈五平〉の網が佐島で最も早く〈本網〉といわれ、引き続き、〈東網〉・〈丸高〉(キススケ仲間)・〈山三〉・〈丸中〉・〈丸三〉の合計七ケ統が存在し、同じ時期に、ハイカラ網を〈カドヤ〉一軒がやっていた。

船団は、カタ六尺五寸から七尺、五挺艘、九人から一二～三人乗りの網船が二艘。二挺櫓、二～三人乗りの手船一艘。引き船〈運搬船〉二艘など合計五～六艘で一ケ統をなし、総勢二五人から三〇人の乗子を要したから、佐島の七ケ統が操業するだけで乗子数二〇〇人が動員された。網船の櫓は〈ホラサ・ホラサ〉の掛声で漕ぎ、小船の方は〈エンヤコラ・エンヤコラ〉と漕いで、勇ましく出漁する。大正末期から昭和初年にかけて、機関士を雇って引き船(五～六トン)のみに六馬力のヤキダマ(発動機)を入れ、和船の網船を曳くようになった。網は四五枚から六五枚分、長さ一二〇間のものを一艘が積んでおり、両方から巻くと二四〇間になった。手船には漕手が二人乗り〈ヤマのカタイ人〉(山見の上手な人)や眼のきく人が〈ウケアイ〉(漁撈長)として乗りこんで、船上から操業の総指揮をとる。イワシの群をみつけると(ウケアイ)は手ぬぐいで網船にマネ(合図)を振り、(夜は電気を持ってマルを描く)網船を誘導する。網船の二艘は分れてさっと魚群を包囲し、ウケアイが大きく手をひろげて合図をすると、網がさっと海中に敷かれイワシが入ると両方から網をしぼりあげて漁獲する。

手揚繰の時代には既に静岡・房州方面のカツオの餌買いが佐島に宿をとって餌の調達をするようになり、漁場は八駄までと同じく東京湾深浦方面や葉山、江の島沖などで獲るが、他に水揚せずまっすぐ佐島に持ち帰って、待機している餌買いに売るようになった。餌買いは、伊豆方面から買いに来る者が多く、電報などで連絡しては、揚繰船が着くと所要の餌を買った。

代分けは八駄時代と大差なく、総水揚高から大仲経費を差引いてさらに一割合の骨代（骨折代）をひき、のこり三〜四割りが網元（親方）、五〜六割を乗子で分けた。（実際は大仲経費の中で親方は相当の利益を得ていたと語られている。）ブアイは一年以上乗子を続けたものには一〇分支給、一年未満は八分、六ケ月以上が四分などときまりがあり、年齢では十六歳から一人前。また、〈見代〉といってイワシ群を発見した者へは更に一人前分増配された。なお、〈トバ〉（病欠）の場合は半シロ、〈ギリ〉（慶弔のための欠勤）は八分のシロがもらえた。なお、芦名にも、八駄以来の〈川端〉・〈井戸端〉（孫七）などの手揚繰があったので、佐島内の網主のみでなく、陸村の網主に雇われて乗子稼ぎに行くものもあった。

手揚繰網も材料はまだ木綿であったため、佐島の祭りの七月十一日から九月中旬迄は腐敗を防ぐため操業を中止しその間、乗子は前同様、カジメ切りやイセエビなどの雑漁をやって過した。常々二週間に一回は網の手入れをして網染めをやらねばならず、これが大がかりなたいへんな仕事であった。(28)」

その後、神奈川県では昭和十八年まで機械揚操の操業が禁止されていたが、これが戦争の影響で食糧確保のためということで認可されることになり、佐島においても昭和十九年頃に機械揚操が導入され、三ケ統に増えた。

・横須賀市佐島（大楠地区）

【八駄網】　「江戸時代から明治の初期にかけては、大楠地区ではイワシは主に棒受網で取ることが多かったと思われるが、明治の中頃になると、八駄網が使われるようになる。当地大楠地区には八駄網が三ケ統あった。芦名の井戸端、川端、秋谷の第六天がそれである。これらの網がどこから導入されたかの点は不明である。

佐島の山根では、明治三十四年にカツオ船が伊豆沖で遭難し、以後漁業を中止していたが、危険の多いカツオ船を止め、カツオの餌であるイワシを主に取る八駄網をはじめた。網は芦名の井戸端で製作したものを当初使用したそうである。その後、佐島では山三、五平、丸中、丸三など五ケ統の八駄網に発展した。八駄網は幅六尺五～六寸の六挺櫓の船二艘、その他イワシをいけておく大きなカゴを積む船が二艘で一ケ統をなした。

漁場は春先では秋谷沖から葉山沖、七月十五日以降は主に東京湾で操業した。操業人員は約二〇名で、漁場に着くと網を敷き、コマシを散らす。このコマシをまく者をコマシアゲといい、のぞき眼鏡で海中をみていて、イワシがあがってくるのを見て、網をあげる合図をする。このようにして網を浮上させ誘導して網の中に入れ、両側の網を除々に揚げて漁獲した。この網は〈イセ〉が八割もあったことから八駄網と名がついたという。

捕獲されたイワシは、持ち帰ることはすくなく、沖でカツオ船に売った。東京湾で操業する時には馬力で楠ケ浦まで五尺カゴを積んで行き、捕れたイワシをカゴに入れて東京湾に生かしておき、カツオ船にその場で売ったそうである。東京湾で操業する時は佐島には帰らず、深浦へ寄って一週間ぐらい操業を続けた。当時主な餌買いは静岡方面のカツオ船が多かった。

当時の網は綿糸であったので、夏は網がすぐくさり、その手入れが大変だった。従ってこの時期には休業し、その間乗組員は自分の船でカジメ切りや、イセエビ取りなどをやり、かせがねばならなかった。

【手あぐり網】　大楠地区では、あぐり網は大正初期に導入されたようである。佐島の山根では大正六年頃、福本仲蔵が、南下浦へ手あぐりを見習いに行き、船、網とも南下浦から買ってきたそうである。その後東網、丸高、山三、五平、丸中、丸三と次々にあぐり網が導入され七ケ統になった。

手あぐりでは、網船（肩六尺五寸～七尺、五挺櫓）二艘、手船、運搬船などで一ケ統を形成していた。船は皆櫓でこいだのであったが、後に六馬力の動力船、引き船が入り、漁場まで、この船が網船などを引いた。

手船には山のカタイ者（漁場をさがすのに山を見たりするのでこの様な表現が使われる）、また、経験を積んだウケアイ（指揮者）が乗り込み、網船を誘導する。

イワシの群れをみつけると、網船に手ぬぐいでマネ（合図のこと）をふり、知らせる。網は敷く時は、ウケアイは手を大きくひろげて合図する。当時の網はやはり綿糸であったので、くさりやすく、普通は二週間おきに網ぞめを行ない、手入れが大変だった。従って七月～九月の間は仕事を休み、網の持ちをよくした。

【機械あぐり】　昭和十九年頃、佐島では機械あぐりを導入した。山三、五平が合併して金比羅丸生産組合をつくり後会社組織になった。山根、丸中も合併して不動丸生産組合を組織した。丸三、東網、丸高があわさり天照丸生産組合をつくり、現在佐島には三ケ統のあぐり網が操業しており、大楠地区の漁獲高の八割以上を占めるまでに発展している。

あぐり網の漁業では、他の漁業ではみられない漁撈習慣がある。そのいくつかをあげてみると、漁場でイワシの群れを発見した場合、網船、手船共に一番に走り着いた組が最初に網おろさないうちは操業できない。他の漁船がイワシの群れを発見し、〈マネ〉を立ててきた時は、その御礼として一代分を支払うことになっている。その他イワシの群れを手船が見て〈マネ〉を使った場合、其の手船が其の場所を退かない以上はその手船の権利となり、イワシ以外の魚の場合には次に浮いた時、群れの近くの手船の権利となる。[29]」

・鎌倉市腰越

「小さい網をハチダアミといって、ウルメ、アジをとる。大きいのはマキアミでマグロをとる。この二つの網は底がない。

底のあるのはキンチャクアミで、小さいのは三浦のエトリだ。捕れるのはシコ。大きいのは房州から来る。汽船のような船で、キンチャクで来る。捕れるのはサバ、カツオ、イナダ、ブリ。キンチャクアミはアグリアミが本当の名である。

ハチダアミ、マキアミ、キンチャクアミはすべて船二ハイで、魚群を包むように網を入れる。トリカジ回りをするのがマアミ、オモカジ回りがサカアミである。出発にはサカアミの船に網をのせていき、海に入れるところで、半分をマアミに移し、まん中から入れはじめる。網をしぼって魚をあげるのはマアミ。その船が一杯になるとサカアミにもあげる。帰りに網を持って帰るのはサカアミの船である。大きい網になると、マアミの船頭の方が格が上になる。乗り組むのも魚をあげるとき、骨が折れるのでマアミの方に若い元気なものを多くする。サカアミは老人、子供でもよい。(30)」

・藤沢市江の島

【ナブラとイワシ】「魚の群のことをナブラという。大きなカツオやマンダラなどの魚は、イワシを追ってやってくる。このため、カツオやマンダラをとる時には、イワシのいる場所へ行き、そこにシラスを撒く。するとその群の移動は止まる。イワシはカツオなどの大きな魚に追いつめられると、こわいので海上に出てくる。それにつれてカツオも出てくるので、竹にコンペイトウというギジエ（ダマシエともいう）をつけて出すと、シラスと間違え、すぐくうので、それを引きあげてとる。このコンペイトウは、腰越から買ってくる。いよいよさかんになった頃、一番上手な人は、板の大きいのを海の下の方に入れ、長い竹で引っぱる。すると、海の底の方にいる、イワシが上の方にもちあがってくる。そしてイワシが一ケ所に固まると、ハラアミでイワシを掬い上げれば船がいっぱいになるほどとれる。

このイワシはタルに入れ、平勝へ持って行く。また、ナブラのいる所には、必ず海すずめがいる。[31]」

・茅ケ崎市柳島地区

【地曳網】「柳島には四畳あった。本村に二畳、河岸に二畳。本村は屋号ゴーゼムサマ（小川）とカヘイサマ（鈴木）の共同所有と、ハンザエモン（小川）とゲンヒチサマ（青木）の共同所有の二畳。河岸はウハッツァン（大野木）と石井家の共同所有と、ジンザエモン（内藤）の網の二畳である。

地曳網は昔からあって、いつ始まったのかは分らないという。湘南海岸の遠浅の海底を利用するので、藤沢の片瀬から平塚新宿までの、海に面した村々では昔から行なっていた。これらの村では、一般には近世初頭からと言われているが、まだ明確な年代はわからない。柳島では今は全く行なわれていない。やめたのはみんな一緒ではないが、第二次世界大戦が始まって、男の人が、召集を受けるようになると、しぜんに人手がなくなってやめ、戦後もそのまま復活しなかった網が多いという。しかし、戦後も観光地曳としてやった網もあるようだ。

地曳網は村毎に地先の専有権があって、他村の領分に網をかけることはできなかった。平塚の須賀とは昔は河口をもって境にしていたから、河筋がずっと平塚に寄った今は、昔の名残りで、古い川跡を境としたので、今の河口より東に延びた砂洲は須賀分だった。河よりこっち柳島の方にも、須賀の範囲があって、そこは村からは地続きだが網は入れられなかったのである。間に須賀との入り会いもあったという。片方の境は茅ケ崎村南湖に接している。そこには昔、柳島石（りうとうせき）という石があって目印だったと『新編相模国風土記稿』にある。その場所は、戦争直後まで開業していた南湖院の下だったという。

主として取った魚は、聞きとりで聞ける明治末〜昭和にかけては、シラスだった。他は季節によるがアジ、サバ、カマス、シコ、イワシである。シラスは三月の初旬からとれる。寒の内は禁漁である。三月のハナ（最初）はシラスの大きさがそろっているが、中ばを過ぎると大きさがまちまちになって値が安くなる。茅ケ崎付近ではタタミイワシに加工したり、ゆでて、チリメンにしたりする。とれたシラスは南湖、須賀の加工屋におろした。他の魚はボテェに売った。

網と船を所有している者を網元とか網主という。そこに使われる人たちを引子とかデコ（出子）、網子という。いってみれば、資本家と労働者みたいな関係である。他の村では一軒の家で船と網を持つのが普通だが、柳島の場合は、先に述べたように、二軒の家の共同所有が多い。

地曳の網をかけるのは早い者勝だったので、夜の二時、三時には、引子の家々を一軒ずつ廻って、今日は地曳を引くから来てけらっせと、集める。これを、カショッて歩くという。日の出前頃が、いちばん漁があるからである。引子の人数は多い方が網が早くあがる。だいたい一〇人～二〇人は必要だった。今では、どこでもウィンチで引きあげているが、昔はそんなものはないから、手で引きあげたのである。女でも子供でも参加した。オカに居て網を引くだけの仕事は引子がするが、その前に網を船で張らなければならない。これをノッコ（乗っ子）という。五挺櫓の地曳船に網を積んで出る。他の船より早く網をかけた方が勝である。どこにでもかければ良いというものではなく、魚群のある時はそれを巻くように網をかけるので、自然と競争になる。だから、ノッコにはなるべく力のある若い者を多くもっておく必要があった。一度、その網組に加入すると、勝手に別の組に移ることはできない。同じように漁をしていても、いつも漁のある網と、ちっともとれない網とあるものだそうである。とれないからといって、とれている網の方に移ることは、できなかったのである。網をかける回数は、クラという単位で呼ぶ。一日に何クラかけたという。漁のある時は七～八クラかけたこともあった。

とれた魚はボテェや加工業者に売った。だいたい南湖の方に売ることが多かった。アジなどはボテェが買って、すぐ商売に走っていく。シラスは加工屋が買ってタタミイワシやユデジラスにする。イワシが大量にとれると、南湖の木伊に売った。煮干しを作ったり、ホシカにした。煮干しをやる加工業者は少なく、多くの加工屋は生干しとシラス専門だった。タタミイワシは天気仕事だから、天気の悪い日は獲ったシラスが安く買いたたかれた。

とれ高の四分を網元がとり、残りの六分をその日の引子、乗子で分ける。いきなり頭当りではなく、女はヒトシロの六割〜八割、子供は半代（半人前）であった。一人前貰えるのは、十七歳以上の男子であった。(32)」

【ハチダ網】「ハチダ網はボーケ（棒受）網ともニソッパリ（二艘張り）ともいう。ハチダという呼び方は、網を張る時、二艘の船が、八の字状に進むからという。棒受網と言うのは、ハチダ網が導入される以前行なわれていた漁法でシコ、イワシを対象にする。小規模のすくい網である。柳島、須賀、南湖でも行なわれた網漁であるが、明治の初期に、このハチダ網にとってかわられた。棒受網から、ハチダへと発展したので、その前身であった網の名をそのまま使っている訳である。ニソッパリという言い方は、この漁法が、二艘の船を必要とし、二艘で張るところから来ているのである。

ハチダ網は柳島に四組あったという。ゴーゼムサマ（郷左衛門・小川姓）、ヒコエンサマ（彦衛門・須藤姓）とマエンサマ（藤間姓）の共同、ジンゼンサマ（甚左衛門・内藤姓）、ハチゼンサマ（八左衛門・大野木姓）である。

ずい分早くになくなったといい、支那事変の前はもうどこもやらなくなったという。ハチダは、隣の須賀でも、南湖でも盛んに行なわれた漁であって、須賀では、昭和八年刊行の『平塚市漁村経済調査報告書』に、この網は明治初期に始められ、昭和八年当時は、餌八駄の他はすたれたとある。カツオ釣用の、生きたシコ・イワシをとるもののほかはすたれたということである。南湖では、やはり明治初期に始まって、大正末の大地震を境に誰もやらなくなったという。実際は、大正初期に、ブリ大謀網が張られると、それに従事する人が増え、ハチダ漁はだんだんすたれたそうであるから、だいたい大正時代までの漁と考えることができる。柳島でも、魚のイワシ・シコがいなくなったこと、相模川の砂利振りや、大謀網など、他にもっと金になる仕事がふえて、ノッコがそちらに行って、人手がなくなりやめたという。

漁をする季節は寒い頃、十一月から、翌年の二～三月まで。しかも夜の漁だった。夕方の四時頃出漁する。船は七挺櫓の櫓船。網は一枚を二つに分けて積むので二艘の船が必要。一艘に一〇人位ずつ乗る。それとアカリ船という、小さな船を一ぱい出し、集魚燈を燃やす。

漁場は、そんなに沖ではない。オカから見える所である。なにしろ寒い中での漁だから、浜には家族や、子供たちが集まって、どんどん火をもしながら、待っていたという。とる魚はシコ・イワシが主である。漁場に着くと、アカリ船の火をつける。石油をカンテラでどんどん燃やす。方々の村から集まった船が、一斉に火をたくと、空までまっ赤になる程だったと、当時を覚えている人たちは話す。それ程盛んな漁でもあった訳である。シコやイワシは、カンテラの火に誘われて集まって来る。すると、アカリ船に乗っている者が、餌のコマシを団子にして、投げる。益々魚が寄って来るという寸法である。そして、アカリ船が、こうして寄せた魚を、他に散らさぬよう気をつけている内に、網を積んだ船は、網をおろす。分けて積んだ網を、つなぎ、網をまきながら、アカリ船についている魚群を囲むように、二手に分かれて船を進める。網は上方をアンバで浮かせてあるから、大方すくった所で、アカリ船が、網の外に出る。すると、網の底を通してあるカンヅナを、両方の船でしめていく。網は、八間四方の大きさで、上方にアンバがつき、その両側にアンバ綱が延びている。下辺は、ナマリのヤがあり、カン綱が通っている。沈むのが早いように網の下端の両はしには石の重りをつけた。この網で、魚をすくうようにしてとるのである。カン綱を引きしぼって、魚を網で完全にすくうと、アンバ綱を引きながら、網を縮めてゆく。魚は捕われたと気づくと、一気に底の方へ逃げようとする。そして網をつっつく。だんだん網をしぼってゆくと、何か、ゴーという音がするそうである。〈コラ、乗ったぞ〉と喜ぶ。

シコ・イワシの他、小アジ・小サバもとれた。須賀では、カツオ一本釣の餌をとるから餌どり網とも言ったが、柳島では、カツオ釣が盛んでなかったので、うんととれれば、浜に干してホシカにした。昔は、それほどイワシ・シコが海にいたという。ハチダの網は木綿でできていた。大磯から買った。同時に、何とかいう木の皮を買ってきて、それを煎じて、染めてから使った。(33)」

・平塚市須賀・新宿

【地曳網】　「判名した網は次のとおりである。㈠チララ網・青木、㈡伝平網・吉田、㈢ハチ網・渡辺、㈣東網・高山、㈤カンシロウ網・松本、以上は客網として操業中。㈥加藤網・加藤、㈦ショウエン網・飯尾、㈧ゴンゼム網・内藤、以上は戦後休業。㈨浅八網・金子、㈩マサエモン網。㈨は昭和十一年頃休業、㈩は戦前に休業。

平塚新宿にも地曳が何統かあって分っている名称は㈠シロベ網・佐藤、㈡ダイマル網（メスオス網）・加藤、㈢シン網・佐藤、㈣共同網、㈤トウコウエン・出田、㈥シオヤ・今井、㈦ヤマダヤ、㈧オヤコ網である。メスオス網とは地曳網を二艘持っており、その船霊様が一方はメス、一方はオスだからそういう名がついた。

須賀の地曳網は漁期が周年で、盛漁期は五～八月、創業は天保元年。最盛時には一一張あって、現在（昭和八年）九張が操業中とある（『神奈川県平塚市漁村経済調査書』）。今回の調査では一〇張の網名があがったが、操業には変遷があって、どの時期にはどの網が活動していたか不明の網もある。

【漁期と魚種】　地曳網でとれる魚は、アジ、カマス、サバ、シラス、イワシ、ヌイなどである。その中でも、アジサバ、シラス、イワシが中心である。漁期は網の目の大きさによって制限がある。目の細かい網は正月～三月は使ってはいけない。だからこの間はシラスはとれないことになる。しかし、寒い頃の、海面から湯げが立っているような時がいちばんとれるので、ごまかしてしシラスをとったこともある。その他の網は年中使用してよい。四～五月はシラス。六～八月はアジ、サバ。九～十月はカマス、シラス、七月中旬に夏ジラスがとれる。春の彼岸前、三月十八日頃に船と網を準備する。彼岸の頃に初網をかける。そして十一月二十日のエベス講の頃までかける。漁が少なくなってからは漁期は短くして、四月から十月十日頃までしかしなくなった。

・バンカケ（番掛け）　魚群を見つけると、どこに船があっても我先に飛び出すが、浜に船を引きあげておく時はその場所が決まっていた。船を置く時は二統ずつ並べておく。これは漁場の広さの割に網数が多すぎるので、魚群が来たからといって、全部が船を出したのでは、網を張る場所が無くなる。そこで、魚群のある度毎に二艘ずつの組の一方ずつ網を張るようにしたためである。一度に張ったとしても五統の網しか張れないことになる。漁の少ない時は、日に一回しか船を出さぬ場合は、組んでいる二網が一日交替で張り、漁の多い日は、網を入れるたびに交替する。さらに、人手も少なくなってきて、それぞれの網で充分な人数をそろえておけなくなったので、船、網はそれぞれのものを使うが、ノッコ、ヒキコは両方の網に従事することにしているのである。

このようなとりきめをしたのはいつの頃からかは、はっきり分らない。人手が集まらなくなってからというから、そんなに昔からでも無さそうである。それぞれの組は、親方がケンカしたりすると分裂することもあった。そのような時は別の網をさがして、改めて組を作った。このような交替で網をかけるのをバンガケ（番掛け）という。バンガケする前は早い者勝ちだった。

・網のかけ方　須賀の地先で網をかけるには、どこにかけてもよかった。東は馬入の河口を境にして茅ケ崎の柳島分、西は平塚との境に棒杭が立ててあった。それぞれ漁場外に出て網をかけた時は相手から網を切られても仕方なかった。地曳網は魚群（ナムラ）を見つけて網をかける場合と時間でかける場合とある。ナムラを見つけるのは昼間でないとできない。船の後ろにあるヤグラに、眼の良い船頭が登っていて、見張っていた。時間でかけるのは、朝八時頃家を出て、朝のうちに四回ぐらい網をかける。午後は二回ほど、魚が多い時は日に七〜八回もかけた。漁のない日は一〜二回でやめる。魚の状態によってかけるので、いつとはきまっていなかった。月に一五〜六日も網をかけるのが普通。

ある話者は月に二六日出たのが最高だったという。また魚によってもとれる時間が違う。アジはマヅメといって、太陽が箱根山へ一〜二間かかった時が良かった。夜が明けかかる頃にかけるのをアッコダテという。潮の流れで東に向いて流れる潮をカシマ（鹿島）、西に向く潮をワシオという。この潮の向きによって、網のかけ方が違う。網は潮に流されるので、網の先にある袋の部分を潮の流れの上手に持っていく。しかし引く時は、それが潮の流れの下の方に来てしまっている。また潮は沖から来ることもあり、逆に岸から沖へ流されることもある。須賀では、ワシオが六、カシマが四、岸から沖へ七、沖から岸へ三の割合でその流れがある。また東の方（東京側）からかけ始めて西の方（大磯より）へかけていくかけ方をノボリといい、その逆をグタリという。

昔、ナムラを見付け次第網をかけた頃は、船同士のケンカが絶えなかった。ナムラはそう広い範囲にあるはずはないので、一つのナムラが来ると、いくつかの船が競争してこぎ出す。たとえ後から船を出したとしても、途中で追い越して、相手の船の先に回り込んで進路を断てば勝であった。そして、オオアンバを先に投げ込むと、負けた船は、網をたぐって、引き上げなければならなかった。船が網をのばしながら、沖で交差したときなどは、網の元の方を持って、浜で交差を解いた。だから、結局船足の早い網が漁は多かった。そのためには若い力のあるこぎ手を何人もかかえている網が強かった。

・網の諸役　地曳網には船で網を張るノッコと、張った網を引くヒキコとが必要である。船に乗るノッコは一〇人位は必要。人手がないと、五人位でもできないことはない。地曳の船は五挺櫓。人手の多い頃は一本の櫓に若い者が二〜三人ずっとついでこいだ。この他、船を走らせながら、網を入れる人が二〜三人必要。網を引く人数は網の大きさによって違う。四百間もある網は二五人位必要。シラスを引いたり、夜の地曳に使う小型網は一〇〜一五人もあれば引ける。船に機械をつけたのは一〇年位前から。今は引きあげるのもウィンチで引くから、人手はほとんどいらなくなった。船に乗り込む人の中でリーダーを船頭という。船頭は舵を取る。網組の中でいちばん腕のいい人が務める。

親方がやるとは限らない。

またカンヌシと呼ばれる人物がいる。その内容については話者毎に話が違い、統一がない。網に一人ずつあったという人と、網に五～六人いたという人とある。しかし、カンヌシの任務といえば、網主（親方）の相談相手ということで一致している。だいたいその網に年中つきっきりでたずさわっていて、経験も豊富な人がなる。その日かけるべき網の種類や大きさを、親方はカンヌシに相談して決める。カンヌシは網の指南役であるが、網主の身内とは限らないという。

・網の構造　地曳網は三つの部分に分かれる。綱は昭和になってからはマニラ麻で作ったが、以前は藁かシュロだった。シュロは水に漬かっても丈夫だが、浮いて使いづらい。また摩擦にも弱かった。それで藁の綱が多かった。材料は静岡から取り寄せ、茅ケ崎の南湖にたのんで綱にしたという人もある。太さは一寸。縄を五本ずつ束ねて、さらにそれを三本ずつよる。シケの時などに大勢で作った。

次に綱の先につく網。袖網は、アラテとワキアミも藁のミゴで作る。ミゴは米屋から俵を買って来てほぐして作ったりしたが大磯の網屋でも売っていた。網の先端にはイトアミ（糸網）があって、それにフクロ（袋）がついている。イトアミは木綿糸の網。始まりはワキアミの一天目に七～八目くらいの大きさで、先はだんだん細かくなる。ワキアミとイトアミの片方の長さだけで七〇～八〇間ある。イトアミの先端がフクロ（袋）になっている。網を上げる時、魚を入れ込める部分である。とる魚によって、網目の大きさが違う。シラスは目がごく細かく、アジ、サバは一四フシ（節）くらい。節は親指と人指し指を延ばした中に入る目の数を読む。袋は木綿であるが、昔は全部ミゴ縄で作ったという。袋も部分に分かれており、名称がある。最先端をトシリ、中程をハマナカ、イトアミに接する所をクチという。

以上が大体の形であるが、網の上端にはアンバがつく。昔は、北町の方の百姓屋が、自分の家の娘のために植えた桐がたくさんあったので、それを冬の内に買って伐っておく。三〜四ケ月陰干しにして、八〜九寸〜一尺の長さに切ってヨキで割る。これを削って、穴をあけ、自作した。青桐は水を吸って浮きにならない。本桐でも、一日使うと水を吸って、沈む。アンバは二間〜一間半毎につけ、五個所毎に二枚一緒のをつけた。網の錘をヤという。テギの下にはいちばん重い、大きい石を下げる。トウサゲという。網の下につけるものは小石大で、早川（小田原市）までいって拾って来た。なお、海でいう一間は五尺しかない。網目は、アラテかカエルマタ、細い目の方はホンメである。

・網の種類　オオアミとコアミがある。オオアミ（大網）とは、イトアミの部分が多い網、イワシをとる。引くのに二五人位必要。コアミ（小網）は袖網のアラテ（オドカシの部分）が多い網。シラス用。一五人もあれば引くことができる。これらの網は、積む船の大きさから違い、両方の網と船を持っている網主もいた。また、網のかけ方によってカタ網とシラス網にも分ける。シラス網は近くにかけ、タカ網は沖にかける。タカ網の場合は、網が一〇トク（ソク）でマエダルとオキダルがつく。一〇トク（ソク）というのは、五尺一尋で、六〇尋が一ソクであり、六〇〇尋のこと。マエダルは五ソクのところ、オキダルはトウサゲから二〇尋のとろにつける。タルは引く時の目印となる。昔は太いワラ縄で、ひくのも腰縄でひいていった。タイなどはタカ網で引く。一回引くと逃げるのでいつもはかけられない。ヒコ、イワシ、シラスはキワにいる。これらの魚はナムラを見てかける。ナモトの魚は五ボ位、アジ、サバは八〜一〇ボ、タイなどをとるタカ網になると一二〜一三ボである。一ボは六〇尋で、一ソク（束）と同じであるが、一ボの長さは人によって違い、一〇〇メートルとか七五間ともいう。網は、一回張って引きあげるのに一時間半から二時間かかった。夜の地曳には小ぶりの船と、網をつかう。アジやサバをとることが多いが、これらの魚は移動がはげしいので、小廻りのきくことが必要である。

・地曳船　肩幅五尺五寸くらいの和船だった。オモテ、ドーノマ、ハサミ、トモと分かれているが、ドーノマ、ハサミに網を積むから、櫓マクラは二本である。櫓は五挺櫓。カンヌシはメイロをこぐものだという。木造船で一〇年の寿命がある。機械をつけ始めたのは一〇年くらい以前から。ウィンチの導入もその頃からである。南湖の加藤賢蔵は地曳専門の船大工だった。船には、船の出し入れに使用するミザオを一本積んでおく。

・シロワケ　網元四にノッコ、ヒキコ六（ノッコとヒキコの割合は三対一にするという）の割合で分配する。昔はミツイチといい、網元が三分の一であった。また船に乗る人、ただ引くだけの人、女の人、子供、その日引いた網に全部参加した人、遅刻した人などで、ブ（分）・ブンが違う。その決め方は少々複雑で今回の調査では確認できなかった。ただし、女性は半シロである。

・網　組　地曳は漁の中でも大勢の人間を必要とするものである。従事者を確保しておくのが網主の苦労だった。なるべく元気の良い若い衆をかかえていた方が船を出すにも、網を引くにも都合が良く、すぐ獲れ高に響く。地曳は少なくとも男手六人位は必要。六人あれば地曳はまわせるという。しかし、これは必要最低限の人数である。引き子の家で男の子が生まれたりすると、まだ赤児の内から、その児のシロワケをやる。たとえ額は少なくとも、成人して、自分の網に来てくれるようにということである。人手がそろっているかどうかを、エーテが良い、悪いという。なるべく親戚同士でかたまる組をエーテが良いという。意志が通じやすいということで、獲れ高にひびいた。したがって少しの血筋でも大切にした。

H網（札場町）は、地曳の他、カツオ船も持っていて、ハチダ網もやった網元。そこはおじ、おじの娘の夫、自分の兄弟、母の実家の男手などが父と一緒に従事していた。自分と子供達の代になってからは、魚がいなくなり、子供達が別の職業について網をやめた。

C網（仲町）。網元は農業も行なっていた家。男子が無く、Nを貰いっ児して、育てた。またFは、母親が親方の家の農業を手伝っていた関係で、ごく小さい頃からC網に出入りしていた。NもFも長じるに及び、親方の網の中心者となった。親方の持っていた網株は、譲るべき子供がいないので、Nに渡った。またNはFの嫁を世話し、その仲人親にもなった、貰いっ児でも網株をつぎ、血縁のない人が網組に加入していく過程を示す例である。

親方とヒキコの関係は家代々続くというが実際にはかなり動く場合もあったようだ。たとえば、先の例のFの本家も地曳の網主であるが、母親が働いていた別の親方の方に加入してしまったことも、このことを表わしている。網組の全員が集まる日は、正月十五日の三島神社の祭礼、十一月二十日のエビス講の日でオヤカタの家で宴会があった。この他、正月二日のフナイワイ、ハツアミ（初網）・シマイアミ（終網）にも集まり、オキアガリ、マナオシの時も寄って一杯飲む。

・網株を興すこと　地曳網は他の漁と違い、新しく網を興すことは非常に困難である。地元の専用漁業権であり、県の水産課（当時）の許可と、村の他の地曳網主たちの承認が必要だったからである。いちばん新しい網はK網であり、昭和二十二年に始めた。その親方は元、チョコ網を持っていた。それを当時、青年同盟でほしいといったので、自分も地曳に興味があって、譲った。ところが自分に地曳網の権利がないものだから、すでに地曳をやめていた親戚のKN網名義で始めようとしたが、すんなりといかなかったという。いろいろあって、結局自分の名義で始めたが、ノッコ、ヒキコは元KN網に従事していた人が寄ったので、KN網が名を変えたようなものだった。

休業なら願を出して五年間の猶予がある。それを過ぎると県の許可は消滅する。また、無断で二年間操業しないと消滅する。

K網が加入した頃に、それまで別々の経営だったものを一本化して、当時八統の網があったが、共同経営に切りかえた。そしてその八統で、コノシロをとるロクダ網を六年ばかりやったりした。

・水揚げ　地曳で大漁といえば、船二艘分のアジがあれば旗を立てた。イワシは船一艘で、二〇〇貫はある。大正六年生まれの古田一雄は昭和十二〜十三年頃、シコを船に一七はいもとったことがあるが、そんな経験はめったにないという。船に二はいも漁があると、酒を飲んで祝う。大漁で海から揚げ切れないときは、そのまま網のフクロをはずして、沖へ持ってゆき、小出しに船に積んで、市場へ運んだ。イワシなら三〇〇貫とれば大漁。大漁には黄色や赤の手ぬぐいを配る。それを巻いて町に出るのは気持ち良かった。

イワシなど大量にとれる魚の水揚げは、いつも決まった加工業者に頼む。アジなどの魚は、まず小売の人たちが買う。大量のイワシは干鰯にしたものである。引きとってくれる加工業者は、どこの網でもだいたい決まった家であった。シラスは小さければタタミイワシにし、たくさんとれると、ウデシラスにした。(34)」

【ハチダ網】　「ハチダ網はボーケ網ともニッパリ網（二艘張り）ともいう。二はいの船で操業するから二艘張りである。『神奈川県平塚市漁村経済調査書』には、二艘張網、漁期は冬一～三月、夏五～七月。創業は明治初年、最盛には餌八田十張、現在二十四張とあり、大正二年頃より餌八田の外すたる。巾着網出来てより衰微する。ただし餌八田は時々行なわれるとある。また、八田網、慶応年間後藤庄次郎、棒受網を改良工夫し、八田網とす。二〇節八田網、明治初年より操業を始め、大正初期に終焉を迎えたことがわかる。ボーケと称されたのも、原形であった棒受網の名称を引きついだのである。

またハチダ網のことをエドリ網（餌取り網）ともいう。カツオ漁の餌が、シコイワシの生きたものでなければならず、そのためのシコイワシをとるための網だったからである。だからカツオ船の船元ではどこでも所有しており、須賀には二〇軒～三〇軒の家で持っていたろうという。

昭和初期まで、この餌取りのためのハチダは操業されていた模様である。また地曳網を持っているような家でも所有していたという。

二艘張というように二艘の船で出る。漁期は寒い頃で十月末から、翌年の四月中頃まで。盛んな頃は、江の島から大磯付近まで、夜になると操業する明りが、いっぱい並んでいた。火で魚を寄せるので夜の仕事である。夕方出て、夜中の十時頃には帰る。漁のある時は朝まで続けた。船はマアミという幅五尺八寸位のものと、サカアミという五尺五寸位のもの。マアミはとれた魚を運ぶので、少し大きい。

夕方になると、板切れの上にランプを三個ほど載せ、海面に浮かべる。集魚灯である。流れないように綱があって船につけておく。このランプをイッチャランプ（一夜ランプの意か）という。土ビンみたいな形で、中に油を入れ、芯をその口から出し、火をつける。とる魚はイワシ・シコだが火に誘われて集まり始める。そこで団子にしたコマシをその近辺にボチャン、ボチャンと投げ込む。魚は餌が来たので、どんどん寄る。一方、二艘の船では網を出し、集まっている魚の下をとおして張る。初め網をおろした部分はアンバにまかせて浮かせておくので魚を下からすくう恰好になる。あとはだんだん網をしめながら上げていって、捕獲するという寸法である。

寒い中での漁だから、ハンモモヒキに長襦袢、上にボッタを着て、前ミノをつける。裸足。古着をボッダの下に着たりしたが、これは明治四十年頃の服装である。

コマシは昔は、各自コマシ引きでとっていたが、のちには間に合わなくなり、問屋から塩漬けにしたものを買った。とれたヒコ・イワシはメザシ・ホシカに地元で加工した。余るくらいとれるとホシカにした。(35)

【アグリ網】　「アグリ網は戦争前まであった。始まりは、元カツオ一本釣の船元〈左三郎丸〉の先代が明治二十年頃に始めたものだという。共同出資の網が須賀に二統あった。一統は庄三郎丸、鉄砲丸、杉山の共同である。これらの家は主としてカツオ漁をする家である。盛んな頃にはそれにもう一統あって、三統であった。

漁期は、カツオ一本釣の無い季節である。主としてイワシ、シコイワシをとったが、他にコノシロ、ボラ、カツオカマスなどもとれた。この漁は静岡の方のをまねたといい、静岡ではカツオ漁の餌のシコイワシをとるものだったという。

船はアグリ専用の船があって、肩幅六尺、長さ三〇尺くらいで七〜一〇挺櫓だった。一五〜二〇人くらい乗るが、これが二艘必要。網を二艘に分けて積んでいき、ナムラを見つけると急いでつなぎ、網をおろして巻き、網の底をしめて上げる。網幅は四〇間という。ヤイシが底をかくと、底魚もとれた。船は後に動力船でしたが、カツオ船でも代用できた。イワシはうんと獲れると浜に干して干鰯にした。[36]」

【巾着網】『神奈川県平塚市漁村経済調査書』には、漁期冬は一〜三月。夏は五〜八月。最盛時には十一張あり、現九張、大正二年、千葉御宿より杉山八五郎購入し、県水産局の指導を受け今日に至るとある。伝承では、大正元年頃、棒受網を改良して始めたというから、大正初期頃からの操業である。須賀では杉山八五郎がしただけという。

主としてコノシロ、イワシをとった。幅八尺〜一丈、長さ四〇〜五〇尺の船二艘とテブネで出る。一ぱいに二〇〜三〇人乗る。魚の状態を見張るテブネの合図により、魚を巻き、底をしめてとる。また別の話者は、巾着網にはイワシ巾着とロクダ巾着とあったという。ロクダ巾着のことをコノシロキンチャクともいい、主としてイワシ、コノシロをとるのだが、イワシ用は網目が小さく、コノシロ用は大きい所が違っていた。ロクダ巾着は杉山に限らず行なっていたという。[37]」

・中郡二宮町

中郡二宮町のイワシ漁について、二宮町山西六一六に在住の西山敏夫（昭和九年二月二十二日生）によれば、以前の二宮町は西に山西村、東に二宮村と分かれていた。この地点の海底は二宮村より東は浅く、西の山西村方面は急に深くなっているので、地曳網などを用いてイワシ漁（マイワシ漁）はできなかったという。ただし、若干のシコ（カタクチイワシ）漁はおこなわれていた。

・小田原市浜町

【八駄網】「夜の漁で、主な漁獲物はイワシ。網船は網を積み、火船の中の一艘に大船頭が乗込み石油燈を積む。

他の火船はカーバイト燈を持つ、暗夜に限り漁場に夕方着くように出港する。漁場に着いて先ず火船は適当の場所に別れて火を焚いて魚を集める。約一〜二時間で魚が集まったら大船頭の合図で網を下す用意をする。各船は錨を投入して錨綱を延ばし乍ら潮上にある網船の所に集まり、漁船は錨綱を手操り曳綱を曳いて潮下に下り、妻船二艘も漁船と共に曳網を曳いて左右に分れ網を水底に張敷して火船が魚を誘い込むのを待つ。網船が網を完全に敷設した所で火船三艘は集まった魚の散らない様に徐々に船を進行させて、そのうちの二艘は消燈して網外に出る。大船頭の乗った火船だけは、魚が逃げ出さない様になる迄網中に残る。最後に網を四方から引上げて漁獲する。網外に出た火船は他の場所に行き火を焚いて前と同じ方法で魚を集める。この方法を一夜に三〜四回繰返して夜明方に漁を終る。しかし現在（昭和十六年頃）は禁止されている。[38]」

・足柄下郡真鶴町真鶴

【八手網（ハチダ網漁業）】「八手網は揚繰網や巾着網のぜんしんともいうべきもので、大正のはじめまで操業されていた。真鶴には大正の初期に八手網が二統あり、四人の共同経営でおこなわれていた。この八手網は夜専門に操業する漁業で、漁獲物はアジ、サバ、イワシ、ムロアジ、イボダイが主であった。漁期は九月〜十一月まで。秋の商売。漁場は真鶴沖の地元漁場で、水深二〇メートル以上の岩礁のない場所である。主な漁場名はナカグルミ、バンバウラ、オウハマ、モガノオキであった。

漁法は、肩幅五尺、全長七メートルぐらいの漁船（網船）を使い、多い時は一〇人ぐらいの漁夫が乗組んだ。網船は普通五挺櫓で漕いだ。八手網は図（省略）で示したように網船二艘が必要であり、それにヒブネ（火船）一艘が加わった。ヒブネに乗組むのは一人あるいは二人程度であった。ヒブネはカーバイトの明りをつけて魚群を集める仕事をする天馬船で、普通は網主が乗った。

網は、浮子の方が六〇間ぐらい、鉛の沈子をつけた下の方の長さは五〇間ぐらいで、中間はイセ（たるみをもたせ）てあった。網の丈は二〇間ぐらい。両脇に三〜四貫目の石の錘りをつけてあった。後に、この石のオモリは鉄のフンドンにかわった。

網の浮子は桐材。網目は、外周が大きく、大が六節、中間から一二節、中央を〈ウオドリ〉といい、一四節から一八節であった。

経営については上述の如く、四人の共同出資で網を購入した。船は四人のうちの個人の船を貸りる。漁夫（乗組員）はうち仲間で親戚の者などが乗る。以前は一世帯に六〜七人の家族がおり、昔は比較的、家族が多かった。全員で二〇人くらいの漁夫が必要であった。また、労働力が不足の時は、子供をもらって育てるということもおこなっていた。

・分配の方法について　分配は普通、〈代分け〉とよんでいる。船は個人の船を使用するようになるので、船代として一人分（一代）。船を櫓で漕ぐ時代から、エンジンの時代にかわってくると、船代はエンジンの油代を含めて二人分（二代）に変わった。

網は共同出資によって購入したものだが原価償却するために、網代として三人分（三代）とした。しかし、不漁の時など、網代を三代とってしまうと、乗組員の代分けがすくなくなってしまうので、〈若い衆あっての親分〉（乗組員がいて網主もなりたつ）といって、網代を三代以下に減らすこともあった。船代、網代を差引いて、残りを乗組員で平等に分配する。

また、〈一人ぬき〉といって、代分けの時一人分（一代）を別途にとっておき、漁期が終った時や、不漁続きの時に分配するための〈積立金〉として、これは、株主も乗組員も別なく、平等に分配した。網代（三代）は、消耗品費（網染めなどに必要な経費や網の修理に必要な経費）をのぞいたものを株主の配当として分配した。

代分けは普通大人が一代だが、青年にならない時は〈半代〉、あるいは〈八分〉とかの代分けであった。青年とは高等科二年をおえた十五歳ぐらいの年齢の者から上をいった。若い衆の中でも、特に働きのよい者は、特別に〈分〉を与えた。特別にほねをおってくれた者がいた場合などは、一人の者だったら〈三分〉ぐらい余計に出した。

魚群を浮上させるためには、カーバイトの明りを船につけることが必要なので、ヒブネは一艘よりも、二〜三艘あった方がよかった。魚が浮いた（浮上した）時は、ヒブネが明りをあげたり、ホラ貝を吹いたりして網船に合図をした。[39]」

【シオラシ】　「真鶴では大正十年以前よりシオラシがおこなわれていたが、終戦後の人手不足でしぜんになくなった。真鶴には多い時で四〜五統あった。漁獲物はイワシ、アジ、ムロアジ、カマスなど。漁期は八月から十二月頃までおこなわれることもあったが、夜の場合は八月から十月頃までだった。

漁場は時期によって移動したが地先魚場が多く、真鶴の地先漁場名は、ナカグルミ、バンバウラ、アグラ、カメガサキ、ツイシ、クロサキ、ツノシマ、オウハマの八漁場が主のものであった。

網は縦三〇間、横三〇間の正方形。網目は周囲が大きく九節（ココノフシ）、中間が一〇節、中心が一二節。水深一二尋から一五尋ほどのところに張る。網を張る時は普通四〜五貫目の〈マイシ〉というオモリを四角につけた。この錘りは潮流の速い時には増さなければ網が流されて上手に張れない故、網船はいつでも一〜二個は余分に錘りの石を積んでいた。

漁船は五艘必要である。普通、肩幅四尺五寸といわれた船で、長さは四〜五メートル。五艘のうち一艘は伝馬船。この船を中船または餌船と呼んだ。他の四艘を網船という。したがって操業には網船四艘と餌船一艘が必要。網船には各船ごとに三〜四人の漁夫が乗組み、餌船には一〜二名の漁夫が乗組んだ。多い時は一八名ぐらいの漁夫が必要となる。

操業は、網を海中に敷いておき、網の中央で、餌船がイワシ、サバなどの魚のひき肉や、そうめん、豆腐のからな

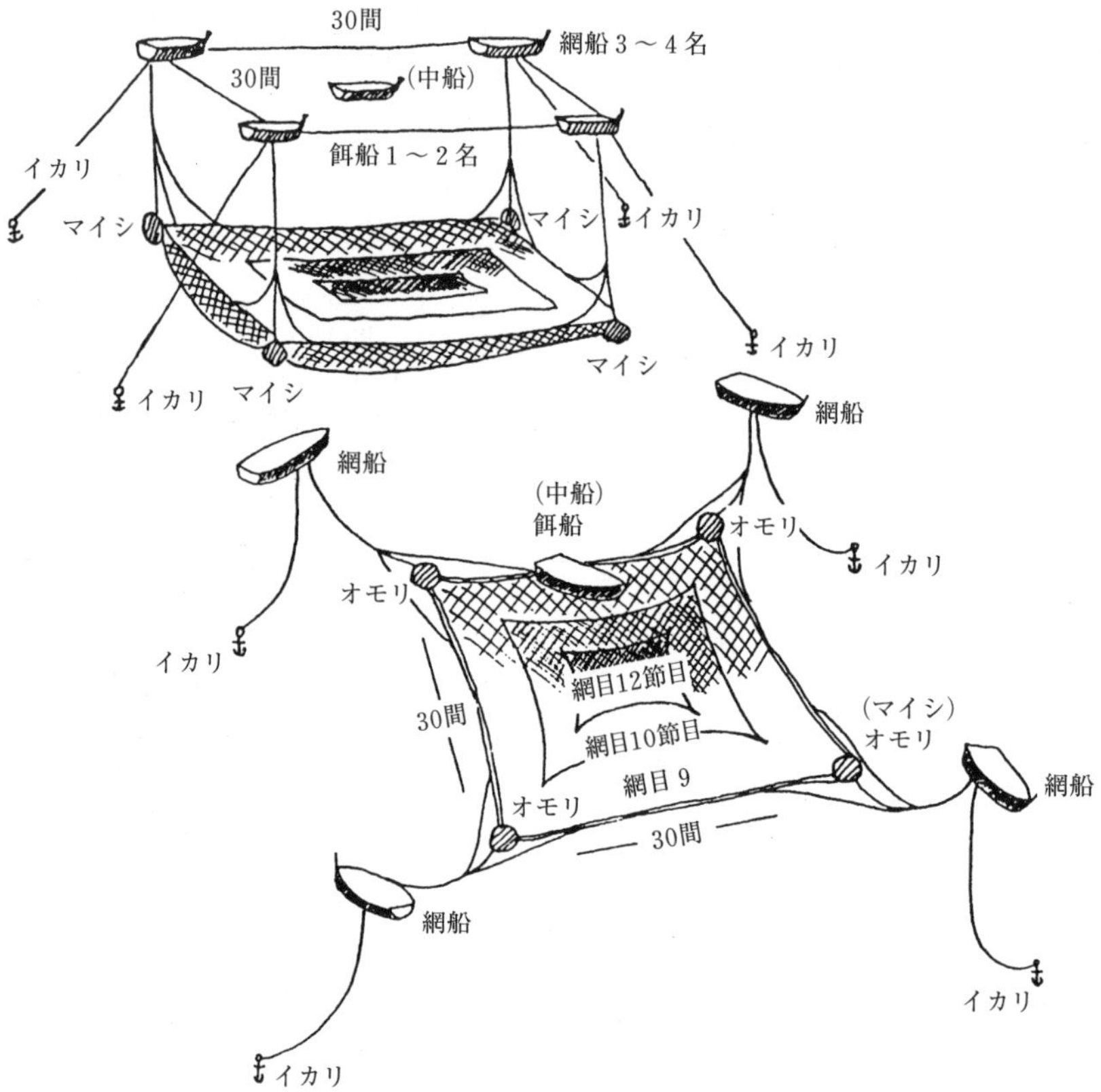

図7　シオラシ（網）

どを撒く。魚が集まった頃を見計らって網をあげる。夜の操業には集魚灯も使われた。大正の初期には石油ランプを使用したが、風が吹くと消えてしまう不便さだった。昭和初期にカーバイトが使われ、昭和十年頃になってからバッテリーの使用に変わった。

シオラシの経営は仲間の株組織で共同経営をおこなった。漁船も四艘以上必要なので個人ではおこなわなかった。青木清治（話者）のばあいは四人で経営し、分配も同じだった。収入は歩合制度だった。

水揚げから諸経費を引いて、船代は一代とした。また諸経費として差引く網の消耗経費などは普通二代半、多くても三代にとどめた。船代も櫓船の時代は一代だったが、のちに動

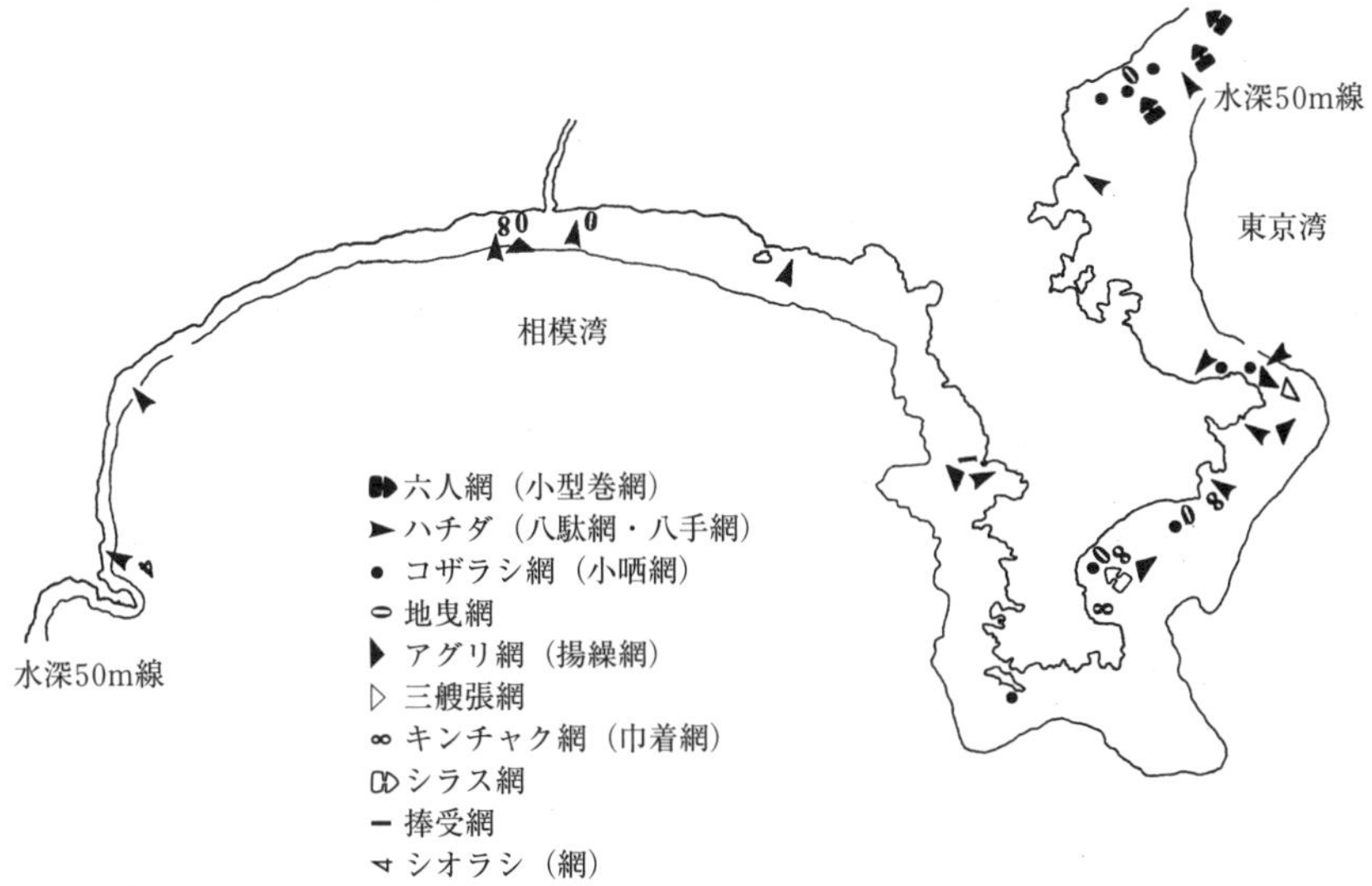

図8　相州におけるイワシ漁と漁法

力船に変わって、油代も必要となり、船代は二代とすることになった。(40)」（図7参照）

(2)　イワシ漁の系譜

これまで掲げてきた相州をとりまく海村におけるイワシ漁業についてみると、川崎市大師河原（ロクニン網）、横浜市中区本牧本町（小型巻網〈六人網〉、ヒコハチダ〈シコハチダ〉、コザラシ）、横浜市金沢区柴（六人網、地曳網、小晒網〈流しさし網〉）、横須賀市（旧）深浦（ハチダ網）、横須賀市大津（ハチダ網、コザラシ網）、横須賀市走水（アグリ網、三艘張網、八駄網、小晒網）、横須賀市鴨居（八駄網、揚繰網）、横須賀市久里浜（巾着網〈アグリ網〉、ハチダ網）、横須賀市野比（地曳網、コザラシ網）、三浦市南下浦町上宮田（コザラシ網、キンチャク網、シラス網、地曳網、揚繰巾着網、イワシ流し刺網〈コザラシ網〉）、三浦市南下浦町金田（キンチャク網）、三浦市三崎城ケ島（小晒網〈イワシ流し網〉）、横須賀市佐島（棒受網、八駄網、手揚繰〈巾着網〉、機械あぐり）、鎌倉市腰越（ハチダアミ）、茅ケ崎市柳島地区（地曳網、ハチダ網）、平塚市須賀・新宿（地曳網、ハチダ網、アグリ網、巾着網）、小田原市浜町（八駄網）、足柄下郡真鶴町真鶴（八手網〈ハチダ網〉、シオラシ〉、などの網漁業によってイワシは捕獲されてきた。したがって、相州においてはイワシを釣漁によって捕獲してきた事例はない。

イワシは群れをなして洄游するため、(1)地曳網のように有嚢《のう》式の網漁具で捕獲する方法や、(2)敷網類の上に群れを集めて捕獲する方法、(3)揚繰網類のように群れを囲い込んで捕獲する方法、(4)イワシの群れの進行方向に、さえぎるように流し網を張って捕獲する方法など、さまざまな漁法で捕獲されてきた。

このうち、有嚢式の地曳網類は、魚群が洄游してくるのを砂浜海岸で待ち、網を張って捕獲する方法から、一歩進んで積極的に沖合まで網船を進め、沖合で魚（漁）網を張りたてる大型化した、地曳網から船曳網への発展もみられた。近世中期以後におこなわれた大型の「マカセ網」（任せ網）などはこの種類にはいるものである。また、一方では、キンチャク網（巾着網）、八駄網（八手網）、アグリ網（手揚繰網、機械揚繰網）などのように、沖へ出かけての巻網や敷網として発展していった地域もある。

こうした発展の仕方は地先漁場をはじめ、陸上の立地条件とも深くかかわっており、たとえば、三浦市三崎城ケ島のように、砂浜海岸のない地域では、沖に出て浮刺網（コザラシ網・小晒網）を張り、イワシを捕獲するしか方法のない地域もあった。

他方、イワシは、こうした大量の漁獲を目的とした漁業とは別に、カツオ漁をおこなうための活餌としてのカタクチイワシ（シコ・ヒコ）を確保することを主な目的としておこなわれてきた地域もある。たとえば、相模湾のようにカツオ漁場に恵まれ長井（横須賀市）などがその例である。(41) また、カツオ漁のための餌魚としてのイワシ漁が本格化していった横須賀市佐島の例などを見ることもできる。

いずれにしろ、これらのカツオ漁のための餌魚は主にカタクチイワシ漁に限られるなど、イワシの種類とのかかわりが大きい。

図8に示したように相州（神奈川県）における上述の事例からみると、地曳網漁は砂浜海岸を利用しておこなわれているのは当然のことであるが、コザラシ網は三浦市城ケ島より東京外湾から東京内湾にかけておこなわれていた伝統的漁法であることがわかる。このコザラシ網に関する史的背景などについては後に詳述することにしたい。

また、棒受網、シオラシ（網）（図7）は、ごく限られた地域でしかおこなわれていなかったことがわかる。

2　イワシ漁の史的背景

相模湾をはじめとする相州において、イワシ漁にかかわる史料が散見できるのは、寛永年中における「下浦」の鰯網や「任せ網」をはじめ、万治八年、鎌倉郡材木座（『鎌倉近世史料』[42]）の「鰯網」（村木家文書）、万治十二年、真鶴村の「いわし」（『松本敬家文書』、『真鶴村書上帳』、『伊東市史』、『伊東誌』）、「定置網漁業の変遷」（『小田原近代百年史』）などがあり、さらに、『安房郡水産沿革史』[43]にも相州に関連したものを散見することができる。

また、比較的新しい年代のものとして、明治二十六年にまとめられた「高座鎌倉拾三ケ浦漁業取調書」（藤沢宿名主・堀内家文書）があり、この史料中には鎌倉郡乱橋・材木座の地引網やコマシ引網をはじめ、鎌倉郡長谷村・坂下村、鎌倉郡腰越村・津村、鎌倉郡江ノ島、鎌倉郡片瀬村、高座郡鵠沼村、高座郡辻堂村、高座郡小和田村、高座郡茅ケ崎村（柳島）などにかかわるイワシ漁に関する史料もある。

上述のようにイワシ漁にかかわる相州関係の史料は比較的多い。しかし、年代的にみると断片的なものや、地域的なかたよりがめだつ。したがって本稿においては「寛永年中（一六二四〜四三）に紀州の下津浦に住んでいた七兵衛、市郎右衛門の二人が相州の三浦郡下浦にきて鰯漁をはじめた。これが関東におけるマカセ《任せ》網のはじめである」（後述）という史料にもとづき、相州三浦郡南下浦（上宮田）におけるイワシ漁を中心にみていくことにしたい。

図 9　『日本山海名物図会』によるイワシ漁

「〈鰮網〉いわしあみは大小二網なり。大をまかせと云。小をはちだと云。此一あみを一里四方へ引也。其うけをあばと云。うけづなの中程に舟二そうつけてあみの一所へよらぬように、両方へかぎにて引也。網船の先に立麤はまあみさかあみとて二艘也。其舟にけんぽうとていわしをぬけぬように網へ追者四五人有。伊予の宇和嶋いわし多し。関東にては総州銚子浦より多く出る。丹後より出るいわし名物也。風味よし。」（『日本山海名物図会』巻之五〈宝暦四年〉版より）

また史料の性格上、イワシ漁の技術的な発達史や村落内におけるイワシ漁業生産の位置づけ、あるいはイワシ漁の漁業労働構成や村落構造とのかかわりあいをみていこうとするものではなく、残存史料の活用できる範囲で、地元の南下浦（上宮田村）で「仁左衛門納屋」（ニザエム・ナンヤ）と呼ばれてきた須原家の先祖にあたる「仁左衛門」やその一統が紀州栖原から来てこの地に定着し、「任せ網」をもってイワシ漁を大規模におこなうに至った定住の過程をみていこうとするものである。このことは、これまで、三浦半島におけるイワシ漁（とりわけ任せ網漁）は紀州より来た漁民によって伝えられ、下浦の漁場開発は紀州の人たちによるものだとされてきた史実を実証的に明らかにしていくという点で意義があると考えられる。

とくに加工、流通に関しては「東浦賀干鰯問屋」などのかかわりも深く、そのかかわりをさけるわけにはいかないが、この問題に関しては先学の「東浦賀干鰯問屋仲間」（戸谷敏之『常民文化論集』〔1〕日本常民文化研究所、一九五四年）などにゆずりたい。

『江浦干鰯問屋根元由来記』(44)にみえる「舊記並口達書以御示談申事」によれば、以下の通り記載されている。

「一、於関東鰯漁之儀は往古（昔）宝治年中之頃紀州之漁師西之宮久助と申もの難風に而吹流九十九里浦に漂着

口（仕）同所刺金村に於而聊成小地引網仕口（立）鰯漁始候由、其後（中古）文禄年中には（比者）同所浦に右小地引網に而漁業仕候由承及候（仕候に付慶長年中に者地引網運上御領主様に差上候由承及候）

一、安房上総下総に而鰯八手網（漁業渡世干鰯）出来候根元之儀は元和二年紀州加田浦漁師大甫七十郎浦賀より上総国へ渡海（仕）同国川津村字（領）矢之浦に而貳艘張與申八手網相始（鰯漁業いたし）候處漁事沢山に付翌年者湯浅村貝（貝柄助右衛門）栖原村貫治（丹房）四平治両人ヲ（を）連下り助右衛門者岩和田四平治は（ハ）船客（船谷）に而漁業始候、則片浜浦も（二）貳艘張八手網鰯漁業（之）最初関東に而干鰯出来候根元に御座候

（中略）

一、寛永年中九十九里一ノ宮本郷村片岡源右衛門三大力與號候大地引網工夫（風）仕候より同所浦も（二）一統大地引網に相成干鰯沢山に出来申候

一、同年中関東鰯漁評判に付紀州泉州其外西之宮辺（攝州西之宮等）より漁師追々下り候内紀州下津浦（村）七兵衛市郎右衛門両人相州三浦郡下浦に而鰯網致開業候、則相州（ナシ）武州浦に鰯漁之始、関東任セ網（まかせ網）根元に御座候、其頃（比）紀州下津浦（村）栖原村等之漁師房州長狭郡天津村浜萩（荻）村に而鰯漁業開候より、房総二ケ国浦々に而鰯漁業始候お（を）地引（地網）と唱、上方より廻り候お（を）下り網と唱、繁昌致（ナシ）候、其頃（比）下総国銚子辺にも漁師下り、鰯網相始のよし（候由）、夫より追々常州より（常陸国）奥州路迄鰯漁業相弘り広太成御国益と罷来（相成）申候は（ナシ）。（其比者）諸事自分に而取賄仕入と申儀も無之稀に干鰯引當ヲ（を）以金子立替候、是則仕入之始に而、後年に至仕入と名付問屋より融通致立替候」

この史料は羽原又吉『日本漁業経済史』（中巻二）からの引用であるが、羽原は「括弧内はこの写本の原稿と考えられる文書から引用」としている。

また、羽原は同書の中で「この種の大地曳網はその経営上及び技術上から旅漁民には甚だ不適当の漁法で、これに

従事するには少くともその土地に定着し、その部落生活と一定の関係がなければ甚だ困難な漁業である。かような事情から、九十九里地曳網漁業は、その初めはたとえ上方漁民により伝来されたとはいえ、その後の発達はいわゆる旅漁民の手から離れて土着の富裕農民の活動―農漁兼営―により行われたと見ねばならぬ」と指摘している。

相州三浦郡下浦においてもこのことは同じで、寛永年中（一六二四～二八）に、「紀州下津浦（村）七兵衛と市郎右衛門の両人が相州三浦郡下浦にて鰯網を始めたのが関東における任セ網（まかせ網）のはじめ」であるとしているが、当然のことながら地元とのかかわりや土地に定着していく過程が重要であることはいうまでもない。

以下、上宮田村の須原家の史（資）料により「ニザエムナンヤ（仁左衛門納屋）」の消長についてみていくことにより、地域への定着の過程をみたい。

三浦市南下浦町上宮田在住の須原武雄宅の位牌および同南下浦町鹿穴の来福寺における過去帳を照合した結果、下記のごとくであった。また、来福寺にある墓碑（墓石）についても確認できたものを記し、年代順にならべた。

寛文六年（一六六六） 釋教誓　紀洲栖原　五平次 十月十五日	元禄十五年（一七〇二） 釋了玄　今井にて須原仁左衛門 三月五日	釋願海信士　元禄十六年霜月二十三日（一七〇三）	釋方海信士　（上宮田来福寺　墓碑あり）	宝永二年（一七〇五）三浦ニテ死 釋了玄正定聚　紀洲栖原村　仁左衛門 八月十九日　（上宮田来福寺　墓碑あり）
宝永七年（一七一〇） 釋賢勝童子 正月二十七日　（来福寺　墓碑あり）	宝永七年（一七一〇） 釋教得　芦ノ内三郎左衛門 閏八月四日　相州三浦上宮田ニ死	正徳元年（一七一一）　（来福寺　墓碑あり） 釋善超信士靈（霊）位　紀洲内兵衛（イ） 十二月二十三日　芦内仁左衛門にて往生	正徳二年（一七一二） 釋了円　芦内仁左衛門 二月十七日	
正徳三年（一七一三） 釋智撮道空信士 一月十日	正徳五年（一七一五） 釋淳誓 七月十四日	享保元年（一七一六） 陽山道青禅定内 正月七日　（位牌あり、墓碑、過去帳なし）	享保二年（一七一七） 釋尼妙善霊位 六月二十六日	

享保四年（一七一九）
釋教俊覚位
二月二十八日

享保四年（一七一九）
釋本響覚然
七月十六日

享保四年（一七一九）
釋了善　今井仁左衛門内善四郎
十月三日

享保六年（一七二一）
釋道教不退位
十月十三日

享保九年（一七二四）
本日妙善
六月十七日　（位牌のみあり）

享保十年（一七二五）
釋願生　紀洲三郎左衛門網　助左衛門
九月二日

享保十一年（一七二六）
釋妙信善尼
九月六日

享保十二年（一七二七）
釋証玄　芦内理右衛門
一月二十七日

享保十四年（一七二九）
釋妙理　今井　泉重兵衛娘
十月十八日　紀州仁左衛門にて死

享保二十年（一七三五）
釋照響恵峯
十一月八日　（位牌のみあり）

享保二十年（一七三五）
釋遵教
十一月十九日　（位牌のみあり）

元文元年（一七三六）
釋最了信士
五月十一日　（墓碑あり）

元文二年（一七三七）
釋教慶　今井　仁左衛門内　矢兵衛
九月三日　（墓碑、位牌あり）

元文五年（一七四〇）　（墓碑、位牌あり）
釋了運信士　今井　仁左衛門内
七月二十六日　紀州ないや　久次郎

寛保元年（一七四一）
釋智哲　今井　仁左衛門内
六月二十三日　鎌倉久兵衛

寛保二年（一七四二）
釋浄喜信士
二月十六日

寛保二年（一七四二）
釋妙喜位　今井に於て紀州仁左衛門内
九月二十三日

寛保三年（一七四三）
釋浄玄　今井　仁左衛門
五月十七日

宝暦四年（一七五四）
釋教円
三月十五日　（墓碑あり）

宝暦六年（一七五六）
称譽念入
十一月四日

宝暦七丑年（一七五七）
本理院良喜
三月二十二日

宝暦十二午年（一七六二）
釋妙以位
四月二十三日

明和九年（一七七二）
釋暁了　今井　仁左衛門子
五月三日

天明三年（一七八三）
釋良順炁（霊）位　今井　仁左衛門
十一月二十三日（墓碑あり）

安永二年（一七七三）
円寂釋尼賢道
二月七日　（墓碑あり）

寛政二年（一七九〇）
永寿院妙本覚全
四月七日

寛政二年（一七九〇）
荘寿院音覚真鏡
十月十四日

文化十四年（一八一七）
釋妙心　今井　仁左衛門　孫　童女
十月十七日　（墓碑あり）

文政三年（一八二〇）
釋教証　今井　仁左衛門　居跡
十月十八日

文政五年（一八二二）
釋光恵　童女　今井　仁左衛門
十二月二十一日　（墓碑あり）

文政七年申天（一八二四）
釋証岸
八月三十一日　（墓碑あり）

天保十一年（一八四〇）
釋悟入信士
三月十五日　（墓碑あり）

（以下略）

以上、「三浦須原家」における「過去帳」・「位牌」・「墓碑」を調べた結果である。なお、来福寺にある過去帳のうち天保十一年以降については本節の内容から不用と考えたので省略した。この件については位牌、墓碑についても同様である。

これら上述の「過去帳・位牌・墓碑」から総合していえることは、三浦郡の上宮田村に定住するようになった須原家の先祖は、上宮田来福寺に墓碑が残る元禄十六年（一七〇三）から宝永二年（一七〇五）頃この地に定着しはじめたとみられる。

しかし、まだ出身地の紀州栖原《すはら》村　芦内仁左衛門を名乗っており、墓碑にも「宝永二年八月十九日　釋了玄信士　紀州栖原村　芦内仁左衛門」と記されており、末裔の須原武雄によれば、芦内仁左衛門は七十二歳で他界しており、鹿穴の来福寺に残る墓碑と過去帳の死亡年月が一致する。それ故、須原（芦内）家は、この元禄十六年から宝永二年頃に上宮田に定住することを決め、定住することが前提にあって墓碑も地元に建立することになったとみてよいといえる。

このようにみると、それ以前に「過去帳」に残る人びとについての問題が残る。上述したように、相州の三浦（下浦）に紀州下津浦から七兵衛と市郎右衛門が移り、鰯網漁をはじめたのが寛永年中（一六二四～二八）のことだとされることから、来福寺の過去帳に記載された須原（芦内）家の先祖が寛文六年（一六六六）以前に三浦（下浦）に来て、紀州栖原に帰ることなく、出稼先の地で他界し、たぶん埋葬されたであろうことは、年代的にも当然のことである。寛永元年（一六二四）から寛文六年（一六六六）までの約四〇年間には紀州からの漁民の移動は相当なものであったと考えられる。

しかし、この間の須原（芦内）家の過去帳が欠落していることや、墓碑が今日までのところ所在確認されておらないことなどを考えれば、この時期の須原（芦内）家の人々は、出稼ぎに来ては故郷の紀州栖原村に帰るということを連続的におこなっていたとおもわれる。

さらに、後述する資（史）料にみられるように、寛保二年（一七四二）に上宮田村（今井）にて紀州仁左衛門の内（妻）が九月二十三日に死去し、戒名を「釋妙喜位」と記されていることと同様、紀州栖原村の極楽寺に残る過去帳にも「寛保二年九月二十三日　尼妙喜　芦内仁左衛門内」とあることなどから、出稼ぎ先より帰って埋葬されたか、故郷で供養されたかは不明であるが一致している点に両過去帳の信憑性がある。あわせて紀州の極楽寺の過去帳を見るに、芦ノ内（芦内）家は家族全員がそろって出稼ぎに出るようなことではなく、家族のうちの何人かの人たちが出稼ぎに出たり、帰宅したりしていることがわかる。

次に紀州栖原村における極楽寺（浄土真宗）の過去帳より、栖原村の須原（芦内）家の出身地（先祖・本家）とされる芦内寿《ひさし》家に関係のあるものを年代をおって列挙すれば、以下の如くである。

なお、芦内家の菩提寺である「極楽寺」について『紀伊続風土記』（巻之五十九）を参考にすれば、

極楽寺　浄土眞宗西本願寺末　本堂九間　九間半　僧坊四間　九間　釣鐘堂　浜にあり大永年中（一五二一〜二七）釋浄春というもの建立すといふ　山林あり

とみえる。

次に紀洲栖原村にある極楽寺（浄土真宗）の過去帳より、栖原村の芦内寿家に関係のあるものを年代をおって列挙

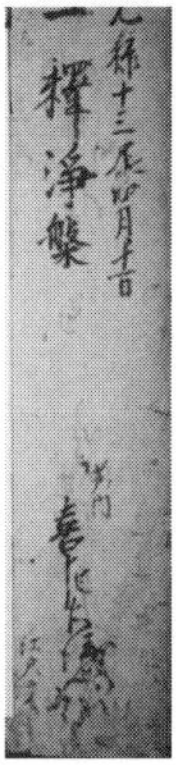

写真13　極楽寺と過去帳（平成14年〈2002〉2月22日撮影）

過去帳に元禄十三年四月十一日「釋浄槃　芦ノ内喜左右衛門江戸ニテ死ス」とみえる

すれば、以下のごとくである。

元禄十三年（一七〇〇）四月十一日
釋浄槃　芦ノ内喜左右衛門
江戸ニテ死ス

元禄十三年（一七〇〇）十月九日
妙清　芦ノ内妙玄　妹　六十三

元禄十三年（一七〇〇）二月二十七日
曽俊　□俊三□□　四十六

宝永三年（一七〇六）十一月三十日
妙春　芦ノ内佐平次　婆々

宝永七年（一七一〇）八月四日
釋教得　蘆ノ内三郎左衛門
相州三浦上宮田ニ死

正徳元年（一七一一）一月十一日
教信　芦ノ内佐平次子信四良　弟
関東ニテ死

正徳三癸巳（一七一三）九月□日
道寿　芦内佐平次

正徳四年（一七一四）三月十日
尼妙柱　芦内三郎左衛門　妻

正徳五年（一七一五）九月十三日
了心　蘆内平八
関東ヨリ病気ニテ上ル

享保元年（一七一六）八月五日
妙空　芦内三郎左衛門
平十郎ノ母

享保四年（一七一九）二月二十八日
教俊　芦内平十郎

享保七壬寅（一七二二）九月四日
了心　芦内佐平次　五平次　子
浦賀　死

享保十一丙年（一七二六）□□
善海　芦内佐平次　子
関東　死

元文四年（一七三九）十月七日
宗順童子　芦内久兵衛の子　二歳

元文五年（一七四〇）七月二十六日
了運　芦内久兵衛
下浦ニテ死

寛保二年（一七四二）七月十二日
尼妙秋　芦内三郎左衛門　姉ノ娘

寛保二年（一七四二）九月二十三日
尼妙喜　芦内仁左衛門　内

寛保二年（七四二）十月十七日
尼妙祐　芦内三郎左衛門内　娘　アグリ

寛保三年（一七四三）三月五日
玄恵　芦内太平次　オタ子　伯父

寛保三年（一七四三）五月七日
浄玄　芦内仁左衛門　七十一歳

延享二年　七月二十三日
尼妙玄　芦内三郎右衛門内　婆々

宝暦六年（一七五六）四月十七日
尼妙順　芦内久兵衛　母ノ妹

明和四年（一七六七）八月二十八日
尼妙西　芦内三郎右衛門　妻

安永九年（一七八〇）三月七日
浄信　芦内宇兵衛

安永九年（一七八〇）九月十四日
尼妙　芦内仁左衛門内　妻

天明三年（一七八三）五月四日
尼妙節　芦内三郎右衛門内　母
川端

天明六年（一七八六）四月二十四日
浄空　芦内仁左衛門
房州ニテ死去　館山宗真寺に墓碑

天明六年（一七八六）九月二十八日
浄専　芦内久兵衛
　房州柏崎ニテ死去
　館山宗真寺に墓碑あり

寛政十二年（一八〇〇）七月一日
尼妙應　芦内久兵衛ノ母

寛政十二年（一八〇〇）十月四日
智廓　芦内三郎右衛門　子
　江戸

享和四年（一八〇四）六月十二日
尼妙廊　芦内久兵衛　妻　マサ

享和四年（一八〇四）八月四日
貞順　芦内三郎右衛門の子
　浪華ニテ死

文化二年（一八〇五）四月七日
真智　芦内久兵衛ノ子　三歳
　北

文化四年（一八〇七）九月二十五日
浄空　芦内三郎衛門

文化六年（一八〇九）九月二十五日
尼妙空　芦内三郎衛門ノ妻

文化九年（一八一二）八月二十三日
尼妙寂　芦内三郎右衛門の娘
　川端

文化十一年（一八一五）十月二十五日
尼妙琳　芦内久兵衛　後妻

文政五年（一八二二）三月十一日
尼妙信　芦内清兵衛　母　八十六歳

文政七年（一八二四）二月七日
諦善　芦内久兵衛　廣　死去

文政九年（一八二六）八月二十五日
尼妙能　芦内吉兵衛　老母
　大阪ニテ死去

文政十一年（一八二八）十月二日
尼妙讃　芦内吉助　妻

文政十二年（一八二九）十月十二日
念定　芦内清兵衛

（以下略）

このように、紀州栖原村の極楽寺「過去帳」をみると芦内家の系譜を知ることができる。なお、本過去帳に関する資料は、三浦市南下浦町在住の須原武雄が現地の極楽寺に出むいて筆写したものを借用したものだが、筆者も極楽寺の「過去帳」はその一部分を写真撮影させていただいている。

以上、「過去帳・位牌・墓碑」の三点セットに加えて、極楽寺の「過去帳」を重ねあわせてみると、紀州栖原村より相州三浦郡下浦方面（上宮田村）に出向いて出稼ぎをおこなっていた「芦内家の人々」は、元禄十六年（一七〇三）から宝永二年頃（一七〇五）頃にかけて出稼先に定住したとみられる。そして、生まれ故郷の「栖原村」に想いをはせながら、「芦内」・「芦ノ内」姓を故郷にあやかって「栖原」あるいは「須原」と名乗るようになり、また書き改めるようになったとみられる。

また、上述のごとく寛永年中（一六二四〜二八）、すでに相州の三浦（下浦）に鰯網漁が紀州から伝えられてきたことからすれば、「芦内家」の人々の出稼ぎは、かなり時代的に遅かったとみることができる。しかし、これまでの漁村史、漁業経済史、近世庶民生活史、郷土史などにおいて考察されてきた「紀州漁民の移動」や「任せ網」の移入については「いつの時代に来たのか」ということだけが研究の課題や主題設定のための問題提起の柱となっているきらいがあり、「出稼ぎ漁民（網元も含めて）がどう定住化していったのか」を明確にした考察はなかったといってよい。

それ故、本節ではこの点を重要視し、「出稼ぎ漁民が出稼ぎ先の村に、どのように定着し、同化していったかを、見定める」ことを主眼とし、その中でも、出稼ぎ漁夫ではなく、漁業資本を蓄積して定着をはかった、いわゆる網元と呼ばれる「任せ網」の経営者の定着過程を明らかにし、かつ探ろうとするものである。

以下、上述の視座を軸に具体的な史料を掲げて実証的にとらえていきたい。

次に掲げる［史料1］は、「売渡申田地手形之事」と記された元禄十三年（一七〇〇）の譲渡証文である。この内容からして、地元の上宮田村の田地主が「下田三反三畝拾八歩」を仁左衛門に売却したことにより、仁左衛門は村の土地所有者になっていることがわかる。この元禄十三年という年代は、上述したように紀州の栖原村より来た芦内仁左衛門の同族が上宮田村で死去し、地元の鹿穴の来福寺に埋葬されたとみられるように「過去帳」に「元禄十五年三月五日　釋了玄」とあることからして、この地を第二の故郷として定住をはかることを決意した初期の頃にあたるとみられる。

以下［史料2］の「譲リ売渡し申畑手形之事」をはじめ、［史料3］の「相定申田譲手形之事」、［史料4］の「相譲申畑手形之事」、［史料5］の「譲證文之事」、「史料7」の「譲渡申田地手形之事」はいずれも田畑に関する譲渡証文であり、買主は仁左衛門ならびに同族によるものである。

このうち［史料5］については、上宮田村の村民が田畑の売手ではなく、一旦、紀州栖原村から出稼ぎに来た理右衛門が地元民より入手した屋敷や納屋ならびに「諸道具干鰯場小地引」などをあわせて売却していることが、他方からすれば漁業資本を蓄積していく過程として注目される。

【史料1】売渡申田地手形之事

一、下田三反三畝拾八歩所ハ木間水深一町右之田地御年貢御未進御座候ニ付金拾六両ニ定有合ニ売渡シ上納仕候所実正也　御年貢高掛之儀は貴殿方より御上納可被成候　若此田地ニ付脇より違乱申者御座候は我々罷出急度埒明ケ可申候　何時成共本金拾六両返還仕候者右之田地無相違返シ可被成候　本金遅々仕候内者御手作可被成候爲後日仍而如件

元禄十三年辰十二月廿八日

上宮田村
田地主　庄兵衛　印
證　人　加左衛門　印

同村
仁左衛門殿

【史料2】譲リ売渡し申畑手形之事

一、上畑　壱反四畝歩此石高九斗八升目所者　此間山也

右之地代金子拾弐両只今慥ニ受取申所実正也㊞右畑筋目御座候ニ付而貴殿江譲り売渡シ候上者御年貢諸役等迄御割付次第其許より以上納可被成候　此畑ニ付横合より少茂違乱申者無御座候若シ六ケ敷儀申もの御座候ハバ右之嘉判者罷出急度埓明其許江御苦労かけ申間鋪候　爲後日譲證文仍而如件

上宮田村畑主　又兵衛
証人　左五衛門
組頭　七兵衛
口入　庄三郎

元文三年午十月□日

芦内
仁左衛門殿

【史料3】相定申田譲手形之事

一、上田　六畝弐拾九歩　分米八斗三升六合　所者石作
一、中田　三畝拾六歩　分米三斗五升三合五勺　同所
一、下田　弐畝拾歩　分米壱斗八升六合五勺　同所
石合　壱石三斗七升五合八勺

右之爲地代金子弐拾壱両三分只今慥受取筋目御座候ニ付其元江永譲リ相渡申所実正也　然上は御年貢諸役等迄御割付次第年々其元より上納可被成候　此田地ニ付我等諸親類は不申及横合より少茂違乱申者無御座候　爲後日田譲證文　仍而如件

寛延三年午二月

上宮田村
地主　長左衛門　印
受人　権右衛門　印

組頭　清兵衛　印
同村
仁左衛門殿
右之通相違無御座候以上
名主　察右衛門　印

【史料4】相譲申畑手形之事
一、下畑　四畝拾分　此分米壱斗壱升
（印）
右之地代為礼金と壱両壱分只今慥ニ請取御年貢御味進候上納申所実正也　右畑之義筋目御座候ニ付長相譲リ申候上ハ毎年之御年貢ハ不及申諸役等迄も是ニ而上納御勤可被成候　右畑ニ付我等諸親類ハ不及申ニ横合より少シ茂違乱申もの無御座候　為後日　畑長譲り證文　仍而如件
宝暦五年亥三月□日
上宮田村御料所分
地主　太兵衛　印
證人　戸左衛門　印
同　権治郎　印
同年寄　定右衛門　印
同村
仁左衛門殿
右之通り相違無御座ニ付名主加判仕候以上

【史料5】譲證文之事

先仁左衛門跡式屋敷居納屋并諸道具干鰯場小地引田畑證文諸帳面等貴殿由身有之候ニ付諸色不残相譲申候右祝金として拾三両弐分ニ相究メ内金八両弐分請取残リ金五両者来丑年より巳年迄五ケ年之間壱ケ年一金壱両宛請取申筈相定申候然ル上は諸親類は不及申　何方ニ茂少茂構ひ無御座候　爲後日　證文　仍如件

宝暦六年子十一月

同村名主　次郎右衛門

紀州栖原村
長沢村居住　理右衛門　印

同国同村
居住　佐五兵衛

上宮田村

仁左衛門殿

【史料6】相定申地引證文之事

一、地引網壱状　　同引御船共

一、拾四脇腰　　同袋とも

一、船　壱艘　　同櫓かい共

右三品之代金拾両也分　　但し文字金也内四両分是ハ其許永々株鋪金也

残金六両分是ハ引上金之内ニ而我方より其元江返納金也外に弐両分是ハ惣左衛門殿より前へ干鰯仕入金也同金分

分是ハ松三郎生魚仕入残金也三口合金八両三分分

右之金子八両三分之内株金六両者只今より引上高之内多少ニ不限其許江相済可申候　残る金弐両三分商人仕入

金之義茂我々方より返済可仕候　然上者御運上諸掛リ等迄我等其許同様ニ相働御上納可申候依之我々株主ニ有之候得者其元供ニ随分精出シ地引株船ハ諸色之類迄相互ニ世話仕永々網株相続仕　様に相働可申候若々連中之内誰にても仲間抜ケ引仕所茂御座候ハバ其許鋪金四両割合を以返金仕其上ニ而抜け引可仕候爲後日相定置地引證文仍如件

明和二年酉九月□日

上宮田村今井　甚三郎
〃　尚三郎
〃　重五郎
〃　平四郎
〃　伝五郎
〃　次郎兵衛
石作　庄次郎
〃　安右衛門　印

同村今井地引□□
仁左衛門殿

【史料7】譲渡申田地手形之事

一、下田　三畝廿九歩　所者　木ノ間
一、下田　三畝廿八歩　同所
合七畝廿七歩　分米六斗三升弐合

右爲祝金六両弐分只今慥請取筋目御座候ニ付永く其元江譲渡申処実正也　然上は御年貢諸役等御割付次第年々
無恙御上納可被成比田地ニ付諸親類不及申脇より妨ゲ申者無御座候
為後日田地譲證文仍如件
文化十五寅年二月

上宮田村
譲主　源太良　印
親類代受人兼務　半左衛門　印
株親　勘左衛門　印

同村
久兵衛殿

前書之通相違無御座候以上
名主　宇八　印

また、［史料6］にみられる「相定申地引證文之事」は［史料5］と同様に漁業に関する生産手段を売却していることが注目される。

これらの史料を年代順にみると、元禄十三年（一七〇〇）をはじめ、元文三年（一七三八）、寛延三年（一七五〇）、宝暦五年（一七五五）、宝暦六年（一七五六）、明和二年（一七六五）、文化十五年（一八一八）というように約一世紀にもわたっての資産の蓄積であることがわかる。このように一〇〇年以上にわたる時代の流れの中で次々と資産を増やし、地元（上宮田村）にしっかり根をおろしていったことがうかがわれる。

こうして、上宮田村に定住した芦内（須原）仁左衛門の一統は「ニザエム」の世襲名（屋号）で村人から親しまれるようになったと思われる。そのことを裏書きするごとく、地元の上宮田村には今日でも「ニザエムセト（礁）」と呼ばれる海底地名（海中岩礁名）が残っていたり、「ニザエムナンヤ（納屋）」と呼ばれた納屋の跡地や、須原武雄の屋敷内には「マカセイド」と呼ばれていた古くて大きな井戸の跡もある。

「ニザエムセト」という暗礁は、三浦市南下浦町の諏訪神社の前面海岸の沖合約二五〇メートルから三〇〇メートルに位置し、水深約一〇メートルほどの海底にある。この暗礁は大潮の干潮時になっても海面上に現われることはないが、船の航行に危険な場所であるため、今日でも目印に約二メートル半ほどのセメント製の柱（棒杭）が立てられている。

「ニザエム」という名前からして、「任セ網」漁にかかわりのある漁場名（根）であるか、あるいは「仁左衛門」の一統によって見つけられたといういきさつがあるのかもしれない。

「ニザエムナンヤ」（仁左衛門納屋）も今日の南下浦町上宮田海岸にあった。海岸道路ができる以前の上宮田海岸は砂丘が小高い丘をつくっているといった地形であり、「納屋」があった場所はもっとも高い所であったと聞いた。これは納屋が魚群を発見する「魚見小屋」の役割を兼ねていたためであろう。付近一帯の砂丘には松の木が植林されており、防風林の役目も果たしていた。「納屋」のあった場所には樹齢三〇〇年を数えるほどの老松が植えられており、大人がひとかかえもするほどの幹の太さであったという。房州の漁民が上宮田に来る際には、この老松の茂る松山を目標にして漁船を漕いできたものだという。また、この場所には「大神宮様」（伊勢の皇大神宮〈内宮〉と豊受大神宮〈外宮〉の称）が祀られていたという。

次に［史料8］に示した天和四年（一六八四）子ノ正月の史料にみられるように、紀州栖原村より相州三浦郡の上宮田村に「網猟」にやってきた網主の三郎右衛門は、当地の支配者である小田原の稲葉美濃守様に「網運上金」として天和元年（一六八一）辛酉より天和三年（一六八三）癸亥までの三年間にわたり、毎年「金三拾壱両」ずっと定めて請負い、酉亥の二年分は指上げたが、当亥ノ年の分は不漁つづきて大分損金を出してしまった。したがって子ノ年壱ケ年の御運上金は、以前にも「金三両又は七両或ハ拾五両」などその年々の網漁の漁獲（品）にしたがって年々御運上金を上納していたこともあるので「金十五両」にしていただきたいと申し出ている。

そして、この史料で注目すべきは、もしそれが叶えられなければ、「御浦を立のき申スより外ハ無御座候ニ付」としている点である。

これらのことからすると、紀州栖原村よりやってきた網主の三郎右衛門は天和元年（一六八一）辛酉以前の、すくなくとも三年間（金三両、七両、拾五両など）の運上を支払ったことがあるとみることができるので、この史料からすれば相州三浦郡上宮田村への進出は延宝六年（一六七八）にまではさかのぼることはできよう。

【史料8】乍恐口上書悪以御訴訟申上ケ候

稲葉美濃守様御上ケ知相州上宮田村浦之儀網御運上跡々者壱ケ年ニ金三両又ハ七両或ハ拾五両其年々網猟之品ニ随而年々高下御座候所上納仕候所ニ去々年酉年より當亥ノ年迄三年相極壱ケ年ニ金三拾壱両宛ニ美濃守様御知行所内相定御請負仕酉戌両年は美濃守様江指上ケ申候近年網猟無御座大分損金仕候ニ付當亥ノ年分御運上金之内御了簡之上御引被下候様ニ小田原御役人様方へ度々御訴訟申上候内御上知ニ被遊通り御公儀様江上指ケ申候近年ハ網猟一圓無御座大分損金仕網方之者困窮迷惑仕候間来子ノ年壱ケ年御運上金十五両ニ被仰付被下候様ニ奉願候被仰付被下候ハヽ御運上金十五両急度指上ケ御請可仕候若又漁も御座候ハヽ何様ニも御了簡次第御運上金増シ指上ケ可申候右之通不被仰付候ハヽ御浦を立のき申スより外ハ無御座候ニ付迷惑仕候□《茂か》御訴訟申上候被仰付被下候ハヽ難有可奉存候以上

紀州栖原村
網主

天和四年
子ノ正月

三郎右衛門
請人名主
長左衛門
同
加左衛門
年寄

以上、上宮田村の須原家所蔵の史料により、「ニザエムナンヤ（仁左衛門納屋）」の消長についてみた。

まとめ

以上、相州のイワシ漁と若干の漁撈習俗について日本の一地域の事例としてみてきた。イワシ漁は沿岸の浦々でかなり一般的におこなってきた漁のようにみえるが、こうして系統的にイワシ漁と漁法をみると相州においてもかなりの地域差があることがわかる。

註

（1）益田一（他）『日本産魚類大図鑑』東海大学出版会、一九八四年。
（2）松原喜代松・落合　明『魚類学』（下）〈水産学全集第一九巻〉四二六・四二三頁、恒星社厚生閣、一九六五年。
（3）神奈川県経済部『神奈川県の水産』一三、五四〜五五頁、神奈川県水産会、一九三九年。
（4）神奈川県教育委員会『東京内湾漁撈習俗調査報告書』一九〜二〇頁、神奈川県教育委員会、一九六七年。
（5）註（4）に同じ、二〇頁。
（6）荻野栄子『本牧の漁撈―海があったころの本牧・根岸―』九頁、久良岐の会、一九八四年。

(7)　註(4)に同じ、二三頁。
(8)　註(4)に同じ、二四頁。
(9)　註(4)に同じ、三〇～三一頁。
(10)　田辺悟「内湾漁撈の伝統(2)」横須賀市博物館報(27)、二六頁、横須賀市博物館、一九八一年。
(11)　田辺悟・田中勉「内湾漁撈の伝統」横須賀市博物館報(25)、三一～三三頁、横須賀市博物館、一九七九年。
(12)　註(11)に同じ、三四頁。
(13)　註(4)に同じ、七八頁。
(14)　註(4)に同じ、七八頁。
(15)　註(4)に同じ、七九頁。
(16)　註(4)に同じ、八〇頁。
(17)　神奈川県教育委員会『東京外湾漁撈習俗調査報告書』一三二頁、神奈川県教育委員会、一九六九年。
(18)　註(17)に同じ、一三三～一三四頁。
(19)　註(17)に同じ、一三二頁。
(20)　註(17)に同じ、一三三頁。
(21)　註(11)に同じ、三七頁。
(22)　辻井善弥「山本松蔵翁漁業聞書」『郷土の研究』(10)終巻号、二五～四八頁、三浦半島郷土教育研究会、一九八五年。
(23)・(24)　辻井善弥「野比村の漁業」『年輪』二一、三一～三五頁、横須賀郷土文化研究会、一九八七年。
(25)　註(17)に同じ、二二一～二二六頁。
(26)　田辺悟『城ヶ島漁撈習俗調査報告書』三九頁、三浦市教育委員会、一九七一年。
(27)　田辺悟『海辺の暮らし―城ヶ島民俗誌―』三浦市民俗シリーズ(Ⅱ)、三九～四〇頁、三浦市教育委員会、一九八六年。
(28)　神奈川県教育委員会『相模湾漁撈習俗調査報告書』一五四～一六二頁、神奈川県教育委員会、一九七〇年。
(29)　辻井善弥「大楠地区漁業の変遷(2)鰯網漁業」『年輪』四、一三～一五頁、大楠史談会、一九七〇年。
(30)　土屋秀四郎『伊勢吉漁師聞書―鎌倉腰越の民俗―』神奈川県民俗シリーズ(1)、一二一～一二三頁、神奈川県教育委員会、一九六一年。

(31) 間宮美智子「江の島民俗調査報告」『民俗文化』六、五五～五六頁、藤沢市教育文化研究所、一九七〇年。
(32) 茅ヶ崎市文化資料館編集『柳島生活誌』五七～六〇頁、茅ヶ崎教育委員会、一九七九年。
(33) 註(32)に同じ、六〇～六三頁。
(34) 平塚市博物館編『平塚市須賀の民俗』三九～四五頁、平塚市博物館、一九七九年。
(35) 註(34)に同じ、四八頁。
(36) 註(34)に同じ、四九頁。
(37) 註(34)に同じ、五〇頁。
(38) 第一六区自治会万年公民館『専漁の村』一八三頁、小田原市浜町、一九八〇年。
(39) 神奈川県教育委員会『相模湾漁撈習俗調査報告書』三〇五～三〇七頁、神奈川県教育委員会、一九七〇年。
(40) 註(39)に同じ、三〇七頁。
(41) 田辺 悟「横須賀市長井の民俗―鰹一本釣漁―」『横須賀市博物館研究報告(人文科学)』一九、二五～二六頁、横須賀市博物館、一九七六年。
(42) 鎌倉市教育委員会『鎌倉近世史料』(村木家文書)乱橋材木座編、一九六七年。
(43) 岸上鎌吉『安房郡水産沿革史』安房郡水産組合、一～二四九頁、千葉県安房郡北條、一九一四年。
(44) 羽原又吉『日本漁業経済史』中巻二、岩波書店、一九五四年。

三　タイ漁

はじめに

タイは魚類の中でもっともよく知られた種類であり、高級魚として、わが国では筆頭にあげられる。それは、姿や形が堂々としているということだけではなく、美味であり、色彩的にみても美事であること、また、「芽出度い祝儀」にあわせ、語呂合せから「メデタイ（鯛）」といえることなどにもよるからであろう。

わが国の沿岸に生息するタイの種類はおよそ一三種類。いずれも食用となる。このうち主に南日本（千葉県の銚子以南）、とくに相模湾沿岸に生息する主なタイの種類は六種類ほどである。

主な漁獲の対象になるのはキダイ（レンコダイ）、チダイ、ヒレコダイ、マダイ、ヘダイ、クロダイである。

東京湾内では主に、チダイ、マダイ、クロダイなどが漁獲の順序としては多い。

魚種としてのタイがよく知られているわりには、タイ漁業にかかわる史的背景や、漁撈習俗に関しては、不明な点が多い。本節は、この点について注目した。とくに史的背景として、戦国期の漁業年貢の中に「加つら網」「かつら網」「葛網」(1)などが散見され、戦国大名後北条氏の支配下にあって、保護をうけながら、御菜魚としてのタイを漁獲し、貢納していたといわれながらも、「カツラアミ」がいかなる漁（魚）網であったのか、あるいはその漁撈組織や技術的系譜はどうであったのかなどについてはまったく不明である。

また、近世においては、『新編相模国風土記稿』(2)に記載されている「物産」に代表されるごとく、

三浦郡三崎町内城村、久里浜村辺、淘綾、大住、足柄下郡海中にて漁す、北条氏より出せし文書に鯛漁の事見ゆ、大住郡須賀村、足柄下郡小八幡村、三浦郡久里浜、公郷二村の民所蔵文書あり

とみえながらも、その史料は断片的であるといわざるをえない。

さらに、東京湾（江戸湾）のタイは対岸の房総半島で漁獲されるタイとともに「江戸前の鯛」の名で幕府の御菜魚としてはもとより、江戸城下町の人々にも「御用鯛」の名のもとに知られ、町人の台所にとっても欠くことのできない魚種であったし、水揚高も常に上位であった。

本節は、こうした史的背景をもつ「タイ漁」に焦点をあて、どのような方法で漁獲がおこなわれてきたのかを、その技術史的な側面から明らかにするとともに、民俗文化的な側面をも、あわせて明確にしようとするものである。

1　相州のタイ漁

(1)　タイ漁にかかわる漁撈習俗

①　東京内湾および外湾地域(3)（江戸湾内外）

・横浜市中区本牧元町

本牧の地先で漁獲されるタイの種類には、マダイ、チダイ、キダイ、コショーダイ、イシダイ、クロダイなどがある。このうち、主要なものとしては延縄《はえなわ》漁によるマダイ、クロダイ、イシダイと、一本釣（テンヤ釣）によるクロダ

イであった。このほか、小型定置(枡網)や藻建網でクロダイが漁獲されることもかなりあった。「漁師は山がかたく(たしかで)なければだめだ」といわれてきたように、漁場を決めるのが大変だった。タイ漁(マダイ)の漁場は本牧のシモネが主であった。

春先など、地先で漁がない時には館山のフナカタ、長井の沖合、東京湾口のナカノセなどに出漁したこともある。延縄につける餌は生きているものを使ったので、いずれにしても餌が死んでしまうこともあるため、あまり遠方までは出漁しにくい状況にあった。

漁船が動力化したのは、はやい船で昭和の元年、ほとんどの船がエンジンをつけたのは昭和七~八年頃のことであった。

タイ縄はテーナワと訛《なま》って呼ばれていた。餌はアカユが主なものであり、そのほかにヤカンチビと呼ばれる大きなイソギンチャクも使われた。本牧元町では、小さなイソギンチャクのことをイナチビと呼んで区別していた。ヤカンチビは砂地の貝殻などについていることもあり、砂地にいるので、引潮の時をみて採取に出かけた。採取道具は畑で芋を掘る時に使うマンガ、竹製のビクやオケ(木桶)を持っていった。

ヤカンチビの大きなものは餌として使うときに二つか三つに切って用いたが、普通のものはそのままを餌にした。

アカユの採取は「アカユ掘り」とか「ユ(イ)掘り」とかいった。採取するための道具はマンガと呼ばれた。マンガの幅一五センチほどのところに四本の鉄製のツメがついており、このツメの長さも一五センチほどある。このツメの根元に長さ約七〇センチほどの袋網がとりつけられる。

約六メートルほどの水深の海底にいるアカユを掘るので、このマンガのツメに全長九メートルほどの樫材の棒がとりつけられる。樫材の棒は一本が二~三メートルのもので、それが継ぎあわされるように工夫してあり、棒の幅は約五センチ、厚さ四・五センチの角材。樫材の棒は大八車などをつくっている「車屋」に注文して製作してもらった。

また、マンガの先端の鉄製四本ヅメは本牧神社の手前にあった「ダイ」(今日のミノワシタ)の鍛冶屋に注文してつくってもらった。袋網をとりつける鉄製のワク(カテ)も同じ。網袋は自分たちでつくった。網目がこまかいものなので、冬期のようじのないとき(海が荒れて漁に出ることができない)につくった。材質は綿糸だが、マンガの根元につける網の部分は日本麻を使った。

アカユの採取には一艘の船に三人が乗組んだ。流れに向かって船を一人が漕ぎ、一人がトモ(後部をいう)に立ってマンガをたてる。船のミヨシ(先端)より右舷側に綱をはり、マンガの付根の部分にわたす。他の一人は船をもとの位置にもどすために逆櫓を使って操船する役割分担をうけもつという分業であった。マンガで採取したアカユは、船のカメに入れるが、その日に使ってしまう。

アカユを掘るにも「山あて」をおこなう。アカユを掘る場所はシモネと呼ばれるところで、その場所でも二～三ケ所に限られていた。したがって、どの船もアカユを掘るときにはそこに集まってきた。アカユは海底の岩礁と岩礁との間の砂地にしかいないので、船が三艘もならんでしまうと、他の船は順番を待たなければならないというほど狭い場所に限られていた。

本牧でタイ延縄をおこなう漁師は、すべてシモネでアカユを掘ってから漁場へ向かった。

タイ延縄漁でアカユを餌にする時期は新暦で四月から五月で、クロダイやスズキも釣れた。餌にヤカンチビを使うのは新暦で七月から八月にかけてであった。

引き潮が八分ぐらい引いた時に延縄漁のナワをはえるようにする。上げ潮は下の方が潮流がはやい。したがって、潮がかわれば、すぐにナワをあげはじめる。ナワをはえる量は餌のとりかたによって異なるが普通は一二～一三ハチ。延縄漁をおこなう船は七～八艘はあった。

漁船は、肩幅四尺三～四寸、全長四間～四間半ほどの大きさであった。乗組人数は三人乗りが普通で、家族で操業するのが主であった。

出漁時期は潮どきによってちがうが、山をあわせるために、山がみえなければ漁場が決められないので、夜があけてから出漁した。

タイ延縄漁に用いる漁具はナーバチ（ナワバチ）と呼ばれる竹製のカゴ。大竹という竹屋に注文して製作してもらった。ダイの竹屋といった。このほか、現在の磯子区のモリにあったモリの竹屋に注文したこともあった。竹製のカゴの周囲に、釣鉤をかけておくための稲藁をまるめたものを自製してつけた。これをツリタテと呼んだ。

マダイを釣るときは、ミネと呼ばれる幹縄にシオと呼ばれる枝縄を、約八～九尋ごとにとりつけ、ヒトハチに四〇～五〇本のシオをつける。シオの長さは一尋とその先端にサキヤマと呼ばれる釣糸をさらにつける。長さは約二尺。材質はミネ、シオ、サキヤマともに綿糸であるが、サキヤマの綿糸はとくに細い。同じ延縄でもサメ釣のときなどは、サキヤマも太いものが用いられた。サキヤマの先端に釣鉤がつけられる。ミネの両端は桐材のウキか直径二〇センチほどのマゲダルを目印につけておく。沖の方に延縄をながす時は竹を使ったボンデンをつけることもあった。

クロダイを延縄で釣る時は、ミネにシオをつける長さを「ヤビキ」（矢引き）とした。ヤビキの長さとは、弓矢をひくときの長さで、片方の手（腕）をまっすぐにのばし、他方の手を胸の位置にあてての状態。シオのあいだはそれぞれ四～五尋にした。したがってマダイを釣るときよりはシオの数が多くなり、ヒトハチで約八〇本ほどになる。

ミネやシオ、サキヤマの材料となる綿糸は元町のイシワタという店で買った。

大正十二年には人造テグスが使われはじめた。茶で染めて使ったといい、話者は、この人造テグスを元町に買いに出かけた時に関東大震災にあったと語った。それ故、記憶が実に鮮明である。

綿糸を使用していた頃はカシワ木の皮を使って染めた。土地の雑貨屋でカシワ木の皮を購入。(2) 臼でついたりしながらこまかくしたものを釜に入れ、その中に延縄の釣糸をつけた。釜は飯たきに使うものより大型で、カシワ木で染めるために専用のものがあった。綿糸の材を用いていた時は、カシワの渋で染めてからも、すぐに天日乾燥しないと、くさってしまうので、ひまさえあれば乾燥させた。

釣鉤を自製することはなかった。「クジラ印」の釣鉤が市販されていたので、それらを購入した。「角型」の釣鉤でマダイ、クロダイなど、ほぼ同型であったが、マダイ用の釣鉤は大型であった。

タイ延縄漁は、一人が櫓を漕ぎ、一人がナワをたぐりあげ、ナワがあがってくるとツリ（釣鉤）をその場で順番にナーバチの周囲につけてあるツリタテにさしていく。たぐりながらさしてしまうので熟練をようした。シケの日などは、このツリタテにさしたツリを点検したりする。

タイ釣りは「道楽商売」といわれたように、漁があっても四〜五枚（匹）がせいぜいであった。漁獲物は仲買人に売った。

延縄漁をおこなってこまるのは、浮魚が餌をとり、縄がこぐらかってしまったりすることがあることで、他人の縄にからまってしまったときなどは、売り上げた金を現金で分けて解決した。

また、富津の漁船はタイを「カッラ網」で漁獲していたので、こうした近くでは漁獲が望めないし、内湾の「ウタセ網」が網を曳いたあとは、魚をおどかしてしまうことになるので、翌日になっても魚が釣れないことなどがあった。

本牧のマダイは一貫四〇〇匁〜五〇〇匁ほどの大きさのものが形も色もよかった。大きなものでは二貫六〇〇匁ほどのものが釣れたこともあるが、これほど大きくなると、形もあまり良くないし、色もさえない。本牧では、その他の漁として、ナンキントビと呼ばれるトビウオ漁をおこなったり、二月の節分頃になると「フクワウチの声を聞いてホシザメがこちら（東京内湾）へはいってくる」といい、その頃からサメナワ（漁）がおこなわれた。マダコもタコ壺を用いておこなっていた。漁期は四月中旬から十月いっぱい。〔話者：忍足《おしだり》太郎　明治三十六年十一月二十五日生／福谷与一　明治三十一年三月九日生〕

・横浜市金沢区柴

【鯛棍棒（鯛葛）】「明治十一年の漁業営業願にみえている。これは明治（この頃は五組あった）から大正にかけておこなわれた。タイ、タコ、ヒラメなどの捕採を目的としたもの。これは沖の瀬（島根または下根ともいう、釜根、根先の付近）の沿辺による魚をとるもので、まずあげ潮、引き潮により、場所を定めてカズラ網を入れる。網は大袋（三尋位・いまの手繰網の倍位）に子袋が二つついており、夫々その先にワキ網（ソデ）がつき、更にその先にブリ網（これは網にところどころ板を立てる。三〇尋のもの一三本の内で、手もとの三本だけではブリをつけない）をつける。これを二艘の船で左右に廻り張りまわし、瀬の上で両船が錨を投げてモヤイをとり、潮なりに網を引きよせる方法である。なお、網を引きよせるときは、船の上でカシの木の板を木槌でたたき、魚が逃げないようにする。この方法は明治の終りまでおこなわれた。漁期は、春カズラ（三～五月）、秋カズラ（九～十一月）の二つで、後半では秋カズラだけになった。

これは明治十四年十二月神奈川浦集会浦々契約三八職の器械子細書によれば、〈網長さ凡片網二〇〇尋、木製のブリ長さ一尺幅一寸、片網へ六間程付、網袋長さ五間、横四間、袖一五尋、桐の木アバ二四枚程、土イヤ付、網の目一〇目八ツ目〉とある。(4)」

【縄　船】「前記子細によると、〈此漁具は船一艘に付枠（縄入箱）二四個を用い（流すに従って一ぱいずつ空けてゆく）、縄は一二〇尋より三〇〇尋迄、一尺より一五尋迄の間に釣一本ずつを垂る。（二〇間ま位に玉石をつける。入れ始めと入れ終りにイカリを打ち、海上には目標のブイをおく）、季節無之して、其時の漁業に依り用〉とある。

明治三十六年の記録には、柴、野島、富岡、浦郷、深田、大津、屏風、本牧、其他入会場で、赤鯛、黒鯛、ヒラメ、アイナメ、アナゴなどをとる。漁期年中、三艘九人乗組とある。富岡、野島では現在も行っている。捕る魚の種類によって、ツリもエサも総て規模がちがってくる。(5)」

・横須賀市浦郷町・旧鉈切《なたぎり》・旧深浦

旧鉈切は昭和十七年に軍事目的のため、村ごと転出して解体した地域である。したがって、昭和十七年まで鉈切に住み、漁業をおこなっていた蒲谷鉄五郎（昭和五十三年まで平潟に在住していたが、同年に死去）と鉄五郎の長男である蒲谷常一（現在、平潟在住）から聞取りをさせてもらった。

鉈切では〈ナーフネ〉（縄船）でタイ釣りをおこなっていた。タイの種類はマダイであった。毎年三月中旬から四月ごろになると漁期が始まり、十月いっぱい頃までつづく。

ナーフネとはノベナワ漁（タイ縄漁）をおこなう船のことである。

漁場は千葉県よりの浜金谷沖方面まで出かけた。夕方に出かけ、夜中にうちに縄をはえ、朝がたまでには操業を終わるようにしていた。餌には蝓《ゆ》を用いたが、そのほかにタコ、イカのたぐいも使った。

漁具はハチに入れたノベナワを一五〜二〇鉢もっていく。一鉢の幹縄の長さは約二〇〇メートルで、それに三〇本〜五〇本の枝縄がつけられている。枝縄の間隔は約五メートル間隔ほどになる。枝縄の長さは約二メートル。短いものでは一メートルほどのものもあった。

出漁の際は二人で出かけるのが普通で、船の大きさは肩幅が四尺五寸。シキの長さは約一〇メートルほどであったという。

深浦ではタイ延縄によりクロダイとアカダイを漁獲していた。クロダイは六月初旬から八月いっぱいが漁期で、アカダイは七月、八月の二ケ月が漁期であった。〔話者：蒲谷鉄五郎　明治二十八年四月七日生／蒲谷常一　大正十一年十一月四日生／石渡万之助　明治三十七年十月五日生〕

「タイ釣りは猿島方面から、房総、三浦方面まで出かけた。したがって、漁場まで距離があるので、帆を利用して出漁することが多かった。タイ釣りの餌に、小さな四角い背中のカニをつかった。このカニは近くの浜にたくさんいたので、葉山方面からも買いに来た。

また、餌には蝓《ゆ》を使った。蝓は近くにたくさんいた。漁師は近くの海に蝓のいるところを知っていた。野島、夏島の沖（ケイガンジ）という漁場で蝓を掘った。蝓のいる場所は水深があるため、仕事は大変であった。鉄製のツメに鉄製のワクをつけ、袋網をはる。この袋網をスクイダマといった。柄は樫材で、スクイダマから二間の長さの柄を三本も四本もつなぎ、船のトモで立ったまま掘った。(6)」

・横須賀市安浦町（旧公郷・深田）

旧公郷（田戸）の地先海面は大正十二年八月二十一日に埋立てられ、「安浦町」が生まれた。

この地域におけるタイ漁業は縄船によっておこなわれていた。

「ナワフネとは延縄漁をおこなう漁船の通称であった。マダイは五月初旬から十一月いっぱい、クロダイは三月下旬から十一月下旬までが漁期であった。餌にはユムシが用いられたがユムシは自分達で猿島より内側の海底で掘った。ユムシを掘るためには四本ツメのマンガとよばれる鉄製の掘り道具に九尺の樫材の柄をつけたものが使われたが、海の深さに応じて二間の長さの樫棒を何本もつなげる。深い場所では二間の樫棒を三本もつなぐことがあったので、この餌掘り作業は重労働であった。漁場は、近い場所で猿島周辺から第三海堡周辺。遠くなると館山沖まで出た。(7)」

また、安浦地域では、「ナワフネ（縄船）は周年操業していた。ハエナワ（延縄）ともいった。話者（加瀬善治・明治三十五年二月九日生）の記憶では丸ハチをはじめ二〜三艘の船がこの漁をおこなっていた。餌はユムシを掘って用いる。主な漁獲物はクロダイのほかにアイナメなどであった。(8)」

・横須賀市走水

走水では「タイ縄」でタイをとっていた。内湾にのぼってきたタイは、冬になると岩礁の間にもぐり、「底」に寄る。春一番が吹くとそのタイが出てくるという。これらのタイは尾に黒い傷があり、鱗をつめでさすと白い粘液がつく。これは尾で巣をつくり、この粘液で魚体のまわりをおおっていたためだといわれている。この漁は数日で終る。

（タイの種類でもブダイのことらしい。）

タイ縄は一二、三軒の家でおこなっていた。船は肩幅四尺五寸、三、四人が乗る。一鉢に三六本の釣鉤をつける。間隔は七〜八尋おきにした。この鉢を一〇〜一五鉢つなげて流す。オモリの石は二〇〜三〇尋ごとにつけた。夕方に流し、翌早朝にあげる。春一番の吹いた時は別として、四月九日から一斉に漁がおこなわれた。この日まで餌にする蚙《ゆ》も走水の地先で採取することを禁じていた。四月九日に始まった漁は六月までつづく。夏の二ケ月は漁がなくなるので、七〜八月はタイ縄を休む。九月にはいると再び漁が始まって十一月いっぱいつづく。四月になってから漁獲できるタイの尾には傷がなく、白い粘液もついていない。

漁場は第三海堡のならびに位置する、シロネ、ジョウトネ、タケヤマダチなどであった。シロネは観音崎灯台のある位置より一里半。夏島と磯子（杉田）の山のかさなり、東叶神社の白山と観音崎のはながみえる場所。ジョウトネは走水神社の三本松と神社の地蔵がかさなる位置と夏島と磯子（杉田）の山がかさなる場所。タケヤマダチは大津の山（現在の大津高校の裏あたり）に武山がでる位置と猿島（トシマ）と鷹取山がかさなる場所、または観音崎に千葉県の鋸山がでる位置であった。

タイ縄の餌は蚙を使った。上述のように、蚙は四月九日まで走水地先では禁漁のため、その日前の、春一番の頃にタイを釣る餌としての蚙は羽田まで買いに出かけた。羽田では白蚙が採取できたので、女たちにたのんで採取してもらい、それを買って帰る。

走水の地先では赤螠がとれた。地先の螠をとる場所は七ケ所に分けられ、一か所に二艘となっており、四月上旬に籤《くじ》によってそれぞれの場所が決められ、月ごとにその場所が廻るようにしていた。争いをさけ、公平に餌が入手できるようにしたものである。

このとりきめは四月九日より六月末日までが期間で、それ以後はどこで螠を採取してもよかった。

螠掘り道具をマンガといった。長さ二間の樫材の角棒を水深にあわせて、つなぎあわせる。先端はツメと袋がつけてあった。樫材は木場まで行き、良く乾燥している丸太を買って帰る。それを大工にたのんで二寸角にしてもらう。しかし、なかなか良質の材にはめぐりあえず、乾燥していると思っても、二寸角に加工したあとで曲がってしまうものが多かった。一本一〇円も出して良材を求めた。普通、二間の長さの角棒を六本もつなげて使う。先端のツメは鉄製で四本のツメがある。このツメで海底を掻き、網袋の中に掘った螠がはいるように工夫してある。この作業は船のトモでおこなうため波をかぶることもあり、危険であった。樫材の角棒が重いため、両手で持っただけでなく、肩にかけるようにして作業にあたるため、肩はこり、手の皮はむけるという重労働であった。熟練を必要とする作業だがこの作業ができなければタイ縄漁はできない。主に若者の仕事とされていた。

螠は田戸（横須賀市の現在の安浦町）で買うこともあった。この時は組合から買った。また、千葉県木更津でシンゴ（イソギンチャクのようなもの）という砂の中に生息する生物を、こちらから依頼して掘ってもらい、そのシンゴを夏から秋にかけてタイ縄漁の餌に使ったこともあった。[9]〔話者：谷口孫治　明治三十四年十一月七日生〕

【タイ延縄漁】　「一鉢で二四本付が普通。枝縄の幹縄への取付間隔八〜一〇尋。通常一六〜二四鉢を使用し、その両縄端に浮子樽（径二一センチ、高さ三〇センチ）、浮子縄（綿糸三〇号）、石錘り（約七百五〇グラム）を取付ける。副漁具として、餌の活船（九〇×七五×三〇センチ）の木箱に錨を付け港内に投入して置く。タモ（直径四五センチ、柄の長さ約六〇センチ）、スバル一式（スバル・鉛製、長さ約一一〜一二センチ、下部に洋白線にて二段式爪〈上段一本爪一〇本、下段二本合わせ爪五本〉重量約五〇〇〜六〇〇グラム。スバル縄・麻縄、太さは綿糸三〇号相当、柿渋張、長さ約一五〇メートル。中間錘・鉄製重さ約〇・九〜一キログラム）

漁期は三月中旬〜十二月末。盛漁期四〜六月、九月〜十一月。操業時間は夕方投縄〜朝揚縄、昼投縄〜昼揚縄、朝投縄〜朝揚縄などがあるが、いずれも魚の喰い方（漁獲成績）に応じて操業する。漁場は水深二五〜五〇尋、根の周辺または処々に海藻の繁っているところ。明治初期は千葉県天津へ操業しに行った。使用漁具は、潮の速い時は一五〜一六鉢、小潮時には二〇〜二四鉢を使用する。以前はそれよりすくなく、潮の速い時は八〜九鉢、小潮時で一五〜一八鉢を使う程であった。操業状況は、夕刻前に漁場につき潮のヨドミ時刻に投入し、一旦港に帰り翌朝日出前漁場に着き揚縄する。使用鉢数は一六〜二四鉢で小潮時には特に多く投縄する。大潮時等で早朝揚縄時潮が速くなるときは鉢数を少なくする。

投縄方法は、漁場に着けば陸上物標に合わせ、一般に風上舷より潮下向に、斜め横向きに根の縁を選んで投縄する。投縄には一時間半ないし二時間を要する。左舷側より投縄する。操業船の多い時は、潮下から揚げる。この場合縄は重く感ずるが、縄が切れた時先縄を探すのが容易である。また他に操業船のない時は潮上から揚げる。揚縄時は幹縄を幾分船尾の方から揚げるようにして、幹縄を船首方向へ張らずに揚げると軽く揚げることが出来る。

鉤にかかっている魚が水面付近に来ればタモで掬い、針鉤をはずして活魚艙に入れ活かして持ち帰る。揚縄には通常二〇鉢で約五〜六時間を要す。

幹縄が根にかかって切断された時はすぐ山を合わせ機械を適宜使用して幹縄に対し横にスバルを使用して海底を曳く。海中では幹縄は張っているので、縄にスバルがかかるとスバルについている麻縄が張り、それについている錘りのため重く感じる。次に錘りがゆるやかに海底に落ちるのが手に感じ、すぐ解るので直ちに機械を停止して麻縄を揚げスバルにかかっている幹縄を船上に取り込み再び揚縄を続ける。

タイ延縄漁はタイの漁獲を主としているが、その他にサメ、アカエイ、イシダイ、アイナメ、ヒラメなども漁獲できた。

走水でこの漁業をおこなっている船は四〜六艘あったが、明治十年頃から、昭和初期（一〜二年）には約二〇艘ほどあった。一艘の船には一〜三人が乗組む。

タイ延縄漁の餌は、船曳でシロエビを獲って使用していたこともあったが、ユムシ、ヒシコイワシ、イソギンチャクなどで時期により使いわけている。

ユムシは三月中旬より十二月まで使用する。平均七センチ位の大きさのものがタイ縄に適している。ユムシの棲息場所は地先の水深五〜九メートル、底質砂泥混合地帯に多い。獲り方は四本爪に袋をつけ竿をつないだ漁具を船上にて使用し海底を掘って獲る。ヒシコイワシは六月から七月頃まで活かしたものを使用する。イソギンチャクは八月から十二月頃まで使用する。買付けは千葉県青堀海岸で獲れるイソギンチャクを一升七〇円（運賃共で一〇〇円位につく）で買い、箱詰めにして持ち帰る。餌のかけ方は、釣鉤には反対側の尻部をかけて使用する。餌の大きいものは一ケがけで使用（大ダイ餌として適している）。小さいものは二ケがけとする。

釣ったタイは空気袋の空気を適度に抜きヒラメ、イシダイ等と共に活漁艙に入れて持ち帰る。入港後、縄を手繰り返し、漁具を日乾整理し、餌がない時は船で掘りに行く。一艘一日平均八〜一〇キログラム、最高四〇キログラムの漁獲高であった。

幹縄につける石錘の両端の釣（上釣、下釣）は他の釣に較べよく釣れるようである。大潮時の潮の速い時はほとんど出漁しない。風向、風力は南風の時は風が一五メートル（秒速）位迄は観音崎の蔭にあたり波立たないため出漁するが、西又は北東の風では風力五メートル（秒速）以上では出漁しない。底延縄には硬撚りは縄が張ると枝縄がまきつく、外縄自体の摩擦切れが多いので適当な甘撚りを使用する。最近漁獲物の中に、病気のタイ（頭の後、肩のところがふくれ水がたまって袋となり、押すとふわふわする。または寸づまりのもの）を時々見掛けるようになった。

本漁業は、昭和初期（一～二年）頃には約二〇艘が操業しており、走水の主幹漁業となっていたが、昭和三十年頃より漸次、ノリ養殖に変り、現在（昭和四十二年）は四～五艘が時期的に操業している。(10)」

・横須賀市鴨居

「鴨居における釣り漁業の主力はマダイ、クロダイ、スズキ、イカ、タコで、その他、房総方面への旅漁（マワリ漁）ではイシナギ、マダイを釣るのが中心であった。そして、このような魚種のなかでも、一本釣の漁師は、タイ、スズキの高級魚をとくに漁獲対象にしていたことはいうまでもない。毎年、桜の花の咲く頃になると、東京湾内へマダイがノッコンデ（乗込んで）来た。

鴨居で伝統的におこなわれてきたタイ漁業には、〈タイ延縄漁〉と〈タイ一本釣漁〉があり、タイ一本釣漁はさらに、テグスハンダイと呼ばれる鉢を用いる方法のテンヤ釣の手釣と、釣竿を用いるヒッチャクリと呼ばれる方法に分かれる。

タイ延縄用の釣鉤は、自家製のメッキを施すこともあった。（中略）タイ一本釣用の釣鉤の大きさは六分、八分、一匁などあり、〈六分道具〉になると一貫目以上の大ダイも釣れた。一本釣の漁師によれば、こうした釣鉤は昭和四～五年ころまで自製していた。それ以後釣鉤が市販されるようになっても大型の釣鉤は既製の品は信用できないといい、自製したものをそれからも使ったという。(11)」

タイ延縄漁は、ヒトハチの幹縄の長さが全長約三〇〇尋。六尋ごとに枝縄を出したので、枝縄の本数は四〇本から五〇本であった。枝縄の長さは一尋。縄鉤にちかい部分だけテグスを用い、あとは麻糸をつぎ足して使ったりした。タイ延縄漁に出漁する時は、約二〇ハチ（鉢）を船に積む。鉢は購入したものでワクは杉材。

タイ延縄漁をおこなうときの鉢はアカエビを一匹のまま釣鉤にかけて用いた。釣鉤にかけるときは腹にかけてから尾の部分に出すとか、腹からかけて背中の部分に釣鉤の先端を出すとか、各個人によって、その仕方は異なり、統一された方法（仕方）はない。アカエビを捕獲するには自分たちの船を用いて底曳網を曳いて漁獲した。その他の餌としてはシンゴと呼ばれるイソギンチャクの小形のものがあった。このシンゴは地元で入手できないので、木更津から富津方面で採取したものを買いに出かけたり送ってもらったりした。

また、餌にはアカユを使ったこともある。アカユは横須賀市の安浦の地先漁場へ入漁させてもらい、自分たちで掘った。毎年、三月十五日（新暦）がアカユの解禁日になっていたので、タイ釣も、この時期になって始まった。アカユを掘るのは重労働で、掘るための棒を肩にかけることから、仕事はじめの三月頃は肩が鬱血してしまう。しかしそれもなれてくると肩にタコができてしまい、鬱血も消えるのだと聞いた。

漁獲されるタイの大きさは普通で七〇〇〜八〇〇匁。大きなタイで一匹が一貫五〇〇匁から二貫目あった。一日の漁獲される量は多くて三〇貫から四〇貫。

タイ延縄漁の漁場は鴨居沖の漁場か、千葉県側の竹岡沖の漁場であった。延縄船はどこへ出かけても沖合で操業をするため、漁業権には関係がなかった。

タイ一本釣のうちテンヤ釣は、釣鉤に「オヤヅリと呼ばれる大型のものとコヅリと呼ばれる小型の釣鉤を二本併用する。オヤヅリの釣軸には、テンヤ（オモリ）と呼ばれる鉛製のオモリを押しこみ、カナヅチで叩いて、つぶしてとめる。このテンヤをつけたオヤヅリの根元から、四〜五センチのテグスを伸ばし、その下にコヅリをつける。同じくテンヤの根元から餌をかけたとき、シロエビ、ヤリイカ、ユムシなどを縛りつけるためのテグスを約二〇センチほどつけておく。コヅリにはテンヤをつけない。

餌は、シロエビの場合、オヤヅリに頭部をかけ、尾の部分にコヅリをかけるようにする。そのあと餌が釣鉤からはずれないようにテグスで縛りつける。釣糸となるテグスはテンヤの上部から少しばかり出た釣鉤に結び、水深にあわせた長さだけテグスハンダイ（後述）の中にまとめておく。こうしてシロエビなどをオヤヅリとコヅリにつけると、テンヤナマリがあるので、釣鉤は釣糸から直角に近い状態で横へ向き、釣糸を少し動かしただけで、いかにもエビなどの餌が活きて泳ぎまわっているかの様相を呈する。こうした釣漁具の工夫が鴨居におけるタイ一本釣（テンヤ釣）の最も特色のある点である。[12]」

また、「テンヤ釣」の場合、とくに深い場所の釣りをおこなうときは、釣鉤から七〜八尋（一尋は約一・五メートル）ほど上部の釣糸（テグス）にナカオモリ（テンヤともいう）をつける。これは、潮流によって、釣糸が流されてしまうことを調整する役目を果たす。釣糸を潮流にのせて流すことをフカスといった。

「一般的にいって一本釣の場合、深い場所（漁場）で使用する釣鉤は大きく、浅い場所で使用する釣鉤は小さい。それゆえ釣鉤に付随するテンヤの大きさ（重さ）も大、中、小というように区別して製作される。タイ一本釣の場合、大きなテンヤオモリは五〇グラム、小さいもので二五グラムほどである。また潮流が速い場合や漁場の水深が深い場所では、ナカオモリとよばれる半月形の鉛材のオモリを釣糸の間につけることがある。海が二〇尋、四〇尋ぐらいの水深では使わないが五〇尋ほどの深さになると、ナカオモリを釣鉤から七〜八尋の上部につけ、フケない（流されない）ようにした。ナカオモリもテンヤオモリと同じく、型石に鉛を鋳込んで自製したものが用いられた。

釣糸はテグスのほかに、麻糸を渋染めしたものが使用されていた。（中略）タイ一本釣の場合はテグスだけを用いたが、タイ延縄漁やその他の釣漁には釣鉤にちかい部分だけテグスを用い、あとは麻糸をつぎ足して使ったりした。[13]」

テンヤ釣の場合、テグスだけを釣糸に使用するので、テグスハンダイが用いられた。

「テグスハンダイとは、タイを釣る場合に釣糸（ミチイト）を入れておくための鉢である。一本釣の場合、魚が釣鉤にかかってから、魚とのやりとりがむずかしく、あるときはすばやく釣糸をたぐりよせ、またあるときは釣糸を伸ばさなければならない。それゆえ、釣糸をイトマキなどに巻きつけたのでは手間がかかり、逆に釣糸を伸ばすときにもうまくいかない。したがって、深場の一本釣を行うときはハンダイ（鉢）を用いて、そのなかへ釣糸をたぐり込むようにした。

テグスハンダイは直径（外径）三七センチ、高さ九・五センチの大きさで杉材。東浦賀の桶屋で製作してもらったり、鴨居の東《ひがし》（地区名）にあった桶屋（ハダノヤ）で製作してもらったりした。

テグスは湿り気をもたせておかないと、ゴワゴワになってしまうので、テグスハンダイのなかに水をはり、そのなかへテグスを入れるようにする。使用しないときは蓋をしめておき、テグスを乾燥させないようにした。(14)」

タイの一本釣をおこなうときに釣竿を使うこともあった。釣竿はハネと呼ばれ、長さ三メートルの竹材である。竹材はマダケのウラの方を用いて自製した。マダケは鴨居の能満寺の裏山や小原台方面の竹林（タケヤブ）に出かけて調達し、自製した。二〜三間ほど、ウラのよい部分を残してつくった。

スズキをハネで釣るときは、スズキは口がやわらかいので、釣竿のハネも、やわらかい弾力性のあるものを選んで用いたが、タイの時には口のまわりがかたい（こわい）ので、かたい釣竿（ハネ）を用いて、キュンと合わせるようにしながら釣った。

タイ一本釣のうち釣竿（ハネ）を用いる漁法を鴨居ではヒッチャクリと呼んできた。「シャクリ」の名称もある。この呼び名は、漁船に一人で乗って出漁し、漁場に至ってからは船のトモに立って、櫓を左手で押しながら、右手で釣竿（ハネ）を持ち、たえず、状況にあわせてハネを上下に動かすことからきているらしい。この、ハネを上下に動かす動作をシャクリといったり、シャクリアゲルといったりする。したがって、この釣はトリカジ側でおこなわれる。

ヒッチャクリでタイを釣る場合、大きなタイがかかると釣竿（ハネ）をのばさなければ、釣糸が切れてしまうことがある。したがって、釣竿のシリ（後部）に細綱（木綿）をつなげておき、大きなタイがかかって、急に強い引きがある時は、釣竿をそのまま海中へつっぱなしてしまう。こうして、釣糸にゆとりをもたせて、切断されることを防いだ。タイのヒッチャクリは、潮流の流れにさからって船を操船するため、自分で櫓をあやつりながら立ったままハネを合わせた方が釣りやすいのだという。

船は潮に向かっているため、釣糸は潮に流されるので、水深（マダチ）が二〇メートルだとしても三〇メートルぐらいの釣糸の長さは必要になる。できるだけ釣糸よりも船を潮流に向かって先に出し、フカスようにしないと魚の釣れぐあいはよくない。したがって、潮の流れがとまり、釣糸が船の真下の海底におりているようでは漁がのぞめない。

ヒッチャクリをおこなう時の漁場の水深は、だいたい一五尋とか二〇尋の浅場でおこなわれる。したがって、七〜八尋ほどの長さだけ流せばすんだ。約一〇メートルほど余分にみておけばよいことになる。また、水深があまりないので、テンヤを付けて釣るのはテンヤ釣と同じだが、ナカオモリをつけることはない。

鴨居でタイ一本釣をおこなうためにはカモイブネとかカモイデンマ（鴨居天馬）と呼ばれる船が使われた。(15)この船はヒッチャクリをおこなう時でもミヨシ（水押）から波しぶきをうけないで操船できるように船の舳の角度などを調整してある。(16)

タイ釣用の釣糸がテグスから人造テグスにかわったのは、話者の石川権三が十八か九歳頃のことであるというから昭和二十五年頃ということになる。〔話者：丸茂吉三・茂（長男）明治三十二年一月十八日生／石川権三　昭和七年六月五日生〕

『東京外湾漁撈習俗調査報告書』(17)に記載されている「横須賀市鴨居」の「タイ一本釣」および「タイ延縄」にかかわる内容は以下のごとくである。

「〈タイ一本釣〉の漁期は周年であるが、盛期は五月から十二月まで。操業時間は午前六時頃より、午後七時頃までであった。餌はシロエビなど。(18)

○・八～○・九トン、幅四尺三寸の漁船を使用し、エビ、イカを餌料とし、漁場に到着すれば、漁船を潮流に委せつつ操業する。

昭和十五年以前は無動力船を使用し、左手で櫓をこぎながら、操業していた。

漁法は、海底に錘が届くと、一〇尋程手繰っては海底に卸すことを反復する。手繰揚げる時タイが追って来て釣に懸るので、懸って逃げる時はその行くにまかせ、またこれを引寄せ、一伸一縮してタイが疲労するのをまって、船に引寄せ漁獲する。」

なお、漁具についての記載をみると、「釣鉤は鉄、一〇号（一匁）～六号（六分）、〈四・三センチ～三・五センチ〉、一本または二本、糸はナイロンで六～七丁〈六〇メートル～七〇メートル〉、昭和五年以前の糸は麻、昭和五年～二十年はテグス、昭和二十年～二十五年はリンドオ、昭和二十五年以後はナロインが使われた。〈リンドオ〉はジンゾオ（人造テグス）のことかと思われる。おもりは鉛で一〇匁～二〇匁のものを一個、わくは杉で約一五センチ×一一センチのもの一個が使用された。[19]」

「タイ延縄の漁期は四月から十二月まで。盛漁期は五月、六月であった。操業時間は、夕方投縄すると朝揚縄。漁場は浦賀水道一帯。操業状況としては、小潮のときがよい。根のわきに投縄する。餌はユムシかイカ（下浦の定置網で入る生きた小イカを用いる）。

なお、漁具についての記載をみると、幹縄クレモナ三六号～四五号、所要量二五〇尋（一〇鉢）。枝縄クレモナ一〇号～一二号、所要量一メートル（三〇～四〇本）。釣鉤七分。石錘七〇～一〇〇匁の石、七ケ～一〇ケ。[20]」

・　三浦市南下浦町金田

「テイコンボ」と呼ばれたタイ網漁は、金田湾のうちでも小浜だけがおこなっていた漁法である。小浜にはテイコンボ網が二統、入《いり》に一統あり、金田付近に三統しかなかった(21)。

テイコンボ網は「太鼓棒網」のことだといわれる。漁獲物はチダイ、エボダイが主で、漁期は新暦の五月十五日頃から十月頃まで。漁場は小浜の地先。いつごろから始められた漁法であるか不明だが、大正八年から十年頃まではおこなわれていた。

「漁場は地先といっても、ホウロク根からサカ根にかけての付近で、この漁場は雨崎のメゾ山がめあてになり、山をみて漁場の確認をおこなった。

テイコンボをおこなうには、網船二艘、テブネ一艘の合計三艘の漁船が必要であり、網船には各船とも、五〜六人の漁夫が乗り組むので、一〇人から一二人の漁夫と、テブネに乗る三人の漁夫をあわせて、合計一五人の漁夫が必要であった。

テイコンボの時に使用する網船やテブネは各自が交代で船を使うようにし、一人の者の船ばかり使ったり、特定の共有している船を使用することはなく、株仲間の船を同じように輪番で使用した。大正の頃は漁業者も多く、漁業がさかんだったので、どこの家にも漁船は一艘ずつあった。

代分けは平等であったが、網代や船代を取ったかどうかは現在のところはっきりわからない。

小浜では、テイコンボで獲ったタイは、樽や籠にいれた。特に樽の中にタイをいれる時は、中に塩をたくさん入れておいた。

水揚げは昼間なので、夕方には準備が完了し、夜の八時に三崎から東京へ行く汽船が金田に寄ったので、それに乗せて出荷した。

その頃は、イサバがいなかったので汽船三盛丸に乗せることしかできなかった。これを小浜ではジオクリといった。

タイをテイコンボで獲ると〈腹がはる〉といった。腹がはるというのは、タイの腹が大きくなってしまうことである。それ故、漁獲した鯛の腹に竹針をさして空気をぬいた。竹針は皆がつくって持っていた。

テイコンボ網をおろす時、太鼓のようにフナバタをたたく。たたく棒は長さ二尺ぐらいのものであった。また、櫓の古いものを切ってフナバタに結びつけ、船が傷まないように、そこをたたいた。こうして、太鼓をたたくような仕方で音をだし、タイを網の中にさそいこむ漁法なので太鼓棒網とか鯛棍棒網とよばれるようになったらしい。この、フナバタをたたく仕事は主にテブネのものがおこなった。テブネは漁の采配を取る船であった。

テイコンボに使用する漁船のうち、網船の大きさは、肩幅五尺、長さ四間から四間半の和船で、当時の小浜としては、この種の漁船が一番大きいものであり、三挺櫓の船で〈テントウ〉とよんでいた。この船に普通は五～六人が乗り組んだ。テブネの大きさも、肩幅四尺五寸から五尺、長さ四間から四間半ほどの和船で、三挺櫓。普通三人乗りであった。船は金田の船勝や横浜ミセと呼ぶ船大工（造船所）で造った。当時の船はほとんど杉材で造ったが、中には一部だが檜材をつかって造ることもあった。

テイコンボ網につける〈ブリ板〉の材料は杉であった。ブリ板の数は五〇〇枚ぐらいあったので、ブリ板の数が多いため、大きなブリ板をつけると網を引きよせる時に重量がかかるので、ブリ板の幅は一寸、長さ一尺五寸、厚さ五分ぐらいにした。

テイコンボは大正十年頃までつづいたが、その後しだいに衰退していった。その原因は第一に、明治の末期から〈ハイカラ〉と呼ばれる網が普及して、タイやブリ漁がおこなわれるようになったこと、第二に、キンチャク（巾着網）が使われるようになり、イワシ漁がさかんになったことなどがあげられる。

その他、テイコンボ網に関する聞き取りについてまとめれば、以下の如くである。テイコンボに使用するブリ板は杉材を使ったが、材料を入手しにくいので四斗樽の蓋をこわして、廃物利用をおこなった。

開始する時期は毎年五月の八十八夜がすぎてからであった。

アミ船は、はじめ二艘でモヤッテいくが網を海中にいれてからも、海底で網（テアミ）がひろがり、モリグチが大きく口をあけるまでは二艘が並んで櫓をこいだ。その後、アミブネはできるだけ大きな輪を描くようにしながらブリのついたワラヅナをおろしていった。

ワラヅナをたぐり、網をあげる時はウケダルを目安にして両方のアミブネが同じようなテンポでワラヅナを手繰るようにした。

ワラヅナを手繰って、片方に四個ずつついているウケダルのうち三個が船にあげられると、それを目安にして、テブネはフナバタを太鼓のようにトントンと叩いた。

漁獲した鯛はイケカゴにうつし、東京へ船で送ったが、このテイコンボ網漁は、ずいぶん利益があった。

ブリ板をワラヅナに縛るには棕櫚縄を使った。(22)」

・タイ延縄漁業　「金田湾のうちでも、タイを網によって漁獲していたのは小浜だけであり、鈼《とがり》や岩浦《いわぶ》ではタイを釣漁業（延縄）によって漁獲していた。一年をとおして鈼集落ではタイの延縄漁業を専門におこなっていた。船はミヨシの長い和船で、大きさは肩幅が四尺二〜三寸。四尺五寸までの大きな船はなく、長さは五〜六間あった。四人乗りで四挺櫓、漁場は東京内湾。タイの延縄漁は明治以後、ずっと継続されてきた漁法だが、昭和三十四〜五年頃になって衰退してしまった。

タイ延縄は幹縄三〇〇尋、それに枝縄が三〇枝でている。釣鉤をつける枝縄の間隔は一〇尋。枝縄の長さは二尋だった。これは鯛縄の場合で、生（活）餌を使う時の延縄である。生餌は高価なので、それほど豊富に使うわけにもいかないので、枝縄の間隔が広い。

延縄漁の場合には、縄をいれるハチが使用される。ハチの種類には〈ハコナバチ〉と〈カゴナバチ〉の二種類が鈼では使われているが、ハコナバチの特徴はふちが杉材などの曲物でつくられ、底は竹を格子のように編みあわせてある。カゴナバチは全部が竹製で、ハチも浅く、ふちにマキクラという藁をまいてある。これはハコナバチも同じで、延縄の釣鉤をここにさしておくためである。

タイは昔から高級魚であるから釣れればよいが、タイの餌をさがすのに苦労した。十二月から三月末頃までは〈シンボイカ〉というコウラのついた小さなイカを自分たちが打瀬網で漁獲し、それをタイ延縄漁業の餌に使った。五月から六月にかけてはシャコを餌につかったが、金田付近では入手できなかったので、横須賀の田ノ浦、榎戸、深浦、日向方面まで歩いて買いに行った。シャコを入れるカゴ（ウマヅケカゴ）は、細長い籠で一人で前に四つ、後に四つを天秤棒で肩にかついで運んだが、往路は空の籠を背負い、天秤を杖にしてでかけたという。

岩浦から行く者は、いつもなじみになった宿につき、宿の主人にたのんで、掘り子（ホリコ）という女子供を雇い、たのんでそれからシャコを掘ってもらう。したがって、はやい潮（干潮）のときは朝の三時頃から出かけた。タイを釣るためには、生（活）きた餌が必要だったので、どうしても、行ってから注文して掘ってもらわなければならなかった。はやい潮の時は、潮がひく前に現地に着いていなければならない。シャコはタイの餌としても高級品だったので皆がほしがったが、そのわりに入手が困難であった。

シャコを買った帰りは榎戸、深浦、日向方面から吉倉まで船で帰り、吉倉でシャコに水をのませてから歩いて帰ってくる。おそい潮の時はすでに榎戸で夕暮れになってしまい、電気がついてしまうこともあったので、帰宅するのは夜中の十一時、十二時頃になることもあった。大正十二年頃のことである。買ったシャコはすぐに餌として用い、出漁した。

だが、関東大震災（大正十二年）後、海岸の砂浜が隆起して、磯浜になってしまったため、シャコを掘る場所がなくなり、しぜんに餌がなくなった。

この頃、磯子にでかけ〈ユ〉という餌を買ったこともある。

シャコは海藻のアジモを上にかけてウマヅケカゴにいれて運んだ。シャコを一回買いにでかけると一貫目以上はかついで帰ってきた。

七月中はカタクチイワシが地先で獲れたので、イワシを生簀にいかしておいて、コチ、ヒラメ、スズキ、タイなどを釣った。

この時使用した延縄はタイを専門に釣る延縄とはややちがっていた。というのは、タイを専門に釣るには高級な餌がどうしても必要であるが、シャコなどは身近に入手できない。したがってふんだんには餌を使うことができないが、カタクチイワシ（金田ではシコイワシという）は地先の漁場でふんだんに漁獲できるため、延縄にも変化がみられる。すなわち、カタクチイワシを餌とする延縄は餌が豊富であり、漁獲する魚種も多いため幹縄につける枝縄の数が多く、したがって釣鉤の数も多い。タイ釣専門の延縄は釣鉤の数が幹縄三〇〇尋に三〇本であるのに、この延縄は釣鉤を三〇〇尋の幹縄に五〇本つける。しかも幹縄は長さ二五〇尋にすることもあるので、釣鉤の密度はよけい高くなる。

シャコの餌がおわると、金田湾では打瀬網で小さなエビ（コエビ）が漁獲されたので、これをタイ延縄の餌にして、七、八月まで使ったこともある。打瀬網ではコエビを獲るのが目的ではなく、車エビを漁獲することが主目的であったが、その中にコエビがまじって漁獲されるので、それを餌に使った。

八月から九月になると、千葉県の大佐和町から富津方面へエビの餌を買いに出かけた。それが終ると、木更津で九月より十月にかけてマキエビが獲れたので、それを買いに出かけてタイ延縄の餌にした。

大正十二年の関東大震災前は、すべて手漕ぎの和船を使っていたので、四挺櫓の船で、朝八時半から九時頃に金田湾を発つと木更津へ到着するのは夕方の五時頃になってしまった。途中、潮流の速いことも多いので、富津から第一海堡のあいだを通過していった。

このように、金田の鉾ではは一年中なんらかの方法でタイ釣の餌を入手することができた時代には、一年中タイ延縄漁業をおこなっていたのである。

タイ延縄は大正の終りまで麻縄を使っていたが、昭和になるにしたがって木綿に変わった。麻の入手は三崎の商人より入手した。三崎には麻をこまかく裂いてつなぐのを商売にする人がいた。商人がその人に頼んでくれたので麻はつないだ長いものを買うことができた。だから自分で、麻を裂いたりつないだりする手間は省けたが、撚りをかけるのは自分でツムを使った。大正の初期はテスリツムを使ったが、その後、糸車を自分で造って使った。糸車は大正十二年の関東大震災前まで使った。

タイを釣る時はトバを使った。トバはタイ延縄をおこなう時に延縄で膝の上がぬれるため、ぬれないようにする膝かけである。トバをつくるには、チガヤをつかった。トバを金田の鉾では前トバとよんだ。前トバをつくるには、山からチガヤを刈ってきて、天日に乾燥させてから自分たちで編んだ。前トバは膝かけであったから、大きさは幅が二尺、長さ三尺五寸ほどのものでよかった。編む時には、折りかえし表面にチガヤの葉の部分がくるように工夫した。こうしておくと、水にぬれたとき、葉が水分を吸ってひろがり、水が下までしみとおることがない。また、チガヤで前トバを編む時、横の編み糸には、藁か棕櫚の細いヒモを使った。タイの延縄漁業をおこなう時、餌にエビを使ったが、その時、餌のエビはエビバコの中に入れておいた。(23)」

② 三浦半島南部地域および相模湾沿岸地域

・三浦市南下浦町松輪

【タイのハエナワ（漁）】　松輪では、タイをハエナワで漁獲していた。漁期は五月から六月。おそくても七月いっぱいまでの漁であった。

ナーバチと呼ばれる六ツ目のカゴを用いた。ナーバチはヒトオケ、フタオケと数えたもので、一艘の船で二〇オケ平均はもっていた。このナーバチのカゴは房州の船方のカゴ屋で売っていたものを購入したが、カゴは船方の岡にある農家の人びとが副業としてつくり、船方や館山近くのカゴ屋であつかっていたものであったという。ナーバチの大きさは直径で二尺ぐらい。

ナーバチのふちには稲藁でつくったツリカケ（釣鉤かけ）がつけられており、それは綿糸でしばりつけられてあった。また「シメス」といって、ナーバチの両側に細紐がつけてあり、その細紐でナーバチの上部を簡単にしばりとめることができるようになっていた。

ハエナワのミキナワ（幹縄）は長さ約二〇〇尋。エダナワ（枝縄）を「ヤマ」と呼び、ヤマの長さは約三尋。ヤマの間隔は普通は一二尋から一三尋で、長くても一五尋。この長さは餌によってちがう。すなわち、ヤリイカを餌としてかけるときは一五尋ほどだが、エビの餌をつけるときは一二尋ぐらいであった。あまり間隔を狭くすると餌の量が多く必要になるので、餌によって調節した。ヤマは戦後（昭和二十年以降）テグスに変わった。

ハエナワのミキナワは細いもので木綿の八号から一〇号、太いもので一二号から二〇号ぐらいのものを用いた。木綿が出まわらない以前は麻を使っていた。麻を購入し、それをつむいでミキナワやヤマをつくっていた。この仕事は女の仕事であった。麻は関東大震災のあとまで使われた。その後、大震災の四年〜五年たってから漁船は機械船が使用されるようになったが、この頃、木綿（綿糸）が使用されはじめた。麻は腐るけれども木綿は腐りにくいし、強くてよかった。麻を使用していた頃は近所にいる老婆（六十歳から七十五歳ぐらい）に依頼して麻をうむ仕事をしてもらった。「アサウミ」といった。

三浦市三崎町の船道具店（葉山船具店）に良質の麻が売っていたのでそれを購入してきた。自分たちで一〇〇匁（ヒトニギリ）ほどの量を一回に買って帰り、それを、おばあさんに依頼して苧《う》んでもらう。この「アサウミ」の仕事は、一〇〇匁ウミをするには三日間ぐらいを要した。一〇〇匁の麻は金額にして一円から一円二〇銭ぐらいであった。ウミ賃は同じように一円から一円二〇銭ほど支払った。

アサウミは、まず、麻を水につけてぬらし、棒の頭にしばりつけ、それをムシロなどの上にたたきつけるようにして、麻の繊維をばらばらにほぐした。ほぐした麻をさきながらつなげていく。

この頃（関東大震災の頃）、農家の一日の手伝いの手間賃は五〇銭ぐらいであった。

アサウミしたものを受け取ってからは、オカモチの中に入れ、一人が細紐でオカモチを首にかけてつるして持ち、他の一人が左右二つの竹にまきつけながら撚《よ》りをかける作業を二人でおこなった。左右の竹（竹の輪を利用して糸まきにしたもの）にまきつけたものを一本にするこの作業は屋外でおこなった。

苧んだ麻を三本よりに撚りをかけ、それを「カシャギ」（柏木）の皮からでる渋で染める。カシャギの皮は三崎の船具店（葉山）に売っていたので、それを購入し、カシャギの皮を、餅を搗く木臼の中に入れ、チョロケンと呼ばれる横杵で搗き、こまかくした。次に、こまかくしたカシャギの皮を釜の中に入れて煮ると色がではじめるので、それを煮出し、そのあとで麻を釜の中に入れ、十分間も煮出すと渋染めができあがった。

タイの釣鉤は自分たちで製作した。話者はほとんど製作しなかったが、厳父（鈴木留吉）がつくったという。話者（鈴木松之助）の厳父は、話者が三十歳の時、七十四歳で死亡した。

釣鉤は、針金を切ってヤスリで先端をすってとがらせる作業から始めたが、その時はクワエと呼ばれる木製の道具に針金をはさみ込み、クワエの後部に小さなクサビをはさみこんで、安定させる。このような作業は、櫓のウデで台を作り、その上で作業をした。釣鉤の型ができあがると、スズをとかし、マツヤニをとかした中につけて染めた（メッキをした）。マツヤニは松山に出かけ、ザルに入れて持ち帰ったものを使った。

タイ釣用の釣鉤は、ハエナワ用のものも一本釣用のものも共に自製したが、松輪ではタイの一本釣は、ごく限られた人びとがやるだけで一般的ではなかった。松輪の中でも八ッ堀方面の人びとが少々、竿を使わずにテンヤ釣をしている程度であったという。

関東大震災の頃、機械船が使われはじめたが、機械船（四馬力）は機械が一〇〇円、船が一二〇円で、一艘二二〇円ぐらいで建造できた。

機械船が使用されるようになった頃、ハチベイ丸とマツ丸の二艘で千葉県の鴨川、小湊方面へ出漁したことがあった。途中「オウサ」というところがあり、そこはキワまで深いところがあり、メダイ、マダイがよく釣れた。小湊でヤリイカ漁をおこなっていたので、それを買って餌に使い、十五日から二十日間も商売をした。釣った魚は近くの勝浦などに水揚げした。

ハエナワを延《は》える時は、まず目印のタルを入れる。タルは直径六寸、高さ六寸ほどの大きさで村内（柳作）にあった桶屋が製作したものを用いた。ナワを延えおわった時にも同じようにタルをおろし、ウミダチに合わせた長さのタルヅルをのばし、海底にイカリをうってとめる。イカリは木製の材に石を背負わせるようにつくり、下部に竹材でカギをつけたものを自製した。これをナワイカリといった。

タイ釣の餌にするエビは、四月から五月まで、東京内湾の根岸まで和船の櫓を押して、あるいは南風の日を選んで帆をたてて出かけるかして買った。また、餌にする「ユ」（鮠）は、あらかじめ宿にたのんでおいて、ヒトトロオケに「サントロ」「ヨントロ」というような注文のしかたで掘ってもらった。

「ユ」は、カマスのもっとも目のつんだものの中に入れて運んだ。六斗も七斗も持ち帰る。帰ってからは、大きなタコブネの中に入れ、間口（港）の中に浮かせて活かしておいた。

「ユ」はもっとも良い餌であったが、松輪のタイ釣漁師の中でも根岸の本牧方面まで「ユ」の餌を買いに出かけるのは五人ないし六人ほどしかいなかった。したがって五〜六人が仲間になり、一艘の船が買いに出かける。早朝、ひと商売してきて、昼前に南風が吹いてくると帆をかけて餌を買いに出かけるが、三時間ぐらいで到着できた。

根岸や本牧で、上げ潮が半分ぐらいの頃をみはからって、掘ってもらった「ユ」をまとめ、本牧から猿島まで櫓をこぎ、そのあと猿島から観音崎の鼻まで帆をあげてはしる。そこで「ユ」に水をのませ、それからは再び松輪まで櫓を押して帰ってきたので、松輪に帰ってくるのは夜中になってしまった。

「ユ」に水をのませるときは、カマスごと海中につけるので、カマスが水をふくんで重くなるので二人がかりで作業をした。「ユ」は、四日潮か五日潮の時が掘るのによいため、その頃をみはからって買いに出かけた。餌の「ユ」を一回買って帰れば、潮どきから次の潮どきまではもった。

タイの漁場は、剱崎灯台の近くであった。もっとも大漁の時は四五枚のタイが釣れたことがあったし、大きなタイでは三貫目のものもあった。

タイ釣は朝の三時頃に出かけ、ハエナワを約一時間ほどかけて入れる。この時は一艘で二〇オケ平均が普通である。そのあと、いっぷくするあいだそのままにしておき、食事をしてから揚げにかかる。揚げるのには四時間から五時間もかかるので、帰るのは夕方になってしまう。

ハエナワにつけた餌のうち、タイが釣れなくて、いきおいのいい（元気のよい）餌はとっておき再び餌として使うがいきおいのないものや、古くなった餌は、食事のおかずにして食べた。「ユ」はこかして（きれいにしごいて）、それを味噌煮にして食べるとうまい。

また、千葉県の勝浦方面へ旅漁に出かけたときは、銚子の「ユ」を注文により、陸送してもらったものを使ったことがあった。今から四十五年ほど前のことだから昭和十五年頃のことである。

房州方面へ船で旅漁に出る時は一艘の船に五人乗って出かけた。家族の者は二人ないし三人が乗ることもある。

旅漁の時は、道具（漁具）などは船主が準備し、すべて船のものを使った。代分けは「船代」が一代で、この中には道具代などもはいっていた。あとは乗組の者が同じようにもらうこととし（五人で五代）、食事などに関しては、代分けの一代の中から別に出し合うようにしていた。

大正から昭和の初期にかけては、親は自分の子どもがはやく成長し、労働力として使えるのを待っていたので、はやく小学校をおわらせようとしていた。代分けは、十三歳で二分、それから二年ほどして十五歳ぐらいになると五分、やっと十六歳か十七歳になって「若い衆」「若者組」に加入することができると一代の「代分け」がもらえた。

旅漁は新暦の一月より三月いっぱいぐらい出かけた。各港にはいると、いきつけの宿があり、世話になった。この旅漁の時期には城ケ島の漁民が島下でヤリイカを釣っていたので、その漁獲したヤリイカを餌として買って使った。ヤリイカは餌としてタイの釣れぐあいもよかった。当時（話者が二十歳の頃で、昭和五年頃）、ヤリイカ一匹が五銭から六銭であった。

また、館山湾にヤリイカがとれるようになると、五日から一〇日間ほど、船方の近くへ出漁したこともあった。風速一〇メートルぐらいの風があっても帆をかけて出かけた。

松輪の漁船は、南下浦のヨダレバンジョウという船大工で建造してもらった。大きさは肩幅五尺、シキの長さ一五尺、ウワダナで約二〇尺の船。この船に五人ほど乗り、房州の島崎（白浜）、乙浜方面までタイのハエナワ漁に出漁した。〔話者：鈴木松之助　明治四十二年三月三十日生／鈴木公一（長男）〕

タイのハエナワ漁に使う餌は、南下浦町の金田方面でヨテグリ（網）を曳き、クルマエビを漁獲して使った。

また、四月頃からコエビがテグリ網にはいるので、それを専用に餌としてタイを釣った。

タイを釣る時はナーバチ（竹のカゴ）を用いた。ナーバチは直径一尺五寸。初声村（現三浦市）和田のカゴ屋（現在は自転車屋）に注文して製作してもらった。

テグスは、テグス虫からとったものを使った。三崎町のフジヒラ、ハヤマという漁具店で購入した。ミチに使うには何百本ものテグスの良い部分だけを選び、それをつなぎあわせて使った。

テグス虫からとったテグスは、太さがまちまちであるため、小さなサメの皮の乾燥させたものを用いて太いテグスをこすり、同じ太さにそろえ、そのあとで良い部分だけを選んでからつなげた。したがって、テグスの長さは五寸のものや一尺のものなど、まちまちの長さのものをつなげたコブだらけのものを用いた。この作業をするには、アグラをかいて座り、両足のヒザにテグスをまるくかけ、手のヒラはスベリをよくするように線香の灰をつけて、テグスをすった。

松輪の中でも、八ッ堀方面（ヤトの人たち）の中には「テンヤ」をやっている人がいた。タイの一本釣のことを「テンヤ」（釣り）といった。

イカの種類にはスルメ（イカ）、シロイカ（ヤリイカ）などがあったが、タイの餌にはシロイカ（ヤリイカ）を使った。この餌にするイカは自分たちで釣りに出かけたが、三崎の漁師が釣ったものを買って餌にしたこともある。

このイカは、城ケ島の島下に産卵にきたりするのを釣ったり、ヨイカ（夜烏賊）を釣ったもので、釣り具には、クワの木やネブッタ（ネムの木）で自製したエビ型にカット（カンナ）をつけ、テンマ船で釣ったものであった。餌のイカはビクの中に入れて活かしておいた。ヨイカ（夜烏賊）釣は、カーバイトランプをともすと、「ヒボテリのある」（明るい）場所にイカが産卵のために集まってきたので、それを釣ったものである。

松輪からは、この餌にするイカを買うために、夜中の一二時頃に船で出かけた。買う量は「イッソクゴロクジュウ」。一五〇匹から一六〇匹ほど買った（イッソクは一〇〇匹）。

チャカと呼ばれる機械船（肩幅四尺五寸～四尺六寸、シキの長さ二〇尺ぐらいの船）に三人ないし四人が乗り組み、タイハエナワ漁に、夜のうちに出かけ、下田、稲取前、あるいは初島近くの漁場に至り、朝の日の出前にハエナワを延えて、漁をしたこともあった。

ハエナワは、ヒトオケ三二〇尋のものを一四～一五オケ延えた。ヒトオケに釣鉤を二一本つけた。錨には、ヤマ

（枝縄）の中間にカナイシをつけてオドマシた（沈めた）。

ハエダシにイカリをうち、ハエズミのときにイカリをうった。このイカリは木製（樫材）のものであった。竹製のものだとネガカリしたときにこわれやすく、樫材のほうが丈夫であった。

また、タイ釣の餌を東京内湾の杉田や羽田方面に求めることもあった。この餌はシンゴと呼び、イソギンチャクの一種で、これを餌にする時は夜中にハエナワを延えて、朝ひきあげた。この餌は羽田方面の埋立がすすみ入手ができなくなってきたために使われなくなった。

タイを一回に三十数貫釣ったことがあった。活きたタイは朝の入札までビクに入れて活かしておいた。

房州への旅漁には、松輪から一二艘ぐらい出かけていた。宿は勝浦の「マルイチ」という宿を松輪の人びとはほとんど利用していたという。十一月頃から旅漁に出て、正月は松輪へ帰り、再び二月頃まで漁をつづけた。〔話者・鈴木常吉　大正元年八月二十一日生／鈴木元春　昭和九年七月十六日生〕

・三浦市三崎町田中

【ハエナワ】　三崎の田中ではハエナワ漁法により、タイ釣をおこなっていたが、田中でもそれほど多くの漁師がタイ釣をやっていたわけではない。田中などの地区に限って、およそ四軒ないし五軒ぐらいが大正十年頃までやっていた。最後まで残っておこなっていた漁師でも昭和二十年頃（戦後）ぐらいまででやめた。

三崎でも、田中以外の地区ではタイ釣はほとんどおこなう漁師がいなかった。三崎は有名かつ大きな漁業都市でありながら、タイ漁をおこなう漁師は少なく、漁獲量もわずかであった。

漁船は肩幅四尺から四尺二寸、シキの長さで三間半ほどの船で、船頭一人、ほかに四人が乗り、五挺櫓を押して房州の平砂浦方面へ出かけた。風のある時は帆を二本ないし三本張り、早朝出かけて行き、その日のうちに帰ってきた。

普通は二本帆を使った。

朝二時か三時に出帆すると、風のあるときは二時間ぐらいで洲の崎の向う側に到着できたので、朝の五時頃になる。すぐにナワを延えた。ナワは一〇ハチぐらい延える。一〇ハチ延えるのに約一時間ぐらいかかるが、この間は櫓を漕いで移動させながら作業をおこなう。一枚のハチで「シキナワ」が二〇〇メートルほどの長さがあった。エダは一七本から一八本のあいだで、これに「しかけ」（釣鉤）がつく。エダの数は、あまり多くすると餌代に金がかかりすぎるということもあり、あまり多くのエダをつけるわけにもいかなかった。

餌にはイカを使った。寒い時はヤリイカを餌に使い、春めいてくるとスルメイカの小さいのがでてくるので、それをイケスに活かしておいて使った。

時期は三月頃から五月、あるいは六月頃であったが、六月頃はおそいほうであった。

ナワを延えおわってから一時間ぐらい待ち、潮や風の方向をみて、潮のカミからあげた方が、あげやすかった。風向もあるのでつねにそのとおりにいくとは限らない。一回の操業で、普通は二匹ないし三匹のタイが釣れた。よくても五匹ないし六匹程度であった。同じナワにブリがかかってくることもあった。

昼食は個人持ちで、水揚げの一割は船賃（船代）、あとは餌代を差引き、残りを船頭も含めて同じように頭割りして収入とした。三崎まで帰るのに、遅くても午後三時から四時には帰れた。漁獲したタイは三崎で仲買に売った。

日によって風が強く吹いたり、途中から風が出たりしたときは、毘沙門の沖合（松輪の下）の漁場へ出かけて漁をした。この漁場は三〇尋から四〇尋の深さであった。このときは、地元の松輪の漁船も同じ場所で操業することになるので、ナワを延えるときにも二艘、三艘が並ぶようにして操業をおこなった。

【テンテン】　三浦市三崎では、タイの一本釣のことをテンテンと呼んでいた。テンテンは釣鉤の上部につける鉛の錘の名称であるが、この鉛の錘をつけた釣鉤を使ってタイを釣ることからテンテンとか、テンテン釣と呼ばれていた。

一本釣の場合は小さな漁船（肩幅三尺五寸、全長四尋ほどで、三崎内の青木造船にて建造）に一人乗って出かけた。漁場は城ヶ島沖で水深は浅い場所で二〇尋、深い場所では三〇尋から四〇尋。城ヶ島の裏を、潮流のかげんをみて、西から東へ、あるいはその逆に、潮に合わせて流した。城ヶ島沖のタイは大きさが約一キロほどのものが多く、大きくても二キロほど。一〇枚も釣れれば大漁だが、わるいときでも二枚や三枚は釣れたので、高級魚だけになんとか商売になった。

ハエナワで漁をする時は、個人としては「テンテン」の方が割がよかった。

餌は松輪へ出かけコエビを買ってきて使った。一週間に一度ぐらい買いに出かけイケスに活かしておいた。釣鉤は三崎の藤平釣具店で購入した。釣鉤は錘のついた「テンテン」（親鉤）と「マゴヅリ」（子鉤）と呼ばれる二つの釣鉤がつけられたものを使った。また、釣り糸は、ロービキというテグスを使ったが、先端の方はテグスだけをつけた。

潮流があるので、釣り糸の中間に「ナカオモリ」を付けた。釣り糸は、手づりで、手でたぐりよせる方法であったが、帰る時には「ハンダイ」の中に入れて帰った。ハンダイには蓋がついていた。三崎の桶屋に注文して製作してもらった。〔話者：青木吉三郎　明治三十五年六月七日生／松永寅松　大正六年八月一日生〕

・横須賀市佐島

【タイ一本釣】　タイ、スズキの一本釣は「ともに漁期は周年であるが、タイは六～七月頃の夏ダイが、スズキは入梅期をはさんで三月から七月頃がよく釣れた。カタ（幅）四尺程の小船に一人か二人乗って、佐島沖から城ヶ島付近に出漁し、沖へ出る時には船に弁当、メンパ（オハチ）、カバチ（カマド）、タマ、煮もののお菜などを持って乗り、水も水樽に用意して行った。三～四艘で組んで、タイを追って外房の勝浦から天津の方へ旅漁に出ることもあった。船の上では生き魚をこしらえて喰べることも多く、また、タイの少ない正月から二月にかけては、アマダイを釣りに近くは葉山沖、荒崎沖、三崎の鼻の南側あたりで、また遠くへは房州、静岡方面へも出かけた。

タイの漁獲は、〈ゆうまずめ〉（夕方）の頃一番多いのでふつう朝はゆっくり出漁し、夜暗くなって帰ってくることが多い。釣ったタイは船に積んだカメの中に生かしておくが、そのまま入れておくとカメの中で逆さまになって死んでしまうので、〈フキ〉をとって入れるのである。〈フキ〉をとるとは、真鍮製の空気抜きの針でタイの空気袋を刺し空気を抜きとることで、これにはコツがあり、胃にさわってもいけないし、抜きとる空気の量の加減が難しいものである。フキとりの道具は昔から現在までほぼ同様のものが使われている。

明治初年から昭和初年頃迄は今より遥かに多く釣れ、当時は身長三〇センチ級のタイが一人一日一〇枚から二〇枚も釣れていた。漁具は昔からさして変らず、餌エビ（クルマエビ）を釣鉤の根かたの鉛の上にまきつけて操業する。現在は釣糸にテグスを用いている。[24]」

【鯛　縄】　底はえなわには「タイ縄、カサゴ縄、キス縄などがある。磯立ての延縄漁業については、佐島では明治末期から操業されはじめ、縄船は四〜五艘しかなかった。西の芦名方面が早かったといわれているが、この漁も中心は釣鉤と餌である。カサゴの鉤など、みな自分で擦ってつくるのであり、土壺の中に火薬と炭を入れ、その中に鉤をつっこんでヤキを入れながら形をととのえる。

タイ縄などの餌は、五月イカ（スルメイカ）の小さいのを一匹のままひと鉤につけるので、タイをやる前には、まずさきにイカヅノでイカ釣をしなければならない（秋谷から江の島沖辺りで）。

一本釣の場合にはイカのない寒の内は、ユムシやエビなどを使うこともあるが、ナワの場合は、せっかくタイが来ても、餌のイカがないためにかけられないこともある。[25]」

・藤沢市江の島

【一本釣】　「カツオ、ソーダカツオ、アジ、サバは一本釣でとる。昔はタイ、ヒラメ、スズキというような魚も釣ってとった。釣の糸には麻糸を使ったのだが、大きな魚を釣る時は太く、小さい魚のときは細い糸というように魚の大きさでその太さもかえる。そして、それにつれて鉤の大きさもかえる。一本釣の鉤は一から一〇まである。餌はカツオ、マグロなどの時はシコイワシを使い、タイ、ヒラメ、スズキなどの時は、コサクエビを使う。このコサクエビは夜テグリを曳いてとる。」

【ハエナワ】　「ハエナワはナワフネ、ノベナワともいい、タイ、ホーボー、サバなどを釣る時に使う。昔はこれでキスも釣った。麻の糸（今日では木綿）を張り、そのところどころに糸を下げ、それにエサをつける。そしてその両脇の糸に石をつけ、海の中におろし、上の方にはウキをつける。このウキには、昔は樽の小さいのを使ったが、今日ではガラス玉を使っている。餌としてはエビ、シコイワシなどをつけるが、キスをとる時にはイワイソメを餌にする。」(26)

・平塚市須賀

相模湾沿岸漁村のうちでも、東海道に沿った藤沢、茅ケ崎、平塚、大磯、二宮などは、「タイ」という漁獲物だけを目的として漁をすることはほとんどない。

したがって、「タイ網漁」「タイ延縄漁」「タイ一本釣」などの漁法によってタイを漁獲するのではなく、「テグリ網」漁をおこなうことによって、タイ、ヒラメ、エビなどが漁獲できたということにとどまる。このことは、「地曳網」漁をおこなった結果、はからずもタイが漁獲できたということに似ているのである。

したがって、以下、「テグリ網」漁による事例を掲げておく。

【テグリ網】　『神奈川県平塚市漁村経済調査書』には、漁期十一月〜五月、創業時不明、最盛時に三十張。現十七張（昭和八年）、近年五〜六艘従業、とれる魚は甘鯛、(27) ヒラメ、エビとある。

テグリ網には、テビキ、ヨコビキ、ロビキとあった。テビキは網をかけ、底に沈むまで待ち、船の上で網をひいていく方法。ヨコビキはウタセビキ、ホナガシともいい、帆を張った船で網を曳き、その後ひきあげる方法。ロビキは櫓をこいでひく方法である。とれる魚はヒラメ、アマダイ、カレイ、ムシガレイ、ホンダイ、イシダイ、カマス、クロマト、シロマト、アカハシ（エビ）などであるが、ねらいは、ヒラメとアマダイである。テグリ網は暮から正月、漁が比較的ない時のもので、一日出て五〇銭くらいにしかならなかったという。また、水が出た時は川の縁《ふち》でテグリ網をするとシタベラメがたくさんとれた。

昭和十七、八年頃まであったが、戦後底曳き網漁が禁止になり、補償金を貰ってやめたといわれている。

【漁　場】　魚は冬になると水の冷たいナモトを嫌って、沖の底の方にかたまる習性がある。そこをねらって網を入れる漁で、冬の漁である。魚もアンコウ、ホウボウや上記の底物がとれる。岸から一里半〜二里の水深二〇尋くらいのところで行うが、初島、真鶴沖でもした。どこをひいても魚がいるとは限らず、ヤマをみて網をおろす。

・船・網　網は地曳網のような恰好をしている。これを先のような方法で使用する。船は六挺櫓の和船だが地曳船でも出た。網は片側一五〜二〇間の袖網があり、先端に二〜三間の袋がつく。袖網には、まずアラテがつくのも地曳網と同じ。海底をひきずり回すので錘は重くしてあり、一番には一間に一個ずつ、網の部分には二尺二寸毎に一個つく。網は七五間一ボ（房）を四房くらい使うが、水深によって異なる。

【操　業】　前述のようにテビキと網を船で曳く方法の二通りがあるが、船で曳く方法にはヨコビキとロビキがあった。テビキは、二〇〇ピロ（尋）くらい網をおろし、網が海底に沈むのを待ち、船の上で手でひいていく。七〜八〇尋の深さのところでしたが、網をかけるにはヤマをみながらした。手でひくので、手がひどく痛くなり、帰ってくるとワラで手をいぶした。網が海底にもぐってしまい、なかなかあがらない時にはイカリで網を少し持ちあげてからひいた。アマダイ、ヒラメが入るが、アマダイが多く入ると袋が先に浮いてくる。

ヒラメが入ると袋が曲がり、すぐにわかったという。ヨコビキはウタセビキとかホビキ、ホナガシともいい、船の横側から網を出して、帆を張って船をながして網をひく。網の先を一方はカンヌキにしばり、もう一方はトモの櫓枕にしばる。帆はオモテとハサキに二本立てる。風の強い日はその力で流されるホナガシだけで十分だが、風の弱い時はヨコロとワキロの二挺をこぐ。初島あたりから曳いて来たこともある。小一時間ひいて、それから網をひきあげる。ひきあげるのは手で行うが、船で網をひいてからあげる方法は海底より少し上の方をひくのでアカハシ（エビ）がよくとれたという。なお、手でひきあげていたのは、後に機械でまきあげるようになった。

コギビキは櫓ビキともいい、五人いるなら五挺櫓、六人なら六挺櫓と、櫓をこいで船を走らせ、網を曳く。オモカジの櫓枕に竹竿をつけ、両端のはね出した先に網の綱をむすぶ。竹竿は反対側にマエシから補強のロープをはる。[28]」

「タイ類には、マダイ（マダイ）、ハナダイ（キダイ）、クロダイ（クロダイ）などがある。一番高くておいしいマダイは五～六月頃、定置網に入ることがある。[29]」


【コヅリ（小釣）】　「昭和三十年頃までは、小釣をする船が二〇～三〇艘あったが、現在は殆どない。ムツ、タイ、ヒラメ、アマダイなどのソコザカナ（底魚）は一尾でも値が良いので日に何尾か釣れれば商売になった。この他、サバやアジ、キンメなども釣り、戦前までは姥島《うばじま》沖や須賀沖で釣った。イカ釣も小釣の中に入る。小釣は主に十一月から二～三月頃までで、昼間行い、二宮沖のセの海や茅ケ崎沖の東のセの海が良い漁場であった。

漁場はヤマアテ（ヤマァワセ）をして決めるが、ヤマアテの仕方は、東は江の島、西は真鶴か国府津山を見てかけ、オカヤマ（岡山）に高来寺の明りなどを見てする。最近では姥島など自然の山や島ばかりでなく、パシィフィックホテルなど海岸の目だつ建物にかけたりもする。ヤマアテをし、一人がトモロをこぎ、ねれている（じっとしている）状態に船をしておいて釣った。一本の櫓で船を止めていなければならず、むずかしくて一人前の漁師でないとできないという。[30]」

・小田原古新宿

小田原古新宿の漁業者もタイ釣漁をおこなってきた。『専漁の村[31]』にその事例が掲げられているが、伝統的な漁具によるものではない。前掲書によれば、本鯛釣りは手釣りによる方法で「ガラ縄」の名があり、昼間の漁。漁期は四月から十二月までであるが、盛漁期は四月から十月。漁場は江の浦沖。漁法は手釣りで底から数尋きって上下に操作して釣る。餌には生きたクルマエビを使った。

・足柄下郡真鶴町真鶴

【クロダイ釣り】　「クロダイの夜釣りは昭和二十五年から三十年頃までおこなわれていた。たいした商売ではなかったが、ひまなときは、あいまをみておこなった。多い時は五枚や七枚は釣れた。

時期は七月の終り頃より八月いっぱい。夕暮れと明けがたが主であった。漁場は地先の水深一〇尋から二〇尋ほどの場所。

漁法は船で沖へ出て、暗の中で釣るが、餌は昼間のうちに磯に潜ってサザエを採取しておき、それを使った。釣る時は船から錨をおろしておき、指先を使い、竿は使用しない。手を使い指一本で釣糸をささえ、まず最初に海底まで釣鉤をおとしてから二～三尺ほど海底から上げ、指で釣糸をささえて、あたりをつければよかった。したがって、普段、この漁法は一人でおこなった。[32]」

【タイ縄】　「タイ縄といってもタイの種類により漁期や餌がちがう。魚種はタイまたはアマダイで漁法は所謂「ハエナワ漁法」である。

タイのばあいは漁期が三月より七月頃まで、年によってはおそく五月ごろよりはじまることもあった。タイの餌にはイカを使用するので、イカが定置網にはいる時期にタイ縄がおこなわれるのが普通であった。アマダイは十一月より十二月の冬の漁で、漁獲のある時は翌年二月頃までおこなうこともあった。アマダイの餌は海老（サクラエビ）またはイソメを使った。

サクラエビは、乾燥した赤く着色したものを乾物屋から買い、少々湯でもどして使った。漁場は真鶴沖（沖網の張ってある場所から岩、米神にかけて）から湯ケ原沖にかけての砂場、水深三〇メートルから六〇メートルほどの場所で操業した。

ハエナワは竹でできたカゴに入れた。このカゴを〈ナワカゴ〉と呼んだ。ナワカゴは直径二尺ほどのもの。釣鉤をかけておくナワカゴのふちには稲ワラがまいてある。

ミチイトはヒトハチ一〇〇尋から一二〇尋ほど。七尋間隔ごとに枝縄をつけたが、この枝縄を〈ヒヨ〉と呼んだ。ヒヨの長さは二尋。また、ヒヨを付ける五つめごと（五本間隔）に、ミチイトに石のオモリを付けた。このオモリは一〇匁ぐらいの丸い石を使った。オモリは潮の流れが速い時は少々余計に付けるようにした。タイナワに使用する漁船は和船を使用。乗組員は普通三人。一艘の船にナワカゴを五ハチぐらいもってでかけたが、特に乗組員が多い時は七ハチほど使うこともあった。操業は朝の五時頃出発し、午後の二〜三時頃には帰港する。ナワは一日の操業で二回または三回入れた。

ミチイトは大正から昭和初期にかけては麻を使用した。麻を購入し、家でさらし、それをツムまたは糸車を使ってなった。その後は木綿に変わった。(33)」

(2)　タイ漁の系譜

これまで掲げてきた相州（神奈川県）をとりまく海村におけるタイ漁業についてみると、横浜市本牧町（タイ延縄）、横浜市金沢区柴（タイ棍棒〈タイ葛〉、縄船）、旧鉞切・旧深浦（タイ延縄）、横須賀市安浦町・旧公郷・深田（縄船）、走水（タイ縄、タイ延縄漁）、鴨居（タイ延縄、タイ一本釣）、三浦市金田（テイコンボ網〈タイ棍棒・太鼓棒〉、タイ延縄）、三浦市松輪（タイ延縄、タイ一本釣）、三浦市三崎（タイ延縄、タイ一本釣）、横須賀市佐島（タイ縄、タイ一本釣）、江の島（延縄、一本釣）、平塚（手繰網、定置網、小釣）、真鶴（タイ縄、クロダイ釣）などによってタイ漁がおこなわれてきたことがわかる。

以上の事例により、相州沿岸におけるタイ漁は、おおかた、(1)タイ延縄によるもの、(2)タイ一本釣によるものなどの釣漁と、(3)タイ棍棒網またはタイ葛と呼ばれる「網漁」によっておこなわれていたことがわかる。

このうち、(2)のタイ一本釣漁は、横須賀市鴨居の事例でもわかるように、さらに、「テンヤ釣り」とよばれる竿を用いない手釣りと、「ハネ」と呼ばれる釣竿を使っての「ヒッチャクリ」と呼ばれる竿釣の漁法に分かれる。

そのほか、平塚の事例のように、手繰網や定置網の中に、他の魚種とともにタイが漁獲できたということもあるが、これは、他地域において（たとえば三浦半島の北下浦海岸や南下浦海岸）おこなってきた地曳網などの網漁をおこなっている時に、たまたまタイが漁獲されたということに共通する。

いずれにせよ、以上のような事例からすると、相州におけるタイ漁は、なんといってもタイ延縄漁によるものが主流であったことがわかる。

それは、同じ東京内湾（江戸湾内）においても、房総半島（上総や安房）側におけるタイ漁業が君津や富津などのようにタイ葛網による漁獲方法が主であったことと異なる点で注目される。

しかし、横浜市金沢区柴や三浦市金田の事例にみられる、タイ棍棒・タイ葛やテイコンボ網（太鼓棒・タイ棍棒）は、その漁法において共通するところが多く、また後述する史料中(34)において、名称などが共通するものもあり、全国的にみて、このタイ網の系譜は共通点が多い。

すなわち、『古事類苑』(35)における「鯛網」についてみれば、

畿内以佳品とする物、明石鯛、淡路鯛なり、されども讃州榎股に捕る事夥し、是等皆手繰網を用ゆ、海中巌石多き所にては、ブリというものにて追て便所に湊む、ブリとは薄板に糸をつけ、長き縄に多く列らね付け、網を置くが如くひき廻すれば、ブリは水中に運転して、木の葉の散乱するが如きなれば、魚是に襲はれ、瞿々として中流に湛浮ひ、ブリの中真に集るなり、此縄の一方に三艘の船を両端に繋ぐ、初二艘は乗人三人にて、二人は縄を引き、一人は樫の棒、或槌を以て鼓て、魚の分散を防ぐ、此三艘の一ッをかつら船といい、二を船中と云ひ、先に進むを網船という、網船は乗人八人にて、一人は摩を打振り、七人は艪を採る、又一艘ブリ縄の真中の外に在て、縄の沈まざるが為、又縄を付副て是をひかへ、乗人三人の内、一人は縄を採り、一人は麾を振りて、能程も示せば、先に進みし二艘の網船、ブリ縄の左の方より麾を振りて、艪を押切りひかえ船の方へ漕ぎ入る、網船は縄の左右へ分れて向い合せ、ひかへ縄のあたりより、ブリ縄にもたせかけて、網をブリの外面へすべらせおろし彌雙方より曳けば、是を見て初両端の二艘縄を開放せば、ひかえ船の中へ是を手ぐりあげる、跡は網のみ漕よせ漕よせ、終に網船二艘の港板を遣ちがへて、打よせ引志ぼるに、魚亦涌がごとく踊りあがり、網を潜きて頭を出し、かしこに尾を震ひ、閃々として電光に異ならず、漁子是を攩《たも》網をもつて、小取船へ、罿《すく》ひうつす、小取船の乗人三人、皆艪を採て磯の方へ漕てよするなり、かくして捕るをごち網と云、右ブリ縄の長凡三百二十尋、大網は十五尋、深さ中にて八尋、其次四尋、其次三尋なり、上品の苧の至て細きを以て、目は指七さしなり、アバあり、泛子なし、重石は竹の輪を作り、其中へ石を加へ、糸にて結ひ付て、鼓のしらべのごとし、尤網を一畳二畳といいて、何畳も継合せて広くす、其結つなぐの早業、一瞬をも待たず、一畳とは幅四間に下垂十間許なり

とみえる。

また、「タイコンボ網」については『東京府管内水産図説』[36]に、

ダイコンボウ　此漁ハ網長七間丈十六間袖十五尋網目鯨一尺ニ付十目ヨリ八ツ目迄桐ノ木アハ及ヒ土イハヲ用ユ網長二百五十尋ヨリ五百尋迠ニテ木ブリヲ付ケ用ユ但根上及手引ノ業ヲ為スヘカラス　方今府下此網ヲ用ヒス俗是ヲ大鼓掛ト云フ木更津辺ニ用フル良職ナリ天文年間今ノ神奈川県下久良岐郡森村斉木吉五郎ナル者発明ニ係ルト云フ

とあり、この信憑性をそのままの度合いとしてうけとめれば、タイコンボ網は天文年間（一五三二—五四）の、平成一七年から数えておよそ四七三年前から四五一年前のあいだに相州において考案され、その系譜が今日に及んでいるとみることができるわけである。

なお、参考まで付言すれば、「明治十四年内湾組合漁猟三十八職明細書」[37]によるタイコンボウ網にかかわる「捕魚採藻の季節並漁具漁法採藻ノ制限」には、

網長サ凡片網二百尋、木製ノブリ長サ一尺、幅一寸、片網ヘ六間程付、網袋長サ五間、横四間、袖十五尋、桐ノ木アバ二十四枚程、土イヤ付網ノ目十目八ツ目

とあるが、「明治二十四年東京内湾漁業組合規約三十八職（二十九条）[38]」にみえる「たいこんぼう」にかかわる記載はさきに掲げた『東京府管内水産図説』の内容とまったく同じである。

2　タイ漁の史的背景

戦国期の漁業年貢の中に「加つら網」「かつら網」「葛網」などが散見され、戦国大名後北条氏の支配下にあって保

護をうけながら、御菜魚としてのタイを漁獲し、貢納していたことは、上述のとおりである。

戦国期の漁業年貢について三浦半島に現存する五点の文書を掲げ、検討をおこなった。[39]

その第一は、三崎の城主も兼ねていた北条氏規の出した文書で、永禄十年のものである。「かつら網」のための船一艘の諸役を免除し、「今後はかつら網船を何艘仕立てても全て諸役を免除すると、網船の建造を奨励していることは注目される。[40]」また、宛名の「助右衛門」は田津浦（現在の横須賀市）の船持ちで、この地の漁業をおさえていた土豪であった。

第二は、第一と同じく、北条氏規の朱印状で、「かつら網」の保護を示したものである。「かつら網」は、主としてタイを捕獲する網で、後北条氏は「かつら網」を保護することによって、御菜魚としてのタイの貢納を確保しようとしたものである。この文書は天正七年のものであるとされる。[41]

第三は、同じく田津浦の「葛網」について出されたものであり、天正十三年のものであるとされる。[42]

第四は、天正十五年のものとされるもので、田津浦の「葛網」が近年〈御用〉を諸浦同様にかけられるために「退転」してしまったが、今後は「御用葛網」以外は申し付けないので、再び取り立てるように命じたものである。[43]

第五は、天正十二年のものとされる文書で、後北条氏が日限を切って鯛三〇枚、あわび一〇〇盃を調達するように命じたものである。宛名の「鈴木との」は、久里浜辺の土豪であったと思われ、久里浜から小田原まで指定の日までに夜通しでも持参するように、肴は「ふえん」すなわち塩にせずに生肴で上納することを厳命している。このようにいつでも必要に応じて御菜魚を調達出来る体制を整えておくために、前文書にみるごとき「かつら網」の保護奨励が必要であったのである。[44]

以上の文書からもうかがえるように、約四三〇年も前から、相州沿岸においてタイ漁がおこなわれてきたことは明白であるが、近世における古文献中にも散見できる。

『新編相模国風土記稿』(45)に、

北条氏より出せし文書に鯛漁の事見ゆ、大住郡須賀村、足柄下郡小八幡村、三浦郡久里浜、公郷二村の民所蔵文書あり

と記されており、この文中にみえる「三浦郡久里浜、公郷二村」の「民所蔵文書」とは、とりもなおさず公郷すなわち「田津浦」の「助右衛門」にさし出された永禄十年をはじめとする、天正七年、天正十三年、天正十五年とされる文書をさしている。

また、前掲古文献の中に、久里浜の「鈴木右京に授けし古文書一通」として、宛名を「鈴木との」とした全文を掲載しているし、公郷村の永島家の「葛網」の事については三か所にその記載がみえる。

また、北条氏の印判状のうちに「本状御前様御台所毎月納肴従昔相定帳面改而被仰出事(46)」があり、それには永禄三年付で国府津之船主である村野宗右衛門へ「魚之代定」として、「一　一尺之鯛　壱ッ代十五文」とあり、「あわびは一盃で三文、いわしは二匹で一文、かつおは一匹で十二文」とあることから、他の魚介類に比較して、タイの価格をある程度、知ることができる。

次に、近世における相州のタイ漁にかかわる古文書などの史料は枚挙にいとまがない。したがって、ここでは紙幅の関係で割愛せざるをえないため、特徴的なものについてのみ、ふれておくことにしたい。

第一、寛文十一年に江嶋村、腰越村、片瀬村、坂下村、材木座村の五ケ浦が「御奉行所様」へ差し出した「願書(47)」に「御城様へ月並の上肴として鯛、鮑、海老、其外能肴相調、一ケ月に五度宛、前々より為御役と只今迄差上申候事」とみえることや、明和元年の「和賀江島一件材木座村返答書控(48)」の中に「一　小坪村の義、古来より御菜御用鯛壱ケ月に四枚宛、八月より四月迄鯛数三拾六枚幷に御餝海老三百盃、鰹節三百節、差上、御用相勤来り候得共…(略)…」などとみえ、江戸湾内ばかりでなく、相模湾沿岸各地の村においてもタイ漁がおこなわれており、御菜魚

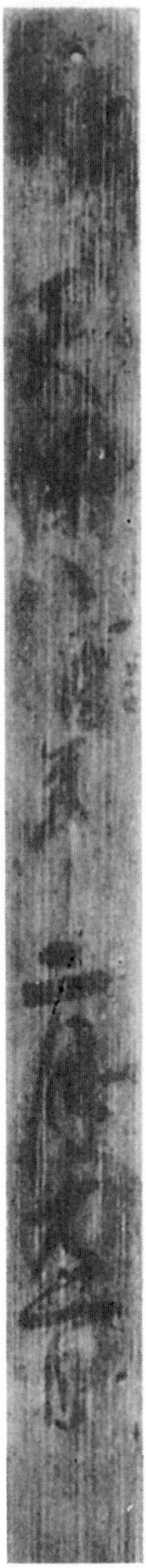

写真14　鯛尺（裏面）

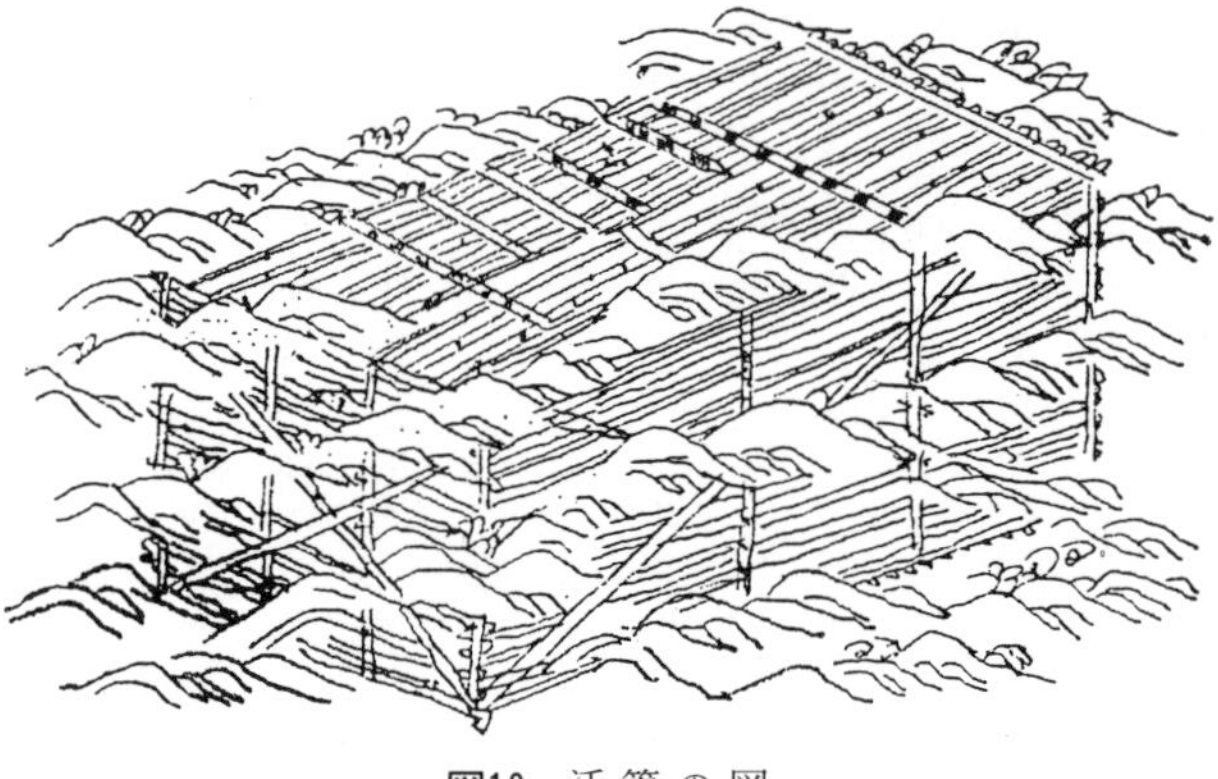

図10　活簀の図

として貢納していたことがわかる。

第二、天保八年（一八三七）四月二日に十二代将軍家慶の将軍職就任の大礼にみられるように、江戸幕府は、各種の行事、祝宴会、客の接待はもとより、将軍家の台所で使用するための大量のタイをはじめとする御菜魚が必要であり、それをつねに確保しておかなければならなかったことにかかわる「タイ」漁との関係である。

幕府は御用鯛を確保するために「生鯛御囲場」を湾内各所に設け、湾内四四カ浦に対して「御用活鯛」の納入をおこなわせた。

御大礼御用内海四捨四ヶ村規定書規定証文之事　一　活鯛五千枚但規定五千枚之外三日ヨリ同十五日迄村々取場不残差送可申候　右者拙者共組合内海四十四ヶ村之儀　大礼御用之節ハ貴殿御取扱御用鯛助合可致旨兼而及規定置候通之儀ニ付　則当四月御大礼被仰出候ニ付　書面活鯛五千枚其外共　御本途御直段ヲ以助合申処実正也　右活付鯛之儀ハ神奈川並ニ羽田両御囲所之内之相廻可申候(49)

以上のように大礼の行事などにかかわり、目の下一尺の鯛五〇〇〇枚を上納するなどは大変な苦労であり、本材木町の活鯛納入にかかわる魚問屋においては、どうしても活簀を設置する必要にせまられた。

活簀は竹製で簀船といい、浦賀では陸から約三〇間の沖に施設し、大きさは長九尺五寸、横六尺、高四尺五寸で三〇個あり、簀守三人を置き、蓄養時期は九月頃から三月までであった。(50)活簀一個に、魚の大小の差はあれタイは二五〜七〇匹はいるという。

神奈川所在のものは、活簀二五個を備え、その大きさは浦賀のものと同様である。陸から一〇町の沖に施設し、通行のため伝馬船四隻を備えていた。(51)（図10参照）

こうした近世の史的背景をさらに具体的に実証する資料として、鈴木三四郎宅（屋号イリノウチ。横須賀市浦賀町六―一―三）から、「鯛尺」と呼ばれる二尺の物差しが発見された。（写真14参照）

鯛尺の裏面には墨書で「天保八酉年二月廿二日　御用活鯛所　求之」と記されている（現在、横須賀市人文博物館に所蔵されている）。

鯛尺のみつかった鈴木家は、後北条氏の前掲文書を所蔵している家系であり、近世においても名主などの村役人をつとめてきた家柄である。このようなことから、この鯛尺は十二代将軍家慶の将軍職就任にあたり、五〇〇〇枚のタイを上納させるときに、タイの大きさをはかった物差しにまちがいない。

3　タイ漁にかかわる民俗

各地の海村には、かならずといってよいくらい一人や二人は小釣りの名人といわれ、漁民仲間から尊敬されている漁師がいる。

それ故、近くにわずかでもタイの漁場があれば、近くの村では、名人といわれる漁師によって、ささやかではあるが小釣りによるタイ漁業がおこなわれている。

しかし、村全体の漁業生産からすると、その水揚高は支配的な漁業生産額にみあう漁獲高でないだけに、目立った存在にはなりえない。それでも、漁師個人としては小釣りだけで十分に生業がたつのは、それが高級魚であるからである。

こうした名人によるタイ漁の漁具漁法となると、個人が考案した特殊なものではなく、全国的にみて、かなりはやい時代に伝播したとみられる共通な漁具漁法が多いのが一般的である。

明治八年における「第十四大区三小区相州三浦郡三崎町」の「漁業書上」[52]には、根付魚の中に「鯛」がみえ、〈縄船〉は「東ハ安房国布良村海岸ヨリ一里程相離シ場所ニテ漁業仕候」とみえるなど、他地域とのかかわりが深いことからも当然のことながら、交流も深かったと考えられるわけである。

こうした、タイ漁にかかわる民俗のうち、漁撈に直接関係のある漁具に関しては別稿[53]にゆずるとして、ここではタイ漁にかかわる特徴的な民具に限ってみたい。

第一は、横須賀市佐島において使用されてきた「オモリ」と呼ばれる民具である。このオモリは鉛製のものであるが、タイ釣りをおこなう際、釣りあげたタイの腹から空気を抜いた時、タイが体のバランスを失って、横に浮いてしまい、そのままにしておくと死んでしまうので、より長い時間活かしておくために、タイの腹に吊るして沈め、カメに入れておいて、タイが横にならないようにするためのオモリである。したがって、オモリの上部に穴があけられ、細紐がついており、この細紐でタイの体をかるく縛ることができるように工夫してある[54]。

第二は、上述のごとく、タイは比較的深い場所に生息しているため、釣りあげた時、急に海面までひきあげると、空気袋である気嚢《きのう》の調節がとれずに、中にあって大きくふくらんでしまう。これをそのままにしておくとタイの寿命を短くすることになるので、できるだけ活かしておき、鮮度を保つためには、すみやかに気嚢の調節をしなければならない。そのため、タイ漁をおこなう場合には、細い竹をあらかじめ準備し、捕獲したタイの腹に竹をさし込んで「空気ぬき」と称する処理をおこなう。この作業をおこなうことにより、タイはいくらかなりとも寿命を保つことができるが、これにも経験や技術がともなうことはいうまでもない。近年は竹材ではなく、細いキリや針金などを用いてこの作業をおこなっているが、これは長時間活かしておくことを前提としていないための便宜的な処置である。

以上のように、タイ漁には、他の魚種にはみられない処置がおこなわれ、特殊な民具が用いられるのは、あらためていうにおよばず、タイが高級魚として不動の地位を占めている結果にほかならない。そして、また、特殊な処置が魚の王を耽美する食文化に通ずるために珍重される。

まとめ

以上、相州沿岸（神奈川県の沿岸）におけるタイ漁は、⑴タイ延縄によるもの、⑵タイ一本釣によるものなどの「釣り漁」と、⑶タイ棍棒（テイコンボ網）またはタイ葛（葛網）などと呼ばれる「網漁」によっておこなわれるものが主な漁獲方法であることがわかった。

このうち、⑵のタイ一本釣漁は、さらに「テンヤ釣」と呼ばれる竿を用いない手釣りと、「ハネ」と呼ばれる釣竿を使っての「ヒッチャクリ」と呼ばれる竿釣の漁法があることも事例からわかる。

さらに東京内湾（江戸湾内）において、伝統的に網漁法によってタイが漁獲されてきたのは、春さきから、タイが産卵のために内湾に入ってくることと無関係ではない。

横須賀市鴨居の漁民は、タイの漁場について、「沖にきりなし、灘にきりなし(55)」といい、どこが漁場になるかわからないという。とくに春のころは「観音のハナ」と呼ばれる鴨居の亀崎半島から数十メートル沖でも大きなタイが釣れることがあったという。このタイは産卵のために東京湾に「ノッコンデくる」（乗り込んで来る）タイである。したがって、漁場が「沖にきりなし、灘にきりなし」とは、その水深を指しているのであるといえよう。

一本釣の漁師は、タイ釣専門の高級魚相手であっても、「一本釣の漁師は金がたまらない」などといわれてきた。一本釣漁では水揚げに限界がある。したがって、網漁のような、大量の漁獲は望めない。俗に千両、万両といわれるように、予期した以上に水揚げがあったとき、船主、網主、共同出資の網株仲間などがその大漁を祝って祝宴を催し、その席で「引き物」に揃いの袢纏（大漁祝着）を出した。この袢纏の反物を「マイワイ」（万祝）と呼んでいるが、「万祝着」の中に、タイ網にかかわるものや、タイをデザインしたものがあまりみられないのは、タイ網といえども、大漁にめぐまれることが少なかったことを意味しているといえよう。そして、このことは、タイの一本釣漁についてはなおさらのことなのであるといえるのではなかろうか。

このように、タイは日本人の食生活、あるいは日本人の祝事など、我々ときりはなすことのできない代表的な魚種であり、その逸味な点を誰もが認めることにおいては、華やかな存在であるが、それを捕獲する直接生産者である漁民の苦労は多く、賞賛されるわりには漁民の暮らしが報いられていない。

註

（1）川名 登・堀江俊次・田辺 悟「相模湾沿岸漁村の史的構造(1)」三三一〜三四頁、『横須賀市博物館研究報告』（人文科学）⒁、横須賀市博物館、一九七〇年。

（2）『新編相模国風土記稿』⑴二八頁、⑸三三六頁、一九七二年。

なお、津久井県〈物産〉の項に「柏皮」とあり、「沢井村、佐野川村（現在の藤野町沢井村・佐野川村）辺の山に産す、海辺の漁夫、魚網を染る是を佳とす」とみえる。

（3）明治二十四年十二月九日、「東京内湾漁業組合規約」が制定され、その第一条に「神奈川県相模国三浦郡千駄崎（現・横須賀市久里浜・東京電力横須賀火力発電所所在地）ヨリ、千葉県上総国天羽郡竹ケ岡村大字萩生（現・君津郡天羽町萩生）ニ相対スル以北ノ内、漁業者ヲ以テ組織シ、其名称ヲ東京内湾漁業組合トス」と定め、便宜的であるが以前からの旧慣もあって、ここに「東京内湾」の地理的、歴史的概念が確立した。

今日まで、上記の「規約」をもとに「内湾」と「外湾」を区別してきたが、神奈川県教育委員会が昭和四十二年度に実施した「東京内湾漁撈習俗調査」及び昭和四十四年度に実施した「東京外湾漁撈習俗調査」においては、神奈川県側（三浦半島側）だけであるが、横須賀市鴨居・観音崎を境界として「内湾」と「外湾」に分けての調査結果がある。しかし、上記の調査における境界は便宜的なものであり、本節で意味する「東京内湾及び東京外湾地域」とは、明治二十四年に制定した規約にもとづくものである。

（4）神奈川県教育委員会『東京内湾漁撈習俗調査報告』二三〜二四頁、神奈川県教育委員会、一九六七年。
（5）註（4）に同じ、二四〜二五頁。
（6）田辺悟「内湾漁撈の伝統(2)」『横須賀市博物館報』(27)、二六頁、横須賀市博物館、一九八一年。
（7）田辺悟「内湾漁撈の伝統(3)」『横須賀市博物館報』(28)、一四頁、一九八二年。
（8）註（7）に同じ、一五頁。
（9）田辺悟・田中勉「内湾漁撈の伝統」『横須賀市博物館報』(25)、二五〜二六頁、横須賀市博物館、一九七九年。
（10）註（4）に同じ、八八―九一頁。
（11）田辺悟『鴨居の釣漁具と漁船、関東地方の民具』一一〇頁、明玄書房、一九八二年。
（12）註（11）に同じ、一一七〜一一八頁。
（13）註（11）に同じ、一一二頁。
（14）註（11）に同じ、一一三〜一一四頁。
（15）註（11）に同じ、一二〇〜一二二頁。
（16）田辺悟「漁船の総合的研究――三浦半島における民俗資料としての漁船を中心に」『横須賀市博物館研究報告』〔人文科学〕(17)・(18)、横須賀市博物館、一九七三〜一九七四年。
（17）〜（20）神奈川県教育委員会『東京外湾漁撈習俗調査報告書』神奈川県教育委員会、一九六九年。
（21）註（17）に同じ、二四〇頁。「金田湾には、菊名・金田・岩浦・鋒・小浜の集落が海岸にそって並んでいるが、現在〈小浜〉と通称よんでいる範囲に、小字の〈入《いり》〉が含まれている。〈入〉には一五軒ほどの人家があるので地元では〈小浜〉の中では区別されるが、一般的に〈入〉は〈小浜〉の中に含まれてよばれることが多い。」
(22) 註（17）に同じ、二〇四〜二〇五頁。
(23) 註（17）に同じ、二〇六〜二一一頁。
(24) 神奈川県教育委員会『相模湾漁撈習俗調査報告書』一八三頁、一九七〇年。
(25) 同右、一八七頁。
(26) 間宮美智子「江の島民俗調査報告」『民俗文化』(6)、五〇頁、藤沢市教育文化研究所、一九七〇年。
(27) アマダイ（甘鯛）は「アマダイ科」の魚で「タイ科」の魚ではない。したがって、本来は〈鯛〉とは区別される魚種であるがここでは厳密な魚類の分類学的な立場はとらず、漁民の一般的なあつかいによった。
(28) 平塚市博物館「平塚市須賀の民俗」『平塚市博物館資料』(17)、四七頁、一九七九年。
(29) 註（28）に同じ、二一頁。
(30) 註（28）に同じ、六六頁。
(31) 第一六区自治会万年公民館『専漁の村』一五七頁、小田原市浜町、一九八〇年。
(32) 註（24）に同じ、三一七頁。
(33) 註（24）に同じ、三三一頁。
(34) 川名登・堀江俊次・田辺悟「相模湾沿岸漁村の史的構造(1)」『横須賀市博物館研究報告』〔人文科学14〕、二二頁、横須賀市博物館、一九七〇年。
(35) 産業部四八、漁業「他州以外若狭　鯛網」三八七〜三八八頁。
(36) 東京府農商編纂、明治二十三年（一八九〇）、「旧幕封建期に於ける江戸湾漁業と維新後の発展及びその資料」財団法人水産研究会、一九五一年。
(37) 田辺悟・辻井善弥「東京湾沿岸に於ける漁村の生産用具—明治前期の鴨居村を中心に—」『横須賀市博物館研究報告』〔人文科学15〕二五頁、横須賀市博物館、一九七一年。
(38) 註（37）に同じ。
(39)（40）（41）（42）（43）（44）註（34）に同じ。
(45)『新編相模国風土記稿』巻之三、「物産」の項。

(46)　貫達人編『相州古文書』民幾右衛門家史料、一五六〇年。
(47)　鎌倉教育委員会『鎌倉近世史料』乱橋材木座編、一九九～二〇〇頁、一九六七年。
(48)　註（47）に同じ、二〇四頁。
(49)　註（36）に同じ、三六頁。堀江俊次「羽田村一件―活簀新設をめぐる漁場争論の一形態」『神奈川県史研究』(26)、二四～三三頁、神奈川県史編集委員会、一九七四年。
(50)　東京都内湾漁業興亡史刊所会『東京都内湾漁業興亡史』一一三頁、一九七一年。
(51)　註（36）に同じ、三七頁。
(52)　三崎町史編集委員会『三崎町史（上巻）』一八頁、一九五七年。
(53)　田辺悟「鴨居の釣漁具と船」『関東地方の民具』一〇四～一一三頁、明玄書房、一九八二年。
(54)　田辺悟「三浦半島の漁撈関係用具（Ⅲ）」『横須賀市博物館研究報告』〔人文科学21〕、四二頁、横須賀市博物館、一九七八年。
(55)　註（53）に同じ。

四　マグロ漁

はじめに

マグロ類のうち、クロマグロを方言で「シビ」(鮪)と呼ぶ地方は、現在でも東北や富山に残っている。三浦半島でもマグロ類を「シビ」と呼んでいたことが近世の文書や古文献中に散見される。たとえば、『新編相模国風土記稿』の鴨居村の項に、「小名　鮪ケ浦　之比賀宇羅　多々羅の南に続り」とみえる。

マグロは魚類の中ではもっともよく知られた種類のひとつであり、体が大型で肉味が優れており、刺身や寿司(生食)によし、照焼き、煮物、缶詰加工、そして節(ふし)加工など、わが国民の食生活の中で好まれてきたため、経済的価値がきわめて高い。したがって、水産上もっとも重要な資源のひとつに数えられているし、実績もある。しかし、以前は高級魚ではなかった。

昭和十二年の資料をもとに神奈川県の水産会がまとめた県内「種類別水産価格(額)」[1]をみると、全水産物の種類(加工品も含む)の四七種類(主なもの三〇種類)のうち、マグロは上位九位である。

ちなみに、一位はカマボコ・チクワ、二位ホシノリ、三位サバ、四位アマノリ、五位ブリ、六位アジ、七位イカ、八位イワシ、一〇位カツオとなっている。

「マグロ類は分類学的にはサバの仲間(スズキ目、サバ亜目、サバ科)であるため大型サバ型魚類と呼ばれる。この類には代表的な多くの洄游魚がふくまれる。動作はきわめて敏しょうで遊泳力が大きく、産卵、索餌または越冬のために適水温帯を求めて、熱帯域から温帯域へ、外洋部から沿岸部へと広範囲に移動する。（中略）

　マグロ類は大別して、クロマグロ、キハダ、メバチ、ビンナガ、ミナミマグロ、コシナガ、タイセイヨウマグロの七種類が知られ、ＦＡＯ（一九七六）の統計によると、昭和五十一年の世界の漁獲高は約一〇〇万トンで、日本はそのうち約三〇万トンを水揚げしている。この漁獲量は近年ほぼ横ばいの状態にある。日本の漁獲量の三〇万トンのうち約八〇パーセントは中南部太平洋、インド洋、大西洋などの遠洋漁業による水揚げで、そのほとんどは、クロマグロ、キハダ、メバチ、ビンナガの四種で、他の三種の漁獲量は比較的少ない。（中略）

　一方、カジキの仲間は、従来マグロ類と同様サバ亜目に含まれていたこと、延縄などでマグロ類と混獲されることなどから、大型サバ型魚類としてマグロ類同様に取り扱われる場合もある。しかし、最近の分類では、カジキ類はマグロ類とはまったく別のカジキ亜目の魚として取り扱われている。マグロ類がサバ科に属するのに対して、カジキ類はマカジキ科とメカジキ科の二科に大別され、マカジキ科は太平洋からフウライカジキ、マカジキ、クロカジキ、シロカジキおよびバショウカジキの五種が、メカジキ科はメカジキ一種が知られている。[2]」

　以上のように分類されるマグロ類やカジキ類は、大謀網などの定置網漁法によって漁獲されるほかに建切網・流し網・旋網などの網漁法によるほか、一本釣漁法や延縄《はえなわ》によるなどの釣り漁によっても漁獲されてきた。また、カジキ類は「突ン棒」と呼ばれる銛《もり》による突き漁によって漁獲されることが多い。

　以下は、相州（神奈川県）の沿岸漁村で伝統的におこなわれてきたマグロやカジキ漁業の史的背景やマグロ・カジキを漁獲するための漁法および漁撈習俗に関する点を明らかにしようとするものである。

　したがって、全体構成としては、まず、(1)に、マグロ漁にかかわる漁撈習俗の事例をあげ、(2)に、マグロ漁の史的背景を具体的に述べ、(3)に、マグロ漁に関する民俗的な側面について述べ、若干の考察とまとめをおこなう。

1　相州のマグロ漁

(1)　マグロ漁にかかわる漁撈習俗

・三浦南下浦町金田

「明治三十年頃までは、金田湾にはマグロがかなりきたので、ブリの刺網を使って漁獲した。ブリの刺網は一〇間ほどの長さの麻網で、漁網の中では丈夫なもので、太さはマッチ棒を五本ほどたばねたぐらいあった。〔岩浦　深瀬義雄〕

小浜の浜では、マグロがくると村中の者が沖に出てマグロの群をとりまき、網を使って波打際にちかづけ、胸のあたりまでの水深においこんでくると、漁師は海中にとびこんで、マグロをかかえこんだり、カギを使ってひっかけたりして漁獲した。〔小浜　岡本千吉〕

現在でも、岩瀬芳蔵宅の玄関には、当時のマグロの尾鰭がかざられている。昔からめでたい贈り物などに添える熨斗や、熨斗代わりに贈り物にそえる魚の鰭は、えんぎのよいものとされている。

門口に魚の尾鰭をかざることを〈ナマグサケ〉などという地方もあるが、金田では、このマグロの尾鰭に関する聞取りはなにもできなかった。(3)」〔話者：深瀬義雄・岩浦　詳らかならず／岡本千吉　明治十六年一月十日生〕

・三浦市三崎

「三崎の漁師の間には入梅マグロと手釣マグロの言葉があったが、入梅マグロはここへ入梅の頃洄游してくるシビ

（クロマグロ）で、手釣マグロとは八月の末からキワダ（黄肌）を一本釣でとったからこの名が生まれた。入梅マグロは延縄で釣った。冬は丸々と肥え、脂ものって美味なこのクロマグロも、この頃になるとやせ衰え、頭ばかり大きく尻ッコケとなり、味も落ちて相場も安くなった。だから入梅マグロとは今日で言う印度マグロ、明治の頃東京で言われた仙台マグロと同じく、三崎ではまずいマグロの意味もあった。

その頃の延縄は一トオケ（一鉢）二五〇ピロ、鉤二五本付、一艘四～七オケ、籠入（明治十四年三浦郡捕魚採藻一覧）この縄を順次つないで延ばしていき、縄の初め、つなぎ目、縄の終りにウケ縄を結び、桐の浮（ウケ）をつけ、笹のボンデンを立てる。ウケ縄で延縄の深浅を調節する。延縄はその日の風向で、船下に入らぬよう右舷左舷何れかで投縄したり揚げたりした。

手釣マグロは八月のお盆が過ぎ、十月の漁季の切り替えまで、これより外に捕る魚のないため、三崎中の船はこれに出た。この時季になれば三崎の船は漁の有無にかかわらず、オラシといって大イワシをブツ切りにして海へオラシた。この餌にマグロが集まると信じていた。またその通り毎年多少の遅速はあるがきっとこのマグロは来たものだ。そして多くの船が捨てる餌で相当期間この海に留っていた。一種の飼付漁業とも言えるのである。この手釣マグロは三崎の外半島西海岸から小田原に至る一帯の漁村からも船が出た。この附け餌は主にシコイワシを使い、小さいほどよいとされた。

縄は一五〇ヒロのヤナを左右両舷の二人で半分ずつ使う。最初は一〇ヒロ位、順次五〇、七〇ヒロまで延ばす。マグロの縄立ちが一定しないからである。この釣の要領は初めの一ヒキでは絶対に合わさず、そのままにしてマグロの食い込みを待つことである。うっかりしている時に引かれ平素の魚の一本釣になれた手が、無意識に合わせて一日一ヒキ千両否何日一ヒキの機会を逸する者もいた。それ程一日の中誰が一度ヒカレルかという程の釣れない漁だった。ピクリとヒカレても縄を一重からめにして舷に当てている手に魚の食い込みを待つ。ピク、ピクと何回のヒキの末、グーッと掌にコタエて来るのを、舷にオラエルだけオラエてから縄を放す。魚はフキミセズ（勢いよく）縄をサラッテゆく。その勢いが一瞬ゆるむ時がある。経験のある者はこれを見て〈マグロが引ッ返したぞ〉と言う。すぐに縄をしめる。またマグロが縄をさらう。こうして取ッ取ラレッしている中に、マグロの勢いは段々弱って来ると、アトナ（背後に立って前の者と力を合わせて縄をしめる者）がつく。前の者は立ち膝で縄を肩越しにアトナに送る。最後は銛を打って取るのである。

延縄でも手釣でもマグロはなかなか釣れない魚だった。沖にいて一日中マグロがあがるのを見ない日が多く、それでも港に帰ると、赤い半僧様（漁があったときにつける布のシルシ）がちらちらひるがえって、今日も場のどこかでマグロがあがったのだと思ったものだ。もし沖でマグロを釣るのを見るようなら、帰れば浜は大漁であった。この手釣マグロの漁季が過ぎると冬のタチバメジが始まるのだが、これは大島沖が主な漁場だったので、小さい船ではいけなかった。

冬はよくシコイワシのハミが出た。このハミをねらって沖へ出、船一杯すくって来たり、或いはこのすくったイワシの活ケバエ（生きた餌）でメジを釣った。（中略）

【漁　具】　鉤を良質の麻にしばる。この麻はコウ屋（紺屋、染物屋）で黒く染めさせた。鉤はシコのカマ（下あご）にかける。縄は三ヒロ程の竹の先にかけるが、ツッタギリにしばって手に持っている。ツッタギリとは魚が鉤に食うと或る程度その力に抵抗し、鉤が口にささって魚が縄をさらってゆくと、すぐ切れるようにした仕掛である。このメジの大漁で町の景気はパッと燃えあがった、明治三十年代正月の初出に一日一代七五円もうけたという老人が現存している。

三十四年の伊勢松火事（遊廓伊勢松楼から発火）は焼失戸数六〇〇、三崎空前の大火だったが、度々の大火にこりてまた何時焼けるか知れないと、仮普請同様の建築費五〇円～六〇円の家は一日のメジのもうけで建てられたという。

冬のマグロ延縄は今考えると随分沖を操業した。明治八年戸長役場書上によると、長さ三間半幅六尺五寸八人乗の大縄船で、漁場は東は安房布良沖から西は伊豆下田と御蔵島の間となっている。この船が七挺ッ張りのテントーだったのである。

マグロ延縄の投縄は時刻によって深浅があった。朝マヅメ夕《ゆう》マヅメは浅く日中になると深くし、夜間は浅くする。またマグロの種類によっても異なる。カジキは最も浅くて浮ケ縄五ヒロ位、キワダは一〇ヒロ位、メバチは三七ヒロ位。この縄は夕マヅメ（テント入れ）朝マヅメ（メアカシ・目明し）を見られるように入れる。

ハエ終ると縄マワリする。ボンデンの笹が動いていたり引込まれていれば、魚がかかっているのでその浮ケ縄から延縄に手をかけ、魚の勢いの強弱に応じて延縄をしめたり延ばしたりして、いよいよ延縄の枝縄に手をかけ、魚を近くに引寄せて銛を打つまでには、相当の時間を要する。小さいマグロならば時間はかからず、魚かぎに引っ掛けてあげる。

マグロも他の魚と同様鉤に食う時というものがある。これは潮時と密接な関係があった。テント入れの縄が当らないと、コウノ入り（月の入のこと・光の入り）を見て切りあげようなどと言った。潮流の変りを見ようとするのである。こうして朝晩二回投縄、天候がよければもう一回位操業して帰途についたものである。延縄の附近にカジキやマグロがポンポン跳ねることがある。良いところに縄をハエたと船中大喜びして、ボンデンが今引込むか今引込むかと心待ちしても、ボンデンの笹は、我関せずとさ揺らぎもせずにいる。その中にその群れはそのボンデンをあとにぬけてしまう。ナンダということで、この空ラ縄をあげる力も失せてしまうことがよくあった。これはマグロの位置より鉤が深みに落ちていたので、今ならば魚のいる表面水温と鉤のある位置の水温と異っているという、魚の適水温の問題で解決できるが当時は鉤の餌よりもっと魚の好むエサが海の表面にいると思っていたのである。見えるマグロは釣れないという言葉はこうしてできたのであろう。

マグロの身をおろすと肉の色が変っていて（身がヤケる）刺身に使えぬことがある。市場では一尾ごとに買うので皮の上から肉を鑑定するのは余程の経験を要する。船でマグロを釣ると尾バチ（尾ひれ）を切り取り、頭をたたいて血をはかせ身ヤケを防ぐ。頭はヒシャゲル程よいとされていた。従ってこうした処置がしてあるマグロは値がよかった延縄に次から次にマグロが食っている場合は、そうする暇がないので、大漁した時市場に揚げると、二束三文に取られてしまうことがあった。(4)」

【マグロ延縄漁】　明治の「三十年代は三崎の漁師にとってマグロは大きな魅力だった。一獲千金の夢を僅か肩幅七・八尺の和船にのせて、乗るか反るかの勝負に、生命を賭けて、房総沖の高塚一杯（千葉県七浦村の高塚山が海面すれすれになる、距岸二〇里と云われた）清澄一杯（同清澄山が海面すれすれ、距岸四〇里）或は山無しを乗るなど（それ等の山々が見えなくなる）冬季波の荒い太平洋上はるかに乗出したヤンノも多かった。これらの山々は常時見えるわけではない。時折り晴天の日、人々は遠く波に乗る山の影を望んで、はるけくも遠く来つるものかなの感を深くしたことであろう。延縄を入れるのはテント入れを見るという言葉もある通り、マグロの釣れる時刻、日没近くとそれから朝だった（夕《ゆう》間詰《まづめ》。朝間詰）。

テント入れを見て天候がよければ船を流したり、或は帆走して（間切って）翌朝暗い中にまた投縄する。海で朝日を迎之海で夕日を送ると、今日一日という印象が殊に強い。ああ今日も無事に終った、あすの命もわからないその明日が、今日に続く運命の人々に、親や妻子のいる故郷の方角に日が落ちて、暗い夜が覆いかぶさって来るのだ。初めてヤンノに乗った者はどうしても飯がのどを通らなかったという。船の上から鉢巻を取って朝日夕日を拝む老人を昔はよく見かけた。その若いヤンノ時代の習慣なのだろう。彼等の日常は自然を恐れ自然を頼る祈りの生活だった。彼等は常に遭難におびえていた。旅の港に入ってマグロを売り、たまたま遭難の話を聞くことがあった。そんな時銭湯からあがって、生きている中にうまいものでも食べようと、そば屋や汁粉屋に入り、熱い汁をすすりながら、今度は誰の番かなアと、口へ出してしみじみいったものだという。

夏から秋にかけてマグロは岸近く洄游して来たので、沿岸を働く肩幅四尺そこそこの船も、ネアシビ（盆から十月五日までの漁期）はそっくり江の島下を主とした相模湾にマグロの手釣り（一本釣）に行った。私見ではあるがこのネアシビの漁期は、根合鮪《ねあいしび》（年中根で魚をとっている漁期の内、この漁期だけ根を空けてマグロを釣る）の意味ではなかろうか。

八月のお盆が済むと皆船は手釣りマグロに出て幾日マグロがあがらなくても、毎日行ってはおらし（イワシを細かくした撒き餌）を下ろした。彼等はこの餌にマグロが集まると信じていたのだ。こうして毎年判で押したようにここにマグロが洄游したのである。又毎年入梅の頃にはキハダマグロが相模湾深く洄游して来た。これを入梅マグロと称して延縄で釣った。

この外に夏南風が入るとよくカジキマグロを銛で突いた。中にはこの突ン棒専業の船もいた。房州の方が本職であったが、三崎向ケ崎、二町谷にも名のある職船がいた。これは二町谷の七兵衛丸が二本銛を考案してから、銛の当の確率が向上したとはいえ、眼と力と技と三拍子揃った銛持と、その銛持と以心伝心銛場に船を持って行ける舵取はザラにはなかった。マグロを突く銛持より突かせる舵取の方がむしろ神技だった。突ン棒専門の船が数多くなかったのはそのためであった。全くその時代は経験の集積で体得したカンによってのみ、抜群の漁師の名声をあげることができたのだ。

突ン棒でも延縄でも手釣でも、二・三本以上のマグロをとると艫《とも》に印（のぼり状の船印し）をたて全員総裸になって、矢声も高々と港に漕ぎ戻って来た。一本位では、船をあげてから帆《はん》竿（帆の横げた）に赤い布をつけて艫のたつに立てた。これを判僧様といっていた。

マグロはなかなか釣れない魚だった。船も多かったのでマグロを釣っている船は沖ではなかなか見られず、それでも帰ると浜にはその半僧様の印がちらほら見えた。沖でマグロをとっている船をみるような日は、港に帰ると大漁だった。(5)」

・三浦市三崎城ケ島

【マグロ流し網漁】　城ケ島でおこなっていたマグロ流し網はキハダマグロを漁獲するもので、漁場は城ケ島沖と伊豆半島に近い相模灘であった。とくに六月十日頃に漁獲するマグロを「入梅マグロ」といい、その時期は漁も多く、毎年出漁した。しかし、伊豆方面の漁民がマグロを巻網で漁獲するようになり、マグロ流し網は衰退していった。〔金子三吉〕

明治末期から大正初期にかけて、城ケ島ではマグロ流し網漁業をおこなっていた。船は和船で六挺櫓あるいは七挺櫓をあやつり、夕方の三時頃から沖へ向かい、翌日になって帰ってくる夜間操業の漁であった。冬はよく遭難者がでたがマグロが五本も漁獲できれば大漁であったから、五軒ほどの家が共同出資で網を買い、操業した。

船のカメは大きく、子どもが五、六人はいって遊べたという。また、風のある時は帆をはり、櫓をこいで漁場へ出かけた。〔三上三二〕

城ケ島のマグロ流し網は七挺櫓の船を使った。和船の長さは約三間、肩幅六尺ほど。乗組員は六、七人。網は共同出資のこともあったがそのような時でも「ウチナカマ」(内仲間)で出資したので、「代分け」などについては、あまりこまかな取り決めをしなかった。普通、船と網を含めて「代」を三割とした。

漁獲はひと夏に数匹の時もあれば、一日に二〇匹も漁獲することもあった。一〇匹も漁獲できれば、大漁で、その時は沖から大漁の「シルシ」(印)をたてて帰ってきた。当時、一〇〇円ぐらいの漁獲があれば酒を二升ほど買ったり、親戚や子どもたちに菓子を買って振る舞ったりした。マグロ流し網漁では過去二回、大漁祝をおこない、「マイワイ」(万祝)を出したことがある。その時は親戚一同をあつめて御馳走した。

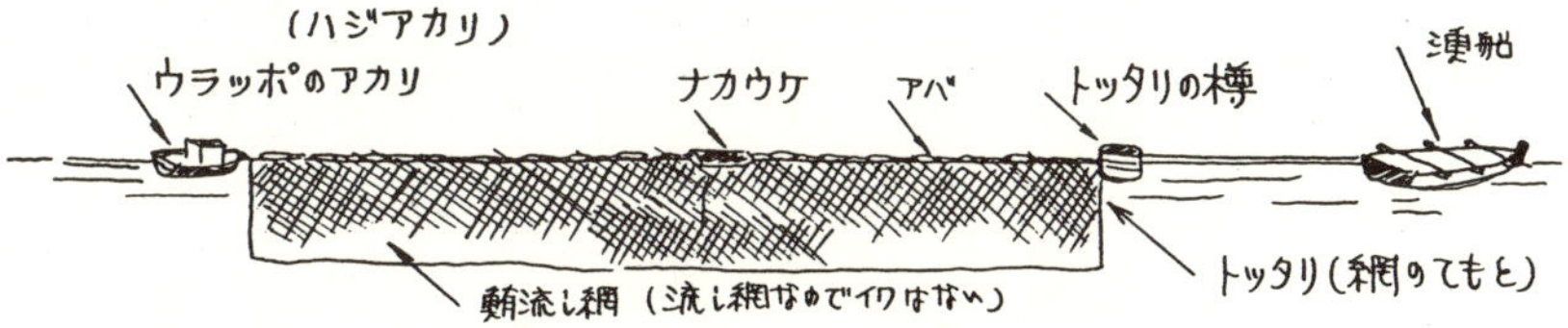

○ウラッポのアカリは、1メートル（約3尺）の木船に四角の石油ランプをつける。
○トッタリの樽は直径30センチ、高さ（丈）40センチ。
○ナカウケは丸太に縄をつけてあるだけ。
○トッタリの樽から船まで網を20尋ぐらいつけておく。

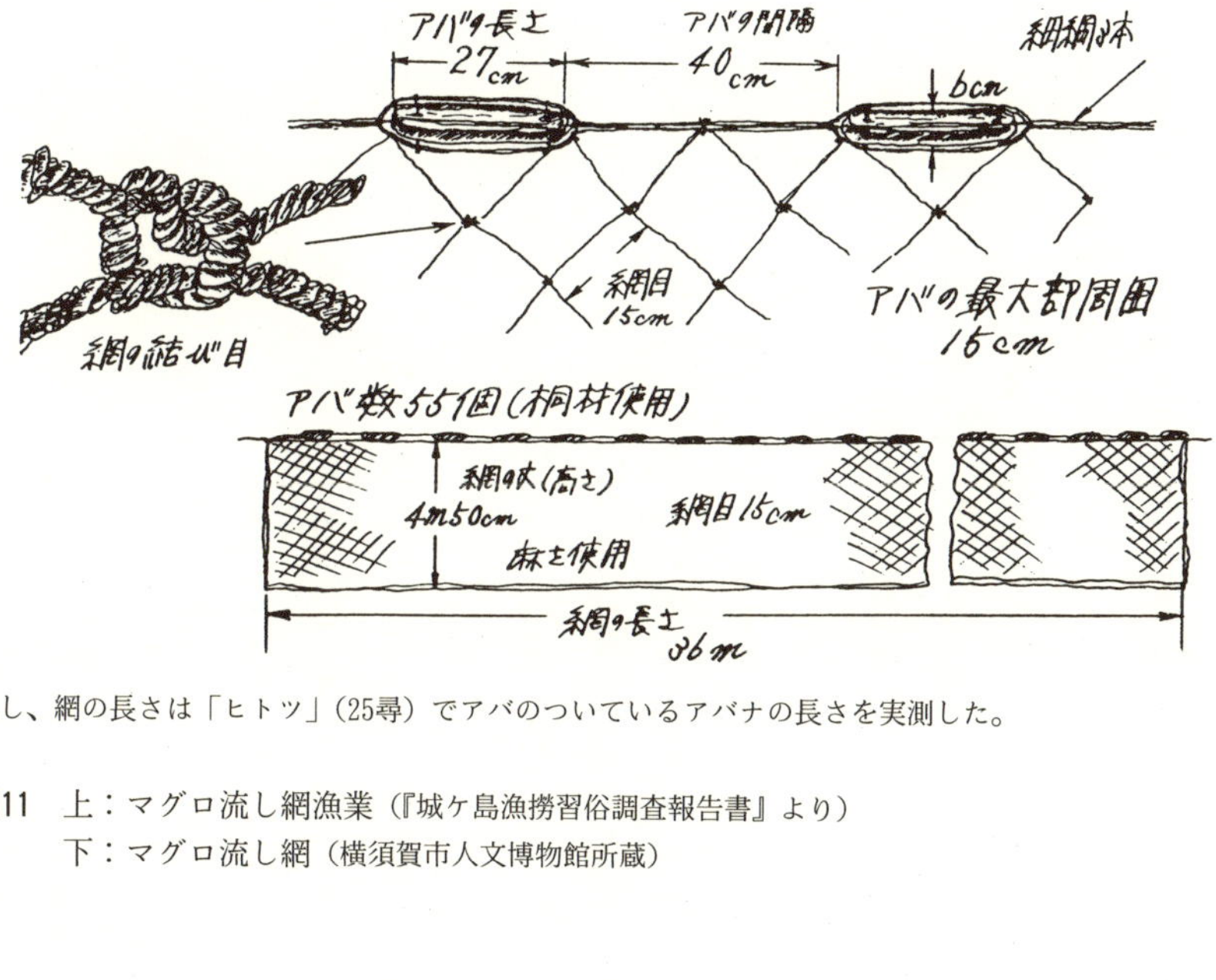

但し、網の長さは「ヒトツ」（25尋）でアバのついているアバナの長さを実測した。

図11　上：マグロ流し網漁業（『城ケ島漁撈習俗調査報告書』より）
下：マグロ流し網（横須賀市人文博物館所蔵）

マグロ流し網の漁期は五月頃から八月頃までだが、八月になって漁があれば、もちろん漁期がのびることもあった。マグロ流し網は二五尋で「ヒトツ」と呼んだ。網は「ヒトツ」「フタツ」と数えた。一艘の船に二〇ほど網を積んでいったが、常に使用する数より多く、余分を持っていった。

網材には麻や木綿が使われた。麻は三崎で購入した。三崎の商店では東京から仕入れてきた。この麻を「トウジンアサ」といった。

マグロが網にかかっていると、網はオリコンデ（沈んで）いる。網をあげる時は一人がアバの部分をあげ、もう一人がアシナの部分をあげるようにしながら船上にとりこんだ。漁獲したマグロは三崎の魚商「ゴヘイ」「ジンタロウ」などへ売った。

大漁の時、万祝の反物を出したが、この反物は鯵巻網の大漁祝の時と同じ千葉県の勝山に注文して染めた。三崎でも染めたことはあったが、千葉県ほどにはできなかった。マグロ流し網漁の万祝着にはマグロの図柄を染めたものがあった。マグロ流し網で漁のあったのは石橋要吉（明治二十二年生）が二十二歳から二十六歳頃までの時であったというから明治四十三年から大正四年頃にかけてのことになる。

また、マグロ流しで漁がないときは「マナオシ」（マンナオシ）といって、不漁なおしをおこなった。同業者が漁のない船に酒を一升もっていき、漁に恵まれるように景気づけをおこなったり、漁のある船の者が不漁船に対して「オミキ」（御神酒）をついでやったり、四、五軒が共同でおこなった。〔石橋要吉〕

伊豆方面でマグロを巻網で漁獲するようになり、マグロ流し網漁はすたれてしまった。

「マグロ流し網」は三月十日頃から始め、五月中旬までおこなう者、あるいは五月いっぱいやる者がいた。明治二十年頃もおこなわれていたが明治後期もさかんで、明治四十二年から四十三年の三月十六日、伊豆の網代を根拠地としておこなったことがあった。その日はあいにくの時化でオカ（岡）は大雪。網代に上陸した時は歩行できないほどの雪が積もっていた。この日、城ケ島の金子鶴吉が不幸にして遭難し、帰らぬ人となってしまった。それ以後、城ケ島では遭難を恐れ、しだいにマグロ流し網漁をおこなうものが少なくなった。〔青木広吉〕

マグロ流し網は漁船の大きさ約三間、肩幅六尺で、七挺櫓、乗組員は六人から七人が普通であった。網は共同で所有したこともあったが、たいてい共同の場合は「ウチナカマ」（血縁関係ある親戚）なので、「代分け」は考えなくてもよいことのほうが多かった。代分けは網と船をひとまとめにして三代、あとは七代を乗組員が分配するのが普通だった。

城ケ島にはマグロ流し網をおこなう漁船が一四、一五艘あった。船は長さ三間、肩幅六～七尺ほどの大きさで七挺櫓というのが一般的な大きさ。

網目は一尺から八寸目、縦二一目（二一尺）、横は二五尋で、船に二〇網を積んで出漁する。網糸は直径五ミリぐらいの太さ。[6]〔話者：金子三吉　大正五年十一月十七日生／三上三二　明治二十二年十二月九日生／石橋要吉　明治二十二年二月十七日生／青木広吉　明治二十一年九月十日生〕

・横須賀市長井

長井では「マグロ一本釣」を新暦の十月・十一月の二か月間おこなっていた。これはホンマグロの手釣りで、漁場は小田原前であった。

このほかに「ツキンボ」により八月から翌年の一月いっぱいまでカジキマグロを漁獲した。[7]

なお、「ツキンボ」（突ン棒）によるカジキマグロ漁に関しては[8]別表を参照されたい。〔話者：鈴木勝造　明治三十年十月二十六日生〕

・横須賀市佐島

【マグロはえなわ】「明治中期、カツオ一本釣とともにマグロ延縄はさかんに操業されていた。芦名の方が先だったといわれるが佐島でも四〜五軒がまずはじめた。十月から二月にかけての冬の期間、カツオ一本釣と同じ船に一〇人位乗り組み、一艘に二〇〜二五鉢ほどの延縄を積み込んで主に伊豆七島周辺を主漁場として操業した。一鉢は二五〇尋で、二〇尋おきに七本の枝縄をつけ、幹縄には、カシワで葉染めした黄麻を用いた。餌にはイカまたは塩漬けのサバなどを用い、漁獲はかなりあったが、冷蔵設備がないため腐りやすく、獲るとすぐに腹わたと鰓を取り去り、海水で洗って急いで最寄りの港に持ちかえった。下田・三崎・野島崎などに水揚げすることが多かった。

佐島では現在、本格的にマグロ延縄をやっている人はいない。ただ、三崎のマグロ船に出稼ぎで乗っている人が一人だけ、時々操業に参加している程度になっている。[9]」

・鎌倉市腰越

「隠居丸という船があった。隠居のトウキツァンといって漁の神様といわれた人の船だ。その船がマグロを釣っていた。秋十月から十一月にイワシを切ってマキ餌にして、タテラ《ママ》マグロ、キワダマグロを釣るのだ。この漁はエサをさして手に道具を持って釣る。一七、八貫あるから、小さい船は一本釣れれば、旗を立てて帰る。めいめい道具を持つのだが、子どもとかちょっと馬鹿な人間によく食うのである。これはマグロが食ったときアワしてはいけないのだ。そのときトウキツァンの息子、今四十幾つかになっている人が、船で使うタワシを落したところ、マグロが食った。出刃を落したらそれも食った。それは釣れた魚の腹から出たのでわかった。皆不思議なことがあるものだといった。昭和二十四、五年のころのことだ、隠居は今は船を売ってしまっている[10]」

・藤沢市江の島

【マグロ漁】「十月になるとマグロが来る。マグロ漁はなかなか当らないので、普段もそうだが、色々とやかましい。特にマグロの縄、船のトモ綱を跨いではいけないといわれている。

大正年間の頃、マグロで一〇〇円儲け人もあった。普通は四〇円ぐらいで、時には何もとれない時もあるので、小さい船で商売していた方がとくな時もある。

今日では、マグロは暖い地方でとってしまうので、こっちの方には来ないが、昔は十月のマグロの時期になると、二里〜三里の沖へ行ってイワシを撒き、いろいろな船で競ってマグロをとる。多い人で二本〜三本釣る人があるが一本とればよい方で、一本でも一〇〇円くらいになる（二〇貫目が一〇〇円）。

夕方、漁をすませ帰ってから、マグロのホシとコワタを取る。ホシは丸いオケ（ケサオケという）に入れ、最初にお稲荷様にあげてくる。これをオボリをあげてくるという。そして明日もマグロが釣れますようにと祈る。コワタは茹で、子どもに食べさせる。夜になると、昼間マグロがいた所をみてハエナワをかける。それには餌がないのでスルメイカ（イカを乾燥させた加工品）をつける。するとマグロ以外の魚も食いついたという。(11)」

・茅ケ崎市柳島

「秋口にはマグロを釣りに出かけた。これも本格的にやったわけではないが、マグロが来たというと、何人かで組になって銘々出る。餌にはイカの生き餌がよい。マグロは大きいもので鉤も糸もがん丈なものを使う。かかっても船まで引き寄せるのが大変。船のそばまで寄せると、モリを打ち込む。弱ってくると、船につけて、棒で頭をポクポク打って殺してしまう。(12)」

・平塚市須賀

【マグロ】　「マグロには、クロマグロ（ホンマグロ・シビマグロ）、メバチ、キワダ（キハダ）、ビンチョウ（ビンナガ）の四種類がある。クロマグロは昭和十年くらいまで毎年十月半ばに洄游してきて、姥島の沖のセノウミあたりで釣ることができた。最近は全く見られない。大きさによって名前が変わり、一番小さいのはメジカ、三貫目くらいまではメジ、五・六貫目まではシュウボウまたはヨス、それ以上をクロマグロという。メバチは目が大きく、丸みのある種類で、しゅんは十月である。キワダはクロマグロに比べると安いが、五〜八月が漁期で夏においしい。昭和四十年くらいまでは姿が見られ、アグリ網でとったこともあった。キワダの子はキメジといい、背ビレの長い個体はビンナガと呼ぶこともあった。ビンチョウは五・六貫どまりの小さなマグロで、わきびれ（胸びれ）が長く、体型もスマートである。身がやわらかく他のマグロより安い。（中略）

カジキマグロの類では、マカジキ（マガシキ）が六月頃、五〜一〇貫くらいのものが群をなしてくることがあり、モリで突きに行った。刺身として上等で高く売れた。シラカワ、クロカワ、マダラなどと呼ばれる大型のもいた。五〇〇キロをこえるものもあり、船にやっとひっぱりあげるようだった。(13)」

【マグロ釣】　「現在行われていないが、かつては茅ケ崎の姥島付近や真鶴沖二〜二・五里のところで釣った。真鶴沖には柳島（茅ケ崎）、大磯の漁師も来ており、船がひしめきあっていたという。一艘の船に七・八人が乗って操業するが、マグロの値が良く、一日一尾でも釣れればよいといった。タレナワとかタテナワといい手釣りで、ヒモを手に持って釣るが、船のミヨシには竿を一本だけつけて釣った。六〜七尋の深さで釣る人と、一〇〜一一尋の深さで釣る人など、始めはまちまちの深さで始め、あたりをみて深さを決めた。マグロはヒコ（シコ）を追って歩く漁といい、ヒコをまいてマグロを寄せた。鉤につける餌はイカやサンマなどを使った。イカは白いから、サンマは光るからくいがいいという。マグロがかかると暴れるので、船もマグロの逃げる方向に動かしていき、苦しくなって海面に姿を見せたところをモリで突いて船にあげた。モリの柄はカシでできており、トモとオモテにいる人が突く。一日に二〜三尾釣れたら大漁だった。[14]」

・中郡大磯町

「マグロ一本釣　釣る魚名はマグロ・カジキ・釣ダシは麻三バワンヤー（別名ヤナー）麻に木綿糸を巻き付ける　時期（十月二十日〜十一月二十日）[15]」

「つきんぼ　明治以前は全部半帆船（オショクリ船）で、大正五年始めて機械船に変った。……大磯のツキンボー（別名ボウチョー）が始められたのは比較的日が浅く、明治十年頃から始めたあもんだ。其の時分にゃあ、房州勝浦の方へ二〇歳から二二・三歳頃に修業に行ったもんだ。三年から五年ぐれいで帰って来て、此等の者によって、ツキンボ漁が始められた。

銛持ちの位置は、一番うめえ者が船の表（へ）に立つ。二番銛は表の前（への前）に乗り、三番銛は（へのオモカジ）に立つ。

銛の柄の長さは約一四尺ばけーで、麻縄に銅線を巻き付けた細引（現在は三つ編ワイヤー）を使ってらあなあ。始めの頃にゃあ、一本銛だったが、何年頃から二本銛となり、昭和二十三年頃より三本銛（ゴトク型）の物を現在まで使ってらあなあ。ツキダシ、メダシ（ワイヤーを通す所）柄は赤カシの木の良い所を使用する。白ガシを使うと、水にしづんでしまって、どうにもなんねえ。

サアーラやマグロの発見者にゃあ一目を置いて、分け前（シロワケ）も三割から五割を船元が出す。其の外の分け前は、船子（乗子）が一〇名の場合、一一半に割って、船元が二割半を取る（油、備品代は別）。

ツキンボーの時期は、六月から八月二十日ころまでが良いとされている（諺に、大磯の天王さんは、マザーアラーがすきよ、と言う様に、夏祭の時期は、相模湾にサアラが群で入り込んで来るからである[16]」

「カジキの種類　白カジキ（別名八両カジキ・真カジキ・黒皮カジキ・メカジキ）、マグロの種類　キワダマグロ（尾の上が黄色）、メバチマグロ（眼が大きく、身体が平たい）、マシビマグロ（皮が黒い[17]）」

「つきんぼのこつ（イ）なんだかんだゆったって、手前の乗ってえる船の速さを早くのみ込む事だんべえ。まあ、カンが第一だんべえ。（ロ）銛の先きを、サアラやマグロの背中え向けてっから、銛の間にマグロ等が入る様にねらって、こいっあ必ず俺が突いて見せると、信念を持つことだんべえ。（ハ）シニメシ（ヒコ等の群を追っているとき）やさしな速えから、マグロの大きさだけ前の方をねらう。（ニ）波乗りマグロの時にゃ、口先の三倍前の方をねらうこと。

背中とこより、後の方を突くと浅手だあから、時にゃ五〇〇ピロ（約七〇〇メートル）も道ワンヤーを持っていかんれんので、なんたって頭の附近をねらうことだ。上手な者は、一三・四間手前で突き、五ヒログれいでマグロが浮いてしまあな。名人と字名される者になんと、一〇本ねらって、一〇本突く事もめづらしかねえな。

初期の頃のツキンボーの名人と皆が言う人に、字名鬼の嘉平（御七丸）、近年では、加藤福太郎、平田亀吉、飯田仁太郎、鈴木春吉、飯田勝蔵、以上の人達が大磯のツキンボーの最盛期をつくった。昭和初年頃までは、ツキンボー専門の船元があったが、次に掲げると、八右衛門船、藤右衛門船、御七丸、市右衛門船、八善丸、上隠居、下隠居、五兵衛丸、嘉七丸、稲荷町船、三四丸、仁善船、真円船、正次郎丸、金善丸、庄八丸、傳右衛門船等多くあった。相模湾のメカジキは種類としては一番多く、重量も一本が一五〇キロから二〇〇キロが平均[18]。」

「賞状　白カジキ　一尾　長サ一丈太さ五尺重量四拾貫　一金壱阡貳百拾〆文　右は本日大磯沖に於いて　銛持鈴木春吉殿刺当捕獲せられた　即日競売に付し前記の高価にて落札する。此れは乗組員の熱心と技術の練達せられたるものと存じます。茲に祝意を表し記念状を贈呈す。　大正七年九月　八右衛門船主　鈴木春吉殿　大磯魚市場[19]」

「賞状　白カジキ一尾　重量一九貫　一金壱百五拾円なり　右は本日大磯沖にて銛持平田福太郎殿刺当捕獲せられた即日競売に付し前記の金額にて落札せり。茲に祝意を表し記念状を贈呈す。大正九年八月十七日　市右衛船主　平田福太郎殿　大磯魚市場」[20]

前記のように、カジキを突き当てた時には、このように賞状を受けたもので、最盛期の頃には相当な数であったと思われるが、魚市場の古い水揚帳が現在はなく不明。[21]

・小田原市米神

「明治の中ごろの根拵網《ねこそぎあみ》以後の定置として、大敷網、大謀網、落網へと進歩していったわけであるが、明治中期のマグロ、カツオの大漁によって漁村がうるおい、さらに進んだ技術を導入するようになった。（中略）五月から八月初旬。四艘張網（夏網）でマグロ、カジキ、アジ、サバを獲る。漁撈員は三四人。[22]」

・足柄下郡真鶴町真鶴

【マグロ竪縄（一本釣り）】　「大正時代から昭和四〜五年頃までおこなわれていた。漁期は秋の九月より十一月まで、竪縄は麻または木綿（綿糸）を使った。操業については、船上で、手に縄をもっている方法と、三メートルほどの竹棹をもつ場合がある。棹をもつばあいは〈ツツキリ〉でやる。

乗組の漁夫は三人から五人、竪縄の長さは三〇尋から五〇尋の深さまでおろす。その竪縄（釣り糸）の下に、さらにワイヤーを七尋ほどつけ、釣鉤をつける。餌は鯖、ムロ鰺、烏賊など。

竪縄が潮に流されるので、潮と同じように、船もながす。オモリは使用しない。[23]」

【根拵網】　「根拵網は文化年間より明治四十一年まで続いたといわれており、張立時期は四月より十月までで、主な漁獲物はメジ、マグロ、サワラ、カツオなどであった。
冬の時期の十一月より翌年の四月、五月頃までのあいだはブリ漁が主であった。[24]」

(2) マグロ漁の系譜

相州におけるマグロ漁業についてみると、東京内湾（江戸湾）[25]においてはマグロ漁業を伝統的におこなってきた海村はない。事例にみられるように、東京外湾の金田村（現在の三浦市南下町金田）には、マグロの洄游があり、その折にはブリの刺網に用いる漁（魚）網を用いて漁獲している。このことから、東京内外湾におけるマグロ漁は特別なこととして位置づけることができる。

三浦市三崎では「手釣り」「延縄」の釣漁によるマグロ漁かおこなわれてきたが、同じ三浦市の城ケ島においては「マグロ流し網」によってキハダマグロを漁獲することだけがおこなわれ、城ケ島ではマグロの釣漁による伝統な漁法がない。

横須賀市の相模湾側に位置する長井ではホンマグロを「手釣り」によって漁獲していた。また、カジキを「突ン棒」によって漁獲していた事例もある。同じ相模湾側の佐島では「延縄」による漁がおこなわれてきた。

鎌倉市の腰越では「手釣り」によるマグロ漁であり、藤沢市の江の島では「延縄」によって漁獲されていた。茅ケ崎市柳島でもマグロ漁がおこなわれていたが、事例からでは「手釣り」か「延縄」による釣り漁であるか不明。

平塚市の須賀では、マグロを「アグリ網」で漁獲したという事例もあるが、「手釣り」によるマグロ漁が一般的であったようである。中郡の大磯町では「一本釣」によるほか「つきんぼ」（突ン棒）による漁がさかんであった。

小田原市の米神では「四艘張網」でマグロを漁獲した。真鶴町の真鶴では「竪縄」（一本釣）によるマグロ漁のほか「根拵《ねこ》そぎ網《あみ》」と呼ばれる定置網にマグロがはいることが多かった。このように、定置網にマグロがはいって、おもわぬ漁獲があったというような例は、近年でも三浦市初声町の三戸の事例などもある。

相州沿岸の海村におけるマグロ漁の事例をみると、相州におけるマグロ漁は東京内湾および東京外湾ではごく例外的で、すべてが相模湾沿岸およびその沖合においてマグロ漁がおこなわれてきたことがわかる。

また、マグロ漁法は(1)手釣り（竪縄を含む）、(2)延縄の釣り漁によるものと、(3)流し網、(4)その他の網漁（四艘張網や根拵網などによるもの）、(5)突ン棒（つきんぼ）と呼ばれる銛によって突く漁（これはカジキ類だけである）によるものなどによっておこなわれてきたことがわかる。

2　マグロ漁の史的背景

マグロ（クロマグロ・幼魚名はメジ）は秋から冬にかけて房総半島から相模湾沿岸に接近する習性をもっており、この季節のマグロ（クロマグロ）は脂がのって美味である。それ故、マグロは十一月から翌年四月頃までが旬で、冬の魚とされてきた。嘉永二年の史料中にも「マグロ　夏ハ不佳冬味美也[26]」とみえる。

江戸時代の初期にまとめられた『慶長見聞集』（一五九六年）には、「鮪《しび》」は「死日に通ずる」として不吉な魚だとか、「鮪の味は悪く、身分の低い人すらあまり食さない。侍衆にいたっては見向きもせぬ」という記載があり、また、『江戸風俗志』にも「鮪などは甚だ下品にて、町人も表店住の者は食する事を恥ずる体也」とあって下魚とされてきたことがわかる。

ところが、江戸時代も中期以降になると、マグロ（クロマグロ）は背色が黒いことから「真黒・マグロ」と呼ばれるようになり、以後、クロマグロだけでなく、マグロ類（キハダ・メバチ・ビンナガなど）を総称して「マグロ」という呼び名が一般的になったことから「シビ」の名前はしだいになくなり、消費量が増えはじめた。

一般的に、マグロの消費量が江戸城下町で増大した理由として、醬油の普及との結びつきが指摘される。すなわち文化・文政時代になり、野田・銚子の醬油が関西風の味から関東風の味として広まり、マグロ類を醬油につけて保存したり、味をつけたりすることができるようになった。

また、「江戸前」の名がある「にぎり寿司」の創案は、同じく文化・文政のころ、江戸の蔵前に年季奉公をしていた華屋《はなや》与兵衛によるものといわれ、マグロを醬油につけ、「づけ」とし売り出したことと、醬油を使うことにより、魚の生食を「寿司」として定着させたことが消費の増大に結びついたとされる。華屋与兵衛の「江戸前寿司」の店は文化五年に本所で開業ともいわれる。

また、マグロ類のような大型魚は冷凍施設や設備のない当時、いたみもはやく、江戸外湾から城下町への輸送は困難であり、入荷する量が少なかったのであろうという見方もある。これに対して渡辺栄一は、房総半島の南端部、布良村に残る史料によれば、マグロ釣り専業者が同村に移住したのは延享二年（一七四五）で、その隣村の相浜村の名主公用日記の明和五年（一七六八）五月十四日の項に「鮪百五十六本取り申候につき（略）押送り四艘に積立出船いたし候」との史料をのせ江戸入荷はかなりあった(27)、としている。

相模湾沿岸におけるマグロ漁の史的背景について、年代をおって史料に散見されるものを掲げてみたい。

マグロおよびマグロ漁に関する相州の史的背景を俯瞰してみると(28)、松輪村、三崎町、城村の正徳三年（一七一三）の史料中に「縄船」とみえる。しかし、この「縄船」は魚種に関する記載がないので、マグロ、カツオ、あるいは他の魚種であるかは不明である。

前掲の史料中、「長縄鮪漁」あるいは「鮪長縄」などがはっきりしているのは文化六年（一八〇九）における松輪村の「長縄鮪漁」に関する史料をはじめ、三崎町の文化六年における「鮪長縄」、同じく文化六年の三崎二町谷村における「長縄鮪漁」、長井村における文化年間の「長縄」および「鮪」、同年間の佐島村、芦名村の「長縄鮪漁」、文化六年の秋谷村における「長縄鮪漁」と同年における小坪村の「鮪長縄」、文化七年における真鶴村の「根栫網」（相模大網）による定置網によって漁獲されたマグロなど、文化年間になると相模湾沿岸の各村においてマグロ漁がかなりさかんにおこなわれていたことがわかる。

文政七年（一八二五）の史料にも岩村、真鶴村に根栫網がみえる。天保五年（一八三四）には門川村の史料中にも根栫網がおこなわれていた記載がある。また、天保二年には、真鶴村、福浦村、門川村、初島村の史料中に天保大網などの史料があることから、相州でも小田原以西の村々では、これらの大型定置網の中にマグロ類の漁獲があったことがうかがえる。

天保年間以降についてみると、天保十三年の三崎町の史料に「鮪長縄」、嘉永五年、安政六年（一八五九）の三崎町の史料中にも「鮪長縄」がみえるほか、嘉永七年（一八五四）の史料中にも「鮪長縄」がみえる。また、松輪村の安政三年・四年の史料、万延元年の史料中には「縄船」もみえるが、これはマグロ漁であったかどうかは明らかではない。

このようにみると、相州沿岸（とくに相模湾沿岸）の海村においては、やはり文化年間になってから、マグロないしマグロ漁に関する史料が散見されることから、この時期（年代）、江戸城下町の発展や周辺地域の村の発展にともなう人口の増加などによる鮮魚の需要にこたえて、大型魚の漁獲が積極的におこなわれるようになったとみることができるのである。

また、前述のように、江戸城下町における鮮魚の需要の増大は、銚子・野田の関東風味の醬油が商品として出まわり、普及したことと無関係ではあるまい。すなわち、この時代に関東で市販された醬油は味がこく、塩分が多いのでマグロのような赤身の魚の生臭さを消すのに役立ち、さらに塩分が多いことは魚身（肉）を醬油につけることで保存することにも役立つなどの利点があったことから「江戸前寿司」の素材としてマグロがこの頃から大いにもてはやされるようになった結果ともみることができるのである。

さらに具体的に地域別の史料を掲げながら史的背景を明らかにしていきたい。

元禄十二年（一六九九）二月の「淘綾郡山西村等鰹・鮪十分一運上につき口書」[29]によれば、

指上申口書之事　一相模国淘綾郡国府本郷・国府新宿・二ノ宮・山西四ケ村浦ニ而取申候鰹・まくろ拾分一御運上之儀、前々ゟ名主・組頭神文被　仰付、相改御運上金指上申候、去寅年は国府本郷・国府新宿両村ハ一切御運上無御座候、山西村ニ而永百弐拾五文、二ノ宮村ニ而永弐百弐拾三文ならて指上不申候ニ付、如何様之分ヶにて不足仕候哉と御僉儀御座候、四ケ浦之儀四月より九月迄之内まくろ・鰹うき候而見へ申候時は、猟師共罷出地引猟仕候、うき候而まくろ・鰹見へ不申候得ハ猟不仕候、依之前々ゟ浮猟御運上と申、まくろ・鰹計拾分一指上申候、去寅年ハまくろ・鰹うき不申候ニ付、山西村ニ而一度、二ノ宮村ニ而二度猟仕、其外猟不仕候、跡々も四ケ浦共一切猟無御座、御運上上不申候年数度御座候、則拾五年以来御運上別紙ニ書上申候（以下略）

とみえる。このことから元禄十二年頃、当地においてはマグロの漁猟があまりなかったことがうかがわれる。

また、享保十七年（一七三二）年十一月の「淘綾郡山西村等四カ村肴十分一運上につき願書」[30]によれば、

乍恐書付を以奉願上候御事　一相州淘綾郡国府本郷・同新宿・二ノ宮・山西右四ケ村しひ・めじ・鰹三色肴拾分一之儀、去ル戌年ゟ当子暮迄三ヶ年所請負年季明申候ニ付、近浦入札御触被遊候処ニ、入札望者無御座、右肴十分一御運上之義前三ヶ年御受負之内浮猟無御座、殊ニ去亥ノ八月猟舟流失仕候、今子ノ年抔ハ別而魚猟無御座、御運上永少々猟師共弁へ差上申候躰ニ御座候、□御慈悲を以右三ヶ年所御受負永高之内不残御引下ヶ被遊、来丑年ゟ巳迄五ヶ年御受負ニ被為仰付被下候様ニ奉願上候（以下略）

とみえる。このことからも、この時期も同じように同地域においてはマグロなどの漁獲はおもわしくなかったことがうかがえる。

このことは、また、享和三年（一八〇三）の別の史料にもうかがえることで、享和の頃まで城下町小田原にマグロがでまわっていなかったようである。「享和三年道中筋分間御改役人中江小田原宿より差出したる明細書」（抜書）の史料によれば、

一、漁船は拾艘何れも釣網仕候　尤も一同小船に御座候

一、鰹・鯛・甘鯛・鯖・むつ・平目・鰈・鮫類・海老・烏賊・小鰹・其外小肴類

とみえ、漁獲される魚種の中にマグロ類はみえない。また、

右魚之儀者小田原ニ而賣除リ候節者江戸日本橋小田原町江差遣候儀も御座候、前書廻船之儀者運賃高拾分壱領主江相納申候、漁船之儀者漁高拾分壱領主江相納申候

とみえる。

以上の内容から小田原と江戸城下町との漁獲物の流通の一端を知ることができる。

ここに記されている「拾分壱」については寛文十二年七月の「足柄下郡真鶴村明細帳」(31)に、「一、肴拾分一儀ハ毎年御請仕候者方へ取揚申候、魚拾壱之内ニ而壱ッ宛相渡し申候」と記されているところから、もとは現物をもって一一匹のうちの一匹が渡されていたことがわかる。

羽原又吉が指摘しているように、(32)文化六年（一八〇九）頃の神奈川宿海産物市場の中の「旅物」の中には、迈子の秋鰹、小田原の鯖、三島沼津の鮪がみえ、内浦で漁獲されたマグロがかなりの範囲に流通していたことがわかる。また、この時代になるとマグロまたはマグロ漁に関する史料もかなり多くみることができる。

文化六年巳七月の「鰹漁に差障出入・長縄鮪」（小坪・草柳家文書）(33)中には「近年浦々ニ而長縄鮪新猟業職致候村方有之候ニ付」とみえるし、同じく同年、同村の同家文書に、「右拾壱ケ村之儀者鰹鮪漁其外諸漁仕候」とあり、「相州淘綾郡大磯浦・同州鎌倉郡腰越村・江之嶋・同州三浦郡小坪村・芦名村・堀之内村之内三ケ浦・佐島村・秋谷村・長井

村・（引合）城村・三崎町」と一一か村をあげている。

　また、文化六年七月の「三浦郡三崎町等七カ村・松輪村二カ村鰹鮪漁争論一件訴状」によれば、「鰹漁ニ差障鮪長縄出入」[34]として、マグロ漁場七ケ村惣代の出訴人として三崎町・佐島村が、また他村五村として小坪村・秋谷村・堀之内分郷三ケ浦・長井村・芦名村が連名している。そして、鰹漁差障出入は松輪村と二町谷村の二村。

　この漁場争論は嘉永五年の小坪村の文書[35]にも「長縄鰹漁」に関する、「文化六巳年中同郡二町谷村、松輪村漁師共新規長縄を以鮪猟相始」と、この長縄によって鰹漁に差し障りがあるということから、文化六年になると松輪村や二町谷村において新規に鮪長縄漁がおこなわれるようになったことがわかるし、前述のごとく、江戸城下町におけるマグロの需要に対する相州沿岸の村々のマグロに対する供給の様子をうかがうことができる。

　ところが、新規の長縄鮪漁は相州沿岸の村々にいろいろな問題を引きおこす結果となり、そのもっとも大きな問題が漁場争論だったのである。その原因は「近年浦々にて鮪長縄新猟をおこなうようになり、昔ながらの鰹漁に差障りがでた」というものである。

　上述の件については、文化六年七月の「三浦郡三崎町等二カ村鰹鮪漁争論一件訴状[36]」（鰹漁と差障鮪長縄出入）に次のようにみえる。

……四月ゟ九月迄六ヵ月間鰹漁差障ニ相成儀決而不仕候処、安永六酉年鮪漁相稼鰹漁差障ニ付、浦賀表　御役所江願出候処、取扱人有之、八月廿三日迄小買付船鮪漁之儀已来相慎、鰹船之内小釣舟鮪漁ニ罷出候節は一同可罷出旨ニ而和談仕、尚又其後天明四辰年右小買付舟持之内弐拾八人之者共ゟ、鮪船と唱弐拾八艘と相極、御運上永七貫文差上申度旨、是又浦賀表に願出、鰹船之もの共に障有無御尋之節、鰹舟之内小釣舟一同鮪釣ニ罷出候儀、得と相考候得ば、鮪御運上と申候名目相立候而ハ、追々手広とも罷成、末々差障ニ相成、鰹職ゟ相助候過分之運上役永差支之程難計旨、又々申上候ニ付、差障出候上ハ新規御運上ハ難被仰付趣、殊更其砌も一村之事故扱人入和

談致、右御運上一件御願下致候儀も有之、外村々ニ而も鮪漁ゟ御運上は勿論別段釣舟役永上納候儀無御座候処、近年私共七ケ村之内ニも鰹漁に不拘舟持漁師共、并近郷村々ニ而も仕来手釣之外新規長縄ヲ以鮪漁相始、甚以鰹漁差障ニ相成難儀ニ付、鰹職之ものゟ新規長縄鮪漁差支（止カ）呉候様、銘々村役人方に申出候ニ付、去辰春中ゟ私共村内并近郷村々ニ而も申談候処、新規長縄鮪漁ハ相止メ可申旨及挨拶候得共、当夏中ニ至候而も寄々長縄鮪漁仕候ものも御さ（座）候間、海中引上之節も鮪ハ大漁之儀ニ而、鰹并小魚ハ相驚寄付悪敷、別而鰹職及迷惑候間、私共村々ゟ再応懸合之上、鰹漁舟役漁師共江日数勘弁為致、已来ハ五月朔日ゟ八月晦日まで四ヵ月之間、長縄新規漁職小前之もの共江決心而為致申間敷、万一猥りニ右漁業致候もの有之候ハヽ、諸道具取上候而も、其節一言儀申間敷旨、則三浦郡網代村外七ケ村・鎌倉腰越村・江之嶋・淘綾郡大磯浦迄も拾八ケ村議定書付連印仕候、然ル処、相手松輪・二町谷弐ケ村ニ限り彼是我意申、帳連印差滞、長縄鮪漁相止メ不申、全以右弐ケ村ハ近年種々儀相企候儀ニ而、前々ハ磯根通りあらひさらい磯根漁而已ニ而、鮪其外大漁仕候儀無御座候、前書申上候通私共七ケ村ハ鰹漁第一之場所ニ御座候処、右躰新規被致候而ハ□□差障、品々御運上役永ハ不及び申、差当り鮪ハ御用魚ニも不相成候処、私共七ケ村御納屋納之鰹其外諸魚ニも差支、旁以難儀至極奉存候、何卒以御慈悲相手之もの共被召出御吟味之上、右躰我意申募上は、前々之通り磯漁致し鰹漁差障相成鮪漁不仕候様、被仰付被下置候ハヽ、難有仕合奉存候、以

上……御奉行所様

このことから長縄鮪漁による漁場争論は、安永六年（一七七七）頃から始まっていたことがわかるし、また、上述の松輪における「縄船」とみえる正徳三年（一七一三）の史料は「鮪の縄船」であるとみることができる。

こうして、カツオ漁をおこなってきた漁場でのマグロの延縄漁は時期（季節）的にも「四月より九月迄の六ヶ月之間」から「五月朔日より八月晦日まで四ヶ月之間」と、カツオ漁業者がおれて、時期（季節・漁期）の短縮をおこなっている。

しかし、この件については文化七年（一八一〇）六月の「三浦郡三崎町等鮪鰹漁争論一件裁許請書」（鮪出入御裁許書写帳）(37)に、

……依之以来年々五月・六月弐ヶ月之間ハ、訴訟方同様相手村々ニ而も鰹漁亦ハ手釣リニ而鮪漁いたし、長縄を以鮪漁相稼候義致間敷、七月ゟハ縄漁致候共、訴訟方差障間敷段被……

とみえるほか、文化九年（一八一二）七月の「一札之事」に、

一、鮪長縄漁、鰹漁之差障ニ相成候ニ付、去々午年松輪、二町谷、両村相手取、永野若狭守様江御訴訟申上、御吟味之上五月・六月弐ヶ月、右漁決而致間敷段、於　御評定所ニ御裁許被　仰付奉畏、御請書差上相守罷在候処……

と、マグロの延縄漁は五月、六月の二か月間をのぞき操業が可能になっていった経過をたどることができる。このことはやはり、江戸城下町をはじめとするマグロの需要にささえられての結果であるとみてよいであろう。

マグロの漁獲高や漁獲の状況などについては、文化十二年（一八一五）八月の「淘綾郡山西村大網番取極め議定書」（大網番極儀定書）(38)に、

一中ばんかっほ七百本　まくろ七拾本

魚引揚候セッハばん抜ニなる　一、中ばん最合船舟掛ニ而、かっほ五百本　まくろ五拾本

同、鰹千本　大鮪百五十本　小鮪五百本

鰹七百本　大鮪七百本　小鮪四百本

など、当時はマグロ・カツオともにかなりの漁獲があったことがうかがわれる。

くだって、明治以降のマグロ漁についてみると、明治十三年における三浦郡松輪村の「水産取調」(39)の中に「鮃縄」に関する記載がみえる。それによると松輪村の鮃縄による「漁具及び漁法」は「麻ノ太ト縄壱房ニ百八十尋二十尋同

表16　網代村の漁船と漁法（魚種）（明治二十四年）

船名	艘数	備考
天当船	六艘	長さ五間、幅四・六〜五・一尺、まぐろ釣、えび網、しいら網、七目網、小目棒受網などに使用
伝馬船	五八艘	長さ四間、幅四・三〜四・四尺、まぐろ釣、小釣、えび網、七目網などに使用
海士船	十艘	長さ六尋、幅六〜六・五尺、棒受網、まぐろ釣、ぶり釣、たい釣、その他いっさいの小漁に使用
やんの船	九艘	大きさも、用途も海士船と同じ
かつお船	一艘	長さ八尋、幅七・三〜八尺、用途は「やんの船」と同じ
網船	二九艘	長さ六〜七尋、幅七・三〜八尺、用途は「やんの船」と同じ、根栫網、立網、まぐろ網、などに使用

『熱海市史』263頁より作成

毎ニ四尋ノ細縄ェ釣リ付、壱艘にて五房相用五里以内ヲ張ル」とみえ、「季節」は「七月より十月に至る」、「捕魚」は「シヒ・モロサメ・ヨシキリサメ・シメクサメ・カジキ」と記されている。この漁具および漁法から、近世以降おこなわれてきた鮪（マグロ）の延縄（長縄）漁を具体的に知ることができる。

また、相州ではないが、相模湾をとりまく伊豆半島東岸の網代村の明治二十四年の史料中に「網代村の漁船」に関する記載がある。(40)「まぐろ釣」および「まぐろ網」に関する記載をまとめると、表のような漁船の大きさ・隻数・使用法（漁法）などにまとめることができる。

同じく、明治三十五年に提出された「二宮町山西」の「専用漁業免許願」にみえる「漁具ノ種類又ハ漁業ノ方法」に「地引網」とあり、「漁獲物種類」に「鮪・メジ・ウツワ・鯖・鰺・鰮・魞《ママ》」、「沖網」は「ヒラメ・鰤」、「手繰網」は「アマ鯛・鮟鱇」、「棒浮《受》網」は「鰮・モロ鯵」などの漁獲をおこなっていたことがわかる。(41)

一般にわが国の沿岸におけるマグロ漁は明治時代になると各地で定置網の発達・改良がなされた結果、一時期は豊漁に恵まれるが、その後、マグロ類は沿岸から離れて洄游し、量も減りはじめ、明治の後半になってやや衰退を余儀なくされたが、「漁具の改良や漁具資材の発展により大正の中頃にはふたたび全国的に盛んとなり、着業総数も一〇〇か統の多きを数えた」(42)といわれるようになる。

表17　マグロの漁法・漁場

漁法（漁具）	盛漁期	主な漁場	主な海村
延縄釣	自11月 至３月	銚子沖合 伊豆沖合	小田原・三崎・葉山・須賀・二ノ宮
揚繰網	自５月 至８月	相模湾内	小田原・前羽・二ノ宮・福浦
立釣	自９月 至11月	大磯沖	大磯・腰越・長井・三崎・須賀

『神奈川の水産』（昭和14年）54頁。
神奈川水産会刊行より作成

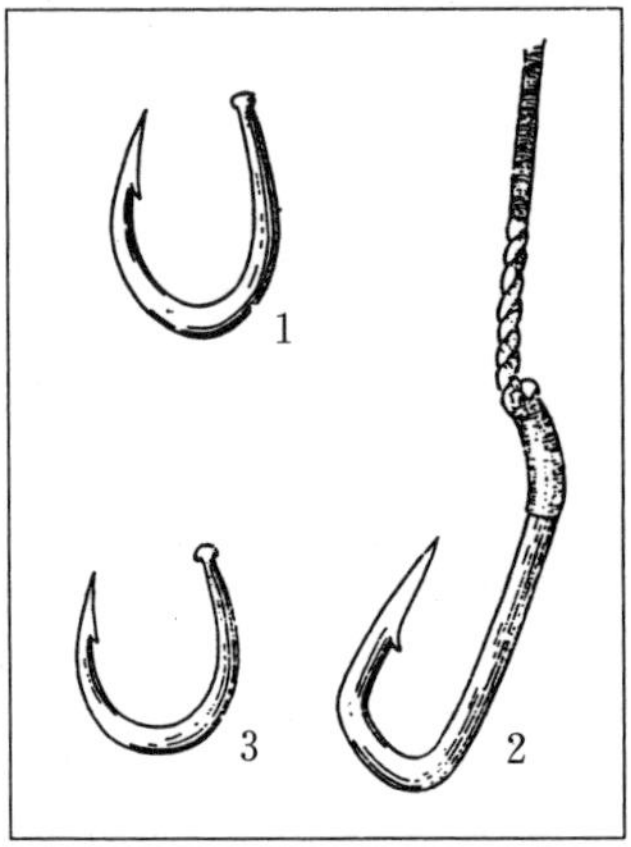

図12　マグロ延縄釣鉤
1：は豊後国にて使用のもの　2：は安房にて使用のもの　3：は紀伊にて使用のもの（相州にて使用のものは２と同じ）（『日本水産捕採誌』より）

また、明治三十年によると「遠洋漁業奨励法」ができ、政府は遠洋漁業によるマグロの漁獲を増やすことに力を入れた結果、漁業も沖への志向を強める結果となったのである。

城ケ町の星野半助が大正四年十一月十五日付で県知事へ提出した「出稼漁業奨励金下附願」をもとに、発動機漁船（木船　長三八尺・幅九尺・深四尺）を購入したのは三崎最初のマグロ漁船であるといわれる。この船は八人乗りのマグロ延縄漁船で根拠地を銚子港におき、銚子沖合より八丈島付近にかけて十月より翌年五月にかけて漁をおこなうものであった[43]。

その後、星野半助は翌大正五年九月に、マグロ延縄漁のほかにマグロ流し網、秋刀魚流し網を目的として長さ約四〇尺・肩幅一〇尺の船をつくり、さきの海城丸に対して、第二海城丸という船名をつけた。こうして城ケ島では沿岸の小規模漁業が一方でおこなわれる半面、他方では三崎でもはじめての遠洋漁船を誕生させた[44]。

他方、大正時代になると、相模湾沿岸の海付きの村の中には定置網漁業をおこなうところがみられるようになる。横須賀市の佐島では、静岡県興津町の人、桝谷市三郎が大正十一年登録義務者として「定置漁業台網漁業鰆・鮪大謀網」を出願、翌十二年八月許可になった（この時の登録権利者は佐島、芦名両漁業組合[45]）。

この大謀網（台網類）の主な漁獲物は「マグロ・ブリ・ワラサなどで、昭和七、八年頃はマグロの大漁期に当り、水揚げされた芦名の海岸がマグロで埋ってしまったほどであった」[46]といわれる。相模湾沿岸においては佐島以外にも大磯などでも定置網がおこなわれ、沿岸各地の定置網にはマグロやイワシが大量にはいり、大漁祝いに大山の阿夫利神社などにお礼参りに出かける村も多かった。

昭和にはいり、「重要漁業一覧」（昭和十三年）によりマグロ漁の漁法（漁具）、盛漁期、主な漁場、主な海村をあげれば表17のごとくである。[47]

3　マグロ漁にかかわる習俗

マグロ漁に関する民俗伝承は、その漁撈習俗、技術伝承を含めれば、かなり広範囲で重要な主題である。それ故以下の二つの点に注目するにとどめた。その第一は「オブリ」についてであり、第二は「ナマグサケ」のもつ意味についてである。

(1)　オ　ブ　リ

三浦三崎にはマグロやカツオを漁獲すると、そのワタ（内臓）やホシ（心臓）を日頃から信仰している氏神などに供える風習があり、これを「オブリ」と呼んできた。

マグロのときはワタ、カツオのときはホシと決まっていた。三崎では、

海南神社、竜宮様、舟玉様に供えた。……舟玉様にはお神酒も共にあげた。海南神社には社務所へ持参、神官が神前へ供えるが、竜宮様や舟玉様へも供え、附近に子供が遊んでいると、すぐに呉れてやった。[48]

という。このオブリについては、『三崎志』(49)（宝暦六年版）の中に、

海南社記曰　貞観ノ昔ヨリ以分利例　故初取魚者号犠合　包草藁　沈御座磯海内ト云　今尚其例アリ

とみえる。この「オブリ」と「ニアイ」について、内海延吉は『海鳥のなげき』(50)という著書の中で、関敬吾の「漁撈と祝祭」（『海村生活の研究』所収）の事例をあげながら、

この草藁（つと）に包んで沈めた海が犠合の池、即ちニアイの池である。腰越でカツオやマグロを捕った時立てるネアイ印しは、このニアイの転訛で、三崎の盆で切り替わる漁季ネアシビのネアも同じであろう。三宅島では鰹漁で最初にとった魚をニアイという処があり、安房国富崎村ではこの初魚をオブリといっている

と記している。「草藁（ツト）に包んで海に沈める習俗」に関しては、長崎県西彼杵郡大瀬戸町向島下波の漁業者のうちにも共通しており、全国的にも広い分布を示すものである。なお、上述地域の事例では、「タルオサメ（樽納め）」などの名で海神・漁神とされる「ジュゴンサン（竜宮さん）」の行事にかかわる習俗で、自然石を「ツト」に包んで海に沈める。(51)

また、内海は上述の著書の中で「オブリ」について、

『三崎志』の犠合も、生き物をそのまま神に献じた古代の風習の名残りとして、初魚を池に沈めたものと思われる。ここで特に誤解を招くおそれのあるのは、『三崎志』の分利の文字である。これは漢字を音標文字として使ったに過ぎない。利を独占せず神に分けると解するのは甚だしい誤りである。それでは何故カツオをオブリと言ったか、おそらくオブリは「お鰤」ではなかったかと思う

として、関西・九州方面で出世魚として祝の魚とされる「鰤」が関東においてカツオやマグロに変わったものだと解していることが注目される。

写真16　門口（玄関口）におかれたマグロの尾鰭（ナマグサケ）
（神奈川県三浦市南下浦町金田）

写真15　横須賀市佐島のトビウオの羽根（ナマグサケ）

(2)　ナマグサケ

全国的な視点で「ナマグサケ」について言及した桜田勝徳は『総合日本民俗語彙』（柳田国男監修）に記された事例をあげ、[52]

海のナマグサケは好ましくないにおいなどとはほど遠く、塩とともに汚れを払いのけ、浄める力を持ったものと考えられると言ってよいであろう……ナマグサは神祭の神供として欠くことのできない食品であり、また神を迎える神聖な場所の維持のために不浄を払う力のあるものとしても考えられて、それがいろいろの習慣として伝えられてきたものであろうと考えられるとしている。すなわち、魚類を魔除けとしたり、まじないとして門口や軒先に吊るす風習も、カニの甲羅やアワビの殻を魔除けとして吊るすなどは、「ナマグサケ」に通ずるもので節分のイワシの頭をはじめ、ハコフグ、ハリセンボン、カサゴなども同じように用いられてきた。

矢野憲一は、

静岡県御前崎の漁師の家の戸口にマグロのものらしい大きい尾ビレが掛けられているのを見た、これは「ナマグサケ」といって家内に不浄が入らぬようにするまじないだそうだと記している。[53]こうした事例は三浦半島にもあり、横須賀市の佐島では門口にドヒウオ（飛魚）の羽根を一対はりつけ、安産の守りだと言っていたところから、やはり家内に不浄が入らないようにして無事に出産を願う風習があったのであろう（写真15）。

また、三浦市南下浦町の金田では写真16に示したように門口にマグロの尾鰭をおき、魔除けとしていた。しかし、三浦市の金田では「ナマグサケ」という語彙を家人から直接に聞くことは調査当時、[54]すでにできなかった。

ま と め

大正元年に刊行された『日本水産捕採誌』[55]の「鮪延縄」漁の項に、「鮪延縄釣は各地為す所なれども就中安房国を以って盛なりとす蓋し安房は東京に近く而して東京に於ては鮪を刺身となし食すること遍く行はれ其消費甚だ多きに由價亦随て高く其利他魚より優れるを以て自から此の漁に勉むるなり今之を記す……」とみえる。このように安房でかなりのマグロ漁がおこなわれていることから、同じく東京に近い相州の沿岸の漁村においてもマグロ漁がさかんであったことは当然といえよう。

マグロ漁はこれまでみてきたように、相州においては(1)手釣り（竪縄を含む・一本釣り）、(2)マグロ延縄釣り、(3)流し網、(4)定置網、(5)地曳網、(6)その他の網漁（四艘張網・根栫網など）、(7)突ン棒（ツキンボ）と呼ばれる突漁によるほか、他地域において豆州内浦湾をはじめ、伊豆半島の西岸各地でおこなわれていた(8)建切網（帯状の網でマグロの大群を湾口に入れてさえぎり、あわせて敷網や曳網を用いる）や、陸前地方においておこなわれていた(9)マグロ巻網、同じく陸前の牡鹿郡一帯でおこなわれていた(10)マグロ大網など、各地でそれぞれの自然的条件や漁撈伝統とのかかわりで、各地域ではそれぞれ独特の漁法がおこなわれてきた。

こうした漁撈伝統、漁撈習俗、技術伝承の中で、たとえば上掲『日本水産捕採誌』に、

相模国三浦郡三崎町にては此の釣の夜業に「イカボンデン」と言ふを用ゆることあり是れは烏賊を生干しにしたるを「ボンデン」の頭に結び附け置くなり（マグロ縄釣の項）

とみえる。しかし、こうしたボンデンを用いなければならない理由やその意味づけについての伝承は大正元年の記載であるにもかかわらず、今日、その技術伝承、漁撈習俗について伝えられていないのが現状である。

註

（1）神奈川県経済部『神奈川の水産』一三頁、神奈川県水産会、一九三九年。
（2）東京水産大学第七回公開講座『マグロ―その生産から消費まで―』一、成山堂書店、一九八九年。
（3）神奈川県教育委員会『東京外湾漁撈習俗調査報告書』二〇六頁、神奈川教育委員会、一九六九年。
（4）内海延吉『海鳥のなげき』一七五～一八一頁、いさな書房、一九六〇年。
（5）内海延吉『三崎町史上巻』一七八～一七九頁、三崎町史編集委員会、一九五七年。
（6）田辺　悟『城ケ島漁撈習俗調査報告書』三四～三五頁、三浦市教育委員会、一九七一年。
（7）田辺　悟「相州の鰹漁」『神奈川県民俗シリーズ』⑿、八一頁、神奈川県教育委員会、一九七五年。
（8）辻井善弥『三浦半島の生活史』二二一～二三〇頁、横須賀書籍出版有限会社、一九七五年。
（9）神奈川県教育委員会『相模湾漁撈習俗調査報告書』一八六頁、神奈川県教育委員会、一九七〇年。
（10）土屋秀四郎「伊勢吉漁師聞書（鎌倉腰越の民俗）」『神奈川県民俗シリーズ』⑴、一五一頁、神奈川県教育委員会、一九六一年。
（11）間宮美智子「江の島民俗調査報告書」『民俗文化』⑹、五六～五七頁、藤沢市教育文化研究所、一九七〇年。
（12）茅ケ崎市文化資料館『柳島生活誌』資料叢書五、七三頁、茅ケ崎市教育委員会、一九七九年。
（13）平塚市博物館「平塚市須賀の民俗」『平塚市博物館資料』⒄、一八～一九頁、平塚市博物館、一九七九年。
（14）註（13）に同じ、六六頁。
（15）（16）（17）（18）（19）（20）（21）福田八郎「漁民生活⑵」『相模湾民俗史』八～一一頁、福田八郎、一九八六年。
（22）註（9）に同じ、二三八頁。

(23) 註（9）に同じ、三一六頁。
(24) 註（9）に同じ、三〇三頁。
(25) 東京内湾と東京外湾については、明治二十四年十二月九日に「東京内湾漁業組合規約」が制定され、その第一条に、
神奈川県相模国三浦郡千駄崎（現在の横須賀市久里浜・東京電力横須賀火力発電所の所在地）ヨリ、千葉県上総国天羽郡竹ヶ岡村大字萩生（現在の君津市天羽町萩生）に相対スル以北ノ内、漁業者ヲ以テ組織シ、其名称ヲ東京内湾漁業組合トス
と定めており、便宜的であるが以前からの旧慣もあって、ここに「東京内湾」の範囲が定められた。したがって、本節は、この規定を尊重し、それにならった。
(26) 井伊家所蔵史料『相模灘海魚部』作者村山長紀（現在、彦根城博物館に寄託中）。横須賀市人文博物館、安池尋幸学芸員調査。
(27) 渡辺栄一『江戸前の魚』草思社、一九八四年。
(28) 川名　登・堀江俊次・田辺　悟「相模湾沿岸漁村の史的構造」(1)、第9表、『横須賀市博物館研究報告』〔人文科学14〕、横須賀市博物館、一九七〇年。
(29) 二宮町山西「宮戸　清氏所蔵史料」『神奈川県史』資料編(9)、近世(6)、六五三頁。
(30) 註（29）に同じ。
(31) 神奈川県『神奈川県史』資料編(4)、近世(1)、四五四頁、一九七一年。
(32) 羽原又吉『日本漁業経済史』岩波書店、一九五四年。
(33) 横須賀市秋谷「若命又男氏所蔵史料」『神奈川県史』所収。
(34) 註（33）に同じ。
(35) 「小坪文書」『逗子市誌』五集、三九六頁。
(36)(37) 註（33）に同じ。
(38) 二宮町山西「松本彦義氏所蔵史料」『神奈川県史』所収。
(39) 三浦市南下浦町松輪「藤平二郎氏所蔵史料」、註（28）に所収。
(40) 熱海市『熱海市史』二六三頁。
(41) 二宮町山西「松本彦義氏所蔵史料」。
(42) 『東京水産大学第七回公開講座　マグロ―その生産から消費まで―』八六頁、成山堂書店、一九八九年。

(43) 三崎町史編集委員会『三崎町史』上巻〔明治・大正編(1)〕二三七頁、三崎町、一九五七年。
(44) 註(43)に同じ。
(45) 神奈川県教育委員会『相模湾漁撈習俗調査報告書』一八八頁、神奈川県教育委員会、一九七〇年。
(46) 註(45)に同じ、一九〇頁。
(47) 神奈川県経済部『神奈川の水産』五四頁、神奈川県水産会、一九三九年。
(48) 内海延吉『海鳥のなげき』六四〜六五頁、いさな書房、一九六〇年。
(49) 木村市明〔宝暦六年版〕、『三崎郷土史考』一七五六年。
(50) 註(48)に同じ。
(51) 田辺　悟『日本蜑人伝統の研究』五一五〜五一六頁、法政大学出版局、一九九〇年。
(52) 桜田勝徳『11　海の世界〔海と日本人〕』通巻第一二四号・第一二巻第一一号、一九六五年。
(53) 矢野憲一『魚の民俗』七七頁。雄山閣出版、一九八一年。
(54) 神奈川県教育委員会『東京外湾漁撈習俗調査報告書』田辺　悟による調査、神奈川県教育委員会、一九六九年。
(55) 農商務省水産局『日本水産捕採誌』水産社、一九一二年。

第四章　信仰生活

一　海神・漁神と船神（船霊）信仰

はじめに

海の神である海神の信仰的系譜、大漁をさずけてくれる漁の神としての漁業神の伝統的信仰の伝承、船神としての船霊信仰の伝統的内容について、それぞれの伝承を明確にしようとするものである。

海村における民間信仰の実態は、不透明かつ集積的であり、解析するのが困難である。それ故、まず、海神、漁神、船神（船霊）などが、海浜生活とどうかかわりをもってきたかを明らかにすることからみていくことにしたい。それは、各地域において「どう祀られてきたか」を伝承の中に見いだすことにはじまる。

今日、「船霊」にかかわる信仰は、江戸時代の海運の隆盛期に、全国各地の沿岸漁村にまで伝播したものと考えるのが定説になっている。それは大型帆船が伝えたもので、その中には隠岐島の焼火《たくひ》権現にかかわるヨイヤマ（宵山）の信仰をも伝えている。

「船霊」にかかわる信仰は古文献などに散見されるほど古いものであるが、沿岸各地の海村において、船神として船霊を祀るという習俗は、近世初頭以後、各地の帆船が潮待ち、風待ち、あるいは積荷などのために錨をおろすことにより、あるいは帆船に乗り組む船頭や水夫によって広められ、大型船から小型船へ伝えられてきたものとみてよい。

以上のような、船霊にかかわる習俗の伝承を実証するのは、各地に現存する小型木造漁船に、船霊に関する伝承事例がほとんどないことによる。海村に伝承されている船霊にかかわる習俗は、木造漁船のうちでも比較的大型の、沖へ押し出していく船にみられることが、上述の点を端的に語っている。すなわち、カツオ漁やマグロ漁をおこなう漁船は相模灘だけでなく、伊豆諸島方面にまで出漁するため、遭難ということも考えられるし、大漁、不漁もはっきりしている。こうした漁獲対象を求める船にあっては危険率が高いこともあって、当然のことながら、神仏にすがる信仰心が高められる。したがって、弁財船に代表される帆船に祀られる船霊を持船にも祀ることは自然のなりゆきともみてよいであろう。

1　船神（船霊）信仰

ところで、船神である船霊についてみると御神体としてモノを祀る（祀りこむ）のが一般的であるが、他地域の事例中にはモノを祀らないこともありうる。神供的なもの、あるいは人身御供的なものは、モノを祀ることと区別されるが、はたして船霊に対してなのか、海神、あるいは漁業神に対してなのかは現在のところ不明確である。相州における船神（船霊）および船霊信仰にかかわる各地の事例をみていきたい。

・横浜市金沢区野島町

昭和五十七年七月、野島町で船大工をおこなっている内山健一郎は、わかっているだけで船大工の四代目になる。江戸時代末期に内山助五郎が鉈切《なたぎり》村で船大工をおこなっており、虎吉、忠蔵とつづいてきた。忠蔵は健一郎の厳父で一五年前に他界した。

鉈切村で船大工をおこなっていたのに、現在、野島に仕事場があるのは、昭和十八年に軍用地拡張のため鉈切にいることができなくなったので六浦に移転したが、戦後、海に近い場所に仕事場をもとうと、現在の野島に船大工の仕事場を設けた。したがって、船大工としては古いが、昔から野島在住の船大工ではない。

野島で使用してきた漁船には二種類あった。第一はナワブネと呼ばれる延縄船であり、第二はツリブネと呼ばれる一本釣船である。船の大きさや注文にはカタ（肩幅）の大きさが尺度としてつかわれ、昭和のはじめ頃はナワブネの場合、普通のもので四尺二、三寸、昭和十〜二十年代には五尺から五尺二、三寸のものが多く建造された。ツリブネも、ほぼ同じであった。船を注文にくる漁師たちが近在近郷の者だけだったので、漁師個々の生業を知っていたためカタ（肩）の大きさだけを聞けば、ナワブネをつくるか、ツリブネをつくるかということは区別がついた。このほかに、海苔を採取するためのベカブネを建造したこともあった。

機械船が普及してからは、船大工も内山造船所の看板をかかげ、木造船で、カタ（肩幅）一二尺、シキ（敷）七〇尺ぐらいの船を建造したことがあった。こうした大きな船を建造するための材料は船で曳いてきたが、三浦半島の木材としては鎌倉杉や逗子の沼間あたりの杉材が用いられた。厳父の時代、押送船のような大きな船には船霊を入れたと聞いているが、実際は、不明である。

戦後は船にお札を飾るようになり、船霊様を入れない。船につけるお札は、千葉県の成田山や大山の阿夫利神社に行った時にうけてくる。鉞切では成田講や大山講がさかんであった。大山の阿夫利神社では毎年七月一日に「大漁祈願祭」がおこなわれたので、漁師たちはこの日に出かけてお札をもらってきた。そのお札は船の真中に釘でとめておいた。船には正月に松を立て、ワカザリ、ゴボウガタを飾り、オソナエを供えた。現在は、尾道より船釘をとりよせないと和船はできない。関東では船釘も入手が困難な時代になってしまった。〔話者：内山健一郎　大正十五年十一月十六日生〕

・横須賀市走水（伊勢町）

伊勢町では大正頃に「八田」（八田網をおこなう時に使う漁船）に船霊様を入れたが、縄船や小釣船には船霊様を入れることはなかった。船霊様を入れる場所は船に帆柱を立てるところで、ミヨシに向かってオモカジ側に、穴あき銭一二文、サイ二個を、トリカジ側に女の髪の毛、人形（これは市販の小さなものを購入した）を入れた。女性の髪の毛は誰のものにするかなどわからない。

サイをおさめる向きは、「テンイチ、チロク、オモテサンドロ、トモシドロ、オモカジニッコリ、トリカジゴッツリ」という言葉に合わせて入れた。〔話者：菱倉時蔵　明治三十四年五月十八日生〕

・横須賀市鴨居

鴨居では小さな漁船には船霊様を入れなかったが、アジ、コノシロ、イワシなどを漁獲する網船には船霊様を入れた。五穀（米、アワ、キビ、ダイズ、アズキ）で麦は入れなかった。その他、紙でつくった男女一対の人形、サイコロ二個（これは自製で材質はなんでもよく、スミツボの墨を使って書いたもの）、髪の毛（購入したもの）を入れた。銭も入れたという。サイの並べ方は、ロクゾとか、テンカイッピンとかおぼえる。三がオモテ、トモシアワセであった。〔話者：杉山喜代松　明治三十五年十月十五日生〕

・三浦市南下浦町金田

賽が二個、それにネンネコといって紙でつくった人形、結婚前の娘の髪の毛（自分の家の娘の毛）を神体とした。昔は陰毛を入れて神体にしたこともあるし、大正二年頃、大きな船（キンチャク網の船）をこわした時には天保銭がはいっていた。

賽の入れ方は、「オモテサンサキ、シリシロク、トリカジニッコリ、オモカジグ（ゴ）ッスリ」、「ウエワピンデ、センドウヒトリ、シタワマックロ」とおぼえた。〔話者：田村安治　明治三十三年五月十五日生〕

・三浦市南下浦町松輪

松輪の三ツ木徳太郎によれば、船霊様はツツゼリにおさめたという。縦八センチ、横五センチほどの穴をあけ、小さな紙でつくった男女一対の人形、サイ二個、五穀（米、粟、稗、大豆、小豆）、穴あき銭一二文を入れた。サイ二個は船大工が木で自製し、ピンを上に、三をオモテ、四をトモにむけ、「オモカジニッコリ、トリカジグッスリ、オモテサンワリ、トモシワリ」とおぼえた。

その後、サイや人形は三崎の板倉オモチャ屋で買って入れたし、銭も一厘銭一二枚に変わった。〔話者：三ツ木徳太郎　明治三十四年九月三日生〕

・三浦市南下浦町毘沙門

ドウノマとハサミの間のフナバリに船霊様を祀る人もあった。フナバリの下の仕切り板に成田山や金比羅さんのお札をはりつけて船霊とする人もある。神体は賽二個だけで「十二フナダマ」といって六と六の目を合わせる。また、「船霊を洗って浄め、清神酒をあげる」という報告や、漁をする前に船霊様のあるフナバリに潮水をかけてピシャピシャたたきながら「テンゲンゴーリ、テンゲンゴーリ、モーケサセテクンナセーヨ」という人もあった。(1)

・三浦市城ケ島

城ケ島には船大工がいなかったので三崎や南下浦方面の船大工に注文して漁船を建造した。舫舟《ぼうちょう》船などは船霊様を入れない船が多くなった。昔から城ケ島では船霊様を入れるのは船大工の仕事で、船主にわからないように入れなければならないといわれる。したがって、「どこに船霊様が入れてあるかわからない」という船主もいる。明治の頃は舫舸船もドーノマとハサミのあいだにあるドドコの下に入れた。ハサミ側のドドコの下はオーボ（大帆）を立てるところだが、そのトリカジ側に彫りこんで入れるのが普通のやり方だった。

船霊様は「トリカジからお乗りになる」といわれており、普通、漁師はトリカジ側をまたいだりしてはならなかったし、トリカジ側で小便でもしようものなら船頭（方）に怒鳴られたという。

昔、房州方面へ旅漁に出た船の中で、頭をトリカジ側に向けて寝ていたものが皆んな眼玉をぬかれてしまったことがあった。その中で一人だけ足を向けていたので助かったという話が伝えられている。

船霊様の神体は賽二個、穴あき銭二、三個、女性の髪の毛、オサンゴ（米）少々などであった。この神体は船大工が入れるので、船霊様の神体は漁師にはよくわからない。〔話者：池田熊吉　明治二十五年十月十七日生〕

・三浦市三崎

三崎における船霊様の御神体は「男女一対の神雛、女の毛髪、サイ二個、穴銭一二文、五穀（米、麦、粟、大豆、小豆）であった。（中略）サイを納める向きも一定しており、船大工は天一、地六、表三サキ、トモ仕合わせ、オモカジグンビリ、トリカジニッコリ」という。(2)

また、三浦市三崎の三壁甚五郎宅で押送船に祀っていた船霊様は、欅をくりぬいた中におさめられており、男女一対の人形、麻、五穀、サイ二個、一銭玉一二枚がご神体であった。(3)

内海延吉の『海鳥のなげき』によれば、三崎では、「ヤンノウ船の乗組員は、船霊さまのサイコロを持ち出しバクチをしたそうだ。ヤンノウが夏になって、船を浜に引き上げ休漁すると、船霊さまのサイをほって盗み、陸でバクチをした」という。

このほか、「三浦の三崎、松輪のあたりでは、昔は正月に、十二船霊の祭文がきた」[4]という記載があるが、詳細については不明である。

・三浦市初声町矢作《やはぎ》

初声町矢作の「カライケの船番匠」では、大きな船だけに船霊様を入れた。船霊様には銭一二文、サイ二個、紙でできた男女一対の人形、髪の毛を入れた。髪の毛は売っているものを入れたという。また、矢作の船番匠にて技術を習得した橋本巳之吉（横須賀市久里浜の長瀬に在住）は、船霊様は二個のサイコロを檜《ひのき》で自製し、紙の人形一対、五円銭を一二枚、米、大豆などの五穀に船主の妻の髪の毛を入れたという。しかし、久里浜に来てからは入れたことがない。矢作時代は「テンイチジロ、オモテミアワセ、……、トリカジグッスリ、オモカジニッコリ」とおぼえた（……の部分は記憶していない）。〔話者：原田秀松　明治四十二年一月二十八日生／橋本巳之吉　大正七年二月十八日生〕

・横須賀市佐島

佐島では小型の漁船に船霊様を入れることはなかった。大きな漁船には船霊様のご神体としてサイや女の髪の毛を入れた。「一二船霊だいごんじん」という言葉が伝えられている。〔話者：福本幸吉　明治四十二年九月十九日生〕

佐島でも船霊様は船大工が船に入れる。「現在でも外海に出る一トン以上の船には帆柱のトリカジ側に髪の毛、穀類（米、麦など）、サイコロ二個、銭一二文（今は一二円）を入れる。サイコロの向きは決っている」[5]と報告され、サイコロ二つは天に一と六をおき、天に一を向けた方は、トリカジ側に五が出るように置かれる。

佐島の船大工である山本喜三郎（明治三十三年九月一日生）の聞取りによれば、船霊様のサイコロの置き方は行者に聞いたものをもとにして自分ではじめたという。すなわち、その根拠になる置き方は、「テンイチロク、トリカジグッスリ（五）、オモカジニナオシ（二）、オモテミアセ（三）、トモシアワ（四）」という言葉のおぼえからきている。しかし、最初の出だしである「テンイチロク」は「テンイチ、チロク」という言葉と大変に似ており、誤って伝えられたか、聞きちがえたとみることもできるのではなかろうか。というのも、二つのサイコロを天一、天六と合わせておくという事例は、相州の沿岸漁村における船霊様のご神体の祀り方として他に聞くことができないからである。

・逗子市小坪

大正頃まで小坪の船大工「船清」で建造した船のうち、大型のものは肩幅一丈二尺、シキの長さ五〇尺ほどのカツオ船であった。

父（賢蔵）の頃は、もっと小型のカツオ船で、肩幅八尺、シキの長さ三五尺ぐらいであったがカツオ船には必ずお船霊様を入れた。その他の小型漁船には入れなかった。

カツオ船を建造すると船霊様は船大工が入れるが、そのために注文者（船主）は、紅、白粉、髪の毛（船主の妻のもの）、一二尺の赤布（赤いきれ）、五穀（米、稗、粟、大豆、小豆）、穴あき銭一二文をそろえて船大工の親方にわたす。

船大工は、男女一対の紙の人形をつくり、サイ二個を自製した。男女の人形は、口紅をつけることで女として区別する程度とした。サイの材質はなんでもかまわなかったが、普通は杉材を使った。これらを船霊様の神体として船の穴におさめるが、サイは「テンイチ、ジロク、オモテサンバン、トモシアワセ、トリカジグッスリ（五）、オモカジニナオシ」という言葉に合わせ、二個並べておさめた。〔話者：岡本清太郎　明治三十年五月一日生〕

船霊様の神体と、それに供える物との区別はついていないようである。また、「赤布一二尺」は、その切れ端をわずかに入れる程度であった。「赤いキレは船霊様の人形の帯にしめるし、船霊様を木の人形としてつくった」(6)ともいわれる。

最近は船主の持参する赤布も一尺二寸になった。また、「丁寧な人は鏡、草履をもってくる(7)」ともいう。サイ二個を入れたり、赤布を一二尺いれたり、持参したりするのは、「十二の船霊様」という伝承があることからきているという。

また、ご神体は「小船ではロドコの帆柱アテ、中型船ではタツの左舷の柱、マグロ船などではオモテの柱に、横一寸二分、竪三寸の穴を必ずトリカジ側に掘って、そこに祀る。柱のない船は左舷の側板やエンジンの間の左舷側に小さな宮をこさえて貼りつける(8)」ともいわれ、「フナダマサマは八大竜王で女神さまである(9)」とされている。

そのほか、「逗子市小坪では、竜宮祭りが終った後、浜に船を引き上げるとき、〈しめろや若衆、きれるなカガス（麻綱）、軽くあがれよオフナダサマ、ともに大黒、おもてにやエビス、中の一二のオフナダサマ〉と唱えながらあげた。オフナダサマは船霊である(10)」という記載もある。

また、別の聞取り調査によれば、「船神様のオタマシイ入れは船大工がおこなった。それは海上安全と大漁祈願のためのものである。昔は紙に描いた人形、五穀、賽、五文銭、長老の髪を入れた。以前、船霊様の御神体を入れた小柴造船の棟梁が、さて船霊様にふたをしようとすると、どうしてもふたができないことがあった。そして、よく見たら、長老の白髪が数本、横にはみだしていた。それ故、白髪をていねいに納めなおしたら、こんどはきちんとふたがしめられたという(11)」とある。

・藤沢市江の島

江の島の漁船は、片瀬スバナ通りにあるフナチュウ（チュウサンと俗に呼ぶ）か、フナカンという船大工に頼み造ってもらった。ほかに、鎌倉の由比ケ浜にも船大工がいたが、ほとんどそこえは行かなかった。

新造船の船下しは、船ができあがると船大工の方から「いついつ船がまわるからといってくるので、取りに行く。」そして船下しをする時は、丑《うし》のように歩くのがのろいものの日は避け、酉《とり》の日、寅《とら》の日など歩くのが速い日を選ぶ。そして、「トラは千里、船は千里」といって、速く帰ってこられるのでトラの日はとくに良い。

いよいよ船を出す日には、船の持ち主とノッコ（乗子）で出かける。まず、岩屋のテンノマエへ行き、ヒカイマワリ（トリカジマワリ）で一回廻り、ミヨシを弁天様の方向へ向け、海の水を三回、ミヨシのカンノキに掛け、お神酒をトリカジ側の海とカンノキにたらす（人によっては、カンノキではなく、チイサイホーの所にたらす人もある）。そしてトリカジマワリで帰ってくる。それが済むと漁に出かける。帰ってくると、シルシの旗を立て、みかんとお金を撒く。そして大きい船では手を借りるので、その日の夕方、親戚や船のノッコ（乗子）を呼び、お酒、刺身、里芋などを出して「船祝」をする。来る人は「だれそれさん、来てくれ」と呼ばれるので、いくらかの祝い（酒一升とかお金）を持っていく。この船祝いのときには、ドドイツ、オオツエ、サンサガリなどの歌をうたって祝う。

船霊様は古くから伝えられている漁師だけの船の守り神で、女の神様。昔は女の人の毛、小さい三番叟の人形、サイ二つ（サイコロのことで、二つなければいけない）、扇子をシゲという箱の中に入れて、ドマクラの真中に穴をあけ、そこに入れた。だから帆柱（オーキイホー）を立てる所をフナダマともいう。このフナダマサマを入れてくれるのは船大工で、これは船がアガル（腐って毀れる）まで船の中に入れっぱなしにしておく。最後には、たち腐れになってしまう。今の機械船ではキカンバ（機械場）にサカヤマのお札を入れてある。

この船霊について一つのいい伝えがある。昔、袖ケ浦に女の人の袖がシケの後に打ち上げられた。その着物の持ち主である何とかの命《みこと》が船に乗っていたとき、急にシケに遭いなかなかおさまらないので、「船に女の人が乗ったからだろう」といって、その女の命が裸になって海の中に飛び込んだところ、すぐ荒波がやみ、海が穏やかになった。このため、その後、女性を船に乗せることをいやがるようになり、そのかわりに女の人の毛などを船に入れるように

なった。(12)

船霊様の伝説に、「江の島では昔、袖ケ浦に女の袖が打ち上げられた。これはあるミコトが船に乗っているときシケに合い、なかなかおさまらなかったので、船に女が乗っているからだろうということになり、その女のミコトが裸になって海に飛び込んだらシケがおさまった。その後、女の髪の毛を船に入れるようになり、同時に船に女を乗せるのを嫌うようになった(13)」という。

・鎌倉市腰越

船霊様は船をつくったときに、船大工が船のどこかに船の魂を隠しておくが、帆の立つドウマクラにあるといわれていた。女のものなら何でもよく、サイコロのこともある。木をくぼめて穴をあけ、それを入れて、また穴を木で埋めておく。船には真水をきらったもので、ことに船霊様があるといわれたあたりへ、真水をかけるとひどく叱られたものだ(14)。

また、「カツオは船で刺身にするとき、いらないところは捨てないでエサバチに入れておく。そして帰って来たとき、港の入口でナマをあわせるのだ。ナマをあわせるとは、船霊様に海の水をあげ（海水をかけること）、その中にエサ鉢のカツオの頭やワタを一緒に入れて、それを鎮守様と龍宮様にあげる。あげるといっても海に流すのだ。鎮守様と龍宮様の所に来たときに〈ナマをあわせろ〉という。漁のお礼と次の漁のお願いだ(15)」といわれる。

・藤沢市鵠沼《くげぬま》

船大工が船霊様を入れる。木のサイコロと一〇文銭（今は一円玉）を入れる（七・五・三に入れるというが、七円、五円、三円なのか、そのところは不詳）。

すべて船大工が人目をさけていつの間にか入れてしまう。このとき女の髪の毛も入れるが、生娘で年まわりのいい人のを入れる。ちょうどにいかないときは誰のものでもいいという。また、生娘の髪、金（かね）三枚、木のサイコロを入れるともいう。現在はドウノ間の真中、機関場にお宮をつくって入れてある。この他の護摩札やお守り札などは船のミヨシの所に貼りつける。

新造船の船おろしをする時は、船のみよしにモヨウ（嫁入り着や晴れ着）と帯をかける。みよしの木に横に紅、白粉、紅の順で三本線を描き、これが見えるように着物と帯をかける。船は女であるから化粧させ、晴れ着をきせて丸帯をしめさせるという心持ちである。今でもおこなう。鵠沼では網元のことをムライモンと呼んでいる。村右衛門は名主のことで、昔の網元は名主であったためだろうか、通り名として網元を昭和のはじめまでムライモンと呼んだ。そのムライモン（網元）の家に集まって飲食して祝い、また、みかんや餅をまくこともあった(16)。

・藤沢市辻堂

辻堂では、新造オロシのことを船マワシという。ミヨシに口紅をつけ、着物、帯をかける。船主は、引子（地曳網）に、手拭い、赤飯、煮しめなどを配る(17)。

・平塚市須賀

船霊様は女の神様で、神体は髪の毛、白粉、紅、銭一二文、賽二個などであった。〔話者：金子長太　明治三十四年八月十七日生〕

昭和八年に調査した『神奈川県平塚市漁村経済調査書』によると、当時の平塚には船友造船所、船万造船所、船惣造船所、船平造船所の四つがあった。

小川直之の調査によると、平塚市須賀では、船霊様のことをオタマシともいう。オタマシは船ができあがってから船大工の手によって入れられる。船ができあがると船の左舷からミヨシ・右舷・トモ・左舷と一まわり塩を振り、その後で船霊様を入れる。御神酒とオスワリ（餅）を船霊に供え、再び左舷から一まわり塩を振った後、初めて船を動かし、船下しとなる。

船霊様は女の神様といい、中心の船バリに入れる。梁を刳《えぐ》り、中に紙の人形二体、女の化粧道具（お白粉、紅、櫛、カモジ）、サイコロ二個、金を一二文、ノシ、オサンゴを入れる。紙の人形は、二体をつなげたまま切ってつくり、顔を書いてお白粉、紅、カモジをつけ、二体を背中合わせに折って入れる。サイコロは「天一、地六、オモテが三（ミ）アワセ、トモは四、ロカイが五」といい、一が上、六が下を向き、オモテに三、トモに四が、右・左舷に五が向く。二つのサイコロが合う所には二がくる。三分角くらいの大きさで木製。中に二《（ニ）》がくるのは船の中に荷《（ニ）》がくるのでという。このサイコロの上にお金をのせるが、カンノジといい、字をオモテ（船のへさき）に向けて入れる。一二枚入れるのは、船霊様が一二社になっているからという。オサンゴ（米）はひとつかみ入れる。船霊様を入れると、前に御神酒をあげ、オスワリを供える。オスワリは一升の餅で二つ重ねで、紅白にし、下に白、上に紅をのせる。

船下しには船霊様の所にノサといい、一二尺のジョウギに扇をつけて立てる。扇は三色なら赤・青・白の扇、五色なら五つの扇をつける。扇の代りに笹を立てる場合もあったが、笹をつけることは少なかった。トモにはトモジルシといって、船名を染めた幟を立て、それに麻と手拭いをつける。この麻や手拭いは、お産のとき産婦が鉢巻にしてつけると安産になるという。このほかにもオモテに柱を立て、綱を張って、船名や屋号を染めた大漁旗をつける。

これだけの用意がすむと、船霊様の前に餅を米俵につめてあげる。俵は必ずトリカジ（左舷）からあげる。餅は三俵か五俵のせ、船大工、船主、船頭が船にのり、御神酒を飲み、手をうち、のせた餅をまく。まず、船大工が、オモテ、トモ、トリカジ、オモカジにそれぞれ三つずつまき、その後、俵の餅をまく。この餅も紅白つくっておく。餅をまいてから船を海に出す。海に出るとトリカジまわりに三回まわる。[18] これは魚を釣ったりするのがトリカジで、トリカジを海にみせるためという。船がまわっているさいちゅうに、船大工の棟梁、船主、船頭を海の中へ落とす。以上が終わると船主の家に寄って一杯飲む。これにはヒキコも呼ぶ。

川船の場合には船霊を入れるのは少なかったようである。とくにサンパなど小型船の場合にはないようだが、渡船に使った馬船には船霊を入れたという。ミヨシか船梁《ふなばり》を刳り、米・粟・稗などの五穀と金を一二文入れたという。また平田船に、船霊として「麻苧一クリ、紙五枚、紅少々、店の土少々、女の髪の毛五本ばかり」（『平塚小誌』）を入れたという記録もある。[19]

・中郡大磯町

船霊は船大工が入れた。肩幅が四尺以上になれば、どの船にも入れた。神体は女の人の髪の毛、木でつくった賽二個（これは一個ずつの別のもの）を入れただけであった。〔話者：真間福次郎　明治二十七年二月二十七日生〕

福田八郎がまとめた『相模民俗史』によれば、大磯における船霊は人形、サイコロが普通で、時により文久銭、髪の毛などを入れることもある。ある時、漁がないので信者に祈禱してもらったところ、船霊を取り変えなければだめ、なお、東方の船大工でなければいけないと言われ、早速に船霊を取り換えたところ翌日は大漁であったという。

船霊は帆柱のところをくりぬき、中に入れてふたをする。ドウノ間、機械場などに定められている。船霊は真水をきらい、真水をかけると漁がないといい伝えられる。難船して助かる見込のない時はいつのまにか船霊は消えてない。

・中郡二宮町

二宮町越地では、船霊のオタマシロ（御神体）は女形の人形と一文銭か一〇文銭で、ハサミの短い柱の中に入れたといい、また、梅沢では、船霊様の御神体には船大工が文久銭を一つか二つ入れたが、最近は三島大明神の「海上安全大漁満足　守護」と書いたお札を船霊様のところへ貼りつけておく。[20]そして、この船霊様へは、正月には一間くらいの松にしめをはって立て、船に大漁旗を立てるのであり、家にお産があった場合には、船霊様は女でチボクをきらうので、汚すじゃないと三日間漁を休むのだといわれる。[21]

・小田原市国府津

『関東の民間信仰[22]』によれば、「小田原市国府津では、半紙で二体の人形を作り、目、鼻、口を墨や口紅で描き、そのほかに女の髪の毛、木製のサイコロ二個、銭一二文（現一二円）、真田紐（現麻紐）、米などとともに胴の間またはハサミの船ばりに穴をほって入れ、塩で清め、その上から埋め木をして見えないようにした。国府津では船に祀り込めるときは、船大工がトリカジから上がり、オタマシを入れる前に、船霊さまに鏡でうつしてみせ、またオサンゴ、塩イワシなどの尾頭つきの魚を二尾を船霊様にみせてから祀り込める。国府津の船大工によると昔は船霊十二といって十二体入れたという。祀り込めるところは人に見られぬようにし、終ると先達に清めて貰い、オモカジから下りて其式を終った」という。また同書によれば、「国府津の場合、船霊を書く道具は眉墨、口紅、白粉など女の用いるものばかりであった」といわれる。

・小田原市

「小田原では船が遭難するときには、船霊さまはどこかへ飛んで抜け出てしまうという。水死人は必ず拾い上げるものであり、このとき、拾えば漁をさせるかと問答をすることもある。船霊さまにはむしろをかぶせ、オモカジ廻りを三回して、オモカジから上げる。また女の水死人にあうと大漁がある。これを引き上げると、船で血を吐くという。

また水死人は拾った当座はよいが、あとが悪いともいう。(23)」

・真鶴町真鶴

真鶴での造船用材は関本の大雄山（南足柄町）や最乗寺などの長材を使った。漁船建造には年輪三百年ほどの杉材、松材を用いた。明治、大正の頃は用木を小田原まで出すと海に運び、櫓船を漕いで海をまわり、材木を真鶴まで運んだが、その後、昭和にはいってからは自動車を使うようになったので、漁船で材木を曳くことはなくなった。漁船建造の用材は、そのほか真鶴半島の地元にある御用材の風損木などを一本、二本と払い下げてもらい、船の龍骨とした。真鶴に運んだ用材は吉浜や湯ケ原に多かった木挽に依頼して平板にした。製材所ができたのは昭和五、六年頃であったから、それまではすべて木挽による手仕事で材木を挽いた。

しきずえの式の日、五尺の定規を二本つくり、船大工は龍骨に墨壺の墨糸をつけ、神主を呼んでお祓いをしてもらう。しきずえは龍骨をすえこんで、ばんぎの上に乗せ、お祝いをする。この式の手斧に白い紙（半紙）をまき、麻で結び、龍骨を彫るしぐさをする。この時も神主にたのんで清めてもらう。この日、ぼた餅をつくり、「丸いものはめでたい」といって親戚や近所の家に配る。

たなつけの時にはたなつけのぼた餅といい、船主の家でぼた餅をつくり、船大工や近所の家、親戚に配る。酒宴を催して祝うこともあわせておこなう。

はしらだての式にもぼた餅をつくり、同じように酒宴をはる。はしらだては帆柱を立てる時におこなうもので、帆柱の長さ（高さ）は船の全長と同じである。

おたましいいれ、またはおたましいれは以上のような造船儀礼のあと、船が完成した時におこなわれる。船大工の棟梁がおたまし（船霊）を入れるが、神主もお宮にて海上安全のおたましを入れた。おたましいれの供え物としては白紙（半紙）一じょう、麻、カモジ二つ、鏡二つ、扇二つ、紅二つ、白粉二つ、五穀を船霊様の前に並べる。カモジは「髢」で、つけ髪である。

船霊の御神体は船大工の棟梁がつくる。まず、長さ一八センチ、幅一〇センチ、厚さ五センチの箱を木を彫ってつくり、その中へ船霊の神体となる女の人形（約一〇センチ、紙で着物をつくる）に紅、白粉をそえる。賽二つ、銭一二文、船主の妻の髪の毛を入れ、帆柱の下部に納めた。

真鶴では賽のつくりかたに特色があり、船霊の神体となる賽は、神主が洗米《せんまい》をあげる時に使う柳の枝でつくった小指ほどの太さのものを削り、二つの賽の下部がついているようにつくる。賽の目は大工の墨壺の墨を使い、向かいあった二つの賽の内側が二、天（上）が一、地（下）が六、オモテが四、トモが三になるようにつくり、「テンイチ、チロク、オモテシアワセ、トモミアワセ、ロカイグッスリ（ゴッスリ）、ナカニアワセ」になるように納めた。船霊の神体は棟梁が誰にもわからぬように入れる。〔話者：青木繁太郎　明治三十四年三月十日生〕

・足柄下郡真鶴町福浦

船霊様には五穀、紅、カモジ、鏡、賽、白粉、櫛、銭一二文が入れられた。船霊様は一二神（一二のもので）、塩釜様がその中でもカシラだといわれていた。〔話者：高橋千治　明治三十一年十月二十二日生〕

2　船霊信仰に関する考察

さきに掲げた船霊にかかわる事例のうち、とくに御神体に注目し、その神体として奉斎《ほうさい》する品々をまとめてみると表18のごとくである。

表18　相州における船霊様の神体分類

No.	神体／地域	人形	賽	紅	白粉	鏡	櫛	カモジ	髪の毛	扇子	銭	五穀	その他・備考
1	伊勢町	○	○二個						○女		○一二文		
2	鴨居	○	○二個					○			○	○	人形は紙の男女一対
3	金田	○紙	○二個						○未婚の女				古くは陰毛を入れた
4	毘沙門		○二個										
5	松輪	○	○二個								○一二文	○	人形は紙の男女一対
6	城ケ島		○二個						○女		○二-三文		オサンゴも入れる
7	三崎	○	○二個						○女		○一二文	○	人形は紙の男女一対 またはカンビナ一対
8	初声矢作	○	○二個					○	○船主の妻の髪		○一二文		人形は紙の男女一対
9	佐島		○二個						○		○一二文	○	
10	小坪	○	○二個	○	○				○船主の妻 ○長老の髪		○五文銭 ○一二文	○	人形は紙で男女一対 一二尺の赤布(赤ぎれ)
11	江の島	○	○二個						○女	○			
12	腰越		○										
13	鵠沼		○								○		
14	大磯		○二個						○女				
15	平塚須賀		○二個	○	○				○		○一二文		
16	真鶴	○女	○二個	○	○				○船主の妻		○一二文		
17	福浦		○	○	○	○	○	○			○一二文	○	

このように、相州という限定された地域における船霊の事例であっても、近隣と比較してみると、そこにはかなりの差異がみられる。

一般に、船霊の御神体あるいはその添え物として奉斉する品には五品ある。それは(1)銅銭一二枚、(2)男女一対の雛人形、(3)五穀に数えられる米、麦、粟、稗、豆あるいは、米、大麦、小麦、大豆、小豆など、(4)賽（サイコロ）、(5)毛髪が普通である。

ところがさきの事例でみたごとく、各地域においては船霊の祀り方はもとより奉斎する品々にもちがいがあり、また省略化したとみられるものもある。

こうした事例はあきらかに船霊信仰が崩壊、解体する方向にむかっていることを意味するものであり、それはとりもなおさず消滅への段階を歩んでいることを意味しているとみてよい。

すなわち、船霊の御神体（御本体）となるべく「銭一二文」ばかりでなく、他の奉斎品が簡素化されればされるほど、船霊神にまつわる信仰は解体方向にむかっていることになる。そしてそれは、海村の伝統的な信仰生活を消滅させていく、一つのバロメーターとして位置づけられる民俗事象であるといえよう。

表をみると、一七地域のうち賽（サイコロ）が欠落（省略化）されていない地域はないが、銭は五地域で、男女一対の雛人形および人形は八地域で、五穀は十一地域で、髪の毛は六地域でそれぞれ省略化されていることがわかる。そして、上述十七地域のうち、船霊の御神体あるいはその添え物として奉斉する五品がすべてそろっている地域は小坪三崎の二地域にすぎないことがわかる。また、これに準じて鴨居では髪の毛を奉斉する品とするかわりに髢（カモジ。婦人の頭髪に入れて補うためのそえ髪）を入れるとされることは、上述の二地域と同じように簡略化されていないとみることができる。

次に真鶴についてみれば、五穀が省略化されて四品になっているかわりに、紅、白粉を入れるとする奉斎品の変容がみられる。

また、佐島の場合は、人形を入れることをおこなっていないし、伊勢町の場合は五穀を入れることなく省略化がなされていることがわかる。松輪でも髪の毛を入れるとこを省略している。

城ケ島の場合は人形と五穀が欠落しているほかに銭も二〜三文とされているが、城ケ島の島内で漁船を建造していたことはなく、三浦半島内の、たとえば金田方面の船大工に注文して漁船建造をおこなったのであるから、城ケ島地域を特別にみるのではなく、三浦半島内の事例の一つとして広くみるべきものであるといえるのである。

図13　海神・漁神と船神（船霊）信仰模式図

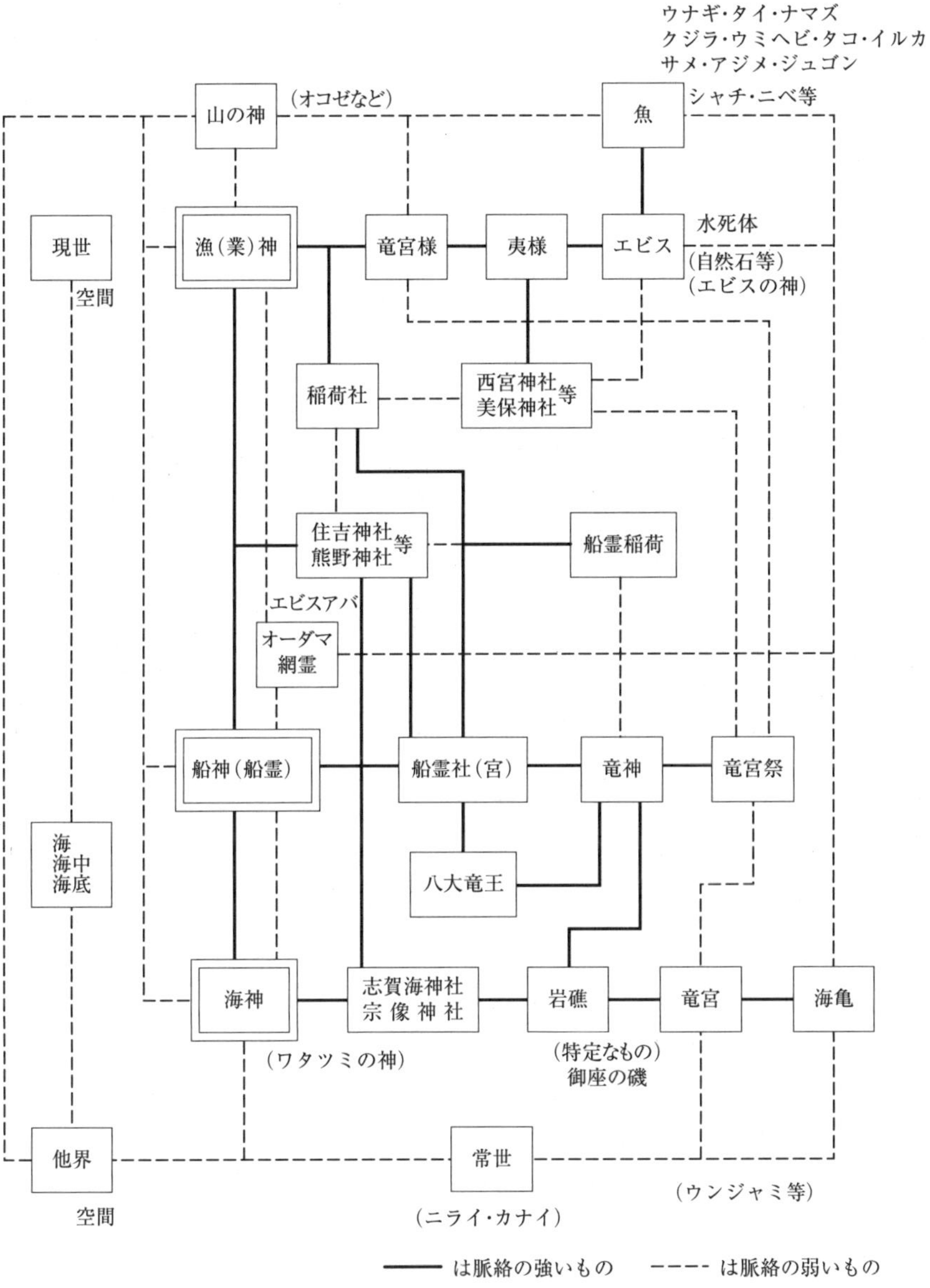
ウナギ・タイ・ナマズ
クジラ・ウミヘビ・タコ・イルカ
サメ・アジメ・ジュゴン
シャチ・ニベ等
山の神
（オコゼなど）
魚
現世
空間
漁（業）神
竜宮様
夷様
エビス
水死体
（自然石等）
（エビスの神）
稲荷社
西宮神社
美保神社
等
住吉神社
熊野神社
等
船霊稲荷
エビスアバ
オーダマ
網霊
船神（船霊）
船霊社（宮）
竜神
竜宮祭
八大竜王
海
海中
海底
海神
志賀海神社
宗像神社
岩礁
竜宮
海亀
（ワタツミの神）
（特定なもの）
御座の磯
他界
常世
空間
（ニライ・カナイ）
（ウンジャミ等）
は脈絡の強いもの
は脈絡の弱いもの

以上のような事例をみるなかで、とくに注目されるのは、腰越や毘沙門のように賽だけを入れるが他の奉斎品はすべて省略化している地域があることである。

このことは、地域として船霊神にまつわる信仰が解体方向にむかうということを意味するのではなく、漁船を建造し、船霊を祀り込む船大工の棟梁自身に伝統的な信仰生活を消滅させていく原因があることを見のがすことはできないといいえよう。

また、船神（船霊）は、前に述べたごとく、海神、漁（業）神との不可分な絡みあいのなかで信仰対象となっておりその構造的な把握は今日まで体系化されたことがない。したがって本節においては、ここに模式的な構図（図13）を掲げ、今後の指針としていきたい。

この図は、船神であるとされる船霊を中心に、漁（業）神、海神が具体的にどう結びつきをもち、絡みあいをもつかを示したものであるが、実際には、海村で伝統的な漁撈生活を営んできた人びとの意識の中に、これらの神々が分化するものであるかどうかは不明瞭な点が多いといえる。

以上、相州の海村に伝承されてきた船霊の信仰についてみてきた。もとより船霊は船神と直接結びつくものではない。しかし、海に生きる人々が航海の安全を祈願するため、あらゆる神仏の加護をうけんがために十二の神仏を十二船霊として祀り、信仰した伝承の系譜が今日聞取り調査で事例としてあげられたものである。

したがって、過去における信仰対象であった船霊は、船神と一体をなすものではなかったが、明治、大正および昭和初期の海村においては、船霊は船神として生きているだけで、わずかに十二船霊の伝承はありながら、その実態を把握している伝承者がいないところに民俗文化の変容がみうけられる。

3　海神・漁神信仰

海村における民間信仰の特色は、海や船、あるいは捕採対象物など、その生産、生業と深く結びついていることである。すなわち、海の神である海神、大漁をさずけてくれる漁神、航海（出漁）の安全を守ってくれる海神や船神などの神々が、不可分に絡みあっていることでもある。

海神や漁神について、まず、神奈川県下における海村に伝承されてきた事例をあげ、そして、漁神の中でも竜宮神（様）の信仰形態である「講」の組織にもふれ、海村における漁民の民間信仰の一側面を構造的に把握し、明確化する。なお、「龍宮」および「竜宮」などの文字をあてているが、特別な意味はない。

・横須賀市深浦

「深浦にはカメジマサンが祀られていた。浦島太郎を祭神とする。岬の先端にあり、正月に餅をあげたり、春祭りには旗を立てたりした。現在は深浦のお宮に大国主命と共に合祀されている。カメジマサンは先端に松の木があり、小さな島があった。この島をカメジマとよび、ビャクシンの木が植えられていた。浦島太郎のご神体は小さな亀に太郎が乗っている金属製のものであった。(24)」

・横須賀市久里浜

揚繰船の「船上での食事にも作法がある。まず飯が炊き上ると、メーロシが釜のふたに炊き立ての飯を少々盛り、そのまま船霊様に供えた。船霊様に供えた飯は、船頭が後で、二、三つぶでもかならず口に入れた。(25)」

揚繰船では、「とにかく、船の中では船霊様は大事にされ、船で朝を迎えると、船頭が〈船霊様、目をさまされよ〉といって、ドロボウキでトリカジ（向かって左側）から船霊様が祀られているところを洗い清める。またヘノリはミヨシに海水をかけて、ドロボウキで清める。このようにして船の一日が始まった。(26)」

・三浦市南下浦町上宮田

エビス講は十二月十五日から二十五日頃にかけておこなった。二十日頃になるとオハライ（大掃除）をおこない、夕食前に尾頭つきの魚と赤飯をエビス様にあげる。それを夕食の時になってさげ、縁起をかついで、家族の一人が「いくらで買うか」といえば、他の者が「何円で買った」というように、値段をつけて商いをするような芝居をする。この時の値段は法外にいう。そのあと、おさがりをご馳走になる。

南下浦町の上宮田では、こうして個人の家に祀ってあるエビス様の祭りをおこなう以外に、共同で「エビス講」がおこなわれてきた。

毎年十月から十一月にかけて、地曳網でカタクチイワシを捕獲することがおこなわれていたり、定置網の組織があったので、仲間たちが順番で宿をひきうけ、年寄りたちが集まって酒宴をひらいた。この時も、縁起をかつぎ、「いくらで買う」といえば、他の仲間がせりあげていって、できるだけ高価で法外なところに「売った」といってしめる。

浦まつりを水神様の前でおこなった。必ず方向は南に向き、神主がおはらいをおこなった。南下浦では正月、五月、九月におこなった。漁がよけいにあると、必ずリュウジン様に生魚をおそなえにいったものである。〔話者：吉田　進　大正八年六月二十八日生〕

・三浦市城ケ島

城ケ島におけるエビス講は、昔は仲間が集まり、講の組織があったのであろうが、名ばかりになっている。エビスは大漁の神であり、各家でエビス様にご馳走をすることである。エビス様はいつでも船に乗っているが、十二月二十五日になると船をおり、翌年の正月五日まで家の中でやすみ、また船に乗る。それ故、十二月二十五日にエビス様が船をおりる時はエビス様にご馳走するため、尾頭つきの魚を漁からもち帰る。もし二十五日に漁がなく、尾頭つきの魚がとれないときは、わざわざ買って帰った。

エビス講の日は各家でかなりちがいがあり、「十月二十日におこしになり、一月二十日にお帰りになる」という家もある。エビス様をお迎えする日は、尾頭つきの魚（普通は鯛かそれにかわる魚）に、赤飯をたいて供え、神酒、にんじん、ごぼうのにしめをそえた。それに豆腐のみそ汁をそえる家もある。

またエビス様は、神棚とは別に部屋のすみに飾られ、お出かけになる日にエビス像をうしろむきにしたり、お帰りになる日は正面に向けなおしたりする。お帰りになる日にも同じようにご馳走をして大漁であることを祈った。

しかし、このエビス講はほとんどなくなってしまい、昭和四十二年十月の調査では、わずか三世帯しかおこなっていないという実態であった。[27]

・三浦市三崎

「昔はシャチやゴンドウ鯨は今より遥かに多かった。マグロ延縄にシャチがつくことは常であったが、タボ延縄のようなものにも浮子のタルやボンデンの竹を引ッ込んだり浮かせたり、ちょうど漁師をからかうような真似をする。ゴンドウのワルサ（悪戯）のようにも思える。そんな時〈王様のご機嫌を悪くするような事をしたんだろう〉と、それもシャチのせいにしたものだった。

こうした時魔除けとしたのがヒドコの灰であった。ヒドコとは火どころの略、船に積んであるかまどのことである。シャチやサメが船について離れない時はこのヒドコの灰をまいた。そしたら離れたと灰の功徳を説く者もあれば、まいても駄目だったと否定する者もいる。これも火を神聖視する思想の現われだが、腰越では竹の灰が最もよいとしていた。

明治の末頃にもまだシャチは、陸へ上ってまでも漁師の忌み言葉だったが、もう王様と言う者はなく、サカマツと言っていた。これはサカマタの訛言で、尾が頭の方へそり返っているからサカサ、マタは股で、つまり二タマタに分かれている尾がさかさだっているから生じた名である。

忌み言葉として、シャチや鯨をエビスと呼んだ処は多い。この両者の漁民感覚には明らかに違いがあったようだ。鯨のようにイワシを連れて来るのは、漁を授けてくれるエビス神であったが、シャチは恐ろしい神としてのエビスとして畏敬したのである。それは封建社会で帝王の名を口にしてはならぬ、うわさをしてはならぬと同じ意味であったようだ。(28)」

「僅か小アジの一、二尾を釣る時でさえ真剣になるのだから、延縄をはく時や、ムツのように一日に何回も縄をさすことができない漁の時には、鉤を入れるのに祈りを籠める言葉が自ずと口に出たのである。マグロ延縄の時には〈トー、エベッサマ〉〈釣らして下さいエベッサマ〉、ムツの時には〈ツオー〉〈トー〉〈ツイ〉などと言ったものである。(29)」

「オブリは初魚だけに限らず、マグロやカツオを漁して来れば必ずマグロはワタ（内臓）を、カツオはホシ（心臓）を海南神社、竜宮様、舟玉様に供えた。これもオブリの慣行である。舟玉様にはお神酒も共にあげた。

海南神社には社務所へ持参、神官が神前へ供えるが、竜宮様や舟玉様へも供え、附近に子供が遊んでいると、すぐ呉れてやった。漁をすればその一部を子供達に分けてやるという慣行は、ハチ駄網や棒受網の投げ魚にもみられ、子供をオブリの神様と同格に扱う考えがあったようだ。子供がさわぎながら大勢舟の周囲に集まって来る、この子供のナブラ（群）を魚のナブラとして満足して喜ぶ心理が、漁師に共通していたようだ。竜宮様や舟玉様にあげたワタはすぐあとから〈下げる〉といって、誰が取っても差支えなかった。あげに来ると、もう下げようと傍に待っている女子供もいた。(30)」

「三浦市の三崎、松輪辺では正月二日、エビスサマに供えるといって、お神酒、お供え、ショバナ（藻草）を船にあげた。正月には船霊さまに供えるのであるが、これはエビスさまにも供えるのが注目される(31)」と報告にみられる。

・横須賀市長井

横須賀市長井の竜神信仰にかかわる調査結果として、次のような記載がある。

「荒井、漆山、新宿、番場、仮屋ケ崎、屋形、井尻にはそれぞれ竜宮様が祀られている。現在ではコンクリート造りの祠が竜宮様として祀られているが、かつてはこのような立派なものではなかった。例えば、漆山では現在の竜宮様がある位置にちょっと色のかわった岩があり、この岩が竜宮様の依代となっていた。また仮屋ケ崎の竜宮様にはコンクリート造りの祠の中に亀の形をした黒石が納められているが、この石が依代であったのであろう。漁師は年の暮になるとサンマタと呼ばれる藁のおかざりを竜宮様にあげる。また正月の三日間はオカンといって朝と昼の二回、モチやごはん、サザエの入った大根ナマスなどをあげるので、竜宮様の前はこれらが山をなす程となる。荒井では正月五日に竜宮様の前に漁師が集まりホーエンが来て初神楽を奉納する。漆山、新宿、番場などは正月四日に同様におこなう。また昔は四月十日、七月十五日、十月十日がキリカエであり、この時にはやはりホーエンが来て神楽を奉納した。(32)」

また、長井に関する他の事例によれば、「正月四日、この日は竜宮様のまつりの日。竜宮様は各集落（小字のこと）

ごとにあるが、そこにお神酒をあげ、熊野神社の神主さんにお神楽をしてもらう。漁師の人がお参りし、終ったら青年会館で酒を飲む。(33)」

・横須賀市佐島

「竜宮さん」と佐島では呼んでいる。佐島の竜宮さんは、現在地の観音の鼻に移るまで三回も場所を変えている。地元の人たちも異口同音に、「神様も人間の都合で、どこへでも移される」と語り、「こんなに移されることの多い神様もすくなかろう」と同情している。

最初は神明社（お伊勢様）に近い海に面した場所に建てられていた。まだ埋立てがなされていない時代で、山が現在の道路あたりまでせまり、その先は海で水がきている状況であった。天神島も、現在、植物がはえているあたりまで海中にあったが、関東大震災後に隆起した。

最初の祠は石造りのものであった。その後、昭和十年頃、海岸を埋め立てることになり、天神島（現在の佐島マリーナの先端）へ移し、南の方向へむけて建てた。

しかしその後、佐島マリーナが建設されることになり、漁業協同組合の玄関口に近い場所に、同じく南向きに建てられた。だが、ここも埋立てをおこない、市場を建設することになったことや、建物の影になり沖（海）が見通せなくなったため、現在地の「観音の鼻」に移されることになったといわれる。

現在、観音の鼻には竜宮さんの祠が二つある。一つは漁業協同組合前にあったものだが、他の一つは観音の鼻に近いオシのワキと呼ばれる場所にあったものを移したものだという。オシのワキと呼ばれる場所には一本の老木が茂っており、竜宮さんの祠はその下にあったが、その場所が道路拡張工事がおこなわれることになり、改められるに及んで移されることになった。この竜宮さんも、もとはといえば、以前、毛無島《けなしじま》にあったものをこの地に移したといわれる。今日では竜宮様と呼ばれるが、御神体は大黒様であった。

したがって、佐島の集落内には、竜宮さんの祠は二つあったわけだが、建立当時の御神体は別の「カミ」であったとみられる。この祠は、移してからすでに五、六年を経過している。

このほか、佐島の天神島に近い笠島にも、岩礁の上に「竜宮様」が祀られている。この笠島の竜宮様は「海底の磯をさけて通るのに、この竜宮様の祠をみながら二〇〇メートルの間をあけて通る航行の目印になっている(34)」という。

佐島の竜宮様で特記すべきことは、以上に述べた小祠のほかに、もう一つ海中の岩礁を竜宮様と呼んでいることである。この岩礁は現在の漁業協同組合の東側の海中にあり、埋立て後もその一部分が残っている。ごく渚に近い場所にある。

竜宮様《さん》と呼ばれるこの岩礁は、沖へ細長く西側にのびており、その根の長さは約二〇メートル以上におよび、岸に近い場所の岩礁は満潮の時でも全体が海中に没することはないといわれる。この竜宮様と呼ばれる岩礁に船や船の櫓をあてたりすると、ロシタアテといって漁をしないといわれた。それ故、もし船や櫓を竜宮様にぶつけてしまったときは「竜宮様、かんべんしてください」といって詫びた。

不幸にして、そのあとで不漁がつづいたりしたときはヨケ（除け）をしなければならないので、芦名の浄楽寺、または芦名の浜の不動様《さん》に行ってみてもらう。また、三浦市初声の矢作にある円徳寺でみてもらうことも多かった。「ヨケ」をするためにみてもらうと、必ず、「竜宮様に櫓をあてた」とか、「海中に金物を落とした」とかいわれ、不思議にそれが当たっていたという。

こういう粗相をした時は、竜宮様がおこっているのだから、ヨケのために祈禱をしてもらった。したがって、六十年ほど前まではロシタアテをきらい、竜宮様に櫓をあてないように、竜宮様の近くに船が行くと櫓をあげるようにしていた。

漁船が新造されたとき、竜宮様へ直接出かけることはないが、船上から海中（竜宮様）へ御神酒をあげる。また、船が進水した時は、ヒカエ（時計の針と反対方向）に船を一回まわし、船の舳先（ミヨシ）に水をかける。そのあと氏神様に参る。竜宮様は「漁と海の神」だという。

佐島では海亀は竜宮様の使いだといい、網などにはいったものを捕えると御神酒をふるまってから海へ返す。死んでしまった海亀は、ていねいに埋葬し、供養をするとともに墓標を建ててやる。現在、神明社（お伊勢さん）の山の上に天正丸があげた亀の墓があり、また、天神島の社の裏に海亀の墓標が一〇墓ほど建立されている。（話者：福本幸吉　明治四十二年九月十九日生）

そのほか、佐島における「竜宮様の初神楽」にかかわる報告がある。それによれば、「昔は天神島の磯にあった竜宮様のところでやり、現在は移動した組合事務所前に熊野社の神主を呼んで大漁祈願の初神楽を奉納する（十月十三日、十四日とともに年二回おこなう）。この日は船どめで、漁師はぜんぶ休漁するならわしである(35)」と記されているが、この「竜宮様の初神楽」は正月七日におこなわれてきたものであった。

・鎌倉市腰越

「腰越ではシャチをエビスサマという。海の上でシャチの噂をしてはならぬ。シャチをエビスサマというのはいってはならぬことのいいかえであろう(36)」といわれる。

また、「釣漁のときツイ、エビスサマといって釣鉤を投げる。一般に海に餌を投げるとき、ツイとかツイ、ホラとか必ず唱えごとのようにいう。腰越や三崎では延縄漁のとき、ツイ、エビスサマという。また、トー、エビスサマとか、釣らして下さい、エビスサマ、などともいう。このエビスサマはシャチのことではなく、漁業神である(37)」という。

・藤沢市江の島

「初網ではじめてかかった魚を逃がすと、その年は不漁だという。また不漁の時は、イカが多いといわれ、海の水が凍って魚が来なくなるのだといわれている。こういう時には、エビ網、ブリ網などでは行かないが、定置網の時には鎌倉の道了様へお参りに行く。また、エビ網などの小さな網の時には、取れた魚（アジがとれたときにはアジ）をビクに入れて弁天様（江の島神社）に持って行く。そして神主さんに漁があるように拝んでもらう。また、昔は竜宮様（東町の聖天岩のところにある）にもお参りしたという。[38]」

聖天島は「東町の南の二つの大きな岩で、象の形に似ているのでこの名がある。海底から隆起したもので、周囲三十五・六間、頂上に枝ぶりのよい松が数本ある。東町の子供たちの泳ぎやもぐりの練習場でもあったが、オリンピックの為に埋立てられた今は形だけ残っている。昔はこの辺の海底は鮑・さざえの沢山とれる所であり、島の天女影向の伝説もあって聖天様が祀られている。[39]」

聖天神社は「聖天島に祀られている漁の神様であらたかな神様で、ここを信仰して商売が繁盛したという人もいた。[40]」

漁護稲荷は「漁業稲荷ともいい、今の金亀楼の下あたりにあった。東町にあった漁護稲荷、山下稲荷、与三郎稲荷は合併されて、辺津宮の脇の八坂神社の隣に秋葉社として一緒に合祀された[41]」、「漁護稲荷に属する家は、平四郎、八十平、モチヤ、トモド、井上秋次郎、魚惣」であった。

「オエビス講は十月二十日におこなわれた。どこの家もエビス様をまつってあり、赤い御飯・尾頭付きの魚を供える。[42]」

・平塚市須賀

平塚ではリュウグウサン（竜宮様）を竜宮神社に祀る。須賀橋のすぐわきに旧漁業組合の土地が六〇〇坪ほどありそのもっとも高台の二〇〇坪ほどの場所に竜宮神社があった。海の方向にむかって真南に鳥居と石造りの小さな社があったが、花崗岩の大鳥居は関東大震災の時にこわれてしまった。

昭和二、三年頃までは裸のままの社であったが、その頃、銅板葺きの立派なものが建てられた。しかし、昭和二十五、六年頃、強風で屋根が飛ばされてしまい、再びあれてしまったという。

リュウグウサンのまつりは新暦の二月一日におこなわれるが、正式のまつりは九月一日。一日には各船主の家のお婆さんたちがお参りをしたものだというし、現在は月の十九日には必ず、お婆さんたちが参集して海上安全、大漁満足の祈禱をする。

二月一日のまつりには神代神楽を奉納した。また、八月三十一日の夜にも神楽をあげた。

九月一日はフナドメ（船どめ）。この日までには、どこで漁をしていても、大漁つづきであっても、必ず須賀に帰ってきたし、帰ってこなければならないことになっていた。九月一日には高座郡の愛甲方面の神楽師が専属で神楽をあげてくれることになっていた。

昭和四十五年頃まで神楽を奉納したり、芝居をかけたりしていたが、その後、昭和四十八年頃より漁業に関する映画を上映するように変わった。

旧漁業組合で所有していた約六〇〇坪ほどの土地は、その後、湘南大橋ができるなどにより土地が分割されてしまった。

昭和五十七年に至り、現在地のセンゴクガシ（千石河岸）にある漁協所有地に竜宮様を移転し、河口が見える方向をむけておさめた。現在でも、お婆さんたちがあつまって、お題目をあげたりはしているが、男たちはかかわりをもたない。

昭和四十八年頃より遊漁を目的に、漁協に加入している船主たちが釣船を始めるようになった。

こうなると、九月一日にフナドメをして休漁すると遊漁客に迷惑をかけたり、また、須賀に遊漁客が来なくなってしまうこともありうるので、客をひきとめるためにも竜宮のまつりだからといってフナドメができなくなってきた。そこで考えだしたのが、竜宮様のまつりにフナドメをしないものは水揚げの二割を組合に納めなければならないということにして例外をみとめた。こうなると、水揚げの二割さえ払い込めば、竜宮様にはかかわりなく漁に出られるというようになり、こうしたことが現在まで続いている。

しかし、他方、竜宮様のまつりは今日もおこなわれており、二月一日と九月一日には市内にある三島神社の宮司が来て祝詞をあげ、そのあと船主や組合役員が御神酒をいただき、拍手《かしわで》をうつ。それが終わったあと神代神楽を奉納し役員の話（改選のこと）や商売（漁業）にかかわる話をするが祈願が終わってからは民謡を歌って楽しんだりもする。

竜宮様の祠は高さが一メートル五〇センチほどだが、基台があるので大人の背丈以上はある。船おろしする時は必ず竜宮様に参詣する。また、船を試運転する時は、竜宮様のマオキ（真沖のことで南の方向）で船を時計と同じ方向に一回だけまわしてお祈りをする。

和船の頃はウゲンまわりで櫓を吊しハカセル。これを、「ベンヨ、ベンヨするか」をやるというが、ようするにローリングさせて船の安定性や復原のぐあいをみるという操船の試験的なものである。

船おろしの時はハダカブッコミ（センドブッコミ）といって、船頭をまず最初に海へほうり投げる。そのあとで船にかかわりのある人を投げこんだりした。それが船おろしの海の行事であった。

また、船おろしの時は、トモにトモジルシと呼ばれる旗を立て、フナダマ（船霊）に御神酒をあげ、オモテノサンバシ（サンノマ）にあげたあと、ヘサキからオモカジまわりに船にも御神酒をかける。

写真17　お阿弥陀様
平塚市須賀

船霊様に御神酒、御洗米をあげるのは正月二日の船祝いのときにもおこなわれる。この時にはおそなえの大きなのを自分の持船にあげることもおこなった。船が岡に曳きあげられているときは船の下二か所でオタキアゲといって、松葉を燃した。こうして船霊にお祈りをするのは船頭の役目であった。

船祝いの日に船霊に祈ったりするには、人の顔が見えてはいけないといって、特別に早起きをして出かけた。また、船祝いの日にはトモロオシといって、トモのロマクラに櫓をこぐようなしぐさをして帰ってきたものであると聞いた。

竜宮様にはカケウオをあげるので、船主たちの女衆が集まり、カケウオを分けあったり、茶を飲んで親睦を深めたりもした。雨が降ったりすると浅八丸（話者）の家に集まったが、天候がよければ竜宮様の場所でおこなった。

須賀で海神や漁（業）神にかかわりをもつものとして特質すべきものに「お阿弥陀様」がある。お阿弥陀様が祀られている場所は漁業者たちが水死人をみつけて葬ったり、水死人が流れついたときに葬った場所。

水死人は漁業者が責任をもって葬ってきたので、盆の十六日は僧侶を十人もたのんで浄土宗のお経をあげてもらい霊をとむらうと同時に、大漁祈願をする。この日は縁日のように屋台がでるほど賑わいをみせたこともあった。また須賀の漁業にかかわりのある老媼たちが二〇名ほどあつまり、船主や漁業組合から寄付をもらって毎月十六日になると「お阿弥陀様」にお経をあげ、大漁祈願もあわせておこなってきた。現在は浅八丸の家（話者の家）が宿になっている。

そのほか、須賀ではシャチを漁獲すると、それ以後は不漁つづきとなり、家がつぶれるといって、シャチを漁獲しようとはしなかった。

漁網にウミガメがはいることなどもあったが、その時はウミガメに酒を飲ませて沖へ帰し、そまつにあつかわないようにした。

海中にカナモノ（金物）を落とした時は、ナタ、ノミ、デバなど、落としたものを形どったり、木彫りしたものを竜宮様にあげてお詫びをする。

平塚の須賀におけるリュウゴンサン（竜宮様）にかかわる調査結果としては、次の記載がある。

「めがね橋の南側（海側）のすぐ西にある。かつては遊歩道路（国道一三四号）の北側にあったものを戦後、現在の場所に移したもので、当時は竜宮の西側に漁業組合の事務所もあった。リュウゴンサンは女の神さんだといい、四坪くらいの敷地があり、海に向って石祠が一つと木祠が一つある。石祠・木祠ともに竜宮社で、石祠は三島神社で祀り、木祠は善性寺（日蓮宗）で祀ったものだという。善性寺で祀った竜宮は八大竜王であるともいわれ、祠の中には木のお札が祀られている。竜宮社の祭りは二月一日と九月一日に行われていた。二月はハチダ網の盛んな頃で、九月はオキショク（沖職、カツオ釣のこと）の盛んな時期であったが、両日はフナドメで漁には出なかった。九月には伊豆や勝浦の方にカツオ釣に行っていることもあったが、一日の祭りには必ず帰ってきたという。祭りには漁の関係者が集まり、三島神社の神主を呼んで祝詞をあげてもらい、昔は必ず神楽を頼んで行っていたが、戦後は芝居や映画を行うようになった。神楽は愛甲の神楽師を頼み、神代神楽をした。現在は芝居も映画もなく、神主が来て漁協の理事・監事が集まり、祝詞をあげる程度である。なお、かつてはこの日に船元の家に乗子などが集

写真18　竜宮様　平塚市須賀

まり、宴会をした。リュウゴンサンの祭りは上述のように年二回あるが、毎月十九日（午前中）には竜宮社の前で題目をあげている。漁をしている家の主婦が集まって行うが、竜宮社の前にゴザを敷き、世話役がお茶や供物を出して行う。榊・ロウソク・線香をあげ、供物には魚（その時期にとれる魚で、十一月はソウダガツオがあった）・塩・米・御神酒をあげる。毎月参加するのは七・八人であるが、全員だと十二・三人おり、浅八丸、富国丸、庄三郎丸、庄治郎丸の四軒の船持（フナモチ）が毎月順番に当番となって世話をしている。題目が終るとお茶を入れ、世話役が持ってきた煮物などでお茶をのむ。題目の時には各自賽銭をあげる。また、戦後一時期にはこの時に善性寺の隠居した坊さんも来ていたといわれている。正月初めて漁に出ることをハツデというが、この時は河口から海へ出るとまず竜宮様の方へ船をまげて行き、竜宮社の下あたりでオモカジ廻り（右廻り）に一回まわる。まわりながら船の舳先に船頭が海の水を汲んでかける。その後アキの方（タツミの方向ともいう）を向いて少し走り、各自の漁場へ向う。ハツデは、現在釣宿をしている家では二日から客がくるので二日に行っているが、以前は三カ日すぎくらいに漁に出たのでその時にした。なお、リュウゴンサンには、漁があった時に船頭とか船主がオハツをあげた。カツオ釣の場合はカツオのイソゴ（イスゴ・ホシともいう）をとってオカヤクの子供たちがリュウゴンサンにあげた。[43]」

「漁業神」については下記の記載がある。「漁業神として顕著なのはリュウゴン（竜宮）であるが、町内または個人の家で祀っている稲荷にも漁業神としての機能がうかがえ、不漁続きの時は小田原の導了尊、大山、成田などにも参拝に行っている。昭和八年の『神奈川県平塚市漁村経済調査書』にも「正・五、九月、各人各様に大山阿夫利神社、不動尊、道了大権現、川崎大師、成田不動其他地方の各神社仏閣に参詣す。特に不漁に際しては大漁祈願の為め参詣すること多し」とあり、昭和初期には近在の顕名な神社仏閣にも漁のことで参詣していたことがわかる。中でも大山には、盆の十六日にカンメイリ（神参り）といい、地曳持ち、船頭、乗子が連れだって参拝に行ったという。[44]」

また、漁（業）神にかかわりを深くもつ「稲荷」にかかわる調査の事例としては、下記の記載がある。

「稲荷は各町内で祀るものの他、講中をつくって祀るもの、各個人の家で祀るものなどがあるが、北町にあるソースケ（惣助）稲荷には漁師たちが多くお参りに来た。漁がないので惣助さんへ行ってこべえなどといい、稲荷に参拝に来たりし、漁があるとカケオをあげに来た。惣助稲荷は北町にあり、高井家で祀るものであるが、明治中期に高井家にマキという人が秦野から嫁に来た。マキは身体が弱く、稲荷を熱心に信仰した。その結果、マキにみてもらうとよくあたることが評判になり、惣助稲荷は多くの人の信仰を受けた。須賀だけでなく、三浦、三崎、横須賀、千葉、横浜、東京などからもお参りに来る人があった程であるという。また、マキの夫、惣右衛門は船祈禱などをした人であった。稲荷については、惣助稲荷と正一位稲荷（西町）の狐さんが岡の方へ鳴くと火事が多く、海の方へ鳴くと漁があるといわれている。(45)」〔話者：金子長太　明治三十四年八月十七日生〕

・中郡二宮町

現在は中郡二宮町だが、以前は西に山西村が、東に二宮村があった。山西村は西から茶屋、越地《こいじ》、梅沢中、梅沢東に分かれそれぞれの船をあげる場所に竜宮さんが祀られていた。

茶屋の人びとは茶屋下または長屋下に、越地の人びとは小原下《こばらした》と越地下に、梅沢西の人びとは川久保川（梅沢川）の川の西側の川久保下に、そして、梅沢中や梅沢東の人びとは、その海岸は波が荒れて船が曳きあげられないので、川久保川の川口の東側にあたる梅沢下と呼ばれる場所に船を置き、竜宮さんをそれぞれ祀ってあった。そして、それぞれに「竜神講」があり、昭和四十五年まで継続してきた。

山西村当時のもので、現存する竜宮さんは越地にあるものだけになってしまった。

話者の家では個人で竜宮さんを祀っていた。幅一尺、高さ一尺五寸ぐらいの石に三角形の石屋根がのせてあり、正面はくりぬかれていて、中に御札が祀ってあった。

この竜宮さんも昭和四十年代までは祀っていた。毎年正月になるとオセッチョをあげるといって、ザッキにモチをフタキレ、これはなまのままで焼かないもの、サトイモ一個、ダイコンをヒトキレ、それに竹を削って自製したハシ、御酒をチョウシに一本など、白木の膳にのせて元旦だけお参りした。

正月二日は、ナギであれば出漁し、この時に竜宮まいりをする。船で「竜宮まいり」をすることを「オセエマイリ」という。櫓を押すときに、オモカジはオセエ、トリカジはヒケエといい、オセエマイリはオモカジ（時計の針と同じまわり方）に三回まわり、それから沖へ出る。

オセエマイリは、それぞれ自分たちが船を出したところで三回まわった。

漁獲があれば神社にカケオ（カキオ）をあげた。「カケオあげてこう」というか、「ホシをあげてこう」といわれると、神社へ魚を持っていく。あげると、神社では神殿にあげてあった御洗米を半紙にくるんでくれた。その御洗米は翌日、漁に出る際に小さな皿に入れて出漁し、最初に漁具を入れる前にツィオーといって海に撒き、大漁を願った。網漁の場合には最初に網を入れる際にツィオーといって撒くが、定置網漁の場合などの時は、はじめから網がおろされているので、垣網と袋網の境にあたるハグチとよばれるあたりで撒いた。

このツィオーというかけ声は、小さな魚などが釣れてしまい可愛そうだから海へもどしてやるという時もツィオーといってかえした（洗米は神に供えるために洗った米の意）。

また、ハツアミの時にも、竜宮さんにあげるといって波打際に御神酒をそそいだが、そのときもツィオーといってそそいだ。

新暦の四月三日は竜宮さんの日といって休漁した。四月二日は出漁しても半日で帰り、芝居を「竜宮さん」に奉納した。したがって、竜宮さんに奉納するのであるから川久保川をはさんで海に向けて舞台をつくっていたものだが、みにくいということで、やがて岡の方を向けるようになった。四月二日の午後は自分たちの船の帆を持ちよったりして舞台づくりをおこない、平塚や小田原の千代から役者をたのんでよんできた。役者をシバヤシといい、舞台をシバヤといった。

漁業会も二宮と梅沢は別であったので、寄付も別々にうけた。

山西ではタツノオトシゴのことをリュウグウのコマと呼んでいる。漁（魚）網にかかってくることなどあり、乾燥させて財布に入れておいたりした。

海亀は死んだものは梅沢下にあるカメサンの墓に葬った。これまで七、八匹の海亀が葬られた。

そのほか、金毘羅樽を大正の末期から昭和の初期を最後にひろったことがある。中味の酒をいただき、新しい酒を入れて再び流した。

漁があった時の祝いをオキアガリ、不漁の時はマナオシといった。

漁があった時は、魚のしまつをしたり、船を洗ったあと、船持ちの家に集まって祝った。定置網の場合は納屋の前に戸板を並べ、船方をよんで祝ったりもした。

十一月二十日はエビス講の日。この日は船主が船方全員をよんで酒を飲み、祝った。小さな棚に祀ってあるエビス様、大黒様を別々に小さな膳を出して祀った。船方が帰る時には、土産として菓子や蜜柑を持たせて帰した。

二宮で大正期まで船主をしていた家があった。この家の船がシャチを釣ってしまい、市場に出したが買手がつかなかった。このことがあってから船主の家は没落してしまったが、それはシャチのたたりであるといわれた。〔話者：西山敏夫　昭和九年二月二十二日生〕

二宮町における竜宮（竜神）さんにかかわる記載に、下記のものがある。

「竜神様は各集落の浜端に祭ってあり、お宮を竜宮という。祭りは四月二日に行われる。船主、網主が順番に世話人となり、米、塩、酒、懸魚《かけうお》（赤魚を二匹、ホウボウが多かった）を供え、拝みやさんといわれる信心深い人にお祓いをして貰い、海上安全大漁満足を祈った。梅沢では二挺木さん、川勾では善波さんが拝みやさんといわれていた。拝みやさんもお祝いを包んで来てくれたが通例その倍額をお礼として渡していた。このお祭りの費用は関係者からの御祝儀でまかなわれていて世話人が損をする様な事はあまりなかった。漁の盛な頃は神楽を奉納したり芝居をうったりして、子供達も大いに楽しんだが今は当事者だけの集りになった。この祭日だけでなく大漁のあった時は魚を奉納し祝ってからその魚を売りその金を貯めておいて仲間の集りの費用に使った。(46)」

・小田原市

古新宿（こしんしく）という、かつての漁師町では、龍王様のおまつりの日には、どんな所へ出漁していても必ず帰ってこなければならない掟があったようで、それを怠った者は対等のつきあいをしてもらえなくなってしまい、何か寄合いがあっても一番下座に座らされ、雪が降っていても、裸足で酒買いに行かされたり、大山参詣の際にも、いろいろな供物を背負って山を登らされたりという罰を数年受けないと許してもらえなかった。〔話者：堀内信之　大正八年十二月八日生〕

・小田原市山王原

「小田原の山王原では、竜宮さまにその年の漁の有無を聞くことがあった。信仰心の厚い漁師に竜宮さまがのり移り、お告げがあって、それを聞く時期は一定していなかった(47)」という。

また、「相模湾などではツイ、竜宮さまとも、ツイ、エビスサマとも両方いうことがある。『新編相模国風土記稿』によれば、小田原に夷社があった。夷社としての小祠がその後どうなったか未調査であるが、エビスと竜宮、竜神との交替も考えられる(48)」と記されている。

・足柄下郡真鶴町真鶴

真鶴では竜宮さんのお宮参りは五月三日におこない、この日、海士仲間が揃って参詣に出かけ、終わってから全員で仲間モグリの資金を使って酒宴をひらいた。竜宮さんは、いまは貴船神社の境内にある。もとは明神様の場所にあったが、関東大震災で破壊されてしまったため、海士仲間が三〇銭から五〇銭ぐらいずつ出資してつくりなおした。真鶴では竜宮さんの信仰が厚く、海士が潜る時はツイヨ竜宮さんといって大ノミで船ばたをたたいてから潜る者が多かった。(49)

船玉竜神社の祭神は、大綿津見神と高龗《おかみ》神の二柱であり、貴船神社の境内に独立してある。天治元年五月に創立したが、中古いったん荒廃し、明治三十年六月復興したと縁起にある（昭和二十九年五月改築した）。当社は、竜宮十二船玉神と称していたが、戦後、宝性院（八大竜王を祀り、漁師の信仰篤い）が後継者問題から滅びて、八大竜王が、当社と合併した時に、現在のような呼び名に変わったという。それまでは、当社は、石船の船主たちが主に信仰していた。その後は、石船、漁船双方の船主の信仰の対象となった。また、昔の祭りは、旧暦十三夜におこなわれたが、台風の季節でもあって天候に恵まれないので、終戦後、五月三日に改められた。合併した時から、宝性院でやっていた祭りの時の湯立ての行事も、こちらでやられている。(50)

八大竜王は宝性院の本堂の脇にある堂宇に祀られている。戦時中まで、大いに漁師の信仰を集めたが、その後、後継者がおらず、さびれてしまったので、漁師たちは、貴船神社内の船玉神社に合併を要請したらしい。

ここの例祭は、旧暦十五夜であり、十五夜の前日から宵祭りをし、世話人が堂宇を清める。お神酒と幟りを立て、太鼓をたたいてお祝いする。漁師はお参りに来て、お神酒をもらう。夜があけると、漁師たちは海へ行き、船を洗い船玉様にお神酒とおせん米《めい》をあげる。この時、左方（とりかじ）から乗らねばならない。午後からは、境内で湯立ての行事がおこなわれる。行者は、大きな釜三つに湯をわかせる。それがわいたら、笹を二たば、湯に入れ、それでもって、湯をかぶる。そのうち竜神様がのりうつり、予言を始める。その後、その笹を皆がもらい、家人を清めるのである。これは、漁のあるなしにかかわらず、例祭時におこなわれる。一時は、その後、余興に神楽などもやられ盛大だった。(51)〔話者：山田朝丸　明治三十八年二月十日生　青木清治　大正元年生〕

・足柄下郡真鶴町福浦

福浦における「龍神講」は三つの組に分けられており、それぞれ約十数人が加入して講をつくっている。上《かみ》の組、中《なか》の組、下《しも》の組がそれである。

講に加入するのは船主が主になるため、各家ごとに一人としても、現在では約四〇人ぐらいがいることになる。したがって、三組のうちの一組の人数は一二、三人平均。

戦後の一時期、漁業者が増え、約二〇〇人にもなったことがあり、それにともなって龍神講の加入者も急増した。その時は龍神講も小学校の教室を貸りておこなうということもあった。教室を貸りての講はその年一回だけでやめになったが、その年は組合長の考え方にも左右されての結果であったという。伝統的には船主が講に加入するのが普通だったといわれる。

龍神講は一般にリュウグウサンと呼ばれてきた。正月十五日、十六日、九月一日がリュウグウサンの日である。正月十五日、十六日の両日は、龍宮様の祠に旗を立てたりすることはあるが、宿に集まって龍神様の掛軸を床の間にかけ、線香をあげるほかは飲食するだけで、とくにおもだったことはおこなわない。だが、両日は休漁とするほか、ウチノマエ（前）と呼ばれる福浦前の海に他村の船がはいることを禁止してきた。そのために、龍宮さんの日の前になると、近村にたいして、「明日は龍宮さんの日だから海に来ないでくれ」といって、触れを出した。近村の漁師であれば、この日を知っているので福浦の前の海に船を乗り入れることはなかった。近年になって、時々、釣り客の小船が入ってくることがあり、そうした時は、「今日は龍宮さんの日だから」といって、おいはらったりしたこともあったということである。

他方、九月一日の龍宮さんの日には、ボタモチをつくり、龍宮さんに上げた。また、この日は、毎年台風が接近する日の近くでもあったので、浜に漁船を曳きあげる準備や、そのための浜の整備をおこない、いざ台風が接近したという現実に直面しても、漁船をすばやく安全な場所まで曳きあげられるような準備をしておいた。

龍宮さんの宿は輪番で一年交代でおこなうことになっているが、不幸のあった家は輪番に当たってもはずすことになっている。また、龍宮さんの日にも、その年に不幸のあった家の人は、その場に出席しないことになっている。龍宮さんの日は、「龍宮さんの祭りは、にぎやかなのは龍宮さんが好きで、踊ったり、唄ったりするとよろこぶ」といい、酒宴をはってさわいだ。

現在福浦の中《なか》の組に文政六年正月十九日の『龍神講之控』をはじめ、安政三年正月十九日の『龍宮日待懸《かけ》之控』（中組）が保存されている。また、掛軸もあり、「奉請龍宮海神王」とある。このことから、近世における龍宮さんの日は正月十九日であったことがわかる。

福浦の龍宮様の祠は、現在もある海岸の高台の崖上に以前からあったが、大正十二年の関東大震災の日に、山の斜面がくずれ、海に落ちてしまった。その時までは立派な建物であったという。

海に落ちた後、子ノ神社の脇に祠を建立した。だが、昭和四十年頃、旅の者が、「福浦の龍宮さんが夢枕に立ち、もとあった場所に帰りたいといっている」といい、経費を負担するからそうしてもらえないかとの相談をうけたので合意し、もとの地に二間四方ほどの祠を建て、再びそこへ移すことにしたのだという。

この龍宮さんは漁の神であり、航海安全の神でもあって、福浦の人びとの信仰心の厚い対象になっているが、そのほかにテンノウ稲荷という稲荷が福浦にはあり、大漁祈願を個人的におこなってもらう漁師も多い。このテンノウ稲荷の祭りは十月二十二日、二十三日の二日間。この稲荷は、真鶴在住の人が、ある日突然に、のりうつったといって始めたが、霊験あらたかとの評判があり、かなり、はやったという。

「福浦ではきまってカツオの漁獲があれば二匹のカツオを子ノ神社や天王稲荷にカケイオとしてあげた。カケイオをあげると神社や稲荷では同じように大太鼓をたたき、祈禱をしてくれた。この時は代理の者が持っていくのが常であった」(52)〔高橋千治〕とあるほどであった。〔話者：高橋虎蔵　昭和四年六月十二日生／高橋浜治　大正四年十月十四日生〕

4　竜神（竜宮様）信仰

三浦半島東岸の鴨居、走水などの旧海村においても竜宮様は祀られている。したがって、相模湾沿岸に多く祀られているということではなく、相州の沿岸漁村においては、どの村にでも竜神（竜宮様）は祀られてきたのである。横須賀市鴨居では、竜宮様はもと、和田川の川の入口にあったが、漁業協同組合が移転するにあたり、竜宮様も現在地に移った（写真19参照）。

正月前には注連縄をはり、宮司にお祓いをしてもらい、お札も新しく「龍宮和田都美神霊」という木札に変えられる。漁民の信仰厚く、赤飯や御神酒があげられるのは常である。

しかし、和田正洲が指摘するごとく(53)、竜宮様の小祠は沿岸の漁村に多くみられるが、「祭日は甚しく一定していない。昭和三十七年の調査では真鶴では五月五日、同じ真鶴で昭和四十六年八月十六日となっている。三浦市南下浦の小浜では四月三日、同間口で二月二十五日（この両集落は近い距離にある）、同菊名で三月、十月の二十四日となっている。即断はできないが、エビスは漁業神、船の守り神として信仰され、竜宮さま、竜神さまは漁業の神として、漁民の間で信仰されたのであろう。それ故、ある時期にはエビスであったものが、竜宮さまに交替したのではないかと思

写真19　竜宮様　　横須賀市鴨居

う」とみる。

前掲のごとく足柄下郡真鶴町福浦の江戸期末における『龍神講之控』をみたが、その史料中にみられる「龍宮さんの日」は文政六年正月十九日から、とびとびではあるが明治三十三年まで、毎年正月十九日に龍神講の寄合いがおこなわれていたことを実証している。また、この間、正月二十日に龍神講の寄合いをおこなっている年も天保七年正月二十日など、数回にわたってみられるが、これは「定《さだ》メ」の中に、「正月十九日廿日両日ニ相定メ申候事」とみえるところから変更をしたわけではない。以下、「定メ」を示せば、次のごとくである。

（横帳表紙）
癸　文政六年
龍　神　講　之　控
未正月吉日

定　メ

一、龍神講之儀　前々より是迄講中其外定メ等も無之処　当未ノ年より漁方一同相談を以
　龍神講三組ニ割合申候事
一、其組々ニ而村方御役人中幷船持代御呼可成候事
一、日持（待）之儀者毎年正月十九日廿日両日ニ相定メ申候事
一、廿日ニ者其年之当番より明年之当リ番江龍神講御帳面盆之上ニ而御受取渡シ可成候事
一、右御帳面扶（捨）又者定メ候義を心得違之者有之候ハヽ、講中寄合急度相調可申候事

以上

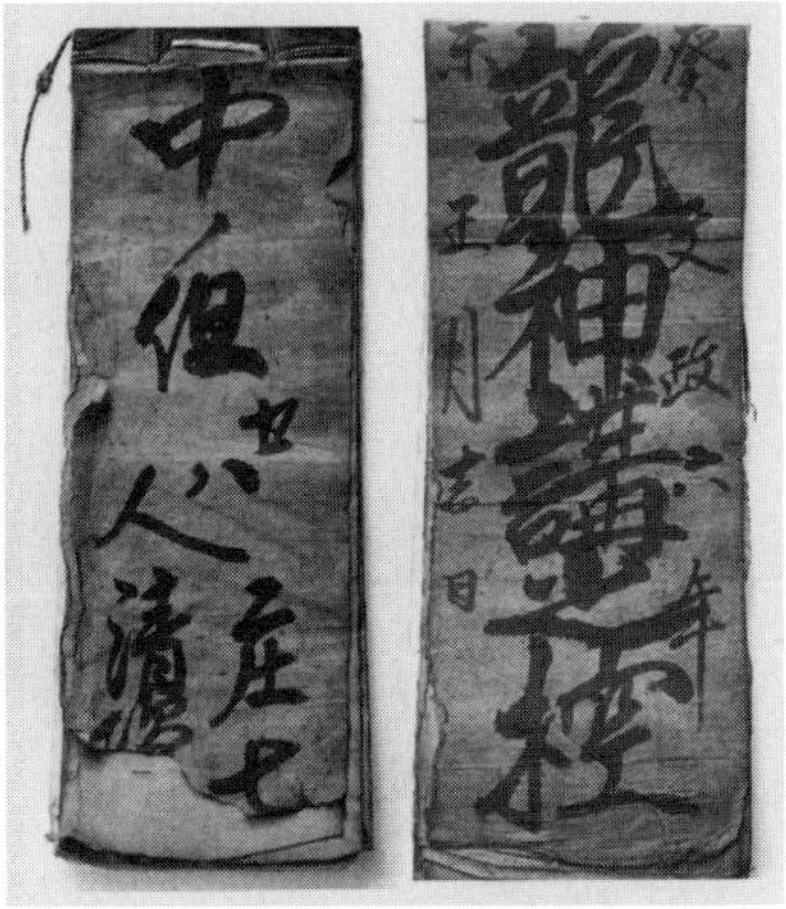

写真20 中ノ組の「龍神講の控」 福浦

（中略）内容
中ノ組 セハ人 庄七
清次□ （裏表紙）

以上の史料からみれば、福浦における龍神講は、文政六年以前はむしろ、講の内容、その他が不明瞭であったものを、この年から「定メ」によって明確にし、村の中の講中も三組に分けたことや、日待ちの日を正月十九日と二十日の両日に定めたことなどがわかる。

このことは龍神（竜宮様）の信仰が、特定の日時を設定する根拠をあまりもたなかった結果であるとみることができよう。正月十九日、廿日も小正月のうちにというほどのことであったのであろうか。

いずれにしろ、福浦で文政六年になって「龍神日待」を決めるようになった史的背景は、文化七年に真鶴村で「根拵網」（相模大網ともいう）によりブリやマグロが漁獲されるようになり、文政七年には岩村、真鶴村、門川村で、嘉永二年には「天保大網」とよばれる、今日でいう定置網漁業が真鶴村、福浦村、門川村でおこなわれるなど、大型定置網漁業がさかんになったことと無関係ではあるまい(54)。

こうして、文化・文政年間には、江戸城下町の繁栄にともなって、相模湾沿岸の海村も発展期にあり、漁業にかかわる依存度が増してきたところに、龍神信仰の強化、整備が現実問題として表面化したとみることができるであろう。

なお、福浦における「龍神講」の仲間は十軒が単位となるほどの、こぢんまりとしたものであったことも史料から知ることができる（安政三年の『龍宮日待懸之控』中には正月十九日、十一名のものもある）。

まとめ

以上、相州の海村に伝承されてきた、海にかかわり、漁民に関係ある信仰についてみた。

こうした相州における事例を大きく仕分けすると、船霊にかかわるもの、竜宮様にかかわるものであることがわかる。すなわち、相州沿岸に伝承されてきた海や船、漁にかかわる信仰の中では、「海」に直接かかわりをもつ海神信仰が欠落していることがわかる。この点、横須賀市佐島の事例で掲げた「海中の岩礁」を竜宮様と呼んでいることは海神とのかかわりを考えるうえで重要な足がかりを提供していることになる。三浦三崎の「御座の磯」も同じロシタアテにかかわる伝承があり、注目される。

それは、網霊信仰にかかわる儀礼が相州沿岸にみられないのに似ている。

また、図13に掲げたごとく、海神・漁神と船神（船霊）信仰は、模式図としては示すことができても、海村で伝統的な漁撈生活を営んできた伝承者の意識の中には、これらの神々や信仰心がすべてとけあって一体化されているようにうかがえる。それは、多くの事例が示すところでもある。

さらに相州におけるこれらの信仰のうち、大漁満足にかかわる龍神（竜宮様＝リュウゴンサン）の位置づけは、図13の模式図よりはるかに漁（業）神的な性格が強くもたれ、漁民の信仰心の中に生きていることが事例のなかでわかる。

註

（1）中村亮雄「三浦半島の民俗（一）」『神奈川県立博物館調査報告』（四）、三八〜三九頁、一九七一年。
（2）内海延吉『海鳥のなげき』二〇六頁、いさな書房、一九六〇年。
（3）田辺悟「漁船の総合的研究（前）」『横須賀市博研報』（人文）（一七）、五三頁、横須賀市博物館、一九七三年。

（4）和田正洲『関東の民間信仰』三二六頁、明玄房、一九七三年。
（5）神奈川県教育委員会『相模湾漁撈習俗調査報告書』一九三頁。
（6）（7）（8）『逗子郷土史ノート』〔小坪のむかし聞き書き〕一九七二年。
（9）註（4）に同じ。
（10）（11）田辺弥栄子「小坪」『小柴造船聞書ノート』一九七〇年。
（12）間宮美智子「民俗文化（六）」『江の島民俗調査報告』四四～四五頁、藤沢市教育文化研究所、一九七〇年。
（13）同右。
（14）土屋秀四郎『伊勢吉漁師聞書』神奈川県民俗シリーズ（一）、一三四頁、神奈川県教育委員会、一九六一年。
（15）同右。
（16）（17）丸山久子『民俗文化』（七）、藤沢市教育文化研究所、一九七一年。
（18）『平塚市須賀の民俗』（平塚市博物館、一九七九年）によれば、「オモカシまわり（右まわり）に三回まわる。これは魚を釣ったりするのがトリカジで、トリカジを海にみせるためだという」と記載されている。
（19）小川直之「船霊と船下し（平塚市須賀）」『民俗』九六、八頁、相模民俗学会、一九七七年。
（20）神奈川県企画調査部県史編集室『神奈川県史』各論編五、二二五頁、神奈川県、一九七七年。
（21）小川直之「二宮町歴史研究会だより」一五頁、二宮町歴史研究会、一九七八年。
（22）註（4）に同じ。
（23）同右。
（24）田辺　悟「内湾漁撈の伝統（二）」『横須賀市博物館報』二七、二六頁、横須賀市博物館、一九八一年。
（25）（26）辻井善弥『ある農漁民の歴史と生活』五三・五四頁、三一書房、一九八〇年。
（27）田辺　悟「相州の海士」『神奈川県民俗シリーズ』六、一一九～一二〇頁、神奈川県教育委員会、一九六九年。
（28）（29）（30）註（2）に同じ、六五頁。
（31）註（4）に同じ、三二八頁。
（32）横須賀市博物館『横須賀市博物館研究報告』〔人文科学一九〕、四八～四九頁、横須賀市長井地区特集号、一九七六年。
（33）神奈川県立博物館「三浦半島の民俗（二）」『神奈川県立博物館調査報告』（五）、九六頁、一九七二年。

(34)　神奈川県教育委員会『相模湾漁撈習俗調査報告書』一二七頁、一九七〇年。
(35)　同右。
(36)　土屋秀四郎『伊勢吉漁師聞書』〔神奈川県民俗シリーズ（一）〕、三八頁、神奈川県教育委員会、一九六一年。
(37)　註（2）に同じ、三二八頁。
(38)（39）（40）　註（12）に同じ、二・八・九・六二・八四頁。
(41)　同右、八四頁。
(42)　同右、八三頁。
(43)　平塚市博物館『平塚市須賀の民俗』八三～八四頁、一九七九年。
(44)　同右。
(45)　同右。
(46)　二宮町教育委員会『古文書に見る二宮の漁業について』八三頁、一九七八年。
(47)　註（4）に同じ。
(48)　註（4）に同じ。
(49)　註（27）に同じ、一一八頁。
(50)　註（5）に同じ、三四五～三四六頁。
(51)　同右、三四六頁。
(52)　田辺　悟「相州の鰹漁」『神奈川県民俗シリーズ』一二、一六五頁、神奈川県教育委員会、一九七三年。
(53)　註（4）に同じ、三二九頁。
(54)　川名　登・堀江俊次・田辺　悟「相模湾沿岸漁村の史的構造（一）」『横須賀市博物館研究報告』〔人文科学一四〕、二二頁、横須賀市博物館、一九七〇年。

二　海上習俗「ヨイヤマ」

はじめに

漁業を中心とする海浜の村の民間伝承には、全国的な視野と関連でとらえ、位置づけ、考察しなければ解釈できない習俗が多くみうけられる。それは漁民や船乗り（廻船など）が移動しやすいことにもよる。

海上の信仰「ヨイヤマ」（宵山をあげる）の習俗は、その代表的で典型ともいえるものの一つである。

ここでは、三浦半島をはじめ相州沿岸（神奈川県内）の海村でおこなわれてきた「ヨイヤマ」と呼ばれる習俗がいかなる目的のためにおこなわれてきたのか、どのような意味をもって伝承されてきたものなのかを明確にする。

1　ヨイヤマの事例

(1)　三浦半島および相模湾沿岸の事例

・横須賀市久里浜

「海上であたりが薄暗くなって、宵暗がせまってくると、ヨーマンダキということが船の上から行なわれる。ヨーマンダキはオタキアゲともいい、薪をナタ庖丁できれいに削ったケズリカケに似たケズリッパに火をつけて、それを海に流すことをいう。風が強いと直ぐ火は消えてしまうが、ナギの時には板切れを枕にして流すと、海上でしばらくもえている。ケズリッパを作るには松のゴサイ薪（五本で一把になっている薪）を用いる。これをアグリ網の船ではメーロシ（見習）が暇を見て昼間のうちに造って置く。メーロシは船上では炊事当番をやることになっているが、薪などは潮でしめって燃えにくいので、薪をケズリッパにしてたきつける。もっともオタキアゲに使うのは特別に念を入れて作る。ちょうど削りかすは鳥の羽根のようになる。これが薪からとれてしまってはならないので、一五も二〇も重ねて削るには相当の熟練を要した。だから、ケズリッパを千枚に削ることが出来れば漁師は一人前だといわれた。若い者が船に乗ると、先ずやらされたことが、このケズリッパ作りと飯たきだった。

ヨーマンダキは小釣や見突きなどの小職ではやることはなく、縄船、アグリ網船、カツオ船などの大職の船で主に行なわれた。ヨーマンダキは沈み行った太陽に感謝し、海上安全を祈るために行なわれるものなのではあるまいか。でも、ヨーマンダキの意味については詳しいことは知らない。（1）」〔話者：山本松蔵　明治三十二年五月五日生〕

・三浦市南下浦町金田

ヨイヤマは三浦市南下浦金田（旧金田村）でもおこなわれていた。話者の石井兼松によれば、彼が十三歳の明治三十年頃、金田の漁師たちがおこなっているのを見たことがあるという。やはり漁にかかわるマジナイで、「漁があるように」おこなうとされる。また、東京湾を夜の漁で横断する時の危険防止の意味も含んでいたといい、その方法は薪をけずり、火をつけて空にかざしたが、その時の薪にはとくに松のヒデを使った。〔話者：石井兼松　南下浦町金田〕

・三浦市三崎白石

話者は三崎白石に在住しており、長い間、カツオ漁を主に漁業生活を営んできた。三崎ではケズリッパまたはタイマツといい、薪を鉈庖丁で削り、「一本の薪を百束にかく」などといって、こまかく削りかけをつくった。そのために鉈庖丁はつねに砥石で磨きあげておかなければならなかったという。

このケズリッパづくりは、夜の商売といわれる流し網漁（サンマ流し・イワシ流し・マグロ延縄）の時などにやった。夕方になると「ツオー・ツオー」といいながら火をつけたケズリッパを三回右にまわして、できるだけ遠くの海面へ投げる。このケズリッパに火をつけて投げる行為の内容的な意味は、龍宮様に、おあかり（お灯明）をあげるためか、または「魔よけ」のためにするのかは明確でないという。

とにかく、話者が子どもの頃には十艘の漁船が夕方出漁すれば、そのすべての船が同じようにおこなったという。そして、流した「ケズリッパ」は「出雲の神様にみんなよってしまう」のだと言っていたのを聞いたことがあるという。〔話者：小川慶次郎　明治十五年五月二日生〕

・三浦市城ケ島

城ケ島におけるヨイヤマの方法は、薪を鉈庖丁できれいに削り、ケズリカケのようにつくりあげ、それに火をつけ片手に持って空に大きく三回まわしてから海中に投げこむ。この時は無言で、とくに呪文を唱えるということはなかった。また、三回まわす方向などについては明確な聞取り調査ができなかった。漁民はヨイヤマをおこなうため、沖で飯を炊く時、とくに素性のよい薪をとっておいた。〔青木広吉〕

また、ヨイヤマは豊漁を祈るマジナイであったが、暗くなった時に漁船同士が接近して網を入れたりしないようにするための合図にもなった。〔池田熊吉〕

城ケ島におけるヨイヤマについて、青木広吉は「明治四十年頃まで、この呪いはみんながおこなっていたし、これは城ケ島の漁師だけの呪いではなく、房州から来た漁船でも同じようにおこなっていた」という。

薪を削ったものをケズッポといい、できるだけ大きくケズリカケのように削ることが大事であった。

ヨイヤマは沖で網漁の網入れをおこなう時のマジナイであると聞いた。したがって、あたりがうす暗くなる「日暮れ」におこなうのが習いで、ヨイヤミがせまる時刻と関係している。漁師が自分の腕を夕空にかざし、手に生えている産毛が見えているようでは、まだ時がはやすぎて効果がない。いちばん効果的な時刻は、産毛が見えなくなる頃で暗くなりすぎてしまってもききめがないと伝えられている。(2)〔話者：青木広吉　明治二十一年九月十日生／池田熊吉　明治二十五年十月十七日生〕

・横須賀市長井

長井ではケズリッパを三本ぐらいつくっておき、船上で炊事の時に使ったことはあるが、火をつけて海中に投げたことはなかったという。同じ長井の貂《てんのかわ》革千代蔵もケズリッパをつくって炊事をしたが、それ以上のことはわからないという。〔話者：松本喜一　明治四十一年六月十六日生〕

・横須賀市佐島

マグロ船が夜にマグロナワを流している頃、日暮になると薪を燃して海に流した。それは船頭がやっていたようである。〔話者：福本為次　明治二十七年生〕

・足柄下郡真鶴町福浦

小田原でナダをはしるマグロ船が、天候が悪く、暗くて方向をまちがえたり、迷ったりした時などは、「おばけにまよわされていることがある」と言って薪に火をつけ、「ウチノヤマの地蔵さん」と言いながら海中に薪を投げたものだという。これは、龍ごんさんや海にたいまつ（灯明）をあげることだともいった。

また、暗い荒天の日の海中には、うかばれない無縁仏が現れて海を荒らすといわれ、それらの霊を払いのけるためにも薪に火をつけて海中に投げるのだという。

福浦では、そんなこともあるため、浜施餓鬼をおこなって無縁仏の供養をおこなったり、盆にはヒャクハッテンテンといって一〇八個のタイマツをススキでつくり浜に並べて火をともした。これらのタイマツは、浜に青年団が三組あったので、組ごとに分担してススキ刈りに出かけ、協力してつくった。松明（タイマツ）は、竹棹の先端につけて高くあげ、火をともした。〔話者：高橋千治　明治三十一年十月二十二日生〕

(2)　他地域における事例

・静岡県伊東市

「夜間の漁に海上に出た場合、〈灘火〉といって、薪の火を三回振ってから海に捨てるという。これは青峯山（三重県鳥羽市松尾）に献ずるのだろうという。(3)」

・石川県大聖寺（加賀市）

「大聖寺（加賀市）の瀬越集落には北前船船乗りの信仰体験の中にヨイヤマアゲル（宵山あげる）があった。（中略）。入港はたいてい夕刻で、オヤマ下（焼火《たくひ》権現様の下）にさしかかって、ほんの日の入りの時刻になると、カシキがヨイヤマをアゲる。藁とトマ（スゲやカヤでつくり和船の荷物の上に覆いとしてかけるのに用いる）で作った二尺ほどのタイマツを持って、船の下に積んである（実際は吊るしてある）テンマに乗って、船の進行方向後向きになり、三べん、時計の針の方向に廻しておしいただき、海に投げる。投げたあとは振り向かないようにしてもとの位置に戻る(4)」というものである。以上は、上述のごとく隠岐国（島）の焼火権現に対する信仰である。

2　ヨイヤマの意義・目的

これまで、三浦半島および相模湾沿岸をとりまく相州の海村に伝承されてきた「ヨイヤマ」についての事例と、他地域における若干の事例を掲げた。

これらの事例から、ヨイヤマと呼ばれる海上習俗に類似性、共通性があることは明確であるが、その内容面、意義づけ、解釈などは必ずしも一致していないことがわかる。

それでは、以上の事例で掲げたヨイヤマの本来的な意味をどこに求め、どう解釈すればよいのだろうか。

「ヨイヤマ」に関する意味づけは、第一に三浦半島の南下浦金田や城ケ島の事例にあったように「豊漁を祈るための呪い」とすること、第二に三浦三崎をはじめ真鶴、伊東などの事例にあるように龍神あるいは海神、または青峯山などに「お灯明をあげる」とか、「魔をはらいのける」といった仕分けができる。

ところで、この本来的な意味はどう解するべきであるかを明らかにするためにあげたのが他地域における若干の事例である。北見俊夫が報告した隠岐国（島）の焼火権現に対する信仰がそれである。

北前船をはじめとする帆船による海上交通がさかんであった近世初期は、航行技術が未発達であったため、沿岸各地の自然的景観に熟通するといった経験にもとづいた航海術がその主流であった。そうしたなかで特徴のある山やミサキ（御先）はもっとも頼れる指標であった。したがって、山は海上交通における山アテの対象として、しぜんに航海者たちの尊崇の的となり、海の人びとを山にひきつける信仰の対象になりえたといえよう。

宵山をあげるという習俗も、最初は焼火権現を信仰している海の人びとによって「お灯明をあげる」という意味であったのであろう。それは港に出入りする帆船が「御先」の先端にある社にオブリをあげることを省略し、形式化して、船上より海中へオブリを投げることによって済ませることに似ている。つまり、海上遠く船上にあっても、信仰する神へお灯明をあげるという行為が宵山をあげると表現されたにすぎないとみることができよう。

また、常日ごろ信仰している「山」に「宵山をあげる」ことによって海難にあわず、航海の安全をはかってもらえるという気持ちが、別に特定の「山」が臨める場所でないところでも「宵山をあげる」という習俗を久しく伝えてきたのであるといえる。

太平洋岸の海村では隠岐の焼火権現に対する信仰はあまり知られていないが、三浦三崎の事例のごとく、流したケズリッパは「出雲の神様にみんなよってしまう」のだという伝承は、日本海指向型の信仰の一端をかいまみるような気がする。そして古い時代から日本海において育った海の民間信仰が、廻船の船頭をはじめとする乗組員（水夫）たちによって、しだいに太平洋側の海村にも伝えられてきたものとみられる。

北見俊夫によれば、九世紀初頭の『日本後紀』に、延暦八年、遣渤海使船が帰りに嵐にあって、焼火権現を心に唱え、火が山頂にともって無事帰路をみつける内容を初見として、平安時代の『栄華物語』、そして、鎌倉時代に承久の変で隠岐に流された後鳥羽上皇の渡海のおりにも、焼火権現の信仰を自ら行ぜられたという記載があるという(5)。また、江戸時代には安藤広重の「諸国三十大景」に、廻船の船首のところに立った人たちが松明を振っている図が描かれており、そこに添え書きまで「焼火権現」と明記されている。したがって、少なくとも江戸期には、江戸人士の間にも広くこの信仰が知られていたと推測されると述べられている(6)。

上述のような「焼火権現」の信仰が相州にも広まっていたことを実証できる資料がある。それは、相州の西浦賀で廻船問屋（主に米や塩を商っていた）を営んでいた大黒屋儀兵衛が安政二年に武山不動尊（持経寺）境内に建立した石仏の台座に「海上安全　隠岐国焼火山寫　願主西浦賀　大黒屋儀兵衛　安政二乙卯八月佛歓喜日　西浦賀石工　源右衛門」と記されていることによる。

写真21　諸国名所百景

写真22　隠岐焚火社

　このことからも、すでに焼火権現の信仰が浦賀湊の商人によっても信仰されていたことが実証できる。

　以上のように、江戸湾に入る弁財船（樽廻船や菱垣廻船などの大型帆船）は上方方面より伊豆半島の石廊崎をまわり下田に至り、三浦三崎、浦賀湊などで風待ち、潮待ちして江戸湾へ入るのが常であったから、そのような廻船の船頭たちによって湊ごとに民間信仰が伝えられたとしても不思議はない。おそらく、三浦半島をはじめ相模湾沿岸におけるヨイヤマの伝承は、近世における帆船の船頭たちが伝えた民間信仰を各地の海村の人びとが受け入れ、自分たちなりの信仰におきかえて近

写真23　大黒屋儀兵衛が建立した石仏

年まで伝承してきたものと解釈することができる。

それは、太平洋側における航海信仰の山が志摩半島の青峯山に変わっている事例によって、さらに裏づけることができる。太平洋沿岸の海村においては、志摩半島の青峯山信仰が広く分布しており、事例としてあげた静岡県伊東市の灘火はその一例である。

さらに、真鶴の事例にみられる「魔をはらいのける」という内容については、桜田勝徳が『海の宗教』(7)の中で松浦静山著の『甲子夜話』を引用しているごとく、船幽霊をおいはらうために、苫を焼いたり、焚さしの薪を投げたり(傍点は筆者による)、灰をふりまいたりするのは、「陰物は陽火に勝つことなきを以ての法であると、舟人は云い伝えている」ということとの関連もみのがせない。

このように各地のヨイヤマにかかわる事例を比較してみると、その本来的な意味は、南下浦金田や城ケ島の事例にあった豊漁を祈るための呪いではなく、山にお灯明をあげることで豊漁を祈るための呪いとするのは福次的であることがわかる。

また、事例には掲げなかったが、三浦半島の横須賀市佐島で「マグロ船が夜にマグロナワを流している頃、日暮れになると薪を燃して海にながした。それは船頭がやっていたようである」〔話者：福本為次　明治二十七年生〕という聞取り調査や、辻井善弥の調査報告(8)にある三浦半島の横須賀市久里浜の事例にみられるヨーマンダキとかオタキアゲと呼ばれた海上信仰の習俗は、すべて近世以前から伝承されてきた「山」にかかわりのある民間信仰であると位置づけることができる。

なお、三浦半島の「武山」にある武山不動尊（持経寺）は、近在近郷の人々による信仰の厚い不動様だが、特に一月二十八日の初不動には漁民やその家族で賑わう。それは、漁民が「山あて」にするための重要な「山」でもあるからにほかならない。

註

（1）辻井善弥「山本松蔵翁漁業聞書」『郷土の研究』第一〇号、三九〜四〇頁、三浦半島郷土教育研究会、一九七九年。
（2）田辺 悟「相州の海士―三浦半島を中心に―」『神奈川県俗シリーズ』第六集、一二〇頁〜一二三頁、神奈川県教育委員会、一九六九年。
（3）木村 博「風に関する伝承と呪法」『日本民俗学』第一一七号、一〜一六頁、日本民俗学会、一九七八年。
（4）北見俊夫「海上の信仰」『日本民俗学』第七〇号、三〜四頁、日本民俗学会、一九七〇年。
（5）北見俊夫「海と日本文化」『太平洋学会』第三号、四八〜四九頁、太平洋学会、一九七九年。
（6）田辺 悟「相州漁村民俗誌（4）―沖言葉と海上禁忌―」『郷土の研究』第六号、四八〜四九頁、三浦半島郷土教育研究会、一九七三年。
（7）桜田勝徳『海の宗教』一二三一頁、淡交社、一九七〇年。
（8）註（1）に同じ。

第五章　海浜生活の民俗

一　大漁祝いと不漁なおし

はじめに

マイワイあるいはマンイワイが大漁祝いのことで、マあるいはマンが運または幸運を意味していたことは周知のとおりである。ただ、この言葉や意味が地域により、かなり訛ったり転用されたりしている例が多い。たとえば三浦三崎ではマエイワイといっているが、マイワイの訛音で、(1)漁がマだ、マがいい悪いのマ（間）の意味であろうといわれ、さらに、「千両祝とはヤンノの水揚げが一〇〇〇円に達した時の祝のこと。その時親方はマイワイの着物を船方に着せたものだが、その頃なかなか一〇〇〇円の水揚げはできなかったようだ。給金乗りのマグロ船の千両祝いの慣行は、マグロ、メダイ、ムツを組合せた三崎の大テントにも移って同様のことが行われ、マイワイの反物は漁期のシマイ勘定の酒宴に引出物として配られた。（中略）後この着物を大漁着と言うようになったが、昔はなかった(2)」と報告されている。

1　マイワイ（大漁祝い）

・旧深浦

「大山の阿夫利神社の参詣にはマイワイを着て出かけたりした。皆んな得意で、ゴマフダをいただいて帰った。マイワイはハチダ網（カツオの餌にするヒコ〈シコ〉を漁獲する）で大漁があった時、千葉県へ注文、仕上げてもらった。子供用のマイワイもあった。カツオ漁のカタフネ（カツオ漁の餌の宿をするため親戚づきあいが成立する）になると、カツオ漁で大漁があった時、カタフネからマイワイの反物をもらうこともあった。(3)」

・横須賀市走水

走水では、大漁祝いにその引き物（引き出物）としてマイワイ（大漁祝着）を出してたことがある。東京内湾漁撈習俗調査を神奈川県教育委員会の文化財保護課で実施した際、その報告書には「大漁祝着については聞かれなかった」と報告されているが、走水の山崎良宅にも保存されているし、その他、明治三十七年から三十八年頃、ミル貝の最盛期に組合の漁業権を入札により浦請けした「魚要」〔川島善太郎〕は、千葉県の富津より潜水夫を雇ってミル貝採取をおこなった。その時期は大漁で、大漁祝いをおこない祝宴をひらき、引き物に大漁祝着を出したことがある。その後、大正元年か二年頃、また昭和二年か三年頃、さらに昭和十六年か十七年頃に、いずれもミル貝の大漁があり万祝をおこなったことがあり、大漁祝着を出したことがあった。〔話者：川島善助〕

・横須賀市鴨居

東京湾口の鴨居では大漁祝いをオキアガリといい、「一本釣りの漁業者は大漁の時は赤飯を炊き、五〜六人の仲間が集まって祝酒を飲んだ。揚繰網などの大きな船では大漁旗を船にあげる。大漁旗は、大漁の都度その裾に市松模様を一寸宛下へ縫い足していく風習がある。乗子には、手拭いなどの祝儀を配って祝った。また、その時獲れた魚を二〜三匹藁でつるし、船のみよしなどにかける。これをカケウオといった。[4]」

以上のことから、大漁祝いについての内容と、次の漁祝いに対する期待、楽しみといった漁民（師）の感情が大漁旗を実績に応じて大きく（長く）していくという点にかいまみることができる。また、カケウオの習俗があったことも知られる。

さらに、鴨居における大漁祝いを具体的にみれば、鴨居は伝統的な一本釣漁業の技術にささえられて発展してきた村だが、大きな漁祝いができるのは、やはり釣漁業より網漁業になってからのことであった。

とくに揚繰網漁業がおこなわれた大正四年頃、ハチモリという網元で揚繰網を操業し、コハダが漁獲された時期に漁祝いも多かった。

コハダ漁は毎年十二月より翌年三月いっぱいが漁期で、寒い時期に漁獲があり、暖かくなるにしたがって漁獲量が減少した。揚繰網でコハダ漁をおこなうと、ボラもかなり漁獲できた。漁場は東京湾口より横須賀市の大津沖。明け方に網を入れる。網子は普通二五人ほど。

明治二十五年生まれの二本木辰蔵が二三歳頃（大正三年頃）、当時、一万円の水揚げがあると大漁祝いに反物をだした。一漁期に大漁つづきで三枚もの「万祝」を出したことがあり、餅をついて、投げたこともある。十二月より翌年四月までの漁期に一人三三五円の代分けができたこともあり、一漁期に三回も大漁祝いをおこない三枚も万祝を出したときは、二枚までは紺色の布地であったが、三枚目はテツ（鉄）色の布地にしたこともあった。

・横須賀市久里浜

「山本松蔵が経験した最大の大漁は四〇〜五〇年前、日時はおぼえているが一月十六日の雪の日だった。金谷前のメーネという漁場でセイゴが網に七〇〇樽も入り、その水揚金額は一六五〇円だった。このように当にしない漁をヌケ漁といった。そのつぎはブリが三〇二本も入り、一本一円だったから金額にして三〇〇円の水揚になったという大漁であった。

このような大漁の時には大漁祝いをした。浜にあげた二艘の網船の間にサジキを組んで、餅投げをして祝った。また酒を一樽かって皆にふるまった。たいてい餅は一〇俵ぐらいついて投げたり、配ってしまう。

また、マンイワイの半てんを出すこともあったが、これはめったになく、大概五〇〇〇円以上の水揚でも出なければ出さなかった。あとは大漁祝いの手ぬぐいを出すぐらいであった。

マンイワイの半てんは千葉であつらえて作ったものだった。(5)」

・三浦市南下浦町上宮田

上宮田では「大漁の時にはマユワイと呼ばれるめでたい模様の描かれた着物を着用する。日当程度の漁獲があった時は酒を飲み、それ以上の時は、おそろいの手ぬぐいをかぶり、赤い帯をしめた。これをオキアガリといった。(6)」

上宮田においては大漁祝いを「マユワイ」といい、大漁の時には万祝着を出す時もあったが、赤い手拭いを引き物に出した時もあった。話者によれば、大正七、八年頃に「日ノ出網」というイワシのキンチャク網があり、一二人〜一三人が株を持って共同の網漁業をおこなっていた。網漁に従事する漁夫は一五人から二〇人ほどであったが、その時にイワシの大漁があり、勝山の染屋で大漁祝着を染めたことがある。大漁の時には株仲間で祝宴をもよおし、武山不動尊などへお礼参りに出かけた。〔話者：高橋伊佐吉〕

・三浦市南下浦町金田

「大正時代、金田湾にキンチャク網が四統あり、その内訳は北と里で所有している里網、エビス網、岩浦のイワブ網、小浜のコバマ網であった。

漁があるとノボリの小さいもの大漁旗を沖からかかげて帰ってきたり、大漁着をだしたりした。キンチャク網のヤドを小浜の江戸屋がやっていた大正十年すぎに大漁があり、マイワイ（大漁着）を出して大山参りをしたことがあった。[7]」

・三浦市南下浦町松輪

三浦市南下浦町の松輪では、大正時代の櫓船を使用していた頃、「大漁を知らせるため、鉢巻にしていた手拭をとって大漁旗のかわりにしたというし、大漁祝ではなく、大漁祈願として、春は二月二十五日、秋は十一月二十六日に、リューグーサマに祈り、正月二十八日には武山の不動様にいった。[8]」

・三浦市三崎町

華やかな大漁祝（マンイワイ）は沿岸の小規模漁業においては望めなかったわけで、三崎ではおもにマグロ漁、カツオ漁に限られてしまっていた。これは網漁が発達せず、釣漁業が中心であった三崎においては当然の結果であるともいえよう。したがって、「マグロとカツオを大漁した時に限り、トモに船印を立てて入港する習わしがあった。但し三崎では大テントがメダイを大漁した時も立てた。カツオは満船すると持っている餌を捨て、その場で船印を立て、マグロ船は口港近くに来て立てた。どちらも港に入ると総裸総鉢巻、や声勇ましく家の下まで櫓を漕いだものである。（中略）船印を漁師はシルシ・トモジルシと呼んだ。それは端午の節句に家飾りにするより大きいノボリである。シルシを立てる程の漁でない場合には、船を揚げてから、ハンザオ（張り竿）の先に赤い布をつけてトモのタツにしばる。この赤い布を半曽様とよんでいた。しかし三崎でいう半曽様とは鎌倉にある半僧坊のことで、ここは三浦から房州にかけて漁民の信仰が厚く、新造下ろしの時のほか、漁に外れてばかりいるとか、漁に当ったとか、ここに参詣する機会はしばしばあった。(9)」

・三浦市三崎二町谷

三崎の二町谷ではサンマ流し網、マグロ流し網などでも明治二十年代には大漁祝いをおこなったことがあった。普通「千両万祝」といっていたが、それほどの漁でもない時は、黄色い手拭いを引き物にだして鉢巻きにしたり、帯を出したりすることもある。また「ホンモウケ」といわれた本格的な大漁の時に大漁祝着を出したり、夏は浴衣を出したりした。御礼参りに成田山や武山不動様へ出かけた。〔話者：石渡トキ〕

・三浦市城ケ島

城ケ島では一〇〇〇円以上ということにこだわらず、大漁の時にマイワイ（大漁着）を出した。石橋要吉の記憶では過去二回あったという。

城ケ島でアジ巻網を始めたのは明治二十九年生まれの金子庄八が二十三歳の頃であるというから大正六年から七年頃のことである。アジ巻網を始めた翌年頃から大正九年、十年頃に大漁があり、その時にマイワイ（大漁祝着）をつくることになった。その頃、三浦（三崎）でマイワイを染められなかったので石橋要吉と山下某の二人は東京を経由して千葉県の坂ノ下（勝山）に出かけ、大漁祝着三〇枚を注文したという。

二回目の大漁祝いは、第一回目の大漁があった年から五年か六年たった大正十三年か十四年頃で、この時は漁船に二〜三ばいもアジが漁獲され、二〇〇貫から三〇〇貫目の大漁だった。

城ケ島におけるアジ巻網について言及すれば、はじめモト網と呼ばれるアジ巻網があり、その後、別に大正六年か七年頃になって金子庄八らの出資により新規のアジ巻網組が組織され、この網組をマルシンと呼んだ。この頃はまだ市場がなく、漁獲したアジは仲買人に売っていたので、網の名称が必要であったという。それ故、旧網組に対して、新しく結成した網組を「丸新」といった。

この新しい株仲間は、発足当初七軒（七人）であったが、その中に網株を二株持った家が三軒あったので合計株数は一〇株。この共同によるアジ巻網経営は最初に山下（一株）、石橋（一株）、テラマチ（一株）、サジサマ（一株）、オコンサン（二株）、金子（二株）、池田（二株）で始められたが、その後、人手（労働力）が不足するという事情もあり、二、三年後にシゴサン（一株）、倉さん（一株）が加わり、合計九軒の一二株に増加した。その後、各人（家）の持ち株は平等の一株所有となったという。

アジ巻網の漁期は普通は九月より十二月までだが、漁があれば年によって正月から三月頃まで継続することもあった。ところで、このアジ巻網をおこなった頃の大漁祝いは、餅をついて投げたり、樽酒をふるまったりして祝った。また二回目の大漁祝いの時は蜜柑を投げた。

同じ城ケ島でマルシンの網株仲間にややおくれて、大正の大震災前（大正九年頃）、城ケ島の西側の者が新規にアジ巻網の網株を組織してアジ巻網漁業をおこなうようになり、この網を「マル西」と呼んだ。その後、昭和二十四年まで、マルシン、マルニシの両アジ巻網組はつづいたが、それ以後、現在に至るまで両網組は共同（合併）して、アジ巻網漁業をおこなうに至った。〔金子庄八〕

城ケ島における大漁祝いは、大正の初期、すでに廃業となったマグロ流し網の栄えた頃より、大漁祝着が引き物に出され、大漁祝いのお礼参りに武山、大山、成田山などに出かけた。が、まず第一に城ケ島の明神様（海南神社）へ、それから三崎の海南神社へ出かけてお礼参りをした。大漁の時は船をトリカジまわしに三回まわし、酒を三回、海の龍宮様にあげた。〔青木広吉〕〔話者：石渡要吉　昭和二十二年二月十七日生／金子庄八　明治二十九年二月二十五日生／青木広吉　明治二十一年九月十日生〕

・三浦市浜諸磯

三浦市の浜諸磯ではアジ巻網漁の時に一回、大謀網を経営した時に一回、それぞれ大漁の祝着（マイワイ）を出したことがある。

アジ巻網は浜諸磯だけの株組織を結成し、五人ほどで漁をおこなった。このアジ巻網で大漁があり、祝着を出したのは関東大震災（大正十二年九月一日）の一年ないし二年前のことである。したがって、大正十年あるいは十一年頃のことであった。その時の祝着は三崎の南部屋呉服店に注文したが、どこで染めたかについては不明である。〔話者：三堀福次郎　明治二十二年五月二十五日生〕

・三浦市初声町三戸

三浦市初声町三戸ではコザラシ網（大イワシ漁獲網）の漁をおこなっていた時に大漁があり、マイワイ（大漁祝着）を出したことがある。マイワイを出した年は明治三十五年生まれで六十七歳の老婆が二十一歳の時に三戸へ嫁に来た二年前といい、逆算して大正八年頃のことだという。その後は一度も大漁祝着をだすようなことはなかったという。〔話者：沢村政雄・原　重太郎〕

・藤沢市江の島

江の島では「大漁のときには船に旗をあげる。これをしるしといい、たいてい赤い旗を立てるのだが、それを持っていない時は、自分の着物を脱いで、竹かなにかにゆわいて旗のかわりにする。この旗はマネといい、本来は、船が故障して、他の船に助けを求めたい時に立てるものである。そして旗をたって帰ってくると、みんなでお酒を飲んで喜びあった(10)」という。

・平塚市須賀

平塚の須賀では、大漁の時には船主（元）が黄色や赤の三尺と、大漁の文字を染めぬいた手拭いを引き物に出した。手拭いは船方（乗組員）が鉢巻にするが、この手拭いは平塚の呉服屋で売っていた。特別に漁のあった時は、さらに万祝の着物をだした。図柄はカツオの模様や船名を染めぬいたもので、千葉県の染屋へ注文した。

大漁のあった時のことについて、「昔の漁夫たちは、大漁のあと、〈舞祝〉（マイワイ）とよぶ、木綿色染の着物を、うちかけのように着て、手拭の鉢巻で、威勢よく、飲み、また歌った。そのあげく須賀から平塚の遊廓まで声をはりあげて、甚句をうたいながらやってきた(11)。」

この事例内容はマイワイそのものについては不明だが、当時の雰囲気がよく表現されているように思われるし、漁民の生活や気質がかいまみられるといえよう。〔話者：金子長太　明治三十四年八月十七日生〕

・中郡大磯町

大磯でも大漁祝いに際して大漁祝着を引き出物としてだしたことがある。昭和七年以降、マイワイは着ない。昭和二十年からの戦後はユカタ（浴衣）は出したことがある。大漁の時は高麗神社に参り、そのあとハイヤー（自動車）で大山に参り、伊東方面の温泉へ出かけて祝宴を催した。
「大磯では大漁の時、船のフナバリの中のとめのところにお神酒をあげる。[12]」〔話者：真間福次郎　明治二十七年二月二十七日生〕

・足柄下郡真鶴町

「真鶴では、比較的はやい時期から大規模な網漁業がおこなわれており、釣漁村などに比較して大漁に恵まれた数も多かったようである。やはり他地域と同じく、大漁に際しては祝宴をもよおし、大漁祝着を引き物として出し、地元の貴船神社、八大龍王社はもとより、大山、成田山などへお礼参りに出かけた。現在でも真鶴の富岡寿夫宅には大正当時の万祝着が保存されているし、三木キヌ宅には、万祝着を着用して成田山に参詣したときの写真が保存され、当時の様子を窺うことができる。[13]」

・足柄下郡真鶴町福浦

福浦でも大漁の時には沖から大漁旗を立てて帰港した。大漁の時のカツオ釣上げ数は三〇本以上が普通で、これ以下の二〇本程度の時は船を陸あげしてから立てることもあったし、初めての漁でこの程度の漁があった場合も大漁旗を立てた。五〇本以上の漁になると沖から旗を立てるが、トモのカンダツに旗を縛りつける。この時は旗をヒラヒラさせたままであるが、それ以上、一五〇本も大漁ともなれば、ホンズルシといって旗印に横棹をつけて沖から立てて帰った。その他、バシルシ（バズルシ）といって、一か所の漁場で比較的多くの漁をした時も旗を立てる。

遠くより（沖より）旗を立てて帰ってきた時の方が大漁であったので、岡から見ていてもその日の漁の結果がわかった。

大漁の日は一同が船主の家に集まり、オキアガリと称してカツオのサシミを肴に酒宴をはったが、この時の費用はすべて船主が負担した。

福浦でのカツオ漁の場合、初島の二〜三里沖合でよくカタクチイワシがハミになることがあり、イワシがハムとたいていはカツオの大漁が期待できた。しかしカツオは一中夜に千里移動するといわれ、毎日おなじ漁場で大漁になるとは限らない。ハミを発見すれば、たいてはバジルシを立てることができた。

しかし、大漁といってもカツオ漁ではオデク（デクのマイワイといって人形の図柄模様のある着物・三人囃など）を出すことはなかった。マグロ漁ではそれがあり、ジェイ丸などは万祝（オデク）をだしたことがあった。

しかし、カツオ漁の場合はマイワイを出しても赤い手拭いか黄色い帯ぐらいがせいぜいであった。

大漁の時は氏神、子ノ神社（祭神は大黒様）の神主さんに依頼して祝詞をあげてもらい、お礼参りをした。そのあと天王稲荷、原の稲荷様、大山（阿夫利神社）、秦野の白笹稲荷などに大漁のお礼参りに出かけた。大漁祈願のためにお札をもらいにいったりした。また、祝詞をあげてもらい、いただいてきたお札は船に貼ったり、船主の家の神棚にあげたりした。〔話者：高橋千治　明治三十一年十月二十二日生〕

以上、マイワイにかかわる事例を掲げた。これらの事例は、とくに太平洋側（北海道・青森・岩手・宮城・福島・茨城・千葉・神奈川・静岡など）の東北日本全域に共通している。

マイワイあるいはマンイワイは、万（萬）祝・前祝・舞祝・間祝・真祝などの漢字をあてはめて表記されてきたがいずれも大漁（幸運）に恵まれた時の祝いであるから、めでたいときに用いられる漢字を選んだ経過があったとみられる。

三浦市三崎、あるいは城ケ島などでは訛って「マエイワイ」あるいは「マイウェー」といっているが、大漁を祝う袢纏の総称とうけとられている。「マ」あるいは「マン」とは「運」の意であり、「幸運」という意味をもっていたようで、「マイワイ」とは本来、恵まれた大漁に際しての祝（大漁祝）のことを称していた。それは、千両、万両と俗に言われるように予期した以上の水揚げ（漁獲）があった時、大漁を祝して船主、網主、あるいは漁師仲間の共同出資による株仲間たちなどの漁業経営者が、船子、網子、乗組仲間たちを集めて祝宴を催し、その宴席で引き物（引き出物）として揃いの袢纏（大漁祝着の反物）をだしたもので、もともと大漁祝の意味であったマイワイあるいはマンイワイという言葉が引き物の反物に転用され、時がたつにつれて大漁祝の宴席で出す引き物の袢纏をマイワイあるいはマンイワイと呼ぶようになってしまった結果である。

しかし、同じ大漁祝で引き物として出す手拭いや浴衣、帯など、比較的、漁獲量の少ない時のものには転用されなかった。

このことは、今日でも岩手県、宮城県などで大漁祝の時の引き出物として出す品々に船主や網主の屋号や船名が名入りで記されていることからカンバン（看板）と呼ばれていることからもうかがわれる。

三浦市内では以前、マグロ流し網やサンマ流し網（たとえば明治二十年頃、三崎二町谷の半次郎丸）、アジ巻網（大正九年頃と大正十三年頃の二回、城ケ島の株仲間マルシン）、サンマ巻網（大正初期、三戸の網株）、巾着網（大正の頃、金田、上宮田）などで大漁祝着を出したことがあり、一同が大漁祝着を普段着の上に帯をしめないで打ち掛けのように着て、手拭いの鉢巻きをしめ、氏神へ大漁のお礼参りに出かけたり、武山不動尊、成田山、日光、大山の阿夫利神社などへ参詣に出かけた。

三浦市をはじめ、三浦半島でだされた「マイワイ」には、地元で染めたものがないようで、ほとんど千葉県勝山、館山、鴨川方面の染物屋へ注文したものである。大正十二年、鴨川の山田染物店「万祝注文受取帖」(14)によれば、「相州三崎町　㊐梅原商店　セ紋ツル　モヨー五人立　地色真鼠　三〇〇　一〇反　セ紋金ジク　モヨー三福神　十反〆六十円也」とみえ、「房州へ注文した」という聞書きを裏づける。

2　マンナオシ（不漁なおし）

マイワイが大漁祝いであるのに対して、マンナオシが不漁なおしであることは、全国的にもよく知られている。しかし、ここでも相州における不漁なおしの実態が以前においてどうであったかということについて、マイワイと同じように具体的な事例をあげてみる。

マンナオシについては、マイワイとちがい、三浦市城ケ島のようにアジ巻網ではマンナオシなど、おこなった記憶はぜんぜんない（石橋要吉）というところもあるし、同じ三浦市三崎の二町谷では、マワリナオシといって、船主（親方）は船方（乗子）を集めて酒宴をひらき、景気なおしをやった（石渡トキ）というところなど、それぞれであることがわかる。

・三浦市南下浦町上宮田

三浦市南下浦町上宮田では不漁の場合、自分たちの経営している巾着網が、同じ他の網に比較して不漁の時はマルナオシといって、株仲間のものや漁夫が集まって酒を飲みかわして景気をつけた。

また、漁によっては個人的にマルナオシをおこなう場合もあった。

南下浦の上宮田では大正初期より戦後（昭和二十年）まで続いたキンチャク網のほかに、コザラシ網（イワシ）、ナナメ網（ヒラメ）、ブリ網（イナダ）、地曳網（シラス・イワシ・コノシロ・イナダ・カタクチイワシ）、サシ網（コノシロ）、ワリコ網（ボラ）、タナゴ網（タナゴ）、磯立網（イセエビ・その他）、ウタセ網（クルマエビ）、セセラ網（長塚タケジ宅で戦後まで経宮）などがあり、そのほかに一本釣などもおこなっていた。網漁業のマルナオシはキンチャク網と同じであったが、ヨーエンサマ（諏訪神社の神主）にたのんで、船に乗ってもらい、「のりと」をあげてもらい、船におみきをあげ、そのあとで酒を飲んで景気をつけた。

個人的におこなうマルナオシは、他人に気づかれないようにおこなう場合が多かった。漁師たちが夕方になって浜からあがってくるのをみはからい、ないしょでヨーエンサマにたのんで祈禱をしてもらうことが多かった。このようなマルナオシを上宮田では「船に乗ってもらう」ともいい、このような習俗は戦後までつづいてきたが、戦後しばらくしてマルナオシをする人もいなくなってしまった。〔話者：吉田　進　大正八年六月二十八日生〕

同じ上宮田では不漁の場合は「武山の不動様へ網船の旗印を持って参り、ゴマ札をもらってきた。(15)」

・三浦市南下浦町松輪

三浦市南下浦町松輪では、「不漁の時にリューグーサマにお酒をささげて漁のあることを祈った。このことから、今では漁を休むことをリューグーサマという。(16)」

・三浦市三崎町二町谷

「三崎の二町谷ではマワリナオシといって、不漁つづきの時は船主（親方）は船方（乗子）をあつめて酒宴をひらき、景気なおしをやった。〔石渡トキ〕

同じ三崎でもマナオシともいい、不漁つづきの時は神主に依頼しておはらいをしてもらい、お札をもらってくる。また、船をおがんでもらったりもした。そのあと乗組員一同が集まってマナオシだといって景気をつけるために酒宴をひらいた〔小川慶次郎[17]〕。」

・三浦市初声町三戸

三浦市初声町三戸では不漁なおしを「マルナオシ」といい、マルナオシは、「不漁の時、景気づけに酒を飲む。[18]」

・横須賀市長井

「長井で不漁つづきの時は、親方がシアワセが悪いから〈いっぱいやんべい〉などと言って、普通は親方（船持ち）が酒を出し、乗組みのものが不漁なおしをやる。これをマルナオシといった。祈禱をうけることもあるが、その時も親方（船持ち）が一人でやってもらうので、乗組員のものは神社へついていかなかった。これを〈おがみをあげてもらう〉といった。[19]〔鈴木勝造〕」

・横須賀市佐島

「佐島では、不漁が続くと、船の龍宮様や船玉様におみきをあげる。また、船玉様の御神体を入れかえることもある。船元や船頭が神主にお祓いをしてもらったり、御嶽講の先達に祈禱をしてもらったり、諸方のお宮へ参詣に行く。[20]」

・三浦郡葉山町堀内

「葉山堀内では、不漁なおしのことをマルナオシといい、酒を一升船頭が船に持って行き、船で沖の島（名島）にある龍宮様に一寸上げ、戻ってから乗り組んでいる若い衆をあつめて酒宴をひらき、景気づけをおこなった。この時、船頭が持って行く酒は船元が買って準備をする。[21]〔小峰角蔵〕」

・藤沢市江の島

江の島では縁起なおしをすることをマナオシとかマヲキルとかいう。祓をしてもらい、酒を飲むというが、もう少し具体的にみれば、「自分たちに漁がなかったりその他、よくないことがあるときは、神社か寺に頼んで、お祓いをしてもらう。坊さんが承知していて御幣をくれる。それをもらって来て、船を出す支度をして浮かべ、船のオモテの前から御幣を振りながらトモまできよめ、御幣をトモの海に投げる。投げ終ったならばトリカジのオモテの所で神様に願いごとをいってオミキを海に流す。これで清められたとして漁にそのままでいく。これは小さな漁ではあまりせず、カツオやマグロなどの大きな漁にする。[22]」

・平塚市須賀

「須賀では不漁つづきの時、船主が酒を一升買い、船方が全員あつまって酒宴を催す。マナオシといった。特に神主〔明神様〕に来てもらい、船をおがんでもらうこともあった。[23]〔金子長太〕」

・中郡大磯町・二宮

大磯では、「船霊様に祈るという考えはないらしいが、漁がないからといって船をきよめるときは、フナバリの中のとめのところを洗う[24]」という報告がある。

また、大磯では不漁なおしをマナオシといい、大きな船の場合はノボリを持って高麗神社へ皆んなで出かけ、祝詞をあげてもらい、神社で酒宴を催した。また、大山〔阿夫利神社〕へ行くこともあった。〔真間福次郎〕

小さな船の者もマナオシに高麗神社や足柄の道了尊へ行った。しかし、普通、小さな船の時は東光院の坊様がフナキトウをおこなってくれた。その時は船大工と船主が一緒に出かけた。船祈禱は浜（海岸）でおこなわれることはあまりなく、八割までは寺でおこなわれた。〔真間福次郎〕中郡の二宮でも漁があった時の祝いをオキアガリ、不漁なおしをマナオシといった。〔西山敏夫〕

・足柄下郡真鶴町福浦

「福浦でも不漁なおしをマナオシといった。子ノ神社の神主にたのんで船をお祓いしてもらい、お札をもらって船主の家の神棚にあげた。また、船方一同が船主宅に集まり、景気づけをおこなうために酒宴を催した。(25)〔高橋千治〕」

以上、マンナオシ・マナオシ（不漁なおし）の事例についてみてきた。マンナオシについても、その内容は相州の沿岸においては、それほど地域的に特異な事例はみられない。

不漁なおしについて共通してみられる習俗は、(1)不漁なおしの景気づけとして酒宴を催すこと、(2)不漁なおしの祈願をあわせておこなうこと、などの点がみられる。

しかし、大磯の事例のように「フナバリの中のとめのところを洗う」などや、本節には事例として記載していないが、筆者は横須賀市佐島において、不漁のつづいた時は若い衆（乗子）が和船の櫓を所定の場所にあつめて積み上げ、出漁できない状態にしてしまったので、そのような時は船主が出漁をみあわせ、不漁なおしのマンナオシをせざるをえなくなり、休漁して祈禱をおこなってもらったり、酒宴を催して気分を変えたものだ、と聞いた。

海浜における不漁のつづきは直接、生活に影響を与えるため、形式的な形骸としての伝承ではなく、古くから生活に直結して、変わりにくい内容をもちつづけてきたものとみることができる。

3　マイワイとマンナオシの意義と史的背景

これまで、相州における海村のマイワイ（大漁祝い）とマンナオシ（不漁なおし）に関する各地の事例をみた。普段（褻《ケ》）の日は、できるだけつつましく質素に暮らし、倹約を旨とし、特別の日（物日）は晴れやかにといった折り目、節目のある生活はわが国における暮らし方の特徴をしめす基本であり、民俗的伝統（伝承）でもある。それは今日でも四季折々の暦にあわせた年中行事や人の一生、通過儀礼の中に根強く残っており、正月迎えにみられる晴れ着や節料理はその代表であるといえる。

先人たちの暮らしは、普段の日は、特別の日のために犠牲にされがちであった。冠婚葬祭や七・五・三などの通過儀礼の祝いをはじめとする物日のために倹約したり、苦労をしたりしてそなえ、普段は着る物もボロボロのものを着ていても、晴れの日は着飾り、きばった。こうした伝統の片鱗は今日でも生きつづけている。海村では、それが一層はっきりしていたといえる。

というのは、海村によっては、晴れの日が豊漁によって、ある日突然にやってくることもあり、浜は活気に満ちあふれることもあった。しかし何年まっても、豊漁に結びついた晴れの日がやってこない村もあった。

豊漁は漁獲対象物の移動に関係するため、南関東では房総半島沿岸のイワシは春や秋、三浦半島の相模湾側では初夏のカツオ、小田原方面では冬のブリというように、季節によって晴れの日が多い海村もある。そのことが農山村との大きな違いであった。したがって、農作物の栽培や植林のように計画的な収穫を祝う晴れの日の祭りとは、晴れの日に対する準備のしかたも違う。一般に、海村における人びとの社会的な性格が現実的で刹那的だといわれるのも、こうした晴れの日を迎える僥倖ともかかわっているのである。

前述の事例のとおり、俗に千両・万両といわれるような大漁に恵まれた時、マイワイ（またはマンイワイともいう）がおこなわれた。

「マ」または「マン」という言葉が「運」または「幸運」という意味をもっていることは上述したが、ただ、この言葉や意味が地域により、かなり訛ったり、転用されて使われたりもしている場合が多いことがわかる。先にも述べたが、マイワイとは、本来、恵まれた大漁に際しての祝（大漁祝）のことを称していた。

予期した以上の漁獲があった時、大漁を祝して、船主・網元（あるいは漁師仲間の共同出資による網株仲間）などの漁業経営者が、船子（水夫《かこ》）・網子（仲間）を集めて祝宴を催し、その宴席を「マイワイ」と称したが、のちに、その席で引き（出）物として揃いの袢纏（大漁祝着）を出したので、もともとの意味であるマイワイあるいはマンイワイという言葉が、引き物の反物に転化され、時がたつにつれて大漁祝いの宴席で出す引き物の袢纏をマイワイあるいはマンイワイと呼ぶようになった。今日でも三陸海岸（とくに気仙沼や大船渡地方）では、引き物の袢纏に船主の家の屋号や印を入れることから、看板と呼んでいることからも、転用されたいきさつがわかる。

また伊豆諸島中の八丈島では大漁着と呼び、もともと「島ではやっていなかったが、房州のを真似して始めた。染めは房州や白浜、富浦へ注文した」という田原　久の八丈島における報告書があるほか、千葉県富浦の小林栄一宅にも、八丈島に売りに出したというハガキの記録があり、このことを裏書きしている。また、参考までに北海道ではハンテンと呼んでいる。

以上のことから、一般に舞祝・真祝・間祝・前祝・萬祝などの漢字があてられているが、いずれもマイワイ・マンイワイの宛字であることがわかる。さらに、運のよい大漁祝のことをマイワイ・マンイワイと呼ぶことは、逆に不漁なおしのことをマンナオシ・マナオシと呼ぶ上述の事例からもうかがうことができる。以上、「海村の褻と晴れ」にかかわるマイワイの民俗的意義についてまとめた。

「相模丸」（神奈川県の指導船）の船名があるマイワイ

横須賀市鴨居（横須賀市人文博物館蔵）

写真24　マイワイ

次に、「マンイワイ」の史的背景について若干ふれておきたい。

千葉県旭市の岩井家史料[26]によれば、安政二年の秋から明治二十八年春までの七〇年間に同家では一四回の大漁があり、一四回のマイワイをおこなっている[27]（表19参照）。この資料に「万祝代」とみえることから、マイワイは祝いの袢纏のことではなく、もともとは、祝いのためにおこなわれる祝儀であったことがわかり、実証される。

近世の史料[28]によれば、安政二年春における米一石は銀で一一三匁（金で約二両）であり、同年秋の物価は米一石が銀で九三匁（金で約一・五両）であり、酒は一石で同年春に、銀で二五一匁、同年秋に銀二五三匁、塩一石は同年春に銀三四匁、同年秋に銀三三匁五分となっている。

当時は金一両がおよそ銀六〇匁にあたっていたので、これらの主要な生活物資に比較して、安政二年における六五両の万祝代がいかに多額の出費になったであろうことをうかがうことができる。

すなわち、米一石が金で約二両として計算すると、六五両あれば米が約三二・五石も購入できることになり、四斗一俵の米俵で、八〇俵の米を購入できるマイワイ代金の額であったことがわかる。

また、引き（出）物の反物は揃いの柄物で、模様は、(1)松竹

表19　岩井家地曳網入費内訳

No.	年代	季節	万　祝　代
1	安政２年	秋職	65両
2	安政６年	秋職	53両３分５朱
3	万延元年	秋職	124両２分２朱
4	文久２年	春職	72両２分２朱
5	慶応２年	秋職	81両
6	明治４年	秋職	164両
7	明治11年	春職	83円32銭
8	明治12年	秋職	143円84銭２厘
9	明治16年	秋職	170円87銭
10	明治17年	春職	82円90銭
11	明治17年	秋職	157円63銭３厘
12	明治24年	秋職	135円94銭５厘
13	明治26年	春職	91円78銭
14	明治28年	春職	164円

山口和雄『九十九里舊地曳網漁業』(1937年）より作成。

同書によれば、浅野家の場合、明治30年春職では万祝費115円７銭９厘で、百分比にすると22.38％になる。また、安政２年秋職より「万祝代」がみえるが、この内訳は「大漁祝」にかかわるすべての経費とみるべきであろう。

梅・鶴亀・七福神・三福神・宝船などのめでたいもの、(2)浦島太郎・龍宮の乙姫などの昔話や民話からとったもの、(3)マグロ・カツオ・ブリ・クジラ・コノシロ、アワビ・ミルガイなど漁獲物をあらわすもの、(4)その他、千鳥に波模様、注連縄、蕪（船や網の持株をあらわす）、熨斗模様など、大きく四つに分類することができるが、上述のものをいくつも組み合わせた宝尽しや動物模様などもある。これらの反物の背の部分には背印といい、鶴に家紋などをあしらい、船名や網組名を染めた。

これは、糊描きではなく、型染めに色をさしたもので、とくに人物の表情などは、できあがってからさらに筆を使って描きたす専門の職人がいたといわれる。

地色は藍染めが多く、特別なものに黒色、鼠色がある。生地は一般に浅葱木綿だが、時には大漁を祝したり、船主や網元などの派手な性格や同業者間の競争心や評判、宣伝などから「絹地」のものが染められることもあった。こうした大漁祝いは漁民にとって「晴れ」の着物でもあるので、思いきって華やかないろものが用いられ、柄も大きいがそれが海浜に映えた。

註

（1）内海延吉『海のなげき』七五頁、いさな書房、一九六〇年。

（2）同右。

(3)　田辺悟「内湾漁撈の伝統(2)」『横須賀市博物館館報』二七、二六〜二七頁、横須賀市博物館、一九八一年。
(4)　神奈川県教育委員会『東京外湾漁撈習俗調査報告書』一〇六頁、神奈川県教育委員会、一九六九年。
(5)　辻井善弥「山本松蔵翁漁業聞書」『郷土の研究』第一〇号、三六〜三七頁、三浦半島郷土教育研究会、一九七九年。
(6)　宮本馨太郎・小林啓子「三浦半島南部の生業と民具」『横須賀市博物館研究報告書』人文科学(11)、四五頁、横須賀市博物館、一九六七年。
(7)　註(4)に同じ、二一四頁。
(8)　註(6)に同じ、四五頁。
(9)　註(1)に同じ、七八頁。
(10)　間宮美智子「江の島民俗調査報告書」『民俗文化』六、六二頁、藤沢市教育文化研究所、一九七〇年。
(11)　平塚市教育委員会『須賀の今昔』六八頁、一九六六年。
(12)　小島瓔礼「大磯の漁民信仰」『民俗』四三、相模民俗学会、一九六〇年。
(13)　田辺悟「相州漁村民俗誌(1)―（マンイワイ）と（マンナオシ）の習俗」『郷土の研究』第三号、三九頁、三浦半島郷土教育研究会、一九七一年。
(14)　田辺悟「民俗資料大漁祝着（マイワイ）」『三浦の文化財』(3)、一三頁、三浦市教育委員会、一九七〇年。
(15)　註(6)に同じ、四五頁。
(16)　同右。
(17)　田辺悟「相州の鰹漁」『神奈川県民俗シリーズ』(12)、一七六〜一七七頁、神奈川県教育委員会、一九七五年。
(18)　註(6)に同じ、四六頁。
(19)　註(17)に同じ、一七七頁。
(20)　『相模湾漁撈習俗調査報告書』一二四頁、神奈川県教育委員会、一九七〇年。
(21)　註(17)に同じ、一七七〜一七八頁。
(22)　土屋秀四郎「伊勢吉漁師聞書―（鎌倉腰越の民俗―）」『神奈川県俗シリーズ』(1)、一四四頁、神奈川県教育委員会、一九八一年。
(23)　註(17)に同じ、一七八頁。
(24)　註(12)に同じ。

(25) 註(17)に同じ、一八〇頁。
(26) 山口和雄『九十九里舊地曳網漁業』アチックミュゼァム、一九三七年。
(27) 同右。
(28) 三井文庫編『近世後期における主要物価の動態』東京大学出版会、一九八九年。

二　風位方言

はじめに

海浜で暮らしてきた人びとのあいだには、自分たちだけに必要な生活の知識がいろいろある。天気予知に関する「気象俚諺《りげん》」や「観天望気」もその一つだ。

気象条件が激変しやすい海上での仕事にたずさわる海民にとって、雲行き、空模様をはじめ風向きや潮流をみて天候を予知する知識や能力をもつことは、生産ばかりでなく生命の安全に直結する重大事であった。

天候を予知、判別する主な事柄（要素）となるものは雲行きであり、それにともなう風（風向き）がもっとも大きな比重を占めている。(1)

したがって、相州（神奈川県）沿岸の漁民がこれまで風位に関してどのような伝承（知識）をもち、共通する要素（方言）をもちあわせてきたかを明確にすることにより、海で働く人びとだけに共通する民俗知識の普遍性を明らかにしていきたいと思う。

1　相州海浜における事例

まず、各沿岸漁村における風の呼び名の事例を資料としてみよう。これまでにも、この種の聞取り調査の結果報告は限定された特定地域の事例について散見できるが、相州沿岸というように地域研究として比較的広範囲にわたってのものはない。

表20は東京内湾より外湾へかけて、さらに三浦半島の南端三浦市三崎より相模湾沿岸にかけて一九地域の風位方言をまとめたものである。風向きは一六方位に区分したが、北北東、西北西、南南西、南南東、東南東の五方位については聞取りをおこなうことができなかった。また西南西については三浦市三崎の一地域の事例に限られた。

このことは、海とかかわりをもって生計の主要な部分をたててきた人びと（主に漁業者）のあいだでは、風向きに対する厳密な風位が必要でないことや、南よりの風が台風のような特例をのぞけば、暮らしに直結するほど影響をあたえなかったことなどを意味するといえる。

川崎の大師河原では東風をコチ、北東風をシモフサコチ、北風をナライ、北西風をサガナライ、サガ、サガベット、ヨコタと呼び、西風はニシ、ニシオイ、ヨコタ、南西風をフジオロシ、南風をミナミ、南東風をイナサ、イナサミナミなどと呼んでいた(2)。大師河原では北東風を下総コチと呼んで、風が吹いてくる方位の地名を風位に結びつけることに特徴がある。このことは、南西風を富士颪《おろし》といっているのに似ている。

オロシは山から麓にかけて吹きおろす風につけられた名称で、太平洋側一帯で広く用いられており、フジオロシの呼び名が関東から東海地方一帯におよぶ分布範囲をもっていることは柳田国男編の『風位考資料』によっても知ることができる。また、北西風や西風の名称が多いことも特徴のひとつで、共にヨコタと呼ぶのは暮らしの体験からつけられた名称であろう。

横浜市神奈川区子安の事例(3)をみれば、東風をコチ、北東風をシモサ、北風はナライまたはヨナレ、北西風をサガニシ、フジオロシ、西風をニシ、南風をマミナミ、イナサ、ミナミ、南東風をイナサ、タツミと呼んでいる。川崎市の大師河原では南西風をフジオロシと呼ぶのに対して、子安では北西風を呼ぶというように、わずかな場所のちがいで名称が風位と異なる点が注目される。

船が帆を用いて沖へ出た頃は、風向きや潮流は重要な関心事であり、その影響も大きかったが、船が動力化するにつれて風向きなどもしだいに注意されなくなってしまった。それは天候を予知するための知識が必要であった櫓を押して出漁した時代から、今日のように気象通報（マスコミュニケーションによる天気予報）にたよる時代に変化したことに共通する。

横須賀市追浜の鉈切《なたぎり》は昭和初期まで約一〇〇軒余の漁村で、東、小石、中町、岡町、四ッ谷の五つの小字で鉈切村を形成していた。ところが昭和十七年、海軍により強制疎開を執行されたため村は崩壊し、近くの追浜や野島、三舟《さんぞう》に移り住むことになった村である。

鉈切村があった頃は、東風をコチ、北東風をシモウサまたはシモウサの風と呼んでいる。この風は突然くることはない。北風はナライ、北西風をカンダチといった。カンダチは大山カンダチともいい、八月頃、雲が急にでて、夕立があったり雷が鳴ったり雨がともなうことが多い。西風はニシ。ニシは十二月より一月にかけて強く吹くことがある。怖南風は夏季に吹き、ミナミと呼ばれる。南東風はイナサと呼び八月から九月、十月に強く吹き荒れることがある。怖ろしい風で台風時はこの風向きより吹き、空が荒れる。

横須賀市安浦町は近世以来の漁業集落ではなく、大正十二年の埋立てによって新しく漁業者が海岸地帯に漁家を建てた地である。だが、その母体となったのは、近世より継続的に漁業をおこなってきた地元の公郷、豊島村などの漁

表20　相州沿岸の風位方言

地域＼風向	東	東北東	北東	北	北北西	北西	西	西南西	南西	南	南東	備考
川崎大師河原	コチ		シモフサコチ	ナライ		サガナライ・サガ・サガベット・ヨコタ	ニシ・ニシオイ・ヨコタ		フジオロシ	ミナミ	イナサ・イナサミナミ	報告書より
神奈川子安	コチ		シモサ	ナライ・ヨナレ		サガニシフジオロシ	ニシ			マミナミ・イナサ・ミナミ	イナサ・タツミ	報告書より
追浜鉈切	コチ		シモウサ（の風）	ナライ		カンダチ	ニシ			ミナミ	イナサ	蒲谷鉄五郎聞書
横須賀安浦	コチ			ナライ		カンダチ	ニシ			ミナミ	サガ	小川勝義聞書
大津	コチ		ヒガシモン	ナライ		サガナライ	ニシ			ミナミ	イナサ	雑賀甚之助聞書
走水	コチ ヤマセ		シモウサ	ナライ		サンカチ・ベットウ	ニシ			ミナミ	イナサ・台風カゼ	谷口孫治聞書
鴨居	コチ	コチ	ナライ	ナライ		サガニシ	サガ・サンカチ		ミナミカゼ		イナサ	斉藤新蔵・岡田三之助・石田保・赤穂重蔵聞書
久里浜	コチ	コチ	コチ	ナライ		サガナライ	ニシ			ミナミ	イナサ・台風カゼ	赤松定一郎聞書
三浦市金田	コチ			ナライ		ベットウ・ヤマセ					イナサ	報告書より
三崎	コチ イナサ	イナサコチ	ナライ・ヒガシナライ・コチナライ	ナライ		サンカチ・サガ・ベットウ・ナライ	ニシ	サガ サガニシ	ニシミナミ	ミナミ	イナサ・イナサミナミ・ニドノカゼ	『海鳥のなげき』鈴木民蔵・小川慶次郎聞書
横須賀長井	ヒガシ		アカンボナライ・ナレエ	ナライ		サガ ベットウ	ニシ		イナサ	ミナミ		沼田伝一郎聞書
佐島	ヒガシモン・イナサ・タツミカゼ						サガ					報告書より
秋谷	コチ			ナライ		サガ	ニシ			ミナミ		関沢岩松聞書
葉山	コチカゼ・ヒガシモン・シモオサモン			ナライ		ベットウ						「民間伝承」第四巻第九号
逗子小坪	コチ		ホクトウコチ	ナライ		ナライ	サガ			ミナミ	ヒガシモン	草柳金太郎聞書
鎌倉市腰越江の島				ナライ								『伊勢吉漁師聞書』
平塚	ヒガシ		コチ	ナライ	ダシノカゼ	サガ サンカチ	ニシ		ナンセイ	ミナミ	ドヤモン・イナサ・イナサモン	金子長太聞書
江の浦・米神			ナライ								ミナミ・イナサ	報告書より
真鶴	コチ		ナライ	ダシ		ニシノカゼ			ミナミノカゼ		イナサ	高橋干治聞書

業者であった。安浦では東風をコチ、北風をナライという。北西風をカンダチまたは大山カンダチと呼ぶのは鉈切と同じである。九月から十一月にかけて大山に黒い雲がかかり、急速に移動しはじめると北風の冷たいのが吹く。これを大山カンダチといったので、北風のことも大山カンダチといった。西風はニシと呼び、南風はミナミという。南風は少ないが七月、八月に吹くことがある。富士山が見えるとミナミが吹いてくるので、タコ壺漁（周年操業）の時、沖で富士山が見えはじめると、壺をあげている時にでも「富士山が見えはじめたからミナミがくるので早く帰ろう」といったものだと聞いた。南東風はサガと呼び、夜に吹くサガをヨイサガといって一番怖がられた。

横須賀市大津では東風をコチ、北東風をヒガシモン、北風をナライ、北西風をサガナライ、西風をニシ、南風をミナミ、南東風をイナサと呼ぶ。出漁中はとくにニシに注意し、富士山の右側に雲あるいは雪が飛んで見える時はニシが来るのでとんで帰る。イナサは台風時に吹く。

走水では東風をコチまたはヤマセと呼び、春先に吹く。北東風をシモウサと呼ぶのは子安や鉈切と同じである。北風をナライ、北西風をサンカチまたはベットウと呼んできた。ベットウは台風時に吹く南東風を追いやる風といわれる。西風はニシ、南風はミナミ、南東風はイナサまたは台風カゼという。走水の漁師はイナサとニシを怖れた。朝はナライ、夕方はコチが吹く。

横須賀市鴨居は近世以降、釣漁を主軸とした漁村で、タイやイシナギ釣の旅漁には千葉県の千倉、白浜方面まで出かけていたこともある村である。ここでは東風または東北東風をコチと呼び、北東風や北風をナライと呼んで風向きにはばをもたせている。北西風はサガニシ、西風をサガまたはサンカチと呼ぶ。この風は日本海で雪が多く降るような時に吹くとされる。南西の風はミナミカゼ、南東の風はイナサで、台風の時は千葉県金谷の鋸山方面よりこの風が吹く。春先は南西の風が吹く。

同じ横須賀市内の久里浜（旧久比里村）では東風および東北東、北東の風をコチと呼び、鴨居と同じように風位にはばをもたせている。北風をナライと呼ぶのは他地域と同じだが、北西風をサガナライと呼ぶのは前掲の川崎大師河原、横須賀市大津といくつかの地域に限定されている。西風はニシと呼び、ここでも一番怖れられた。南風をミナミといい、南から西にかけての風をシタカゼ（下風）ともいう。シタカゼの意味には、南から西に風が変わると怖ろしいという意味があるらしい。富士山がからっと晴れて見える時はニシが吹く。西風は晩秋より早春にかけて吹くことが多い。南東の風はイナサ、台風カゼともいう。

三浦市南下浦の金田[4]では東風をコチと呼ぶ。コチは主に夕方吹く。北西をナライ（ナレー）、北西風をベットウとかヤマセと呼ぶ。この風が吹くと遭難することが多かった。また、南東風をイナサと呼んでいる。台風の時に吹く風はこのイナサで、台風の時は、風を背に受けて左手をしぜんに水平に上げた方向（左一五度）が台風の眼にあたるといい、この時の風は普通、紀伊半島方面から北東に進んでくるので、イナサに始まりベットウが吹けば通過して風も吹きやむということを、多くの経験から知っている。

三浦市三崎についての風位方言は『海鳥のなげき』[5]にみることができる。東風をコチ、北東風をナライ、北西風をサンカチまたはベットウ、富士山の方面から吹く風をサガニシまたはサガ、西風をニシ、南東風をイナサと呼んだ。イナサは嵐がくる前の風という。

同じ三崎の鈴木民蔵や小川慶次郎によれば、東風（マヒガシ）をイナサといい、東北東風をイナサコチ、北東風をヒガシナライとかコチナライといった。また、北西風をサガまたはサンカチ、ナライと呼び、この風は江の島方面より吹く富士颪をいった。南東の風は安房州ノ崎方面より吹く。この風をイナサミナミとかニドノカゼと呼んだ。ニドノカゼとは旧暦二月二十一日過ぎからの風についた呼び名である。三崎では十二月より翌年の一月・二月頃まで沖ノ瀬へメダイ、ムツなどの釣漁に出た。ところがこの漁も春の彼岸の頃を境に終わり、沖へ出かけなくなる。その後の沖は昼の漁になるので、朝はナライの風を帆にうけて沖へ出漁し、ナライが午前十時より十一時になってなぎたあと、帰りは南東のニドノカゼを帆にうけて帰港したものだという。

相模湾沿岸の横須賀市長井においては東風をヒガシ、北東風をナレエとかアカンボナライと呼んだ。アカンボナライとは春先三月頃の午後、北の空が真っ赤になって突風が襲来する空模様を表現したもので、出漁中の漁船はもっとも怖れた。また、北風はナライ、北西風をサガまたはベットウという。西風はニシ、台風時に吹く南西風はイナサ。南風をミナミと呼ぶ。長井で注目されるのは台風時に南西風が吹くということで、東京湾側でイナサと呼ぶのは南東風であるのに対して風位が異なる点である。

佐島の漁撈習俗調査報告書(6)によれば、東風をヒガシモン、イナサ、タツミカゼなどの名で呼んだとある。東京内外湾方面では南東風をイナサと呼ぶのに対して、ここでは東風をイナサと呼ぶことが注目される。西風をサガと呼ぶのは東京湾側の鴨居に共通する。

同じ相模湾側の横須賀市秋谷の事例をあげれば、東風をコチとか下総コチと呼び、コチをきらった。北風はナライ、北西よりの風をサガと呼んだ。そのほか、西風はニシ、南風はミナミという。

三浦郡葉山の調査報告(7)によれば、東風をコチカゼ、ヒガシモン、シモオサモン(下総モン)といい、主に千葉の方から来る春風をそう呼んだ。北風をナライ、北西風はベットウと呼んだが、この方面より富士山の雪の上を通過してくる真冬の風をサガ、サガナレエ、サガニシとも呼んだ。そのほか、東から南へ変わる瞬間の風をドウゴシといい、この風は二百十日、二百二十日前後に吹く風で、非常に力が強いために怖れられてきた。

毎年、稲穂の実りかけた頃、十月西風の吹きはじめをワカニシと呼んだ。葉山では変わった風位名にシンロクナライという呼び名がある。シンロクナライとは、ナライの吹きだまりに当たり「新六」という人の家があり、とくに寒い風なので今もっていうとみえる。(8)

逗子市内の小坪では東風をコチと呼び、この風は寒くなって十一月十五日頃より吹きだす。北東風をホクトウまたはコチという。コチには風位のはばがある。北風および北西風をナライといい、この風は寒い時季の十二月より翌年二月、三月頃まで吹く。西風はサガといい、富士山方面より吹く風で、十二月より三月頃まで冷たい風が吹きおろす。南西風はとくに呼び名はないが南風はミナミの名で呼ばれる。この風は夏の風で三月より七、八月にかけて吹くことが多い。南東風はヒガシモンと呼ばれる。この風は台風時に吹く風で、雲は東から西の富士山方面へ向かって速く移動する。

『伊勢吉漁師聞書』(9)によれば、鎌倉市の腰越や江の島では北風をナライと呼ぶ。風位は明確でないが、富士山と大山の間より吹く風をサガ、伊豆大島と三浦三崎の間から吹いてくる風をイナサという。この風が暴風で、とくに江の島の東町の方は、非常に荒れる。この風が吹くと窓からオキの方を見て、「オキの雲が東を向いたから雨も晴れべえ」とオキの雲の東に向くのを待ったものだという(10)。また、江の島では、このオキの風のことをオキゲとも呼んだ。

平塚では東風をヒガシ、北東風をコチ、北風をナライ、北北西風を特にダシノカゼと呼んだ。北西風はサガともサンカチともいい、この風は十二月より翌年二月頃にかけて強く吹くことがあるので、遭難に結びつくため怖れた。そのほか、西風はニシ、南西風はナンセイ、南風はミナミという。南東風は普通イナサとかイナサモンというが、ここでも台風の時季に吹くこの風をドヤモンという別名で呼んだりする。やはり漁師に怖れられた。

平塚で注目すべきは北西風をとくにダシノカゼと呼ぶ点である。ダシの風とは正確には北西よりやや北北西より吹く風で、とくに五月、六月の頃、岡（陸）より沖（海）へ向かってソヨソヨと吹く。したがって、船に帆をあげて沖へ出漁するためにはまことに都合のよい風であった。「出しの風」は船を沖へ押し出し、出漁に都合のよいところからつけられた名であろう。そのためか、沖へ出てしまえば、ダシノカゼとは呼ばなかったという。

足柄下郡の小田原に近い江の浦、米神地方では北東風をナライと呼ぶほか、北から吹く突風をハヤテといった。南東風はミナミまたはイナサともいう。

真鶴では東風をコチ、北東風をナライと呼び、風が北へまわることをジナライといった。北風をダシというのは平塚で北北西風をダシノカゼと呼ぶのと同じ意味である。真鶴、福浦ではカツオ漁の時季やウズワ釣には早朝三時頃出漁するのが常であった。この時間はきまって北風が陸から海へ吹いているため、帆をあげて漁場へ向かうことができた。この時間に吹くダシの風をのがすと、沖への出漁には重い櫓を漕ぎどうしで行かなければならなくなる。このほか、北西風をニシノカゼ、南西風をミナミノカゼ、南東風をイナサと呼んだ。

以上、ここでは一九地域における風に関する呼び名の事例をみた。

2　民俗知識としての呼び名

各地の風の呼び名は共通するもの、異なるものがあるほかに、複数の呼び名をもつものや、風位によってはとくに呼び名のないものなどある。

風位方言（風の呼び名）の中には上述したダシまたはダシノカゼのように、海とかかわりあいをもって暮らしてきた人びとが過去における経験の集積の結果をみごとに民俗知識としたものがあり、それは今日、科学的機器を使用しておこなった調査結果のデータに驚くほど一致している。

ダシノカゼについてみても、今日の気象機器による観測データが示すところによれば、風向きの一日周期は朝（午前）十一時、夜の二十三時が変化の境になっていることがわかる[11]。この境は海風と陸風との変化を表すもので、一日のうち朝の十一時と夜の二十三時は北よりの風と南よりの風の交替時にあたることを示すとされる。

三浦市三崎の平均風のベクトルと調和分解のうち日変化は、朝の五時と夕方の十七時は、それぞれ陸風（北よりの風）、海風（南よりの風）の最盛時にあたっている。また、風向変化は時計まわりであることなど、半日周期の変化を見れば、主軸が東北東から西南西にのび、五時、十七時、十一時、二十三時がもっとも風の強い時刻になっている。

以上のことからも、漁師は朝の五時前に陸から海へ向かって吹く北よりの風を利用して出漁し、帰港は夕方の十七時前に吹きはじめる南よりの風に帆をはらませてくるということを、風に関する共通の知識として活用し、暮らしてきた。もとより風に関する民俗知識をもちながらも、漁獲対象物や時季により活用できなかった人びともいるはずである。また、帆船から動力船に変化する明治末期から大正・昭和にかけて、共有の無形財産ともいえる民俗知識のうち、風に関するもののいくつかは忘却のかなたに追いやられたり、必要性を失って伝承されなくなったものもあろう。ダシまたはダシノカゼという呼び名が相州において、平塚、真鶴だけに残り、他地域にないのはむしろ不思議である。

帆を利用して出漁した時代は、帆にうけるため必要な風の呼び名が必ずあったと思われる。共通の風位方言が伝えられていたはずである。

註

(1)　田辺　悟「海村生活の民俗―相模湾沿岸における気象俚諺と観天望気を中心に―」『神奈川県史研究』二九、神奈川県企画調査部県史編集室、一九七五年。

(2)・(3)　『東京内湾漁撈習俗調査報告書』神奈川県教育庁、一九六七年。

(4)　『東京外湾漁撈習俗調査報告書』神奈川県教育庁、一九七〇年。

(5)　内海延吉『海鳥のなげき』いさな書房、一九六〇年。

(6)　『相模湾漁撈習俗調査報告書』神奈川県教育庁指導部文化財保護課、一九七一年。

(7)・(8)　伊藤最子「葉山附近、風の呼名」『民間伝承』四―九、一九三九年。

(9)・(10)　土屋秀四郎『伊勢吉漁師聞書』神奈川県教育委員会、一九六一年。

(11)　栗原善作・大滝俊夫「三崎の天気」『天気』横浜地方気象台、一九七三年。

三　気象のことわざと天候予測

はじめに

海辺で暮らしをたててきた人びとのあいだには、それらの人びとに独特な生活のしかたがあり伝承がある。内容的には異なるが、それは山で生活してきた人びとや農耕生活に精を出してきた人びとについてもいえる。

海で生活してきた人びとのあいだには、彼らだけに必要な生活の知識がいろいろある。天候予知に関する「気象のことわざ」や「観天望気」もその一つであり、狭い地域に限られていても、雲行き、空模様を見て天候を予想するということはどこでもおこなわれてきた。

しかし、このような天然現象を見てそれを表現するための言葉の中には、民俗事象をいちど抽象化し、さらに共通の知識にしていくという過程があり、その過程の中にはよりよい生活を営んでいこうとする庶民の知恵と努力があったといえる。

農民には「雨乞《ご》い」が必要であっても漁民生活には不必要であった。それよりも漁民には風や潮流についての予知能力をもつことがより必要性の高いものであり、生活だけでなく生命の安全に直結していた。それは現在においてもいえる。ただ、最近は科学的な気象観測機器の発達により以前より容易に天気を予報することができるようになったが局地的には完全かつ安全であるとはいえない。

ここでは相模湾というごく限定された地域をとりあげ、そこで海とかかわりあいをもって暮らしてきた海浜の人びとに伝えられてきた気象のことわざと観天望気について集めてみた。天候が問題にされる一般的な基盤は同種の労働や生産活動をおこなっているという点にある。したがって海浜生活という基盤は、海洋性をそなえた人びとが共通してもつ民俗にささえられているといえる。

しかも、その民俗の中には天候の問題をとりだしただけでも同じような構成要素があるであろう。逆にそれらは農山村には不必要で見いだすことのできない要素であり、民俗なのである。それ故、海村に見いだされる要素を整理し分析していけば相模湾の事例であっても、それには全国の海村における天候に関する知識（伝承）と共通する要素（素材）があげられるはずである。それは海で働く人びとだけに共通する民俗（文化要素）の一つであるといえるし、そのような共有の知識をもっている人びとは海洋文化の要素の一端をもっていることにもなる。

日本人に海洋民的な要素（性格）をもとめるならば、このように海浜生活を営みつつ、長いあいだにわたってうけつがれてきた「天候に関する知識」を共通にもち、理解してきた人びとのあいだにこそ見いだすことができるといえるだろう。

天然現象をお互いに理解できる言葉として表現し、認識していく過程で、さらに抽象化し、ことわざのようにわかりやすい知識として伝承していくということは民衆生活の知恵であった。

これまでにも「天候語彙《ごい》」については民俗事象を言葉としてとらえたものの事例として「天候についての語彙をどう理解するか[1]」を説明した論考をはじめ、『風位考資料』や慣習的用語を集めた『綜合日本民俗語彙』などがある。しかし残念なことではあるが資料的に語彙と解説（説明）に終わるところが多く、「民俗事象をどのように捉えるか[2]」というように意図的にあつかわれた「天候に関する論考」はこれまでに決して多いとはいえない。

それは他の民俗伝承と同じように今日の人びとがマスコミュニケーションに頼り、気象台や測候所から公表される予報を利用し活用することになれきってしまった結果、「天気」というものに対して他人の科学的な分析結果を総合しての判断にかなりの信頼をおいてきたことにもよる。

自分たち自身で天気を予知する必要もなくなり、したがって伝統的に生活の経験をとおして生まれ、使用されてきた天候に関することわざも今となってはしだいにかえりみられなくなってしまったことにも一つの原因があるといえよう。それは社会的分業が発達し、直接第一次産業に従事する人びとが少なくなり、都市生活の発展により天気に直接左右されて生活を営む人びとが少なくなってきたためでもある。したがってここでは、しだいに記憶の片隅におしやられ、やがては消滅していくであろう気象のことわざや観天望気を素材として、海浜生活における民俗の特殊性や普遍性を明らかにしてみたい。

1　気象とことわざ

気象のことわざの中には、まったく科学性のない馬鹿げたものというか、ユーモアとしか解せないものがある反面、中には天気の移り変わりを適確にとらえ、表現しているものも多く、また、それぞれの土地の天候の地域性を示しているものも少なくない。

内容的にみれば雲のうごき、風、雨、空模様（陽気）に関するものが多く、そのほか四季の変化を示すものや、台風予知にかかわるものなどもあるが、南関東は年中比較的温暖な気候であるため、相模湾沿岸の海村においては雪、霧、霰《あられ》、氷、霜に関することわざは少ない。これは、農作業（農事）に関するかかわりあいをあまりもたない海村の一つの特徴ともみることができる。そのかわり波浪に関するものなどがあるのは、やはり海村の特色であるといえる。

海上労働においては、雲行きをみて陽気を知るとか、風によりいちはやく陽気の変化を予知することがより安全な操業につながるため、気象のことわざや観天望気の中にも、そのたぐいのものが大半を占めている。

このような気象のことわざや観天望気にたよることの実態を統計的に解析したり、資料として分析する場合は「なにをたよりとして（なにをみて）、なにを知るか」ということを基準にしていくことが必要であるが、もとより「なにをたよりとして」という目標のすえ方も単一ではなく、山と雲を合わせて見ることや、雲と太陽を見る場合のように二元的に複数でとらえる場合が多い。またその結果として「なにを知るか」ということについても同じで、風雨をともに予知することもありうるため、一元的にとらえて分類したり解析したりできないものもある。しかし、便宜的ではあるが「なにを知るか」ということに力点をおき、相模湾における三崎、城ケ島、長井、佐島、秋谷、江の島、米神（江の浦）、真鶴の八地域における一一四例をもとに分類した。以下に掲げる事例がそれである。

(1)　風に関するもの

(1)赤ン坊ナライ（三崎、長井）　春先三月頃の午後になると北の空が真っ赤になって突風が襲来することがある。これを「赤ン坊ナライ」といって出漁中の船はもっとも怖れた。
(2)朝ナライに夕ミナミ（三崎）　四、五月頃の天気はもっとも安定し、朝は北東風が吹き、夕方には南風に変わるという安定した天気がつづく。気候は温煖で漁師には一年でいちばん体にらくな安心できる時季の風である。
(3)御神火が東北ならよい、西なら入れてくる（三崎）　大島三原山の噴煙が終日、東北ならば安心して操業できるが、西風に変わればやがて三崎方面にも風がはいってくる前兆。
(4)山の鳴りが、鳴り下がれば風は凪、鳴り上がれば風は強くなる（三崎）　三崎の丘の中央に位置する本瑞寺の山鳴りが、海の方の山へ移れば風はおさまり、反対に城ケ島の方へ鳴り上がれば風は強くなる。
(5)月にかさかぶり、中に星のみえる時は風（三崎）

(6)バクチウチとナライは夕方は裸（三崎）

(7)秋は夕方ミナミ（城ケ島）　秋は夕方になると南風が吹き、夜の八時、九時にはナライに変わる。このような時の風は安心。

(8)富士が嵐だとナライが強くなる（城ケ島）　富士山が荒れはじめると、北の風が強くなる。冬は雪を山頂へ吹きあげ、夏は雲を吹きあげている時。

(9)御神火がたおれていれば大風（城ケ島、真鶴）　大島の噴煙が明治・大正の頃は見えないことはなかった。とくに西風が強くなる前兆を知った。

(10)星がちらつけば、風が吹いてくる（三崎、長井）　星がキラキラとまたたけば風がなくても近いうちに強風となるという。

(11)稲光りが北からくれば北風、南からくれば南風（長井）

(12)テンバレに風がだんだん強くなれば突風（長井）　よく晴れた日に風がではじめれば突風が近い。

(13)大島の方面や水平線に真っ黒な雨雲がでれば突風（長井）

(14)御神火の煙が南へたなびけば北風、こちらになびけば南風か西風が吹いてくる（長井、秋谷）　(9)に共通。

(15)冬に富士山頂にかかった雲が北に流れれば、西か南の風が吹いてくる（長井）　冬に静岡方面に雲が流れれば、北風が吹いてくる。(8)に共通。

(16)冬の西風はカミほど強い（長井）　カミ（上）は大島方面、シモ（下）は横須賀、横浜方面をいう。

(17)春の南はシモほど強い（長井）　シモ（下）は(16)と同じ。春の葉桜のころ、そよそよと吹いてくる風をいう。

(18)夜中にシモが鳴ると西の風が強くなる（長井）　シモは(16)と同じ。

(19)春は朝ナレエの夕ミナミ（長井）　この風が吹けば天気は安定する。(2)と(7)の事例と同じ。

(20)富士に一階笠がかかれば風が出てくるし、二階笠になれば荒れが強くなる（佐島）　笠とは雲のことをいう。

(21)箱根山の下にできた雲がはやく移動すれば強風がくる（秋谷）　冬どきの西風が強くなる前兆を箱根山の下にかかる雲のとび方で予知した。

(22)三月頃、朝つゆがひどくおりると南風（秋谷）

(23)暮れより正月は日中北風で、夕方おだやかになり、夜はまた北風が吹けば、明日も安定した風が吹く（秋谷）十二月より一月にかけては日中と夜は北風が吹くのが普通。

(24)ナグロがふえると風が吹いてくる（江の島）　ナグロはナブラともいい、小さい波のことをいう。この小波が数多くよせてきて、海がふくれたように黒ずんで見える。

(25)雪が降ったあとは風（江の島）　雪が降りやんだあとは、かならず風がでるものだという。

(26)ゴートが鳴るとナライ（江の島）　ゴートは対岸の腰越浜で、この浜が鳴る時はナライ（北）の風が吹き、ナギ陽気となる。

(27)磯が鳴る時はオキの風（江の島）　江の島の磯がガンガンと鳴るように聞こえると風はオキの方へ吹く前兆。

(28)ナガワタシが二重、三重になれば南風が強くなる（江の島）　ナガワタシは富士山頂にかかる雲のことで、佐島の事例と同じように「二階笠」「三階笠」という。三階にもなれば、ごく悪い天候となり、雨が近く、南風も強くなる。(20)の事例に同じ。

(29)雲がオキの方に走ればナライでキワの方に走ればオキの風（江の島）　富士山および箱根連山に向かい伊豆半島の先の方がオキで、反対をキワという。

(30)雲のハナがキワを向いていればオキの風となる（江の島）　雲の「ハナ」は「端」のことで、大山を目標にして雲のハナを見る。

(31)御飯を炊く時、釜の底に火がつくと西風が強くなる（真鶴）

(32)沖が来ると夕はやてが来る（真鶴）　沖は北東の風が吹く方向。

(33)星が強く光る時は南西の風が吹く（真鶴）　このようなことは六月、七月頃に多く、「黒灰流しの風」が吹くといわれた。事例(10)とも共通する。

(34)帆柱が鳴ると、鼻高さんが来る（真鶴）　マストがヒューヒュー鳴ると、「鼻高さんが来る」といって風の強くなることを予想した。「鼻高さん」は天狗《てんぐ》のことか。

(35)北の方が真っ赤になると強風（真鶴）　事例(1)の「赤ン坊ナライ」に共通。

(36)雲の流れがはやい時は風が強くなる（真鶴）

(37)立雲がすると風になる（真鶴）　立雲は真鶴港の真ん中あたりに龍のような形になって雲が立つ。

(2)　雨に関するもの

(1)お盆のザーザー降り（三崎）　「土用過ぎのザーザー降り」ともいい、この時季の雨はものすごい音で降る。

(2)しぐれ三日（三崎）　「ショグレヨウキ」は三日間つづくといわれる。

(3)大山しぐれに隣りのボタ餅（三崎）　ぜったいこない。

(4)山が近くに見えたりすれば二、三日中に雨（三崎）　「島が近くに見えれば雨が近い」や「三宅島が見えれば雨」も同じである。

(5)月が丸をとれば二、三日中に雨（三崎）

(6)東からの雲行きは雨、西からの雲は雨があがる（三崎）

(7)砂浜を歩いてやわらかければ雨（城ケ島）　海岸線の干満の差がある砂浜を裸足で歩いたり、下駄《げた》で歩くと雨が近い時は砂がやわらかいので勘でわかる。

(8)アサコビはその日の知らせ（城ケ島）　日の出の時、虹のように太陽の両側にかかるすじを「コビ」といい、コビが出るとその日に雨が降る。

(9)天城に雲がかかれば、にわか雨（長井）　伊豆の天城山にかかる雲は夏でも冬でもにわか雨になる前兆で、かならず雨がくる。

(10)三か月さんが立っていれば雨（長井）　月が長く見えるのでアメヅキ（雨月）という。

(11)朝焼けがすれば、ばんには雨（長井、秋谷）　「朝焼けがきついので雨」も同じ。

(12)秋に大山さんより葉山の上の方へボタ餅のような雲ができれば雨（長井）

(13)伊豆の天城、下田方面が暗くなってくれば雨（長井）　事例(9)に共通。

(14)朝、お天とう様が「水からあがられた時」は雨（長井）　長井の地からでは直接日の出は見えないが、長井の漁師が房州方面へ出漁（旅漁）に出ている時に日の出を見る。夏は一日ですぐに雨をもってくるという。

(15)イナサ（東モン）は雨をつけてくる（佐島）

(16)雲が一のカタへあるくと雨（江の島）　一のカタは富士山の西のキワで、その雲をイナサ雲と呼び、そこに雲がかかると雨が近い。

(17)南東の風は雨になる（米神、江の浦）

(18)夜あがりの雨は長くつづかない（真鶴）　夜あがりは、朝方のことをいう。

(19)伊豆の重箱雨といい、暗くなると雨足が強くなる（真鶴）

(20)ツバメが低く飛べば雨（真鶴）

(21)朝虹はその日雨（真鶴）　夕虹は翌日晴れともいう。「朝虹に船出すな」（三崎）ともいう。

(22)小田原の浜が見えると雨（真鶴）　(4)に共通。
(23)シマヨリがあると次の日は雨　(4)の事例に共通。
(24)カモメが水浴びをすると雨（真鶴）
(25)カニが家の中にはいると雨（真鶴）
なお、雨に関するものについてはそのほかに、「ほうきやさんが来れば雨」「ヘビが出たら雨」「カエルが鳴く時は雨」「猫が手を耳の方までやれば雨」「子供がホウケル（さわぐ）から明日は雨」などということわざについても聞いたが、話者自身もたんなる話として聞かせてくれたものであるとともに、あまりにも科学的な裏づけや根拠からはなれていると思われるものであったため、筆者の判断で事例からは割愛したことを付記しておく。

(3)　風雨に関するもの

(1)雨晴らしの西風（三崎）　雨は西風であがる、の意。
(2)富士山の中程にナガワタシがかかると雨になるかあるいは風になる（江の島）　中程は五合目付近で、ナガワタシとは細長い雲のことをいう。
(3)地震があると夜中に雨か風になる（真鶴）
(4)月に笠がかぶると風か雨（真鶴）
(5)朝やけの時は風か雨になる（真鶴）　「雨に関するもの」の事例(11)に共通。

(4)　空模様や陽気に関するもの

(1)富士山頂の笠雲は陽気が崩れる（三崎）
(2)夜上がりの天気は長持ちしない（三崎）
(3)宵しぐれアシタのお天気（三崎）
(4)春は朝ナライ、ばんがた南が吹けばほん陽気（三崎、城ケ島）
(5)寒のうちは北だけか、西だけの風ならばほん陽気（城ケ島）
(6)日の出前、日の入り後のコビで陽気を知る（城ケ島）　コビというのは日の出、日の入りの時、太陽の両側から出る光のスジ（陽光）のことで、その輝きが明るければ明日の陽気はよい。コビを見る時は、日没後においても光のかがやきを見たりする。
(7)ヨッコビは天気が三日ぐらいはよい（長井）　ヨッコビとは夕方の日にまるく虹のようにかかる光の状態。
(8)お月様がタイマルとれば、陽気が変わる（長井）　タイマルは月にかかる環をいう。
(9)富士山の上に雲がかかれば雨とか風とか陽気が変化する（長井、秋谷）　これは夏も同じ。
(10)夕日になれば三日ぐらいは日和がつづく（長井、秋谷）
(11)冬でも夏でも磯鳴りがすると天気が悪くなる（長井）　長井では近くの「長浜」が鳴ると陽気が悪くなるとされている。
(12)江の島の上にヒボテリがすると天気が悪くなる（長井）　ヒボテリとは江の島の上が赤くなって見えること。
(13)かわいい子は正二月に船乗りさせるな（長井）
(14)春雷は好天の前兆（長井）

(15)二、三月はテノウラガエシ（佐島）　この両月は手の裏をかえすように天候が急変する。
(16)寒のうちのサガはなんでもない（佐島）　サガは西の風、この風が吹いていれば雨も降らない。
(17)タツミカゼが吹くと天気がくずれる（佐島）　タツミカゼは東風のこと。
(18)梅雨の時季には強い風は吹かない（秋谷）
(19)富士山の上に雲が二重になると天気はくずれる（秋谷）　事例(9)と共通。
(20)秋谷からみると、春の頃に富士山の頂上に日がおちるが、その頃は天気がいつもよくない（秋谷）
(21)四月より六月頃は一日中北風が強いと天気が悪くなる（秋谷）　普通、四月より六月頃は朝は北風、昼より南風、夕方になると凪《な》ぎて、その後は北風に変わる。
(22)太陽に水がもっていると陽気がくずれる（秋谷）　房州方面へ出稼ぎ（旅漁）に出た時、日の出を見ていう。「雨に関するもの」の事例(14)に共通。
(23)富士山の日の入りにおかしな雲が出れば天気が悪くなる（秋谷）
(24)ヒカゲヤマの時は陽気が変わる（江の島）　ヒカゲヤマは富士山の色が悪く、日があたらないこと。
(25)富士山の東のキワへ雲があるけば、雲行きが良いといい、晴れる（江の島）
(26)四月中のクラドーは晴れる（江の島）　クラドーというのは三月末より四月にかけて潮が煤《すす》のように暗くなることをいう。
(27)夕方にトンビが鳴くと明日はお天気（江の島）
(28)朝トンビは天気がよくなる（江の島）
(29)オキの雲が東を向いてあるいて行けば良い具合の陽気になる（江の島）
(30)アサヒヤケが強いと陽気が変わる（江の島）　「雨に関するもの」の事例(11)に共通。

(31)梅雨の頃に雷がなると梅雨はあける（江の島）

(32)ハヤテが吹くと雲が多くなり天候がくずれる（米神、江の浦）　ハヤテは北風のこと。

(33)ナライが吹くと好天が続く（米神、江の浦）　ナライは北東の風。

(34)春先に南方に雲が多い時は悪天候になる（米神、江の浦）

(35)西の空が晴れると天気はよい（真鶴）　事例(10)に共通。

(36)大山かんだちじょう南（真鶴）　大山に稲光がすると南風が吹き、天気はよい。

(37)小田原の浜へ行って足の甲まで砂にうまると南陽気になる（真鶴）　ナライ（北東風）の時に足はうまらない。

「雨に関するもの」の事例(7)に共通。

(38)視野が広がると、その後の天気はよくない（真鶴）　「雨に関するもの」の事例(4)と(24)に共通。

(39)トンボが空飛べば雲っていても大丈夫（真鶴）

陽気に関するものでも、そのほか、まったく根拠がないと思われるものやそれに近いと判断される「カモメが流木にとまっていたら大風の前兆」とか、「猫が顔を洗っていた時は陽気が変わる」（真鶴）というような事例は割愛した。

(5)　波浪や台風に関するもの

(1)フナ虫が草むらにはいると波が強くなったり台風が来る（城ケ島、真鶴）

(2)ドウランジケ（佐島）　ドウランジケは春先の西風のシケ。

(3)ケブがすると波がくる（佐島）　ケブは海鳴りのこと。

(4)モジリが多くなると、波が高くなって悪天候になる（米神、江の浦）　モジリは渦のこと。

(5)小笠原の方に入道雲がでると盆時化で土用波がする（真鶴）　小笠原は方向としては南東。

(6)時化が来る前にはホンダワラが浮いてくる（真鶴）　ホンダワラは海藻の一種。

(7)港の中に虹が出ると港ふさぎで時化がくる（真鶴）

(8)雨足が悪いと風や波がくる（真鶴）　雨足が悪いというのは、降ったりやんだりすること。

(6)　そ　の　他

風に関するものでは「西風の長吹き」といい、一カ月もつづいて吹いたとか、「七月（旧暦）に南風が吹くと七五日間風が吹く」、あるいは「十一月の十日は必ず西の風が吹く」などということも聞いた。また、「道草のくびれが沢山あると台風がくる」というものや「蜂が高い所に巣をつくると大水、低い所につくると大風」というたぐいの話も聞いた。これと同類のものとしては、草花が「浜の方を向いて花をつければその年には大風や大雨がなく、山側に花をつければ、その年には大風がある」というものなど数例あったが、いずれも割愛した。

2　ことわざの根拠

ここでは、前に掲げた気象のことわざや観天望気がいかなるものを「よりどころ」として成立しているかについてみていきたい。

もとより天然現象をとらえ、言葉として認識し抽象化しつつ共有の知識とするまでには、たんに天然、自然の現象だけでなく、その現象をかもしだすところの自然的地理的条件も大きなかかわりあいをもっているのである。それは山名や島名をはじめ各地域独特の地名にいたるまで共通の基盤にたっていることを前提としている。

まず、事例としてあげた(1)風に関するもの三七例、(2)雨に関するもの二五例、(3)風雨に関するもの五例、(4)空模様や陽気に関するもの三九例、(5)波浪に関するもの八例の合計一一四例について要素別に分類してみれば表21のごとくである。

むろん一一四例の事例は重複しているものもあり、ことわざを分類するにしても、同じものが二通りに解釈されたり、二要素に分類できるものなどあって、仕分けするものの主観によりある程度は結果のちがいもあろうと思われる内容のものも含まれている。

しかし、これら天気に関する諸現象を判断するための基になる事柄を中心にひろいあげ、それによって分類してみると、結果は天然現象が主であり、天気を判別する事柄に動物を使っている例は数例にすぎないことがわかる。

表21でもわかるように、相模湾沿岸における海付きの村々においては天気を予知するための要素、すなわち、天候を判別するための主な事柄を(1)風、(2)雲、(3)空模様、(4)太陽、(5)音、(6)遠景、(7)月、(8)雨、(9)煙、(10)星、(11)しぐれ、(12)雷、(13)虹というものにおいていることがわかる。

農村に比較して海村（漁村）においては風に関する知識が豊富であることは一つの特色ともいえるが、それは船（帆）を使用して生業をたてるということに基因していよう。そして、このことは今日のように動力船を使用する以前においては一層重要なことであったにちがいない。

真鶴の福浦においては帆を使って出漁していた時代、朝の三時頃起床して陽気をみてから船出をした。「この時間は決まって北風が吹いているので帆をはって漁場へ向うためには好都合であった。また、この時間をのがすと風もなくなり、沖へ出るためには櫓だけを押して出かけなければならなかった[3]」というように、早朝の三時にその日の天候を予知して船出をしなければならない時もあり、そのような時にも、その時間をのがすことは操業にかなり影響を与えることになった。

次に天候を予知するための目標となるものおよび予知の方法についてみたい。この点については天然現象を主とし

表21　天気を判別する要素別分類

No.	天気を判別する主な事柄(要素)	風に関するもの	雨に関するもの	風雨に関するもの	空模様に関するもの	波浪に関するもの	合　計
1	雲	9	3	1	6	1	20
2	風	9	2		7	1	19
3	空模様	2	4	1	5		12
4	太陽		2		5		7
5	音(海なりなど)	5			1	1	7
6	遠景(山)	1	3		2		6
7	月	1	2	1	2		6
8	雨		1	1		1	3
9	煙(噴煙)	3					3
10	星	2					2
11	しぐれ		2				2
12	雷				2		2
13	虹		1			1	2
14	とんび				2		2
15	稲光り	1			1		2
16	砂浜		1		1		2
17	雪	1					1
18	地震			1			1
19	露	1					1
20	波	1					1
21	潮				1		1
22	波渦					1	1
23	梅雨				1		1
24	土用(盆)		1				1
25	カモメ		1				1
26	カニ		1				1
27	フナムシ					1	1
28	海藻					1	1
29	トンボ				1		1
30	猫		1				1
31	釜のスミ	1					1
32	正二月				1		1
33	二、三月				1		1
合　計		37	25	5	39	8	114

て「何が、どうなった時、こうなる」というように、二元的にあつかわれていることは上述のとおりであるが、天候を予知するための方法は、場所（地域）や時間（時季）によって異なることがあっても、予知するための主たる要素についてはは全国の海浜についてみてもそれほど変わらないとみることができるのではあるまいか。それは、全国的な資料にもとづいて分析していった結果でなければ正しい判断や結論をくだすことはできないことであるとしても、結果的にそうなるであろうという予想は相模湾沿岸における気象のことわざや観天望気の分析結果である表21を見ればおおよその見当はつく。そして、そのように普遍的な結果を求めることができるところに、わが国における海浜生活の共通性のある「海洋的な性格」の一端を見いだすことができるのであるといえるのではないだろうか。

一言に漁師といっても漁獲対象物は千差万別である。したがって、仕事の内容にもかなり個人差があるのは当然の結果であるといえよう。朝早起きして沖へ押し出す船もあれば、夕方出漁して夜中に操業する船もあって一様でない。しかし、一般には早朝に出漁し、夕方には帰港する船がほとんどであった。

したがって天気（空模様）を見るために「夜中に小便タレに起き」ては空を見た（城ケ島）とか、天候を予知するために、「ひとばんに二度も、三度も小便タレに起きた」（長井）という経験をもっている古老は今でも多い。また、朝起きれば浜へいったん出かけてみる。そうするとみんなも集まる。これは雨が降っていても一度は必ず行く。そうしないと気持ちがおさまらないし、長い習慣になっているので、それがすまないと朝食をとる気にもなれない。そしてみんな商売（漁の種類や内容）がちがうので同じ者同士が集まって相談したりする。冬の時季には焚火《たきび》を囲んでみんなが集まったという〔秋谷、関沢岩松〕。

相模湾沿岸における漁師の場合、天候を予知する目標の設定はいくつかに限定されている。その中でも主となるものは、誰が見ても客観的でしかも共通の認識のうえにたってみられるというものである。とくに相模湾の海で民俗知識として天候を予知するには富士山、大島、伊豆の山々（とくに天城山）や大山などが、かなりの目安となる〔城ケ島、

染羽彦十郎〕

また、長井では「陽気をみるには、お富士山と雲、それに大島三原山の御神火の煙」〔鈴木勝造〕が手がかりにされた。同じ長井でも「西は富士山、南は大島というように両方を見て天気を判断した」〔秋本喜一〕という。

江の島の漁師は天気を予知するのに「その中心を富士山に置いている。富士山にかかる雲の動き、大島の三原山の煙の動き、そうしたものに非常に敏感に目をつけることは驚かざるを得ない。とくに夏の突風、秋から冬にかける西風にはよくあたるとつくづく思った(4)」というように富士山がポイントになっている。

しかし、同じ相模湾沿岸の漁師でも、地理的条件によって若干のちがいを見いだすこともできる。それは城ケ島の漁師が房総の「モトナ」「フタマチ」と言われる山々を見て、「雲がきれた」とか「きれない」とか言いながら天候を予知することはあっても、秋谷付近からでは房総方面の山々は半島の裏側になってしまうので、見ることができないという例からも言える。

このことは日の出や日の入りを見る時にも共通している。とくに日の出の場合は三浦半島の西側にあたる秋谷付近からでは同じような地理的条件で見ることができないという地域的なちがいもあり、条件としては不利である。

だが全般的にみて、相模湾沿岸の漁師は天候を予知するために、かなり恵まれた条件下におかれているとみてよいのではないだろうか。それは富士山のように際立って独立した秀峰を仰ぐことができるほか、伊豆半島の天城連山、箱根、丹沢の山塊、そして房総半島の山々、水平線には伊豆大島をはじめとする伊豆七島が点在するというように、どこを向いても目標物となるものが存在しているからである。しかも、もっとも近い大島の三原山には白煙がたなびいていた。

全国各地の沿岸漁村においても、それなりに天候を予知するための目標物となるものはある。たとえば佐渡の北小浦においては「シモの鳥海山に腰に雲まいた、明日はシモヤス福である」という気象ことわざがある。シモとは北のことで、シモヤスは北東の風がちょこちょこ吹くことを意味する。そして福であることは、よいことをもたらす、すなわち漁に福をもたらすということで、鳥海山の腰に雲がまいて見える時は北風の時が多く、明日は安定した日和になるであろうから大漁になることを予知している。

反対に佐渡地方（とくに内海府）では南風は悪いとされている。このように鳥海山を見て天気を予知することはあっても、あまりにも海上はるかなる目標であり、それは急速に変化してくる海上気象を予知する目標とはならないし、鳥海山が見える時季も一年のうちにはごく限られており、北小浦においては東西南北を見て目標をたてるというところまではいかない。

天候を予知するにも、出漁する際には漁師仲間が集まって、互いに知識を出しあい、相談した上で決めることが多い。なかにはずばぬけて予知能力を持っていた古老がいた話は「日和じいさん」などと呼ばれる愛称まで授かって英雄的にあつかわれ、村の伝説的人物になっている例などがあるのも海浜の村々において天候を予知する能力がいかに高く評価されていたかを裏うちしているとみることもできよう。

このように出漁前は船頭や年寄り連中が中心になって予知をおこなっても、いざ沖へ出かけた時にはまったく個人的に天候を予知しなければならなくなる。とくに出漁中、急に風が変わったり、突風が襲ってきたりすることを素早く予知しなければ生命の危険につながることにもなる。したがって、このような天候の急変にそなえての知識は農耕生活を営む農家の人びととは異なり、海で働く人びとにとってはまったく個人的にも修得しておかなければならない生きるための基本的な知識であるともいえるのである。

3　海で働くことの厳しさ

天候を予知することは長年の勘や生活の経験を蓄積することにもとづいておこなわれてきたが、毎日のことであるだけに、なかなか思うようにはいかないこともあった。

それは、今日の科学的な機器を使用しての結果を、科学的に処理して得られた天気予報や気象概況でも、思うように予知できないことからも想像できる。

今日でさえも局地的な天気予報には、科学的データよりも、観天望気法による結果のほうが、はるかに有効であるとさえ言われていることもある。

とくに気象条件が激変しやすい海上気象においては、いちはやく天気の変化を察知しなければならないため、特定の時間に限って放送される天気予報や無線電信（電話やファックス）による情報などにたよっていたのでは、急場をしのぐこともできない。

そのようなことから、気象のことわざや、観天望気法は今日でも海上で働いたり、レジャーを楽しむ人びとのあいだに生きつづけ、海難防止にひとやくかっているわけである。

しかし、あまりにも早く風をのがれて帰港するようでは漁利もうすいし、そうかといって無理をして遅れれば遭難の危険をまぬがれないという漁撈活動においては、文字どおり潮どき、風どきを長年にわたる勘と知識で察知する以外にはなかった。

したがって出漁中に海上で風が変わりはじめると、まず第一に帰り仕度をするのは親子、兄弟など一族の血縁者が乗り合わせた船であったということはよく聞く。肉親をいちどに遭難でうしないたくないという過去の悲しい経験や怖ろしさを象徴的に語っているように思われる。

陽気を見誤って出漁し、雨や風で帰ることもあるが、その反面、「他の船が出しぶっている中を出抜けて（出勝ってともいう）漁を独占することもある」(5)と言われるように、漁獲の少ない時は魚価も高く、二重に利益を独占するという結果もあった。しかし普通は、出漁をためらって「浜に漁師がかたまったら船が出たためしがない」(6)といわれ、それは冬の朝に多かったという。

また、漁の中には多少風が強く吹いた時ほど漁獲があるというものもある。イセエビ漁もそれで、北風の時は浅く西風の時は深くというように漁網（魚）の張り方を調節したりもした。〔秋本喜一〕

だがこれも沿岸の漁だからといってあまくみていると風が強くなりすぎてエビ網（磯立網ともいう）がズタズタに切れてしまい、修繕もきかないほど穴があいてしまうこともあれば、一歩まちがえれば高価な漁網がそのまま流されてしまう結果に終わることさえあった。

相模湾を漁場とする漁業においては、それほど多くの遭難はない。普通、三崎でのカツオ漁でさえ大島方面が限界で七挺櫓を漕いでいくため、それほど沖へ行くこともなく、したがって遭難もなかった。また、「お天とう様いっぱいの仕事」と言われるように日帰りの漁がほとんどであったためでもある。しかし、長い歴史のなかでは海上での気象の急変により、現代のように気象情報を得ることができなかったために遭難した船もないことはない。

明治四十二年か三年頃の三月十六日、「その日は雪が降るような天候ではなかった。その頃、伊豆の網代を根拠地として相模湾でマグロ流し網漁をおこなっていた城ケ島の船が不幸にして遭難し、帰らぬ人もあった。運よく時化の中を網代に帰港することのできた船もあり、乗組の人達が岡にあがった時は大雪で歩行も困難なほど積もっていた」(7)という。

漁船が明治四十年以後、急速に機械化されてからも、科学的な知識だけにたよれない局地的な海上気象を判断するむずかしさはのこった。

秋谷の関沢岩松が神奈川県の指導船相洋丸で神津島に出かけ、島を根拠地としてゼネス漁場でカツオ一本釣漁をおこなっていた時の例もその一つである。神津島を夜の十一時頃に出船し、漁場のゼネスに翌早朝四時頃に到着した。その日はカツオ漁もおもわしくなかったが、そのうちに北風のすごいのが吹きはじめたと思うと、雨ナライの大きいのになり、あわてて伊豆の下田に近いナガキの港までやっとのおもいで逃げこんだが、船上では強風のために炊事をすることもできなかったという。

また関沢が十八歳の頃（明治四十四年頃）神津島のオッパセと呼ばれる漁場へカツオ釣に出かけた。八月であったが急にイナサ風が吹きはじめたため、あわてて式根島へ避難し、それから天候が回復するまで、島に上陸してひまつぶしに乗組員同士で相撲をとったりしながら数日間待ったが、電話も無線もない時代だったので、留守をまもる家族たちはもう遭難して死んだものとばかり思っていたので帰ってくると大さわぎになったことがあったという。

このように、毎日の生活が直接に生命の危険にさらされている人びとにとって、信仰はまた心の大きなささえとなったし、自然と対決するための大きなよりどころであり、精神的な力ともなった。

そして、岡（陸地）で生活する人びととはちがった独特の社会的性格を生みだすことにもなったのである。

4　生活に根ざしたことわざ

気象のことわざが生治に深く根ざしているものに結びついていることは上述のとおりであるが、次にこの点についてもう少し詳しく述べてみたい。

『三浦地方における天気俚諺』(8)によれば、三浦市の中で漁業に従事している者は三二・一パーセント、農業四七・

表22　漁業者・農業者に多く使われていることわざ

No.	漁業者に多く使われている俚諺	農業者に多く使われている俚諺
1	東海の風が吹くと時化が近い	雨蛙が鳴くと明日は雨
2	大島（三原山）に雪が三日あれば西風	夜寒ければ明日は晴
3	宵時雨は明日の凪	朝雨にみのかぶるな （朝雨は女のうでまくり）
4	朝虹に船出すな	稲葉に夕つゆ多きときは晴
5	赤ン坊ナライ	冬の南風一里ともたぬ
6	サガナライの風かよ、縄船殺し	大山時雨はこない
7	三宅島が見えれば雨	房総が近くに見えるときは 近いうちに雨

五パーセント、あとはその他の職業ということになるが、これら漁業者、農業者のことわざの使用状況を比較してみると表21のごとくである。この表は農業者に多く使われていることわざと漁業者に多く使用されていることわざの中より共通のものを割愛し、それぞれ独特で固有のものだけを集めたものである。

漁業者に多く使われることわざには風に関するものが多いのは、やはり漁撈活動が風というものを無視して考えられないことを裏づけているとみることができるとともに、農業者に多く使われているものは晴雨に関するものが多いことも同じような理由によるものといえよう。

農業者は農作物を育てるために、ある時は雨が必要であり、またある時は晴天がつづかなければならないこともある。しかし漁業者にとっては雨でなければこまるという日は一日もないばかりか、雨が降る時は風をともなうことが多いので、雨天はありがたいことではなかった。

次に、三浦半島でもとくに三崎地方における天気のことわざについて気象学的根拠があるかないかを調査してみると、[9]漁業従事者が使っていることわざのうち、気象学的に根拠があると考えられることわざの使用パーセントは四三パーセント、気象学的に根拠がないと考えられることわざは七パーセントである。これに対して農業従事者は、気象学的に根拠があると考えられるもの四八パーセント、ないと考えられるもの八パーセントという結果で、両者のあいだには、きわだった差異はみられない。

ま と め

これまでにも気象のことわざや観天望気に関する調査はいくつかある。相模湾沿岸に限定してみても前掲論文の栗原善作報告のものや県教委でおこなった『相模湾漁撈習俗調査報告書』（昭和四十五年）などがそれである。栗原善作の論文は局地予報に力点をおいたものであり、後者は漁撈習俗全般の調査報告であり、したがって調査結果の報告も断片的に終わり、相模湾というそれほど広くもない地域だけをみても使用の実態はもとより、調査結果を資料として要素別に分類していこうとするまでには至らなかった。それは調査の性格上しかたのないことでもある。

これらのことわざは気象学的に局地的な天気予報をより正確化して予報確率を高いものにしつつ海難防止やよりよい農作業をおこなっていくために役立てていこうとする意図のためのものであったが、拙稿においては、実態を把握しつつ海浜生活にかかわりのあることわざのもつ生活面での重要性や特殊性を見定めつつ民間における伝承というものの意義についてみてきた。

もちろんことわざの中には科学的でないものもあり、一笑に付されるものもあるが、だからといって民間に伝えられた知識のすべてがそうでないことも実証できたといえる。

以上、相模湾沿岸において海浜に伝えられた気象のことわざ（観天望気）を素材とし、海付きの村における海洋的な性格の一側面をみた。その結果、これまでごく一般的に、海村には海村独特の性格とそれを形成していく要素があるといわれてきたが、その要素の一つがなんであるかを実証的にとらえることもできた。そして、それが多いか少ないかによって、海洋民的な要素であり性格を規定するバロメーターの一つになりうるものは、とりもなおさず気象のことわざや観天望気の知識であることも知れた。

このことは、相模湾という限定された一例にすぎないが、その要素は日本における海村についていずれも共通性、普遍性があり、わが国における海村の海洋的側面の縮図ともみることができるのではないか。

註

(1) 千葉徳爾『地域と伝承』一〇五頁、大明堂、一九七〇年。
(2) 同右。
(3) 田辺悟『相州の鰹漁』一三一頁、神奈川県教育委員会、一九七五年。
(4) 土屋秀四郎『伊勢吉漁師聞書』六九頁、神奈川県教育委員会、一九六一年。
(5) 内海延吉『海鳥のなげき』一一六頁、いさな書房、一九六〇年。
(6) 同右。
(7) 田辺悟『城ケ島漁撈習俗調査報告書』三五頁、三浦市教育委員会、一九七二年。
(8) 栗原善作『三浦地方における天気俚諺』日本気象学会機関紙『天気』第一三巻第四号、一九六六年。
(9) 同右、二四頁。

四　潮流の呼称

はじめに

前節で「気象のことわざと観天予測[1]」、「風位方言[2]」について述べた。これらは、海浜生活にかかわる民俗知識の特徴についてであるが、海浜の暮らしの中で、もう一つ重要な民俗知識に加えられるべきものに、潮流がある。

ここでは「沿岸の潮流呼称と方言」をとりあげ、伝統的な暮らしと民俗知識との関係をみていきたい。

なお、一般に潮汐という場合には、「潮」はあさしお、「汐」はゆうしおを意味し、「満干」は「満潮」、「干潮」を、また「大潮」「小潮」などの文字があてられているが、聞取り調査を基本にしているため、すべて片仮名で記載することにした。

1　呼称の地域事例

(1)東京内湾および外湾

・川崎市大師河原

「潮の名称。干潮をシオゾコリという。ワカシオ（小潮）は朝になって潮が引く。この時は夕方早目に潮が引く。ヨウトシオとは夜通し潮のことで、潮口から満潮までの間、夕方から夜通し潮が引く。(3)」

・横浜市根岸・本牧

「潮呼名。潮は内湾に入る潮をアゲシオ、出る潮をオトシオと呼んだ。(4)」

・旧横須賀市鉞切

「潮流はアゲシオ、オトシオ（引き潮のことをそう呼んだ）のほか、オオシオ（潮がはやい）、コシオなどの呼び方があった。(5)」〔話者：蒲谷鉄五郎　明治二十八年四月七日生〕

・横須賀市大津

潮の呼び名および方言については、東京湾に入ってくる潮をアゲシオ、東京湾から出ていく潮をオトシオという。オトシオはヒキシオともいった。

また、オトシオとアゲシオの変わりめにできる潮流で、岸の脇による潮のことをコミシオといい、同じようにオトシオとアゲシオの変わりめにおこる潮で、岸によった潮が沖の方へはなれていく潮をダシシオまたはダッシオといった。(6)〔話者：雑賀甚之助　明治三十六年一月十三日生〕

・横須賀市走水・鴨居

潮流呼名は次のとおりであった。内湾から出る潮をオトシオ、内湾にはいる潮をアゲシオ。オトシオとアゲシオの変わりめにできる潮をコビシオといい、コビシオとは小さな湾の中まで潮が流れこんでくる状態をいう。また、ウワッパリといって、水面（海面）から二、三間の深さまで流れる潮を別名で呼んだ。ウワッパリは海面上を流れ、それより下の潮の流れとは反対方向になる。春先によくおきる潮で、この潮にあうと釣糸（テグス）がくの字に流れてしまい、釣漁ができない。

潮を覚えるには次のようにして覚えた。大潮（旧暦）。宵にちらりと見たばかり（三日月）。十五夜の月は夜にあまる。二十六夜の上がり二時。三十日（ミソカ）の月があるならば。小潮の場合。二十三日の三夜中。十日の月の入夜中。月の出る時をツキシロといった。月があがりきってしまうと魚が釣れなくなるので、月が昇りそうになると「ツキシロだ急げ」といって漁を急いだ。夕方と朝のことをマズメといい、この時は魚がよく釣れた。(7)〔話者：谷口孫治　明治三十四年十一月七日生〕

「・潮の呼称　潮がひいて、一時よどみ、その後に潮が満ちてくる瞬間の潮をコミアゲシオという。潮がいっぱい満ちて、その後に潮が沖へはらい、ひき潮になる瞬間の潮をハリダシアゲシオという。

大雨の後など、岡の水がまじった潮は軽いので、海水の上部に別の潮の層ができる。この潮をウワシオという。ウワシオと底潮（ソコシオ）とは潮の流れる速度がちがうので、一本釣りの場合などにこの潮はよくない。

外海から東京湾内に入ってくる潮をクロシオ（黒潮）という。海水が非常に澄んでいるので、魚の餌の食いがよくない潮である。(8)」

・横須賀市久里浜

「潮は東京内湾に入る潮をアゲシオといい、東京内湾から出る潮をオトシオとよんだ。(9)」〔話者：赤松定一　大正二年二月七日生〕

(2)　三浦半島南部地域および相模湾沿岸

・三浦市三崎

「三崎の海の潮の流れは次の五つの方向がある（潮流の呼び方は風と反対）。

西へ流れる……西潮（ニシジオ）

東へ流れる……東潮（ヒガシッチオ）

北へ流れる……内潮（ウッチョオ）

（城ケ島の方へ）　内東寄り……東の下潮

南へ流れる……下潮（シタシオ）

（沖の方へ）　内西寄り……西の下潮

海流……潮流のように干満により向きが変わるのではなく、常に同じ方向に流れているのが海流である。三崎ではマショオ（真潮）という。(10)」

・横須賀市佐島

佐島では南向きの潮をシタシオ、北向きの潮をウワテチオという。また、「ウドリムキ」という言葉があり、海鵜が風上を向いている様子をそう呼んだ。

「クロシオは良い潮で、マシオの時クロシオが多いなどという。マシオとは三陸の方へ北上する潮をいう。上げ潮はアゲシオ、アゲシオの時は魚は先へと行ってしまう。引き潮をサゲシオまたはオチシオという。オチシオの時は魚の方が先に来ている。

風の吹いてくる方向にむかう潮をサカシオという。サカシオとは南下する潮のこともいう。

その他に、東の方に寄ってあげる潮をヒガシアゲシオ、西の方へ寄ってあげる潮をニシアゲシオという。〔話者：福本幸吉　明治四十二年九月十九日生〕

海水の上部と底部の潮の流れが異る場合の潮をフタッチョジオという。(11)」

・逗子市小坪

小坪では、上げ潮をアゲシオ、引き潮をヒキシオという。一般にショトキが良いとか、悪いとかいうのは「潮時」のこと。

岸から沖へ流れる潮をダシオといい、西方向から東へ流れる潮をカシマという。〔話者：草柳金太郎　大正三年七月一日生〕

・藤沢市江の島

「江の島では、東方向より西に流れる潮をワシホーといい、西から東に流れる潮をカシマジホーという。(12)」

潮とその流れ・「潮には大潮、小潮、中潮があり、大潮には水が干る（引く）。旧暦三月三日をミッカジョといって、この日は一番昼間がしる（干る）大潮である。この時には岩屋の前は、ほとんど水がして、なくなってしまう。そして八月は朝潮といって、朝、潮がしる。小潮は、いくらか満ちしき（満ちたりひいたり）がある。この大潮と小潮の間に中潮があり、潮の満ちしきがない。特に月のない、ドウヤミの時が、一番潮の満ちしきがない。

またクラドといって、毎年三月半ばには海が変化する。これは年に一度、水が腐り、二〇日間くらいで、また水が澄んでくる。このクラドのときには、イワシ、アジ、カゲキョがいっぱいくる。そして潮がかわるとカマス、サバガニ（シオジンガニの子）がくる。このクラドの時に、よく海が赤くなることがある。これをアカッチョ（赤潮）といい、夜、この赤い潮の所を船で走ると、両側がとってもきれいになる。それはプランクトンの死骸だといわれている。

潮の流れとしては、東から西へ寄る潮をワシオといい、西から東へもつ潮をカシマ、またはカシマジオという(13)。」

・茅ケ崎市柳島

「潮の流れ　相模湾は、三浦半島、伊豆半島で区切られており、外海とは分離しているが、湾の中にも潮の流れはある。潮の流れはいつも決まっている訳ではなく、場所により時間により時々変化する。網漁の場合は、潮をよく見てかけないと、とんでもない所へ流されて、網そのものを失ってしまう。

西に向いて流れる潮をワシオ、東に向かう潮をカシマ（鹿島）、陸に向って流れて来る潮をツケシオ、沖に向う潮をハライダシという(14)。」

・平塚市須賀

岸づたいから沖へ流れる潮で西方向へ流れるのがワシオ。マシオのことかもしれない。また、この潮流をサキジオといった。

これに対して、藤沢方面へ浜づたいに東へ流れる潮をカシマという。沖の方から真北へ、キワへ流れる（通る）潮をコミシオまたはツケシオという。この潮とは逆に、キワから沖へとる潮をハライダシという。〔話者：金子長太　明治三十四年八月十七日生〕

・中郡大磯町

「岸に向って流れる潮をアゲシオ、沖へ向って流れる潮をサゲシオという。南東へ流れる潮をマシオまたはカシマシオという。反対に、西へむかって流れる逆流をサキシオまたはワシオともいう。ワシオのうちでも急な潮で、寒のうちにおこる潮をカンシオとよんでいる。(15)」

・米神・江の浦

「潮の呼び方には、ツケシオ、ハライダシなどあるが、名称のみのこり、詳細は不明。渦をともなう潮流をモジリという。小田原方面（北）よりの潮（東より西へ流れるをカマシオ）、真鶴方向（南）よりの潮をサキジオという。(16)」

2　呼称の地域比較

東京湾沿岸（内湾および外湾）における潮流呼称と、三浦半島南部地域を含めた相模湾沿岸における潮流呼称には、かなりのちがいがある。東京湾沿岸においては、アゲシオ、オトシオの潮流呼称がほとんどで単純であることがわかる。また、コミシオ（コビシオ）、ダツシオの呼称もあるが、いずれも上げ潮と引き潮に関しての呼称で、湾内流としての呼称がない。このことは相州以外の船橋・今津（千葉県）においても、アゲッチオ、サゲシオ（引き潮）、オトシオ（引き潮のことを船橋でいう）という呼称にとどまっている事例からもわかる。

他方、相模湾沿岸においては、アゲシオ、ヒキシオ（サゲシオ、オチシオ）のほかに、カシマシオ（カジマジホー、カシマ）と呼ばれる潮流をはじめ、ワシオ（ワシホー）、ツケシオ、ハライダシなどの潮流呼称がある。

3　「カシマシオ」について

筆者はカシマあるいはカシマシオなどの潮流呼称には、相模湾の西岸（東伊豆）の地域においても共通する潮名方言があることを知った。

すなわち、神野善治(17)によれば、東伊豆の熱海市網代では、南から来る潮をカシマノシオ、南へいく北からの潮をミナミジオ、ヨコタにはらっていく潮をハライダシ、沖からオッツケテくる潮をツケシオと呼ぶこと。東伊豆町北川では、南から東へ流れる潮をカシマジオ、東から南へ流れる潮をサキジオという。「普通、サキジオの方は定置網の中に魚が残るが、カシマの場合には残りにくい。強さは、カシマの方が力がある。ひどいときは、網全体を一か所へ寄せられてしまうことがある。」

東伊豆町の稲取でもカシマッチョの呼び名がある。

「潮流名では、カシマノシオ（カシマジオ）が注目される。それは伊豆半島東海岸から相模へかけての沿岸に、鹿島の信仰が顕著で、とりわけ鹿島踊りと呼ばれる芸能が広く分布していることとの関連が問題になる。以上のわずかなデータから、潮流名のカシマの性格を明確に読みとることはむずかしいが、南すなわち太平洋方面から、相模湾内に入り、北（東）すなわち関東方面に流れ出る潮であることがわかる。漁獲の面からいうと、定置網漁などには歓迎されない潮であった。魚群が網中に残りにくく、この潮が強い場合には網そのものに被害があったという。このような潮を何故カシマと呼んだのだろう。鹿島踊りの根底に疫病送りの要素があったといわれるが、これから大胆に考えると、カシマの潮が、この地方の人々にとって疫病などの災厄を鹿島（常陸の鹿島神宮）の方へ流し送ってくれる潮であると意識された時代があったのではないかと予測される。もとより具体的な例証はこれからの課題である」と付言している。そして、上述された点は筆者のこれまでの見解とまったく共通している点であるといえる。

すなわち、筆者はカシマまたはカシマシオと呼ばれる潮名に注目し、カシマは鹿島に関係があることにふれ、茨城県鹿島地方は、古代においては東の涯《はて》と意識されていたので、東方へ流れる潮の意に関係しているのであろうこと、さらに、鹿島送り（人形）、鹿島信仰、鹿島踊りなど伊豆半島の東海岸から相模湾にかけて分布する鹿島信仰と無関係でないことを述べた。

その後カシマ・ジオ（鹿島潮）については木村　博が注目し[18]、『伊東誌』の記載を引用して、この潮呼称が近世末期においても伊豆半島東岸でつかわれていたことを発表している。

すなわち、木村によれば、

> 新井村平島と亭子との間の渡りをいう。因日南より西の方へ取る汐を前汐と云、又鹿島汐とも云。西の方より南の方へ行汐を南汐と云。されば西へ行く汐と南へ行く汐と此所に相会するを以て汐合の意なりけんを、漁夫よこなまり瀬合と唱え誤たる者なるべし。さりながら此処遠浅にて瀬の如くなれば、矢張り瀬合の方慥なる名義ならんか。（「瀬合」『伊東誌（下）』）

とみえ、「鹿島汐」というのは川名から伊東湾へ流れ込む潮流をさしている。北川では「南から東へ流れる潮」といい、網代では「南からくる」ということと併せて考えると、伊豆半島の東海岸における潮流では、南からの潮の意であろうと付言している。

こうした資料を併せてみると、「カシマ」と呼ばれる潮流は、伊豆半島の東岸にそって北上し、しだいに相模湾の沿岸部にそって東へ流れる潮呼称であることがわかる。地域的な事例を相州にとり、相模湾の西側からみれば、米神・江の浦、大磯町、平塚市須賀、茅ケ崎市柳島、藤沢市江の島、逗子市小坪というように六地域の事例をあげることができ、それは相模湾の沿岸全域にわたっているとみてよい。

まとめ

以上、相州の沿岸における潮流呼称と方言についてみてきた。海とかかわりをもって暮らしをたててきた人びとにとって、潮流という自然現象をお互いに理解できる言葉として認識しているところにもっとも特筆すべき点がある。すなわち、海浜生活を営む人びとが農山村の人びとと異なる点のひとつは、上述してきたように海にかかわる自然現象を言葉として表現し、共通認識をもち、民俗知識として共有し、伝承していることであるといえる。それは民衆生活の知恵であった。事例をあげ、考察したように「カシマ」に関する潮呼称が鹿島信仰の濃厚に分布している地域に共通して残っている点が注目される。

註

（1）田辺悟「海村生活の民俗―相模湾沿岸における気象俚諺と観天望気を中心に―」二三〜三八頁、『神奈川県史研究』（二九）、神奈川県史編集委員会、一九七五年。
（2）田辺悟「海村生活の民俗―相州における風位方言を中心に―」一〜四頁、『民俗』（九九）、相模民俗学会、一九七八年。
（3）神奈川県教育委員会『東京内湾漁撈習俗調査報告』二七頁、神奈川県教育委員会、一九六七年。
（4）久良岐の会・荻野栄子『海があったころの本牧・根岸』四頁、横浜市中区間門町、一九八四年。
（5）田辺悟「内湾漁撈の伝統（二）」二五頁、『横須賀市博物館報』二七、横須賀市博物館、一九八一年。
（6）田辺悟・田中勉「内湾漁撈の伝統」三四頁、『横須賀市博物館館報』二五、横須賀市博物館、一九七九年。
（7）註（6）に同じ、三六頁。
（8）註（3）に同じ、九〇頁。
（9）註（6）に同じ、三八頁。
（10）内海延吉『海鳥のなげき』一一〇・一一五頁、いさな書房、一九六〇年。

(11) 神奈川県教育委員会『相模湾沿岸漁撈習俗調査報告書』一二〇頁、神奈川県教育委員会、一九七〇年。
(12) 土屋秀四郎「伊勢吉漁師聞書」『神奈川県民俗シリーズ(一)』七一頁、神奈川県教育委員会、一九六一年。
(13) 間宮美智子「江の島民俗調査報告」『民俗文化』六、六五頁、藤沢市教育文化研究所、一九七〇年。
(14) 茅ヶ崎市文化資料館『柳島生活誌』四八頁、茅ヶ崎市教育委員会、一九七九年。
(15) 福田八郎『相模湾民俗史』謄写印刷、一九六八年。
(16) 註(11)に同じ、二四六頁。
(17) 静岡県教育委員会「伊豆における漁撈習俗調査」Ⅱ、九〜一〇頁、『静岡県文化財調査報告書』三九、静岡県教育委員会、一九八七年。
(18) 木村　博「カシマ・ジオ」(鹿島潮)について」『西郊民俗』一二三、一四〜一五頁、西郊民俗談話会、一九八七年。